COLLECTION
DE
DOCUMENTS INÉDITS
SUR L'HISTOIRE DE FRANCE

PUBLIÉS PAR LES SOINS

DU MINISTRE DE L'INSTRUCTION PUBLIQUE

PREMIÈRE SÉRIE

HISTOIRE POLITIQUE

RECUEIL
DES
LETTRES MISSIVES
DE HENRI IV

PUBLIÉ

PAR M. BERGER DE XIVREY

MEMBRE DE L'INSTITUT DE FRANCE
(ACADÉMIE DES INSCRIPTIONS ET BELLES-LETTRES)

TOME V

1599 — 1602

PARIS
IMPRIMERIE NATIONALE
—
M DCCC L

SOMMAIRE HISTORIQUE

DES ANNÉES COMPRISES DANS LE Ve VOLUME.

1598 (SUITE).

D'Ossat retourne à Florence, le 4 juillet, et termine tous les différends entre le Roi et le grand-duc. M. de Mortefontaine est envoyé aux cantons suisses pour leur faire jurer le traité de Vervins. Le 12, l'archiduc Albert jure ce traité, à Bruxelles, en présence du duc de Biron, et de MM. de Bellièvre et de Sillery; le duc de Savoie fait le même serment, à Turin, en présence de M. de Bothéon. Au mois d'août, le mariage de Madame Catherine avec le duc de Bar est décidé. Le 18, une nouvelle ordonnance est rendue contre les Jésuites par le parlement de Paris. Le 24, M. de la Boderie est envoyé pour résider de la part du Roi auprès de l'archiduc Albert, qui renonce au cardinalat pour recevoir la main de l'infante Isabelle Claire-Eugénie, dotée des Pays-Bas et de la Franche-Comté. Philippe II, père de cette princesse, meurt le 3 septembre. Le cardinal de Médicis, après avoir heureusement accompli sa légation en France, retourne à Rome. L'archiduc Albert est déclaré, le 13, régent du royaume d'Espagne pendant la minorité de Philippe III. Le parlement de Toulouse rend, le 23, au sujet des Jésuites, un arrêt contraire à celui du parlement de Paris. Des remontrances sur les abus introduits dans la collation des bénéfices, sont adressées au Roi, le 28, par l'archevêque de Tours, à la tête d'une députation du clergé. Le duc de Mercœur part pour la Hongrie, où il va prendre le commandement des troupes impériales contre les Turcs. Plus de quinze cents malades se rendent à Monceaux, où le Roi touche les écrouelles, le 29. Au milieu du mois suivant, Henri IV tombe gravement malade dans cette résidence, et, après une crise violente qui cause de vives inquiétudes, il se rétablit assez promptement. M. de Boissize est envoyé ambassadeur en Angleterre, le 29. Le principal objet de sa mission est de remédier aux pirateries des Anglais contre la marine française. Une négociation s'entame à Rome au sujet du marquisat de Saluces, dont le duc de Savoie s'était emparé en 1588, et dont Henri IV réclamait la restitution. Les deux princes prennent le Pape pour arbitre.

1599.

Au commencement de l'année, Henri IV appelle honorablement le savant Casaubon à Paris pour y professer les belles-lettres. Le mariage de Madame Catherine avec le duc de Bar est béni à la fin de janvier dans la chambre du Roi, par l'archevêque de Rouen, frère naturel de S. M., la religion que professait la princesse n'ayant pas permis de célébrer autrement cette union. M. de Sillery est envoyé à Rome pour solliciter le divorce du Roi d'avec la reine Marguerite, et pressentir le Pape sur le vif désir de Henri IV d'épouser Gabrielle d'Estrées. Le 4 février, Marguerite remet sa procuration pour faire poursuivre en cour de Rome la dissolution de son mariage. Des députés de toutes les chambres du Parlement sont mandés au Louvre, le 7, au sujet du refus de vérifier l'édit de Nantes; le Roi leur fait les plus vifs reproches à ce sujet. Enfin, l'édit est enregistré, le 25, ainsi que les cinquante-six articles secrets. Une assemblée est tenue par le Roi à Conflans, le 17, avec les personnages qui avaient le plus efficacement concouru à l'édit, pour aviser aux moyens d'en assurer l'exécution. Le 3 mars, d'Ossat est nommé cardinal, ainsi que le comte de la Chapelle, qui prend le nom de cardinal de Sourdis. Le 3 avril, supplice du jacobin Ridicoux, qui avait tenté plusieurs fois d'assassiner le Roi. Gabrielle d'Estrées, enceinte d'un quatrième enfant, meurt à Paris, le 10 avril, au sortir d'une collation chez le financier Zamet, non sans de très-graves soupçons d'empoisonnement. Mariage de l'archiduc Albert avec l'Infante, le 18. Le duc de Joyeuse, sorti des Capucins en 1595, et qui venait d'y rentrer le 8 mars, prêche dans Paris, et y fomente, ainsi que le P. Brulart, frère de M. de Sillery, le mécontentement causé par l'édit de Nantes. L'agitation est augmentée par l'arrivée de la prétendue démoniaque, Marthe Brossier, dont la présence fut sur le point, suivant de Thou, de causer un soulèvement général. Sa fourberie est constatée, malgré la résistance des Capucins, qui sont censurés, le 8 mai, par arrêt du Parlement. Un autre arrêt expulse cette femme de Paris, le 24. M. de Béthune, frère de Rosny, est envoyé ambassadeur en Écosse. Henri IV commence à être épris de Mlle d'Entragues.

SOMMAIRE HISTORIQUE. VII

Les négociations pour le mariage du Roi avec Marie de Médicis, commencées dès 1592 par le cardinal de Gondi, mais que la faveur de Gabrielle d'Estrées avait fait abandonner, sont reprises. Une correspondance à ce sujet s'engage, du consentement de S. M., entre Villeroy et le cavalier Vinta, principal ministre du grand-duc de Toscane. Don Philippin, bâtard de Savoie, frère du duc régnant, est tué en duel, le 2 juin, par Créqui, gendre de Lesdiguières. Par suite du peu de succès de l'entremise du Pape, les négociations relatives au marquisat de Saluces sont reprises entre les délégués du Roi et ceux du duc de Savoie, qui envoie successivement le comte d'Arconas, le baron des Alymes, le commandeur de Berton, et fait proposer à Henri IV de venir le voir lui-même pour s'occuper ensemble de cette négociation sans aucun intermédiaire. A la mi-juillet, les états de Béarn envoient leurs remontrances sur la vérification de l'édit de Nantes.

Mort du chancelier de Chiverny, le 30 juillet. Il est remplacé par M. de Bellièvre, le 2 août. Le 10, le prince de Joinville donne un coup d'épée au duc de Bellegarde, désarmé. Le 11 août, la terre de Verneuil est érigée en marquisat pour Mlle d'Entragues. M. de la Mothe-Fénelon, qui, ayant accepté, malgré son grand âge, les fonctions d'ambassadeur en Espagne, sur les honorables instances du Roi, était parti pour son ambassade, tombe malade à Bordeaux et y meurt le 13 août. Au mois de septembre, le duc de Savoie annonce formellement son intention de venir en personne trouver le Roi. Le 24, le Pape nomme ses délégués pour instruire l'affaire de la dissolution du mariage du Roi et de Marguerite. Le 1er octobre, Henri, pour obtenir Mlle d'Entragues, signe à son père une promesse par laquelle il s'engage à l'épouser si elle lui donne un fils avant un an. Le 9, le Parlement députe au Roi le procureur général de la Guesle pour l'engager à se marier à une princesse digne de lui, dès qu'il aurait obtenu la dissolution de son mariage, fondée sur la stérilité de Marguerite et sa parenté avec elle. Le chanoine Baccio-Joannini, secrétaire intime du grand-duc de Toscane, vient à Paris pour négocier les préliminaires du mariage de Marie de Médicis. Accommodement de la querelle entre le prince de Joinville et le grand-écuyer, à la fin d'octobre. Les remontrances qu'adressent au Roi, le 3 novembre, sur l'édit de Nantes, le parlement de Bordeaux et celui de Toulouse, sont accueillies avec une grande sévérité.

Le mariage de Henri IV et de Marguerite est déclaré nul par les délégués du Pape, le 17 décembre. Le duc de Savoie arrive le 14 à Fontainebleau, où le Roi le reçoit avec de grands honneurs. Il l'amène à Paris, le 21. Ouverture du jubilé séculaire, à Rome.

1600.

Le duc de Savoie distribue à la cour de magnifiques étrennes. Henri IV le conduit à Saint-Germain le 2 janvier. Par lettres patentes du 6, les pouvoirs sont donnés à Sillery pour négocier le mariage du Roi avec Marie de Médicis. Le 11, M. d'Alincour, fils de Villeroy, part pour Rome, allant remercier le Pape du jugement qui dissout le mariage avec Marguerite, et annoncer à S. S. le choix qu'a fait le Roi de la princesse de Toscane. Le duc de Bar se rend aussi à Rome pour solliciter la dispense qui avait manqué à son mariage, mais il n'obtient rien. Le 17 janvier, le duc de Savoie est conduit par le Roi au Parlement. Le 21 février, Henri IV demande à la ville de Genève des gens experts dans la culture des mûriers et l'élève des vers à soie. Le duc de Savoie, qui n'avait cessé d'opposer des difficultés à la restitution du marquisat de Saluces, signe enfin, le 27 février, un accord par lequel il s'engage à le rendre dans trois mois à partir de son retour, ou à remettre, en compensation, la Bresse et le Bugey. Après avoir différé de jour en jour son départ, semé beaucoup d'argent et de promesses, et ébranlé la fidélité de plusieurs seigneurs considérables, notamment du maréchal de Biron, Charles-Emmanuel prend congé du Roi le 7 mars.

Le 20 avril, M. de la Rochepot est envoyé ambassadeur en Espagne, et le commandeur de Chattes va en Angleterre pour assister au chapitre de l'ordre de la Jarretière, et y représenter le Roi, qu'Élisabeth venait d'admettre dans cet ordre. Le 21, Henri IV redemande inutilement à Mlle d'Entragues et à son père la promesse qu'il leur avait donnée par écrit. Après un premier échange de lettres entre le Roi et le grand-duc de Toscane sur l'union projetée, le contrat de mariage est signé à Florence le 25 avril. M. d'Alincour apporté aussitôt à Henri IV le portrait de Marie de Médicis. Du Plessis-Mornay et du Perron, évêque d'Évreux, ont, le 4 mai, à Fontainebleau, en présence du Roi, de la cour et des principaux docteurs des deux religions, une célèbre conférence sur les inexactitudes reprochées à Mornay dans son *Traité de l'eucharistie*. Le 24, M. de Frontenac, maître d'hôtel du Roi, porte à Marie de Médicis une première lettre de S. M. avec son portrait. Le 2 juin, Nicole Mignon, vieille femme de Saint-Denis, qui

SOMMAIRE HISTORIQUE.

avait voulu attenter à la vie du Roi, est brûlée vive. Le 9, M. de Vic remplace, comme ambassadeur en Suisse, M. de Mortefontaine, décédé.

Comme ce mois de juin était le terme du délai pris par le duc de Savoie pour l'exécution du traité de Paris, le Roi part de Fontainebleau, le 18, pour se rendre à Lyon. Sur la demande de Charles-Emmanuel, il lui accorde le mois de juillet comme prolongation du délai. Au commencement de ce mois, la marquise de Verneuil accouche d'un enfant mort. M. de Montmorency-Fosseuse, revenant de Turin, rend compte de l'intention énergiquement exprimée par le duc de Savoie de ne point rendre le marquisat. Marie de Médicis répond, le 25, à Henri IV, et dès lors une correspondance suivie s'établit entre eux.

A son arrivée à Lyon, le 9 juillet, le Roi y reçoit les députés de Savoie, qui viennent faire plusieurs objections à l'exécution du traité. Les présidents Jeannin et de Sillery s'abouchent avec eux de la part du Roi, et après beaucoup de lenteurs et de difficultés, arrêtent, le 21, les articles du traité. M. du Passage est nommé gouverneur du marquisat de Saluces, et chargé d'aller prendre possession de Carmagnole, que le duc de Savoie s'était engagé à rendre le 16 août. A la fin de juillet, une contribution est demandée aux principales villes du royaume pour les frais du mariage du Roi. Il apprend, le 8 août, le refus de Charles-Emmanuel de ratifier le traité. La déclaration de guerre est publiée, le 11. Le même jour, le Roi part pour Grenoble; Lesdiguières entre en Savoie, et Biron en Bresse. Ce maréchal se présente, le 13, devant Bourg, emporte la ville, puis tout le reste de la Bresse, du Bugey et du pays de Gex, la citadelle de Bourg exceptée. Créqui s'empare en même temps de la ville de Montmeillan et bloque le château.

Henri IV arrive au fort de Barraux et entre en Savoie, le 16 août. Il couche aux Marches, d'où il part le 18 pour se rendre à Chambéry; dont les faubourgs sont pris le 21, par Crillon. Le Roi occupe aussitôt cette ville, et reçoit la capitulation du château à six jours. Le 25, le duc de Bellegarde, grand-écuyer, porte au grand-duc de Toscane la procuration nécessaire pour épouser sa nièce, Marie de Médicis, au nom du Roi. Conflans est pris le 27, Saint-Pierre d'Albigny, le 30; et la tour Charbonnière, assiégée le 31, est rendue le 10; Pierre-Chastel, le 12. Aussi, Henri IV peut appeler alors Charles-Emmanuel *le duc sans Savoie*, comme il l'écrit, le 22 septembre, à Marie de Médicis. Il envoie à la marquise de Verneuil, à Lyon, les drapeaux pris dans ce début de la campagne.

SOMMAIRE HISTORIQUE.

Il reçoit, le 14 octobre, à Chambéry, la nouvelle de son mariage, célébré le 5, à Florence. La Reine quitte cette ville le 13, s'embarque à Livourne le 17, et, après plusieurs relâches, aborde à Marseille le 3 novembre. Sébastien Zamet, nommé surintendant de sa maison, y avait été envoyé le 22 octobre. Le Roi ne put s'y trouver, retenu par la capitulation du château de Montmeillan, qu'avait signée, le 16, le comte de Brandis, gouverneur, pour le rendre, s'il n'était secouru, au bout d'un mois révolu. La Reine est donc reçue, à son débarquement, par le connétable, le chancelier et le duc de Guise, gouverneur de Provence, accompagnés de princes, de princesses, de cardinaux et autres grands personnages. Le duc de Savoie, resté jusqu'alors dans l'inaction, se décide enfin à passer le petit Saint-Bernard avec son armée; mais, ne pouvant arriver devant Montmeillan en temps utile, il écrit au gouverneur de ne pas tenir la capitulation, et de sacrifier plutôt ses otages. Le Roi ayant intercepté cette lettre, l'envoie tout ouverte au comte de Brandis, qui livre la place le 16 novembre, terme de la capitulation. M. de Bouvens, gouverneur de la citadelle de Bourg, ne veut pas suivre cet exemple, et défend opiniâtrément sa place. Le 18, le Roi, logé à Villars près Beaufort, se porte, avec le comte de Soissons, au-devant du duc de Savoie, et fait attaquer ses avant-postes; mais l'encombrement des neiges l'oblige à regagner Chambéry. Il y reçoit le cardinal neveu Aldobrandin, légat, avec qui il avait déjà eu une première entrevue à Montmeillan, et qu'accompagnaient les députés de Savoie, le comte d'Arconas et le baron des Alymes, chargés, bientôt après, par leur maître, de négocier la paix. Ces pourparlers ne ralentissent en rien les opérations. Le comte de Soissons et Biron vont investir le fort Sainte-Catherine, dont on espérait venir à bout, comme de Montmeillan, *en dressant une pratique* (lettre du 21 novembre). Le Roi lui-même s'approche de ce fort, le 2 décembre, jusqu'à un quart de lieue de Genève, dont les citoyens l'envoient complimenter par Théodore de Bèze. Au retour de cet envoyé, les plus grands seigneurs de l'armée vont visiter la ville de Genève, où ils trouvent un accueil empressé. Le 5, Pierre Charrue, qui avait remplacé le grand-prieur de Lucinge dans le commandement de Sainte-Catherine, signe une capitulation pour rendre sa place le 17.

Cependant la Reine, partie de Marseille le 16 novembre, était arrivée le 17 à Aix, le 29 à Avignon, et le 2 décembre à Lyon. Le Roi, parti du fort Sainte-Catherine le 7 décembre, la rejoint dans cette ville le 9 au soir, et consomme le mariage, qui est célébré solennellement le 17 par le légat. Le même jour le fort Sainte-Catherine avait été rendu. Henri IV en ayant accordé la démolition aux Génevois, ils le démolirent avec tant de rapidité, qu'il n'en restait rien lorsque cette nouvelle parvint au légat, toujours occupé de travailler à la paix. Irrité, il voulut tout rompre; mais Rosny lui fit bientôt renouer les négociations, en lui démontrant que si le Roi, à qui cette guerre avait si bien réussi, consentait à la paix, c'était par déférence pour le Pape.

1601.

Le maréchal de Biron, dont Henri IV commençait à apercevoir les mauvais desseins, n'avait pu obtenir le gouvernement de Bourg, et s'était exprimé à ce sujet avec une extrême violence. Il se décide à faire au Roi l'aveu de presque tout ce qu'il avait tramé contre lui, et obtient son pardon. Le traité de paix avec la Savoie, retardé par des difficultés sans cesse renaissantes, se conclut enfin, grâce à l'activité du légat, le 17 janvier. Le Roi, abandonnant au duc de Savoie le marquisat de Saluces, reçoit en échange la Bresse et le Bugey, auxquels le légat fait ajouter, pour les frais de la guerre, le pays de Gex et le Valromey, le duc de Savoie ne conservant rien en deçà du Rhône. Ce prince, en apprenant la conclusion du traité par ses plénipotentiaires Arconas et des Alymes, jure qu'il leur fera couper la tête.

Le Roi part de Lyon, le 19. Le 29, la reine Louise, veuve de Henri III, meurt à Moulins. Le prévôt des marchands de Paris reçoit l'ordre d'envoyer à Melun un bateau à la Reine, par deux échevins, puis de la recevoir lui-même en habit de cérémonie à son arrivée à Paris. Henri IV précède Marie de Médicis à Fontainebleau. Elle y arrive le 4 février, puis le 9 à Paris, où le Roi l'avait aussi précédée. Elle descend d'abord chez M. de Gondi, son chevalier d'honneur; loge, le 12, chez Zamet, surintendant de sa maison, et le 12 au Louvre. Le Roi la mène à la foire Saint-Germain.

En Angleterre, le comte d'Essex, arrêté le 15 février comme accusé de haute trahison, est exécuté le 25.

Le cardinal légat apprenant de nouvelles difficultés faites par le duc de Savoie, se rend en poste auprès de lui pour les aplanir, et conclure définitivement le traité. Enfin, la ratification donnée par Charles-Emmanuel et par le comte de Fuentès, est reçue à Lyon par le connétable, les présidents de Sillery et Jeannin au commencement de mars. M. de Bouvens sort de la citadelle de Bourg, le 9. Sur la demande du Pape, le culte réformé est supprimé à Châteaudauphin. La grossesse de la Reine est annoncée. Le 3 mars, elle se rend avec le Roi à Orléans, pour gagner le jubilé, dont le Pape accordait les grâces, cette année-là, à l'église Sainte-Croix. M. de Fresnes-Canaye est envoyé en ambassade à Venise au commencement de mai. Le comte de Mansfeld ayant cherché à surprendre Metz, au moyen d'intelligences pratiquées dans la ville, M. de Sobole, lieutenant du duc d'Épernon au gouvernement de Metz, fait donner la question à deux complices du comte, et sur leurs dépositions, arrachées par la torture, ordonne l'arrestation de plusieurs membres du conseil des Treize et autres notables habitants. Pour s'acquitter de la dette contractée envers le duc de Würtemberg, le Roi aliène une partie de son domaine de Normandie, mesure qui rencontre une longue suite d'obstacles dans l'opposition du parlement et de la chambre des comptes de cette province. A la fin de mai, la seigneurie de Venise envoie complimenter Henri IV sur la paix et sur son mariage. Sommée comme les autres de contribuer, par un don, aux dépenses de ce mariage, la ville de Poitiers fait des difficultés sur le versement de la somme qui lui est demandée. En même temps la *pancarte*, impôt du sou pour livre établi sur l'entrée des marchandises, est refusée dans plusieurs villes du Poitou et d'autres provinces de l'ouest. L'ambassade envoyée en Europe par le Sophi, pour chercher partout des ennemis au Turc, une révolte des janissaires, les soulèvements excités en Asie contre la Porte, décident le Sultan à envoyer son médecin, Barthélemy de Cœur, renégat marseillais, au roi de France, pour se plaindre de la présence du duc de Mercœur dans l'armée impériale. Cet envoyé est reçu au milieu de juin. Madame Catherine, accompagnée du duc de Lorraine, son beau-père, vient voir la Reine le 10 juillet. Du Perron, évêque d'Évreux, entre en conférence, par ordre du Roi, avec cette princesse; mais il essaye inutilement de la convertir.

Quelques jeunes gentilshommes de l'ambassade de France à Madrid, ayant tué deux Espagnols dans une rixe, sont arrêtés par l'alcade dans l'hôtel même de l'ambassadeur, le 17 juillet. Dès que la nouvelle en est parvenue au Roi, le 2 août, il rappelle M. de la Rochepot, et interdit aux négociants français tout commerce avec les Espagnols. Le 6, création de la *Chambre royale*, pour rechercher et punir les malversations des financiers. Le 15,

SOMMAIRE HISTORIQUE.

défense de transporter de l'or et de l'argent hors du royaume. Quelques jours avant la prise de Rhinberg, qui tomba au pouvoir du prince Maurice le 17 juillet, l'archiduc Albert, pour faire une diversion puissante, avait commencé, devant Ostende, ce siége fameux qui dura plusieurs années. L'importance de ces événements, dans des provinces voisines de la France, et les suites que pouvait avoir l'insulte faite à son ambassadeur en Espagne, décident Henri IV à visiter Calais au commencement de septembre. Il envoie le duc d'Aiguillon saluer, au camp devant Ostende, l'archiduc, qui, à son tour, lui fait rendre le même devoir par le prince de Croï. Élisabeth apprenant la présence de Henri IV à Calais, se rend à Douvres, et lui fait proposer une entrevue au milieu du détroit. Le Roi s'en excuse, et Rosny passe en Angleterre comme de lui-même pour un voyage particulier. Il est aussitôt mandé par Élisabeth, qui lui confie les grands projets d'une confédération destinée à amener l'équilibre européen et la liberté religieuse, plan que Henri IV travailla plus tard à réaliser. M. de Chevrières est envoyé, le 8 septembre, au duc de Savoie, pour lui voir jurer la paix. Le 12 ou le 13, le duc de Biron part de Calais, suivi d'un nombreux cortége de noblesse, et va saluer solennellement la reine d'Angleterre de la part de Henri IV.

Ce prince arrive à Fontainebleau à la mi-septembre, pour se trouver aux couches de la Reine. Le 19, madame de Montglat est nommée gouvernante des enfants de France. Le 27, naissance du Dauphin. A la mi-octobre, Henri IV prie le Pape de tenir ce prince sur les fonts de baptême; ce que le Saint-Père accepte. Sa réponse du 12 novembre, avec les langes bénits, est apportée au commencement du mois suivant par Barberini, clerc de la Chambre apostolique, qui devint pape sous le nom d'Urbain VIII. A la fin du mois, M. de Beaumont, fils du premier président Achille de Harlay, est adjoint à M. de Boissize pour tenir, avec les commissaires nommés par la reine Élisabeth, une conférence sur les moyens d'assurer la liberté du commerce à la marine de France comme à celle d'Angleterre. Le 2 décembre, le Roi jure la paix avec le duc de Savoie, en présence du marquis de Lullin, ambassadeur du duc. Le 11, M. de Beaumont remplace, comme ambassadeur en Angleterre, M. de Boissize, qui reste spécialement attaché à la conférence pour la sûreté de la marine marchande. A la fin de l'année, les députés de la Bresse viennent faire hommage au Roi, qui leur dit :
« Il estoit raisonnable que, puisque vous parlés naturellement françois, vous fussiés subjects à un roy de France. Je veux bien que la langue espa-

gnóle demeure à l'Espagnol, l'allemande à l'Allemand; mais toute la françoise doibt estre à moy. »

1602.

Quelques parcelles d'or trouvées dans des terrains du Lyonnais donnent lieu à des espérances qui ne purent se soutenir longtemps. L'évêque et les habitants de Toul font d'assez longues difficultés avant de prêter serment à Henri IV. Au commencement de février, le maréchal de Biron, accompagné de MM. de Sillery et de Vic, va renouveler l'alliance avec les Suisses, pour la durée de la vie du Roi et du Dauphin. Le duc de Mercœur meurt à Nuremberg, le 19. L'innocence des principaux Messins, arrêtés par ordre du gouverneur Sobole et envoyés à Paris, y est reconnue, et solennellement proclamée à Metz au mois d'avril. Le mauvais vouloir des commissaires anglais dans les conférences avec M. de Boissize, décide le Roi à le rappeler. Les avis sur la conspiration de Biron se multiplient. La Fin, son principal complice, dénonce tout le détail des projets auxquels il l'avait excité, et livre au Roi le plan principal de la conspiration, écrit de la propre main de Biron. Dès le mois d'avril, l'ambassadeur de France à Venise est chargé de rechercher ceux des agents du maréchal qui se trouvent en Italie. Comme les conspirateurs comptaient s'appuyer surtout du mécontentement causé par l'établissement des nouveaux impôts, le Roi se décide d'abord à se rendre en Poitou, foyer principal de ce mécontentement. Il part le 17 avril pour Blois, et s'arrête près d'un mois dans cette ville ou dans les environs; puis il se rend à Tours, le 13 mai. Il prescrit des mesures pour la sûreté des frontières du sud-est, à l'occasion du passage des troupes que le marquis Spinola conduisait au secours de l'archiduc. Après avoir adressé des instructions sur ce point au maréchal de Biron, gouverneur de Bourgogne, il lui envoie d'Escures et le président Jeannin pour l'engager à venir se disculper des bruits qui courent sur son compte. A Poitiers, où il reste du 22 au 27, il remet aisément tout dans l'ordre. L'impôt de la pancarte est rétabli dans cette ville, à la Rochelle et dans le Limousin, puis entièrement supprimé dès que tout est rentré dans la soumission. Le duc de Nevers part pour la Hongrie. A la fin de mai, le baron du Tour est envoyé ambassadeur en Écosse. Les avocats, mis en grande rumeur par suite d'un arrêt qui taxait le salaire de leurs plaidoiries, se refusent à plaider et vont déposer leurs chaperons; mais l'affaire ne tarde pas à s'arranger par la désuétude où on laisse tomber l'arrêt.

SOMMAIRE HISTORIQUE.   xv

De retour à Fontainebleau le 13 juin, Henri IV y voit arriver, le surlendemain, Biron, qu'il n'attendait guère plus, après tous les ordres qu'il lui avait donnés successivement depuis deux mois. Il l'adjure à plusieurs reprises de faire un aveu complet, promettant de lui pardonner à cette condition. Il lui fait ensuite donner le même conseil par le comte de Soissons ; mais le maréchal, à qui la Fin venait de persuader que le Roi n'avait aucune preuve, se refuse à tout aveu, et s'emporte même contre de tels soupçons. Le soir du lendemain de son arrivée, sortant du jeu de la Reine, il est arrêté ainsi que le comte d'Auvergne, son complice. L'affaire s'instruit dans les formes. Le Roi retourne à Fontainebleau, prêt à passer en Bourgogne s'il s'y faisait quelque soulèvement ; mais le maréchal de Lavardin, qu'il y avait envoyé aussitôt après l'arrestation de Biron, n'y rencontre aucune résistance aux ordres du Roi. De retour à Paris au milieu de juillet, Sa Majesté reçoit à Saint-Maur les parents de l'accusé, conduits par M. de la Force ; mais tout ce qu'elle accorde à leurs prières est la liberté de solliciter les juges. Le 27, Biron comparaît devant le Parlement (où aucun des pairs de France n'avait voulu venir siéger) ; il subit son interrogatoire, auquel il répond avec une admirable éloquence. Le 29, il est condamné, à l'unanimité, à avoir la tête tranchée en place de Grève. « Le Roi, dit Péréfixe, sous prétexte de faire grâce à ses parents, mais craignant en effet quelque tumulte, parce qu'il était fort aimé des gens de guerre et avait grand nombre d'amis à la cour, commua le lieu de l'exécution, et voulut qu'elle se fît dans la Bastille. » L'arrêt est ainsi exécuté, le 31 juillet. Bellegarde est nommé lieutenant-général au gouvernement de Bourgogne, sous le Dauphin, gouverneur.

Au commencement d'août, un camérier du Pape ramène au Roi les gentilshommes de M. de la Rochepot, arrêtés à l'ambassade de France l'année précédente, et que le S. P. s'était fait remettre par le roi d'Espagne. Henri IV promet au Pape d'envoyer prochainement à Madrid un autre ambassadeur ; il choisit à cet effet M. de Barrault. La seigneurie de Venise accorde l'extradition de ceux des agents de Biron qui se trouvaient sur ses terres. Le receveur Jousseaume, qui s'était enfui à Turin avec l'argent de sa recette, ayant été repris avec l'autorisation du duc de Savoie, est ramené à Paris et pendu le 20 septembre. Le 27, le baron de Fontenelles, de la maison de Beaumanoir, un des complices de Biron, convaincu, en outre, de plusieurs crimes atroces, est rompu vif. Le Roi pardonne à M. de Montbarot, gouverneur de Rennes, autre complice du maréchal. A la fin du mois, le duc d'Épernon, gouverneur de Metz, se rend dans cette ville avec mission d'y calmer l'effervescence causée par la mésintelligence entre les habitants et son lieutenant M. de Sobole. Le comte d'Auvergne sort de la Bastille, le 2 octobre. Maurice le Savant, landgrave de Hesse, vient rendre visite à Henri IV, et arrive à Fontainebleau le 6. Le 10, Hébert, secrétaire du duc de Biron, après avoir été mis à la question inutilement, offre de fournir volontairement sur la conspiration des renseignements qui lui font rendre la liberté. Ces révélations sont complétées par le baron de Lux, un des complices, qui obtient sa grâce et arrive en cour le 3 novembre.

Les députés des Cantons Suisses, venant pour jurer le renouvellement de l'alliance, font leur entrée à Paris le 14 octobre, escortés des plus grands seigneurs. Ils sont harangués par le prévôt des marchands, et logés rue Quincampoix, où ils sont honorablement défrayés. Le Roi leur donne audience au Louvre en très-grand appareil. La cérémonie du serment, suivie d'un festin splendide, a lieu le 19 à Notre-Dame. La Reine accouche d'une princesse, le 22 novembre.

Le duc de Bouillon, impliqué dans la conspiration de Biron, s'était retiré à Turenne. Le Roi le mande près de lui, le 18 novembre, pour venir se justifier. Il répond d'abord, le 22, qu'il va se rendre aux ordres de Sa Majesté; puis, le 30, il s'en excuse, sous le prétexte des menées de ses ennemis et de l'indignité de ses dénonciateurs. Il annonce qu'il va se présenter devant la chambre mi-partie de Castres, dont il se trouve justiciable comme étant de la Religion. Il est sommé de nouveau de se rendre en cour, et M. de Caumartin lui est envoyé, le 20 décembre; mais il se retire à Orange, puis à Genève, et de là à Heidelberg chez l'électeur palatin. Il cherche partout l'appui des princes protestants, comme victime de ses opinions religieuses. La reine Élisabeth elle-même semble prendre son parti et blâmer la conduite du Roi à son égard.

Le duc de Savoie tente un coup de main sur Genève, le 24 décembre; mais l'entreprise, conduite par son favori Albigny, manque. Ceux des assaillants qui tombent entre les mains des Génevois sont pendus. Le Roi fait assurer la République de son appui.

RECUEIL
DES
LETTRES MISSIVES DE HENRI IV.

SECONDE PÉRIODE.
APRÈS L'AVÉNEMENT AU TRÔNE DE FRANCE.

1589 – 1610.
CORRESPONDANCE DE HENRI IV.

SUITE DE L'ANNÉE 1598.

[1598. — 1er JUILLET[1].]

Cop. — B. N. Fonds Béthune, Ms. 8972, fol. 122 verso. — Même fonds, Ms. 8972-2, fol. 204 verso.
Imprimé. — *Mémoires et correspondance de Duplessis-Mornay.* 1824, in-8°, t. IX, p. 46.

[AU CARDINAL ALBERT,
ARCHIDUC D'AUTRICHE.]

Mon frere, J'ay esté tres ayse de voir ces seigneurs que vous avés envoyez devers moy, tant pour vostre consideration que pour leurs bonnes qualitez et merites, et pour l'occasion de leur venue, et d'avoir esté asseuré par eux et par vostre lettre, de l'affection que vous me

---

[1] Jour du départ des plénipotentiaires de France pour Bruxelles.

voulés porter à l'advenir, et pareillement de la correspondance que je doibs attendre sur l'observation de la paix que Dieu nous a donnée, de la part du Roy Catholique, mon bon frere. A present, je vous envoye mon cousin le duc de Biron, pair[2] et mareschal de France, et les s^{rs} de Bellievre et de Sillery, de mon conseil, pour assister au serment que vous avés promis de faire pour la dicte paix; auxquels j'ay commandé de vous asseurer de mon amitié, en attendant qu'il se presente occasion de vous la tesmoigner par effect, laquelle j'embrasseray tousjours de tres bon cœur, ainsy qu'ils vous diront. Par tant, je vous prie de les ouyr et leur adjouster pareille foy que vous feriés à

Vostre bon frere,
HENRY.

1598. — 3 JUILLET. — Ire.

Orig. — Arch. municip. d'Abbeville. Registre des délibérations de 1597 à 1599, fol. 299. Transcription de M. Louandre, bibliothécaire archiviste.

A NOS CHERS ET BONS AMYS LES MAYEUR, ESCHEVINS, MANANS ET HABITANS DE NOSTRE VILLE D'ABBEVILLE.

Chers et bien amez, Nous envoyons le commissaire Mannoyeur exprés en nostre province de Picardie, pour recueillir et assembler toutes les compagnies de Suisses qui sont en garnison es villes et places d'icelle, et nous les amener de deçà au lieu où nous luy avons commandé. Dont vous avons bien voulu advertir par la presente, affin que vous teniés la main que ceulx qui sont dans nostre ville d'Abbeville se tiennent prests d'en sortir pour s'acheminer avec le dict commissaire Mannoyeur, lorsqu'il les ira recepvoir pour cest effect; voulant aussy que si, lorsque le dict Mannoyeur retournera de Monstreuil pour amener ceulx qui y sont, il juge à propos, pour la commodité de son voyage, de passer par dedans vostre ville ou mesmes

---

[2] Le maréchal de Biron venait tout récemment d'être créé duc et pair.

les faire loger dans l'un des fauxbourgs d'icelle pour une nuit seulement, vous ayés à les souffrir; nous asseurant que, comme ils ont de quoy pourveoir toute la despense qu'ils y pourront faire, ils s'y comporteront de telle sorte que vous n'en recepvrés point de mescontentement. Donné à Sainct-Germain en Laye, le iij^e jour de juillet 1598.

HENRY.

DE NEUFVILLE.

1598. — 3 JUILLET. — IIme.

Orig. — Arch. des Médicis, légation française, liasse 3. Copie transmise par M. le ministre de France à Florence.

A MON COUSIN LE GRAND DUC DE TOSCANE.

Mon Cousin, Je sçay que vous m'aimés, car vous me l'avés faict paroistre. Je pense aussy que vous devés participer aux bons succés qui m'arrivent de la main de Dieu pour le bien de la Chrestienté en general, et de cest Estat en particulier ; et encores que vous ayés eu advis de divers endroicts, de la conclusion de la paix que j'ay nagueres faicte avec le roy d'Espagne, je la vous ay bien voulu faire sçavoir, et m'en conjouir avec vous par ceste lettre, laquelle vous sera portée par l'evesque de Rennes, auquel j'ay commandé de retourner devers vous exprés pour cest effect, et vous asseurer plus que jamais de la perseverance de mon amitié, me promettant que vous me continuerés tousjours la vostre, comme je vous en prie, et d'adjouster pareille foy au dict evesque qu'à moy-mesme : priant Dieu, mon Cousin, qu'il vous ait en sa saincte et digne garde.

HENRY.

DE NEUFVILLE.

[1598.] — 4 JUILLET.

Orig. autographe. — Archives des Médicis, légation française, liasse 3. Copie transmise par M. le ministre de France à Florence.
Imprimé. — *Histoire de Toscane*, trad. de l'italien de RIGUCCIO GALLUZZI, Paris, 1782, in-12, t. V, p. 304.

A MON COUSIN LE GRAND DUC DE TOSCANE.

Mon Cousin, Je vous renvoye l'evesque de Rennes, plus pour vous asseurer de mon amitié que pour autre chose; car je desire que vous en faciés à l'avenir plus d'estat que jamais, voulant me revancher des plaisirs que j'ay receus de vous, à present que Dieu m'a faict la grace de remettre mes affaires en tel estat que j'espere que j'en auray plus de moyen que je n'ay eu. Aymés-moi doncques, je vous prie, et n'ayés esgard au passé, vous promettant d'affectionner tout ce qui vous touchera comme le mien propre. Adjoutés foy au dit evesque et me continués vostre amitié comme à

Vostre bien bon cousin,

HENRY.

Ce iiij^e juillet à Sainct-Germain en Laye.

1598. — 10 JUILLET.

Cop. — Biblioth. de M. Monmerqué, Ms. intitulé *Lettres à l'ambassadeur du Levant*.

[A M. DE BRÈVES.]

Monsr de Breves, J'ay faict la paix avec le roy d'Espagne, pour les raisons et aux conditions que je vous ay escriptes par mes precedentes; suivant lesquelles mes villes de Calais, Monthulin, la Chapelle et le Chastelet m'ont desjà esté rendues, comme le doivent estre bientost les autres, et espere, moyennant la grace de Dieu, remettre en peu de temps mon Royaume en sa premiere force et splendeur, pour estre aussy utile à mes alliez et amys qu'il a esté du temps des Roys mes predecesseurs. Je ne doubte point que ce Grand Seigneur et ses ministres ne soient marrys du dict accord, autant pour leur interest que pour le mien; mais s'ils vous en font plaincte, dites-leur, comme vous avés jà commencé, qu'ils en sont cause, pour le peu de compte qu'ils ont faict, non seulement de mon amitié, mais aussy de leur foy et reputation durant les troubles et miseres de mon Royaume. Car mes pauvres subjects ont esté quasy aussy mal traictez par le dict Grand Seigneur et ses officiers que par mes propres ennemys, contre la foy et au prejudice de nos capitulations, qui ont esté aussy souvent violées que l'occasion de le faire s'en est presentée. J'ay esté aussy si peu assisté d'eux contre les Espagnols qu'ils m'en ont souvent donné [la promesse, en quoy] il a monstré peu de compte de ma conservation; et toutefois Dieu y a mis la main, de façon que j'ay rangé mes ennemys à la raison et mes rebelles à leur devoir. Et vous asseure que j'auray bien aussy agreable qu'il retienne cest ambassadeur que s'il me l'envoyoit, comme je vous ay jà escript; pourtant ne le recherchés ni sollicités aucunement. Neantmoins, s'ils persistent à le vouloir faire partir, n'y contredisés, principalement si vous cognoissés que leur depesche procede du commandement et vouloir du Grand-Seigneur. Car, à vous dire la verité, souvent tels voyages sont plus entrepris à l'appetit d'aucuns particuliers que par le commandement et pour le service du prince, lequel à l'advenir aura peut-estre autant de besoin de mon amitié que j'auray de la sienne; et ne sera mal à propos que vous leur faciés sentir comme de vous-mesme, qu'ils ne doubtent point que je ne sois recherché d'entrer en une ligue avec tous les autres princes chrestiens contre eux, affin de voir quelle response ils feroient; sans leur donner subject de croire que j'y veuille entrer, ne aussy de m'obliger de ne le faire point; mais que je me conduiray en cela selon qu'ils se gouverneront en mon endroit; leur disant que les amitiez et respects que les princes se portent les uns aux autres, s'observent par une mutuelle correspondance, à laquelle quand l'une des parties manque, l'autre s'en peut dispenser justement. Vous sçavés comment mes subjects ont esté et sont encore maintenant traictez et tyrannisez en l'empire de ce Seigneur, et du peu de compte que l'on y fait de ma baniere et les avantages que les Anglois et Florentins ont usurpez sur icelle, contre nos capitulations. Ce sont des offenses insupportables; principalement aux princes genereux, lesquels ayant fait profession d'amitié avec eux, n'y ont jamais desfailly. Bref, faites-leur entendre que s'ils ne me portent plus de respect qu'ils n'ont faict, que je ne seray obligé de leur continuer celuy que je leur ay rendu jusques à present; et vous contentés de laisser par delà Cocquerel, comme je vous ay escript par mes dernieres, prenant congé d'eux soubs pretexte de me venir rendre compte de l'estat de mes affaires de par delà; leur laissant toutefois esperance que vous ou aultre de ma part retournerés devers eux s'ils respectent mon amitié comme j'ay tousjours faict la leur : priant Dieu, Mons⁏ de Breves, qu'il vous ayt en sa saincte garde. Escript à Sainct-Germain en Laye, le x⁰ juillet 1598.

HENRY.

1598. — 11 JUILLET.

Orig. — Musée britannique, Mss. Egerton, vol. 5, fol. 64. Transcription de M. Delpit.

A MONSᴿ DE LUSSAN,

COMMANDANT POUR MON SERVICE EN MES VILLE ET CHASTEAU DE NANTES.

Monsʳ de Lussan, J'envoye le sʳ de Mousseau en mon pays et duché de Bretagne, pour y recognoistre beaucoup de deffectuositez [1] auxquelles mes affaires et le bien de mon dict pays requierent qu'il soit remedié serieusement. Sa suffisance et capacité m'estant cogneües, j'ay jugé pouvoir estre dignement servy de luy en ceste charge, pourveu qu'il soit assisté de ceulx qui ont de l'auctorité pour mon service, comme je me promets et suis certain qu'il sera de vous, en ce que vous fera cognoistre estre du bien et establissement de mes affaires. C'est pourquoy je ne vous en feray aultre plus exprés commandement que la presente : que je finiray, priant Dieu qu'il vous

[1] L'original porte : *Beaucoup d'effectuositez.*

ait, Monsr de Lussan, en sa saincte garde. Escript à Sainct-Germain en Laye, le xj^e jour de juillet 1598.

                                          HENRY.

                                              POTIER.

1598. — 12 JUILLET.

Cop. — B. N. Fonds Béthune, Ms. 8955, fol. 90 verso.

A.[1]

Mon Cousin, Je vous prie tenir la main, vous employer, interceder et tant faire envers nostre Tres Sainct Pere le Pape, que le bon plaisir de Sa Saincteté soit, à ma nomination, priere et requeste, pourveoir frere Sausée Colongues, relligieux du monastere de Gimont, de l'abbaye Nostre-Dame des Culieux, jadis des relligieuses, ordre de Citeaux, diocese de Narbonne, à l'administration de laquelle il a esté commis par Sa dicte Saincteté, pour estre la dicte abbaye, depuis vingt-cinq ou trente ans, deserte et tellement abandonnée, que le service divin y a esté, depuis le dict temps, et est encore delaissé, que les fruicts d'icelle ayant esté prins, jouis et perceus, soubs tiltre de simple prieuré, par certaines relligieuses de l'ordre Sainct Benoist, qui n'ont eu aulcun soing de la mettre en bon et convenable estat, ny d'y faire celebrer le service divin ; luy en faisant expedier toutes les lettres, bulles, dispenses et provisions apostoliques, qui pour ce luy seront necessaires, suivant les memoires et supplications qui en seront presentées à Sa Saincteté ; et vous ferés chose qui me sera tres agreable : priant Dieu, mon cousin, qu'il vous ait en sa tres saincte et digne garde. Escript à Sainct-Germain en Laye, le xij^e jour de juillet 1598.

                                          HENRY.

---

[1] Le cardinal de Joyeuse, protecteur des affaires de France, était alors absent de la cour de Rome, où il ne revint qu'à la mi-février 1599. Cette lettre doit donc être adressée au duc de Piney-Luxembourg, ambassadeur.

1598. — 14 juillet.

Orig. — Musée britannique, Mss. Egerton, vol. 5, fol. 63. Transcription de M. Delpit.

A MONS^R DE LUSSAN,

COMMANDANT POUR MON SERVICE EN MES VILLE ET CHASTEAU DE NANTES.

Monsr de Lussan, J'ay sceu qu'au mespris de mes edicts, plusieurs gentilshommes et aultres personnes particulieres sont troublez et recherchez pour raison des actes et hostilitez commis pendant ces troubles, dont ils sont valablement deschargez, et journellement saisis et arrestez par le prevost des mareschaux de mon pays de Bretagne et ses lieuctenans, le plus souvent pour intimider ceulx qu'il sçait avoir esté contraires à nostre service et en tirer des commoditez, sçachant bien qu'ils n'ont aulcune jurisdiction sur eux au prejudice de leurs descharges et de nos dicts edicts, les travaillant extraordinairement, mesme les retenant prisonniers au prejudice des revocations et interdictions que je leur ay accordées en consequence de nos dicts edicts; de l'effect et grace desquels desirant qu'ils jouissent, je vous ay faict la presente pour vous mander qu'en ce qui est de l'estendue de vostre charge vous teniés la main à ce qu'il ne soit rien attenté, innové ou entrepris contraire à nos dicts edicts, donnant ordre à ce que les dicts prevost, ses lieuctenans et aultres mes officiers se departent de la cognoissance des faicts qui leur sont interdicts, deferent aux revocations et defenses qui leur sont faictes, sur peine de desobeissance, et memes de [prise] à partie en leurs propres et privez noms. M'asseurant du soing que vous en aurés, je prieray Dieu qu'il vous ait, Monsr de Lussan, en sa saincte garde. Escript à Paris, le xiiij^e jour de juillet 1598.

HENRY.

POTIER.

1598. — 20 JUILLET. — Ire.

Orig. — Arch. du canton de Berne. Envoi de M. le ministre de France en Suisse.

A NOS TRES CHERS ET GRANDS AMYS, ALLIEZ ET CONFEDEREZ LES ADVOYERS, CONSEIL ET COMMUNAUTÉ DE LA VILLE ET CANTON DE BERNE.

Tres chers et grands amys, alliez et confederez, Le capitaine Curion, qui nous a bien et dignement servi avec une compagnie de gens de pied Suisses, s'est plainct à nous de la rigueur dont vous usés en son endroict pour le payement de ses soldats, n'ayant jamais esté semblables voyes pratiquées à l'endroit des aultres capitaines, auxquels vous octroyés termes et delais suffisans pour pouvoir retirer le payement des assignations que nous leur avons données; adjoustant que l'on a saisy et adjugé à ses dicts soldats les biens de son pere, assis en vostre juridiction, sans qu'il ait pu obtenir la grace qui a esté accordée aux aultres; sur quoy il nous a supplié luy donner moyen de racheter son bien, ce que ne pouvant faire, pour les grandes despenses dont nous avons esté surprins et surchargez incontinent après la paix, nous vous en avons bien voulu escrire ceste lettre pour vous prier, comme nous faisons, de vouloir traicter plus doucement le dict capitaine Curion pour ce qu'il peut devoir à ses soldats qu'il remene par delà, auxquels il a faict bon traictement, et luy donner tel terme que vous adviserés suffisant, jusqu'à ce qu'il puisse retirer payement des assignations que nous luy avons faict donner; par le moyen desquelles nous esperons qu'il aura bien tost moyen de les contenter; et y tiendrons volontiers la main pour le contentement que nous avons des services du dict Curion, lequel s'est rendu digne de nos bienfaicts et gratification; à quoy nous nous asseurons que vous aurés esgard, et qu'il se ressentira de la priere que nous avons commandé au s^r de Mortefontaine, conseiller en nostre conseil d'Estat et nostre ambassadeur par delà, de vous en faire de nostre part, dont nous vous prions le croire comme nous-mesmes : et nous prions Dieu,

Tres chers et grands amys, alliez et confederez, qu'il vous ait en sa tres saincte et digne garde. Escript à Paris, le xxe jour de juillet 1598.

HENRY.

DE NEUFVILLE.

1598. — 20 JUILLET. — IIme.

Orig.—Arch. du canton de Genève. Copie transmise par M. Rigaud, premier syndic, et M. L. Sordet, archiviste.

A NOS TRES CHERS ET BONS AMYS LES SYNDICS ET CONSEIL
DE LA VILLE DE GENEVE.

Tres chers et bons amys, J'ay entendu par vostre depputé, le sr Daulphin, et par vos lettres du xxvie du mois passé, la peine en laquelle vous a mis la response que vous a faicte mon frere le duc de Savoye sur le faict de la paix, quand vous luy avés faict sçavoir ce que je vous en avois mandé; de laquelle je veulx croire que vous avés esté despuis delibvrez, d'autant que j'ay sceu qu'il a faict despuis retirer et separer les gens de guerre qui vous tenoient en jalousie. En tout cas, je me promets qu'il n'entreprendra rien sur vous par voye de faict, dont vous ayés occasion de vous plaindre; car comme ce seroit chose contraire à la dicte paix, et fort ésloignée des esperances qu'il m'a données de son amitié et de me donner tout contentement de ses actions, je serois aussy obligé et contrainct d'en faire le ressentiment que requiert le soing que je veulx avoir de vous, pour l'affection que je vous porte et le bien de mon service, comme j'ai faict dire icy au marquis de Lullin, son ambassadeur, et escris presentement au sr de Botheon, seneschal de Lyon et mon lieutenant general au gouvernement de Lyonnois, Forest et Beaujollois, que j'ay nagueres envoyé vers luy sur le subject de la dicte paix, luy faire entendre de ma part. Et affin que personne ne doubte de la part que j'ay entendu et veulx que vous ayés au benefice de la dicte paix, j'en feray depescher une declaration en forme patente, qui vous sera envoyée au premier jour, laquelle sera suivye d'effects tels que vous les debvés esperer de ma bienveillance et des bons tesmoignages que vous m'avés rendus de vostre affection aux occasions qui se sont presentées. A tant je prie Dieu, Tres chers et bons amys, qu'il vous ayt en sa saincte et digne garde. Escript à Paris, le xxme jour de juillet 1598.

HENRY.

DE NEUFVILLE.

[1598.] — 21 JUILLET.

Orig. autographe. — Musée britannique, Mss. Egerton, vol. 5, fol. 73. Transcription de M. Delpit.
Imprimé. — *Mémoires de la Force*, publiés par le marquis DE LA GRANGE, t. I, p. 291.

A MONS^R DE CAUMONT.

Monsr de Caumont, Hesperien m'a rendu la vostre et fidellement rapporté ce que vous luy avés commis et tout ce qui s'est passé aux derniers estats de mon pays souverain de Bearn, tant sur l'election des quatre deputez que je voulois qui me fussent envoyez, qu'aussy touchant l'estat de seneschal de mon dict pays, lequel j'ay donné au s^r de Castelnau. Le dict Hesperien vous fera sçavoir mes intentions et volontez sur ces deux affaires, et comme je n'agrée nullement l'election qui a esté faicte des dicts quatre deputez, pour les raisons qu'il vous dira. Amenés avec vous tant seulement les s^rs Hesperien pere et de Sainct-Quastyn, auxquels je feray entendre ce que je juge estre de mon service et du bien et repos de mon dict pays; me remettant de tout le reste à la suffisance du porteur, auquel vous croirés comme à moy-mesme : et je prieray Dieu, Monsr de Caumont, vous avoir en sa garde. Ce xxj^e juillet, à Monceaux.

HENRY.

1598. — 23 JUILLET.

Cop. — B. N. Fonds Béthune, Ms. 8972, fol. 147 verso. — Même fonds, Ms. 8972-2, fol. 401 verso.—Fonds Fontanieu, Ms. P. 74.
Imprimé. — *Mémoires et correspondance de Duplessis-Mornay,* 1824, in-8°, t. IX, p. 63.

A MONS^r DE VILLEROY.

Monsr de Villeroy, Je vous depesche ce courrier exprés en diligence pour vous dire que tout presentement les ostages ont pris congé de moy, et m'ont de nouveau redonné leur foy de me revenir trouver toutes fois et quantes que je leur manderay, sans alleguer aucune excuse, quelque deffense ou commandement qu'ils eussent au contraire du roy d'Espagne ou de l'Archiduc, tant ils veulent estre reputez gens de foy, aimant mieux perdre la vie que d'y avoir manqué. Et pour moy, je crois qu'il n'en sera nul besoin, d'autant que j'estime qu'ils accompliront ce qu'ils ont promis, et n'y manqueront nullement. Nous avons oublié une chose, qui est d'escrire par eux à l'Archiduc, car encores qu'ils ne m'ayent point apporté de lettres de sa part, il me semble qu'il ne sera que fort à propos d'en faire une de compliment, par laquelle je luy manderay comme je luy renvoye les ostages, sur l'asseurance que j'ay qu'il ne manquera nullement de sa part à ce qui m'a esté promis ; comme aussy ne feray-je, de la mienne, d'entretenir ce que nous luy avons promis, et quelques honestetez ; et je la leur envoyeray aprés. Au surplus, ils s'en vont fort contens de moy : aussy en ont-ils bien subject. C'est ce que, pour ceste heure, vous aurés de moy, qui prie Dieu, Monsr de Villeroy, vous avoir en sa garde. Escript à   -, le xxiij^e jour de juillet 1598.

HENRY.

1598. — 24 JUILLET.

Cop. — B. N. Fonds Béthune, Ms. 8972, fol. 148. — Même fonds, Ms. 8972-2, fol. 402 recto. — Fonds Fontanieu, Ms. P. 74.
Imprimé. — *Mémoires et correspondance de Duplessis-Mornay*, 1824, in-8°, t. IX, p. 64.

[A L'ARCHIDUC ALBERT.]

Mon frere, Je vous renvoye vos ostaiges, sur la priere qu'ils m'en ont faicte, l'asseurance que j'ay jà prise de vostre foy et celle qu'ils m'ont donnée de la leur, m'ayans promis de me revenir trouver au premier mandement qu'ils recevront de moy, si je ne suis satisfaict des choses accordées par nostre traicté. A quoy, comme je ne doubte point que vous ne faciés pourveoir comme il convient, je vous prie de croire aussy qu'il n'y aura aucun manquement à ce qui vous a esté promis de ma part, et que j'auray à plaisir de vous faire recevoir, en toutes occasions, les effects de l'amitié de

Vostre bon frere,

HENRY.

1598. — 28 JUILLET.

Imprimé. — *Mémoires et correspondance de Duplessis-Mornay*, 1824, in-8°, t. IX, p. 87.

A MONS^r DUPLESSIS.

Monsr Duplessis, Vous ne doubtés point (comme aussy je le vous ay escript et dict) que je ne repute le tort qui vous a esté faict par Sainct-Phal, faict à moy; et pour cest effect je despeschay, il y a quelque temps, Dupuy, exempt de mes gardes, pour me l'amener, affin qu'aprés m'avoir satisfaict, j'advisasse aux moyens pour vous rendre content, comme la chose du monde que j'affectionne autant. Il a esté amené pour faire ce que je luy ordonneray. C'est pourquoy je vous depesche ce gentilhomme exprés pour vous prier et commander, comme vostre maistre et vostre Roy, de me venir trouver où je seray dans le premier jour de septembre prochain, affin qu'en vostre presence j'advise aux moyens de vous donner en cest affaire-là tout le contentement qui se peut. Et croyés que vous me trouverés disposé à vous tesmoigner ce que je vous ay promis; pour le moins, que rien ne s'y passera à vostre prejudice, ne desirant rien tant que de faire voir à un chascun, non seulement comme je vous aime, mais le soing que je veux avoir de vostre honneur, ainsi que plus particulierement vous entendrés de ce gentilhomme : sur la suffisance duquel me remettant, je ne vous en diray davantage, que pour vous prier de le croire comme moy-mesme, et Dieu vous avoir, Monsr Duplessis, en sa garde. A Monceaux, ce xxviij^e juillet 1598.

HENRY.

1598. — 15 AOÛT.

Orig. — Arch. de la préfecture du Haut-Rhin, papiers du duc de Würtemberg. Copie transmise par M. le préfet.

A MON COUSIN LE DUC DE WIRTEMBERG,
PRINCE DU SAINCT EMPIRE.

Mon Cousin, Le s^r de Chastelet, gouverneur de ma ville de Langres, s'est plainct à moy du tort que l'on luy faict en Allemagne en la detention de la terre et seigneurie de Grand-Villars, qui luy appartient. Et par ce qu'il m'a faict entendre que par vostre faveur et protection vous pouvés advancer de beaucoup ses pretentions et luy faciliter la restitution de la dicte place, je vous en ay bien voulu escrire ceste lettre, et vous prier affectueusement, comme je fais, mon cousin, le voulloir avoir en toute bonne et favorable recommandation, et l'assister de vostre faveur et protection à l'endroict des gouverneurs et regens de la haulte Elsace; affin qu'il puisse entrer en joyssance de ce qui luy appartient, vous asseurant qu'en autre occasion je me revancheray bien volontiers de l'assistance que le dict s^r du Chastelet recevra de vous en cest endroict : priant Dieu, mon Cousin, qu'il vous ayt en sa tres-saincte et digne garde. Escript à Paris, le xvme jour d'aoust 1598.

HENRY.

DE NEUFVILLE.

1598. — 17 AOÛT.

Imprimé. — *Histoire du cardinal de Joyeuse,* par AUBERY, Paris, 1654, in-4°, p. 304.

[AU DUC DE LUXEMBOURG.]

..... Je ne puis reculer les Huguenots des charges sans hazarder le repos de mon Estat; car la partie de ceulx de contraire religion est encore trop enracinée en iceluy et trop forte et puissante dedans et dehors pour estre mise à nonchaloir. J'en ay esté trop bien servy et assisté en ma nécessité ; je remettrois des troubles en mon Royaulme plus dangereux que par le passé. Sur la demande pour les[1]..... j'ay respondu au legat ingenuement que si j'avois deux vies, j'en donnerois volontiers une au contentement de Sa Saincteté en ce faict, mais que n'en ayant qu'une je la devois menager et conserver pour mes subjects et pour faire service à Sa Saincteté et à la Chrestienté, puisque ces gens se monstroient encore si passionnez et entreprenans où ils estoient demeurez en mon Royaulme ; qu'ils estoient insupportables, continuant à seduire mes subjects, à faire leurs menées, non tant pour vaincre et convertir ceulx de contraire religion, que pour reprendre pied et auctorité en mon Estat et s'enrichir et accroistre aux despens d'un chacun, pouvant dire mes affaires n'avoir prosperé icy, ma personne avoir eu seureté que depuis que[2]..... ont esté bannys d'icy. Il seroit impossible qu'en France ils fussent vus de bon œil et soufferts par ceulx qui aiment ma vie et le repos.

Je ne desire le retour du legat à Rome, sinon pour s'esclaircir et consoler aux occasions qui se presentent à nostre commun bien et

---

[1] C'est évidemment le mot *Jesuites,* que l'historien du cardinal de Joyeuse a supprimé ici par circonspection, comme on l'a déjà vu précédemment. — [2] Suppléez : *les dicts Jesuites.*

contentement, et je fais retarder la publication de l'edit[3] avec les huguenots à cause de sa presence.

1598. — 22 AOÛT. — Ire.

Orig. — A Londres, State paper office, antient royal letters, vol. XXII, lettre 204. Transcription de M. Lenglet.

[A LA REINE D'ANGLETERRE.]

Tres haute, tres excellente et tres puissante princesse nostre tres chere et tres amée bonne sœur et cousine, Nous vous escrivons ceste lettre en faveur du s^r de Sourdeac, gouverneur de nostre ville de Brest, et de quelques marchands qui pretendent avoir esté grandement interessez en la prinse d'un navire qui leur appartient, et qui a nagueres esté arresté par vos subjects; et affin que vous entendiés mieux comme les choses ont passé pour ce regard, nous vous dirons que le s^r de Sourdeac, tenant deux gentilshommes prisonniers, lesquels il avoit prins à la coste de Leon, l'un nommé dom Martin d'Assiaigne, l'aultre dom Antonio Henrico de Riveros, auroit accordé avec eux de rançon à dix mil escuz, envoyant le dict dom Martin sur sa foy pour en assembler les deniers, et pour ce que les dicts Espagnols se doubtent qu'il y auroit du hazard à faire rendre l'argent de leur rançon par mer, à cause de vos subjects qui se licencient de faire des courses sur les passans, le dict s^r de Sourdeac, se confiant en la bonne amitié qui est entre nos Royaumes, pays et subjects, et particulierement en l'honneur que vous luy auriés faict de luy promettre toute faveur et courtoisie, bailla au dict dom Martin un navire, nommé *la Collette,* de Brest, pour aller et venir en Espagne, et prit les risques du voyage sur luy, delibvrant au dict dom Martin et au maistre du navire un passe-port de nostre cousin le s^r de Damville, amiral de France, avec un certificat de luy. Mais d'autant qu'alors le traficq n'estoit libre en Espagne, plusieurs marchands du dict Brest jugeant

---

[3] L'édit de Nantes.

l'apparente seureté de ce voyage, chargerent des marchandises de valeur et de plusieurs sortes dans le dict navire, dedans lequel le dict dom Martin arriva à Lisbonne le premier de febvrier dernier, et depuis a esté en divers lieux et endroicts en Espagne, faisant ses diligences pour le recouvrement des dictes rançons jusques sur la fin du mois de juin dernier, qu'accompagné seulement d'un page, il fit voile dans le mesme navire de Brest, appartenant à Jehan-Charles-François le Cholevet et d'aultres marchands du dict Brest, lequel navire avoit un bel equipage, et estoit chargé de coffres, cassettes et d'un fort beau cheval d'Espagne ; et ainsy qu'il passoit pres du cap de Finis-Terræ, furent rencontrez d'un grand navire anglois, dont le capitaine se disoit estre de la riviere de Plymouth et se faisoit nommer Christofor Crost, auquel ils se rendirent sans apprehension d'en recevoir aulcun mauvais traictement, estant non seulement François, mais aussy porteurs de passe-ports de nostre cousin et du dict s^r de Sourdeac; et quoique nos dicts subjects fissent apparoistre les dicts passe-ports, le dict capitaine Crost ne laissa de prendre le dict navire et tout ce qui estoit dedans ; qui valoit mieux de quinze mil escus, compris l'argent des dictes rançons; et quelques jours après, le dict capitaine mit vingt-un mariniers du dict navire en une chaloupe à l'abandon, retenant le dict dom Martin et le dict page, le navire et tous les biens qui y restoient; chose que nous avons trouvée aussy estrange comme elle nous a semblé esloignée de la seureté et liberté qui doibt estre en la navigation, traffic et marchandise, entre nos communs subjects. De quoy nous vous avons bien voulu escrire ceste lettre pour vous prier et requerir affectueusement, Tres haute, tres excellente et tres puissante princesse, nostre tres chere et tres amée bonne sœur et cousine, ayant esgard à la bonne amitié qui est entre nous, au libre accés et protection que nos subjects doibvent trouver en vos ports et havres, et aux merites du s^r de Sourdeac, de nous vouloir faire renvoyer promptement le dict dom Martin d'Yssiaigne et le dict page, et commander que le dict navire, avec le cheval d'Espagne, ensemble tous les deniers, joyaux et aultres marchandises estans dedans iceluy soient incontinent rendus, restituez et mis en liberté; faisant au surplus telle justice et punition du dict capitaine Crost que vous jugerés qu'il aura meritée; et oultre que vous ferés chose pleine d'equité, et conforme aux traictez d'amitié qui sont entre nous, nos dicts royaumes, pays et subjects, vous nous donnerés occasion d'user de semblable traictement à l'endroict des vostres, et les favoriser en tout ce qui se presentera, ainsy que nous avons faict jusques icy : et à tant nous prions Dieu, Tres haute, tres excellente et tres puissante princesse, nostre tres chere et tres amée bonne sœur et cousine, qu'il vous ait en sa saincte et digne garde. Escript à St Germain en Laye, le xxij^e jour d'aoust 1598.

Vostre bon frere et cousin,
HENRY.
DE NEUFVILLE.

1598. — 22 AOÛT. — IIme.

Imprimé. — *Mémoires et correspondance de Duplessis-Mornay*, 1824, in-8°; t. IX, p. 135.

A MONS^R DUPLESSIS.

Monsr Duplessis, J'ay entendu du s^r de La Chesnaye ce dont vous l'aviés chargé de me dire sur ce pour quoy je l'avois depesché vers vous. Je vous diray que je persiste en ce que je vous ay mandé par luy, qui est que vous me veniés trouver ; et, pour cest effect, rendés-vous au plus tost à Buhy, où vous entendrés ma volonté sur ce que vous aurés à faire pour ce qui vous touche. Je m'asseure que lorsque je vous auray veu, vous n'aurés tant occasion de vous plaindre que vous le vous imaginés, et sans subject. J'ay besoing de vous pour mettre fin au mariage de ma sœur ; venés et vous serés le bienvenu et veu de moy, qui n'ay oublié vos services et ce que je vous ay promis. A Dieu, Monsr Duplessis. A Paris, ce xxij^e aoust 1598.

HENRY.

1598. — 23 AOÛT.

Orig. — Arch. de Belgique. Copie transmise par M. Gachard, archiviste général.

A MON FRERE L'ARCHIDUC ALBERT D'AUTRICHE.

Mon frere, Vous recevrés la presente par le s^r de La Boderie, l'un de mes maistres d'hostel ordinaires, lequel j'ay choisy comme personne en qui j'ay toute confiance, pour aller resider prés de vous et entretenir nostre commune amitié. Il a charge et commandement de moy de faire de bons offices en ceste conformité, et je me promets que nous en recevrons tous deux contentement, et luy la louange qu'il en doibt attendre, s'y conduisant selon mon intention. Vous le recevrés doncques, s'il vous plaist, et luy donnerés en ce qu'il aura à negocier prés de vous pareille foy et creance qu'à moy-mesmes : priant Dieu, mon frere, qu'il vous ait en sa tres saincte et digne garde. Escript à Paris, le xxiij^e jour d'aoust 1598.

Vostre bon frere,

HENRY.

DE NEUFVILLE.

1598. — 24 AOÛT.

Orig. autographe. — Arch. de Belgique. Copie transmise par M. Gachard, archiviste général.

A MON FRERE L'ARCHIDUC ALBERT.

Mon frere, Si vos ostagés et deputez ont receu de moy quelque courtoisie qui vous ait tesmoigné mon amitié, vous vous en estes bien revanché envers ceulx que je vous ay envoyez; dont je vous ay bien voulu remercier par celle-cy, escripte de ma main, dont sera porteur La Boderie, que j'ay choisy pour m'aller servir auprés de vous, ainsy qu'il vous dira, vous priant de faire estat de moy et de tout ce qui en despend pour vostre bien et contentement, comme de celuy qui desire estre à jamais

Vostre bon frere,

HENRY.

1598. — 26 AOÛT.

Imprimé. — *Œconomies royales*, édit. orig. t. I, chap. 82 [1].

[A M. DE ROSNY.]

[2] Mon amy, J'ay receu vostre lettre par Beringuen; vous m'avés fait service tres agreable d'avoir parlé à mon cousin le comte de Soissons, suivant le commandement que je vous en avois faict, et suis tres aise de ce que vous l'avés trouvé tres resolu aux propositions que vous

---

[1] L'édition primitive des *Œconomies royales*, dite *aux VV verts*, imprimée dans la maison de Sully, a été plusieurs fois reproduite avec une intention de contrefaçon que rend évidente l'imitation minutieuse du titre, souvent cité pour sa bizarrerie : *Memoires des sages et royales œconomies d'estat domestiques, politiques et militaires de Henry le Grand, l'exemplaire, le prince des vertus, des armes et des loix et le pere en effet de ses peuples françois.*

Et des servitudes utiles, obeissances convenables et administrations loyales de Maximilian de Bethune, l'un des plus confidens, familiers et utiles soldats et serviteurs du grand Mars des François.

Dediez à la France, à tous les bons soldats et tous peuples François.

Puis, dans un grand cartouche carré, une couronne d'amarante, peinte en vert et en rouge, au-dessous de laquelle sont trois grands VV peints en vert, séparant les mots *Foy, Espérance, Charité.*

Autour du cartouche la devise : *Nus-*

quam marcescit virtus, et pour rubrique :

A Amstelredam

Chez { Alethinosgraphe de Clearetimelée et Graphexechon de Pistariste

A l'enseigne des trois Vertus couronnées d'amaranthe.

Mais, dans le cours des volumes, la contrefaçon ne s'est pas astreinte à conserver la même pagination; en sorte que des personnes ayant une de ces éditions primitives, nous ont dit n'avoir pas retrouvé aux pages indiquées les lettres que nous donnions dans nos volumes précédents comme extraites de l'édition originale. N'ayant pas les moyens de décider cette question de bibliographie, de savoir laquelle de ces éditions primitives est l'originale, nous citerons dorénavant les lettres extraites des *Œconomies royales*, non d'après la pagination, mais d'après les numéros des chapitres, qui sont les mêmes dans ces éditions aux VV verts.

[2] Cette lettre était de la main du Roi.

luy avés faictes. J'estime que ce sera pour le meilleur que je ne luy en parle qu'aprés le baptesme de mon fils. Le dict Beringuen m'a apporté les mille livres que vous m'avés envoyées. Je trouve fort bon ce que vous m'avés mandé par luy touchant mess[rs] de Bellievre et de Sillery; j'avois pensé, pour leur tesmoigner comme le service qu'ils m'ont faict m'a esté tres agreable, de leur donner le premier evesché ou abbaye de mon Royaume qui viendroit à vacquer et qui seroit de bon revenu. Mandés-moy si cela ne sera pas bien à propos, et vostre advis là-dessus, ou ce que vous pensés que je leur doibve donner. Pour les manufactures, ne craignés pas que je gaste rien, faites seulement ce que je vous ay commandé; mais surtout souvenés-vous de traicter avec m[r] de Gondy, car cela m'importe, comme vous le pouvés bien juger. A Dieu. Ce xxvj[e] aoust, à Crosne, où je sejourne encore aujourd'huy.

HENRY.

1598. — 27 AOÛT. — Ire.

Cop. — Arch. nationales, section administr. série H, 1792, Registres authentiques de l'hôtel de ville de Paris, fol. 3 recto.

A NOS TRES CHERS ET BIEN AMEZ LES PREVOST DES MARCHANS ET ESCHEVINS, MANANS ET HABITANS DE NOSTRE BONNE VILLE DE PARIS.

Tres chers et bien amez, Oultre les grands merites, bonnes et louables qualitez qui ont esté recongneues en la personne de nostre cher et bien amé cousin le cardinal de Florence, legat de Sa Saincteté en ce Royaume pendant le sejour qu'il a faict par deçà, sa naturelle inclination et singuliere affection au bien et repos de cest Estat y a esté si visible et manifeste, mesme en ceste derniere negociation de paix, qu'il a entreprise avec tant de soings et peines, sans y espargner ny son vieil aage, ny les aultres incommoditez qu'il y a receues, qu'il luy en est deub une grande obligation, non seulement de nous, mais de tous nos subjects, se pouvant croire que Dieu a permis la perfection de si bon œuvre d'autant plus volontiers qu'il a esté demené de si bonnes mains que les siennes; et parce qu'il est maintenant sur son depart, ceste gratitude et recognoissance luy est deue, d'estre salué, visité et remercié des corps, des compagnies, des officiers de nostre bonne ville de Paris, et encore particulierement du vostre. Pour ceste cause nous vous mandons et ordonnons d'adviser de faire cest office en son endroict en la meilleure forme qu'il se pourra, pour luy tesmoigner le ressentiment que l'on a de ce qu'il a valu et profité au bien de cest Estat pendant sa legation : ce que nous asseurant que vous sçaurés bien executer et accomplir, nous ne vous en dirons pas icy davantage. Donné à Saviny le Temple [1], le xxvij^e jour d'aoust 1598.

HENRY.
FORGET.

1598. — 27 AOÛT. — IIme.

Orig. — Arch. des Médicis, légation française, liasse 3. Envoi de M. le ministre de France à Florence.

A MON COUSIN LE GRAND DUC DE TOSCANE.

Mon Cousin, Je suis requis par aulcuns de mes speciaux serviteurs d'interceder en vostre endroict en faveur de Nicolas de Medici, lequel ayant esté banny de vostre Estat, y desireroit retourner pour y vivre soubs l'obeissance de vos commandemens, si vous aviés agreable de le luy permettre; et parce que j'ay pensé que vous prendriés en bonne part la requeste que je vous fais de le recevoir en vostre bonne grace, pour l'amour de moy, et luy remettre la peine du dict bannissement, je vous en ay bien voulu prier par ceste lettre, et vous asseurer que, s'il se presente occasion d'user de revanche en semblable subject, je le feray d'entiere volonté : priant Dieu, mon Cousin, qu'il vous ait en sa tres saincte et digne garde. Escript à Paris, le xxvij^e jour d'aoust 1598.

HENRY.
DE NEUFVILLE.

[1] Savigny-le-Temple est un bourg du département de Seine-et-Marne, canton de Melun.

1598. — 1ᵉʳ SEPTEMBRE.

Imprimé. — *Mémoires et correspondance de Duplessis-Mornay*, 1824, in-8°, t. IX, p. 148.

A MONSʳ DUPLESSIS.

Monsʳ Duplessis, Si sans vous arrester à ces scrupules que vous avés eus, vous vous fussiés acheminé comme je le vous avois mandé, vos affaires n'en fussent pas pour cela empirées; car vous pouviés bien estre asseuré que vous aimant comme je fais, je n'eusse pas permis que rien se fust passé au prejudice de vostre honneur, que je doibs d'autant plus conserver que c'est avec moy que vous l'avés acquis. Mais puisque les choses ont tant tardé à se resouldre, il faut que vous differiés encore vostre partement jusqu'à ce que j'aye achevé la diette en laquelle je vais entrer en peu de jours, et qui pourra durer jusqu'à la fin du mois. Je vous advertiray du temps que vous aurés à partir; et ne sera point besoing que vous vous accompagnés pour cela : vous avés assez d'amys sur le lieu; et puis vous pouvés estre asseuré que je ne vous feray poinct venir, que Sainct-Phal ne soit en l'estat qu'il doibt estre pour cest effect [1]. Cedés donc un peu à vos passions, et vous laissés conduire à ceux qui vous aiment; et tout réussira à vostre contentement. A Dieu, Monsʳ Duplessis. A Fontainebleau, ce 1ᵉʳ septembre 1598.

HENRY.

1598. — 5 SEPTEMBRE.

Orig. — Arch. du canton de Genève, envoi de M. Rigaud, premier syndic, et de M. L. Rigaud, archiviste.

A NOS TRES CHERS ET BONS AMYS LES SYNDICS ET CONSEIL DE LA VILLE DE GENEVE.

Tres chers et bons amys, Nostre intention n'est pas seulement de vous accorder nos lettres de declaration comme vous debvés estre

---

[1] C'est-à-dire, à la Bastille. Voyez ci-dessus, t. IV, p. 875, 950 et suivantes.

comprins au traicté de la paix soubs le nom de nos alliez et confederez, mais aussy de vous rendre entierement jouissans du benefice de la dicte paix avec tous les denommez en icelle, mesmes envers nostre frere le duc de Savoye, vers lequel vous avés sceu que nous avons faict faire, par le s^r de Botheon, que nous avons nouvellement envoyé vers luy, mesme instance de ce qui vous concerne que de nos propres et particulieres affaires. Ce que nous avons nousmesmes continué envers ses depputez qui ont esté icy prés de nous, auxquels nous avons (quand ils se sont licentiez de nous) faict bailler le memoire de vos demandes, en ayant particulierement escript à nostre dict frere, et de telle affection qu'il recognoistra bien que nous nous y interessons et le repputons comme nostre faict propre. Nous nous asseurons aussy que vous en recevrés de luy bonne raison, nous ayans faict certifier par les dicts depputez que pour nostre consideration il se rendroit si favorable envers vous, que vous auriés plustost occasion de vous louer que de vous plaindre, et que desjà il avoit faict esloigner le regiment des Hespagnols que vous apprehendiés estre trop proche de vous; qu'il avoit aussy faict relascher tous les prisonniers qui estoient detenus; et que s'il restoit encores à satisfaire à quelqu'une de vos propositions et demandes, qu'il le feroit sans doubte, et à vostre contentement. Vous verrés quels seront les effects de si bonnes paroles, et nous en advertissans; s'il y fault encore quelques nouveaux remedes, nous les y apporterons les plus propres et convenables qu'il se pourra; pouvant demeurer asseurés que vous ne serés jamais abandonnez de nostre protection et support, qui sera tousjours assés fort et puissant pour vous garantir d'oppressions et d'injure. Et n'ayant subject de vous faire pour ceste fois ceste-cy plus longue, nous la finirons ici : priant Dieu, Tres chers et bons amys, vous avoir en sa saincte garde. Escript à Fontainebleau, ce veme jour de septembre 1598.

HENRY.

DE NEUFVILLE.

1598. — 6 SEPTEMBRE. — Ire.

Cop. — Arch. nationales, section administr. série H, 1792, Registres authentiques de l'hôtel de ville de Paris, fol. 8 recto.

A NOS TRES CHERS ET BIEN AMEZ LES PREVOST DES MARCHANS ET ESCHEVINS DE NOSTRE BONNE VILLE DE PARIS.

Tres chers et bien amez, Nous sommes advertys qu'ayant sceu l'edict par nous faict de l'impost du sold pour livre sur le premier pied fourché qui se vendra au marché de nostre ville de Poissy, et que nous l'avons envoyé à nostre court des aides pour y estre verifié, pour l'empescher vous y avés formé opposition : ce que vous n'avés deub faire, ne pouvant avoir aulcun interest, n'estant poinct de vostre charge ny auctorité de vous entremettre des affaires des aultres villes, mesmes quand il s'y agit du bien et advantage de nostre service, comme il faict en l'execution de nostre dict edict, lequel voulant avoir lieu, nous voulons et expressement vous mandons que vous ayés à vous despartir de la dicte opposition, sans donner plus aulcun empeschement à la verification du dict edict, que nostre resolution est de faire sortir effect, ainsy que vous l'avés cy-devant entendu de nostre propre bouche; et par tant advisés d'aider plustost à l'establissement d'iceluy que d'en retarder l'execution ; et à ce ne faicte faulte, par tant que vous devés craindre de nous desobeïr et desplaire. Donné à Fontainebleau, le vj^e jour de septembre 1598.

HENRY.

FORGET.

1598. — 6 SEPTEMBRE. — IIme.

Orig. — Archives royales de Sardaigne. Envoi de M. l'ambassadeur de France à Turin.

A MON FRERE LE DUC DE SAVOIE.

Mon frere, J'ay despuis deux ans en çà faict expedier certaines commissions à quelques officiers de ma court des monnoyes pour informer des abus et malversations qui s'y sont commis et exercez durant ces derniers troubles par les maistres et fermiers qui se sont voulu assujetir à faire fabriquer monnoye au coin de nos armes, affin de faire faire justice exemplaire de ceulx qui se trouveront coulpables, et qui se seront tant oubliez que de s'estre voulu enrichir de la substance de mon peuple ; et procedant par les dicts commissaires à la recherche de telles semblables faultes dans le pays de Provence, ont trouvé que un de vos subjects, nommé Jean-Baptiste Lazari, s'estant immiscé desdictes fabrications es villes d'Arles et Martigues, auroit si frauduleusement travaillé en son ouvrage de [monnoye] et en telle quantité, que du nombre par luy fabriqué, eu esgard à l'escharseté et foiblesse d'alloy et foiblesse du poidz de la besogne, il s'est trouvé redevable, pour le droict qui m'appartient, de la somme de cent huit mille tant d'escus, à quoy il a esté condamné par les dicts commissaires. Et d'autant que j'ay entendu que vous luy estes redevable de quelque notable somme, je vous prie ne vous dessaisir de ce que vous luy pouvés debvoir entre les mains d'aultres que de celuy que j'ay commis à faire la recepte des dicts deniers, et faire en sorte qu'elle tombe à mon profit, et à l'acquit de ce que me doibt le dict Jean-Baptiste Lazari ; vous asseurant que je m'en revancheray en toute aultre chose où vous me voudrés employer, d'aussy bon cœur que je prie Dieu, mon frere, vous avoir en sa saincte et digne garde. Escript à Fontainebleau, le vj^e jour de septembre 1598.

Vostre bon frere et cousin,

HENRY.

FORGET.

[1598.] — 12 SEPTEMBRE. — Ire.

[1] Imprimé. — *OEconom. royales*, édit. orig. t. I, chap. 82; *Vie milit. et privée de Henry IV*, p. 245.

[A M. DE ROSNY.]

[2] Mon amy, J'ay esté adverty que ceulx qui vous veulent mal font courre un bruit, que vous faictes composer par le Luat un livre par lequel on me conseille que pour mettre un tel ordre en mon Royaume et en mes affaires et finances qu'il seroit besoing, qu'il faut que je chasse m[r] le connestable, m[r] le chancelier, et ceulx qui les ont cy-devant maniées, y en appellant d'aultres en leur lieu, à l'imitation d'un de mes predecesseurs, qui s'en trouva bien; et que l'on descrit en ce livre celuy qui le luy conseilla et le poussa à ce faire, de vostre humeur et façon de faire; ce que je vous ay bien voulu mander, et vous prier de m'escrire ce qui en est; vous en enquerrant bien particulierement du dict le Luat[3]. Car ces artifices-là, desquels se pensent servir vos ennemys pour vous faire de mauvais offices seroient trop grossiers et ne le pourroient sur moy qui vous aime. Continués seulement à me bien servir et fidelement, et laisser parler ces gens-là, qui, lassez de mesdire, ne vous porteront envie que pour ce que vous ferés bien. Je vous depesche ce laquais exprés pour ce sujet-là. A Dieu. Ce xij[e] septembre, à Fontainebleau.

HENRY.

[1] Nous ne répéterons pas dorénavant en tête des lettres à Sully tirées des *OEconomies royales*, l'indication du manuscrit de l'abbé de l'Écluse, B. N. Supplément français 1009-1, ayant acquis la certitude que toutes ces copies ont été prises sur l'ouvrage même de Sully, sans correction des erreurs de date assez fréquentes qui s'y rencontrent.

[2] Cette lettre était de la main du Roi.

[3] Du Luat s'était donné à Sully, suivant l'expression du temps, employée par l'auteur des remarques sur la *Confession de Sancy*. Tallemant des Réaux l'appelle *un fou de belles-lettres*. Le livre dont il est ici question est différent de ceux de du Luat que citent ces deux auteurs. Voyez ci-dessus, t. IV, p. 112.

[1598.] — 12 SEPTEMBRE. — IIme.

Cop. — B. N. Ms. 407, fol. 48 verso.

Imprimé. — *Lettres du Roy Henry IV, extraites de la cassette de Mlle d'Estoges,* à la suite des *Amours du Grand Alcandre,* Leyde, 1663, petit in-12, p. 71. — *Journal de Henry III,* Cologne, 1720, in-8°, t. I, p. 286.

[A GABRIELLE D'ESTRÉES.]

Mes belles amours, Deux heures aprés l'arrivée de ce porteur, vous verrés un cavallier qui vous aime fort, que l'on appelle Roy de France et de Navarre, tiltre certainement honorable, mais bien penible. Celuy de vostre subject est bien plus delicieux. Tous trois ensemble sont bons, à quelque sauce que l'on les puisse mettre, et n'ay resolu de les ceder à personne. J'ai veu par vostre lettre la haste qu'avés d'aller à Saint-Germain. Je suis fort aise qu'aimiés bien ma sœur : c'est un des plus asseurez tesmoignages que vous me pouvés rendre de vostre bonne grace, que je cheris plus que ma vie, encores que je m'aime bien. C'est trop causé, pour vous voir si tost. Bonjour, mon tout. Je baise vos beaux yeux un million de fois. Ce xij^e septembre, de nos delicieux deserts de Fontainebleau.

1598. — 17 SEPTEMBRE. — IIIme.

Orig. — Manuscrit appartenant à M. l'abbé Caron, à Versailles.

A MON COUSIN LE CARDINAL DE JOYEUSE,
PROTECTEUR DE MES AFFAIRES EN COUR DE ROME.

Mon Cousin, Je vous envoye doncques mes lettres pour nostre St-Pere et mes cousins ses nepveux, lesquelles je vous prie leur presenter, asseurer Sa Saincteté de l'honneur que je luy porte, tant pour sa pieté et le lieu que dignement elle remplit, que pour les obligations que je luy ay, dont je ne perdray jamais la memoire, les me representant, à toutes les prosperitez que Dieu me depart, comme celles que je recognois proceder principalement des graces que Sa dicte Saincteté m'a faictes, desquelles aussy, comme de la continuation de sa bienveillance, je mettray peine de me rendre digne, comme je vous ay donné charge de luy dire. Vous donnerés pareille asseurance à ses dicts nepveux, envers lesquels vous userés des termes que vous jugerés estre plus propres et convenables. Je vous envoye aussy des lettres pour mon ambassadeur et pour l'evesque de Rennes, affin qu'ils vous informent de mes affaires et vous assistent en ce qui se presentera doresnavant par delà pour le bien d'icelles ; lequel je vous recommande de tout mon cœur, vous priant me donner advis de ce qui se presentera, comme je le vous donneray de mes intentions sur toutes occurrences. Et affin que vous le puissiés faire plus librement et seurement, j'ay commandé vous estre envoyé un chiffre, duquel vous vous servirés quand il sera besoing : priant Dieu, mon Cousin, qu'il vous ayt en sa saincte garde. Escript à Fontainebleau, le xvij^e jour de septembre 1598.

HENRY.
DE NEUFVILLE.

1598. — 22 SEPTEMBRE.

Minute. — B. N. Fonds Du Puy, Ms. 407, fol. 28 recto.
Cop. — B. N. Suppl. fr. Ms. 1009-4.

[A LA REINE MARGUERITE.]

M'amye, J'advoue que j'ay tousjours creu que vous ne manqueriés nullement à ce que vous m'avés promis. Sy ay-je esté tres aise d'en estre asseuré par la vostre, et que pour rien vous ne changerés la resolution que vous avés prise ; comme vous vous pouvés asseurer que, de ma part, je ne manqueray à rien de ce que je vous ay promis, de quoy vous devés faire estat et que je tiendray la main que le tout vous sera tenu. C'est ce que pour ceste heure vous aurés pour responce à vostre derniere ; finissant celle-cy pour vous baiser les mains. Ce xxij^e septembre 1598, à Paris[1].

HENRY.

---

[1] La minute date cette lettre du 27, mais la copie du Supplément français la date du 22, jour où nous trouvons le Roi à Paris, tandis que le 27 il était à Monceaux.

1598. — 23 SEPTEMBRE.

Orig. — Arch. de la ville de Genève. Copie transmise par M. Rigaud, premier syndic, et M. L. Sordet, archiviste.

A NOS TRES CHERS ET BONS AMYS LES SYNDICS ET CONSEIL DE LA VILLE DE GENEVE.

Tres chers et bons amys, Nous avons entendu du s^r Rotan, qu'aulcuns de ses creanciers ont faict saisir et arrester es mains du s^r de Beze certaines bagues qui appartiennent au dict Rotan. Et d'autant que les debtes qu'il a faictes ont en partie esté constituées pour nostre service, il a eu recours à nous pour faire surseoir les poursuictes de ses dicts creanciers. C'est pourquoy nous vous en avons bien voulu escrire ceste lettre et vous prier comme nous faisons affectueusement, de ne permettre que l'on puisse faire aulcune saisie sur les dictes bagues, ny qu'elles soient mises en aultres mains que celles du dict s^r de Beze, jusques à ce que nous ayons donné ordre que le dict Rotan les puisse retirer, vous asseurant que nous recevrons à plaisir la gratiffication que vous ferés au dict Rotan en cest endroict, et que nous nous en revancherons aux occasions qui se presenteront : priant Dieu, Tres chers et bons amys, qu'il vous ayt en sa tres saincte et digne garde. Escript à Paris, le xxiij^{eme} jour de septembre 1598.

HENRY.
DE NEUFVILLE.

1598. — 27 SEPTEMBRE. — Ire.

Minute. — B. N. Fonds Du Puy, M. 407, fol. 29 recto.
Cop. — B. N. Suppl. fr. Ms. 1009-3. (D'après l'ancien cabinet Joly de Fleury.)

[AU COMTE DE SOISSONS.]

Mon Cousin, Suivant ce que vous avés asseuré dernierement, j'envoye le capitaine Daufin, exempt de mes gardes, present porteur, auquel vous baillerés des soldats pour mettre dans le chasteau de

Chinon. Je l'ay bien particulierement instruit de ce qu'il a à faire et comme il se doit gouverner[1]. Vous ne montrerés ceste lettre ny ne parlerés à personne de cest affaire, auquel vous vous conduirés avec toute la prudence et discretion qui y est requise, affin que le bon homme de mr de Chavigny ne s'en offense, et ne luy empesche d'achever en repos le peu de jours qui luy restent encore à vivre. Sur ce, Dieu vous ayt, mon Cousin, en sa garde. Ce xxvije septembre 1598, à Monceaux.

HENRY.

1598. — 27 SEPTEMBRE. — IIme.

Minute. — B. N. Fonds Du Puy, Ms. 407, fol. 27 verso.
Cop. — Suppl. fr. Ms. 1009-4[1]. (D'après l'original qui était dans les Mss. le Tellier-Louvois.)

[A M. DE ROSNY.]

Monsr de Rosny, J'envoye deux memoires à mr le Chancelier, auxquels je desire que vous et ceulx de mon conseil pourvoyés au plus tost, comme tres importans au bien de mon service, ainsy que vous le pourrés cognoistre. Je vous laisse et à luy de juger auquel il sera besoing de travailler le premier. J'oubliay hyer à vous commander de faire pourvoir à ce qu'il fault pour l'accomplissement du traicté que j'ay cy-devant faict avec mon frere, le duc de Lorraine; à quoy je vous prie de tenir la main : et ceste-cy n'estant à aultre fin, je prie Dieu, Monsr de Rosny, qu'il vous ayt en sa garde. Escript à..... le xxvije jour de septembre 1598.

HENRY.

---

[1] M. de Souvré, qui était gouverneur de Touraine, aurait pu élever quelque prétention qui aurait fait manquer cette affaire, conduite comme un coup de main.

---

[1] L'abbé de l'Écluse a recueilli dans ce ms. quelques lettres qu'il transcrivit sur des originaux que Sully n'avait point publiés. Ce que nous avons dit ci-dessus, p. 27, du ms. 1009-1, ne s'applique donc pas au ms. 1009-4.

1598. — 27 SEPTEMBRE. — IIIme.

Minute. — B. N. Fonds Du Puy, Ms. 407, fol. 27 recto.

[AU CHANCELIER.]

Monsr le chancelier, Je vous envoye un memoire de ce à quoy je veulx que vous et ceulx de mon conseil des finances pourveoyent au plus tost, comme chose qui importe à mon service et au bien de mes affaires, que j'ay fort à cœur :

Pour le parfaict payement et entretenement du regiment de mes gardes pour les trois mois restant de la presente année ;

Pour le payement des garnisons de Brest et de Savoye pour le reste de ceste année ;

Plus pour les satisfactions et solde des gens de guerre qu'il a cy-devant fallu faire et entretenir en l'isle et fort de Rotonneau, et pour les despenses qu'il faudra encor faire tant pour le dict lieu, l'isle de Pomegues et chasteau d'If, durant le reste de ceste année, avec le remboursement des advances que a cy-devant faictes le s^r de Pilles ;

Plus pour donner quelque chose à mon nepveu, le duc de Guise, pour faire voyage de me venir trouver ;

Plus pour la fonte d'artillerie que je veux estre faicte ceste année à Paris ;

Plus pour le parfaict des cinquante mille escuz que l'on avoit destinez pour les despenses inopinées durant le reste de ceste année ;

Plus pour trois quartiers des appointemens extraordinaires de mon compere, que je veux luy estre continuez pour ceste année seulement ;

Plus pour les despenses et frais qu'il conviendra faire tant pour les festins que autres preparatifs aux nopces de ma sœur, qui seront le xve de novembre prochain ;

Plus à ce que ma sœur touche comptant quarante mille escuz que je luy ay donnez, tant pour son manteau royal que ses autres habillemens, ameublement, et presens qu'il luy faudra faire à plusieurs particuliers, à ses nopces.

1598. — 28 SEPTEMBRE. — Ire.

Cop. — B. N. Fonds Du Puy, Ms. 407, fol. 21. — Arch. municip. de Briançon, registre dit *le Livre du Roi*. Transcription de M. Tancher-Prunelle, conseiller à la cour d'appel de Grenoble.
Imprimé. — Supplément au *Journal de L'Estoile*, au 27 septembre 1598. — *Lettres inédites d'Henri IV*, publiées par SÉRIEYS, p. 22. — *Vie militaire et privée de Henry IV*, p. 205 [1].

[RÉPONSE DE HENRI IV AUX DÉPUTÉS DU CLERGÉ.]

A la verité, je recognois que ce que vous m'avés dict est veritable [2]. Je ne suis point auteur des nominations; les maux estoient introduits auparavant que je fusse venu. Pendant la guerre, j'ay couru où le feu estoit plus allumé, pour l'estouffer; maintenant que la paix est revenue, je feray ce que je dois faire en temps de paix. Je sçay que la Religion et la Justice sont les colonnes et fondemens de ce Royaume [3], qui se conserve de justice et de pieté; et quand elles ne seroient, je les y vouldrois establir, mais pied à pied, comme je feray en toutes choses. Je feray en sorte, Dieu aidant, que l'Eglise sera aussy bien qu'elle estoit il y a cent ans; j'espere en descharger ma conscience et vous donner contentement. Cela se fera petit à petit : Paris ne fut pas faict en un jour. Faictes par vos bons exemples que le peuple soit autant excité à bien faire comme il en a esté precedemment esloigné. Vous m'avés exhorté de mon debvoir; je vous exhorte du vostre. Faisons bien vous et moy : allés par un chemin, et moy par l'autre; et si nous nous rencontrons, ce sera bien-tost faict. Mes predecesseurs vous ont donné des paroles avec beaucoup d'apparat; et moy avec jaquette grise je vous

[1] Il y a d'assez notables différences dans ces divers textes. Nous avons suivi celui du Ms. de Du Puy, qui paraît le plus ancien et le plus fidèle.

[2] François de la Guesle, archevêque de Tours, portant la parole au nom du clergé, venait de faire une peinture très-vive des maux, du relâchement, des usurpations, des abus de tout genre, introduits dans l'église de France.

[3] Allusion à la devise du roi Charles IX : Deux colonnes avec les mots : PIETATE ET JUSTITIA.

donneray les effects[4]. Je n'ay qu'une jaquette grise; je suis gris par le dehors, mais tout doré au dedans.

[1598.] — 28 SEPTEMBRE. — IIme.

Orig. autographe. — B. N. Fonds Béthune, Ms. 9063, fol. 3 recto.

A MON COMPERE LE CONNESTABLE DE FRANCE.

Mon compere, J'ai sceu par le s[r] du Laurans la perte que vous avés faicte[1], laquelle ne nous peut estre que fort sensible, pour n'estre commune et avoir perdu une personne qui vous estoit si chere et qui vous le devoit estre pour plusieurs occasions. Mais il se faut du tout conformer à la volonté de Dieu, et vostre aage et longue experience à souffrir toutes sortes d'afflictions vous doibt servir à vous y resouldre. Je feusse allé moy-mesme vous consoler, et, en ceste si pressante et cuisante affliction, vous rendre des tesmoignages certains de mon amitié et du ressentiment que j'ay de vostre douleur, si demain je ne faisois mes pasques et touchois les malades[2] en ce lieu, où de toutes parts il y en est tant arrivé que le nombre est de plus de quinze cents; ce qui faict que je vous depesche le s[r] de Praslin exprés, auquel j'ay recommandé d'estre icy demain de retour de bonne heure, pour, si vos amys jugent que ma presence soit necessaire prés de vous, mettre aussitost le pied en l'estrier et vous aller moy-mesme consoler. Mais, mon compere, le ressentiment que j'ay de vostre ennuy m'oste le pouvoir de vous le representer : sy qu'il vaut mieux que je laisse faire cest office au dict s[r] de Praslin, et finisse par prier Dieu vous consoler et avoir en sa garde. Ce xxviij[e] septembre, à Monceaux.

HENRY.

[4] Cette fin offre encore une allusion assez claire au faste, à l'éloquence séduisante et à la mauvaise administration de Henri III.

[1] Louise de Budos, duchesse de Montmorency, seconde femme du connétable, était morte l'avant-veille à Chantilly, dans la fleur de l'âge et dans tout l'éclat de la beauté.

[2] Pour la guérison des écrouelles.

1598. — 30 SEPTEMBRE.

Orig. — A Londres, State paper office, vol. de Mélanges. Copie transmise par M. l'ambassadeur de France.

A LA REINE D'ANGLETERRE.

Tres haulte et tres puissante princesse, nostre tres chere et tres amée bonne sœur et cousine, Si nous avons tardé longtemps à vous envoyer un ambassadeur pour resider de nostre part prés de vous et faire tous offices convenables à l'entretenement et affermissement de nostre commune amitié et bonne intelligence, nous estimons maintenant avoir fait choix pour cest effect de personne qui compensera par sa prudence et bons deportemens la longueur du temps que ceste place a vacqué, et la remplira tres dignement. C'est le s^r de Boissize, conseiller en nostre conseil d'estat, que nous avons rendu porteur de ceste lettre, par laquelle nous vous prions de le recevoir doresnavant à traicter nos affaires prés de vous en qualité de nostre ambassadeur, le voir et ouyr benignement et luy adjouster, en toute chose, pareille foy et creance qu'à nous-mesmes. Et vous asseurons que comme nous sommes bien informez de la parfaicte amitié que vous nous portés, nous essayerons d'y correspondre par tous les sinceres efforts que vous devés attendre de la nostre, ainsy que le s^r de Boissize vous fera plus amplement entendre : sur lequel nous remettant, nous prions Dieu, Tres haulte, tres excellente et tres puissante princesse, nostre tres chere et tres amée bonne sœur et cousine, qu'il vous ayt en sa tres saincte garde. Escript à Monceaux, le xxxe septembre 1598.

Vostre tres bon frere et cousin,

HENRY.

[1598. — VERS LA FIN DE SEPTEMBRE [1].] — Ire.

Cop. — B. N. Fonds Du Puy, Ms. 3, fol. 113 verso.

[A LA REINE D'ANGLETERRE.]

Tres haulte, tres excellente et tres puissante princesse, nostre tres chere et tousjours bonne sœur et cousine, Nous ne mettons jamais à la balance l'amitié que nous vous portons avec celle des autres; car nous honorons trop vostre personne, et recognoissons les plaisirs que nous en avons receus comme nous debvons, et n'en serons jamais mescognoissans. Nous sçavons et ressentons aussy combien nous importe la prosperité de vos affaires, laquelle nous ne pouvons favoriser que la nostre n'y participe. Par tant, nous vous prions de croire que nous ne nous excuserons jamais sur le respect que nous debvons à l'amitié des aultres, quand il sera question de vous complaire et faire chose qui vous soit agreable et utile; mais nous avons aussy ceste opinion et creance de vostre bonne volonté et de la rectitude de vos jugemens, que nous estimons que vous prendrés tousjours en bonne part nos raisons quand elles seront fondées sur nostre honneur et l'observation de la foy donnée, dont nous debvons estre aussy soigneux que de la conservation de nostre estre. La tourmente et la necessité de sauver leur vie auroient jeté et contrainct d'aborder en nostre Royaume les gens qui estoient dans le navire dont vous a donné cest advis par nostre commandement le s[r] de Sourdeac, gouverneur de nostre ville de Brest, entre lesquels il se trouvoit quelques

---

[1] Par la manière dont Henri IV parle du roi d'Espagne dans cette lettre, il ne paraît pas qu'il eût déjà connaissance de la mort de Philippe II, arrivée le 13 de ce mois. D'un autre côté on voit, par la lettre suivante à M. de Brèves, que cette nouvelle était connue le 1er octobre. Comme la lettre d'Élisabeth à laquelle celle-ci répond, était du 22 septembre et ne fut rendue au Roi *que la veille* de cette réponse, on doit supposer cinq ou six jours d'intervalle : ce qui indique la date approximative du 28 septembre, quinze jours après la mort de Philippe II. Il n'est pas étonnant que cette nouvelle si importante ne fût pas encore parvenue alors, en un temps où le meilleur courrier mettait deux jours pour aller de Paris à Rouen.

Hollandois, lesquels sont au service du roy d'Espagne, avec lequel nous avons contracté une paix qui nous oblige à donner retraicte et seureté en nos pays à nos communs serviteurs et subjects; davantage nous avions jà accordé et fait delivrer à l'ambassadeur d'Espagne quand nous avons receu vostre lettre du xxij^e septembre qui ne nous fut rendue que hier, un sauf-conduict particulier, portant permission aux capitaines, gens de guerre et matelots estans dans le dict navire, de prendre terre en nostre Royaume, et demeurer et s'y embarquer pour s'en retourner en Espagne. Quoy estant, nous vous prions, nostre tres chere sœur et cousine, de considerer si nous pouvons nous dispenser d'arrester à present les dicts Hollandois, les tirer d'avec les aultres pour les vous envoyer. C'est chose qui n'est plus en nostre puissance et en son entier; davantage, le profict que vous retireriés de l'envoy de telles gens seroit fort petit, sauf meilleur advis, au respect du prejudice que nous seroit à nostre foy et reputation: au moyen de quoy, nous vous prions de nous excuser si nous ne satisfaisons à vostre desir, comme certainement nous ferions si nous le pouvions faire sans violer le droit de la charité et hospitalité chrestienne qui nous oblige à donner la main à ceulx qui se noyent, ou sans contrevenir à la foy publique et deroger à la seureté particuliere deslivrée au dict ambassadeur; esperant qu'il se presentera assez d'aultres occasions de vous faire ressentir les effects de nostre amitié, renouvellée par nos precedentes lettres, qui vous apporteront plus de contentement et d'utilité que ne feroit ceste action, comme vous representera plus particulierement de nostre part le s^r de Boissize, nostre ambassadeur. Par tant, nous prions Dieu, Tres haulte, tres excellente et tres puissante princesse, nostre tres chere et tres amée bonne sœur et cousine, qu'il vous conserve en sa tres saincte et digne garde.

Vostre bon frère et cousin,
HENRY.

[1598. — VERS LA FIN DE SEPTEMBRE.] — IIme.

Cop. — Suppl. fr. Ms. 1009-2. (D'après l'original autographe qui était dans les Mss. Letellier-Louvois.)

A MONS^r MAULEVRIERE.

Monsr Maulevriere, Je plains infiniment l'ennuy de mon compere, que je ressens comme si c'estoit le mien, et me rejouis encore de ce que vous estes prés de luy, pour le luy faire passer au mieulx qu'il vous sera possible: Je vous commande et vous conjure, si vous m'aimés, que vous n'en bougiés et ne l'abandonniés en ceste affliction, où je sçais combien peut la presence d'un parent et bon amy tel que vous luy estes, et auquel il ayt creance. J'envoye ce laquais exprés pour sçavoir de ses nouvelles; mandés-m'en par luy et amplement; et si d'adventure vous cognoissés que pour luy faire passer son ennuy plus aisement, et luy arracher la douleur du sein, il doibve faire quelque voyage, conseillés-luy de venir icy. Je voudrois que d'icy à quelques jours vous l'amenassiés avec peu de train, affin qu'estant pres de moy, je m'essaye de luy arracher la douleur de l'esprit. Son aage luy devroit avoir appris à consoler les aultres, à plus juste raison, luymesme. Bonjour, Maulevriere.

HENRY.

1598. — 1er OCTOBRE.

Cop. — Biblioth. de M. Monmerqué, Ms. intitulé *Lettres à l'ambassadeur du Levant.*

[A M. DE BREVES.]

Monsr de Breves, Ayant faict response le xvie du mois passé à vos lettres du xxviie juin et iie juillet, je vous advertiray par celle-cy de la reception de celle du xxve du dict mois, laquelle faict encore mention du desir qu'ils ont par delà que je sois mediateur d'une paix entre ce Seigneur et l'Empereur; sur quoy je vous ay adverty et escript ma volonté si clairement par mes dernieres, que je n'y puis rien adjouster. Il faut seulement considerer que l'Empereur ayant envoyé son frere en Transilvanie pour prendre possession du dict pays, auquel il pretend joindre la Valacquie, difficilement se departira-t-il de ce dessein pour une paix, s'il cognoist [que] Sa Hautesse se relasche plustost par necessité que par bonne volonté, comme il n'aura que trop subject de croire, à present qu'il a fait ceste année, en Hongrie, une partie de ce qu'il a voulu. Il faut donc que ce Seigneur remette ses affaires et ses forces en reputation, s'il veut avoir une paix honorable et asseurée, laquelle j'auray tousjours à plaisir de luy moyenner. A present que le roy d'Espagne est mort, il luy sera plus facile de regagner ce point, car il faut du temps à son fils pour recueillir et asseoir ceste grande succession, eloignée et separée comme elle est. S'il est vray que le roy de Polongne ait esté tué en une bataille qu'il a perdu contre le duc Charles son oncle, comme l'on m'a escript d'Hollande, si le Grand Seigneur ne s'evertue et ne fait reluire et craindre sa puissance, le dict Empereur joindra ceste couronne à sa maison; l'Allemaigne en sera grandement fortifiée.

Je vous diray sur cela que je ne sçay si ce Seigneur a esté bien conseillé d'econduire du tout les Polonois de leur demande touchant la Valachie et Boulgarie, comme vous me mandés qu'il l'a fait; car sans doute il les joindra au dessein du dict Empereur, auquel on m'a escript aussy que les Tartares ont offert service et assistance contre luy. Il sera tousjours loing d'imiter par ses responses la grandeur et la majesté de ses ancestres; mais le principal est que les effects y correspondent, à quoy vous le devés exciter autant qu'il vous fera paroistre de cherir mon amitié. Quant au voyage de Monteferago, s'il produit la liberté de mes subjects qui sont captifs, comme vous esperés qu'il fera, je l'auray agreable, car il me sera utile; sinon il n'apportera que disputes et envie, comme je vous ay quelquesfois escript. Au reste, mon Royaume estant à present paisible, par la grace de Dieu, je suis après à redresser mes affaires et les remettre à leur entier ordre; et comme les [maux] qui l'ont desreglé et affoibli se sont engendrez avec le temps, ils ne peuvent estre guerys aussy en un jour. Ce pendant j'ay accordé le mariage de ma sœur avec le prince de Lorraine, et ay deliberé de dresser un escadre de galeres sur la mer de Levant pour en assister mes amys aux occasions qui se presenteront. Continués à me donner advis de ce qui se passera, si vous demeurés plus longtemps par delà. Je prie Dieu, Monsr de Breves, qu'il vous ayt en sa saincte garde. Escript à Monceaux, le 1er jour d'octobre 1598.

HENRY.

[1598. — 2 OCTOBRE.]

Cop. — B. N. Suppl. fr. Ms. 1009-4. (D'après l'autographe qui était dans le cabinet Joly de Fleury.)

[A M. DE ROSNY.]

Monsr de Rosny, Celle-cy sera la response à la vostre du 1er de celui-cy[1]. Je trouve fort bon l'advis que vous me proposés, de mettre des impositions sur les rivieres de Somme, Seine, Loire, Charente, Dordogne, Garonne et autres, à l'instar de celle de Garonne. Voyés le moyen qu'il y aura de les establir, et proposés-le au conseil, et ne craignés point, de mon costé, que je ne me rendisse à ce qui sera une fois resolu pour le bien de mon service. Je despescheray aujourd'huy à Sainct-Bonnet le comptant de sept mil escuz dont vous m'escripvés. Je trouve bon que le s[t] de Bragelongne, aux payemens qu'il fera faire en Auvergne, prefere mon nepveu[2] aux Suisses; car c'est le seul moyen qu'il a de demeurer prés de moy et de ne luy donner subject de vouloir retourner pour brouiller. Voyez m[r] Zamet, et conclués avec luy touchant les quarante mil escuz destinez en Bretagne pour mes bastimens; car aultrement tous mes ateliers s'en vont abandonnez. Pour ceulx des Estats, en leur faisant payer les vingt mil escuz qui leur restent dus du premier paiement, j'espere que nous serons quittes du reste : et sur cela j'ay commandé à m[r]. de Villeroy de vous parler. A Dieu, Monsr de Rosny.

HENRY.

[1] Voyez ci-après la note 2 sur la lettre du 6 octobre, 1re.
[2] Le comte d'Auvergne, bâtard de Charles IX.

[1598.] — 3 OCTOBRE. — Ire.

Orig. autographe. — Archives des Médicis, légation française, liasse 3. Copie transmise par M. le ministre de France à Florence.

A MON COUSIN LE GRAND DUC DE TOSCANE.

Mon Cousin, J'ay receu par les mains du chevalier Puycondiny le contresigné pour la restitution de mon chasteau d'If, dont je demeure tres content [1], et desire que vous croyés que ceste place et les aultres de mon Royaume avec tout ce qui despendra de moy, sera tousjours tres volontiers employé en ce qui se presentera pour vostre contentement : voulant plus que jamais faire estat de vostre amitié, comme je vous prie faire de celle de

Vostre bien bon cousin,

HENRY.

Ce IIIe octobre à Monceaux.

[1598.] — 3 OCTOBRE. — IIme.

Orig. autographe. — B. N. Fonds Béthune, Ms. 9063, fol. 6.

A MON COMPERE LE CONNESTABLE DE FRANCE.

Mon compere, Vous avés quelque raison d'avoir de l'ennuy et de ressentir vostre douleur, veu que mesme ceulx auxquels elle ne touche la ressentent et vous en plaignent. Mais si d'un costé elle est sensible, d'un aultre vous avés avec l'aage une longue experience pour la supporter; et vous debvriés vous-mesme consoler un aultre, quand il en seroit reduict là, et vous reserver pour encores me servir et cest Estat, sans vous laisser abandonner à la douleur, imitant en cela plustost le courage des femmes que non d'un homme tel que vous devés estre et vous monstrer. C'est pourquoy, mon compere, je vous prie, et pour l'amour de moy et pour l'amour de vous-mesme, de vous consoler en

[1] L'issue favorable de cette affaire était due à d'Ossat, qui avait développé le plus grand talent dans cette négociation.

ce que ç'a esté la volonté de Dieu, à laquelle nous nous debvons tous conformer. Le soin que je veux avoir de vous me fait ainsy vous parler. Que si d'icy à quelque temps, pour essayer de passer vostre ennuy, vous voulés me venir voir avec peu de train, croyés que vous serés le bien-venu, et que je tascheray à le vous faire passer. Faites-le donc, pour l'amour de moy, qui vous en prie de toute mon affection, et Dieu, mon compere, vous consoler. Ce iij^e octobre, à Monceaux.

HENRY.

[1598.] — 5 OCTOBRE.

Imprimé. — *OEconomies royales*, édit. orig. t. I, chap. 77. — *Vie militaire et privée de Henri IV*, p. 240.

[A M. DE ROSNY.]

[1] Mon amy, J'ay sceu que l'on fait quelque difficulté en mon conseil pour l'erection du siege presidial que j'ay ordonné estre faict en mon comté d'Armaignac et en ma ville de Lectoure, et que ma sœur en a esté advertye, chose que je ne desirois nullement, pour plusieurs considerations, mesmement pour ce qu'elle veut que je luy donne la finance qui proviendra de l'erection des estats qu'il y fauldra faire, et que je l'ay destinée au s^r de Fontrailhas, au payement de certaine somme de deniers en laquelle, comme comte d'Armaignac, j'ay cy-devant esté condamné envers luy, par arrest de ma court de parlement

[1] Cette lettre est placée, dans les *OEconomies royales*, à l'année 1597, date évidemment erronée, puisqu'il y est parlé du prochain départ de Madame pour la Lorraine, ce qui suppose au moins le projet de ce mariage déjà arrêté, et il ne le fut qu'en 1598. Marbaut, secrétaire de Du Plessis-Mornay, dont nous avons déjà eu occasion de citer les mémoires qui sont la critique la plus violente de ceux de Sully, triomphe de cette inexactitude, qui lui fait regarder la lettre comme controuvée. Ce n'est qu'une des nombreuses inexactitudes des *OEconomies royales* : une année au lieu d'une autre. L'erreur corrigée, l'authenticité de la lettre ne sauroit être attaquée. On voit par les lettres qui précèdent et qui suivent, que Henri IV était à Monceaux au mois d'octobre 1598; et le mariage de sa sœur, qui ne fut célébré que le dernier jour de cette même année, était entièrement décidé et connu publiquement. Cette erreur, comme beaucoup d'autres, avait échappé à l'abbé de l'Écluse.

de Paris; et pour ce que c'est chose que je desire, et que j'ay accordée au dict s^r de Fontrailhas, je vous fais ce mot pour vous dire (comme aussy je l'escris à m^r le chancelier) que vous faciés depescher cest affaire, et qu'il n'y ait que vous, luy et le secretaire par les mains duquel il faudra que la depesche passe, qui le saichent, affin que ma sœur n'en ayt point d'advis, et qu'elle croye l'affaire refusé. Je vous prie que cela soit conduict secretement, car aussy j'escris au dict s^r de Fontrailhas qu'il aura les expeditions, [mais] qu'il n'en poursuive la verification ny l'execution, que ma sœur ne soit en Lorraine. C'est là le subject de la mienne, que je finiray pour prier Dieu, mon amy, vous avoir en sa garde. Ce v^e octobre, à Monceaux.

HENRY.

[1598.] — 6 OCTOBRE. — Ire.

Imprimé. — Œconomies royales, édit. orig. t. I, chap. 83. — *Vie militaire et privée de Henry IV*, Paris, 1803, in-8°, p. 240.

[A M. DE ROSNY.]

[1] Mon amy, Hyer je receus la vostre du cinquiesme, comme j'estois à la chasse. Je m'estonne de ce que vous me mandés n'avoir receu la response à la vostre que du premier de cestuy-cy, veu que je la vous ay envoyée par un de mes laquais, sy que, despuis la vostre, je crois que vous l'aurés receue; ainsy je me contenteray de faire response à vostre derniere. Puisque m^r Zamet ne veut rien advancer pour mes bastimens, sur les quarante mil escus qui me sont reservez en Bretagne, je vous prie emprunter jusqu'à trois mil escuz, que vous ferés mettre entre les mains de m^r de la Grange-le-Roy, pour en faire comme je le luy ay ordonné, vous promettant par celle-cy que je feray qu'ils seront rendus des premiers deniers qui proviendront des dictes impositions, ou aultres, à quoy vous-mesme je veux que vous teniés la main. Je vous ay faict response sur vostre advis des impositions, et

---

[1] Cette lettre, ainsi que la précédente, était de la main du Roi.

outre cela commandé à mr de Villeroy, qui s'en alla hier d'icy, de vous en parler, et resouldre du moyen de le faire executer. Berengen m'a parlé de la deffense des traictes de bled, de quoy j'ay donné charge au sr de Villeroy de communiquer avec vous. C'est tout ce que vous aurés de moi pour response à la vostre, pour prier Dieu vous avoir en sa garde. Ce vje ² octobre, à Monceaux, au matin.

HENRY.

[1598.] — 6 OCTOBRE. — IIme.

Minute. — B. N. Fonds Du Puy, Ms. 407, fol. 3o recto.
Cop. — Suppl. fr. Ms. 1009-3.

[A M. DE LA GRANGE-LE-ROY.]

Monsr de la Grange, La crainte que j'ay de voir rompre mes ateliers de Fontainebleau fait que je mande à mr de Rosny d'emprunter trois mil escuz et de les vous faire mettre entre les mains; à quoy je m'asseure qu'il ne manquera nullement, comme vous ne ferés de les aller recepvoir, pour après les distribuer aux ouvriers et les faire filer de façon que cela coule le plus long temps qu'il sera possible. Je seray tres aise aussy de sçavoir ce qui y aura esté faict despuis mon partement : et ceste-cy n'estant à autre fin, je prie Dieu, Monsr de la Grange, qu'il vous ayt en sa saincte garde.

HENRY.

---

² Les *OEconomies royales* datent cette lettre du 5 mars. Mais ce doit être une des erreurs de détail dont fourmille cet ouvrage, puisque le Roi commence par accuser réception de la lettre de Rosny en date du 5, qu'il a reçue la veille. Nous voyons ci-après, au 9 octobre, dans une lettre dont la minute nous est parvenue, qu'il avait reçu la veille une lettre du 8, par conséquent écrite et reçue le même jour. Il doit en être de même ici, comme ci-dessus dans la lettre du 2 octobre.

1598. — 9 OCTOBRE. — Ire.

Imprimé. — *Œconomies royales*, édit. orig. t. I, chap. 77.

[A M. DE ROSNY.]

Mon amy, Je me souviens qu'ayant cy-devant esté parlé du faict de Palot, j'ay remis ceste affaire à vous, estant bien aise neantmoins qu'il demeurast en ceste charge, puis mesme qu'il en avoit la commission. Depuis, j'ay apprins que ceulx de la Religion consentent qu'il l'exerce, pourveu qu'il commence seulement le dict exercice l'année prochaine; ce qui me faict soupçonner qu'ils veulent tenir ceste affaire en obscurité, et distribuer pour ceste année les deniers à leur poste, obligeant ceux que bon leur semblera par advantages et gratifications. Cela m'a faict resouldre de vous escrire ce mot pour vous dire que mon intention est que Palot l'exerce dés ceste année, affin que la distribution se face selon mon vouloir et intention, et que je saiche à qui m'en prendre, s'il y a du deffault. Aussy m'asseuray-je que vous qui avés le soin general de mes plus importantes affaires, y verrés plus clair par cest instrument que par nul aultre : et ceste-cy n'estant à aultre fin, je prieray Dieu qu'il vous ayt, mon amy, en sa garde. De Monceaux, ce ixe octobre 1598.

HENRY.

[1598.] — 9 OCTOBRE. — IIme.

Minute. — B. N. Fonds Du Puy, Ms. 407, fol. 45 recto.
Imprimé. — *Œconomies royales*, édit. orig. t. I, chap. 82.

[A M. DE ROSNY.]

[1] Monsr de Rosny, Cette-cy sera la response à la vostre du huitiesme, que je receus hyer, et poinct par poinct, affin que sur tous je vous face

---

[1] Cette lettre, dans les *Œconomies royales*, est datée de 1597. (Voyez, sur ce point, la note de la lettre du 5.) Elle est donnée, ainsi que la précédente et la suivante, comme écrite de la main du Roi; mais la minute qui se trouve à la Bibliothèque prouve qu'au moins cette seconde devait être écrite par un secrétaire. On lit au commencement de la minute : *M. de Rosny*, au lieu des mots : *Mon ami*, que donnent les *Œconomies royales*. La comparaison de ce texte avec celui de la minute, que nous imprimons ici, montrera les autres différences.

entendre ce qui est de ma volonté touchant les frais des nopces de ma sœur. Si je ne vous en ay escript, ce n'a esté que je l'aye oublyé; mais je ne vous en veux parler, pour resouldre cela avec vous, et ce sera la premiere fois que vous me viendrés trouver. Je suis tres aise de ce que l'edict de la creation d'un siege presidial à Lectoure soit depesché, comme que vous donnerés ordre à ce qu'il ne manque aucune chose pour le voyage de m^r de Sillery à Rome et son sejour. Pour le s^r de Pilles, j'attends qu'il me vienne treuver icy pour le faire consentir à ce que vous me mandés, ce que j'espere; de quoy je vous donneray advis aussy tost. Vous avés bien faict d'avoir escript à m^r de Bragelongne ce que vous me mandés. Pour les quatre personnages de qualité que vous voulés envoyer avec les commissions pour prendre la source des rivieres, pour establir les ordres et reglemens necessaires pour les impositions, je vous en laisse à vous seul le choix; advisés-y donc bien, et si vous voyés que ceulx de mon conseil en voulussent nommer quelques-uns qui ne vous fussent agreables, vous m'en advertiriés affin d'y interposer mon auctorité, car je n'en ay aulcuns d'affectez pour ce regard. Souvenés-vous que parmy ces rivieres-là vous avés oublié la Charente, et qu'il faut bien prendre garde où l'on establira le bureau de la recepte des impositions; car les grandes villes s'y opposeront, et aux fortes les gouverneurs s'en voudront faire croire, sy que nous n'en tirerons le profit que nous esperons. Vous m'avés faict plaisir de faire deslivrer les trois mil escuz pour mes bastimens, comme d'avoir donné ordre de satisfaire à la garnison de Romans pour le s^r de Saint-Feriol. Pour l'estat de mon procureur à Fontenay, je vous en ay escript ce matin ma volonté, que je veux estre suivye, et comme je vous priois de me venir trouver en poste mardy ou mercredy de la semaine prochaine. Mais si les affaires touchant mes gabelles ou autres vous en empeschent, vous remettrés ce voyage au jour que vous adviserés. Je serois bien aise que m^r d'Incarville vinst aussy et amenast avec luy Chastillon, qui m'apporteroit les plans de toutes mes villes de frontiere, pour voir où je serois d'advis que l'on fist travailler, si vous et le dict s^r d'Incarville avés pourveu aux moyens de ce faire. Toutesfois si vous trouvés bon que l'un de vous deux demeure toujours par delà, tandis que vous viendrés le s^r d'Incarville ne bougera, et viendra aprés.

Pour le sergent-major du Havres, je trouve fort bon ce que vous m'en mandés. Quant au faict du s^r du Rollet, j'attendray à quand je vous verray, de vous parler de ceste affaire-là. Pour le commis de m^r de Fresnes, je ne l'affectionne au prejudice de mon service; aussy bien le dict s^r de Fresnes me dict que, quoy que je luy accordasse, et vous en escrivisse, il ne croyoit que cela luy servist de rien, et que m^r de Gondy en feist rien; mais il a desiré cela de moy, affin que l'on cogneust que, pour ce qu'il me servoit soubs luy, je luy voulois faire du bien. Touchant Demeura, mon procureur à Riom, si je ne vous eusse escript de luy faire payer les arrerages de sa pension, j'estime qu'il ne m'eust permis de faire ma diette, tant il estoit pressant et m'importunoit; et ne trouvay aultre moyen de le chasser d'icy. Mais pour l'advenir je seray tres aise qu'il en soit payé, car c'est un bon serviteur et qui m'a bien servy. Vous me ferés service fort agreable de travailler à faire trouver les vingt mil escuz restans pour les estats de Hollande. Pour la lettre tres expresse que vous demandés au prevost des marchands et eschevins de ma ville de Paris pour leurs registres, je vous envoye un blanc que vous ferés remplir par Clairville, qui est à Paris, comme vous le luy commanderés et comme je le luy escris. Je suis bien aise que vous ayés pourveu à ce que le s^r de Casaubon aye de quoy amener sa famille à Paris; quant à pour sa pension, j'y adviseray lorsque vous serés prés de moy. J'ay receu le memoire que vous m'avés envoyé de ce à quoy se peut monter le sol pour escu, destiné pour mes bastimens. Je suis de vostre advis touchant les deputez de Languedoc, et qu'ils ne sont venus icy que pour empescher l'establissement des gabelles; mais il le faut, car il y va trop de mon service. Pour le party des gabelles de France, je croy ce que vous me mandés, et que les marchands adjudicataires ont faict un grand brouhaha; mais qu'ils ne feront mieux que Zamet, ny si bien. Toutesfois il y faut adviser de prés, car ce fait importe. Vous me ferés plaisir de faire donner contentement à mes menus officiers, et entierement à ceulx de ma bouche. Pour mr de la Rochepot, pour ceste année il faut qu'il se contente d'estre payé de ce à quoy il est employé sur l'estat; mais pour l'advenir il ne seroit juste, ayant mesme charge que les aultres, d'estre aultrement traicté qu'eux. Voilà ce que vous aurés pour ce coup pour response à la vostre : finissant pour prier Dieu vous avoir, Monsr de Rosny, en sa garde. Ce ixe octobre, à Monceaux, au matin.

HENRY.

1598. — 10 OCTOBRE. — Ire.

Imprimé. — *Œconomies royales*, édit. orig. t. I, chap. 82.

[A M. DE ROSNY.]

Mon amy, Le sr de Pilles, qui est venu icy, se loue non seulement de la bonne assistance qu'il a eue de vous, mais aussy de vostre procedure; et m'a dict que ce qui luy a faict poursuivre avec tant d'instance ce qu'il demandoit estoit pour en retirer le plus qu'il luy seroit possible; mais que vous luy avés remonstré la necessité de mes affaires. Il s'en retourne vous trouver pour emporter ce que vous luy aviés promis, et de là, où mon service et le deub de sa charge l'appelle; mais je vouldrois, s'il est possible, que vous lui fissiés donner jusqu'à trois mil escuz. Il m'a si bien servy, et avec tant de candeur et d'affection, que je ne luy veux desnier ce tesmoignage de son obeissance et de l'envie que j'ay de faire pour luy, et luy en tesmoigner les effects aux occasions. Je vous prie de faire qu'il soit promptement depesché (vous sçavés assez juger l'importance de son retardement) et qu'en l'estat que l'on dressera pour l'année prochaine qu'il ne soit point oublié pour la pension que je luy ay accordée, car je luy ay promis, et veux qu'il y soit compris et en soit payé; je vouldrois en avoir plusieurs semblables à luy; aussy ne vous veux-je celer que je l'aime, et qu'il en vaut la peine. A Dieu, mon amy. Ce x{e} octobre.

HENRY.

Je vous recommande ce qui touche mon nepveu le duc de Guise et sa pension.

[1598.] — 10 OCTOBRE. — IIe.

Orig. autographe. — Archives de M. de Crillon.
Cop. — B. N. Suppl. fr. Ms. 1009-4.

A MONS^R DE GRILLON.

Brave Grillon, Vous avés oublié vostre maistre et vos amys; je n'en fais de mesme : aussy aimé-je mieulx que vous ne faictes. Vous sçaurés de mes nouvelles par le s^r de Pilles; mais par ce mot vous serés asseuré de la continuation de mon amitié. Il y a fort longtemps que l'on dict que vous venés; mais je n'en croiray rien que je ne vous voye. A Dieu, brave Grillon. Ce x^e octobre, à Monceaux.

HENRY.

1598. — 11 OCTOBRE.

Imprimé. — *OEconomies royales*, édit. orig. t. I, chap. 82. — *Vie militaire et privée de Henry IV*, Paris, 1803, in-8°, p. 247.

[A M. DE ROSNY.]

[1] Mon amy, J'ay cy-devant faict response à la vostre du viij^e. Pour celle du ixe, je vous diray que je remettray à vous parler du faict des gabelles et de Zamet à quand je vous verray, qui sera l'un des jours de ceste sepmaine, comme je le vous ay mandé; et pour ceulx de la maison de ville je suis de vostre advis; aussy ne veux-je que l'affaire en demeure là, et vous ay envoyé un blanc, affin de le faire remplir par Clairville comme vous adviserés. Vous m'avés faict service agreable d'avoir donné quelque contentement à mes officiers de la bouche. J'attends ce que m^r d'Incarville m'escrira touchant les offres que l'on faict pour les traictes des bleds et vins en Languedoc,

---

[1] Cette lettre était de la main du Roi.

pour m'y resouldre ou vous en mander ma volonté. Sur ce, Dieu vous ait, mon amy, en sa garde. Ce xj^e octobre.

HENRY.

[1598:] — 14 OCTOBRE.

Orig. autographe. — B. N. Fonds Béthune, Ms. 9128, fol. 75.
Cop. — Suppl. fr. Ms. 1009-4.

[A GABRIELLE D'ESTRÉES.]

Mon cher cœur, Vous vous estes plaint d'avoir esté deux jours sans sçavoir de mes nouvelles; ce fut quand je couchay dehors et que je fus si malade. Encores dés que fus icy le soir, je vous escrivis un mot. Je ne me puis ravoir de mon humeur merancolique, et crois que mardy je prendray medecine; mais rien ne m'y servira tant que vostre veue, seul remede à toutes mes tristesses. Je vous fusse allé voir dés demain, n'estoit les extremes affaires que j'ay avec mon conseil sur l'estat de l'année qui vient. Je remettray toutes nouvelles à nostre premiere rencontre; seulement vous diray que je vous envoye la lettre de Fourcy, pour les marbres, et que m^r de la Riviere sera à vous dés que vous le voudrés. Bonjour, mon cher cœur, je te baise un million de fois. Ce xiiij^e octobre.

1598. — 15 OCTOBRE.

Imprimé. — Œconomies royales, édit. orig. t. I, chap. 82. — Vie militaire et privée de Henry IV, Paris, an xii, in-8°, p. 247.

[A M. DE ROSNY.]

[1] Mon amy, Je ne doubte nullement que le bruit qui a couru de ma maladie ne vous ait affligé, et que l'on ne l'ait faict plus grande, et causée d'autre cause qu'elle ne s'est trouvée. Mais Dieu en soit loué, j'en suis tantost guery, et que la fievre m'ayant pris sur les six

---

[1] Cette lettre était de la main du Roi.

à sept heures du soir dimanche, ne m'a laissé que ce matin, par une grande sueur qui me l'a emportée du tout. Ce qui me mettoit en peine est que depuis vingt ans, fievre ne m'avoit tant duré (sinon que à la Motte-Freslon [2] quand j'eus ceste grande pleuresie) et que je me voyois tellement abattu contre mon naturel ordinaire, que vous cognoissés, et avec cela si chagrin; que tout me desplaisoit. Aujourd'hui je me suis levé pour disner, et puis remis au lict pour me reposer, et espere me lever pour souper, si ceste nuit je me trouve mieux que je n'ay faict la derniere, car elle m'a esté extresmement facheuse. Je m'habilleray demain et sortiray un peu dehors pour prendre l'air et me promener, mais non pour aller loin. Si je n'eusse hier pris de la casse, qui m'a extremement purgé, j'estois pour estre plus long-temps malade, et c'est merveille, veu ce que j'ay vuidé, que je ne l'aye esté davantage. Je seray trés aise de vous voir dimanche; amenés avec vous mess[rs] d'Incarville et Chastillon, mais nuls aultres. Que si quelques-uns veulent venir avec vous, ne vous en chargés; au contraire dictes-leur que je vous ay defendu d'en amener aucuns, et que vous venés seulement pour me voir, sans me parler d'affaires pour qui que ce soit. L'on me vient parler de force auditeurs des comptes morts; j'ay faict response que je n'y voulois nullement entendre, quelques offres que l'on m'ait faictes. Je vous prie, courons en la suppression. Vous verrés, avant partir, m[r] le chancelier, et sçaurés de luy s'il a rien à me mander, et luy dirés que je trouve un peu estrange de ce que contre ce que je luy avois escript touchant l'erection du siege presidial de Lectoure, de n'en parler à personne, il en a communiqué à quelques aultres de mon conseil que à vous, et qu'il y fait de la difficulté, aprés mon commandement. Faites que je n'oye plus parler de ceste affaire, et que je ne luy en escrive plus, ny à vous. A Dieu, mon amy. Asseurés tout le monde de ma guerison. Ce jeudy à sept heures du soir quinziesme octobre à Monceaux.

HENRY.

[2] Sur cette maladie que Henri IV, n'étant que roi de Navarre, eut à la Mothe-Freslon, voyez ci-dessus, t. II, p. 428.

52   LETTRES MISSIVES

[1598. — VERS LA MI-OCTOBRE.] — Ire.

Minute. — B. N. Fonds Du Puy, Ms. 407, fol. 51 verso.

[A M. DE FONTRAILHAS.]

Mr de Fontrailhas, J'ai seu la difficulté que l'on faict à ce qui est de ma volonté touchant l'erection du siege presidial de Lectoure. J'en escris à ceste fin à m^r le chancelier et au s^r de Rosny. Je m'asseure qu'ils n'en feront plus et que je seray obey de ce costé-là. Aussy vous debvés reposer sur moy, que puisque je le vous ay promis, cela sera. Je leur mande de tenir cest affaire secret, et qu'il n'y ayt que eulx et le secretaire qui le depeschera qui le saiche, affin d'en faire perdre la cognoissance à ma sœur. Et vous, il vous faudra prendre garde, ayant l'edict par devers vous, d'en poursuivre la verifficamon avant qu'elle soit en Lorraine. Quant vous aurés faict par delà vos affaires et que vous serés prés de vous en retourner au pays, vous me pourrés venir voir icy pour prendre congé de moy. Asseurés-vous tousjours que vous serés le bien venu et veu de moy, qui vous ayme. A Dieu, Monsr de Fontrailhas, lequel je prie vous avoir en sa garde.

HENRY.

[1598. — VERS LA MI-OCTOBRE.] — IIme.

Minute. — B. N. Fonds Du Puy, Ms. 407, fol. 32 verso.
Cop. — Suppl. fr. Ms. 109-3.

A MONS^R DE VILLEROY.

Monsr de Villeroy, Ceste-cy sera la response aux deux vostres, des xxviij^e et xxixe du passé, que plus tost vous eussiés eue sans la recheute de ma maladie, qui m'a rendu si chagrin que despuis ce temps-là je n'ay faict que songer à ma santé, sans voulloir ouyr parler d'affaires. J'ay veu celle de m^r de Luxembourg, à laquelle j'estime qu'il ne fauldra faire response, puisqu'il est par les chemins. Et pour le regard des Jesuistes, je suis de vostre advis, et qu'il faut attendre que nous ayons nouvelles de ce que aura faict mʳ le legat, ou que mʳ de Sillery soit sur les lieux. J'ay escript à mʳ de Rosny, que son voyage estant tres important pour nostre service, je veux qu'il soit traicté en ambassadeur, affin qu'il me puisse servir à mon contentement. Pour celle de mʳ de Rennes, il a raison de se plaindre de tant de *gratis* que je fais demander à Sa Saincteté[1]; et vous sçavés que la pluspart c'est par importunité ce que j'en fay, de façon qu'il luy fault escrire que je ne luy en feray plus aucune depesche. Pour celle du sʳ de Busenval, je suis de vostre advis, et que l'on doibt attendre la response de celle que je luy ayt faicte pour le passage de Calais. Quant à celle que mʳ le duc de Biron vous a escripte, que vous m'avés envoyée, touchant les sʳˢ de Bryon et Guyonnelle, quand vous serés prés de moy j'y pourvoiray. J'ay veu celles du sʳ de la Boderie à vous. Je croy bien la prise de Berk, veu ce qu'il vous en avoit escript par les precedentes, mais non la mort de l'electeur de Cologne, car nous en eussions eu advis despuis. Pour celluy qu'il vous demande, soit de prendre le deuil ou de la response qu'il fera au cardinal d'Au-

---

[1] Voici ce qu'écrivait d'Ossat :

« Je supplie tres humblement V. M. de prendre en bonne part que je lui dise que comme à traiter vos affaires il n'y a qu'honneur, et je dirai encore plaisir pour la pluspart; aussi est-ce une chose honteuse de demander au Pape tant de *gratis,* comme font vos ministres depuis deux ans à toutes les audiences qu'ils ont de S. S., laquelle s'en fâche, longtemps y a, pour en avoir donné une fort grande quantité par le passé et n'y voir aucune fin pour l'avenir, ains s'en trouver à présent importunée plus que jamais ; et pour ce aussi qu'outre que les cardinaux, qui ont quelque part en tels profits, les officiers de ceste cour, qui achetent leurs offices et ont leurs emolumens assignez sur les taxes des benefices consistoriaux, lui en font bien souvent de grandes plaintes. Et avec le temps S. S. en verroit moins volontiers vos ministres, qui seuls de tous les ambassadeurs et agens qui resident en cette cour, lui font telles demandes ; et n'en recevroit ni écouteroit si bien vos affaires, estant tousjours suivis de cette amertume et dégoust d'importunité. Et partant comme après la reconciliation de V. M. et de la couronne avec le S. Siege, je fus le premier à demander telles graces pour vos sujets et à disposer S. S. à les accorder : aussi supplié-je maintenant pour le bien de vos affaires, et pour quelque reputation aussi, qu'il vous plaise estre ci-après fort retenu à commander à vos ministres de faire telles demandes au Pape. » (Lettre du 27 septembre 1598.)

triche, s'il le faict prier d'assister au service qu'il fera faire pour le roy d'Espaigne, comme de la responce qu'il vous faudra faire en mon nom au dict cardinal sur ce qu'il m'escript, je trouve bon que vous en conferiés avec mr de Bellievre et mr de Sillery, et que suivant la resolution que vous en prendrés ensemble, vous luy escriviés. Et si vous avés des nouvelles, vous me les envoyerés. Je me trouve un peu mieux, mais non encor bien. Je fay ce que mes medecins veulent et les croy, tant j'ay d'envie de guerir. Je pense que j'iray dans peu de jours à St-Germain pour changer d'air, où je vous manderay de me venir trouver. A Dieu, Monsr de Villeroy, lequel je prie vous avoir en sa saincte garde.

HENRY.

[1598.[1]] — 16 OCTOBRE. — Ire.

Imprimé. — *Œconomies royales*, édit. orig. t. I, chap. 94.

[A M. DE ROSNY.]

[2] Mon amy, Suivant ce que je vous escrivis hier par un de mes laquais touchant l'erection d'un siege presidial en ma ville de Lectoure, je vous prie tenir la main de tout vostre pouvoir à ce que mr le chancelier scelle cela et que je n'en oye plus parler, estant chose que j'affectionne. Vous luy ferés entendre que je trouve mauvais ce qu'on m'a rapporté, qui est qu'il a divulgué cest affaire au prejudice de ce que je luy en avois escript; car j'ay appris que ma sœur l'a sceu. A Dieu. Ce xvje octobre, à Monceaux.

HENRY.

[1] Cette lettre est placée à l'année 1599 dans les *Œconomies royales* : erreur que démontrent et le lieu de la date et le sujet. — [2] Elle était de la main du Roi.

Madame

nous avons esté cet jour passés en une
extreme peyne de la malladye du Roy
non tant pour y voir dict mercy mil
peryl [...] sans cens qny comme moy ne doyent
savoir qu'en sa vye ne soy semer il voi
nulle incommodité que l'aprehention
qu'elle augmente ne l'heur face souhay-
té. Enfin de la [...] nous sommes
dyen [...] mercy hors de ces inqny tudes
ayant depuys une ou cy jourd [...]
comert son entyere santé de n'ay
point manqué a luy Representer le de
playsir qu'il Dons. et monsieur mon
fils en [...] Reentry le qny f la
Croi byen facylement ayant tant
de [...] d'estre assurm de l'entyere
affection de mny R de l'antre que
je vous poys assurer madame que
l'aurerys my l'moy personnes de Voz
[...] en son Royume de qny h [...]

parcy l[a] satisfa[c]tion q[ue] sera byen
ayse que v[ost]re m[ajes]te sçaiches[t]
la peyne travail et grand destourber
de moy lesq[ue]lz tesmoingne sa
sente de ce[s] affayres ma y faict me sont
promises g[r]ant a moy ma[d]ame
Je Vous pri[e] que Je ne doyue paier
mes[e]s payes les piesce[s] que il[z] Vous
promect tesmoyngner l'extreme affection
que Jay a m[e] treshumbles servyce[s] pour
laquelle Jay este commise de ce
Vous parler auec[ques] plus d[e]
de franchyse en ce que Je Croy es-
t[r]e ymportant-mentz Je Vous asseur-
madam[e] que tout le quy Vous
sera a[gr]eable me[']apportera tousjours
du contentement [et] que Je n'auray
Jammays aultres loisyr que le desir

Vos commandemens que ſe vous suplye
me despartir et me permettre de
vous tenir seulle les menus contens
hommelystes que ſe vous attemreque
ſe seray toute ma vye

Madame,

Vostre humble Vray affisau
servante D'ARNES

D'après l'original conservé à la Bibliothèque Nationale.
(Voir le texte imprimé, page 55.)

A Madame
Madame la ch. chess.
de ...

[1598.] — 16 OCTOBRE. — IIme.

Orig. autographe. — B. N. Fonds Béthune, Ms. 9077, fol. 4.

A MON COMPERE LE CONNESTABLE DE FRANCE.

Mon compere, J'ay esté tres-aise de voir le s^r de Sainct-Geniés de vostre part, tant pour ce qu'il m'a apporté de vos lettres et dict de vos nouvelles, que pour ce qu'il vous dira des miennes. Je commence à me bien porter, Dieu mercy, la fievre m'ayant quitté de hier matin seulement, mais elle m'a laissé si foible et avec un tel degoustement, que je ne m'en puis encore ravoir, et la nuit passée je l'ay eue avec tant d'inquietude, que je n'ay peu fermer l'œil. Tenés-vous prest pour me venir trouver dans trois jours, que j'enverray Frontenac ou quelque aultre des miens pour vous querir; mais avec deux ou trois gentilshommes en plus, affin que vous me puissiés resjouir et moy vous. Si vous voulés amener vos chiens pour chevreuil, il y a icy auprés un plus beau courre du monde. Croyés que la maistresse de ceans[1] vous

---

[1] C'est probablement à l'occasion de cette maladie du Roi, que Gabrielle d'Estrées, se trouvant alors près de lui, écrivit à la duchesse de Nevers la lettre suivante, dont l'original autographe nous est parvenu:

« Madame,

« Nous avons esté ces jours passez dans une extreme peine de la maladie du Roy, non tant pour y voir, Dieu mercy, nul peril, que parce que ceulx qui comme moy ne desirent salut qu'en sa vie, ne lui sçauroient voir nulle incommodité, que l'apprehension qu'elle augmente ne leur face souhaiter la fin de la leur. Nous sommes, Dieu mercy, hors de ces inquietudes, ayant depuis cinq ou six jours recouvert son entiere santé. Je n'ay point manqué à luy representer le deplaisir que vous et monsieur vostre fils en aviés ressenti; ce qu'il a creu bien facilement, ayant tout subject d'estre asseuré de l'entiere affection de l'un et de l'autre, que je vous puis bien asseurer, Madame, sans flatterie ni rougir, personne de vos qualitez [n'estre] en son Royaume de qui ait pareille satisfaction. Il sera bien aise que monsieur vostre fils, aprés sa diette, le vienne trouver, et qu'il soit auprés de luy le plus souvent que sa santé et ses affaires le luy pourront permettre. Quant à moy, Madame, je vous jure que je ne desire rien avec pareille passion que de pouvoir tesmoigner l'extreme affection que j'ay à vostre tres humble service, par laquelle j'ay esté conviée d'oser vous parler avec peut-estre trop de franchise, en ce que je croyois y estre important. Mais je vous supplie, Madame, croyés

verra de bon œil, comme aussy feray-je, qui sur ce prie Dieu vous avoir, mon compere, en sa garde. Ce vendredy xvj^e octobre, à Monceaux.

HENRY.

1598. — 21 OCTOBRE. — Ire.

Orig. — A Londres, State paper office, vol. de Mélanges. Copie transmise par M. l'ambassadeur de France.

[A LA REINE D'ANGLETERRE.]

Tres haute, tres excellente et tres puissante princesse, nostre tres chere et tres amée bonne sœur et cousine, Le tesmoignage que vous nous avés rendu du comportement du bon Lafontaine en vostre endroict nous a esté tres agreable, tant pour le contentement que vous en avés receu que pour la consideration particuliere de sa personne, que nous aimons et estimons, comme un bon et sage ministre[1]. Oultre le commandement qu'il avoit de nous, de s'y conduire de ceste sorte, il y a tant apporté de soing, que nous estimons qu'il en est digne de louange, et jà çoit que nous avons faict passer par delà le s^r de Boissize, conseiller en nostre conseil d'Estat, pour y resider comme nostre ambassadeur prés de vous, nous y avons bien voulu employer le dict Lafontaine, auquel nous avons fait bailler ceste lettre pour avoir accés à vous aller dire de nos nouvelles, qui sont tres bonnes, Dieu merci, vous priant le voir tres volontiers aux occasions qui se presenteront, et faire estat de la continuation de nostre amitié

que tout ce qui vous sera agreable m'apportera tousjours du contentement, et que je n'auray jamais autres loix que celles de vos commandemens, que je vous supplie me departir, et me permettre, aprés vous avoir baisé les mains en toute humilité, que je vous asseure que je seray toute ma vie,

« Madame,

« Vostre tres humble et tres affectionnée servante,

« G. D'ESTRÉES. »

---

[1] M. de la Fontaine était ministre d'une église protestante française à Londres.

et bienveillance. A tant, nous prions Dieu, Tres haute, tres excellente et tres puissante princesse, nostre tres chere et tres amée bonne sœur et cousine, qu'il vous ayt en sa saincte et digne garde. Escript à Monceaux, le xxj^e d'octobre 1598.

Vostre bon frere et cousin,

HENRY.

1598. — 21 OCTOBRE. — IIme.

Orig. — Musée britannique, Mss. Égerton, vol. V, fol. 65. Transcription de M. Delpit.

A MONS^r DE LUSSAN,

COMMANDANT POUR MON SERVICE ES VILLE ET CHASTEAU DE NANTES, EN L'ABSENCE DU DUC DE VENDOSME, MON FILS NATUREL.

Monsr de Lussan, J'ay veu par vostre lettre du ixe de ce mois la plaincte que vous faictes du maire de ma ville de Nantes et des officiers du corps d'icelle, et d'aulcuns habitans, pour s'estre comportez en vostre endroict aultrement qu'ils ne doibvent, et pour ne vous avoir faict raison des insolences dont ont usé aulcuns des habitans de la dicte ville à l'endroict d'un des vostres. Je ne puis que je ne blasme ce qu'ils ont faict, et que je n'aye desagreable ceste mauvaise intelligence qui est entre vous et les habitans de ma dicte ville; laquelle me desplairoit encores davantage, si je voyois que le subject procedast de quelque occasion important à mon service. Ce qui est provenu de la dispute de l'un des habitans avec l'un des vostres devoit estre composé amiablement, tant par la prudence que vous y avés peu apporter, que par le respect qui vous est deub, tenant le lieu auquel vous estes constitué pour mon service. J'escris aux maire et eschevins de ma dicte ville ce que j'estime estre sur ce de leur debvoir, affin qu'ils ne manquent à se comporter selon ma volonté en ce qui vous concerne et despend de vostre charge. Je desire aussy que de vostre part vous y apportiés vostre prudence accoustumée. En ce qui pourroit arriver par l'imprudence de quelques habitans, vous leur remonstrerés plustost ce qui est de leur debvoir, que d'entrer en dispute avec eux, desirant que vous viviés en si bonne correspondance avec les officiers et habitans de ma dicte ville, que comme vous et mes serviteurs qui sont en icelle n'avés qu'un mesme but, qui tend au bien de mon service, aussy vos volontez soient semblables; ce que je mande fort particulierement aux dicts maire et eschevins, et que là où ils manqueront à leur debvoir, je leur feray cognoistre combien j'ay desagreables leurs actions, en ce qu'elles peuvent prejudicier à mon auctorité et alterer le repos que j'ay establi en ma dicte ville : et m'asseurant que de vostre part vous apporterés ce qui despend de vous pour conserver mon auctorité, maintenir les dicts habitans en leur debvoir, je prieray Dieu, Monsr de Lussan, de vous avoir en sa garde. Escript à Monceaux, le xxj^e jour d'octobre 1598.

HENRY.

POTIER.

[1598.] — 24 OCTOBRE.

Orig. autographe. — B. N. Fonds Béthune, Ms. 9077, fol. 9.

A MON COMPERE LE CONNESTABLE DE FRANCE.

Mon compere, J'ay esté tres aise d'entendre par m^r de Roquelaure que vous ayés envoyé vers luy un de vos laquais pour apprendre des nouvelles de ma santé, qui sont tres bonnes, Dieu mercy. Je vous en sçay un tel gré, que je n'en perdray jamais le souvenir. Le marquis de Treynel me dit qu'il y a deux jours que vous desirés vous purger ceste sepmaine, et faire vostre feste [1] chez vous. Cela m'a empesché de vous envoyer querir, comme je le vous avois mandé; mais tenés-vous prest pour partir le lendemain des festes, car je vous enverray chercher. Aussy je brusle d'un extresme desir de vous voir, pour vous tesmoigner comme je vous aime. A Dieu, mon compere. Ce xxiiij^e octobre, à Monceaux.

HENRY.

[1] La Toussaint.

[1598.] — 29 OCTOBRE.

Orig. autographe. — B. N. Fonds Béthune, Ms. 9128, fol. 79.
Cop. — B. N. Suppl. fr. Ms. 1009-4.

[A GABRIELLE D'ESTRÉES.]

J'ay prins le cerf en une heure avec tout le plaisir du monde, et suis arrivé en ce lieu à quatre heures. Je suis descendu à mon petit logis, où il fait admirablement beau; mes enfans m'y sont venus trouver, ou, pour mieux dire, l'on les y a apportez. Ma fille amende fort et se faict belle, mais mon fils sera plus beau que son ainé. Vous me conjurés, mes cheres amours, d'emporter autant d'amour que je vous en laisse. Ah! que vous m'avés faict plaisir! car j'en ay tant, que croyant avoir tout emporté, je craignois qu'il ne vous en fust point demeuré. Je m'en vais las entretenir Morphée; mais s'il me represente autre songe que de vous, je fuiray à tout jamais sa compagnie. Bonsoir pour moy, bonjour pour vous, ma chere maistresse, je vous baise un million de fois vos beaux yeux. Ce xxixe octobre.

[1598. — OCTOBRE.] — Ire.

Minute. — B. N. Fonds Du Puy, Ms. 407, fol. 30 recto.
Cop. — Suppl. fr. Ms. 1009-3.

A MONS[r] DE SILLERY.

Monsr de Sillery, Vous sçavés comme il y a desjà long-temps que je vous ay parlé du voyage que je veux que vous alliés faire pour mon service à Rome, tant pour mon desmariage que aultres choses qui m'importent. C'est pourquoy je vous fay ce mot, de ma main, pour vous prier de vous tenir prest pour partir, aussy tost que le s[r] Langlois, cy-devant prevost des marchands de ma ville de Paris, sera de retour d'Usson, où je l'envoye querir la procuration necessaire pour cest effect; ayant commandé à m[r] de Villeroy de vous communicquer de cest affaire, et adviser avec vous comme vous aurés à traicter de cella et avec qui, pour en venir à bout. Car vous ne doubtés nullement que maintenant qu'il a pleu à Dieu nous donner une bonne paix en mon Royaume, je ne doibve affectionner cella plus que chose du monde, pour avoir ce contentement de me voir l'esprit en repos de ce costé-là, et des heritiers, et à mon peuple des princes, soubs lesquels ils puissent vivre en quelque repos, et leur conserver celluy que je leur ay procuré. Sur ce Dieu vous ayt, Monsr de Sillery, en sa saincte garde.

HENRY.

[1598. — OCTOBRE.] — IIme.

Minute. — B. N. Fonds du Puy, Ms. 407, fol. 3o verso.
Cop. — Suppl. fr. Ms. 1009-3.

[A M. DE ROSNY.]

Monsr de Rosny, J'escris à m^r de Sillery de se tenir prest pour partir pour le voyage que je veulx qu'il aille faire à Rome pour mon desmariage, aussy tost que le s^r Langlois, cy-devant prevost des marchans de ma ville de Paris, sera de retour d'Usson et en aura rapporté la procuration necessaire, sur ce qui en a cy-devant esté resolu et où vous estiés; et vous fais ce mot pour vous prier, comme chose que j'affectionne et que j'ay à cœur pour plusieurs occasions que vous sçavés trop mieux juger, que vous teniés la main que ce qu'il faudra pour le voyage du dict s^r de Sillery soit prest, à ce qu'il puisse partir aussy tost après le retour du dict s^r Langlois; et ay commandé à m^r de Villeroy de vous communicquer de cest affaire durant que le dict s^r de Sillery sera à Rome. Il y fera ce que feroit un ambassadeur, et par ce moyen ce sera en espargner la despense. Vous sçavés assez juger la consequence de cest affaire, et si j'ay raison de l'affectionner; c'est pourquoy, encor un coup, je vous prie de vous y employer avec toute affection : ce que me promettant, je prieray Dieu, Monsr de Rosny, qu'il vous ayt en sa saincte et digne garde.

HENRY.

[1598.] — 1ᵉʳ NOVEMBRE.

Orig. autographe. — B. N. Fonds Béthune, Ms. 9077, fol. 7.
Cop. — Suppl. fr. Ms. 1009-2.

A MON COMPERE LE CONNESTABLE DE FRANCE.

Mon compere, J'ay esté infiniment aise d'entendre de vos nouvelles par le sʳ de Sainct-Geniés. Il vous dira des miennes, qui sont à present beaucoup meilleures qu'elles n'ont esté; estant à present du tout hors de fievre, Dieu mercy. Mais je ne veulx ouir parler d'aulcunes affaires; cela est cause que j'ay commandé à tous ceulx qui sont icy de s'en retourner à Paris et de ne venir de huict jours; d'autant qu'ils ne se peuvent empescher de me parler de leurs affaires, et cela me met en mauvaise humeur. C'est pourquoy, pour me rejouir, je vous prie au plus tost de me venir trouver, et amener avec vous peu de train, affin qu'estant icy ensemble nous nous puissions tous deux rejouir, ainsy que j'ay commandé au sʳ de Sainct-Geniés de vous faire entendre de ma part. A Dieu, mon compere. Ce premier de novembre, jour de Toussainct, à Monceaux.

HENRY.

[1598.] — 3 NOVEMBRE.

Imprimé. — Œconomies royales, édit. orig. t. I, chap. 82.

[A M. DE ROSNY.]

Mon amy, Je vous prie, incontinent la presente receue, de faire deslivrer aux sʳˢ Marescot, Martin et Rosset, medecins, à chascun cent escus, pour m'estre venu voir icy par mon commandement, et à Regnault, mon chirurgien, cinquante. Demain par mʳ de Schomberg, qui s'en ira, je vous escriray pour vous assembler avec mʳ le chancelier, messʳˢ de Bellievre, Sillery et aultres de mon conseil, pour adviser, maintenant que la Sainct-Martin approche, le moyen qu'il faut tenir pour la verification de mon edict avec ceulx de la Religion; de quoy vous advertirés les.deputez. Aussy vous adviserés avec mr de Villeroy à ce qui sera necessaire à mr de Sillery pour son voyage de Rome, maintenant que mr de Luxembourg retourne; car il est des plus necessaire pour mon Estat et pour mon contentement, et la despense que l'on y fera y sera, ce me semble, necessaire. Je vous prie aussy de vous souvenir de la pauvre receveuse de Gisors, pour le commencement de l'année prochaine; vous sçavés comme elle a bien servy. A Dieu, ce iije novembre, à Monceaux.

HENRY.

[1598.]—4 NOVEMBRE.

Minute. — B. N. Fonds Du Puy, Ms. 407, fol. 53 verso.
Imprimé. — *Pièces concernant l'histoire de J. A. de Thou*, à la suite de la traduction de son *Histoire universelle*, t. XV, p. 91, Londres, 1754, in-4°.

A MONS{R} LE PRESIDENT DE THOU.

Monsr le president, J'ay tant receu de preuves de vostre affection à mon service et en ay eu tant de contentement, que je ne veulx differer plus longtemps à vous tesmoigner le ressentiment que j'en ay, et l'estime que je fay de vous, de vostre capacité, integrité et preudhommye, qui sont des parties si recommandables en ce temps mesmement corrompu, pour la malice des siecles passez, que desirant doresnavant le faire recognoistre à tout le monde comme je le recognoy, et pour ceste occasion vous approcher de moy et me servir de vous en mes plus importans affaires, je vous ay faict expedier un brevet de conseiller en mon conseil d'Estat et Finances, que je vous envoye; d'autant que je veulx et entends que à l'advenir vous vous teniés et assistiés en tous mes conseils, où je me promets que je ne seray servy de vous avec moindre fidelité et affection que je l'ay tousjours esté jusques icy, et que j'en espere la continuation, comme vous vous debvés attendre de moy à tous les tesmoignages d'un bon maistre et qui vous aime, comme les effects vous le feront recognoistre.

Je vous ay cy-devant escript pour retirer des mains du nepveu du feu s^r abbé de Bellebranche, la librairie de la feue Royne, mere du Roy, mon seigneur[1], ce que je vous prie et commande encores un coup de faire, si jà ne l'aviés faict, comme estant chose que je desire, affectionne et veulx, affin que rien ne s'en esgare, et que vous la faciés mettre avec la mienne. A Dieu, Monsr le president. Ce iiij^e novembre à Monceaux.

HENRY.

[1598.] — 6 NOVEMBRE.

Cop. — B. N. Fonds Du Puy, Ms. 407, fol. 32 recto.
Imprimé. — *OEconomies royales*, t. I, chap. 82. — *Vie militaire et privée de Henri IV*, Paris, 1803, in-8°, p. 250.

[A M. DE ROSNY.]

Mon amy, Ceste-cy sera la response à la vostre du xxixe du passé, que plus tost vous eussiés eue sans ma recheute. Je commenceray avant, de vous dire que je me porte un peu mieux, Dieu mercy, mais

---

[1] Jacques Amyot, maître de la librairie du Roi, étant mort en 1593, Henri IV lui avait donné pour successeur M. de Thou. La réunion des livres de Catherine de Médicis à ceux du Roi fut la première affaire dont s'occupa de Thou dans ses nouvelles fonctions. Depuis la mort de cette princesse, ses livres étaient restés en dépôt chez Jean-Baptiste Benciveni, abbé de Bellebranche, son premier aumônier et garde de sa librairie. Des lettres patentes du 15 juin 1594 ordonnèrent à l'abbé de Bellebranche de remettre ces livres à Jacques-Auguste de Thou. Mais les créanciers de la feue reine-mère formèrent opposition. Tous les meubles de cette princesse avaient été mis sous les scellés. On procéda à une estimation, suivie d'autres formalités, pendant lesquelles mourut l'abbé de Bellebranche. Son neveu, Pierre-Dominique Benciveni, le représentait, en 1599, lorsque le Parlement rendit deux arrêts, l'un du 25 janvier, l'autre du 30 avril, lui ordonnant de remettre à Denis de Hère, conseiller au Parlement, commis à l'exécution de ces deux arrêts, les livres en question. Ce commissaire les fit transporter au collége de Clermont, où se trouvaient alors les livres du Roi, et où Jean Gosselin, commis à leur garde, reçut et colloqua ceux de Catherine de Médicis. C'étaient des manuscrits fort précieux, dont cette princesse s'était emparée à la mort de son parent le maréchal de Strozzi, qui les tenait du cardinal Ridolfi, neveu du pape Léon X.

Ces manuscrits font aujourd'hui partie de l'ancien fonds du Roi à la Bibliothèque. De Thou en fit relier trois cent cinquante aux armes et au chiffre de Henri IV.

non si bien, et ceste derniere maladie m'a rendu tout chagrin; je fais tout ce que mes medecins veulent, tant j'ay d'envie de guerir. Je suis tres aise de ce que vous avés faict payer les Suisses et le regiment de mes gardes, comme quatre aultres regimens et sept compagnies de gens de pied des garnisons ordinaires de Picardie et de Metz, et des appointemens accordez aux cappitaines retranchez, et que le party des gabelles ait esté resolu, comme vostre advis sur les quatre quartiers des rentes sur le sel; mais je veux que l'on cognoisse cela proceder de ma liberalité, affin que l'on m'en sçache gré, et par ce moyen faciliter ce que nous voulons faire verifier en la chambre des comptes et cour des Aides. Pour le licenciement des Suisses, j'ay songé depuis à ce que mess^{rs} de Bellievre et Sillery m'en escrivent, dont ils vous ont parlé; et ay resolu, tant pour le bien de mon service que pour les raisons qu'ils me mandent, que j'entretiendray encore pour quelque temps aux colonels Galaty, Heid et Baltazard à chascun une compagnie de cent hommes; de façon que je vous prie pourveoir à leur entretenement, car pour les retranchemens que vous me mandés sur les François, j'y en ay tant faict que je n'en puis faire davantage. Je trouve fort bon que vous ayés asseuré les cinquante mil escuz pour les nopces de ma sœur, et encor meilleur l'expedient que vous me proposés pour donner contentement à mess^{rs} des Estats, comme le remplacement de ceste somme et des dix mil escus deubs au s^r Zamet sur la nature de deniers que vous me mandés. Je vous laisse le soing et la disposition des fermiers des rivieres, et à trouver fermiers et personnes propres pour le reglement des impositions. Pour celle de Sainct-Quentin, je veux qu'elle soit toute entiere, et faictes-en faire les expeditions; car aprés, s'ils se viennent plaindre comme ils feront sans doubte, ils tiendront ce que je leur en rabattray, de ma liberalité, et, sy, cela leur apprendra d'obeir une aultre fois. Donnés-moy le loisir d'estre mieux, et que j'aye m^r de Villeroy auprés de moy, pour resouldre l'estat des garnisons et gens de guerre entretenus pour l'année prochaine. Vous m'avés bien envoyé la responce que vous avés faicte à mon cousin le comte de Soissons, mais non celle qu'il vous a escripte, que je serois bien aise de voir, pour vous en donner ma volonté. C'est bien fait de travailler à l'estat de l'année prochaine, comme aux magasins d'armes. J'ay veu m^r d'Estrées, qui m'a parlé de sa charge et de ce que vous avés advisé ensemblement pour mon artillerie. Pour la brouillerie que vous avés eue avec m^r d'Espernon, vous aurés veu m^r de Schomberg, et entendu ce que sur cela je luy ay commandé de vous dire. Je suis d'advis que vous vous raccommodiés avec luy, et que vous vous monstriés doux à chascun, fors és choses où il ira de mon service, asseuré que je ne vous abandonneray, et vous feray voir comme vostre service m'est agreable. Continués donc à me bien servir seulement, et croyés, en ce fait-là, vos amys. A Dieu. Ce vj^e novembre, à Monceaux, au soir.

HENRY.

[1598.] — 8 NOVEMBRE.

Imprimé. — *OEconomies royales*, édit. orig. t. I, chap. 82. — *Vie militaire et privée de Henri IV*, Paris, 1803, in-8°, p. 251.

[A M. DE ROSNY.]

[1] Mon amy, Incontinent la presente receue, montés à cheval pour me venir trouver, et soyés icy à ce soir, à quelque heure que ce soit, car je veux parler à vous pour chose qui interesse mon service. Apportés avec vous les offres de ceux qui veulent faire le party du sel, et les memoires là-dessus, et le dernier contract d'adjudication faict aux derniers marchands. A Dieu. Ce lundy, à une heure aprés midy, viij^e novembre, à St-Germain en Laye.

HENRY.

[1] Cette lettre, ainsi que la précédente, était de la main du Roi.

66 LETTRES MISSIVES

[1598.] — 10 NOVEMBRE. — Ire.

Imprimé. — *Œconomies royales,* édit. orig. t. I, chap. 82.

[A M. DE ROSNY.]

[1] Mon amy, Ceste-cy sera la response aux deux vostres du viie et viiie de cestuy-cy. Ne doubtés nullement que je n'aye soin de vous, et que je ne vous le face paroistre; ne craignés point que je me laisse emporter aux importunitez qui me pourroient estre faictes par qui que ce soit. Touchant les deniers qui ont esté saisis à Dieppe, j'ay veu celle que vous a escripte mon cousin le comte de Soissons, et la response que vous luy avés faicte; mais je crois que despuis vous l'avés veu et tesmoigné l'envie que j'ay de faire pour luy, lorsque l'occasion s'en presentera, et que mes affaires me le permettront, lesquelles vous luy pouvés mieux faire entendre que nul aultre, pour en avoir plus parfaite cognoissance. Sur ce, Dieu vous ayt en sa garde. Ce x[e] novembre, à Monceaux.

HENRY.

[1598.] — 10 NOVEMBRE. — IIme.

Imprimé. — *Pièces concernant l'histoire de J. A. de Thou,* à la suite de la traduction de son *Histoire universelle,* t. XV, p. 192, Londres, 1734, in-4°.

[AU PRÉSIDENT DE THOU.]

Monsr le president, Avant que vous m'eussiés escript, ny que personne du monde m'eust parlé pour vous, si tost que j'eus nouvelles de la mort de l'evesque de Chartres, vostre oncle, je me souvins de la reserve que je vous avois accordée de l'abbaye de Bellefontaine par sa mort. Ce sont là des tesmoignages de la memoire que j'ay de vos services; comme aussy le brevet que je vous ay envoyé pour estre de mon conseil ordinaire, sur l'asseurance que j'ay tousjours eue de

---

[1] Cette lettre était de la main du Roi.

vostre fidelité et affection; laquelle fera que l'occasion s'offrant de la recognoistre à l'advenir, vous m'y trouverés aussy disposé que de bon cœur je prie Dieu qu'il vous ayt, Mons.r le president, en sa garde. Ce x.e novembre, à Monceaux.

HENRY.

[1598.] — 16 NOVEMBRE. — I.re.

Cop. — B. N. Suppl. fr. Ms. 1009-2.
Imprimé. — Œconomies royales, édit. orig. t. II, chap. 6.

A M. DE ROSNY.

Mon amy, J'attendray à S.t-Germain, où j'espere estre en bref, que vous et ceulx de mon conseil me representent l'importance de l'affaire de S.t-Quentin, pour sur cela vous faire à tous entendre ce qui est de ma volonté. Je trouve bon ce que vous avés faict pour le s.r Zamet sous un nom emprunté, comme les conditions que vous m'avés mandées, aussy que vous n'ayés les oreilles bouchées si d'aultres offrent dadvantage. Suivant vostre advis, j'escris à ceulx de mon conseil et aux prevot des marchands et eschevins de ma ville de Paris les lettres que vous me mandés. Pour Vernay de Chinon, il luy faudra mander une bonne assignation de ce que montent les deniers destinez pour la garnison de Chinon durant ceste année, qui luy ont esté promis par le s.r de Souvré, en sortant de la place, et au capitaine Dauphin les certains, à ce qu'il ait moyen d'y entretenir les soldats que je luy ay ordonnez. Je suis bien aise que ce qu'il faut pour le voyage et ameublement du s.r de Sillery pour son ambassade à Rome soit prest, d'autant que je veux qu'il parte au plus tost. Puisque la commodité de mes affaires ne me permet davantage pour le present, il faut qu'il s'en contente. Quelque autre occasion s'offrant, je seray bien aise de luy tesmoigner comme je l'aime. Je suis bien aise que l'on tienne les estats du Languedoc au bas, d'autant que c'est la premiere fois qu'ils sont reunis, et qu'il ne seroit à propos que mes serviteurs, pour la premiere fois, allassent où alloient ceulx de la Ligue. Pour l'année qui vient, on les tiendra au haut. Je trouve bonne la nomination que vous avés faicte du s^r de Maisse pour aller en Languedoc et Provence; et pour cest effect je luy dis de s'apprester pour le dict voyage; comme celle du s^r de Jambville, pour envoyer sur les rivieres regler et establir les impositions, auquel j'escris aussy; estant assez capable, pourveu qu'il veuille bien faire. Je vous renvoye le dernier traicté qui a esté faict avec le s^r Zamet, lequel j'ay veu, l'ayant signé de ma propre main. Pour l'abbaye du Bois dont m'escrivés que vous pensiés vacante par la mort de m^r de Langres, mon cousin le duc de Biron me l'avoit envoyé demander par Prevost, qui fait ses affaires; mais n'en ayant eu aulcunes nouvelles depuis, je crois qu'il n'est pas mort[1]. Ne doubtés nullement que s'il vaque quelque chose, que je vous oublie, ny la promesse que je vous ay faicte. A Dieu, mon amy. A Monceaux, ce xvj^e novembre.

HENRY.

P. S. J'oubliois à vous mander qu'il importe à mon service que le s^r de la Fontaine s'en retourne en Angleterre, où sa presence est necessaire; c'est pourquoy je vous prie que l'on luy face bailler des moyens, à ce qu'à faute de cela il ne sejourne pas plus long-temps par deçà. Tenés la main à ce que l'on ne distraye point les deniers destinez pour le pont de ma ville de Paris[2]; d'autant que je veux qu'on

---

[1] En effet la nouvelle était fausse; car l'évêque de Langres ne mourut qu'en 1614, doyen des prélats de France. C'était Charles de Pérusse d'Escars, second fils de Jacques de Pérusse d'Escars et d'Anne de l'Isle-Jourdain. Il avait été évêque de Poitiers en 1564, et ce fut en 1569 qu'il devint évêque-duc de Langres. Charles IX le chargea, en 1573, de recevoir en son nom, à Metz, les ambassadeurs de Pologne qui venaient offrir la couronne au duc d'Anjou. Lorsque ce prince revint en France pour succéder à son frère sous le nom de Henri III, il fut reçu, à son passage à Langres, par Charles d'Escars, qui l'accompagna à Reims, et contribua à son sacre comme pair de France. On a vu ci-dessus qu'il n'assista point au sacre de Henri IV; mais il remplit ses fonctions de pair à celui de Louis XIII en 1610. Il avait été nommé commandeur de l'ordre du Saint-Esprit à la promotion de 1579, et s'était trouvé aux états de Blois en 1588. Il était frère puîné du comte d'Escars, frère consanguin du cardinal de Givry et oncle du baron d'Aix, personnages qui figurent dans cette correspondance.

[2] Le Pont-Neuf.

y travaille au commencement de l'année qui vient, ainsy que je l'escris à m^r le premier president, qui est un des commissaires.

[1598.] — 16 NOVEMBRE. — IIme.

Orig. autographe. — Bibliothèque de la ville de Laon.

A MONS^R DE LA GUESLE.

Monsr de la Guesle, Sur ce que j'ay sceu que l'on travaille au procés criminel du s^r de la Gerbaudiere, de Poitou, je vous fais ce mot de ma main, pour vous dire et commander tres expressement que vous ne faciés faulte de faire entendre à ceulx de ma court de Parlement qui travaillent au dict procés, que ma volonté est qu'ils surseoient au jugement du dict procés jusqu'à ce que je sois à Sainct-Germain en Laye (qui sera bien tost), ou que sur cela je leur face entendre ma volonté, et pour cause que je vous feray entendre. Ceste-cy n'estant à aultre fin, Dieu vous ayt, Monsr de la Guesle, en sa garde. Le lundy matin xvj^e novembre à Monceaux.

HENRY.

1598. — 18 NOVEMBRE.

Imprimé. — *Mémoires et correspondance de Duplessis-Mornay*, 1824, in-8°, t. IX, p. 182.

A MONS^R DU PLESSIS.

Monsr Duplessis, Je vous fais ce mot et vous depesche ce laquais exprés pour vous dire que je pars pour m'en aller à Sainct-Germain en Laye, où j'espere me rendre samedy prochain, Dieu aidant, et qu'au plus tost vous vous rendiés à Buhy, chez vostre sœur, affin que je mette fin à vostre affaire; ce que j'eusse desjà faict sans ma diette et ma maladie, dont la nouvelle sera parvenue jusqu'à vous. J'en ay receu une depuis peu de vous, et entendu par Lomenie ce que vous desirés de moy. Je le commanderay, pour vous donner en cela tout contentement que je pourray, et vous tesmoigner ce que je vous ay promis. Je veux aussy parler à vous sur beaucoup de choses qui importent à mon service. C'est pourquoy vous ne ferés faulte de vous rendre au plus tost au dict Buhy, où soubdain que vous serés arrivé, vous me le manderés, pour vous faire sçavoir ce que vous aurés à faire. Sur ce, Dieu vous ait, Monsr Duplessis, en sa garde. A Juilly, ce mercredy xviij^e novembre 1598.

HENRY.

1598. — 20 NOVEMBRE.

Orig. — Ms. appartenant à M. l'abbé Caron, à Versailles. Pièce 16.

A MON COUSIN LE CARDINAL DE JOYEUSE.

Mon Cousin, Je sçay tres mauvais gré aux Genevois de vous avoir refusé le passage par leur Estat comme ils ont faict; mais ce n'est pas en ceste occasion seulement que j'ay recogneu qu'ils ne portent grande affection à ce qui me concerne. Ce que j'ay à vous dire sur cela est que vous effectuyés ce que je sçay que vous avés de vous-mesmes tres bonne volonté de faire pour mon service, qui est de vous rendre aux pieds de Nostre sainct Pere le Pape, le plus tost que vous pourrés; car vostre presence s'y rend tous les jours plus necessaire, à cause de plusieurs occurrences qui naissent, sur lesquelles neantmoins je ne vous feray par la presente aucun particulier commandement, parce que j'espere faire partir bien tost le sr de Sillery, que j'ay deliberé d'envoyer par delà, lequel vous portera mon intention et vous fera entendre toutes choses avec la confiance deue à vostre affection et fidelité, dont j'ay prins entiere asseurance. Ce pendant le duc de Piney pourra arriver icy, par lequel je seray plus à plain informé des volontez de Sa Saincteté et de l'estat auquel il a laissé les choses auprés d'elle : et pour fin de la presente, je vous asseureray du recouvrement de mon entiere premiere santé, graces à Dieu, lequel je prie, mon Cousin, qu'il vous ayt en sa saincte garde. Escript à Escouen, le xxe jour de novembre 1598.

HENRY.
DE NEUFVILLE.

1598. — 25 NOVEMBRE.

Orig. — B. N. Fonds Béthune, Ms. 9077, fol. 34.
Cop. — Suppl. fr. Ms. 1009-2.

[AU CONNÉTABLE.]

Mon Cousin, Je suis venu voir icy une malade que ma presence a guerie. Elle aura esté cause que j'auray veu Paris, et que Paris m'aura veu, ayant ceste aprés-disnée joué plus d'une heure à la paulme, dont je me suis bien porté. Je disneray encore ici demain de bonne heure, et me rendray à une heure aprés midi à Coulombe, pour chasser aux loups, où je vous prie de vous trouver et dire à Frontenac qu'il y amene tous les chiens pour loup qui sont à Sainct-Germain; et en tout evenement faictes-y aussy venir les oiseaux et levriers, affin que, s'il ne se trouve point de loup, nous puissions tousjours chasser en retournant au logis. Advertissés mes cousins de ceste partie et les conjurés de s'y trouver. Faictes aussy mes recommandations à ma sœur, et l'asseurés que je la verray demain, et luy diray moy-mesme des nouvelles de mon voyage. Sur ce, je prie Dieu vous avoir en sa saincte garde. De Paris, ce xxve novembre 1598.

HENRY.

FORGET.

Faictes aussy advertyr le s^r de la Chapelle aux Ursins, qu'il amene ses chiens courans.

[1598.] — 28 NOVEMBRE.

Imprimé. — Œconomies royales, édit. orig. t. I, chap. 82.

[A M. DE ROSNY.]

[1] Mon amy, M^r le chancelier et ceulx de mon conseil m'ont faict entendre qu'il estoit besoing qu'ils sejournassent à Paris jusques à

---
[1] Cette lettre était de la main du Roi.

lundy, affin de pourveoir aux affaires des particuliers, ce que je trouve bon, affin que je ne sois point importuné lorsque vous serés icy. Demeurés-y donc, et prenés garde qu'il ne s'y passe rien au prejudice de mon service; et soyés ici lundy à disner. A Dieu. Ce xxvuj[e] novembre, à Sainct-Germain en Laye.

HENRY.

1598. — 5 DÉCEMBRE.

Orig. — Musée britannique, Mss. Egerton, vol. V, fol. 67. Transcription de M. Lenglet.

A MONS[R] DE LUSSAN,

LIEUCTENANT DE MON FILS, LE DUC DE VENDOSME, AU GOUVERNEMENT DES VILLE ET CHASTEAU DE NANTES.

Monsr de Lussan, Ayant entendu et consideré les plainctes qui m'ont esté faictes de la part des habitans de ma ville de Nantes sur quelques differends intervenus entre vous et eux, tant sur le faict de leur police que sur plusieurs aultres occurrences, ne voulant pas que telles disputes passent plus avant, ny que le repos de ma dicte ville et le debvoir des dicts habitans en ce qui est de mon auctorité soit aulcunement alteré, j'envoye le s[r] Turquan, conseiller en mon conseil d'Estat, pour eclaircir et recognoistre la verité des dictes plainctes, et vous oyr en vostre justification sur icelle; luy ayant [donné] charge d'assoupir et composer les dicts differends, pour vous remettre avec les dicts habitans en telle union et correspondance que mon auctorité soit recogneue par les dicts habitans, et eulx maintenus en repos et en la jouissance des privileges et exemptions que leur avons accordées. Le dict s[r] Turquan se rendra pour cest effect dans peu de jours en ma dicte ville, par lequel vous entendrés plus particulierement mon intention. J'ay trouvé mauvais que les dicts habitans aient faict difficulté de faire les gardes quand vous leur avés ordonné, s'excusant n'en avoir eu commandement de moy; car tout ainsy qu'ils doibvent obeir promptement à tels commandemens quand ils procedent de ceulx qui ont l'auctorité pour mon service, aussy ne debvésvous les faire que quand il est necessaire. Il ne fault negliger les bruicts, ny aussy à chacun prendre l'alarme. Les advis que vous m'avés donnez touchant ceulx de la Religion estoient pleins d'apparence, et vous avés bien faict de m'en advertir. Toutesfois, ayant voulu estre eclaircy davantage de ce que m'avés escript, j'ay trouvé que les dicts advis estoient donnez sur une apparence et sans aulcune certitude. Vous ne laisserés à me donner semblables advis quand ils viendront à vostre cognoissance. Sur ce, je prie Dieu, Monsr de Lussan, vous avoir en sa garde. Escript à St-Germain, le ve jour de decembre 1598.

HENRY.

POTIER.

[1598. — 11 DÉCEMBRE.] — Ire.

Minute. — B. N. Fonds Du Puy, Ms. 407, fol. 30 verso.
Cop. — Suppl. fr. Ms. 1009-3. (D'après l'original qui était dans les Mss. le Tellier-Louvois.)

[A MADAME DE NEMOURS.]

Ma tante, J'ay entendu par le s^r Le Geay où vous en estes demeurée, ma tante de Longueville et vous, pour le mariage de mon cousin, vostre fils, et ma cousine, sa fille aisnée; et comme elle ne vous veult bailler que xxvi mil livres de rente, et que vous en voulés trente. Puisque les choses sont en ces termes, je veux estre juge de ce differend, affin que comme j'ay desiré ce mariage, tant pour affermir l'amitié qui est entre vos maisons, que pour procurer à mon cousin une femme digne de luy et à vous une fille digne de vous, je voye reussir à bonne fin ce que j'ay procuré[1]. Par ainsy j'ordonne que

---

[1] Malgré tous les soins que se donna Henri IV, comme on le voit ici par cette lettre et les suivantes, pour faire réussir ce mariage, il ne s'accomplit pas. Catherine d'Orléans, demoiselle de Longueville, mourut en 1638, sans avoir été mariée. Le duc de Nemours, qui avait vingt-six ans au moment où se négociait cette union, ne se maria que vingt ans plus tard. Il prit pour femme, en 1618, Anne de Lorraine, duchesse d'Aumale.

ce qui est en differend sòit party entre vous deux; que vous vous contenterés de vingt-huit mil livres de rente, et qu'elle les baillera aussy. Vous sçavés, ma tante, en quelle maison vous prenés alliance, qui est celle qui doibt estre vostre belle-fille, et qu'en ce temps il est tres difficile d'en trouver comme l'on desire. Faictes donc cela, je vous en prie, et me demeurés ferme en vostre resolution, de peur que si ceste occasion vous eschappe, vous ne la regrettiés ; et me croyés de cela, moy qui vous aime et qui serois marry de vous conseiller, si je ne voyois que vostre plus grand regret sera celluy de ne l'avoir plus tost faict, ainsy que j'ay commandé à m^r de Villeroy de vous dire de ma part : et remettant le reste à sa suffisance, prieray Dieu, ma tante, qu'il vous ayt en sa saincte garde.

HENRY.

[1598. — 11 DÉCEMBRE.] — IIme.

Minute. — B. N. Fonds Du Puy, Ms. 407, fol. 32 recto.
Cop. — Suppl. fr. Ms. 1009-3.

[A MADAME DE LONGUEVILLE.]

Ma tante, J'ay aprins, tant par les lettres de ma tante la princesse de Condé, que par celles de ma sœur d'Angoulesme, et ce que m'a dict le s^r Le Geay, où vous en estes demeurée avec ma tante la duchesse de Nemours, pour le mariage de ma cousine de Longueville et mon cousin le duc de Nemours, et qu'il tient peu qu'il n'ayt esté conclud. Et pour ce que c'est chose que j'affectionne et que je desire, je veux servir de juge pour vous accorder, et en ordonner par où vous passerés, affin que j'aye ce contentement de voir cela parachevé. De quoy je m'asseure qu'il ne vous restera aucun regret, si ce n'est celluy qu'il n'aura esté plus tost vostre gendre. Vous baillerés donc à ma cousine vingt et huict mil livres de rente, de quoy ma tante, la duchesse de Nemours, se contentera. Ainsy le differend partagé, vous serés toutes deux contentes, et moy autant et plus que nul autre, de l'avoir veu parachevé. Vous ne debvés perdre ceste occasion pour ma cousine, de peur que si une fois elle vous eschappe, difficilement vous en recouvriés une semblable; car en ce temps et en ce Royaume il ne se trouve tant de partys qu'il seroit à desirer. Croyés-moy donc en cellà et ce que j'ay commandé à m^r de Villeroy de vous faire entendre de ma part, qui me resjouyray avec vous d'y voir une fin; et je vous promets que vous m'aimerés davantage de ce que je m'y seray employé : et sur ce, je prie Dieu, ma tante, qu'il vous ayt en sa saincte garde.

HENRY.

[1598. — 11 DÉCEMBRE.] — IIIme.

Minute. — B. N. Fonds Du Puy, Ms. 407, fol. 31 verso.

Cop. — Suppl. fr. Ms. 1009-3.

Imprimé. — *Lettres de Henri IV et de plusieurs personnages célèbres*, publiées par A. Sérieys, Paris, an x, in-8°, p. 78.

[A LA PRINCESSE DE CONDÉ.]

Ma tante, J'ay esté tres ayse d'entendre, tant par la vostre que ce que le s^r Le Geay m'a rapporté, où toutes choses sont demeurées pour le mariage de ma cousine de Longueville, vostre niepce[1], avec mon cousin, le duc de Nemours; et fay entendre aux deux meres ce qui est de ma volonté, faisant le juge de leur differend : qui est en somme que la dispute se partira en deux, sçavoir que ma tante de Longueville, vostre sœur, baillera vingt et huict mil livres de rente, et ma tante de Nemours se contentera de cella. Je m'asseure que vous serés de mon opinion, et que vous leur conseillerés de la suivre; aussy que l'une et l'autre debvroient avoir un extresme regret si cette occasion leur eschappoit des mains, laquelle difficilement ils pourroient recouvrer, comme je leur ay faict entendre à toutes deux par m^r de Villeroy, et que vous dira de ma part le s^r Le Geay : sur lequel me remet-

---

[1] Françoise d'Orléans, veuve de Louis de Bourbon, prince de Condé, chef du parti protestant, oncle paternel de Henri IV, était la sœur de Léonor d'Orléans, duc de Longueville, père de la princesse qu'on voulait marier.

tant, je vous prieray de le crere, et que je vous aime de tout mon cœur. A Dieu, ma tante, lequel je prie vous avoir en sa saincte et digne garde.

HENRY.

[1598. — 11 DÉCEMBRE.] — IVme.

Minute. — B. N. Fonds Du Puy, Ms. 407, fol. 31 verso.
Cop. — Suppl. fr. Ms. 1009-3.

[A MADAME D'ANGOULÈME.]

Ma sœur, Vous m'avés faict un extresme plaisir de vous estre employée pour le mariage de mon cousin le duc de Nemours avec ma cousine de Longueville, ainsy que j'ay recogneu par la vostre, que le s^r Le Geay m'a rendue, et ce qu'il m'en a dict de vostre part. Mais pour ce que je seray tres ayse d'y voir une fin, comme chose que je desire, et pour le contentement de l'un et de l'autre, je veux estre juge du differend qui est entre les meres; car j'ordonne que ma tante de Longueville baillera xxviii mil livres de rente, et que ma tante de Nemours s'en contentera, ainsy que j'ay commandé à m^r de Villeroy de le faire entendre de ma part. Aydés-moy à mettre fin à cest affaire, et je m'asseure que tous en demeureront si contens, qu'ils nous voudront mal et ennuy de ce que plus tost nous ne leur avons procuré ce contentement. Croyés au demeurant que je vous aime bien, et que je suis et seray tousjours

Vostre bon frere,
HENRY.

[1598.] 11 DÉCEMBRE. — Vme.

Orig. autographe. — B. N. Fonds Béthune, Ms. 8794, fol. 141.

A MA COUSINE LA DUCHESSE DE NEVERS.

Ma cousine, J'ay commandé à ce porteur, que j'envoye devers ma niepce, vostre fille, de vous visiter de ma part, vous dire de mes nouvelles et me rapporter des vostres. J'advertis par luy ma dicte niepce des termes où se trouve le mariage de mon nepveu le duc de Nemours avec ma niepce de Longueville, et comme il ne tiendra qu'à elle que le procés qu'a la maison de Longueville avec celle de Nemours, ne soit accordé à l'advantage de son petit fils[1], mon nepveu; la priant de s'en revenir par deçà exprés pour cet office, en luy promettant toute protection. A quoy je vous prie, ma Cousine, luy conseiller de satisfaire, car en verité ce sera son bien, et s'acquittera de l'amitié qu'elle doit rendre à ses plus proches, et me contentera grandement, ayant cecy tres à cœur, parce que je cognois que ce sera le bien des uns et des autres. Au reste, ma Cousine, je suis tres marry que vous n'estes par deçà pour vous trouver au baptesme de mon petit fils, qui se doibt faire dimanche, car je me persuade que vous ne m'eussiés desnié ceste assistance. Je m'asseure aussy que vous en feussiés retournée bien contente de moy, qui vous souhaite toute felicité, en priant Dieu, ma Cousine, qu'il vous ayt en sa garde. Ce xj^e decembre, à St-Germain en Laye.

HENRY.

1598. — 13 DÉCEMBRE.

Orig. — Musée britannique, bibliothèque Lansdowne, Ms. 148, art. 256. Envoi de M. l'ambassadeur de France à Londres.

[A LA REINE D'ANGLETERRE.]

Tres haulte, tres excellente et tres puissante princesse, nostre tres chere et tres amée bonne sœur et cousine, Le subject de nostre lettre

---

[1] *Petit fils* ne signifie pas ici un descendant à la seconde génération, mais un fils en bas âge. Henri IV l'emploie plus bas pour lui-même en parlant du baptême de son second fils naturel, Alexandre de Vendôme, et il y a d'assez fréquents exemples du même emploi de cette expression dans sa correspondance. Catherine de Gonzague-Clèves, duchesse de Longueville, fille de la duchesse de Nevers, était veuve depuis trois ans et demi, et n'avait qu'un fils, encore enfant, né deux jours avant la mort de son père. La princesse qu'on voulait marier avec le duc de Nemours, était la belle-sœur de cette duchesse de Longueville, qui avait pour belle-mère Marie de Bourbon, duchesse de Longueville, à qui est adressée une des lettres précédentes.

sera en faveur de Jehan Ricquety et Nicolas du Renel, marchands de nostre ville de Marseille, lesquels nous ont faict entendre que l'année 1592 ayant chargé d'huiles, savons, cottons, muscades et aultres marchandises de Levant un vaisseau *la Catherine* de Roscou, du port [de] cent tonneaux, dont estoit maistre Marc Prigean, le dict vaisseau avoit esté rencontré en mer par une robarge d'Angleterre, nommée *la Grue*, qui l'avoit prins et emmené en vostre royaume, au port de Portsmouth. Laquelle ayant esté reclamée par les dicts Riquety et du Renel, et leur poursuite venue jusques à vous, vous auriés escript aux consuls de nostre ville de Marseille, et leur auriés donné asseurance de la restitution de la dicte prinse, laquelle toutesfois ne se seroit ensuivye; tellement qu'ils auroient esté contraincts de recourir à nous, affin que nous eussions agreable de vous escrire et prier, comme nous faisons affectueusement, de leur faire raison et justice de ceste depredation; laquelle ne pouvant trouver de juste fondement et pretexte pour l'appuyer, nous esperons que vous ne vouldrés souffrir que nos subjects soient maltraictez aux pays de vostre obeissance; mais commanderés que la dicte restitution se face suivant la premiere intention que vous en avés eue. Et ce nous sera occasion de traicter de mesme ceulx de vos subjects qui traffiqueront en nostre Royaume, oultre que vous asseurerés par ce moyen la liberté du commerce pour le commun bien de nos royaumes, pays et subjects, ainsy que le s^r de Boissize, conseiller en nostre conseil d'Estat et nostre ambassadeur prés de vous, vous fera plus amplement entendre : priant Dieu, Tres haulte, tres excellente et tres puissante princesse, nostre tres chere et tres amée bonne sœur et cousine qu'il vous ayt en sa tres saincte et digne garde. Escript de St-Germain en Laye, le xiij^e decembre 1598.

Vostre bon frere et cousin,

HENRY.

DE NEUFVILLE.

1598. — 17 DÉCEMBRE.

Cop. — Arch. du Capitole de Toulouse, Registre authentique des Annales de la ville, vol. IV, fol. 319. Envoi de M. Belhomme, archiviste et correspondant du ministère.

[AUX CAPITOULS DE TOULOUSE.]

Tres chers et bien amez, Ayant esté advertys, par nostre court de parlement de Thoulouse, de l'election qu'elle avoit faicte de vous à la charge de cappitoulx de la dicte ville, au lieu de certaine aultre precedente election, qui a par elle esté jugée abusive; et nous ayant par mesme moyen nostre dicte court informé des bonnes et louables qualitez qui sont en vous, specialement de vostre fidelité à nostre service, et de la bonne inclination que vous avés au bien et repos de la dicte ville, nous sommes de mesme fort contens et satisfaicts de vostre dicte election, et l'avons bien volontiers approuvée et confirmée, esperans que vous mettrés en debvoir de respondre au bon jugement que nostre dicte court a faict de vos personnes, et à l'expectation qu'elle nous a donnée que, par le moyen de vostre establissement en la dicte charge, toutes choses seront doresnavant conduictes avec plus d'ordre, moderation et respect qu'elles n'ont esté par le passé. Si vous le faictes, oultre la louange qui vous en demeurera, vous nous donnerés occasion de vous affectionner particulierement et de vous faire participer de nos graces et faveurs aux occasions qui s'en offriront. Nous vous recommandons, entre aultres choses, de vous tenir tousjours en bonne union et intelligence avec nostre dicte court, et vous comporter envers elle avec la reverence qui luy est deue, comme à un corps qui represente nostre personne: et nous asseurant que vous n'y voudrés manquer, nous ne vous en dirons point pour ceste heure davantage. Donné à St-Germain en Laye, le xvij^e de decembre 1598.

HENRY.

FORGET.

ANNÉE 1599.

1599. — 3 JANVIER.

Orig. — Musée Britannique, Mss. de Burney, vol. 167, fol. 129. Transcription de M. Delpit.
Imprimé. — *Apologie de Casaubon*, 1621, in-8°, p. 147. — *De l'Amour de Henri IV pour les lettres*, Paris, 1786, in-24, p. 114. — *Vie militaire et privée de Henri IV*, Paris, an XII, in-8°, p. ix.

A MONS^r DE CASAUBON,
PROFESSEUR ES LETTRES HUMAINES[1].

Monsr de Casaubon, Ayant deliberé de remettre sus[2] l'université de Paris, et d'y attirer pour cest effect le plus de sçavans personnages qu'il me sera possible, saichant le bruict que vous avés d'estre aujourd'huy des premiers de ce nombre, je me suis resolu de me servir de vous pour la profession des bonnes lettres en la dicte université, et vous ay, à ceste fin, ordonné tel appoinctement, que je m'asseure que vous vous en contenterés. Partant vous ne fauldrés, incontinent la presente receue, de vous preparer à vous acheminer par deçà, pour vous y rendre le plus tost que vous le pourrés commodement faire; et affin que l'obligation que vous avés d'enseigner en ma ville de Montpellier ne vous puisse retenir ou retarder, j'escris presentement

---

[1] Il est peu nécessaire de dire que *lettres humaines* est un latinisme et signifie les belles-lettres (*humaniores litteræ*).

[2] On nous permettra ici une courte remarque sur l'inconvénient de changer arbitrairement les anciens textes. L'abbé Brizard, qui ne s'en fait pas faute (bien qu'il fût d'ailleurs homme d'esprit et de goût, mais il avait en cela les idées de son siècle), substitue à la vieille locution *remettre sus* l'expression moderne *remettre en honneur*. Il n'a pas fait attention qu'elle entraînerait implicitement l'idée que l'université de Paris était tombée en discrédit; ce qui pouvait bien être, mais ce que le Roi n'aurait pas écrit, en un temps où la susceptibilité de l'esprit de corps était si grande, et en parlant de cette corporation puissante, qu'il continuait à surnommer, comme ses prédécesseurs, *nostre premiere et ainsnée fille*. L'expression *remettre sus* indique seulement d'une manière générale la réparation des maux de la guerre civile.

aux consuls d'icelle, qu'ils ayent à vous en tenir quicte et deschargé[3], et à vous assister de ce qu'ils pourront en vostre voyage, pour les frais duquel j'ay donné l'ordre que vous entendrés par les lettres du s[r] de Calignon, conseiller en mon conseil d'Estat; sur lequel m'en remettant, je ne vous en diray point icy davantage. Sur ce, je prie Dieu, Monsr de Casaubon, qu'il vous ayt en sa saincte garde. Escript à Paris, le iij[e] jour de janvier 1599.

HENRY.

FORGET.

1599. — 9 JANVIER. — Ire.

Orig. — Arch. de M. de Mornay.
Imprimé. — *Mémoires de Duplessis-Mornay*, 1824, in-8°, t. IX, p. 203.

A MONS[R] DU PLESSIS MORNAY,

CONSEILLER DU ROY EN SON CONSEIL D'ESTAT, CAPPITAINE DE CINQUANTE HOMMES D'ARMES DE SES ORDONNANCES, ET GOUVERNEUR DE SAUMUR.

Monsr du Plessis, Sainct-Phal est arrivé et logé dans la Bastille; et sont toutes choses pour ce regard en l'estat que je desire. Par tant, je vous prie me venir trouver, et vous rendre icy demain, s'il est pos-

---

[3] Isaac Casaubon avait alors près de quarante ans, car il était né le 18 février 1559 à Genève, où s'était réfugié son père, ministre protestant. Celui-ci ne tarda pas à revenir chez lui, à Crest en Dauphiné, où il instruisit avec beaucoup de soin son fils, qui ayant merveilleusement profité de ses leçons, retourna, à l'âge de dix-neuf ans, à Genève. Il compléta ses études de la manière la plus brillante, et à l'âge de vingt-trois ans il remplaça le célèbre professeur grec François Portus dans la chaire de grec. Pendant ce séjour à Genève, notre grand helléniste, Henri Estienne, lui donna en mariage sa fille Florence, dont il eut vingt enfants. Mais le peu d'harmonie qui régnait entre le beau-père et le gendre fit quitter Genève à Casaubon, en 1596, pour venir professer le grec à l'université de Montpellier. De là Henri IV, comme on le voit par cette lettre, l'appela, en 1599, à l'université de Paris. Il fut préposé, en 1603, à la garde des livres de la librairie ou bibliothèque du Roi, que de Thou dirigeait alors avec le titre de grand-maître. Après la mort de Henri IV, Casaubon passa en Angleterre, où le retinrent les bienfaits de Jacques Ier, et il mourut à Londres le 1er juillet 1614. Ses travaux d'érudition, connus et admirés de tous les savants, n'ont pas à être énumérés ici.

sible; car c'est chose que j'ay tres à cœur, et vous envoye ce courrier exprés pour cela. N'y faillés point donc, quand surtout vous debvés me contenter et obeïr. Je prie Dieu, Monsr Duplessis, qu'il vous ayt en sa garde. De Paris, le ixe janvier 1599.

HENRY.

1599. — 9 JANVIER. — IIme.

Orig. — Arch. du canton de Genève. Copie transmise par M. Rigaud, premier syndic, et par M. Sordet, archiviste.

Imprimé. — *Histoire de Genève*, par SPON, t. I, p. 408 recto.

A NOS TRES CHERS ET BONS AMYS LES SYNDICS ET CONSEIL DE LA VILLE DE GENEVE.

Tres chers et bons amys, Devant l'arrivée de vostre deputé, le s^r Dauphin, par lequel j'ay receu vos lettres du xxiiie de novembre, j'avois faict depescher la declaration necessaire pour tesmoigner à un chascun comme vostre ville et territoire ont esté compris, avec vos personnes, en la paix que j'ay nagueres faicte avec le roy d'Espagne et le duc de Savoye; chose que j'ay despuis confirmée de ma propre bouche au s^r de Roncas, secretaire du dict duc, au dernier voyage qu'il a faict devers moy; luy ayant dict et faict dire combien vostre conservation m'est chere et recommandée, affin qu'il le fist entendre à son maistre, auquel j'ay encore escript le semblable de ma main, par la lettre qui a esté baillée au dict Roncas; à quoy je me promets que le dict duc aura tel esgard, que vous en ressentiés bien tost. Toutesfois, je commanderay encore à celuy que j'ay deliberé d'envoyer resider pour mes affaires auprés du dict duc, de luy en parler, et faire mon propre faict de ce qui vous concerne. Davantage, j'espere à ce printemps aller jusqu'en ma ville de Lyon, pour favoriser par ma presence les affaires que j'ay à desmeler avec le dict duc; en quoy je vous asseure que je n'oublieray les vostres, comme j'ay dict au dict Dauphin, avec ce qu'il me semble que vous devés faire ce pendant pour ne tomber en aulcune surprise. Par tant je me remettray du reste sur luy, et prieray Dieu, Tres chers et bons amys, qu'il vous ayt en sa saincte et digne garde. Escript à Paris, le ixᵉ jour de janvier 1599.

HENRY.
DE NEUFVILLE.

[1599.] — 13 JANVIER.

Orig. autographe. — Archives des Médicis, légation française, liasse 3. Copie transmise par M. le ministre de France à Florence.

A MON COUSIN LE GRAND DUC DE TOSCANE.

Mon Cousin, La presente ne servira qu'à donner l'entrée et creance vers vous au sʳ de Sillery, de mon conseil d'Estat, que j'ay faict mon ambassadeur à Rome, luy ayant commandé vous aller trouver pour vous visiter de ma part, vous asseurer de la continuation de mon amitié, et vous faire part de l'estat de mes affaires. Par tant, je vous prie de le recevoir et ouïr comme personne en qui je me fie grandement, et luy adjouster foy comme à moy-mesme : priant Dieu vous avoir, mon Cousin, en sa saincte garde, ce xiijᵉ janvier à Paris.

HENRY.

[1599.] — 15 JANVIER.

Orig. autographe. — Archives des Médicis; légation française, liasse 3. Copie transmise par M. le ministre de France à Florence.

A MA TANTE ET BONNE NIEPCE LA GRANDE DUCHESSE DE TOSCANE.

Ma tante et bonne niepce, Si tost que j'ay eu la parole de mes freres, vostre pere et frere, sur l'ouverture que je leur ay faict faire pour marier le dernier[1], j'ay escript au sʳ Carlo Rossi vous aller trou-

---

[1] Ce frère était le duc de Bar, qui allait épouser Madame Catherine, sœur de Henri IV, mariage qui se fit à la fin de janvier. Christine de Lorraine, grande duchesse de Toscane, était fille de Charles II, duc de Lorraine, et de Claude de France,

ver, pour vous en rendre compte, m'en resjouir avec vous, et vous prier de continuer à favoriser ce bon œuvre de vos vœux et bons conseils, affin qu'il soit conduict à sa perfection le plus tost que faire se pourra; car il sera honorable et utile à tous. Ce sera aussy un tesmoignage de vostre prudence et bon naturel, digne d'estre adjousté aux aultres, lequel me sera tres agreable, ainsy que vous dira le dict s^r Carlo Rossi, auquel je remets le demeurant (comme de vous parler de l'affaire Zamet), lequel j'aime, et vous prie croire ce qu'il vous dira de la part de

Vostre neveu et bien bon oncle,
HENRY.

Ce xve janvier, à Paris.

1599. — 18 JANVIER. — Ire.

Orig. — Collection de M. le docteur Joseph Gonnelli. Copie transmise
par M. le ministre de France à Florence.

A MON COUSIN LE Sr LEON STROZZI.

Mon Cousin, Le duc de Pigney m'a faict rapport, à son retour, de vostre affection au bien de mon service et à la prosperité de ceste Couronne; de quoy je vous ay bien voulu remercier par ceste lettre, qui vous sera rendue par le s^r de Sillery, conseiller en mon conseil d'Estat et president en ma court de parlement de Paris, que j'envoye resider mon ambassadeur par delà, auquel j'ay commandé de vous faire entendre la continuation de la bonne volonté que je vous porte, et le desir que j'ay de la vous temoisgner par effect. Vous l'en croirés doncques comme moy-meme : et m'en remettant sur luy, je prieray

---

fille de Henri II. Elle se trouvait ainsi nièce de la reine Marguerite, femme de Henri IV. D'un autre côté, le grand duc de Toscane, quoique cousin assez éloigné de Catherine de Médicis, descendait, comme cette reine, à la douzième génération, de Philippe de Médicis, souche commune des différentes branches de leur maison. Il avait donc un degré sur la reine Marguerite, comme a l'oncle sur le neveu. C'est pour cela, sans doute, que Henri IV appelle la grande duchesse sa tante et sa nièce.

Dieu, mon Cousin, qu'il vous ayt en sa tres saincte et digne garde. Escript de Paris, ce xviij^e jour de janvier 1599.

HENRY.

DE NEUFVILLE.

1599. — 18 JANVIER. — IIme.

Orig. — Manuscrit appartenant à M. l'abbé Caron, à Versailles.

A MON COUSIN LE CARDINAL DE JOYEUSE,
PROTECTEUR DE MES AFFAIRES EN COURT DE ROME.

Mon Cousin, Puisque le s^r de Sillery, conseiller en mon conseil d'Estat et president en ma court de parlement de Paris, que j'envoye resider mon ambassadeur par delà, sera porteur de ceste lettre, il ne sera pas besoin que je la remplisse de particularitez, car il vous fera entendre la charge que je luy ay donnée, et combien je me promets de vostre assistance en ce qu'il aura à traicter par delà avec Sa Saincteté pour mon service. Il suffit que vous sçachiés que j'ay toute fiance en vous, et que, favorisant et assistant le dict s^r de Sillery en ce qui se presentera pour mes affaires, vous me ferés service tres agreable, luy ayant, de mon costé, commandé d'avoir si bonne correspondance avec vous, qu'embrassant mutuellement, l'un et l'autre, ce qui sera de la function de vos charges, j'en reçoive l'utilité au bien et advantage de mes dicts affaires, comme je l'attends de vos prudences et affections : et me remettant du surplus sur le dict s^r de Sillery, je prie Dieu, mon Cousin, qu'il vous ayt en sa tres saincte et digne garde. Escript à Paris, le xviij^e jour de janvier 1599.

HENRY.

DE NEUFVILLE.

[1599. — VERS LE 20 JANVIER.] — Ire.

Cop. — B. N. Fonds Béthune, Mss. 8937, fol. 3o verso. Et Suppl. fr. Ms. 1009-4.

[AU PAPE.]

Tres Sainct Pere, Ayant recognu par la lettre qu'il a pleu à Vostre Saincteté m'escrire par le duc d'Espiney[1], combien luy a esté agreable sa procedure auprés de Vostre Saincteté, je l'eusse volontiers renvoyé devers Elle pour continuer; mais voyant qu'il ne pouvoit si tost sortir des affaires domestiques qui l'ont contrainct de revenir par deçà, et desirant avoir quelqu'un auprés de Vostre Saincteté, qui luy rafraischisse souvent la memoire de la reverence que je porte à Vostre Saincteté et au Sainct Siege, l'informe de mes actions et luy recommande mes affaires, j'ay advisé d'en commettre la charge au s^r de Sillery, conseiller en nostre conseil d'Estat, qui est un personnage auquel je me confie grandement, et duquel je suis asseuré aussy que Vostre Saincteté recevra tout contentement. Par tant, je supplie Vostre Saincteté approuver l'election que j'en ay faicte, le recevoir et l'ouir benignement comme ambassadeur venant du premier fils de l'Eglise, tres affectionné et obligé à Vostre Saincteté, et qui desire conserver sa bienveillance par tous moyens à luy possibles, et adjouster entiere foy à tout ce qu'il representera à Vostre Saincteté, en mon nom (tant sur les differens du marquisat de Saluces et aultres que j'ay à desmesler avec le duc de Savoie, que nous avons soubmis au sainct et equitable jugement de Vostre Saincteté, que sur tout aultre matiere dont je l'ay chargé) tout ainsy qu'elle feroit à moy-mesme; estimant que Vostre Saincteté jugera que le plus agreable service qu'il me fera sera de me maintenir en la bonne grace d'icelle, et de rechercher et trouver les occasions, en me servant, de complaire à Vostre Saincteté : et comme c'est le poinct que je luy ay recommandé le plus, je supplie Vostre Saincteté luy donner aussy le

---

[1] Le duc de Piney-Luxembourg, dont le nom se trouve aussi écrit *Espiney* ou *Espinay*.

moyen de s'en acquitter comme il convient, pour, en contentant Vostre Saincteté, contenter pareillement vostre devot et cordial fils, qui prie Dieu, Tres Sainct Pere, conserver longuement et heureusement Vostre Saincteté au gouvernement de son Eglise.

HENRY.

[1599. — VERS LE 20 JANVIER.] — IIme.

Cop. — B. N. Suppl. fr. Ms. 1009-4.

[AU PAPE.]

Tres Sainct Pere, J'escriray ceste lettre à Vostre Saincteté, non seulement de ma propre main, mais aussy du meilleur et plus profond de mon cœur, pour luy recommander un fait particulier qui luy sera recommandé par le s^r de Sillery, qui importe plus à ma personne et à mon Estat que aultre qui soit offert depuis qu'il a pleu à Vostre Saincteté me recevoir en sa bonne grace et me donner sa saincte benediction; suppliant Vostre Saincteté le plus affectueusement qu'il m'est possible, de m'octroyer la grace que je luy demande[1]. Je ne l'estimeray pas moins que si Elle me donnoit derechef la vie et à mon Royaume aussy; tant j'ay besoing avec mes subjects d'estre consolé d'icelle. Je promets aussy à Vostre Saincteté d'en user de façon que Dieu en sera glorifié à l'accroissement de son Église tres saincte, et que Vostre Saincteté acquerra sur moy et les miens une si etroite obligation, que je beniray à jamais son sainct nom et cheriray eternellement ceulx qu'Elle aime aussy soigneusement que ceulx qui me touchent de plus prés; ainsy que luy dira le dict s^r de Sillery, en luy presentant ceste lettre, que je finiray, Tres Sainct Pere, par mon accoustumée priere à Dieu, pour la prosperité de Vostre Saincteté.

Vostre devot fils,

HENRY.

[1] Cette affaire, si vivement recommandée, était le mariage avec Gabrielle d'Estrées.

1599. — 28 JANVIER.

Orig. — Biblioth. impér. de Saint-Pétersbourg, Ms. 894, lettre 9. Copie transmise par M. Allier.

A NOSTRE TRES SAINCT PERE LE PAPE.

Tres Sainct Pere, Ayant jugé convenable de faire bastir et construire à Rome un hospice pour recevoir et loger nos pauvres subjects, principalement ceulx qui sont promus à l'ordre de prestrise, qui y concourent[1] ordinairement, meus d'un sainct et louable desir de voir et visiter les saincts lieux, nous avons estimé qu'il seroit à propos de prendre ceste despense sur les benefices consistoriaux de nostre Royaume qui viendront doresnavant à vacquer, et que Vostre Saincteté ne rejetteroit point l'ouverture que nous luy faisons, que il luy plaise, oultre les deux ducats pour cent qui se levent sur les bulles des dicts benefices, pour entretenir le service divin en l'eglise Sainct-Denys et Sainct-Louis à Rome, ordonner qu'il sera levé encores pareille somme de deux ducats pour cent sur les dictes bulles pour la construction du dict hospital, attendant que nous y facions quelque bonne fondation pour la nourriture et entretenement de ceulx de nos dicts subjects qui y arriveront et seront receus; de quoy avons commandé au s^r de Sillery, conseiller en nostre conseil d'Estat, que nous envoyons nostre ambassadeur par delà, de faire instance à Vostre Saincteté, laquelle nous prions et requerons, autant affectueusement que faire pouvons, de se disposer à ce bon œuvre; et, affin que le fruict en soit plus promptement recueilly, qu'il luy plaise ordonner que le dict droit de deux ducats pour cent pour le bastiment du dict hospital se levera indifferemment sur toutes sortes de bulles, soit qu'elles soient expediées gratis ou aultrement. De quoy Elle fera les commandemens si exprès au dataire du Siege Apostolique, que la saincte intention de Vostre Beatitude puisse produire l'effect que

---

[1] Ce mot reçoit ici le sens étymologique d'*affluer, se rassembler en grand nombre*.

DE HENRI IV. 89

nous attendons de sa singulière vigilance au bien general et universel de la Chrestienté, ainsy que le dict s^r de Sillery luy fera plus amplement entendre de nostre part : priant Dieu, Tres Sainct Pere, qu'icelle Vostre dicte Saincteté il veuille maintenir, garder et preserver longuement et heureusement au bon regime, gouvernement et administration de nostre mere Saincte Eglise. Escript à Paris, le xxviij^e jour de janvier 1599.

Vostre devot fils, le roy de France
et de Navarre,
HENRY.
DE NEUFVILLE.

1599. — 7 FÉVRIER.

Cop. — B. N. Fonds Fontette, portef. VI, pièce 114.

Imprimé en partie. — *Traité de l'opinion* (par Gilbert-Charles Le Gendre, marquis de Saint-Aubin-sur-Loire), Paris, 1741, in-12, t. VII, p. 397. — Et Suppl. au *Journal de Lestoile*, au 25 février 1599[1].

LES PAROLES QUE LE ROY A TENUES A MESSIEURS DE LA COURT DE PARLEMENT LE VIIe FEVRIER 1599.

Devant que vous parler de ce pour quoy je vous ay mandé, je vous veulx dire une histoire que je viens de ramentevoir au mareschal de

---

[1] Nous donnons intégralement le texte ancien du ms. de Fontette. Dans le procès-verbal secret, dont ces paroles sont tirées, on lisait auparavant :

« Du jeudy, viie février 1599.

« Monsieur le president a dit qu'il avoit eu ce matin l'ordonnance du Roy; adverti messieurs les presidens se trouver, avec eulx, quatre de messieurs, et des enquestes, l'un des presidens et conseillers de relevé, en sa chambre au Louvre. »

Saint-Aubin ne cite que la première partie, contenant le récit merveilleux. La continuation de Lestoile ne cite que le commencement de la seconde partie, où Henri IV exprime directement sa volonté formelle de faire enregistrer l'édit de Nantes. Il n'ajoute point la dernière partie, contenant les reproches d'hypocrisie et de faux zèle adressés à ceux qui se montraient hostiles à l'édit.

L'extrême véhémence de cette apostrophe et les moyens extraordinaires dont Henri IV l'accompagne, invoquant la force des faits, parlant à l'imagination, joignant les menaces et l'amertume d'une mordante satire à la considération des intérêts personnels, provenaient de son impatience des

la Chastre. Incontinent après la Sainct-Barthelemy, quatre qui joions aux dez sur une table, y vismes paroistre des gouttes de sang, et voyant qu'après les avoir essuyées par deux fois, elles revenoient pour la troisiesme, je dis que je ne jouois plus; que c'estoit un mauvais augure contre ceulx qui l'avoient respandu. Mr de Guise estoit de la troupe.

Ce propos fini, le Roy leur dit :

Vous me voiés en mon cabinet, où je viens parler à vous non point en habit royal ou avec l'espée et la cappe, comme mes predecesseurs, ny comme un prince qui vient parler aux ambassadeurs estrangers, mais vestu comme un père de famille, en pourpoint, pour parler familierement à ses enfans. Ce que je veux dire, c'est que je vous prie verifier l'edict que j'ay accordé à ceulx de la Religion. Ce que j'en ay faict est pour le bien de la paix; je l'ay faicte au dehors, je la veux faire au dedans de mon Royaume. Vous me devés obeïr quand il n'y auroit consideration que de ma qualité, et obligation que m'ont mes subjects et particulierement vous de mon Parlement. J'ay remis les uns en leurs maisons, dont ils estoient bannys, les aultres en la foy qu'ils n'avoient plus. Si l'obeïssance estoit deue à mes predecesseurs, il m'est [deu] autant ou plus de desvotion, parce que j'ay restably l'Estat; Dieu m'ayant choisy pour me mettre au Royaume, qui est mien par heritage et acquisition. Les gens de mon Parlement ne seroient en leurs sieges sans moy. Je ne me veux vanter, mais je veux bien dire que je n'ay exemple à invoquer que de moy-mesme. Je sçay bien qu'on fait des brigues au Parlement, que l'on a suscité des predicateurs factieux, mais je donneray bien ordre contre ceulx-là, et ne m'en attendray à vous. C'est le chemin que l'on prit pour faire des barricades et venir par degrez à l'assassinat du feu Roy. Je me garderay bien de tout cela; je couperay la racine à toutes factions et à toutes les predications séditieuses, faisant accourcir tous ceulx qui

difficultés que non-seulement le clergé et l'université, mais une partie du parlement, suscitaient contre la réception de l'édit de Nantes.

les suscitent. J'ay sauté sur des murailles de ville, je sauteray bien sur des barricades. Ne m'allegués point la religion catholique ; je l'aime plus que vous, je suis plus catholique que vous : je suis fils aisné de l'Eglise, nul de vous ne l'est ny le peut estre. Vous vous abusés si vous pensés estre bien avec le Pape ; j'y suis mieulx que vous. Quand je l'entreprendray je vous feray tous declarer heretiques, pour ne me vouloir pas obeïr. J'ay plus d'intelligences que vous ; vous avés beau faire, je sçauray ce que chacun de vous dira. Je sçay tout ce qu'il y a en vos maisons, je sçay tout ce que vous faictes, tout ce que vous dictes : j'ay un petit démon qui me le revele. Ceux qui ne desirent que mon edict passe me veulent la guerre : je la declareray demain à ceulx de la Religion, mais je ne la leur feray pas ; vous irés tous, avec vos robes, et ressemblerés la procession des Capucins, qui portoient le mousquet sur leurs habits. Il vous feroit beau voir. Quand vous ne vouldrés passer l'edict, vous me ferés aller au Parlement. Vous serés ingrats, quand vous m'auriés créé ceste envie[2]. J'appelle à tesmoing ceulx de mon conseil qui ont trouvé l'edict bon et necessaire pour le bien de mes affaires : M^r le connestable, mess^{rs} de Bellievre, de Sancy, de Sillery et de Villeroy. Je l'ay faict par leur advis, et des ducs et pairs de mon Royaume. Il n'y en a pas un qui osast se dire protecteur de la religion catholique, ny qui osast nier qu'il ne m'ayt donné cest advis. Je suis protecteur de la religion, je dissiperay bien les bruits que l'on veult faire. L'on s'est plainct à Paris que je voulois faire des levées de Suisses, ou aultres amas de troupes. Si je le faisois, il en faudroit bien juger, et seroit pour un bon effect, par la raison de mes deportemens passez ; tesmoing ce que j'ay faict pour la reconqueste d'Amiens, où j'ay employé l'argent des dicts edicts, que vous n'eussiés passez, si je ne feusse allé au Parlement. La necessité m'a faict faire ces edicts pour la mesme necessité [que]

---

[1] Cet endroit, moins clair aujourd'hui pour nous que pour ceux auxquels il s'adressait, signifie qu'il y aurait ingratitude au Parlement, par leur refus, à forcer le Roi de braver l'impopularité en allant lui-même, d'autorité, faire enregistrer l'édit en lit de justice.

j'ay faict celluy-cy. J'ay aultrefois faict le soldat; on en a parlé, et n'en ay pas fait semblant. Je suis Roy maintenant et parle en Roy. Je veulx estre obeï. A la verité les gens de justice sont mon bras droict, mais si la gangrenne se met au bras droict, il fault que le gauche le coupe. Quand mes regimens ne me servent pas, je les casse. Que gaigneres-vous quand vous ne me verifierés mon dict edict? Aussy bien sera-t-il passé; les predicateurs ont beau crier, comme a faict le frere de m^r de Sillery [3], à qui je veux parler en ceste compagnie.

Sur ce ayant appellé M. de Sillery, luy dit :

Je vous avois bien adverty qu'on m'avoit faict plainctes de vostre frere, et vous avois commandé de l'admonester que fust sage. J'avois creu au commencement que ce n'estoit rien, de ce que l'on disoit qu'il avoit presché contre l'edict, parce qu'il ne s'en trouvoit point de preuve; mais il est bien vray pourtant; et enfin il prescha à Sainct-André, où mon procureur general l'a oy prescher seditieusement contre le dict edict. Cela m'a esté revelé comme il falloit. On le veult excuser, qu'il est emporté du zele et sans desseing. Mais soit par occasion ou aultrement c'est toutesfois mal, et le zele inconsideré merite punition.

Ceste plaincte finie, Sa Majesté se retourna vers les gens de son Parlement et leur dit :

Il n'y en a pas un d'entre vous qui ne me trouve bon, quand il a affaire de moy, et n'y en a pas un qui n'en ayt affaire une fois l'an; et toutesfois à moy qui vous suis si bon vous m'estes si mauvais! Si les aultres parlemens, pour ne m'avoir assisté à ma volonté, ont esté cause que ceulx de la Religion ont demandé choses nouvelles, je ne veulx pas que soyés cause d'aultres nouveautez par un refus. L'an mil cinq cent quatre-vingt quinze, quand je vous envoyay une declara-

---

[3] Jean Brulart, quatrième fils de Pierre Brulart et de Marie Cauchon, était capucin. M. de Sillery était son frère aîné; sa famille le fit passer en Italie, voyant qu'il continuait, malgré tout, ses prédications séditieuses.

tion sur l'edict de l'an soixante et seize, pour la provision des officiers, j'avois promis que je ne pourveoirois à aulcun des estats de mon Parlement; depuis, le temps a changé. Toutesfois j'auray une asseurance de ceulx que je mettray aux charges, qu'ils se gouverneront comme ils doibvent. Ne parlons point tant de la religion catholique, ny tous les grands criards catholiques et ecclesiastiques! Que je leur donne à l'un deux mil livres de benefices, à l'autre une rente, ils ne diront plus mot. Je juge de mesme contre tous les aultres qui vouldront parler. Il y a des meschans, qui monstrent haïr le pesché, mais c'est pour crainte de peine; au lieu que les bons le haïssent pour l'amour de la vertu. J'ay aultrefois appris deux vers latins,

> Oderunt peccare boni, virtutis amore;
> Oderunt peccare mali, formidine pœnæ.

Il y a plus de vingt ans que je ne les ay redicts qu'à ceste heure. Pour Dieu! que je cognoisse ceulx de vous qui haïssent le pesché pour l'amour de la vertu, affin de chastier ceulx qui le haïssent pour crainte de la peine, et aprés cela me remercieront du chastiment comme un fils faict son pere. Je n'avois pensé à vous mander que hier fort tard. Considerés que l'edict dont je vous parle, c'est l'edict du feu Roy. Il est aussy le mien, car il a esté faict avec moy. Aujourd'huy que je le confirme, je ne trouve pas bon d'avoir une chose en desseing et escrire une aultre; et si d'aultres l'ont faict, je ne le veulx faire. La derniere parole que vous aurés de moy, est que vous suiviés l'exemple de m^r du Maine. L'on l'a voulu inciter de faire des menées contre ma volonté : il a respondu qu'il m'estoit trop obligé et tous mes subjects aussy; entre lesquels il seroit tousjours de ceulx qui exposeroient leur vie pour me complaire, parce que j'ay restably la France, malgré ceulx qui l'ont voulu remuer; au lieu que par le passé il a faict tous ses efforts pour renverser l'Estat : et le chef de la Ligue a parlé ainsy comme parleront tous ceulx que j'ay remis en foy. Ceulx d'estats que j'ay remis en leurs maisons, que doibvent-ils faire au prix? Donnés à mes prieres ce que n'auriés voulu donner à mes menaces; vous n'en aurés poinct de moy. Faictes ce que je vous commande au plus tost, dont je vous prie. Vous ne le ferés seulement pour moy, mais aussy pour vous et pour le bien de la paix [1].

1599. — 8 FÉVRIER.

Orig. — Arch. des Médicis, légation française, liasse 3. Envoi de M. le ministre de France à Florence.

A MON COUSIN LE GRAND DUC DE TOSCANE.

Mon Cousin, Le chevalier Berti m'est recommandé pour diverses considerations, mais principalement pour les merites et bonnes qualitez qui sont en sa personne, et l'affection qu'il a tousjours montrée à ceste Couronne. C'est pourquoy, desirant le gratifier et favoriser, et ayant esté adverty qu'au commencement du mois d'avril prochain vous devés tenir à Pise le chapitre de vostre Ordre, auquel, comme grandmaistre, vous faites la distribution des commanderies que vous avés accoustumé de donner par faveur à ceulx qui vous sont recommandez de bonne part, je vous ay bien voulu escrire ceste lettre en faveur du dict Berti, et vous prier de le vouloir, pour l'amour de moy, gratifier de quelque commanderie et d'une grande croix, m'asseurant que tant à ma recommandation que pour la cognoissance que vous avés du dict Berti, vous serés bien aise de l'obliger de ce bienfaict; et je m'en revancheray en quelque aultre occasion si elle se presente : priant Dieu, mon Cousin, qu'il vous ayt en sa tres saincte et digne garde. Escript à Paris, le viij^e jour de febvrier 1599.

HENRY.

DE NEUFVILLE

[1] L'édit fut enregistré, sans plus d'opposition, le 25 février.

[1599.] — 11 FÉVRIER. — Ire.

Orig. autographe. — B. N. Fonds Béthune, Ms. 9072, fol. 29.

A MON COMPERE LE CONNESTABLE DE FRANCE.

Mon Compere, Je depesche Praslin en diligence vers vous pour les occasions qu'il vous dira, auxquelles je vous prie de pourveoir. Vous avés par delà m^r de Caumont, cappitaine de mes gardes, duquel aussy vous vous pourrés servir. Hier je pris un cerf avec le plus grand plaisir du monde : qui sont toutes les nouvelles que je vous puis mander d'icy. Bonjour, mon Compere. Ce jeudy matin, xj^e febvrier, à Fontainebleau.

HENRY.

1599. — 11 FÉVRIER. — IIme.

Minute. — B. N. Fonds du Puy, Ms. 407, fol. 33 recto.
Imprimé. — *Lettres de Henri IV et de plusieurs personnages célèbres*, publiées par SÉRIEYS, p. 65.

[AU CONNESTABLE.]

Mon Compere, Je suis tres marry de la brouillerie qui est arrivée entre mon nepveu de Joinville et Termes; si le dernier a manqué au devoir et respect que doivent les gentilshommes aux princes, il faut qu'il le satisface, et certes que l'on luy apprenne à parler; si mon nepveu l'a voulu gourmander, je veulx aussy peu que les princes apprennent à gourmander ma noblesse : ceste auctorité seule n'appartient qu'à moy; je ne veulx céder ce droict à personne et n'en abuser poinct. Je parle de ces affaires en general, comme n'en sachant encore nulle particularité. Baste! la brouillerie est; il faut porter les remedes. Voicy mon opinion : c'est de faire commandement par un capitaine des gardes à m^rs d'Esguillon, de Sommerive[1] et comte d'Auvergne[2], de

---

[1] Les deux fils du duc de Mayenne, le duc d'Aiguillon et le comte de Sommerive, étaient cousins-germains du prince de Joinville. — [2] Le comte d'Auvergne, gendre du connétable, avait sans doute pris part à cette querelle.

ma part, de ne bouger de leur logis, sur peine de desobeissance, jusques à mon arivée, et un autre tres exprés commandement de faire trouver le prince de Joinville à Paris dimanche, que j'y seray, Dieu aidant, sur peine de mon indignation. Sera faict au grand escuyer pareil commandement de ne bouger de son logis³, et Termes soigneusement gardé où il est. Je prie Dieu que ma lettre trouve tout d'accord et qu'il ne faille que la jetter au feu; mais souvenés-vous, mon Compere, que si vous faictes faire quelque commandement de ma part, de le faire observer quel que ce soit; car des jeunes gens sans obeissance ne sont point à tolerer au temps où nous sommes. Bon soir, mon Compere; j'ay eu beaucoup de plaisir à la chasse, comme vous dira ce porteur. Ce xj° fevrier 1599, à Fontainebleau.

HENRY.

1599. — 17 FÉVRIER.

Orig. — Arch. du canton de Berne. Envoi de M. l'ambassadeur de France en Suisse.

A NOS TRES CHERS ET GRANDS AMYS, ALLIEZ ET CONFEDEREZ LES ADVOYERS, CONSEIL ET COMMUNAUTÉ DE LA VILLE ET CANTON DE BERNE.

Tres chers et grands amys, alliez et confederez, Nous avons veu bien volontiers le colonnel Jacob Diesbach, et entendu ce qu'il nous a exposé de vostre part, oultre ce que nous avons appris par les lettres que vous nous avés escriptes en commun avec nos tres chers et grands amys, alliez et confederez les cantons de Zurich, Baale et Schaffouse, du xvi° novembre dernier. Sur quoy nous vous dirons que nous n'attendions aultre chose de vostre sincere affection et bonne volonté au bien de ceste Couronne, que le tesmoignage que vous nous avés rendu de vostre contentement, lorsque la nouvelle du traicté de paix d'entre nous, le roy d'Espagne et le duc de Savoye vous a esté apportée. Auquel traicté nous avons non seulement compris tous les cantons

---

³ Le duc de Bellegarde, grand écuyer, était frère du baron de Termes.

en general, mais aussy leurs alliez et confederez; et avés raison de croire que la ville de Geneve estoit de ce nombre, d'autant que ce a aussy esté nostre intention de l'y comprendre; esperant que la dicte paix produira tous les bons et favorables effects au bien et utilité des dicts cantons, et que particulierement vous vous en ressentirés, pour l'amitié que nous vous portons. Nous avons aussy pris en bonne part ce que vous nous avés remonstré pour ce qui touche les trois bailliages que vous rendites, il y a trente ans, au pere du duc de Savoye, et la crainte que vous aviés de quelque sinistre accident à la dicte ville de Geneve; lequel vous apprehendez par les deportemens du dict duc. Et parce que nous desirons vous faire paroistre en toutes choses combien vostre repos nous est cher et recommandé, nous ferons voir les traictez et conventions faites avec vous, affin de vous donner pour ce regard tout le contentement raisonnable qu'il nous sera possible : de quoy le s^r de Mortefontaine, conseiller en nostre conseil d'Estat et nostre ambassadeur par delà, traictera particulierement avec vous; ayant deliberé d'envoyer bien tost vers le dict duc de Savoye un ambassadeur exprés pour faire tous offices envers luy de nostre part qui seront necessaires pour procurer et advancer vostre bien et contentement autant qu'il nous sera possible; faisant cognoistre au dict duc que nous vous tenons pour nos bons amys et alliez, et qu'estans joincts et unys d'amitié et d'alliance avec vous, nous desirons vous maintenir et avoir esgard à tout ce qui vous touchera, et qu'il ne soit rien alteré au prejudice de la tranquillité publique, ainsy que vous cognoistrés par effect : et à tant, nous prierons Dieu, Tres chers et grands amys, alliez et confederez, qu'il vous ayt en sa tres saincte et digne garde. Escript à Paris, le xvij^e jour de fevrier 1599.

HENRY.

DE NEUFVILLE.

1599. — 6 MARS.

Orig. — Arch. de l'hôtel de ville de Clermont-Ferrand. Copie transmise par M. Desbouis, archiviste.

A NOS CHERS ET BIEN AMEZ LES CONSEILLERS ET ESCHEVINS,
MANANS ET HABITANS DE NOSTRE VILLE DE CLERMONT.

Chers et bien amez, Nous avons beaucoup d'occasion de blasmer la rebellion que nous avons sceu avoir esté faicte à ce que le prevost Rapin avoit charge et commandement d'executer en nostre ville de Clermont. Nous sommes bien advertys que vous n'avés en rien participé, en general ne en public, à ceste rebellion et desobeïssance, que nous voulons estre punie et chastiée selon qu'elle merite, pour y estre nostre auctorité trop offensée. Nous avons, pour cest effect, donné, estant en nostre conseil, l'arrest que le s^r Myron, conseiller en nostre cour de Parlement, auquel nous en avons commis l'execution, vous pourra communiquer. Nous l'avons, par le mesme arrest, aussy ordonné pour tenir le siege et administrer la justice à nos subjects, pendant que nos officiers de nostre seneschaussée et siege presidial demoureront comme nous les avons interdicts de leurs charges. Tenés soigneusement la main, et sur tant que vous craingnés d'estre coupables de ceste susdicte desobeïssance, à ce que le dict arrest soit entierement et promptement effectué, y donnant l'assistance et à tout ce qui en despend, mesmes ce qui concerne l'administration de nostre justice, que nous avons commise au dict s^r Myron, selon et ainsy qu'il vous sera par luy ordonné, remettant à sa prudence et suffisance de vous prescrire ce qu'il conviendra pour le bien de nostre service et la manutention de nostre auctorité, et à vous asseurer de nostre part combien nous avons de confiance en vostre fidelité et de satisfaction de vos services, que nous serons toujours prests de recognoistre en tout ce qui se pourra, pour vostre contentement, prenant la mesme asseurance de luy, que nous n'avons intention, en ce que dessus, de rien changer ou retrancher de l'establissement de nostre justice en nostre ville, que nous conserverons en toutes ses prerogatives, concessions et privileges, selon que par vos dicts services vous avés bien merité de nous. Donné à Tresmes, le vj° jour de mars 1599.

HENRY.

POTIER.

1599. — 7 MARS.

Cop. — Biblioth. de la Rochelle. *Diaire ou Journal du pasteur Merlin*. Envoi de M. L. Delayant, bibliothécaire.

A MESS^{rs} LES PASTEURS DU CONSISTOIRE DE LA ROCHELLE.

Messrs, J'ay advisé de depescher vers les maire, eschevins et habitans de ma ville de la Rochelle, pour leur faire entendre le soin que j'ay pris pour la verification de l'edict que j'ay faict en faveur de ceux de la religion pretendue reformée, et ce qui s'est passé en cela, le s^r de Coudré, present porteur, lequel a esté present partout; et particulierement vers vous, pour la creance que j'ay que vous pouvés beaucoup disposer un chascun à l'execution d'iceluy, les asseurant que comme je leur ay accordé qu'il n'y a rien esté obmis pour faire en sorte que ceulx de nostre Royaulme, tant d'une que d'aultre religion, vivent en paix et repos (comme je sçay que l'on fait courir des bruicts tout au contraire); que je feray en sorte qu'il sera inviolablement observé et executé, de façon que l'on cognoistra que je n'ay rien tant à cœur que l'accomplissement d'iceluy et de mes paroles, ainsy que plus particulierement j'ay recommandé au dict s^r de Coudré de vous faire entendre de ma part : sur la suffisance duquel me remettant, je vous prieray de le croire, et Dieu vous avoir en sa garde. Ce vij^e de mars, l'an 1599.

HENRY.

[1599.] — 9 MARS.

Imprimé. — *Œconomies royales*, édit. orig. t. I, chap. 94.
Et en partie dans un opuscule intitulé *Promenades aux Tuileries*, à la suite du *Philologue*,
par J.-B. GAIL, t. IX, 1821, p. 126.

[A. M. DE ROSNY.]

[1] Mon amy, Je me suis resolu de n'aller point par Conflans et de passer à Paris, où j'espere me rendre vendredy prochain, Dieu aydant, et n'y sejourner qu'un jour, affin que vous ne perdiés ce temps durant que j'y seray, pour pourvoir aux affaires où ma presence sera requise. Mais je vous prie de faire que ceux de mon conseil se disposent de venir à Fontainebleau avec moy ou incontinent aprés; je vous renvoye la lettre que j'escris à ceux de mon Parlement, que vous leur ferés presenter. Sur le premier advis que j'eus de la mort de feu Dunes[2], ma maistresse estant presente me fit ressouvenir de vous; et pour ce que je ne le tenois encore pour certain, je ne le vous voulus escrire, mais depuis en ayant eu la confirmation, je le vous escrivis aussy tost, et sans l'advertir; de quoy elle me veut mal, et est[3] resolue que ce sera de sa main que vous en recevrés les depesches, non de la mienne, à ce qu'elle dit. Je suis bien aise de la voir en ceste humeur pour ceux qui me servent bien comme vous. Je m'asseure qu'elle vous en escrit, affin que vous luy en saichiés gré, et moy je luy dis que c'est à moy seul que vous le devés. A Dieu. Ce mardy ixe mars, à Monceaux, au soir.

HENRY.

[1] Cette lettre était de la main du Roi.
[2] C'est Charles de Balsac, seigneur de Dunes, dit *le bel Entraguet*, dont il est question ci-dessus, tome IV, page 128.
[3] C'est depuis cet endroit que cette lettre est imprimée dans le *Philologue*.

[1599.] — 21 MARS.

Orig. autographe. — Arch. des Médicis, légation française, liasse 3. Envoi de M. le ministre de France à Florence.

A MON COUSIN LE GRAND DUC DE TOSCANE.

Mon Cousin, J'ay donné charge aux s^{rs} de Villeroy et Jeronimo de Gondy de vous faire entendre certaines particularitez de ma part; de quoy je vous prie de les crere comme moy-mesme et me continuer les tesmoignages de vostre amitié, asseuré que je la recognoistray par tout ce que despendra de moy, de la mesme volonté et affection que vous le sçauriés desirer, et que je prie Dieu vous avoir, mon Cousin, en sa garde. Ce xxj^e mars, à Breteuil.

HENRY.

1599. — 26 MARS.

Orig. — Arch. de M. le duc de Caraman, au château de Beaumont. Copie transmise par M. Gâchard.

A MON COUSIN LE DUC D'ASCOT[1].

Mon Cousin, Il faut que je vous die, avec ma liberté naturelle, que la procedure d'Espagne au faict de paix est telle depuis la mort du feu roy d'Espagne, que je ne sçay que j'en doibs esperer; car seulement son fils n'en a encore ratifié le traicté, mesmes il ne m'a adverty de la mort de son pere, contre le commun et ordinaire usage entre tous princes alliez et amys. C'est la cause en partie pour laquelle la restitution du chasteau de Montcornet a esté differée jusques à present. Toutesfois desirant vous contenter et gratifier en cela comme en toutes aultres occasions, j'ay bien voulu vous escrire la presente pour vous faire sçavoir que je suis content de faire mettre entre vos mains dés à present la dicte place, pourveu que vous me promettiés,

[1] Charles de Croy, duc d'Arschot ou Aerschot, prince de Chimai, grand d'Espagne, chevalier de la Toison d'or, était le fils aîné de Philippe de Croy et de Jeanne d'Halluyn. Il mourut en 1612, sans enfants.

par escript signé de vostre main et scellé du sceau de vos armes, en foy de prince et de gentilhomme, que vous me la rendrés ou à celuy que je commettray pour la recevoir, si le dict roy d'Espagne ne ratifie le dict traité de paix, ou s'il advient cy-après que nous entrions en guerre ensemble, ou avec l'infante[1] et l'archiduc; ce que je prie Dieu, et souhaite de tout mon cœur qui n'arrive jamais. Je desire aussy que vous me faciés bailler pareille promesse par le cappitaine que vous commettrés à la garde du dict chasteau, nonobstant tous aultres sermens precedens et subsequens, tant naturels que aultres, qui pourront contrevenir à vostre susdicte promesse et obligation. Mon cousin, je ne vous demande cecy pour doubte que j'aye de la parole que vous m'avés donnée sur ce faict, dont je n'ay perdu la memoire; mais c'est affin que, s'il la falloit accomplir, que vous ayés de quoy mieux vous descharger et excuser envers ceulx auxquels vous devés rendre compte de vos actions, d'y avoir satisfaict, et que rien ne vous en puisse estre reproché à mon dommage, ainsy que j'ay faict dire à vostre maistre d'hostel : priant Dieu, mon Cousin, qu'il vous ayt en sa saincte garde. Escript à Fontainebleau, le xxvj[e] jour de mars 1599.

HENRY.

DE NEUFVILLE.

[1599.] — 31 MARS. — Ire.

Imprimé. — *Œconomies royales*, édit. orig. t. I, chap. 94.

[A M. DE ROSNY.]

[2] Mon amy, Villeroy n'estant prés de moy, je n'ay pu commander les dépesches, dont vous m'escrivés, à mess[rs] des Estats, pour vostre

---

[1] Isabelle-Claire-Eugénie, infante d'Espagne, fille de Philippe II et d'Élisabeth de France, venait d'épouser son cousin l'archiduc Albert, qui avait renoncé au cardinalat, et à qui elle avait apporté en dot ce que la maison d'Autriche avait conservé des Pays-Bas.

---

[2] Cette lettre était de la main du Roi.

cousin le sr de Bethune, auquel je serois bien aise qu'ils baillassent le vieil regiment des François, si le sr de la Noue ne le veut reprendre; car pour Vignolles, il n'y songe plus et a un aultre desseing. Et au cas que le dict sr de la Noue le reprint, j'escriray à Busenval de faire tant envers les dicts srs des Estats, que l'estat de mestre de camp des sept compagnies nouvelles luy soit baillé; car j'ay receu trop de services de feu son pere pour ne l'aimer et faire pour luy : de quoy vous pouvés asseurer. A Dieu. Ce dernier mars, à Fontainebleau.

HENRY.

1599. — 31 MARS. — IIme.

Orig. — Manuscrit appartenant à M. l'abbé Caron, à Versailles. Pièce 18.

A MON COUSIN LE CARDINAL DE JOYEUSE.

Mon Cousin, Je n'ay receu vostre lettre du xxvie du mois de febvrier que le xxiiie de celuy de mars, tant les ordinaires cheminent de present lentement, à quoy il faut adviser de pourveoir pour l'advenir, et vous prie en conferer avec le sr de Sillery; car c'est une grande peine de demeurer si long temps que nous faisons maintenant privez de vos lettres, et quand elles arrivent, qu'elles soient de si vieille date.

J'ay prins tres grand plaisir de sçavoir les particularitez que vous m'avés escriptes par celle-cy, que j'ay bien considerées, et loué la response que vous avés faicte, en passant à Nice, à l'evesque quand il vous a visité et parlé du marquisat de Saluces, et de sortir du different que j'ay avec son maistre, par l'alliance qu'il vous a proposée; car il avoit oublié de faire mon compte comme celluy de son maistre; et n'est pas raisonnable que le battu paye l'amende. Je desire bien l'amitié du duc de Savoye, et ne tiendra à moy que nous ne vivions en bonne paix, mais je veulx avoir le mien, et n'entends accepter l'un ny l'autre aux despens de ma reputation ny de mon Estat, car elles m'ont trop cousté à acquerir et mettre en l'estat qu'elles sont. Je ne puis croire aussy que le dict duc, lequel recherche de me voir pour me donner contentement, ainsy qu'il m'a faict dire par son secretaire Roncas, au dernier voyage qu'il a faict devers moy, propose l'ouverture que vous a faicte le dict evesque, car ce ne seroit pas le chemin de nous accorder ny de me satisfaire. Le dict s^r de Sillery vous dira la response que j'ay faicte au dict secretaire et l'assistance que je desire que vous luy donniés en ceste occasion, affin d'obtenir plus facilement de Nostre Sainct Pere le jugement que je me promets de sa bonté et justice et de mon bon droict, lequel je vous recommande d'entiere affection ; car j'ay ceste matiere à cœur plus que nulle autre qui se soit presentée depuis qu'il a pleu à Dieu m'appeller à ceste Couronne, d'autant que j'estime l'offense faicte à icelle par l'usurpation du dict marquisat de Saluces, en temps de paix et soubs pretexte d'amitié, plus grande que toutes autres desquelles il a pleu à Dieu me faire la grace de tirer raison.

En verité je n'ay pas grande occasion de me louer des deportemens, en mon endroict, de ceulx de Gennes, lesquels sont aussy si engagez avec la couronne d'Espagne, qu'il semble qu'ils soyent contraincts de la servir et preferer à toute autre. J'avois jà sceu la jalousie qu'ils ont que le marquisat de final, tombe entre les mains du roy d'Espagne ; mais j'ay esté bien aise d'en entendre les causes, par vostre dicte lettre, avec vostre advis sur les moyens desquels je doibs et puis user pour estre à l'advenir respecté d'eulx autrement que je n'ay esté ; et vous asseure que je ne seray bien à mon aise, que je n'aye un bon nombre de galleres, car je cognois bien que sans cela je ne puis avoir part aux affaires d'Italie et de Levant. Cependant je donneray advis à mon nepveu, le duc de Guise [gouverneur de Provence], par le s^r du Vair, que j'ay faict premier president au parlement du dict pays, lequel je renvoye presentement par delà, qu'il mesnage la sortie des grains que tirent du pays les dicts Genevois, de sorte que j'en puisse profiter suivant vostre advis, et seray bien aise que vous recouvriés le reglement que *le grand duc vous a dict avoir faict pour ses galeres*[1], affin de le voir par vostre moyen, car il ne l'a point envoyé,

---

[1] En chiffres.

et me semble qu'il sera plus à propos que vous le retiriés qu'un autre, puisqu'il vous en a faict l'ouverture.

J'ay bien noté les autres propos que vous a tenus *le dict duc, et mesmes sur la dissolution de mon mariage*[1], et vouldrois qu'il vous eust dict les causes pour lesquelles il estime qu'en parlant de ce faict vous n'auriés esté le bien venu, affin d'y donner ordre. Cependant j'ay trouvé tres bon la response que vous avés faicte sur cela et sur ce qu'il vous a dict touchant le dict marquisat de Saluces; mais je loue et approuve comme vous, le plus que toute autre chose, le conseil qu'il me donne de rechercher les moyens de relever à Rome le party françois, les ouvertures qu'il vous en a faictes et celles que vous y avés adjoustées par vostre dicte lettre, desquelles j'ay bien deliberé de me servir. Par tant je vous prie d'en conferer particulierement avec le dict s^r de Sillery; car je luy ay recommandé ce faict avec affection, cognoissant combien il importe à mon service que j'y mette la main vifvement, si je veulx non-seulement estre respecté et avoir creance par delà, mais aussy maintenir mon Royaume en paix. *Sur tout il faut prendre peine de gaigner monsr le cardinal Aldobrandin, car il est si puissant qu'avec luy nous pouvons rendre nostre partie du moins esgale aux autres.* C'est pourquoy j'ay esté tres marry quand j'ay sceu qu'il avoit accepté la protection de Savoye, et qu'elle ayt esté suivye depuis de la provision d'une abbaye vacquante dans les terres du dict duc, car je crains, si je ne m'accorde avec le dict duc, qu'il ne puisse ou veuille quitter *la protection pour se plier à nous*[2]: sur quoy j'auray à plaisir d'avoir vostre advis.

Les bons propos que vous avés tenus à Sa Saincteté de la reverence que je luy porte, et ceulx par lesquels il luy a pleu vous tesmoigner la continuation de sa bienveillance en mon endroict, m'ont esté tres agreables; et comme j'espere que Dieu me fera la grace de faire tout ce que je doibs pour la conserver, voire augmenter, je me promets aussy d'en jouir longuement, à son contentement et au mien, et vous

---

[1] En chiffres.
[2] En chiffres.

asseure que vous ne pouviés vous employer en chose que je prise tant que à me servir en celle-cy auprés de Sa Saincteté de tout vostre pouvoir, et à m'advertir fidelement de tout ce que je doibs faire pour cest effect; m'ayant pleu et agréé sur toutes choses la souvenance que Sa Saincteté vous a faict paroistre avoir des offres que je luy feis pour le faict de Ferrare, alors que chascun balançoit entre la crainte et le desir d'assister et servir le Saint Siege et Sa dicte Saincteté en ceste occasion. Cela me fera supporter avec moins de regret la perte que j'ay faicte de l'affection que la maison d'Este portoit à ceste Couronne.

Vous avés dit vray à Sa Saincteté quand vous l'avés asseurée que les choses alloient prosperant en mon Royaume pour le faict de la religion, car j'y recognois tous les jours quelque amendement, par la grace et bonté de Dieu. Et tant s'en fault que l'edict qui a esté naguere publié opere au contraire, que j'espere qu'il en arrivera tout autrement, par le soing que j'auray d'user d'icelluy; lequel paroistra d'autant plus grand qu'il ne faisoit auparavant, que j'auray par la publication du dict edict plus de liberté et dispense d'en user autrement. Mais comme la faction que la poursuicte d'icelluy maintenoit sera renversée, je seray aussy moins obligé, par la consideration du bien de mon service et du repos de mon Estat, de favoriser et contenter ceulx qui l'avoient esmeue. Vous entendrés le reste du s^r de Sillery, vous priant, mon Cousin, de continuer à respondre à Sa dicte Saincteté de ma droicte et sincere intention au faict de la dicte religion, et vous me ferés service tres agreable, comme m'ont esté les bons offices que vous m'avés faicts, tant envers le cardinal Aldobrandin que les autres cardinaulx qui vous ont visité et que avés depuis veus, estimant qu'ils ne me peuvent estre que tres utile, estant bien resolu de renvoyer par delà les cardinaulx de Givry et de Sourdis, le dernier si tost qu'il aura receu son bonnet. Et quant à l'autre, je vais envoyer devers luy pour le presser de partir et sçavoir ce que je puis faire pour faciliter son voyage, suivant la priere que m'en a faict faire le dict cardinal Aldobrandin; vous remerciant de tout mon cœur, mon Cousin, du bon debvoir que je sçay que vous avés faict envers Sa Saincteté et le dict cardinal pour la promotion du dict cardinal de Sourdis et pareillement pour celle du cardinal d'Ossat, que j'ay receue à tres grande grace et faveur, comme j'auray à plaisir que vous leur tesmoigniés, les asseurant que ce sont autant de creatures qu'ils ont acquises, et sont devouées pour jamais, avec tout ce qui despendra de moy, pour embrasser et favoriser l'accomplissement de leurs desirs et volontez, à la gloire de Dieu et à l'advantage de leur maison, à laquelle je veulx qu'ils croyent que j'estime que le bien de mon Estat est conjoinct. Mais je suis en grand soucy premierement du s^r Seraphin, qui a si longuement et fidelement servy à ceste Couronne, et aprés du s^r Lomelin, qui a espousé mon service avec l'ardeur que vous sçavés, pour avoir esté esclus de la dicte promotion et ne sçavoir que je doibs faire pour tesmoigner ma gratitude. Je vous prie de m'en mander vostre advis, et cependant les consoler avec le dict s^r de Sillery, du tesmoignage et de l'asseurance de ma bonne volonté, ayant prins en tres bonne part le conseil que vous m'avés donné touchant les cardinaulx Aquaviva et Justinian, vous asseurant que je rechercheray les moyens de l'effectuer, dont je vous donneray advis : priant Dieu, mon Cousin, qu'il vous ayt en sa saincte et digne garde. Escript à Fontainebleau, le dernier jour de mars 1599.

HENRY.

DE NEUFVILLE.

[1599. — 2 AVRIL.] — Ire.

Minute. — Arch. générales du département du Nord. Copie transmise par M. Le Glay, archiviste.

[AU PAPE.]

Tres Sainct Pere, Je rends graces tres affectionnées à Vostre Saincteté de la faveur qu'il luy a pleu faire aux cardinaulx de Sourdis et d'Ossat, à ma recommandation et priere. Ce sont deux personnages desquels j'espere que l'Eglise de Dieu sera bien servie et Vostre Saincteté recevra contentement; et comme je doibs à Vostre Saincteté celuy qui me demeure de l'honneur qu'ils ont receu, je la supplie aussy de croire que je le recognoistray continuellement de sa bonté, en adjoustant ce dernier tesmoignage de sa bienveillance aux precedens, pour estre tant que je vivray, ainsy que dira mon ambassadeur à Vostre Saincteté,

Son tres devost fils,

HENRY.

[1599. — 2 AVRIL.] — IIme.

Minute. — Arch. générales du département du Nord. Copie transmise par M. Le Glay, archiviste.

[AU CARDINAL DE FLORENCE.]

Mon Cousin, Je ne puis escrire à Rome ny recepvoir aulcun bienfaict de Nostre Sainct Pere, que je ne me souvienne de vous, et que je ne vous recommande le meilleur de vos amys, saichant que je doibs aux bons offices que vous m'avés faicts envers Sa Saincteté une bonne partie des graces qu'il m'a departies, telle qu'a esté celle de la promotion des cardinaulx de Sourdis et d'Ossat, dont, à ceste cause, je me rejouis avec vous, en vous souhaitant toute prosperité, ainsy que vous dira le s^r de Sillery, auquel j'adresse la presente : priant Dieu, mon Cousin, qu'il vous ayt en sa tres saincte et digne garde.

HENRY.

1599. — 2 AVRIL. — IIIme.

Orig. — Arch. générales du département du Nord. Copie transmise par M. Le Glay, archiviste.

A MON COUSIN LE CARDINAL D'OSSAT.

Mon Cousin, Je me rejouis avec vous de vostre promotion à la dignité de cardinal, pour le merite de vostre personne et pour le bien de mon service, et vous asseure que Sa Saincteté ne pouvoit faire grace qui me fust plus agreable et utile ; car estant vostre affection et fidelité accompagnées de toutes les autres vertus et parties que je pouvois desirer, elles n'avoient besoing que d'estre fortifiées et munies de ceste qualité, pour vous donner plus de moyen et de pouvoir de mettre vostre bonne volonté en œuvre. J'en attendray donc les effects avec plus d'esperance que jamais, asseuré qu'il ne se presentera occasion d'employer l'auctorité que vostre vertu et ma recommandation vous ont acquise, que vous ne m'en faciés recevoir le contentement que je me suis promis de vostre gratitude. Vous pouvés aussy faire estat que j'auray tel soin de vous, que je le doibs avoir de personne que j'aime comme ma creature, ainsy que vous dira le s^r de Sillery : sur lequel me remettant, je prie Dieu, mon Cousin, qu'il vous ayt en sa saincte et digne garde. Escript à Fontainebleau, le ij^e jour d'apvril 1599.

-HENRY.

1599. — 11 AVRIL.

Orig.— Arch. nationales, Sect. hist. Cartons des Rois, K. 105.

Imprimé — *Correspondance diplomatique de Bertrand de Salignac de la Mothe Fénelon*, publiée sous la direction de M. Ch. Purton-Cooper, Paris et Londres, 1838, in-8°, t. I, p. xxj.

A MONS^r DE LA MOTHE FENELON,

CHEVALIER DE MES ORDRES, CAPITAINE DE CINQUANTE HOMMES D'ARMES DE MES ORDONNANCES ET CONSEILLER EN MON CONSEIL D'ESTAT.

Monsr de la Mothe Fenelon, Je sçay bien que vostre eage et vos services meritent repos et remuneration plustost que une surcharge d'occupations et d'affaires, mesmement hors de vostre maison et patrie. Toutesfois voulant faire election d'un personnage propre et capable pour me servir d'ambassadeur auprés du roy d'Espagne, aprés avoir jetté les yeux sur plusieurs, je n'en ay point trouvé de plus digne d'ouvrir le pas de cette legation que vous, parce que toutes les bonnes qualitez, pour ce faire comme il appartient, se rencontrent et concourent en vous quasy à l'envy l'une de l'autre et selon mon desir: de sorte que, si elles estoient accompagnées de pareille force et santé, j'aurois trouvé mon compte en vous pour remplir dignement et à mon gré cette place, qui est de present des plus importantes à mon Estat; et au lieu d'envoyer sçavoir quelle est vostre disposition, je vous envoierois dés à present mes depesches pour me faire ce service, car vous cognoissant comme je fais, je suis tres asseuré que vous embrasseriés et effectueriés volontiers mon commandement. Mais estant incertain de la disposition de vostre personne, et par consequent si je puis recevoir ce service-là de vous, je vous fais la presente par ce lacquais, que je vous envoye exprés, pour en estre eclaircy, vous priant vous resoudre d'entreprendre ceste legation si vostre santé le vous peut permettre. Ce ne sera que pour tant de temps que vous voudrés, car ce me sera assez que vous enseigniés ce chemin à d'autres. Je pourrois, ce faisant, vous faire tenir où vous estes les depesches et deniers necessaires, pour de là vous acheminer en Espagne, sans avoir la peine de venir icy les prendre, et aurois tel soing de vous que vous auriés occasion de vous en louer. En tous cas, je n'ay voulu adresser ce commandement à un autre que à vostre refus, tant je prise vostre vertu et les moyens que vous avés de me servir. Renvoyés-moy doncques ce lacquais incontinent avec vostre deliberation : et je prieray Dieu, Monsr de la Mothe Fenelon, qu'il vous ayt en sa saincte garde. Escript à Fontainebleau, le xj^e jour d'avril 1599.

HENRY.

DE NEUFVILLE.

1599. — 15 AVRIL.

Cop. B. N. Fonds Du Puy, Ms. 407, fol. 35 recto. Et Suppl. fr. Ms. 1009-3.
Imprimé. — Supplément au *Journal de Lestoile*, à la suite de l'année 1599; et *Lettres de Henri IV et de plusieurs personnages célèbres*, par A. Sérieys, Paris, an x, in-8°, p. 62.

[A MADAME CATHERINE.]

Ma chere Sœur, J'ay receu à beaucoup de consolation vostre visite[1];

[1] C'est-à-dire la personne que le duc de Bar avoit envoyée pour apporter au Roy ses compliments de condoléance sur la mort de Gabrielle d'Estrées, avec cette lettre de la duchesse :

« Mon cher Roy,
« Je sçay qu'à l'extreme ennuy que vous avés, les paroles ne peuvent y apporter du remede; voilà pourquoy je n'en employeray que pour vous asseurer que je le ressens

Mon cher Roy

Je say qua lextreme ennuy
que vous aues les paroilles ne
peuuet y aporter du reme
de voyla pourcoy ie nen en
ployeray que pour vous asu
rer que ie le resens aussy vi
vemant que dafection extre
me que ie vous porte et la
perte que iay fayte dune sy
parfayte amye my oblyge ten
se bien desire destre aupres de
vous pour vous randre en
cette aflyction le treshumble

seruyse que ie vous dois
croyes mon cher Roy que
iaymeray touiours et seruyray
de mere
a mes neueux et nyese et vous
suplye treshumbiement vous re
souuenir que vous maues
promis ma nyese syl vous
plait de me la donner iy a
porteray famesme amytie et
soin que sy cettoit ma propre
fille m.r mon mary vou,
tesmoigne son regret par
celuy quyl vous envoye plut
a dieu mon Roy pouuoir
aleger vre douleur par la
perte de quelque ennee re

je souhayterois de toute mon
afection et sur cette mesme
je vous bayse mille fois
mon cher et brave Roy

j'en ay bien besoin, car mon affliction est aussy incomparable comme l'estoit le subject qui me la donne : les regrets et les plainctes m'accompagneront jusques au tombeau. Cependant, puisque Dieu m'a faict naistre pour ce Royaulme et non pour moy, tous mes sens et mes soings ne seront plus employez qu'à l'advancement et conservation d'iceluy. La racine de mon amour est morte, elle ne rejettera plus ; mais celle de mon amitié sera tousjours verte pour vous, ma chere Sœur, que je baise un million de fois. Ce xve avril 1599, à Fontainebleau.

1599. — 2 MAI.

Orig. — Arch. nationales, Sect. hist. Cartons des Rois, K. 105.
Imprimé. — *Correspondance diplomatique de la Mothe Fénelon*, t. I, p. xxij.

A MONS^R DE LA MOTHE FENELON,
CHEVALIER DE MES ORDRES, CONSEILLER EN MON CONSEIL D'ESTAT.

Monsr de la Mothe Fenelon, Je n'attendois pas, de vostre ancienne et esprouvée affection au bien public de mon Royaume et à mon service et contentement particulier, aultre response à la priere que je vous ay faicte d'entreprendre la legation d'Espagne, que celle que vous m'avés faicte par vostre lettre du xxie du mois passé, que j'ay receue par le lacquais que je vous avois envoyé ; dont je n'ay

aussy vivement que l'affection extreme que je vous porte, et la perte que j'ay faicte d'une si parfaicte amye m'y oblige. J'eusse bien desiré d'estre auprés de vous pour vous rendre en cette affliction le tres humble service que je vous dois. Croyés, mon cher Roy, que j'aimeray tousjours et serviray de mere à mes neveux et niece, et vous supplie très humblement vous ressouvenir que vous m'avés promis ma niece. S'il vous plaît de me la donner, j'y apporteray la mesme amitié et soin que si c'estoit ma propre fille. Monsieur mon mary vous tesmoigne son regret par celuy qu'il vous envoye. Plust à Dieu, mon Roy, pouvoir alleger vostre douleur par la perte de quelques années, le souhaiterois de toute mon affection : et sur ceste verité, je vous baise mille fois, mon cher et brave Roy. »

voulu differer davantage à vous faire sçavoir que j'en ay receu tres grand plaisir et contentement, esperant que Dieu vous donnera autant de santé et de force que je vous en desire pour accompagner et mettre en œuvre vostre bonne volonté et capacité à me servir en telles et toutes autres occasions[1]. Au moyen de quoy je vous prie de donner ordre à vos affaires domestiques, et ceulx de mon conseil pourveoiront aux instructions et deniers necessaires et accoustumez pour vostre expedition, affin que le tout vous soit envoyé à propos pour pouvoir partir dans la Sainct-Jean, qui est le temps que vous avés escript au s^r de Villeroy que vous pourrés estre prest à ce faire : priant Dieu, Monsr de la Mothe Fenelon, qu'il vous tienne en sa saincte et digne garde. Escript à St-Germain en Laye, le ij^e jour de may 1599.

HENRY.

DE NEUFVILLE.

1599. — 8 MAI.

Orig. — Manuscrit appartenant à M. l'abbé Caron, à Versailles.

A MON COUSIN LE CARDINAL DE JOYEUSE.

Mon Cousin, Je feray response par celle-cy à la lettre que vous m'avés escripte à part, le xxviie du mois de mars, par laquelle j'ay esté tres aise d'entendre ce que vous avés negotié avec Nostre Tres Sainct Pere, depuis vostre premiere audience; et comme j'avois jà sceu, devant la reception d'icelle, les bons offices que vous aviés faicts pour favoriser la promotion des cardinaulx et y faire comprendre ceulx que je luy avois recommandez, aussy n'ay-je attendu à vous en remercier, que j'aye receu vostre dicte lettre, comme vous aurés cogneu par les lettres que je vous escripvis le viie et viiie du mois passé, auxquelles

---

[1] Cette espérance ne se réalisa pas : Bertrand de Salignac, dont le courage et le dévouement n'avaient pas consulté les forces, tomba malade en route, et mourut à Bordeaux le 13 août, âgé de soixante et seize ans. Voyez ci-dessus, t. I, p. 136.

je ne puis rien adjouster pour ce regard, sinon qu'il faudra mettre peine de recouvrer, à la premiere promotion que fera Sa Saincteté (que l'on dict ne debvoir passer l'année saincte[1]), ce que nous n'avons peu obtenir en ceste derniere. Sur quoy j'ay jà escript à mon ambassadeur vous faire entendre ma volonté, bien marry de l'exclusion des dicts s^{rs} Serafin et Lomelin, auxquels je sçay leur debvoir une recompense tres signalée pour les tres fidelles services que j'en ay receus, et vous asseure que je ne seray content que je ne les en aye rendus jouissans, comme je vous prie le leur dire. J'ay bien consideré le langage que vous a tenu Sa Saincteté, tant sur le mariage de ma sœur[2]., que sur l'edict que j'ay faict pour maintenir mon Royaulme en repos; et j'espere que le temps luy fera cognoistre que les asseurances que vous luy avés données de mon intention en l'un et en l'autre faict sont plus veritables que les rapports qui luy en ont esté faicts à mon desadvantage, louant grandement la response que vous luy avés faicte en particulier, comme j'ay faict celle que vous et le cardinal d'Ossat luy avés faicte ensemble, sur la grande plaincte qu'Elle vous a faicte du dict edict, ainsy que vous verrés plus particulierement par la lettre que j'adresse à tous deux, par laquelle vous entendrés aussy mon intention sur le faict du marquisat de Saluces. Par tant je ne vous en feray redicte. Je vous sçay bon gré de ce que pareillement vous avés faict en faveur de ma cousine la princesse de Conty, laquelle je vous prie de continuer d'assister en la justice de la cause qu'elle poursuict, et me mander par quels moyens je puis acquerir le cardinal d'Est; car je seray bien ayse d'y entendre; pour l'affection que ceux de ce nom ont tousjours portée à ceste Couronne, et les bonnes parties que j'ay entendues estre en la personne du dict cardinal. Au reste, mon Cousin, je ne veux obmettre à vous remercier de la faveur et assistance que j'ay sceu par le cardinal d'Ossat que vous lui avés despartie depuis sa promo-

[1] C'est-à-dire l'année du Jubilé.
[2] Cette princesse était restée protestante; et pour la marier au duc de Bar, catholique, le Roi n'avait pu trouver d'autre prêtre que son frère naturel, l'archevêque de Rouen, qui, après s'y être refusé, avait enfin célébré le mariage dans la chambre de S. M.

tion³, m'ayant faict paroistre par ceste action que vous ne honorés moins mon nom en mes serviteurs que j'aime, comme je fais le dict cardinal, que la vertu qui reluit en sa personne, et laquelle le rend recommandable de tous; vous asseurant que vous m'avés faict tres grand plaisir d'en user ainsy; et m'en revancheray volontiers envers vous quand l'occasion s'en presentera. A tant je prie Dieu, mon Cousin, qu'il vous ayt en sa saincte et digne garde. Escript à Villeroy, le viij⁰ jour de may 1599.

HENRY.

DE NEUFVILLE.

1599. — 12 MAI.

Orig. — Manuscrit appartenant à M. l'abbé Caron, à Versailles.

A MON COUSIN LE CARDINAL DE JOYEUSE,
PROTECTEUR DE MES AFFAIRES EN COURT DE ROME.

Mon Cousin, Ceste lettre vous sera rendue par le comte Angusciolo, camerier secret de Nostre Tres Sainct Pere, qui avoit esté envoyé par deçà pour apporter le bonnet au cardinal de Sourdis[1]; dont il s'est si bien acquitté qu'il m'en demeure tout contentement;

[3] « Depuis le jour de la promotion, monsieur le cardinal de Joyeuse m'a logé et traité en son palais de Monte-Jordan, et mis en son appartement, paré plus richement que pas un autre qui soit à Rome, sans en excepter celui du Pape lui-même, et m'a accomodé de ses coches et carrosses, de ses estafiers, chapelains, gentilshommes et autres, pour faire les visites accoutumées des anciens cardinaux, et pour les chapelles et consistoires. De sorte que toutes choses se sont passées, sans comparaison, avec plus de dignité pour le Roi et pour la personne du cardinal qu'elles n'eussent faict s'il eust esté absent. » (*Lettres du cardinal d'Ossat;* année 1599, 23 mars, à M. de Villeroy.)

[1] « Le Pape envoye le bonnet pour monsieur le cardinal de Sourdis, par un sien camerier secret, qui est de la maison tres-illustre des comtes de l'Anguisciole. Tant mieux il sera receu par delà, tant plus nostre reputation se maintiendra et accroistra par deçà. » (*Lettres du card. d'Ossat;* du 30 mars 1599, à M. de Villeroy.)

et parce qu'en la promotion du dict cardinal, comme en toutes autres choses qui touchent et regardent le bien de cest Estat, mon cousin le cardinal Aldobrandin a contribué beaucoup de soing, d'affection et d'industrie, je desire que les cardinaulx françois et ceulx qui despendent de moy l'affectionnent doresnavant aprés Sa Saincteté comme moy-mesmes. Par tant je vous prie d'en user de ceste sorte et luy faire sçavoir que vous avés receu ce commandement de moy, affin que ce tesmoignage de gratitude l'oblige davantage à continuer en sa bonne volonté au bien de ceste Couronne[2] : priant Dieu, mon Cousin, qu'il vous ayt en sa saincte et digne garde. Escript à Fontainebleau, le xij^e jour de may 1599.

HENRY.

DE NEUFVILLE.

1599. — 14 MAI.

Orig. — Manuscrit appartenant à M. l'abbé Caron, à Versailles.

A MON COUSIN LE CARDINAL DE JOYEUSE,
PROTECTEUR DE MES AFFAIRES EN COURT DE ROME.

Mon Cousin, J'escris au s^r de Sillery qu'il vous parle d'un faict qui touche vostre frere comme le sien, qui me donne peine, craignant qu'ils facent chose qui me contraigne de permettre qu'il leur soit faict autre traitement que celuy que je desire qu'ils reçoipvent, comme je preveoy qu'il adviendra sans doubte, s'ils demeurent par deçà plus longuement; car ils sont suscitez à faire ce qu'ils font par des personnes qui abusent de l'ardeur de leur piété et de leur simplicité[1].

---

[2] Henri IV connaissait les dispositions de Clément VIII au népotisme, et savait que le meilleur moyen de se le concilier était de témoigner les plus grands égards à ses neveux.

---

[1] Voyez ci-dessus les paroles du Roi au Parlement, le 7 février. Le duc de Joyeuse, rentré dans l'ordre des Capucins, prêchait tout aussi séditieusement que le P. Brulart; son nom, ses titres, sa dignité de maréchal de France, les contrastes et les

Mais l'exemple trop recent, que j'ay tousjours devant les yeulx, des maulx que ce Royaulme a receus de l'impunité de semblables mouvemens, m'oblige de les estouffer à leur naissance, comme je suis bien resolu de faire, premierement par la doulceur, tant qu'il me sera possible, comme celle qui m'est plus agreable et familiere que toute autre, et aprés, celle-cy me defaillant, par celle de la justice; en quoy je vous prie de m'assister, de façon que nous evitions le mal qui en peut advenir, par le moyen que vous proposera le dict s^r de Sillery, et vous ferés chose qui ne sera moins utile à vostre dict frere qu'elle m'apportera de contentement et à tous ceulx qui vous appartiennent, aucuns desquels m'ont promis de vous en escrire et prier d'y mettre la main vifvement. Je prie Dieu, mon Cousin, qu'il vous ayt en sa saincte et digne garde. Escript à Fontainebleau, le xiij^e jour de may 1599.

HENRY.

DE NEUFVILLE.

1599. — 15 MAI.

Orig. — B. N. Fonds Béthune, Ms. 9037, fol. 107.

[AU CONNÉTABLE.]

Mon Cousin, J'ay volontiers accordé au s^r de Paulian l'expedition du prieuré de Lassan, suivant la supplication que vous m'en avés faicte pour luy, et seray tousjours tres aise de gratifier ceulx qui me seront recommandez de vostre part. C'est pourquoy j'ay aussy commandé la depesche du don que j'ay faict au s^r du Peloux. Au reste, je desire que vous acheviés vostre diette, et que vostre santé soit si asseurée que je vous puisse revoir bien tost, et vous avoir tousjours auprés de moy, où vostre presence ne m'est pas moins necessaire que agreable. Je me suis arresté icy plus long-temps que je n'avois deliberé, tant pour jouir davantage de la beauté et commodité du lieu,

---

inconséquences de sa vie aventureuse et de sa conduite extrême en tout, attiraient à ses sermons plus d'affluence encore qu'à ceux du frère de M. de Sillery.

que pour donner ordre à quelques affaires pour lesquels ceux de mon conseil m'ont faict sçavoir que ma presence estoit necessaire; de sorte que je les ay appellez icy, et crois qu'ils auront resolu ce qu'ils doibvent faire, dans quatre ou cinq jours; au moyen de quoy je fais estat d'en partir de demain en huict jours pour aller à Blois, où je ne m'arresteray que trois ou quatre jours, tant j'ay d'envie de gagner Moulins et m'approcher de Lyon, pour favoriser les affaires que vous sçavés que j'ay du costé d'Italie[1]. Depuis que je suis en ce lieu j'y ay receu le nonce ordinaire du Pape, qui est evesque de Modene, que j'ay trouvé fort honneste et sage prelat, l'ambassadeur d'Espagne, qui est Jehan-Baptiste de Tassis qui est assez cogneu en ce Royaume, lequel m'a presenté une lettre de son Roy et m'a donné toute asseurance de sa volonté à l'observation de la paix. J'ay veu aussy le chevalier Berthon, que le duc de Savoie a faict son ambassadeur, qui prend bien de la peine à faire l'ambassadeur. J'ay despuis veu le general des Cordeliers, à present patriarcque de Constantinople, que j'ay trouvé tousjours luy-mesme, c'est-à-dire tres habile homme, et qui n'est apprentif au mestier qu'il faict[2]; mais je n'ay encores rien appris d'eux, sur quoy je puisse asseoir fondement, de sorte que tout ce que je vous puis mander pour ceste heure est que le dict duc de Savoie a plus grande envie de recompenser que de rendre le marquisat de Saluces, que Sa Saincteté seroit bien aise que nous en peussions tomber d'accord, affin de n'avoir point la peine de nous juger. Mais je ne vois pas que je puisse avoir honneur à composer, que premierement mon Royaume et moy n'ayons esté reintegrez en ce dont nous avons esté spoliez; qui sera la response que aura de moy le dict patriarcque, si vous ne me donnés aultre conseil. Je prie Dieu, mon Cousin, qu'il vous tienne en sa saincte et digne garde. Escript à Fontainebleau, le xve jour de may 1599.

HENRY.

DE NEUFVILLE.

---

[1] L'affaire du marquisat de Saluces, dont le duc de Savoie s'était emparé, comme il a été dit ci-dessus. C'était alors le principal soin de la politique française.

[2] Personne n'avait plus efficacement contribué que lui à la paix de Vervins.

1599. — 16 MAI.

Orig. — B. N. Fonds Béthune, Ms. 9077, fol. 52.

[AU CONNÉTABLE.]

Mon Cousin, J'ay commandé au s^r de la Fin de vous aller trouver et remettre en vos mains le cappitaine Jehan, à quoy je me promets qu'il ne manquera pas, pour le desir qu'il a de m'obeïr et vous complaire. Mais je vous prie, suivant l'asseurance que vous m'en avés souvent donnée, oublier ce qui s'est passé en Provence et les occasions que vous pourrés avoir de vous plaindre et douloir du dict s^r de la Fin, le voyant de bon œil, comme personne qui essayera de vous rendre toutes ses actions agreables, et que je vous recommande, vous asseurant que j'auray à plaisir d'entendre que il vous ayt contenté et que vous soyés satisfait de luy; car je n'ay pas perdu la souvenance des services qu'il m'a faicts : priant Dieu, mon Cousin, qu'il vous ayt en sa tres saincte et digne garde. Escript à Fontainebleau, le xvj^e jour de may 1599.

HENRY.

DE NEUFVILLE.

1599. — 22 MAI.

Orig. — B. N. Fonds Béthune, Ms. 9077, fol. 54.

[AU CONNÉTABLE.]

Mon Cousin, J'avois desliberé d'aller faire la feste de la Pentecoste à Orleans, pour y toucher les malades; pour de là poursuivre mon voyage à Blois et à Moulins. Mais le nonce du Pape et les ambassadeurs des aultres princes qui sont icy m'ont demandé des audiences, auxquelles il faut que j'emploie quelques jours. Quoy voyant, j'ay prins resolution de passer encores icy la dicte feste; mais après icelle je m'en iray à Blois, d'où je vois bien qu'il sera difficile que je parte pour aller à Moulins si tost que j'avois proposé, tant parce que mes medecins m'ont degousté des bains, que pour n'estre, ce me semble, si pressé des affaires de Savoye que j'estimois devoir estre; car il faut que je donne du temps à Nostre Sainct Pere de les juger; ne voulant pas qu'il ayt occasion de soupçonner par mon approchement que je me defie de sa volonté, ou que je veuille precipiter son dict jugement. L'ambassadeur de Savoye a bien lasché icy quelques ouvertures d'accord, mais je ne les ay pas estimées dignes d'estre seulement mises en consideration, pour m'estre ma reputation si chere que vous sçavés. Mon Cousin, si vous pouvés avoir bien tost achevé vos affaires avec mon cousin l'amiral, vostre frere, revenés me voir incontinent, et prenés le chemin de Blois si je ne vous donne aultre advis : priant Dieu, mon Cousin, qu'il vous ayt en sa saincte et digne garde. Escript à Fontainebleau, le xxij^e jour de may 1599.

HENRY.

DE NEUFVILLE.

1599. — 23 MAI. — Ire.

Cop. — B. N. Fonds Béthune, Ms. 8954, fol. 25 recto.

[AU ROI D'ECOSSE.]

Tres hault, tres excellent et tres puissant prince, nostre tres cher et tres amé bon Frere et Cousin et ancien allié, Quand nous receusmes vos lettres du dixiesme septembre dernier, qui nous furent presentées par l'archevesque de Glasco, vostre ambassadeur près de nous, il y avoit longtemps que nous desirions faire response à celles qui nous avoient esté auparavant rendues de vostre part, datées du mois d'octobre de l'année preceddente, et avions tousjours remis à le faire jusques à ce que l'occasion se presentast de vous depescher un personnage de qualité pour vous visiter en nostre nom, et confirmer de bouche le desir que nous apportons à la continuation de l'ancienne et parfaicte amitié, et confederation contractée entre les Roys nos predecesseurs. Maintenant que nous avons à ceste fin faict election de la personne du s^r de Bethune, conseiller en nostre conseil d'Estat,

nous accuserons la reception de vos dictes lettres, et vous remercierons de la favorable declaration que vous avés faicte, en l'une et en l'autre, de vostre bonne amitié et de l'affection que vous avés de nous la faire paroistre aux occasions qui se presenteront. A quoy nous vous prions croire que de nostre part nous userons de toute sincere correspondance, à l'exemple des dits Roys, nos predecesseurs, qui ont tousjours beaucoup estimé l'entretenement de la dicte amitié; de laquelle les uns et les aultres ont tiré de temps en temps de si bons et utiles effects, à l'advantage de leurs communs estats, pays et subjects, que cela nous doibt convier de l'estreindre et fortiffier davantage, comme de nostre part nous y sommes tres disposez; et nostre inclination nous donnoit assez de subject de nous acquitter plus tost de l'office qui vous sera rendu en nostre nom par le dict s^r de Bethune, si nous n'en eussions esté divertys par tant de diverses sortes d'affaires que nous avons eues sur les bras pendant les troubles qui ont travaillé ce Royaume. Au moyen de quoy nous vous prions prendre en bonne part que nous ayons differé d'envoyer vers vous jusques à ceste heure, et pour expier ceste longueur nous redoublerons nostre affection à vous aimer et à la conservation de la dicte ancienne intelligence et confederation entre nos deux couronnes, ainsy que vous cognoistrés par effect, et que le s^r de Bethune vous exposera plus amplement de nostre part, vous prians luy adjouster, tant sur ce subject que sur tous aultres, pareille croyance qu'à nous-mesmes, qui prions Dieu, Tres hault, tres excellent et tres puissant prince, nostre tres cher et tres amé bon frere, cousin et ancien allié, qu'il vous ayt en sa saincte garde. Escript à Fontainebleau, le xxiij^e jour de may 1599.

Vostre bon frere et cousin,
HENRY.

1599. — 23 mai. — IIme.

Cop. — B. N. Suppl. fr. Ms. 1009-2. (D'après l'ancien manuscrit de M. Mandajors.)

[AU CONNÉTABLE.]

Mon Cousin, mon cousin le duc de Biron m'ayant proposé quelques affaires important mon service, pour l'effect desquels il est besoin trouver la somme de quatre mil escuz, et m'ayant faict advertir de prendre la dicte somme sur les deniers du taillon de Bourgogne, aprés que ce qui est destiné pour le payement de deux quartiers de sa compagnie aura esté prins sur les dicts deniers, dont le surplus pourroit tourner en non-valleurs, et ne se recevoir aisement sans le soin et diligence que m'apportera mon dict cousin : desirant que la dicte somme soit employée à l'effect lequel m'a esté proposé par mon dict cousin, j'ay voulu vous en donner advis, et vous prier d'apporter ce qui despend de vous, pour faire exesecuter en cella ce qui est de ma volonté, selon que mon dict cousin de Biron vous fera entendre de ma part : et n'estant la presente à aultre effect, je prieray Dieu, mon Cousin, vous avoir en sa saincte garde. Escript à Fontainebleau, le xxiij^e jour de may 1599.

HENRY.

POTIER.

1599. — 28 mai. — Ire.

Orig. — Manuscrit appartenant à M. l'abbé Caron, à Versailles.

A MON COUSIN LE CARDINAL DE JOYEUSE,
PROTECTEUR DE MES AFFAIRES EN COURT DE ROME.

Mon Cousin, Vostre Frere continue à suivre les conseils de ceulx qui ont trop de malice pour luy, lesquels abusent de sa bonté et pieté; et comme ils sçavent que je l'aime et respecte, ils estiment que j'endureray qu'il face ce que je ne permettrois aux autres : de sorte qu'ils le poulsent à dire et faire des choses qui scandalisent plustost qu'elles ne edifient les gens de bien qui les entendent et voient. Mon Cousin, il y faut donner ordre; pour esviter qu'il n'en arrive pis à mon service et à vostre frere; car s'il continuoit, contre mon desir et ma volonté, à se conduire à l'appetit de ces esprits factieux, comme je serois contrainct d'y remedier pour le bien de mon Estat et pour la conservation de mon auctorité, la peine et le scandale en tomberoient sur sa personne, et peut-estre sur tout l'Ordre[1]; chose que je desire esviter tant qu'il me sera possible, et vous asseure que je ne pense point que nous le puissions mieulx faire qu'en retirant vostre dict frere, pour quelque temps, hors de mon Royaulme, et pour le moins de ma ville de Paris, où sa plus longue demeure, accompagnée de sa procedure, donne bien autant de peine et fascherie à ceulx qui luy attouchent et l'aiment, qu'elle apporte d'audace à ceulx qui mesusent de sa facilité. Par tant je vous prie m'aider à y pourveoir par le moyen susdict. J'escris derechef au s^r de Sillery, duquel le frere faict encores pis que le vostre, de conferer avec vous, affin d'y apporter ensemble ce qui est en vous, comme je vous prie de faire. Au demeurant le dict s^r de Sillery vous fera si bonne part des occasions pour lesquelles j'ay advisé d'envoyer ce courrier par delà, que je ne vous en feray redicte par la presente, et m'en remettray à ce qu'il vous en dira, pour vous prier de l'assister en icelles de vostre bon conseil, et de tout le credit que vous avés envers Nostre St-Pere et le Sacré College, affin que le tout soit pris en bonne part, et que j'en reçoive le bien et le contentement qui m'est necessaire, et auquel j'aspire autant, je vous asseure, pour le salut et repos public de mon Royaume que pour mon particulier contentement : et comme je me promets ce debvoir et service-là de vous, mon Cousin, je ne vous en feray plus expresse recommandation, et prieray Dieu qu'il vous ayt en sa saincte garde. Escript à Paris, le xxviij^e jour de may 1599.

HENRY.

DE NEUFVILLE.

---

[1] L'ordre des Capucins.

1599. — 28 MAI. — IIme.

Cop. — Biblioth. de M. Monmerqué, Ms. intitulé *Lettres à l'ambassadeur du Levant.*

[A M. DE BREVES.]

Monsr de Breves, Pour toute response à vos lettres du xxvij^e de fevrier et du xvie de mars, je vous diray que je veulx que vous preniés congé de ce Seigneur, et que vous me veniés trouver incontinent la presente receue, sans toutesfois rompre avec luy, ny avec aucuns de ses ministres; et vous laisserés Coquerel à sa Porte, pour avoir soin de mes affaires et recevoir mes commandemens, si avant mes precedentes despesches n'estes party. Par tant vous ne ferés faute d'y satisfaire et obeïr, d'autant que vous desirés me contenter : et quand vous serés par deçà vous sçaurés ce que je veux de vous et faire pour vous, et à quoy je veux vous employer. Je prie Dieu, Monsr de Breves, qu'il vous ayt en sa saincte garde. Escript à Paris, le xxviij^e jour de may 1599.

HENRY.

1599. — 31 MAI. — Ire.

Cop. — B. N. Fonds Béthune, Ms. 954, fol. 20 recto.
Et Suppl. fr. Ms. 1009-2.

A MON COUSIN LE DUC DE MONTPENSIER,
PAIR DE FRANCE, GOUVERNEUR ET MON LIEUCTENANT GENERAL EN NORMANDIE.

Mon Cousin, Je vous fais cette lettre pour me plaindre à vous du peu de respect et obeïssance que ceulx de ma cour des aydes de Rouen rendent à mes commandemens, car ils se sont portez avec tant d'irreverence et de mespris de mon auctorité en un affaire qui s'est nagueres passé touchant les marchans escossois traficquans en ce Royaume, que j'en demeure à bon droict tres offensé; et affin que vous sçachiés le commencement et la suicte du dict affaire, je vous diray qu'à la priere du roy d'Escosse, ayant cy-devant accordé aux dicts marchans escossois l'exemption de douze deniers pour livre de toutes les marchandises qu'ils transporteront en leur pays hors de ce Royaume, j'en ay faict depescher mes lettres, en l'adresse desquelles ma chambre des comptes de Normandie ayant esté mise la premiere et devant la dicte court des aydes, ils en ont conceu telle jalousie, qu'ayant veriffié la dicte exemption avec quelque modification, ils ont retenu les anciens privileges des Roys mes predecesseurs qui avoient esté despeschez en faveur des dicts marchans, avec deffense à leur greffier de les rendre aux dicts marchans, jusques à ce qu'ils leur eussent faict paroistre d'un relief d'adresse, en la forme qu'ils demandent, et avec des clauses extraordinaires et qui n'ont point accoustumé de se practiquer; de quoy l'ambassadeur d'Escosse s'estant plainct à moy, j'en escrivis il y a huict jours à ma dicte court des aydes, pour faire rendre les dicts anciens privileges aux dicts marchans, leur envoyay mes lettres de relief d'adresse, telles qu'elles furent resolues en mon conseil, avec une jussion bien expresse pour lever la modiffication qu'ils avoient opposée en la dicte veriffication, qui estoit que les dicts marchans bailleroient caution de rapporter certiffication de la descente en Escosse des dictes marchandises qu'ils transporteroient. Et encores que ma dicte court des aydes se deust contenter de cela, toutesfois elle a renvoyé icelluy que le dict ambassadeur d'Escosse avoit depesché devers eux avec mes dictes lettres, sans luy faire aultre response, sinon qu'il ne devroit s'attendre qu'ils passassent oultre à la dicte veriffication pure et simple, ny que les dictes pieces luy fussent rendues jusques à ce que l'on leur eust presenté le dict relief d'adresse en la forme qu'ils l'ont demandé : en quoy ils font paroistre que la passion a plus de pouvoir sur eux que la justice et la raison, puisqu'ils s'arrestent à semblables pointilles et que l'accessoire en leur endroict est plus fort que le principal. Cependant il y va de ma reputation ; car ayant faict entendre au dict roy d'Escosse, que j'ay accordé la dicte grace à ses subjects et que je veulx qu'ils en jouyssent, il faut que les estrangers cognoissent que les choses que j'ay resolues par bonnes considerations et à la suitte de semblables graces, conceddées par les

Roys mes predecesseurs, sont rejectées par mes courts souveraines, au mespris de mon auctorité; chose que je ne suis deliberé de souffrir, et en escris à ma dicte court par le s^r de Bethune, conseiller en mon conseil d'Estat, que j'envoye presentement en Escosse, affin qu'elle verifie la dicte grace sans aucune modiffication, et face rendre les dicts anciens privilèges, à peine de desobeïssance et d'encourir mon indignation; ce que je vous prie aussy faire entendre de ma part ; et où ils continueroient en leur reffus et se monstreroient reffractaires à mes commandemens, vous enjoindrés de ma part au premier president de ma dicte court et à deux des plus anciens conseillers d'icelle, de me venir trouver en personne dedans douze jours, la part que je seray, pour me rendre compte de leur proceddure et recevoir mes commandemens sur icelle ; à quoy s'ils tardent de satisfaire, il faudra venir à l'interdiction. Et parce que c'est chose que j'ay à cœur pour la reputation de mon service et de mes affaires, je vous prie faire sentir et cognoistre à la dicte cour que je suis à bon droict offensé de leurs depportemens et le seray encores davantage s'ils me donnent la peine de parler à eulx en personne et de venir devers moy. Vous m'advertirés de la reception de la presente et de ce que vous aurés faict en execution du contenu d'icelle : et je prie Dieu, mon Cousin, qu'il vous ayt en sa tres saincte et digne guarde. Escript à Fontainebleau, le dernier jour de may 1599.

HENRY.
DE NEUFVILLE.

1599. — 31 MAI. — IIme.

Orig. — Arch. de M. le duc de Caraman, au château de Beaumont. Copie transmise par M. Gâchard, archiviste général de Belgique.

A MON COUSIN LE DUC D'ASCOT ET DE CROY.

Mon Cousin, C'est à mon regret que Solizac a apporté tant de difficultez en la restitution des chasteaux de Montcornet en Ardennes et Harcy, et vous asseure que sa procedure et desobeïssance m'a esté aussy desagreable comme j'en demeure offensé; et le serois encore davantage, n'estoit que je me promets qu'il obeïra au dernier commandement que je luy ay faict par un des siens, qu'il a depesché vers moy depuis huict jours pour entendre ma derniere resolution, que je luy ay fait sçavoir, tellement que sur ceste asseürance, j'ay trouvé bon que vostre maistre d'hostel Baldwin s'en retournast au dict Montcornet, où le comissaire Leclerc que j'ay envoyé exprés par delà pour la restitution des dictes places, se rendra aussy tost pour les remettre en ses mains ; à quoy je m'attends qu'il n'y aura plus de difficulté, et que le dict Baldwin ne fera point ce voyage en vain, mais que vous en recevrés le contentement que je vous en ay tousjours desiré et promis; comme en toutes aultres choses j'auray à plaisir de vous faire recueillir les fruicts de la bonne volonté que je vous porte, ainsy que vous cognoistrés par effect. C'est ce que j'ay à respondre sur vos lettres du xviij^e de ce mois, qui m'ont esté rendues par le dict Baldwin : et sur ce je prie Dieu, mon Cousin, qu'il vous ayt en sa tres saincte et digne garde. Escript à Fontainebleau, le dernier jour de may 1599.

HENRY.

DE NEUFVILLE.

1599. — 31 MAI. — IIIme.

Orig. — Arch. du canton de Genève. Copie transmise par M. Rigaud, premier syndic, et M. L. Sordet, archiviste.

A NOS TRES CHERS ET BONS AMYS LES SYNDICS ET CONSEIL DE LA VILLE ET REPUBLIQUE DE GENEVE.

Tres chers et bons amys, Vous ne pouvés nous importuner par vos lettres en nous representant l'estat des affaires de vostre republique, à laquelle nous souhaitons toute felicité; mais vos peines et travaux nous causent tres grand desplaisir, vous aimant comme nous faisons, et ayant l'interest que nous avons à vostre conservation. Nous avons souvent admonesté et prié nostre frere le duc de Savoye de faire cesser les vexations que vous recevés de luy et de ses gens depuis nostre traicté de paix; à quoy il nous avoit donné telle esperance de satisfaire, que nous nous promettions que vous en seriés bientost delibvrez. Toutesfois nous avons appris le contraire, tant par vostre depputé le sr Dauphin, que par vos lettres datées du premier de ce mois, dont nous sommes tres desplaisans. Neantmoins nous ne pouvons croire que le dict duc entreprenne contre vous par voye de faict et à descouvert, saichant qu'il contreviendroit au dict traicté et qu'il commenceroit un jeu qu'il ne termineroit aprés quand il vouldroit. Car estant nostre foy obligée à vostre protection, tout ainsy que estoit celle des Roys nos predecesseurs, nous ne vous abandonnerons poinct. Nous vous prions de le croire ainsy, et par tant seulement vous garder d'estre surpris et d'estre davantage molestez en general et en particulier, du moins jusqu'à ce que nous voyons ce qui resultera de la poursuicte que nous faisons pour avoir raison et justice de nostre marquisat de Saluces. Car ce succés, que nous avons fort à cœur, donnera regle à plusieurs choses qui n'importent moins à la seureté de vostre ville que au repos de nostre Royaume, comme nous avons faict dire à vostre dict deputé : priant Dieu, Tres chers et bons amys, qu'il vous conserve en sa saincte et digne garde. Escript à Fontainebleau, le dernier jour de may 1599.

HENRY.

DE NEUFVILLE.

1599. — 31 MAI. — IVme.

Orig. autographe. — Cabinet de M. de Machault d'Arnouville.

[A M. MARESCOT.]

Monsr Marescot, Pour ce qu'il y en a quelques-uns qui par malice ou aultrement font courir un bruict fort prejudiciable à la religion catholique : que une nommée Marthe Brossier, de Romorantin, est demoniaque; et ayant esté adverty que vous l'avés veue et visitée, avec d'autres medecins de l'université de ma ville de Paris, je vous ay bien voulu faire ce mot de ma main pour vous prier et commander, comme chose que j'affectionne, pour ce qu'elle importe à mon service, de faire un discours à vray de ce que vous y aurés recogneu, lequel vous ferés imprimer, affin que par ce moyen la verité de ce faict-là soit recogneue d'un chascun, mesmement par les gens de bien, et l'imposture, si aulcune y en a, averée[1]. Vous ferés en cela chose qui me

---

[1] Tous les historiens du temps, par les détails circonstanciés qu'ils nous ont laissés sur Marthe Brossier, prouvent combien la curiosité publique avait été excitée par cette prétendue démoniaque. Le Roi, pour s'en éclaircir, ou plutôt pour éclairer le public sur ce point, ne pouvait mieux s'adresser qu'au médecin Marescot, celui qui avait le plus nettement démasqué la fourberie de cette fille. Il nous suffira de citer ce que le continuateur de Lestoile rapporte des séances de l'exorcisme dans lesquelles figura le médecin Marescot :

« Le mardy 30e de mars, nostre evesque, sollicité par differentes personnes, d'examiner la nommée Marthe Brossier, arrivée depuis quelque temps dans Paris, laquelle on dit estre possedée de trois demons, a faict assembler dans l'abbaye de Ste-Genevieve plusieurs docteurs, tant en theologie qu'en medecine; où se sont trouvez les srs Marius et autres docteurs en theologie, les sieurs Michel Mareschot, Nicolas Ellain, Jean Altain, Jean Riolane, Louis Duret, docteurs de la faculté de medecine de Paris ; en presence desquels la dicte Marthe a faict des sauts, des contorsions, des convulsions, des tons de voix extraordinaires. Mais ayant esté interrogée par le sieur Marius en grec et par le sieur Mareschot en latin, elle a respondu ne pouvoir respondre, n'estant pas en lieu propre pour cela. A ceste responce, Mareschot et plusieurs autres ont dit qu'elle n'estoit point demoniaque........

« Le jeudy, premier jour d'avril, une foule de gens s'est rendue à Ste-Genevieve, sur le bruit qu'on devoit examiner si Marthe Brossier estoit possedée ou non. Les docteurs en theologie et en medecine estant arrivez, le pere Seraphin, capucin, a commencé l'exorcisme; et prononçant ces paroles : *Et homo factus est*, Marthe a tiré sa langue, a fait des contorsions extraordinaires, et s'est traisnée d'une maniere surprenante depuis l'autel jusqu'à la porte de la chapelle, avec une celerité si surprenante qu'elle a estonné les assistans. Alors le pere Seraphin a dit tout haut : « S'il y a « quelqu'un qui en doubte, qu'il essaye, « au peril de sa vie, d'arrester ce demon. » Sur le champ Mareschot se leva, et mettant la main sur la teste de Marthe, la presse, et retient tous les mouvemens de son corps. Marthe, n'ayant pas la force de se mouvoir, a dit que l'esprit s'estoit retiré : ce que le pere Seraphin a confirmé. A quoy Mareschot a ajouté : « J'ay donc chassé « le demon ! » Mareschot ayant fait semblant de se retirer, Marthe retombe dans ses convulsions extraordinaires. Il rentre, la prend et la contraint sans beaucoup de peine d'arrester tous ses mouvemens. Le pere Seraphin luy commande de se lever; mais Mareschot, qui la tenoit contre terre, luy respondoit, en raillant, que ce demon n'avoit point de pieds pour se tenir droit. »

sera fort agreable. Ceste-cy n'estant à aultre fin, Dieu vous ayt, Monsr Marescot, en sa garde. Ce dernier de may 1599, à Fontainebleau.

HENRY.

1599. — 7 JUIN. — Ire.

Orig. — Manuscrit appartenant à M. l'abbé Caron, à Versailles.

A MON COUSIN LE CARDINAL DE JOYEUSE,
PROTECTEUR DE MES AFFAIRES EN COURT DE ROME.

Mon Cousin, Je sçay que vostre presence par delà m'est tres necessaire; je l'ay esprouvé en plusieurs occasions qui se sont offertes depuis que vous y estes, auxquelles vous m'avés servy tres utilement et à mon contentement, comme mon cousin le cardinal d'Ossat et le s^r de Sillery, depuis qu'il est là, m'ont souvent representé. Je considere aussy que ayant commencé la poursuicte de la decision des differens que j'ay avec le duc de Savoye, combien vostre assistance et auctorité m'y peuvent faire faulte; davantage je suis à la veille d'y avoir d'autres affaires, pour lesquelles je doibs plustost rechercher d'accroistre que de diminuer le nombre des amys et serviteurs que j'ay en ce Sacré Collége et auprés de Nostre Sainct Pere : toutesfois le bien de vostre maison et vostre repos me sont si chers, que je suis content vous donner moyen de pourveoir à l'un et à l'autre, affin que, aprés, vous me puissiés servir plus librement et commodement. Par tant je trouve bon que vous gaigniés le temps que vous m'avés demandé par la lettre que vous m'avés escripte par ce porteur, en revenant par deçà pour donner ordre à vos affaires, auxquelles je ne doubte point que la retraicte inopinée de vostre frere n'ayt encore rendu vostre presence plus pressée et necessaire. Doncques je mande au s^r de Sillery qu'il face entendre à Sa Saincteté les raisons et necessitez qui vous ont contrainct de me demander le congé que je vous ay accordé, affin que Sa Saincteté les preigne en bonne part, et qu'il face en ceste occasion, tant envers Sa dicte Saincteté que envers tous autres, les offices en mon nom que vous desirerés qu'il face. Quant à la vice-protection, j'aurois à plaisir qu'elle fust commise au dict cardinal d'Ossat, par preference à tous autres, pour les raisons que vous sçavés qui m'y doibvent mouvoir. Mais il fault considerer devant, si ceulx qui l'ont exercée cy-devant ne s'en offenseront point. Je remets cela à vostre jugement et à celluy mesme du dict cardinal d'Ossat et au dict s^r de Sillery; car je suis bien asseuré que pour n'y employer le dict cardinal d'Ossat, je ne laisseray d'estre bien et utillement servy de luy en toutes choses, et je n'en puis dire et esperer autant des aultres. Au moyen de quoy advisés-y meurement, et en faictes ainsy que vous arresterés par ensemble estre pour le mieulx. Pareillement je vous prie consulter et resoudre avec les dicts cardinal d'Ossat et de Sillery, devant que de partir, toutes choses que vous cognoistrés importer au bien de mon service, tant pour en faciliter l'execution durant vostre absence, que pour m'en informer à vostre retour. Mais je desire que vous asseuriés Sa Saincteté et toute ceste court-là, et particulierement mon cousin le cardinal Aldobrandin, que vous y retournerés bien tost; car je sçay que ce sera chose qui leur ser atres agreable, et qui sera aussy utile à mes affaires. Cependant je ne veulx obmettre à vous faire sçavoir le contentement que j'ay de l'honorable accueil que vous avés faict au dict s^r de Sillery à son arrivée à Rome, et de la bonne assistance qu'il m'a escript avoir receue de vous, en tout ce qui s'est presenté pour mon service, depuis qu'il est estably en sa charge, et aussy des advis que vous m'avés donnez par vostre lettre du iiie may, ainsy que j'espere vous dire plus particulierement quand je vous reverray. Je desire doncques que ce soit le plus tost que vous pourrés, affin que vous puissiés aussy tant plus tost achever vos affaires et retourner en vostre charge. Je prie Dieu, mon Cousin, qu'il vous ayt en sa saincte et digne garde. Escript à Malesherbes, le vij^e jour de juin 1599.

HENRY.

DE NEUFVILLE.

1599: — 7 JUIN. — IIme.

Orig. — Bibliothèque Valicelliana. Copie transmise par M. le chevalier Visconti.

A MON COUSIN LE CARDINAL CESAR BARONIUS.

Mon Cousin, Vous avés monstré, comme vous faictes encores en toute occasion, tant de bonne volonté et inclination au bien de mes affaires, ainsy que me le mande le s^r de Sillery, mon ambassadeur à Rome, que je n'ay pas voulu tarder davantage à vous en remercier par ceste lettre et vous asseurer que j'ay plaisir d'estre aimé et estimé d'un personnage de tel merite que vous, et que j'ay entendu bien volontiers que par la soigneuse recherche que vous faictes de l'antiquité, vous avés veu par les anciennes histoires que le nom de Tres Chrestien et de Premier fils de l'Église a esté requis par mes predecesseurs Rois de France pour avoir tousjours servy à la liberté et dignité de l'Eglise et du Sainct Siege et de tous les Saincts Peres qui les en ont requis; vous priant croire que je suis heritier de ceste devotion, ainsy que j'espere faire paroistre en toutes occasions qui se pourront presenter. Car ayant receu tant de graces de la misericorde de Dieu, comme j'ay faict, je sçay que j'en doibs plus de recognoissance à sa bonté pour luy en donner la gloire en m'employant pour son honneur et service. Et quant à vous, soyés asseuré que je vis avec beaucoup de desir de vous tesmoigner par effects la bonne volonté que je vous porte, ainsy que le dict s^r de Sillery vous dira plus amplement de ma part : priant Dieu, mon Cousin, qu'il vous ayt en sa tres saincte et digne garde. Escript au bois Malesherbes, ce vij^e jour de juin 1599.

Vostre cousin tres affectionné [1],

HENRY.

[1] Ces mots, ajoutés par le Roi avant sa signature, étaient une marque de sa consideration toute particulière pour le savant cardinal.

1599. — 7 JUIN. — IIIme.

Imprimé. — *Œconomies royales*, édit. orig. t. I, chap. 94.

[A M. DE ROSNY.]

Mon amy, Je m'attends donc de sçavoir par vos premieres la resolution que vous avés prinse sur les offres de Zamet, ainsy que vous m'avés escript par vostre lettre du vi^e, et trouve bon que vous retardiés vostre partement de Paris jusques à vendredy, et que par aprés chacun prenne quelques jours pour donner ordre à ses affaires; car je me contenteray que l'on se rende à Orleans dix ou douze jours aprés que vous vous serés separez, ne faisant pas estat d'y passer plus tost; et seray bien aise de vous y rencontrer en ce temps-là, affin que nous allions de là ensemble à Blois, où je feray ce pendant advancer le regiment de mes gardes, puisque vous avés donné ordre à sa monstre, car je m'en passeray bien par les chemins. Je n'entends pas que vous changiés l'advis que vous m'avés escript avoir esté pris en mon conseil sur le bail des cinq grosses fermes, et auray à plaisir que le s^r de Gondy s'accomode en cela à ce qui est du bien de mon service. Quant à la demande de mon cousin le duc du Mayne, je la juge de consequence comme vous, et me semble, si vous n'en pouvés composer à bon compte avec luy, qu'il faut en remettre la resolution à quand nous serons rassemblez, afin de la prendre en consideration. Vous m'avés faict plaisir d'avoir depesché Rapin et envoyé la copie des inventaires de feu madame la duchesse[1]. J'ay aussy receu la lettre du prevost des marchands; et me semble que l'on doibt faire une bonne reprimande à ce gros accusé, d'avoir pris du sang sur les barbiers, car ceste curiosité ne peut estre de bonne odeur[2]. Parlés-en à m^r le chancelier, et le faictes venir en mon conseil pour luy faire sentir sa faulte, si vous estimés en iceluy qu'il soit à propos d'en user ainsy. Au reste souvenés-vous bien des commandemens que je vous fis, estant à St-Clou, pour faire payer presentement à mon nepveu le comte d'Au-

---
[1] La duchesse de Beaufort.
[2] Voyez ci-après, p. 136, la lettre au duc de Biron.

DE HENRI IV. 133

vergne un quartier de la pension que je luy donne affin qu'il puisse vivre³. Il m'a mandé que, s'estant levé du lict pour vous porter une lettre que je vous ay escripte pour luy, vous luy aviés respondu que vous ne pouviés rien faire pour luy⁴. Que je sçache comment cela s'est passé; et le faictes secourir du dict quartier, en attendant que l'on puisse faire davantage. Je prie Dieu, sur ce, qu'il vous ayt en sa saincte et digne garde. Escript au bois de Malesherbes, le vıȷᵉ jour de juin 1599.

HENRY.

DE NEUFVILLE.

1599. — 9 JUIN. — Iʳᵉ.

Orig. — A Londres, State paper office, antient royal letters, vol. XXII, lettre 208. Transcription de M. Lenglet.

[A LA REINE D'ANGLETERRE.]

Tres haulte, tres excellente et tres puissante princesse nostre tres chere et tres amée bonne sœur et cousine, La mesme affection que nous avons comme vous à l'entretenement de nostre commune amitié nous a rendu la venue du sʳ Henry Neville, vostre ambassadeur prés de nous, plus agreable que de tout aultre qui n'eust pas esté choisy à la marque de pareille integrité que celle que vous avés recogneue en luy. Aussy vous prions nous croire, qu'ayant apporté le caractere de vostre faveur et bonne grace avec luy, nous l'avons veu d'autant plus volontiers, que vous nous avés mandé avoir faict ceste election comme de personne de qui la fidelité vous est cogneue. Et traicterons avec

---

³ Sully exprime très souvent, dans ces *Économies royales*, un profond mépris pour le comte d'Auvergne.

⁴ Le lieu d'où est datée cette lettre, chez M. d'Entragues, explique cette bonne volonté du Roi pour le comte d'Auvergne, qu'il était loin d'aimer, et qui n'avait cessé de lui donner de graves sujets de mécontentement. Mais il venait de concevoir pour la sœur utérine de ce prince, Henriette de Balzac d'Entragues, qui fut depuis marquise de Verneuil, une passion excessive, qu'attisaient les moyens les moins scrupuleux, et dont chacun cherchait à profiter dans cette famille corrompue.

luy les affaires qui se presenteront pour le bien commun de nos estats, royaumes et subjects, avec la mesme confiance que nous avons faict avec vos aultres ministres, entre lesquels nous avons bien voulu vous rendre tesmoignage des bons desportemens de vostre agent Edmonds, present porteur, qui s'en retourne vous trouver, si bien instruict de l'asseurance que nous luy avons donnée de nos droictes intentions à l'affermissement de nostre dicte amitié, que nous nous remettons à ce qu'il vous en dira, et aux effects qui en succederont; nous contentans seulement de vous recommander le dict Edmonds : et à tant, nous prions Dieu, Tres haute, tres excellente et tres puissante princesse, nostre tres chere et tres amée bonne sœur et cousine, qu'il vous ayt en sa tres saincte et digne garde. Escript au Bois de Malesherbes, le ixe jour de juin 1599.

Vostre bon frere et cousin,

HENRY.

DE NEUFVILLE.

[1599.] — 9 JUIN. — IIme.

Orig. autographe. — Londres, State paper office, vol. de Mélanges. Copie transmise par M. l'ambassadeur de France.

[A LA REINE D'ANGLETERRE.]

Madame ma bonne sœur, Je advoue que l'attente de vostre ambassadeur m'a ennuyé, pour la jalousie que j'ay de vostre amitié, et le contentement que ce m'est de voir auprés de moy personne qui vous represente, au sein duquel je puisse quelques fois descharger mon cœur aussy confidemment que m'en donne nostre liberté, les preuves que j'ay faictes de vostre affection, et celle que je vous ay vouée. Mais sa presence m'a faict oublier le desplaisir de son retardement, tant pour la satisfaction que j'ay jà receue de luy, que pour avoir apprins par vostre lettre la fiance que avés en luy et l'estime que vous faictes de sa personne. Et veritablement, Madame ma bonne sœur, j'espere qu'il sera instrument tres propre pour maintenir nostre amitié, comme vous luy avés commandé; car je le recognois si affectionné à executer vos commandemens, que je suis asseuré que vous en sérés bien servye; quoy advenant je ne seray moins content de luy que vous-mesme; car le bien de vos affaires ne m'est moins cher et recommandé que le mien propre, et vous prie de crere que plus j'esprouve de nouvelles amitiez, plus je desire estreindre la vostre pour la rendre perdurable; comme vous dira Edmond, duquel vous avés esté si bien servye tant qu'il a residé prés de moy, que comme j'ay occasion de priser sa fidelité et diligence à vostre service, je vous prie aussy trouver bon que, en vous rendant ce tesmoignage de luy, je vous le recommande de tout mon cœur, au nom de

Vostre tres affectionné frere et serviteur,

HENRY.

Ce ixe juin, au Bois Malesherbes.

1599. — 9 JUIN. — IIIme.

Orig. — A Londres, State paper office, vol. de Mélanges. Copie transmise par M. l'ambassadeur de France.

A MONS^R CECYLL.

Monsr Cecyll, La Royne, ma bonne sœur et cousine, ne pouvoit commettre la charge de ses offices auprés de moy à personne plus fidelle à mon advis, ny plus digne de la sienne que le s^r Nevil, selon que j'ay pu recognoistre en deux audiences que je luy ay données, auxquelles il a faict jà telles preuves de son affection non moins que de sa prudence, que j'ay toute occasion de l'estimer et m'en louer comme je fais. La Royne me l'a depeinct un apprenty par sa [commission]; mais vous l'avés si bien instruict qu'il [a] desjà [produict] et produira sans doubte de tres bons fruicts; et comme vous estes mieux informé que nul aultre des actes que la loyauté et diligence du s^r Edmond a faict gouster à la Royne ma bonne sœur et cousine, j'estime qu'il vous sera tres recommandé, qu'il n'a besoing d'assistance ny faveur en vostre endroict. Toutesfois je vous prie, s'il vous [plaist], qu'il soit [traicté] comme il merite. Je vous prie aussy vous [asseurer et] à la Royne, qu'il me sera tres agreable et à vous tres honorable. Je vous prie aussy continuer à faire estat de ma bonne volonté : et je prieray Dieu, Monsr Cecyll, qu'il vous ayt en sa saincte et digne garde. Escript au Bois Malesherbes, le ixe jour de juin 1599.

HENRY.

1599. — 10 JUIN.

Cop. — B. N. Suppl. fr. Ms. 1009-3.
Imprimé. — *Mémoires de Nevers*, t. II, p. 764.

A MON COUSIN LE DUC DE BIRON,

MARESCHAL DE FRANCE, GOUVERNEUR ET MON LIEUCTENANT GENERAL EN MES PAYS ET DUCHÉ DE BOURGOGNE.

Mon Cousin, Depuis peu de jours, je suis adverty que l'on a faict courir un bruit aussy peu veritable qu'il est esloigné de toute humanité, aulcuns presupposans que par mon commandement l'on faisoit prendre et tuer quantité d'enfans, pour en tirer du sang et faire servir à quelque indisposition, que l'on presuppose estre en mon nepveu le prince de Condé. Aussy tost que j'en ay eu la nouvelle, desireux d'en prouver la faulseté et reprouver un si cruel desseing, j'ay mandé à mon procureur general, comme aussy au prevost des marchands de ma ville de Paris, que chacun d'eulx fist tout debvoir possible de recognoistre les auteurs de tels bruits, pour les faire chastier selon leur demerite. Ils ont mis peine d'apprendre l'origine d'un tel bruit; mais ils l'ont trouvé aussy tost esteinct et estouffé, comme sinistrement il estoit né, ne s'estant trouvé personne plaintif de la perte d'aulcun enfant, non seulement es ville et faulxbourgs, mais aussy aux villages circonvoisins. Tout ce que l'on a pu enfin tirer de lumiere et esclaircissement de la cause de ce bruit est, comme l'on estime, qu'un certain Grec, distillateur, frequentant la maison du sʳ marquis de Pisany, qui a la conduicte et gouvernement de mon dict nepveu, a recherché quelquesfois des barbiers et chirurgiens de Paris pour luy recouvrer du sang humain, pour s'en servir, comme il dit, à quelques distillations, esquelles il est expert; ce qu'estant entendu de quelques ignorans, ou aulcunement mal affectionnez, par equivoque ont inventé et mis en avant le bruit predict. J'en fais continuer l'information et poursuivre la recherche des personnes tant ignorantes ou malicieuses, affin que leur punition face cognoistre la verité de leur imposture, laquelle, je me doubte, pourra parvenir jusques à vostre gouvernement ou ailleurs, et donner, si elle estoit negligée, quelque mauvaise impression à mes subjects. C'est le subject qui me fait vous escrire la presente, affin que soigneusement et fort exactement vous faciés prendre garde que cette mauvaise nouvelle ne prenne cours ny pied en l'esprit de nos dicts subjects; faisant entendre, si besoing est, ce que vous en apprenés par la presente, et incontinent punir et chastier ceulx que vous sçaurés la mettre en avant, sans exception ni acceptation de personnes. M'asseurant que vous n'y ferés faulte, je prieray Dieu qu'il vous ayt, mon Cousin, en sa saincte garde. Escript au Bois de Malesherbes, le xᵉ jour de juin 1599.

HENRY.

POTIER.

1599. — 16 JUIN.

Imprimé. — *Mémorial historique de la noblesse*, par M. J. DUVERGIER, Paris, 1839, in-8ᵉ, p. 96.

[A M. LE BARON DES ALYMES[1].]

Mon Cousin, M'ayant demandé de vouloir mieux reflechir à tout ce que vous m'avés dict et redict de la part de mon frere le duc de Savoye,

---

[1] René de Lucinge, seigneur ou baron des Alymes et de Montrosat, fils aîné de Charles de Lucinge et d'Anne Lyobard, était conseiller d'État et premier maître d'hôtel du duc de Savoie. Ce sont les noms et titres qu'il prend lui-même en tête des ouvrages qu'il a composés; et Guichenon, si profondément versé dans l'histoire des familles de Savoie, du Bugey et de la Bresse, ne dit point que ce seigneur ait jamais porté le nom de *Faucigny*, qu'ont relevé très-légitimement, de

à celle fin d'estre bien asseuré de mes fermes intentions et d'en pouvoir esclaircir mon frere, je n'ay voulu differer davantage, combien que je doive estimer la chose superflue, pour m'en estre souventes fois expliqué, tant avec vous qu'avec le commandeur de Berthon et aultrement. Je vous repeteray pour la derniere fois que je trouve mon honneur et mon Royaume interessez à recouvrer mon marquisat de Saluces, et premierement à la recognoissance de mon droict sur le dict marquisat. Je n'ay jamais poursuivy que ce qui m'appartenoit, et ne pouvoit m'estre desnié justement, et je ne sçaurois vouloir entendre à aucune autre ouverture d'accord, sans offenser ma reputation, laquelle m'est plus chere que la vie. Je ne puis doncques entrer honorablement et dignement en traicté sans la reintegrande en iceluy mon estat de Saluces, attendu le fonds et la forme de la spoliation, faicte en temps de paix sur un prince mon parent proche et predecesseur à ma Couronne, et bienfaicteur de la maison de Savoye, lequel

---

nos jours, ses descendants, par suite de l'extinction des Faucigny, princes du Saint-Empire, dont ils étaient une branche cadette. Il semble donc y avoir quelque anachronisme à appliquer ce nom, comme on l'a fait dans le *Mémorial de la noblesse*, à René de Lucinge, bien que lui-même, au début de ses mémoires, établisse très-nettement sa descendance de l'antique et illustre maison de Faucigny. Voici, d'après l'ouvrage que nous venons de citer, ce passage des mémoires inédits du baron des Alymes :

« Je diray donc premierement que le prince Emeraud de Faucigny, nostre fondateur et principal ancestre, estoit pour le moins aussy noble et puissant que son voisin le comte Humbert de Maurienne, premier ancestre cognu de messieurs les comtes, aujourd'huy ducs de Savoye; et durant quelque trois à quatre cens ans les souverains princes de Faucigny, marquis des Alpes, estoient, comme on dict, à deux de jeu avec les comtes de Savoye, marquis de Lombardie et princes de Piedmont, prenant pour femmes et pour marys les filles et garçons les uns des aultres, jusqu'à ce que nostre grand oncle Eymond-le-Courtois (que Dieu le veuille benir, le pauvre homme!) s'advisa de faire donation de ses pays de Faucigny, de Valais, de Vauldois, de Berne, de Geneve et autres seigneuries siennes à sa fille Agnez, laquelle avoit espousé le comte de Savoye, Pierre le petit Charlemagne, en l'année 1233. Ce fut la plus deplorable chose qui put arriver à nostre famille. Aussy bien les prelats de nos dicts pays s'entremirent autant pour empescher icelle donation, que par la suite affin d'en obtenir du comte Pierre quelque autre dedommagement pour les seigneurs de Lu-

estoit pour lors surchargé d'affaires et d'afflictions en son Royaume ; et soubs pretexte de luy faire service, ainsy qu'il est fort bien prouvé par les lettres du duc de Savoye à mon dict frere le roy Henry troisiesme. Quant à debattre et vouloir contester mon droict sur le dict marquisat, c'est proprement chercher querelle avec moy, et sans raison vouloir donner des embarras inutiles à nostre Sainct Pere le Pape, qui se veut bien employer à nous moyenner et mesnager un accommodement. Evitons, croyés-moy, telles contestations pour toutes les sortes d'inconveniens qui en peuvent advenir. La justice de ma cause me doit fermement asseurer en l'issue d'icelle, ainsy que de toutes les aultres que j'ay eues à desmesler, et dont la protection de Dieu m'a fait sortir à mon honneur. Faites doncques que mon frere de Savoye me rende le mien, affin qu'il retrouve le sien que je garde, et que nous puissions vivre en bons voisins, freres et amys. En tous les cas je vous prie de lever toutes les esperances que l'on pourroit luy avoir données contrairement à mes intentions, dont je ne me relascheray

cinge, cousins germains de la dicte Agnez, dampnée, seche et dure personne, qui despouilla et molesta autant qu'elle put despouiller et molester, durant toute sa vie, ses uniques et seuls cousins du mesme sang, les seigneurs de Lucinge et d'Arenthon, de qui nous sommes extraicts en lignée directe, ainsy qu'il est assez recognu par les deux maisons royales de France et de Savoye, de qui nous recevons le cousinage en toute occasion patente. Cette mauvaise comtesse de Faucigny ne laissa qu'une fille, appellée Beatrix, et qui espousa en l'année 1241 Guy de Bourgogne, daulphin de Viennois.... La dicte Agnez avoit eu pour tante paternelle la digne et venerable Marguerite de Faucigny, femme de Thomas, comte de Savoye, Maurienne et Piedmont, vicaire imperial et marquis d'Italie, lesquels ont esté pere et mere de Beatrix de Savoye, comtesse de Provence, dont la fille Marguerite espousa le grand roy sainct Louis. »

Le baron des Alymes, qui a mérité le surnom de docte, composa plusieurs ouvrages, imprimés à Paris, à Lyon et à Chambéry, dont les titres se trouvent dans Guichenon (*Histoire de Bresse et de Bugey*, p. 140), ainsi que dans le *Mémorial de la noblesse* (lieu cité). On verra ci-après la part que prit le baron des Alymes dans les négociations entre le roi de France et le duc de Savoie. Le désaveu qu'il reçut de ce prince l'indigna au point qu'il quitta la Savoie pour aller terminer ses jours dans les terres qu'il possédait en France, après avoir adressé à Emmanuel une lettre « écrite, dit Guichenon, d'un style qui ne sentoit point le sujet. »

jamais d'un seul poinct, comme je l'avois desjà dict à vous et au commandeur de Berthon tout ouvertement et tres asseurement. Par tant, je vous prieray vous en contenter, sans attendre de moy ny rechercher nulle autre sorte d'accommodement sur ce faict : et je prie Dieu qu'il vous ayt, mon Cousin, en sa saincte garde. Escript au Haslier, le xvj^e de juin 1599.

HENRY.

1599. — 17 JUIN.

Imprimé. — *Histoire généalogique de la royale maison de Savoie*, par GUICHENON; Preuves, p. 542.

[AU CHEVALIER DE BERTON.]

Monsr le commandeur, Vous ayant promis de mieux penser aux remonstrances que vous m'avés faictes de la part de mon frere le duc de Savoye sur les differends que nous avons ensemble, affin de vous faire sçavoir ma derniere intention pour en esclaircir mon dict frere, je n'ay voulu differer davantage à y satisfaire, combien que j'estime que ce soit chose superflue, pour m'en estre jà expliqué si ouvertement au secretaire Roncas, au dernier voyage qu'il a faict vers moy, que je veux croire qu'il en aura rendu bon compte à son maistre. Car je luy dis, sur l'instance qu'il faisoit que j'eusse agreable que mon dict frere me vint voir, sans attendre que je fusse arrivé à Lyon, où je l'avois remis, qu'il seroit tousjours tres bien venu, et que je prendrois plaisir à luy tesmoigner en tous lieux l'amitié fraternelle que je luy portois ; toutesfois je ne pouvois estre d'advis qu'il prist la peine de venir, s'il n'estoit bien resolu de me rendre mon marquisat de Saluces, d'autant que je l'estois, comme mon honneur m'y obligeoit, de ne m'en despartir aulcunement ; car je craignois, s'il venoit avec aultre dessein, que nostre entrevue apportast plus de mal que de bien ; partant j'estimois estre, en ce cas, plus expedient d'attendre le jugement de Nostre Sainct Pere, auquel nous nous estions soubmis. Or ce sera ce que je vous repeteray encores par la presente, car plus je considere et examine ce fait, plus je trouve mon honneur obligé et mon Royaume interessé à demander et poursuivre mon restablissement au dict marquisat de Saluces. Je ne demande que ce qui m'appartient, qui ne me peut estre desnié, si mon dict frere desire mon amitié comme je fais la sienne. Je ne puis aussy entendre à aucune ouverture d'accord, sans par trop offenser ma reputation, laquelle m'est plus chere que ma propre vie. Quant à debattre et continuer de revoquer en doubte le droict que j'ay au dict marquisat, c'est proprement plaider contre sa cedule, chercher querelle avec moy, et sans raison donner de la peine à Sa Saincteté. Evitons, je vous prie, telles contestations pour les inconveniens qui en peuvent advenir, autant aux uns comme aux aultres. La justice de ma cause me doibt asseurer de l'isseue d'icelle, telle que Dieu me l'a donnée de toutes celles que j'ay desmeslées. Toutesfois je seray tousjours plus aise d'avoir occasion de me louer de l'amitié de mon dict frere, et estre par ce moyen obligé à la pareille, que de la justice de Sa Saincteté, asseuré que Sa Saincteté mesme n'en sera moins contente que nous. Faictes doncques que mon dict frere me rende le mien, afin qu'il retire le sien, et que nous demeurions bons voisins, freres et amys. En tous cas, je vous prie de lever toutes les esperances que l'on peut luy avoir données, que je sois pour me relascher en ce faict d'un seul poinct ; car c'est vraiment nous abuser tous deux au prejudice de nos affaires, et principalement de ma reputation, trop avant engagée en ce faict pour estre ainsy traictée à l'adveu d'autruy, comme je vous ay dict assez ouvertement. Par tant, je vous prie vous en contenter, sans vous mettre en peine de rechercher ou attendre de moy autre chose sur ce faict : priant Dieu, Monsr le commandeur, qu'il vous ayt en sa saincte garde. Escript au Hallier, le xvij^e juin 1599.

HENRY.

DE NEUFVILLE.

1599. — 24 JUIN.

Orig. — Arch. de M. de la Force.
Imprimé. — *Mémoires de La Force,* publiés par M. le marquis DE LA GRANGE, t. I, p. 213.

A MONS^r DE LA FORCE.

Monsr de la Force, Sur ce que j'ay esté adverty que l'heritiere de Labatut a esté ravie d'entre les mains de sa mere et menée dans la maison de m^r de Sauveterre, ou quelque aultre de vostre gouvernement de Bigorre, je vous recommande tres expressement de vous transporter où la dicte heritiere de Labatut aura esté emmenée, et vous en saisir, et arrester le cours des querelles et assemblées qui se sont faictes pour ce sujet[1]. Qu'elle soit bien et seurement gardée, pour après estre mise entre les mains de ses plus proches, ainsy que la justice en ordonnera; à quoy vous tiendrés la main de tout vostre pouvoir; d'autant qu'en cela il y va de mon service et que c'est chose que j'affectionne : et celle-cy n'estant à aultre fin, je prieray Dieu, Monsr de la Force, qu'il vous ayt en sa saincte garde. Escript à Orleans, le XXIIIJ^e jour de juin 1599.

HENRY.

DE LOMENIE.

1599. — 1er JUILLET.

Cop. — Biblioth. de M. Monmerqué, Ms. intitulé *Lettres à l'ambassadeur du Levant.*

[A M. DE BRÈVES.]

Monsr de Breves, Vous m'avés faict service tres agreable d'avoir fait revocquer le commandement que ce Seigneur avoit faict contre les

---

[1] On voit dans les mémoires de ce temps-là, notamment dans les *Historiettes de Tallemant des Réaux,* combien étaient fréquents ces enlèvements d'héritières, pour s'assurer leurs biens par un mariage forcé, et quel tumulte ces actes-là causaient dans une province, par les luttes qui s'engageaient entre les parents de la fille et ceux du ravisseur.

religieux et les devotions du saint sepulcre de Jherusalem, ainsy que j'ay appris par vos lettres du xxxᵉ de mars, xviiᵉ et premier de may, que j'ay receues tout ensemble le iiiᵉ de juin. Ce que je desire est que vous teniés la main, tant que vous serés par delà, que les dicts religieux jouissent des effects de la dicte revocation en toute sureté et liberté, comme je vous ay escript par le voyage du general de l'ordre de Sᵗ-François, à present patriarche de Constantinople, que Notre Sᵗ-Pere a de nouveau envoyé devers moy[1]. J'auray à plaisir de sçavoir aussy que mes subjects detenus captifs ayent esté delibvrez, à vostre poursuicte, suivant ce que vous m'avés escript, par vostre lettre, vous avoir esté promis par le premier bascha, le precepteur de ce Seigneur et le capi-aga, de la bonne volonté desquels j'auray à me louer si je reçois tel contentement par leur moyen. Ayant [appris] comme l'Empereur n'a moins maintenant de besoing de s'accorder avec le Grand Seigneur que peut avoir cestuy-cy, il y a grande apparence de croire qu'ils traicteront; car les princes protestans de la Germanie qui avoient accoustumé à contribuer aux frais de la guerre de Hongrie, en faveur du dict Empereur, luy ont refusé ceste année les dictes contributions, sous pretexte d'une querelle que leur a suscitée l'armée espagnole qui est encore en Flandres; de sorte que le dict Empereur est de present si foible, qu'à peine avoit-il de quoy tenir ceste année seulement le party de la deffensive. A quoy il faut adjouster l'alienation d'avec luy du prince de Transylvanie, lequel on dit avoir quitté l'estat au cardinal Battory, et que celuy-ci a depuis faict mourir. Toutesfois je ne veux croire que le dict Empereur soit si lasche de courage que d'accorder la restitution de la place de Javarin, qu'il a de nagueres reprise, ny que ce Seigneur veuille la luy laisser, après l'avoir tenue et prise de bonne guerre, comme il l'a faict, si ce n'est pour une grande necessité, à laquelle il semble par vos lettres que toutes choses se disposent à le reduire; de quoy je m'at-

---

[1] Le P. Bonaventure Calatagirone, s'en retournant à Rome après la paix de Vervins, avait sans doute laissé à Venise une lettre du Roi que l'ambassadeur de France près de cette république devait faire tenir, selon l'usage, à M. de Brèves.

tends d'estre pleinement esclaircy par vos premieres, peut-estre par vous-mesme, si Cocquerel aura satisfaict à ce que vous m'avés escript luy avoir mandé. Ce pendant je vous diray que les affaires de mon Royaume vont s'establissant et prosperant de jour en jour, à mon grand contentement, par la seule grace de Dieu ; n'ayant plus à desmesler que le differend que j'ay avec le duc de Savoye pour le marquisat de Saluces, duquel j'espere avoir bien tost bonne issue ; mais les affaires des Pays-Bas prennent tout autre chemin pour l'archiduc Albert et les Espagnols, car les estats des Provinces-Unies se sont rendus si forts, que les autres n'ont peu rien gagner sur eux ceste année ; ayant esté contraincts de se despartir de deux sieges qu'ils avoient entrepris, contre leur coustume et l'esperance publique. Je prie Dieu, Monsr de Breves, qu'il vous ayt en sa saincte garde. De Paris, le 1er juillet 1599.

HENRY.

1599. — 4 JUILLET. — Ire.

Cop. — Manuscrit appartenant à M. l'abbé Caron, à Versailles. Pièce 29.

A MON COUSIN LE CARDINAL DE JOYEUSE,
PROTECTEUR DE MES AFFAIRES EN COURT DE ROME.

Mon Cousin, Je ne m'attends pas que le porteur vous trouve encores à Rome ; toutesfois je n'ay voulu qu'il soit party sans le charger de la presente, tant pour vous asseurer de la continuation du contentement que j'ay de vostre affection au bien de mon service, que pour vous prier d'assister de vostre conseil et auctorité le s^r de Sillery, mon ambassadeur, en execution d'un commandement que je luy fais presentement pour le bien de mon Royaume et mon contentement particulier, lequel j'ay tres à cœur, ainsy qu'il vous dira, et croire que je recognoistray à jamais le bon debvoir que vous y ferés. Je prie Dieu, mon Cousin, qu'il vous ayt en sa saincte et digne garde. Escript à Paris, le iiij^e jour de juillet 1599.

HENRY.

DE NEUFVILLE.

1599. — 4 JUILLET. — IIme.

Orig. — Manuscrit appartenant à M. l'abbé Caron, à Versailles.

[A MON COUSIN LE CARDINAL DE JOYEUSE,
PROTECTEUR DE MES AFFAIRES EN COURT DE ROME.]

Mon Cousin, J'ay receu tres grand contentement de la vertueuse resolution que vous avés prise sur mes lettres du xxviiie du mois de may, de laquelle vous et mon cousin le cardinal d'Ossat, avec le s^r de Sillery, m'avés adverty par les lettres du xvie de juin, qui m'ont esté leues ce jourd'huy; car vous m'avés faict cognoistre par icelles que mon contentement et le bien de mon service vous sont plus chers et recommandez que vostre propre sang et le salut de vostre maison, ayant si cordialement et franchement faict pourveoir à la plaincte que je vous avois faicte de vostre frere, et rompu le voyage que vous aviés deliberé de faire par deçà pour vos affaires, quand vous avés sceu que vostre presence par delà n'estoit moins necessaire que desirée de moy, pour m'aider à obtenir de Nostre Sainct Pere une grace et faveur que vous a representée mon ambassadeur; laquelle en verité importe plus à ma personne et à mon Royaulme que nulle aultre de celles qu'il a pleu à Dieu et à Sa Saincteté me departir cy-devant. Je vous en remercie de tres bon cœur: et comme, en ce faisant, vous avés passé par dessus toutes considerations et necessitez pour me complaire et servir, il est bien raisonnable aussy que j'espouse avec affection tout ce qui vous concerne et qui peut alleger le faix de ceste necessité qui vous contraignoit d'entreprendre ce fascheux voyage en ceste saison, et abandonner vostre charge contre vostre volonté. Ce sera doncques le soing que j'auray, ce pendant que vous travaillerés par delà pour moy, d'empescher que vous ne soyés travaillé par deçà pour l'amour de moy; à quoy je donneray tel ordre que si je ne guaris le mal, comme je desirerois pouvoir faire, j'empescheray du moins qu'il vous presse et augmente davantage. J'useray aussy du moyen qui regarde vostre frere, que vous m'avés donné, si moderement et avec telle discretion que vous et luy cognoistrés que le mescontentement que j'ay eu de luy procedoit plus d'abondance d'affection que d'indignation. Je ne pense pas aussy moins faire pour luy que pour moy, d'empescher que l'on abuse de son nom et de sa simplicité, pour faire chose qui me desplaise et nuise au public et à mon service. J'ay tousjours creu que vostre advis en cecy seroit semblable au mien; mais vous me l'avés tesmoigné à si bonnes enseignes ceste fois, qu'il faut que je finisse ma lettre par où je l'ay commencée, en vous repetant et asseurant que j'en suis tres satisfaict et content. Je remettray le demeurant sur le dict s^r de Sillery, pour prier Dieu, mon Cousin, qu'il vous ayt en sa saincte et digne garde. Escript à Paris, le iiij^e jour de juillet 1599.

HENRY.

DE NEUFVILLE.

1599. — 7 JUILLET.

Orig. — B. N. Fonds Béthune, Ms. 9077, fol. 66.

[AU CONNÉTABLE.]

Mon Cousin, Le bruit que l'on a faict courir en Languedoc, que le s^r de Mirepoix pretendoit que le gouvernement et jouissance du chasteau et cité de Carcassonne luy appartenoit comme seneschal, et que cela feroit prendre ombrage aux habitans du dict lieu, est un artifice inventé et mis en avant par ceulx qui ne demandent que de desunir et diviser mes subjects; car je suis adverty que le s^r de Mirepoix est cloigné de ceste pretention; mais quand il l'auroit, je veulx et entends que le s^r de Cachat, que j'ay pourveu du gouvernement, en soit mis en possession sans aulcune remise ny difficulté; car m'estant resolu de luy confier la garde et conservation de la dicte ville et chasteau, pour les tesmoignages qu'il m'a rendus, en toutes occasions, de sa fidelité et affection à mon service, je veux croire qu'il m'en rendra bon compte. Par tant j'escris à mon cousin le duc de Ventadour, qu'il face sortir du dict chasteau tant le capitaine d'Assié, qui y a commandé en qualité de lieutenant du s^r de Joyeuse, que la garnison qui y est, laquelle est cassée et ostée de dessus l'estat des garnisons de Languedoc il y a plus de dix-huict mois. J'escris aussy au dict d'Assié, qu'il se retire de la dicte place, en laquelle j'ay ordonné que le dict Cachat entrera avec douze soldats; et mande aux habitans de la dicte ville, qu'ils ayent à recevoir le dict Cachat avec iceulx, sans prendre jalousie de l'amitié qui est entre luy et le dict s^r de Mirepoix, de laquelle je m'asseure qu'il ne se vouldroit aider au prejudice de mon service; de quoy je vous ay bien voulu advertir, affin que de vostre part vous le faciés sçavoir à mon dict cousin le duc de Ventadour, et qu'il se conforme à mon intention comme je m'asseure qu'il fera : et sur ce, je prie Dieu, mon Cousin, qu'il vous ayt en sa tres saincte et digne garde. Escript à Paris, le vij^e jour de juillet 1599.

HENRY.

DE NEUFVILLE.

[1599.] — 13 JUILLET.

Orig. autographe. — Cabinet de M. de Machault d'Arnouville.

A MONS^r DE LA PROUTIERE[1].

Monsr de la Proutiere, Ayant cy-devant commandé à quelques-uns de mes medecins de dresser un discours au vray de ce qu'ils avoient recogneu en Marte Brossier[2], de Romorantin, pretendue demoniacque, j'ay esté adverty que vous faictes quelque difficulté de sceller à Patisson, mon imprimeur, le privilege; et pour ce que c'est chose que je veux, je vous ay bien voulu faire ce mot, à ce que vous n'y faciés

---

[1] Philippe Gourreau, seigneur de la Proutière, fils de Jacques Gourreau et de Marie le Comte, était déjà maître des requêtes en 1568. Cette lettre prouve qu'il occupait, en 1599, un emploi au sceau de France. Il avait épousé une nièce du chancelier Poyet, de laquelle il n'eut pas d'enfants.

[2] Voyez ci-dessus la lettre du 31 mai au médecin Marescot, et la note.

faulte, comme chose que je veux et vous commande, ne pouvant penser qui vous a meu de faire ceste difficulté. La presente n'estant à aultre fin, Dieu vous ayt, Monsr de la Proutiere, en sa garde. Ce viij^e juillet, à Fontainebleau.

HENRY.

[1599.] — 17 JUILLET.

Orig. autographe. — Musée Britann. Mss. Egerton, vol. 5, fol. 72. Transcription de M. Delpit.

|Cop. — Arch. de M. de la Force.

Imprimé. — *Mémoires de la Force*, publiés par M. le marquis DE LA GRANGE, t. I, p. 313.

A MONS^R DE CAUMONT.

Monsr de Caumont, Oultre mon aultre lettre que vous recevrés par ceste mesme voye, je vous fais ce mot de ma main, pour vous dire que vous m'avés faict service tres agreable de me faire entendre que vous prevoyés que quelques-uns me veulent faire des remonstrances sur la verification de mon edict touchant le restablissement de la religion catholique en mon pays de Bearn ; mais je ne veux pas que pour cela l'on differe la verification d'iceluy. Pour ce, portés-vous en ceste affaire avec telle roideur que je sois obeï. Vous ne sçauriés croire de quelle importance cela m'est à present, mesmement à Rome, où cela seroit pour traverser les affaires que j'y ay, desquelles vous sçavés assez juger l'importance. C'est pourquoy je vous recommande cest affaire, et ne recevés aulcune remonstrance sur ce faict-là. Je suis tres aise de ce que, passant par la Guyenne, vous avés trouvé un chacun bien disposé à la paix et à m'obeïr. J'espere que Dieu me fera la grace que je le seray des uns et des aultres, si je suis bien servy de ceulx que j'employe et qui ont charge. Je vous diray que j'ay faict un tour à Paris, de quinze jours, où j'ay bien passé mon temps, car j'y estois allé pour voir les dames et mes bastimens, et sans gens de conseil ny d'affaires. Mes hostes ont esté Gondy et Zamet, et n'ay jamais couché deux fois en un mesme lieu. Je suis de retour en ceste ville d'hier seulement, où je sejourneray sept ou huict jours, et d'icy m'achemineray à Blois, où je feray quelque sejour. Ce pendant donnés-moy advis de tout ce que vous apprendrés m'importer. J'attends par le retour de mon lacquais amplement de vos nouvelles sur toutes les occurrences de delà. Surtout gardés-vous bien de recevoir ceulx des estats de mon pays ny aultres à me faire aulcune remonstrance sur la verification de mon edict, car c'est chose que je ne veux souffrir; et faut qu'ils se reduisent à m'obeïr, et considerer que j'ay faict le tout pour le bien general des uns et des aultres. Donnés-moy advis de la reception de la presente par la voye de la poste de Dacqs. A Dieu, Monsr de Caumont, lequel je prie vous avoir en sa garde. Ce xvij^e juillet, à Orleans.

HENRY.

1599. — 24 JUILLET. — Ire.

Orig. — Manuscrit appartenant à M. l'abbé Caron, à Versailles.

A MON COUSIN LE CARDINAL DE JOYEUSE,

PROTECTEUR DE MES AFFAIRES EN COURT DE ROME.

Mon Cousin, Vous avés beaucoup faict pour mon service d'avoir remonstré à Nostre Sainct Pere la consequence que tire aprés soy la liberté que prennent les predicateurs de traicter de toutes sortes de matieres, comme j'ay aprins par vostre lettre du dernier du mois passé que vous avés faict tres sagement, meu de vostre pieté et prudence accoustumée et du singulier et special desir que vous avés eu de me contenter et servir; dont je vous remercie, et vous asseure que vous n'avés pas moins faict pour le repos de vostre frere et pour tout l'Ordre, que pour moy; car j'eusse esté contrainct d'y mettre la main par aultre voye, n'y ayant rien qui soit si contraire au commandement et au service de Dieu, que de vouloir irriter et esmouvoir les peuples contre leurs magistrats et ceulx auxquels ils doibvent porter respect et obeissance, comme nous n'avons que trop esprouvé, à nostre dommage, depuis que telle licence a esté permise et auctorisée. Toutesfois je differeray encores quelque temps à faire bailler à vostre dict frere la lettre d'obedience que vous m'avés envoyée, et suffira pour le present que le pere Brulart reçoipve la sienne et y satisface, estimant que la retraicte de l'un, servant d'exemple à l'autre, les rangera et contiendra tous deux dans les bornes de leur debvoir ; de façon que ils pourront cy-aprés servir Dieu et le public avec edification : qui est ce que je desire d'eulx, et non de leur mal faire. Je vous remercie aussy de la bonne remonstrance que vous avés prins occasion sur ce subject de fairé à Sa Saincteté, pour excuser la publication de l'edict que j'ay renouvellé pour le repos de mon Royaulme, et loue Dieu que Sa Saincteté commence à prendre fiance de moy et de mes intentions en ce qui concerne l'honneur de Dieu et la restauration de son Eglise. Je vous asseure aussy que c'est aujourd'huy toute mon estude, et espere y advancer, et proffiter beaucoup plus par la voye de la paix que par toute aultre, pourveu que les prelats et ecclesiastiques m'y assistent en s'acquictant de leurs charges, comme ils sont tenus de faire ; dont il sera tres à propos qu'ils soyent quelquefois excitez et admonestez par leurs superieurs, et mesmes par Sa Saincteté, comme je vous prie luy dire de ma part. Je sçay, mon Cousin, mon ambassadeur me l'a aussy tesmoigné, que je doibs aux bons offices que vous m'avés faict à l'endroict de Sa Saincteté, une bonne partie du contentement qu'Elle vous a dict avoir de moy, que je mettray peine de cultiver par toutes sortes de debvoirs, affin que Dieu en soit glorifié et Sa Saincteté satisfaicte, et que j'en reçoive pareillement la felicité, pour moy et pour mon Royaume, que j'en espere. Vous m'avés faict plaisir d'avoir respondu à Sa Saincteté, à mon intention, sur le faict du marquisat de Saluces, en termes si exprés que vous avés faict ; car vous luy avés dict la verité. Mon ambassadeur vous dira ce que je luy escris maintenant sur ce faict, et en quels termes j'en suis venu depuis avec le patriarche de Constantinople; en quoy je vous prie de continuer à l'assister de vostre bon conseil et de vostre auctorité et entremise.

Sur tout je vous recommande la dissolution de mon mariage, car c'est aujourd'huy le poinct qui me presse le plus, tant pour le bien de mon Estat que pour la securité de ma personne. J'estime que mon dict ambassadeur en aura jà parlé à Sa Saincteté, quand vous recepvrés la presente, et que vous aurés faict le semblable. Je vous prie de continuer et estre cause que j'obtienne bien tost ce qui m'est necessaire pour ce regard. Ma demande est juste et bien fondée, Sa Saincteté m'a tousjours faict dire qu'Elle me feroit justice quand je la luy demanderois; elle est utile aussy non seulement à moy et à mes subjects, que Sa Saincteté a faict cognoistre aimer et favoriser, mais aussy à la religion catholicque et à toute la republique chrestienne, pour les raisons que Sa Saincteté cognoist mieulx que nul aultre. Par tant je me persuade qu'Elle m'y sera tres favorable, et que mes envieux n'auront le pouvoir de m'y traverser et d'en faire retarder l'accomplissement. Mettés-y doncques la main vifvement, je vous prie, mon Cousin, avec ceulx qui m'aiment et mon Royaume, comme vous faictes; et me donnés advis de ce que vous cognoistrés qu'il sera besoing que je face pour faciliter et advancer la liberté que je recherche. Vous ne me servirés jamais en occasion qui m'importe plus et que j'affectionne davantage que faict celle-cy, comme vous dira plus particulierement mon dict ambassadeur, lequel m'a rendu compte de l'office qu'il a faict envers Sa Saincteté par vostre advis, en faveur du s^r Alexandre Pico de l'Admirande [1], que j'ay trouvé tres bon, et vous prie veiller tous ensemble à ce qu'il ne soit oublié, si Sa Saincteté en gratiffie quelques aultres. J'ay bien pris aussy l'advis que vous m'avés donné touchant le cardinal d'Est; mais son frere ne m'a pas donné encores grande occasion d'affectionner ce qui le concerne, ainsy que vous dira mon dict ambassadeur; et semble qu'il soit si engagé ailleurs, que il en vueille du tout des-

---

[1] Ainsi écrit, au lieu de *la Mirande,* ou *Mirandole.*

pendre, de quoy le temps et ses actions nous esclairciront. Vous m'avés faict plaisir d'avoir representé si à propos à mon cousin le cardinal Aldobrandin, la fiance que je veulx avoir en luy, en luy obligeant les vœulx de tous ceulx qui despendent de moy, comme j'ay apprins par vostre dicte lettre, que vous avés faict, et suis bien ayse qu'il ayt pris en tres bonne part; car en vérité je prise et estime grandement son amitié, tant pour ses vertus, que parce que je cognois qu'elle me peut estre tres utile, mesmes aux occasions qui s'offrent maintenant. Par tant je vous prie m'ayder à la conserver; et puisque vous avés pris resolution de postposer le besoing que les affaires de vostre maison ont de vostre presence par deçà à celuy que les miennes en ont par delà, dont je vous remercie derechef, je vous prie de ne les abandonner, principalement que le faict de mon desmariage ne soit acheminé et resolu selon mon desir; car c'est chose qui m'importe grandement ne laisser imparfaicte, et pour laquelle j'ay grande esperance au bon debvoir que vous y ferés. Et je vous promets, comme j'ay faict dire à vos gens, que j'embrasseray et favoriseray tout ce qu'ils me feront entendre qu'il sera necessaire que je face pour ameliorer vos affaires, et vous faire jouir des effects de la grace que je vous accorday à Rennes; ayant jà commandé que les provisions qui seront requises pour cela, vous soyent expediées. Je recognoistray, oultre cela, en toutes occasions, le service que vous me ferés. Vous continuerés aussy à me faire part de toutes occurences : et je prieray Dieu, mon Cousin, qu'il vous ayt en sa saincte et digne garde. Escript à Orleans, le xxiiij^e jour de juillet 1599.

HENRY.

DE NEUFVILLE.

1599. — 24 JUILLET. — IIme.

Cop. — Biblioth. de M. Monmerqué, Ms. intitulé *Lettres à l'ambassadeur du Levant*.

[A M. DE BRÈVES.]

Monsr de Breves, Toutes vos poursuictes et contestations avec le Sigal[1], que vous m'avés representées par vostre lettre du xve du mois de may, nuiront plus à la fin de mon service et à mes subjects qu'elles ne luy serviront. Je le vous ay escript il y a longtemps, et dés aussy tost que je sceus que vous aviés deliberé d'y engager mon nom, affin que vous trouvassiés moyen de vous developper. Vous ne l'avés pas faict, vous estant promis de faire mieux vos affaires que vous n'avés faict. Vous dictes que vous avés obtenu une lettre de ce Grand Seigneur, de laquelle vous m'avés envoyé un double; elle est composée d'un style qui tient plus du françois que de celuy que les predecesseurs du Grand Seigneur souloient user; aussy voulés-vous que je croie qu'ils ayent depuis revocqué l'execution. Je ne sçay que vous dire et ordonner sur tout cela, puisque vous ne faictes ce que je vous commande, et que vos responses sont tousjours pleines de quelques nouvelles esperances ou accroches, sans qu'il s'en ensuive autres effects qui me doivent contenter. Car vous ayant premierement permis de me venir trouver pour rendre compte de vostre charge, sur l'instance que vous m'en avés faicte, et depuis commandé de ce faire, vous n'y avés

---

[1] Ce Sigal, Cigale, ou Sigale, dont il est si souvent question dans la correspondance de Henri IV et de son ambassadeur à Constantinople, était un renégat, natif de Messine, et appelé Visconte Cigala. Ayant été pris avec son fils par un corsaire, en 1561, il avait apostasié, s'était fait connaître à la Porte par son mérite, et avait fini par y jouir d'un tel crédit qu'il devint capitan-pacha, ou, comme on disait alors, général de la mer. Il avait gagné, au mois d'octobre 1596, la bataille de Ké- resti sur l'archiduc Maximilien et le prince de Transylvanie. De Thou et d'Ossat rapportent que, plus tard, passant près de Messine avec sa flotte, il voulut revoir sa mère, qu'il envoya chercher et fit venir à son bord. Il ne la renvoya qu'après l'avoir comblée de présents et de caresses. Mais de Thou assure qu'il persista dans le mahométisme, qu'il mourut au milieu de ses honneurs et de son crédit, et que son fils, qui suivit son exemple, hérita de sa fortune et de sa bravoure.

satisfaict ny obey; et mettés par toutes vos lettres en jeu tousjours nouvelles remises et excuses, par où je recognois que vous n'avés pas trop envie de revenir. S'il estoit ainsy, pourquoy m'avés-vous demandé congé? Or resolvés-vous de faire l'un ou l'autre, affin que j'en sois resolu une fois pour toutes; et si vous desirés sçavoir mon intention, c'est que vous quictiés la place à Cocquerel, et que vous en veniés me trouver. Aussy ay-je jà deschargé mon estat de l'entretenance de l'ambassadeur de delà, et n'y ay employé que celuy d'un agent, croyant que vous en partiriés aussy tost que vous auriés vostre congé et la lettre que j'ay sur ce escripte à ce Seigneur et à son premier bacha. Resolvés-vous donc à cela, et ferés chose qui me sera tres agreable : priant Dieu, Monsʳ de Breves, qu'il vous ayt en sa saincte garde. Escript à Orleans, le xxɪɪɪȷᵉ juillet 1599.

HENRY.

[1599.] — 28 JUILLET.

Orig. autographe. — B. N. Fonds Béthune, Ms. 9069, fol. 3.

A MON COMPERE LE CONNESTABLE DE FRANCE.

Mon compere, Ayant sceu que vous estes à Paris, je vous ay depesché ce lacquais, pour vous dire comme je suis venu faire un tour jusques icy, d'où je pars demain matin pour aller coucher à Orleans, et le lendemain à Blois, Dieu aydant, où je vous prie de vous rendre aussy tost, et où nous mangerons les meilleurs melons et fruicts du monde, et y passerons aussy bien nostre temps. Mais souvenés-vous aussy d'amener avec vous, soit par amour ou par force, le levrier, car il est de trop bonne compagnie pour le laisser là, et avec luy Sainct-Victor avec ses chiens; car autrement, durant nostre absence, il ruineroit toutes nos garannes d'alentour de Paris et prendroit toutes nos perdrix. Je vous prie, mon compere, de haster vostre venue, asseuré que vous serés le bien venu et veu de moy, qui vous aime comme vous le sçauriés souhaiter. Bonjour. Ce mercredy matin, xxvɪɪȷᵉ juillet, au bois Malesherbes.

HENRY.

DE HENRI IV. 155

1599. — 3 AOÛT.

Orig. — Bibliothèque Valicelliana. Communication de M. le chevalier Visconti. Envoi de M. l'ambassadeur de France à Rome.

A MON COUSIN LE CARDINAL CÆSAR BARONIUS.

Mon Cousin, Vostre inclination au bien de cest Estat, tesmoignée par vos lettres du xxvij^e juin et v^e du passé, m'a esté tres agreable; mais j'en avois esté auparavant informé par le s^r de Sillery, mon ambassadeur par delà, qui m'a representé combien vous embrassiés volontiers ce qui regarde le bien et advancement de mes affaires; de quoy je vous ay bien voulu faire sçavoir que j'ay receu tout contentement en ceste bonne affection vers ceste Couronne, avec asseurance que j'auray plaisir de m'en revancher en vostre endroict et de tous ceulx qui me viendront recommandez de vostre part, ainsy que j'ay commandé au dict s^r de Sillery vous faire plus amplement entendre : priant Dieu, mon Cousin, qu'il vous ayt en sa saincte et digne garde. Escript à Blois, le iij^e jour d'aoust 1599.

HENRY.

[1599.] — 11 AOÛT. — Ire.

Orig. autographe. — Biblioth. impér. de Saint-Pétersbourg, Ms. 886, lettre 93; copie transmise par M. Houat.

A MONS^R DE BELLIEVRE[1],
CHANCELIER DE FRANCE.

Monsr le chancelier, Je vous envoye par ce courrier, que je vous depesche exprés, l'erection que j'ay faicte de la terre de Verneuil en marquisat, en faveur de madamoiselle d'Entragues, affin qu'aussy tost que vous aurés scellé les dictes lettres, vous me les renvoyés, sans

---

[1] Par lettres du 2 août, Pompone de Bellièvre venait d'être nommé chancelier de France, en remplacement du chancelier de Chiverny, mort le 30 juillet.

apporter en ce faict aulcune difficulté ou longueur. Sur ce, Dieu vous ayt, Monsr le chancelier, en sa garde. Ce ıx^{me} juin, à Paris.

HENRY.

[1599.] — 11 AOÛT. — IIme.

Imprimé. — *OEconomies royales*, édit. orig. t. I, chap. 94.

[A M. DE ROSNY.]

[1] Mon amy, Vous entendrés par Petit, que je vous depesche exprés, ce qui se passa hier au soir icy, et la plus signalée meschanceté dont vous ayés jamais ouy parler[2] : ce que je vous ay bien voulu faire entendre au vray, de peur que desjà vous ne l'ayés ouy conter autrement, et que la verité ne vous ayt esté deguisée et nullement bien racontée, et que cela ne vous fist entreprendre de favoriser ceux qui ont tort : et remettant le surplus à la suffisance du porteur, je vous prieray de le croire, et Dieu vous avoir en sa garde. Ce xj^e aoust, à Paris.

HENRY.

[1599.] — 13 AOÛT. — Ire.

Imprimé. — *OEconomies royales*, édit. orig. t. I, chap. 94.

[A M. DE ROSNY.]

Mon amy, Je sejourneray icy jusqu'à lundy prochain (que j'en partiray pour aller coucher à Orleans et me rendre mardy de bonne heure à Blois) pour donner ordre à ce qu'il faut pour ce qui se passa icy mardy au soir. Car encor que ce soit esté sans desseing ny sans suite, et que le mal ne soit grand, sy est-ce que je veux que la jus-

---

[1] Cette lettre, ainsi que la suivante, était de la main du Roi.

[2] Le prince de Joinville avait, dans une altercation, frappé d'un coup d'épée le duc de Bellegarde désarmé. Cela jeta le trouble dans toute la cour; on verra ci-après dans plusieurs lettres la suite de cette affaire.

tice ayt son cours, me reservant le pouvoir d'en ordonner. Je ne doute nullement que si je ne vous eusse adverty par homme exprés comme le faict s'estoit passé, et que vous l'eussiés sceu d'ailleurs, que cela ne vous eust bien donné de la peine. Je vous prie de donner ordre à faire compter la partie qu'il faut envoyer à mess^{rs} des Estats, car cela importe à mon service, lequel je vous recommande, comme aussy que vous teniés la main que le cahier de ceux de la Religion soit veu et depesché au plus tost. Bonsoir. Ce vendredy au soir, xiij^e aoust, à Paris.

HENRY.

[1599.] — 13 AOÛT. — IIme.

Orig. autographe. — Bibliothèque impér. de Saint-Pétersbourg, Ms. 880, lettre n° 36. Copie transmise par M. Houat.

A MONS^R DE BELLIEVRE, CHANCELIER DE FRANCE.

Monsr le Chancelier, Je ne doubte nullement que, si vous n'eussiés eu la nouvelle de ce qui se passa icy mardy dernier, que par quelqu'un que je vous eusse depesché exprés, vous n'en eussiés bien eu l'alarme plus chaude. Je suis demeuré icy deux jours plus que je n'eusse faict, pour pourveoir à cela et commander que la justice en soit faicte. Car encore que le mal ne soit grand, et que m^r le Grand soit pour estre aussy tost que moy à Blois, sy veux-je que tout le monde cognoisse comme je veux que la justice soit faicte de cella, et qui ayant esté offensé, c'est à moy de la faire faire ou pardonner l'offense. Je partiray lundy sans faute, Dieu aydant, pour me rendre mardy de bonne heure à Blois, où je vous prie, s'il se peut, qu'à mon arrivée je trouve que l'on ayt fort advancé le cahier de ceulx de la religion pretendue reformée, comme chose que j'affectionne. Ceste-cy n'estant à autre fin, Dieu vous ayt, Monsr le chancelier, en sa garde. Ce vendredy au soir, xiij^e aoust, à Paris.

HENRY.

[1599.] — 18 AOÛT.

Imprimé. — *OEconomies royales*, édit. orig. t. I, p. 555.

[A M. DE ROSNY.]

[1] Mon amy, J'ay remis jusqu'à demain mon partement de ceste ville, pour ce que j'espere en ramener avec moy mr le Grand, non en poste comme je suis resolu d'aller, mais il partira avec moy et me suivra en carrosse. J'ay arresté le cours de la justice contre mr de Joinville, pour les raisons que je vous diray, lesquelles je m'asseure que vous approuverés : et je puis dire avec verité qu'en ce faict-là ma cour de Parlement a monstré avoir plus de vigueur pour la conservation de mon autorité, qu'elle n'avoit eu cy-devant pour le faict de St-Megrin, Vautabran et autres. Je partiray demain, Dieu aydant, pour me rendre à Blois vendredy, et là je vous diray le reste de ce qui s'est passé en ce faict icy : finissant par prier Dieu vous avoir en sa saincte garde. Ce mercredy matin, xviije aoust, à Paris.

HENRY.

[1599.] — 21 AOÛT.

Orig. autographe. — B. N. Fonds Béthune, Ms. 9073, fol. 1.

A MON COMPERE LE CONNESTABLE DE FRANCE.

Mon compere, Suivant ce que je vous promis à mon partement, je vous diray qu'aujourd'huy j'ay eu des nouvelles de Rome, où, Dieu mercy, mes affaires vont comme je le sçaurois desirer; ce qui me gardera de retourner à Paris, au contraire me fera advancer vers Lyon. De quoy je vous ay bien voulu advertir, et vous prier de me venir trouver au plus tost; car aussy vostre presence est icy necessaire, et mon cousin le mareschal d'Ornano ne s'en peut aller en Guyenne, où

---

[1] Cette lettre était de la main du Roi.

sa presence est tres necessaire pour mon service, qu'il n'ayt mis fin à un affaire qu'il a par devant vous. Amenés avec vous le courrier, qui se garda bien de venir prendre congé de moy, de peur que je luy commandasse ce qu'il auroit à faire. Icy on mange les meilleurs melons du monde. J'y arrivay hier de bonne heure, et il y fait tres beau. A Dieu, mon compere. Ce samedy à midy, xxj° aoust, à Blois.

HENRY.

[1599.] — 23 AOÛT.

Orig. autographe. — Archives de M. de la Force.
Imprimé. — *Mémoires de la Force,* publiés par M. le marquis DE LA GRANGE, t. I, p. 314.

[A MONS^R DE LA FORCE.]

Monsr de la Force, Vous sçaurés toutes nouvelles par le president du Pont; c'est ce qui fera ma lettre plus courte. Il vous declarera mon intention sur le restablissement de la religion catholique en Bearn. Je trouve fort mauvais que ceulx de mon conseil y apportent telles langueurs, puisque par vous je leur avois faict entendre ma volonté. Les evesques s'en sont plaincts à moy; vous me ferés service tres agreable d'y mettre fin à ce coup, en sorte que je n'en oye plus parler. Ces retardemens prejudicient à mes affaires et au bien de ceulx qui y apportent les difficultez, s'ils le savoient recognoistre. Quoy que soit, je veux estre obeï, sans rien retrancher de mon edict. S'il s'y trouve quelque article qui merite reformation, il en faudra doucement conferer avec le temps. Ne faites faulte de vous gouverner en ce sujet selon que vous dira le president du Pont, auquel j'ay commandé me revenir trouver dans trois mois pour me servir par deçà. A son retour, je m'attends d'estre informé de l'estat de mon pays, et particulierement du succés de cest affaire. Sur ce, je prie Dieu, Monsr de la Force, qu'il vous ayt en sa saincte garde. Ce xxiij^e aoust, à Blois.

HENRY.

1599. — 28 AOÛT.

Cop. — Biblioth. de M. Monmerqué, Ms. intitulé *Lettres à l'ambassadeur du Levant.*

[A M. DE BRÈVES.]

Monsr de Breves, Je vous ay escript ma volonté sur la poursuicte que vous avés entreprise contre le Sigale, prevoyant ce qui est advenu, qui est qu'elle soit inutile et ne serviroit que de l'aigrir davantage contre mes subjects, lesquels, comme je ne suis encore assez fort par la mer pour les proteger et conserver ainsy qu'il convient, il faut assister et secourir par industrie et autres meilleurs moyens qui nous restent. J'ay appris, depuis mes dernieres, escriptes le xxiiij^e du mois de juillet, par les vostres du xxviij^e de may, xij^e et xvj^e de juin, ce que avés advancé et ce qui est passé ; de quoy je n'augure ny espere peu meilleur succés que j'ay faict du commencement. De sorte que ç'a plustost esté la honte de mon service que reparer le dommage des attentats commis au desadvantage de ma baniere par le dict Sigale. Revenés donc, comme je vous ay commandé, et recevés Cocquerel pour recevoir et executer mes commandemens, suivant les lettres que je vous ay escriptes ; car je veux estre obeï et servy suivant mes intentions, et tant de dilations dont vous avés usé sur vostre retour, depuis avoir receu mes premiers commandemens, me donnent occasion de croire que d'autres occasions vous arrestent par delà, que celles qui concernent le bien de mon service. En quoy l'envoy du dict Cocquerel par deçà en vostre place, duquel une de vos lettres fait mention, me confirme tousjours davantage. Car c'est tout le contraire de tout ce que je vous ay escript et ordonné ; mais je veux croire que vous aurés changé d'advis, si vous avés receu toutes celles que je vous ay escriptes sur ce subject devant qu'il soit party, de quoy je seray esclaircy par vos premieres. Quoy attendant, je n'adjousteray autre chose à la presente : priant Dieu, Monsr de Breves, qu'il vous ayt en sa saincte garde. Escript à Blois, le xxviij^e jour d'aoust 1599.

HENRY.

1599. — 29 AOÛT.

Orig. — Manuscrit appartenant à M. l'abbé Caron, à Versailles. Pièce 30.

A MON COUSIN LE CARDINAL DE JOYEUSE,
PROTECTEUR DE MES AFFAIRES EN COUR DE ROME.

Mon Cousin, Ce que j'ay à vous escrire pour response à vostre lettre du xie de ce mois est que je suis tres content du service que vous m'avés faict envers Nostre Sainct Pere, au faict de mon mariage, ayant, par vostre sage remonstrance et bonne intercession, favorisé et grandement fortifié la poursuicte de mon ambassadeur; de sorte que si Dieu m'en donne bonne issue, comme j'ay grande occasion de l'esperer, vous aurés bonne part au gré que j'en debvray à ceulx qui auront procuré à ma personne et à mon Royaume un tel bien. Par tant je vous prie m'y continuer vos bons offices, et surtout tenir main que la chose ne tire à la longue, car le temps me presse; et vous asseure que l'estat de mon Royaume n'a moindre besoing de ceste consolation, tant pour le present que pour l'advenir, que ma personne mesme. Je ne vous prescriray point d'icy ce qu'il faut faire pour cela, car je m'en veulx du tout remettre à vous et à ce que vous en adviserés avec mon cousin le cardinal d'Ossat et mon dict ambassadeur, tant je suis satisfaict et bien-edifié de la façon et bonne intelligence avec laquelle vous m'y servés tous ensemble. Je veulx faire le semblable sur le faict du marquisat de Saluces, tant j'ay pris en bonne part les raisons que vous m'avés tous représentées sur icelluy par vos dernieres, ainsy que j'escris plus particulierement à mon dict ambassadeur; au moyen de quoy advisés par ensemble à faire pour ce regard ce que vous jugerés estre à propos pour servir à mes intentions, qui sont tellement bandées à honorer Sa Saincteté, contregarder et mesnager sa santé et luy donner contentement de moy et de mes actions, que je veulx preferer ce poinct à tous aultres, comme je vous prie luy dire à toutes occasions, et me ramentevoir et conserver en sa bonne grace. Au reste, reposés-vous sur moy de ce qui concerne vostre frere; car je vous aime tous deux assez pour avoir tel soing de luy, que le merite l'affection que je sçay que vous et luy me portés; de sorte que j'espere qu'il n'arrivera point de faulte d'avoir differé à luy faire bailler son obedience. En tout cas, je prendray sur moy ce qui en succedera, et suis tres content du tesmoignage de vostre devotion et fidelité à mon service, que j'ay receu de vous en ceste occasion : priant Dieu, mon Cousin, qu'il vous ayt en sa saincte et digne garde. Escript à Blois, le xxixe jour d'aoust 1599.

HENRY.

DE NEUFVILLE.

1599 — 30 AOÛT.

Cop. — Arch. de la cour d'appel de Rouen. — Registres secrets originaux du parlement de Normandie, vol. du 9 septembre 1596 au 6 septembre 1599, fol. 99 recto.

[AU PARLEMENT DE NORMANDIE.]

Nos amez et feaulx, Nous avons entendu vos depputez sur les remonstrances qu'ils nous ont faictes de vostre part, et leur avons declaré ce qui estoit de nostre intention touchant l'execution de nostre edict et declaration sur les precedens edicts de pacification, mesme pour l'erection et establissement d'une chambre en nostre cour de parlement de Rouen, pour rendre justice à nos subjects de la religion pretendue reformée de vostre ressort. Vos dicts depputez s'en retournent maintenant avec ample creance et instruction sur le tout; qui nous gardera de vous en faire plus long propos par la presente, nous remettans à ce qu'ils vous en feront entendre. Nous vous dirons seulement, qu'ayans commis le s^r Jambville, conseiller en nostre conseil d'Estat et president en nostre grand conseil, pour, avec le s^r Heudreville, proceder à l'execution des autres poincts de nostre dict edict, vous nous ferés service bien agreable de leur tenir la main et les assister de vostre auctorité en ce qu'ils en pourront avoir besoing. Donné à Blois, le xxx° jour d'aoust 1599.

HENRY.

FORGET.

[1599.] — 31 AOÛT.

Orig. autographe. — Archives de M. de la Force.
Imprimé. — *Mémoires de la Force*, publiés par le marquis DE LA GRANGE, t. I, p. 315.

[A M. DE LA FORCE.]

Monsr de la Force, J'ay esté tres aise d'entendre par la vostre du xvııı° de ce mois, qui me fut rendue le xxvıı° ensuivant, et depuis par Casaux, comme vous avés faict verifier mon edict du restablissement de la religion catholique en mon pays de Bearn; et eusse bien voulu que c'eust esté sans me faire aulcunes remonstrances, comme je vous ay commandé et escript depuis. Mais puisque cela n'a peu, j'espere, avant que les uns et les aultres se separent d'auprès de moy, de leur donner contentement. Cependant je vous prieray qu'en attendant cela, vous teniés la main que les uns et les aultres vivent en repos soubs mes edicts, et que vous employés vivement vostre auctorité à ce que cela soit. Asseurés-vous que je vous aime bien fort, et les effects vous le tesmoigneront. Par Casaux vous aurés plus amplement de mes nouvelles. Sur ce, Dieu vous ayt, Monsr de la Force, en sa garde. Ce dernier aoust, à Blois.

HENRY.

[1599.] — 4 SEPTEMBRE. — Ire.

Orig. autographe. — Archives royales de Sardaigne. Envoi de M. l'ambassadeur de France à Turin.

A MON FRERE LE DUC DE SAVOIE.

Mon frere, J'ay ouy par deçà les s^{rs} comte de Sainct-Trivier et de Roncas sur ce qu'ils avoient à m'exposer de vostre part, dont j'en ay avec eux resolu la meilleure partie; et pour ce qui en reste, qui est la restitution des places, je vous prie trouver bon que j'aye pris encore un peu de temps pour m'informer de la qualité d'icelles mieux que je ne le suis à present, et de n'attendre de moy pour ce faict et pour tout ce que nous aurons à negotier ensemble, que toute satisfaction et favorable traictement; ne voulant pas seulement observer exactement ce qui est du traicté de la paix; mais comme je recognois de vostre part toute bonne disposition à lier et estreindre une estroite amitié entre nous, je y veulx, de la mienne, y apporter tout ce que je pourray. Ce que je prendray plus plaisir de justifier par de bons effects que de la promettre par paroles, pour lesquelles je me reserve encores à m'expliquer mieux avec vous et de toutes mes intentions, quand j'auray ce bien de vous voir; dont je vous prendrois bien au mot dés ceste heure, et accepterois l'offre que vous m'en faictes, n'estoit que je suis contrainct de donner une partie de ceste arriere-saison pour pourveoir à ma santé, comme mes medecins m'en pressent. Mais cela faict, je ne fauldray de vous sommer de vostre promesse et vous assigner le temps et le lieu de nostre entreveue, que j'advanceray tant que je pourray, estant aujourd'huy de mes grands desirs que de vous voir et embrasser en effect, comme je le fais dés ceste heure de cœur et de pensée. J'ay faict bailler aux dicts s^{rs} comte de Sainct-Trivier et Roncas un petit memoire pour ceulx de Geneve, lesquels je vous recommande, et vous prie de leur accorder pour l'amour de moy ce qu'ils vous demandent, que j'estime estre juste, raisonnable; et me remettant du surplus à ces dicts porteurs, je ne vous en feray plus long propos : priant Dieu vous avoir, mon frere, en sa saincte garde. Ce iiij^e septembre, à Fontainebleau.

Vostre bien bon frere,

HENRY.

[1599.] — 4 SEPTEMBRE. — IIme.

Orig. autographe. — Archives royales de Sardaigne. Envoi de M. l'ambassadeur de France à Turin.

A MON FRERE LE DUC DE SAVOYE.

Mon frere, J'ay entendu du comte de Sainct-Trivier la charge que vous luy aviés donnée, qu'il m'a si bien rapportée, que je me promets qu'il fera aussy le semblable vers vous pour la response que je luy ay faicte, particulierement pour le plaisir qu'il m'a veu recevoir de l'asseurance qu'il m'a donnée de l'estat que vous vouliés faire de mon amitié; ce qui s'accorde bien à celuy que je fais de la vostre, qui me sera tousjours chere comme je sçay qu'elle le vaut et merite; et vous prie de vous en asseurer, et croire que j'en prends aussy entiere confiance. Je suis contrainct de donner tout ce mois à ma santé, et sans cela je n'aurois pas differé plus longuement le plaisir que ce me sera de vous voir icy prés de moy; mais vous n'en estes pas quicte pour cela; et vous sçauray bien faire ressouvenir de la promesse, quand la commodité y sera pour l'un et pour l'aultre. Ce pendant ce qui reste de nos affaires se terminera, et n'aurons plus que à passer le temps et faire bonne chere; vous priant de vous asseurer que nul ne la recevra jamais icy meilleure que vous, comme j'ay prié le dict comte de St-Trivier de le vous certifier de ma part; qui me gardera de vous en dire davantage : priant Dieu, mon frere, vous avoir en sa saincte garde. Ce iiij^e septembre, à Fontainebleau.

Vostre bien bon frere,

HENRY.

1599. — 8 septembre.

Cop. — Arch. nationales, Sect. adm. Série H., 1792. Registres authentiques de l'hôtel de ville de Paris, fol. 352 recto.

A NOS AMEZ ET FEAULX LES PREVOST DES MARCHANS ET ESCHEVINS DE NOSTRE BONNE VILLE DE PARIS.

Tres chers et bien amez, Ayant pleu à Dieu d'appeller à soy nostre tres feal et bon amy le feu s^r comte de Cheverny, chancellier de France [1], et desirant singulierement le plus qu'il nous sera possible honorer la memoire d'un personage de telle qualité, tant pour les memorables services qu'il a tousjours faicts à ceste Couronne, que pour le rang qu'il tenoit, estant l'un des premiers et principaux officiers d'icelle, nous voulons et vous mandons que vous ayés à comparoir et vous trouver à ses obseques et funerailles, pour y marcher en corps, et rendre par vostre presence l'assemblée qui s'y fera plus solemnelle et honorable, et sa memoire plus recommandable à la posterité. De Paris, ce viij^e jour de septembre 1599.

HENRY.

RUZÉ.

1599. — 14 septembre.

Orig. — Archives de M. de la Force.
Imprimé. — *Mémoires de la Force*, publiés par M. le marquis DE LA GRANGE, t. I, p. 315.

[A M. DE LA FORCE.]

Monsr de la Force, J'ay esté fort aise d'entendre, tant par les vostres du xviiie du passé que depuis par celles que le s^r de Casaux m'a rendues, et par sa bouche mesme, le devoir duquel vous avés usé pour faire verifier mon edict du restablissement de la religion catholique en

---

[1] Le chancelier de Chiverny était mort le 30 juillet. La veille de cette lettre, le Parlement avait enregistré les lettres patentes du 2 août, qui élevaient à cette haute dignité Pompone de Bellièvre.

mon pays de Bearn, suivant ce que je vous ay commandé lorsque vous partistes d'auprés de moy, et ay escript depuis. Mais je l'eusse esté davantage qu'il se fust passé, sans sur iceluy me faire de remonstrances, comme m'a faict le dict s^r de Casaux de la part de ceux de mon conseil et cour souveraine de Bearn; d'autant que ces longueurs prejudicient au bien de mes affaires et service. J'ay eu pour fort agreable l'election qui a esté faicte de la personne du dict Casaux, pour me faire les dictes remonstrances, tant parce qu'il s'en est bien acquitté, qu'aussy parce que je m'asseure qu'il s'acquittera fidelement de ce que je luy ay commandé là-dessus pour le faire entendre à ceulx de mon dict conseil et cour souveraine. Il importe infiniment, et plus que je ne vous puis dire, qu'aussy tost qu'il sera arrivé, on procede à la verification de mon edict, ensemble du reglement sur iceluy, et que incontinent aprés vous procediés à l'execution d'une chose que je vous commande, et dont vous sçavés assez juger l'importance : et remettant le surplus à la suffisance du dict de Casaux, je ne vous en diray davantage, que pour vous prier de le croire, et Dieu vous avoir, Monsr de la Force, en sa garde. Escript à Blois, le xiiij^e septembre 1599.

HENRY.

DE LOMÉNIE.

[1599.] — 1er OCTOBRE.

Cop. — B. N. Suppl. franç. Ms. 1009-2. (D'après l'autographe qui était dans le cabinet de M. de Mandajors.)

[AU CONNÉTABLE.]

Mon compere, J'avois pensé que le sejour de mon nepveu le duc de Guise à Paris estoit à propos, pour le subject que vous sçavés [1], et pour lequel je vous avois envoyé à Paris. Mais puisque mon cousin

[1] Le raccommodement entre le prince de Joinville et le duc de Bellegarde. Voyez ci-dessus les trois lettres du 13 août et celle du 18; ci-après les lettres des 14, 23 et 25 octobre.

le duc du Maine est malade, je trouve fort bon que mon dict nepveu vienne icy pour trois ou quatre jours : ce que vous lui pourrés dire. Souvenez-vous aussy de la chienne grise que vous m'avés promise pour mad[lle] d'Entragues, et de me l'envoyer en diligence. Bon soir, mon compere. Ce vendredy au soir, premier octobre, à Fontainebleau.

HENRY.

[1599.] — 2 OCTOBRE.

Orig. autographe. — Arch. de M. de la Force.
Imprimé. — *Mémoires de la Force,* publiés par M. le marquis de LA GRANGE, t. I, p. 316.

[A M. DE LA FORCE.]

Monsr de la Force, Je n'ay rien à vous mander despuis la depesche que je vous ay faicte par Duval. Ce mot par vostre laquais est pour vous dire que j'ay receu la vostre par luy, et que je vous envoye la lettre que j'ay commandé estre faicte à ceux de mon conseil ordinaire, pour leur faire entendre mon intention sur la procedure qu'ils ont à tenir contre Bustamente, espagnol, prisonnier à Pau, laquelle vous leur ferés tenir en diligence, et viendrés au devant de moy entre Limoges et Chastelerault; car je seray bien aise de vous voir avant que d'y arriver. A Dieu, Monsr de la Force. Le ij[e] octobre, à Blois.

HENRY.

1599. — 5 OCTOBRE.

Orig. — A Londres, State paper office, vol. de Mélanges. Copie transmise par M. l'ambassadeur.

[A LA REINE D'ANGLETERRE.]

Tres haulte, tres excellente princesse, nostre tres chere et tres amée bonne sœur et cousine, Nous ne mettons jamais à la balance l'amitié que nous vous portons avec celle des aultres; car nous honorons trop vostre personne, et recognoissons tous les plaisirs que nous en avons receus comme nous devons, et n'y serons jamais mescognoissans. Nous sçavons et ressentons aussy combien nous importe la prosperité de vos affaires, laquelle nous ne pouvons favoriser, que la nostre n'y participe. Par tant, nous vous prions de croire que nous ne nous excuserons jamais sur le respect que nous devons à l'amitié des aultres, quand il sera question de vous complaire et de faire chose qui vous soit agreable et utile; mais nous avons aussy telle opinion et creance de vostre bonne volonté et de la rectitude de vos jugemens, que nous estimons que vous prendrés tousjours en bonne part nos raisons, quand elles seront fondées sur nostre honneur et observation de la foy donnée, dont nous devons estre aussy soigneux et jaloux que de la conservation de nostre Estat. La tourmente de mer et la necessité de sauver leurs biens, auroient jetté et contrainct d'aborder en nostre Royaume les gens qui estoient dans les navires; dont vous a donné advis par nostre commandement le s^r de Sourdeac, gouverneur de nostre ville de Brest, entre lesquels il se trouve quelques Irlandois, lesquels sont à la solde et au service du roy d'Espagne, avec lequel nous avons contracté une paix qui nous oblige à donner retraicte et seureté en nos pays à nos communs serviteurs et subjects. Davantage, nous avions jà accordé et faict delibvrer à l'ambassadeur du roy d'Espagne (quand nous avons receu vostre lettre du xxie septembre, qui ne me fut rendue que hier), un sauf-conduict particulier, portant permission aux gens de guerre et matelots estans dans les navires, de prendre terre en nostre Royaume, y demeurer et s'y rembarquer pour s'en retourner en Espagne : quoy estant, nous vous prions, Nostre tres chere sœur et cousine, de considerer si nous pouvons nous dispenser d'arrester à present les dicts Irlandois et les tirer d'avec les aultres pour les vous [livrer]. C'est chose qui n'est plus en nostre puissance, et en son entier; davantage le profit que [vous en pouvés retirer ne sçauroit egaler le prejudice de nostre reputation]. De quoy nous vous prions de nous excuser si nous ne satisfaisons à vostre desir, comme certainement le ferions, si nous le pouvions faire sans violer les droits de la charité et de l'hospitalité chrestienne, qui nous oblige à donner la main à ceulx qui se noyent, ou sans contrevenir à la foy publique et desroger à la seureté particuliere delibvrée aux ambassadeurs; esperant qu'il se presentera assez d'aultres occasions de vous faire recevoir les effects de nostre amitié, renouvellée par nos precedentes lettres, qui vous apporteront plus de contentement et d'utilité que ne feroit ceste action, comme vous representera plus particulierement de nostre part le s^r de Boissize, nostre ambassadeur. Par tant, nous prions Dieu, Tres haute, tres excellente et tres puissante princesse, nostre tres chere et tres amée bonne sœur et cousine, qu'il vous conserve en sa tres saincte et digne garde. Escript à Fontainebleau, le ve jour d'octobre 1599.

Vostre bon frere et cousin,

HENRY.

1599. — 6 OCTOBRE. — Ire.

Orig. — B. N. Fonds Béthune, Ms. 9084, fol. 19.

[AU CONNÉTABLE.]

Mon Cousin, Je n'ay receu que ce jour d'huy vostre lettre faisant mention du different d'entre mon grand-prevost et le s^r de Richelieu[1], de sorte que j'avois desjà sceu une partie de ce qui est advenu. Je trouve tres mauvais que le dict de Richelieu ayt passé si avant qu'il a faict, les choses estans aux termes auxquelles elles estoient devant l'appel faict par la Porte, ainsy que j'ay veu par les lettres de l'un et l'autre, dont vous m'avés envoyé le double; et avés bien faict d'y

---

[1] Henri du Plessis, seigneur de Richelieu, fils ainé de François du Plessis et de Susanne de la Porte. Il fut tué en duel, en 1619, par le marquis de Thémines, sans laisser d'enfants. Son père avait été grand prévôt de France, ce qui pouvait lui donner, avec le successeur à cette charge, des relations d'intérêt qui seraient devenues l'occasion d'une querelle. Son second frère fut le grand cardinal de Richelieu.

avoir pourveu comme vous avés faict. Mais ainsy que vous avés bien commencé, je vous prie de parachever, c'est à dire que vous faciés et ordonniés ce que vous jugerés estre necessaire de faire, tant pour reprimer telles voyes d'appel, entreprises contre mes ordonnances, que pour arrester le cours de ceste querelle et la terminer ainsy que vous adviserés estre à faire pour le mieulx. Car quand vous seriés icy, je m'y vouldrois conduire par vostre advis et vous en remettrois l'entiere disposition, comme chose qui despend de l'autorité de vostre charge. Pourvoyés-y doncques, mon Cousin, je vous prie, ainsy que vous jugerés estre à faire par raison et selon la fiance que j'ay en vous, sans attendre autre commandement de moy : et je prie Dieu, mon Cousin, qu'il vous ayt en sa saincte et digne garde. Escript à Fontainebleau, le vj[e] jour d'octobre 1599.

HENRY.

DE NEUFVILLE.

[1599.] — 6 OCTOBRE. — IIme.

Orig. autographe. — Archives de Belgique. Copie transmise par M. Gâchard, archiviste général.

A MA SOEUR ET BONNE NIEPCE L'INFANTE D'ESPAGNE, ARCHIDUCHESSE.

Ma sœur et bonne niepce[1], Vous eussiés receu plus tost la salutation que j'ay commandée au comte de Lude[2] vous faire de ma part, sans l'opinion que j'avois que les occasions m'appelleroient à vostre frontiere, et me donneroient le moyen de m'en acquitter de plus prés;

---

[1] L'infante Isabelle-Claire-Eugénie était, comme nous l'avons dit, nièce de la reine Marguerite, femme de Henri IV, lequel lui donnait en outre officiellement le titre de sœur, comme mariée à l'archiduc Albert, fils de l'Empereur.

[2] François de Daillon, comte du Lude, marquis d'Illiers, seigneur de Pontgibaut et de Briançon, conseiller d'État, sénéchal d'Anjou et lieutenant général au gouvernement d'Auvergne, était le fils aîné de Guy de Daillon et de Jacqueline Motier de la Fayette. Il devint gouverneur de Gaston de France, duc d'Orléans, frère de Louis XIII, fut premier gentilhomme de sa chambre, surintendant de sa maison et lieutenant de sa compagnie de deux cents hommes d'armes. Il mourut en 1619. Le duc du Lude, son petit-fils, fut grand-maître de l'artillerie de France.

car je vous prie de croire que je desire vous tesmoigner en toutes choses mon affection, et vous faire cognoistre par effect que vostre felicité et contentement me seront tousjours aussy recommandez que le requiert nostre proximité et m'y convient vos merites, ainsy que vous dira le dict comte, auquel je vous prie à ceste fin adjouster pareille foy que vous feriés à

Vostre frere et bon oncle,

HENRY.

[1599.] — 6 OCTOBRE. — IIIme.

Orig. autographe. — B. N. Fonds Béthune, Ms. 9128, fol. 15.
Cop. — Suppl. fr. Ms. 1009-4[1].

[A MADEMOISELLE D'ENTRAGUES.]

Mes cheres amours, La Varane et le laquais sont arrivez en mesme heure. Vous me commandés de surmonter, si je vous aime, toutes les difficultez que l'on pourra apporter à nostre contentement. J'ay assez montré la force de mon amour, aux propositions que j'ay faictes, pour que du costé des vostres ils n'y apportent plus de difficultez. Ce que j'ay dict devant vous, je n'y manqueray point, mais rien de plus[2]. Le comte de Lude part demain au matin; il a dés aprés-diner

---

[1] Ces lettres autographes à Mlle d'Entragues, ensuite marquise de Verneuil, que nous fournit le manuscrit 9128, se retrouvent en copie dans le manuscrit du supplément français 1009-4. Elles ont été imprimées, sans aucun ordre, avec les lettres à Gabrielle d'Estrées, après les Amours du grand Alcandre dans diverses éditions de cet ouvrage, soit seul, soit joint au journal de Henri III. Plusieurs de ces lettres ont été choisies par les auteurs de quelques autres livres sur Henri IV, comme l'Esprit d'Henri IV (Paris, 1770, in-8°); Sérieys, dans son Recueil de lettres inédites (Paris, an x, in-8°); M. Adolphe Revel dans ses Fastes de Henri IV (Paris, 1815, in-8°); M. de Valory, à la suite de son Journal militaire de Henri IV (Paris, 1821, in-8°), etc.

D'autres lettres à la marquise de Verneuil, que nous donnerons dans la suite de cette édition, d'après deux sources différentes, ont été également conservées en original, mais ne sont point publiées jusqu'ici.

[2] Henri IV doit faire allusion ici à la promesse conditionnelle de mariage qu'il avait écrite le 1er de ce mois, et que M. d'En-

toute sa depesche. Je voiray de bon cœur m^r d'Entragues et ne le lairray gueres en repos que nostre affaire ne soit faicte ou faillye. Cest homme de Normandie est venu icy, et me vient de dire qu'entre cy et quinze jours nous devons avoir la plus grande brouillerie du monde, qui sera causée par vos pere, mere ou frere, et sera tramée à Paris; que vous et moy tiendrons tout pour rompu; que demain il me dira le moyen de l'empescher..... Car m^r le cardinal de Joyeuse entre, qui rompt nostre propos. Bonsoir, le cœur à moy, je baise vous un million de fois. Ce vj^e octobre.

1599. — 7 OCTOBRE.

Orig. — Arch. du royaume de Belgique, à Bruxelles. Communication de M. Gâchard, archiviste général.

A MON FRERE L'ARCHIDUC D'AUTRICHE.

Mon frere, Je vous ay desjà faict prier par la Boderie, residant pour mes affaires et service par delà, de vouloir, en ma faveur et pour l'amour de moy, restablir en leurs biens les enfans de feu mon cousin le prince d'Espinoy, et vous ay par luy faict entendre les raisons qui vous peuvent mouvoir à me tesmoigner en cest endroict l'affection que vous portés à l'execution d'une chose si juste, et qui se rendroit encore plus recommandable par l'instance qui vous en a esté faicte en mon nom. A quoy vous avés donné esperance au dict la Boderie de prendre bien tost quelque bonne resolution conforme à mon desir; dont je vous ay bien voulu remercier par ceste lettre, ayant commandé au comte de Lude, que j'envoye devers vous, de vous en faire nouvelle instance de ma part, et vous representer qu'il y a

tragues reçut pour lui livrer sa fille. Il paraîtrait que d'Entragues demandait encore plus, et que sa fille, d'accord secrètement avec lui, feignait de partager l'impatience des désirs du Roi, tout en se prêtant aux obstacles sans cesse renaissants par lesquels on augmentait, chez le trop faible prince, la violence de la passion. Voyez, sur toute cette intrigue et sur les divers membres de la famille d'Entragues, les deux lettres du 21 avril 1600 et les notes.

beaucoup de seigneurs es pays de vostre obeïssance, lesquels ayant esté aultrefois traictez de pareille rigueur que le dict prince d'Espinoy, jouissent maintenant non seulement de leurs biens, mais encore sont accreus et augmentez en honneurs et dignitez. Que si le dict prince a failly pour s'estre retiré en ce Royaume du temps de feu mon frere le duc d'Anjou, il a par son long exil expié sa faulte, à laquelle ses enfans n'ont point participé; et pour ce que c'est chose que j'ay tres à cœur, j'ay commandé au dict comte de Lude de m'en rapporter resolution, la quelle par tant je vous prie, mon frere, luy donner telle que je la doibs attendre de la bonne volonté que vous demonstrés de desirer mon contentement; vous asseurant qu'oultre que cest exemple servira d'attirer davantage le cœur de vos subjects à vostre obeïssance, je tiendray le plaisir que vous me ferés en ceste endroict à une obligation particuliere, de laquelle je me revancheray en aultre occasion quand elle se presentera, ainsy que le dict comte de Lude vous dira plus amplement : sur lequel me remettant, je prie Dieu, mon frere, qu'il vous ayt en sa tres saincte et digne garde. Escript à Fontainebleau, le vije d'octobre 1599.

Vostre bon frere,
HENRY.

[1599.] — 8 OCTOBRE.

Cop. — B. N. Suppl. fr. Ms. 1009-2. (D'après l'autographe qui était dans le cabinet de M. de Mandajors.)

[AU CONNÉTABLE.]

Mon compere, Je vous remercie de vostre belle chienne[1], que mon cousin le duc de Biron m'a presentée de vostre part; laquelle aussy tost j'ay envoyée à madamoiselle d'Entragues, qui l'a receue comme le merite celuy qui me l'a donnée et sa beauté; et à l'instant

---

[1] Voyez ci-dessus la lettre du 1er octobre.

elle en a voulu faire les nopces avec son chien. Bonjour, mon compere. Ce viij⁰ octobre, à Fontainebleau.

HENRY.

1599. — 10 OCTOBRE.

Cop. — B. N. Fonds Béthune, Ms. 9069, fol. 31 recto.

[AU CONNÉTABLE.]

Mon Cousin, J'ay sceu par les lettres de ma cousine la princesse de Condé, la mort du feu s⁺ marquis de Pisany, avec autant de regret et desplaisir que les merites d'un tel chevalier m'en ont donné et laissent de juste occasion. Je l'avois choisy et mis auprés de mon cousin le prince de Condé, pour ce qu'il ne pouvoit apprendre ny en exemples de sa vie et de ses mœurs, ny en ses instructions, que toutes choses vertueuses, dignes de mon dict cousin[1]. C'est ce qui augmente le desplaisir de la perte que j'en ay faicte. Et d'autant que cela merite bien de penser à qui je debvray commettre une telle charge[2], que je ne tiens pas des moins considerables de mon Royaume,

---

[1] « Il lui bailla pour gouverneur, dit Lestoile, monsieur le marquis de Pizany, seigneur autant sage et accomply qu'il y en eust en France, grand catholique et homme de bien. »

Jean de Vivonne, dit *de Torettes*, marquis de Pysany, seigneur de S⁺-Gouard, chevalier des ordres du Roi, capitaine de cinquante hommes d'armes de ses ordonnances, colonel de la cavalerie légère italienne, puis de la cavalerie légère française, était en effet un des hommes les plus distingués de son temps par sa générosité, sa bravoure et son caractère chevaleresque. Personne ne soutint l'honneur du nom français avec plus d'éclat et d'énergie qu'il le fit dans les ambassades en Espagne et en Italie dont il fut chargé par les rois Charles IX, Henri III et Henri IV. Il avait soixante-trois ans, lorsque Catherine de Médicis lui fit épouser Julia Savelli, dame romaine de la maison de Fiesque, dont il eut une fille unique, qui fut la célèbre marquise de Rambouillet. Tallemant des Réaux, qui recueillit, dans la fréquentation de l'hôtel Rambouillet, tant de souvenirs précieux pour l'histoire, a consacré l'un des chapitres les plus intéressants de ses *Historiettes* au marquis de Pisany (t. II, chap. 4). Il était le quatrième fils d'Artus de Vivonne et de Catherine de Bresmond.

[2] Le marquis de Pisany fut remplacé, auprès du jeune prince de Condé, par le comte de Belin.

j'attendray vostre retour auprés de moy pour m'en resouldre avecques vous, m'asseurant que ma cousine sa mere aura ce pendant tout le soing de sa personne qu'une bonne mere doibt avoir de son fils, comme je le luy escris : et sur ce je prie Dieu qu'il vous ayt, mon Cousin, en sa saincte et digne garde. Escript à Fontainebleau, le xe jour d'octobre 1599.

HENRY.

RUZÉ.

[1599.] — 14 OCTOBRE.

Cop. — Suppl. fr. Ms. 1009-2. (D'après l'autographe qui était dans la collection de M. de Mandajors.)

[AU CONNÉTABLE.]

Mon compere, Je vous depesche la Varanne, sur ce que vous m'avés escript touchant la querelle de m[r]-Le Grand. Je trouve tres bien faict ce que vous m'en avés envoyé, fors en deux articles : l'un est qu'il me semble et à tous ceux qui sont icy prés de moy, qu'il faut dire qu'il le prie de luy remettre l'offense ; l'autre est à la fin, qui est que m[r] Le Grand le prie qu'il luy demeure serviteur[1]. Il vous dira les raisons pour lesquelles je suis d'advis que cela soit changé, mieux que je vous le pourrois escrire. Achevés, je vous prie, ce bon œuvre.

Hier je courus un cerf, qui courut cinq heures sans aucun deffault, et où nous eusmes tous les plaisirs du monde. J'en revins si las que de hier au soir je n'eus le moyen de vous depescher ce porteur : ce que je fais ce matin à mon reveil. Bonjour, mon compere. Ce jeudy matin, xiiij[e] octobre, à Fontainebleau.

HENRY.

---

[1] Ce fut donc, d'après le projet présenté par le connétable et modifié sur ces deux points, que Henri IV rédigea les termes de l'accommodement entre le prince de Joinville et le duc de Bellegarde, tel que nous le donnons dans la note de la lettre suivante.

DE HENRI IV.

[1599.] — 23 OCTOBRE.

Orig. autographe. — B. N. Fonds Béthune, Ms. 9072, fol. 1.

A MON COMPERE LE CONNESTABLE DE FRANCE.

Mon compere, Aussy tost que ce gentilhomme est arrivé prés de moy avec la vostre, je le vous ay redespesché, bien instruict de ce qui est de mon advis sur ce pour quoy vous me l'avés envoyé. Je desirerois bien que l'accord se passast en la forme que je le vous ay mandé[1], pour les raisons qu'il vous dira; mais s'il ne se peut, je trouve bon que ce soit selon vos advis, comme hier je le manday à vostre nepveu par courrier, depuis le partement de m[r] le Premier[2]. Bonjour, mon compere. Ce sabmedy à six heures du matin, xxiij[e] octobre, à Fontainebleau.

HENRY.

---

[1] Henri IV avait pris soin de rédiger lui-même les termes de cet accord dans un écrit de sa main, dont l'original, qui nous a été conservé, est ainsi conçu :

« M. le prince de Joinville dira à M. le Grand :

« Qu'il l'a blessé mal à propos et avec advantage.

« S'il eust eu une espée, il s'en fust empesché et luy eust faict courre autant de fortune qu'il l'eust peu faire à luy :

« Que s'il estoit en sa place, il se contenteroit de pareille satisfaction ;

« Et si la compagnie luy ordonnoit d'en faire davantage, il le feroit.

« Le priera luy remettre la faulte ou offense, de l'oublier, et qu'ils demeurent amys

« M. le Grand dira, se tournant vers m[r] le Connestable et mareschaux :

« Messieurs, trouvés-vous que je sois satisfaict, car j'aimerois mieux mourir que de prejudicier à mon honneur.

« M[r] le Connestable et mareschaux diront : Oui, puisque vous le trouvés ainsy.

« Se tournant vers m[r] le prince de Joinville, il dira : Puisque vous m'en priés, je oublieray ceste offense et demeureray vostre serviteur. »

(B. N. Fonds du Puy, ms. 407, fol. 124.)

[2] C'est-à-dire le premier écuyer.

[1599.] — 25 OCTOBRE.

Orig. autographe. — B. N. Fonds Béthune, Ms. 9072, fol. 9.

A MON COUSIN LE CONNESTABLE DE FRANCE.

Mon compere, J'ay retenu tout aujourd'huy icy mon cousin le duc de Biron et m^r le Grand, pour ce qu'ils vissent courre un cerf, que j'ay bien pris. Demain ils se rendront de bonne heure à Paris. Je vous prie de donner ordre que tout soit prest[1] à ce que cest affaire soit dés demain terminé par eux. Vous sçaurés de mes nouvelles, et par ceste-cy vous serés asseuré que je vous aime bien fort. Bon soir, mon compere. Ce lundy au soir, xxve d'octobre, à Villeroy.

HENRY.

[1] Suivant l'usage en pareil cas, les moindres détails de ce raccommodement avaient été minutieusement fixés d'avance, conformément au rang des personnes et aux exigences du point d'honneur. Voici ce qu'on appellerait aujourd'hui le *programme* de la réconciliation :

« *L'ordre et formalité qui s'observera à l'entrevue et accord de messieurs le prince de Joinville et le Grand.*

« Ayant convenu du jour, qui sera au plus tost qu'il se pourra, monsieur le Connestable et messieurs les mareschaulx de France s'achemineront en un logis qui leur sera appresté en la Villette prés Paris.

« Auquel lieu monsieur le prince de Joinville viendra dans un carrosse, du costé de St-Denys, avec ses parens, sans plus grande compagnie que ceux qui seront dans le dict carrosse, et descendra au logis qui luy aura esté appresté.

« Monsieur le Grand y viendra pareillement avec ceux de ses amys qui pourront dans son carrosse, sans plus, et descendra au logis appresté pour luy.

« Puis aprés, les uns et les autres viendront au logis du dict seigneur Connestable et messieurs les mareschaux, pour faire l'accord selon qu'il aura esté resolu.

« Cela faict, si le Roy est proche, ce jour mesme tous s'en iront le trouver (sauf le dict sieur de Joinville, qui s'en retournera à St-Denys) pour supplier tres humblement Sa Majesté de permettre, en leur faveur, que le dict sieur prince de Joinville luy vienne faire la reverence.

« Ce que Sa Majesté leur ayant accordé, il y viendra et y demeurera tout ce soir prés d'Elle, si Elle l'a agreable.

« Le lendemain, prendra congé d'Elle pour s'en venir à Paris, où il ne demeurera que trois jours pour le plus, passé lesquels il s'en ira à Soissons, et de là à Joinville faire son equipage, pour aller voyager, sans plus retourner vers Sa Majesté.

« Quant aux seuretez et cautions qu'on desirera de luy, le sieur de Chanvallon pour monsieur de Lorraine, et messieurs de Mayenne et de Guise, les bailleront et signeront telles qu'il plaira à Sa Majesté. »

(B. N. Fonds du Puy, Ms. 407, fol. 125.)

[1599.] — 28 OCTOBRE.

Orig. autographe. — Archives royales de Sardaigne. Copie transmise par M. l'ambassadeur.

A MON FRERE LE DUC DE SAVOYE.

Mon frere, Vostre ambassadeur et Roncas m'ayant declaré le desir que vous avés de me venir voir, accompagné d'une tres bonne occasion d'estre content et de prendre toute confiance de nostre amitié, je leur ay dict, comme je vous l'escris par la presente, que vous seriés le tres bien venu, que je vous verray tres volontiers, et que vous et ceulx qui vous accompagnent pourrés venir sejourner et vous en retourner quand il vous plaira en toute seureté, ainsy que j'ay dict au dict Roncas, qui doibt estre porteur de la presente. Vous pourrés venir aussy avec telle compagnie et suicte que vous voudrés. Toutesfois je vous prie qu'elle soit composée seulement de vos subjects et la retrancher encore le plus que vous pourrés, pour les raisons que j'ay dictes à vostre dict ambassadeur et au dict Roncas : sur lequel me remettant du surplus, je prie Dieu, mon frere, qu'il vous ayt en sa saincte et digne garde. Ce xxviij^e octobre, à Marcoussy.

Vostre bien bon frere,

HENRY.

1599. — 30 OCTOBRE.

Cop. — B. N. Suppl. fr. Ms. 1009-4. (D'après l'orig. autographe qui était parmi les manuscrits de le Tellier-Louvois.)

A MONS^r DE ROSNY.

Monsr de Rosny, J'ay receu vostre lettre ; je vous ay accordé tres volontiers l'abbaye que vous m'avés demandée, si elle est à moy à donner; et seray tres aisé que cela soit pour vous tesmoigner, voire en meilleure occasion, le desir que j'ay de faire pour vous. Je vous prie de travailler à ce que dans huict ou dix jours les cinquante mil escuz que j'ay promis à madamoiselle d'Entragues[1] soient prests, et commencez à traicter de cest affaire-là avec ces gens. Bon soir, Mons' de Rosny. Ce samedy xxxe octobre, à St-Germain en Laye.

HENRY.

1599. — 3 NOVEMBRE. — Ire.

Cop. B. N. Fonds Fontette, Portef. VI, pièce 117.

RESPONSE DU ROY

À MESSIEURS LES DEPPUTEZ DE BOURDEAUX, MESSIEURS LE SECOND PRESIDENT CHESSAC ET CONSEILLER JESSAC ET AUTRES, FAICTE À SAINCT-GERMAIN EN LAYE, LE 3e DE NOVEMBRE 1599, SUR LA VERIFICATION DE L'EDICT DE NANTES.

Le Roy se jouant et s'esgayant avec ses petits enfans en la grand salle du chastel de Sainct-Germain en Laye, et voyant de l'aultre costé de la dicte salle messieurs les depputez, laissant ses enfans, les va accoster disant :

Ne trouvés poinct estrange de me veoir icy folastrer avec ces petits enfans; je sçay faire les enfans et defaire les hommes. Je viens de faire le fol avec mes enfans, je m'en vay maintenant faire le sage avec vous et vous donner audience.

Et estant entré en une chambre avec messieurs le chancelier et le mareschal d'Ornano, lieutenant pour le Roy en Guyenne, et messieurs les depputez seulement, et ayant ouy le dict s^r president Chessac qui portoit la parole et qui harangua cinq quarts d'heure, le Roy respondant, dit :

Monsr de Chessac, non seulement vous ne m'avés poinct ennuyé par trop grande longueur; ains plustost je vous ay trouvé court, tant j'ay pris de plaisir à vostre bien dire; car il faut que je confesse en vostre presence, que je n'ay jamais ouy mieux dire; mais je voudrois que le corps respondist au vestement; car je vois bien que vos maximes

---

[1] Partie du prix de sa prétendue virginité. Les *Œconomies royales* (t. I, ch. 92) fournissent à ce sujet des détails très-circonstanciés. Voyez encore ci-après les deux lettres du 21 avril 1600, à M. et à Mlle d'Entragues, les notes et les pièces qui y sont jointes.

et propositions sont les mesmes et semblables qu'estoient celles que faisoient jadis le feu cardinal de Lorraine au feu Roy en la ville de Lyon, retournant de Poulogne, tendant à ce remuement d'Estat. Nous avons obtenu la paix tant desirée, Dieu mercy, laquelle nous couste trop pour la commettre en troubles. Je la veux continuer, et chastier exemplairement ceux qui voudroient apporter l'alteration. Je suis vostre Roy légitime, vostre chef; mon Royaume en est le corps; vous avés cest honneur d'en estre membres, d'obeïr, et d'y apporter la chair, le sang, les os et tout ce qui en despend. Vous dictes que vostre parlement seul en ce Royaume est demeuré en l'obeïssance de son Roy, et par tant que ne devés avoir pire condition que le parlement de Paris et Rouen, qui, devant les desbordemens et orages de la Ligue, se sont devoyez. Certes, ce vous a esté beaucoup d'heur; mais aprés Dieu, il en faut rendre louange, non seulement à vous autres, qui n'avés eu faute de mauvaise volonté pour remuer comme les autres, mais à feu mons^r le mareschal de Matignon, qui vous tenoit la bride courte, qui vous en a empesché. Il y a long-temps qu'estant seulement roy de Navarre, je cognoissois dés lors bien avant vostre maladie; mais je n'avois les remedes en main; maintenant que je suis Roy de France, je les connois encore mieux, et ay les matieres en main pour y remedier et en faire repentir ceux qui voudront s'opposer à mes commandemens. J'ay fait un edict, je veux qu'il soit gardé; et quoy que ce soit, je veux estre obeÿ; bien vous en prendra si le faites. Mon chancelier vous dira plus en plein ce que est ma volonté.

1599. — 3 NOVEMBRE. — IIme.

Cop. — B. N. Fonds Fontette, portef. VI, pièce 117.

LA REPONSE DU ROY AUX DEPPUTEZ DE THOLOSE,
TOUCHANT LA VERIFICATION DE L'EDICT DE NANTES.

Le Roy parlant à messieurs les depputez de Tholose auxquels il donne audience le mesme jour, entre aultre chose leur dict en colere :

C'est chose estrange que né pouvés chasser vos maulvaises volontez.

J'aperçois bien que vous avés encore de l'Espagnol dedans le ventre. Et qui donc voudroit croire que ceux qui ont exposé vie, bien et estat et honneur pour la deffense et conservation de ce Royaume seront indignes des charges honorables et publiques, comme ligueurs perfides et dignes qu'on leur courust sus et qu'on les bannisse du Royaume? Mais ceux qui ont employé le vert et le sec pour perdre cest Estat seroient veus comme bons François, dignes et capables de charges! Je ne suis aveugle, j'y vois clair; je veux que ceulx de la Religion vivent en paix en mon Royaume et soient capables d'entrer aux charges; non pas pour ce qu'ils sont de la Religion, mais d'autant qu'ils ont esté fidelles serviteurs à moy et à la couronne de France. Je veux estre obeï, que mon edict soit publié et executé par tout mon Royaume. Il est temps que nous tous saouls de guerre, devenions sages à nos despens.

1599. — 4 NOVEMBRE.

Orig. — B. N. Fonds Béthune, Ms. 8851, fol. 77.

A MON COUSIN MONS^r DE BOISDAUPHIN,

MARESCHAL DE FRANCE.

Mon Cousin, Il est besoing que vous vous rendiés au plus tost par deçà pour recevoir mes volontez et commandement sur le voyage auquel je vous veulx employer en Allemagne. Par tant, je vous prie me venir trouver incontinent. Vous entendrés de ce porteur ce que l'on a peu faire pour vous sur le subject de vostre lettre du xxvij^e du passé; et lorsque vous serés icy, l'on advisera s'il y aura moyen de faire mieulx. Venés donc le plus tost qu'il vous sera possible, car il est temps que vous partiés, et mon service le requiert : et sur ce, je prie Dieu, mon Cousin, qu'il vous ayt en sa saincte garde. Escript à St-Germain en Laye, le iiij^e jour de novembre 1599.

HENRY.

DE NEUFVILLE.

[1599.] — 6 NOVEMBRE.

Orig. autographe. — Arch. de la maison Pamfili, à Rome. Copie transmise par M. le chevalier Visconti, conservateur de la bibliothèque du Vatican.

A NOSTRE TRES SAINCT PERE LE PAPE.

Tres Sainct Pere, Vostre Saincteté m'a obligé à magnifier son sainct nom en plusieurs et diverses sortes : premierement elle a voulu, par sa tres grande bonté, me recevoir au giron de l'Eglise tres saincte, en laquelle meritoirement elle preside, avec plus d'esperance, voire de confiance, de la sinceritè de ma foy, que mes actions ne luy en avoient encores donné de subject. Despuis, il a pleu à Vostre Saincteté, meue du soin paternel qu'Elle a tousjours eue du bien universel de la Chrestienté, de nous procurer et donner une paix generale, de laquelle je recognois avoir en particulier tiré plus d'advantage que nul des aultres; et franchement Vostre Saincteté a voulu encores, pour me combler d'obligations, me faire esprouver sa justice, admirée de tous, avec tant de tesmoignages de la continuation de sa bienveillance envers ma personne et mon Royaume, que comme j'ay faulte de paroles suffisantes pour remercier dignement Vostre Saincteté de ceste derniere grace, j'ay estimé, pour mieux excuser mon insuffisance, luy representer la souvenance et le ressentiment que j'ay de la grandeur des precedentes, desquelles Vostre Saincteté m'ayant ainsy favorisé extraordinairement et par dessus mon merite, pour toute action de grace de ceste derniere gratification, je la suppliray, comme je fais tant affectueusement qu'il m'est possible, de disposer et user de moy et de mon Estat en toutes choses qui se presentent pour le contentement de Vostre Saincteté, comme d'un acquest qu'elle a faict à si haut prix, qu'il ne luy peut jamais defaillir. Tres Sainct Pere, Vostre Saincteté a, par les deux premiers bienfaicts, mis ma conscience et mon Royaume en grand repos; mais par le dernier, elle m'a ouvert le chemin de faire jouir de ce bonheur non seulement ceulx qui vivent, mais aussy les aultres qui naistront et vivront après nous; de sorte que comme la grace sera perpetuée à la posterité, la memoire et l'obligation en seront aussy eternelles; et affin que ainsy il advienne, Tres Sainct-Pere, je promets à Vostre Saincteté que je suivray et accompliray la parole que luy a donnée mon ambassadeur; car je n'espouseray jamais femme qui ne soit vraiment catholique; de façon que Vostre Saincteté s'en contentera; recognoissant avec icelle que je ferois une tres grande faulte d'en prendre une aultre.

J'auray tel soing aussy à mesnager l'edict que j'ay faict pour la tranquillité de mon Royaume, que la religion catholique en reçoive le principal et plus asseuré fruict, comme elle a bien commencé, ainsy que aura representé à Vostre Saincteté mon dict ambassadeur, la suppliant de ne s'arrester aux advis qui luy pourroient estre donnez du contraire; car, en verité, ils procedent de personnes poussées de faction plustost que de religion, comme Vostre Saincteté cognoistra tous les jours davantage par ce qui s'ensuivra.

Quant à la publication du concile de Trente et au restablissement des Jesuites en mon Royaume, que Vostre Saincteté a voulu me recommander derechef par sa lettre du xxvie d'octobre, je supplie Vostre Saincteté de croire que j'ay ce pensement au cœur aussy avant que Vostre Saincteté le peut desirer, et que je rechercheray tous moyens de donner sur ce à Vostre Saincteté tout le contentement qui me sera possible, ainsy que j'ay naguere dict au nonce de Vostre Saincteté, à l'archevesque d'Arles et au pere Leonardo Maggio, des comportemens desquels, tant en ceste poursuicte que en toutes aultres occasions, je ne me puis louer assez à Vostre Saincteté, comme luy dira mon dict ambassadeur, lequel pareillement luy rendra fidel compte de ce qui se passe au faict de Saluces. Par tant je supplie Vostre Saincteté avoir agreable que je m'en remette sur luy, pour prier Dieu vouloir conserver Vostre Saincteté tres longuement et tres heureusement pour le bien general de la Chrestienté. Ce vj^e novembre, à Marcoussy.

Vostre tres devost fils,

HENRY.

[1599.] — 23 NOVEMBRE.

Orig. autographe. — Fonds Béthune, Ms. 9069, fol. 1.

A MON COMPERE LE CONNESTABLE DE FRANCE.

Mon compere, J'ay nouvelles que mons' de Savoye partira pour me venir trouver dans la fin de ce mois au plus tost. C'est pourquoy je vous fay ce mot pour vous en advertir et vous prier de vous rendre icy, à mon retour de Monceaux, où je m'achemine presentement, pour ce que je seray tres ayse de vous trouver icy : et ceste-cy n'estant à autre fin, Dieu vous ayt, mon compere, en sa garde. Ce xxiij^e novembre, à Paris.

HENRY.

1599. — 24 NOVEMBRE. — Ire.

Orig. — Archives royales de Sardaigne. Copie transmise par M. l'ambassadeur de France à Turin.

A MON FRERE LE DUC DE SAVOIE.

Mon frere, J'envoie la Varenne[1], contreroleur general de mes postes, au devant de vous sur vostre chemin, affin qu'il donne ordre

---

[1] Guillaume Fouquet, seigneur de la Varenne, dont nous avons parlé ci-dessus, t. III, p. 362, note 2, et dont le nom revient sans cesse dans les lettres de Henri IV, avait déjà fait une fortune rapide comme principal agent des amours du Roi, et par des services secrets de tout genre, notamment par la résolution extraordinaire qu'il avait montrée, cinq ans auparavant, en se chargeant de porter à Philippe II, comme s'il eût été envoyé par le duc de Mayenne, une lettre toute confidentielle de ce duc, que le Roi avait interceptée, et dont le porteur avait été remplacé par la Varenne. Cette audacieuse entreprise fut conduite avec tant de succès, que la Varenne, après avoir obtenu une longue audience de Philippe II lui-même, et soutenu parfaitement son rôle jusqu'au bout, put gagner la frontière quelques instants avant que n'arrivât l'ordre de l'arrêter, ordre envoyé aussitôt qu'une autre lettre du duc de Mayenne avait fait découvrir cette téméraire supercherie. D'abord, comme nous l'avons dit, cuisinier de Madame Catherine, il devint successivement porte-manteau du Roi, contrôleur général des postes, conseiller d'état, gouverneur de la Flèche, d'Angers, lieutenant général pour le Roi en Anjou, baron de Sainte-

que vous et ceulx qui seront à vostre suicte soyent accommodez de chevaux de poste, et que vous soyés receu et recueilly par toutes les villes et lieux où vous passerés, selon mon intention et vostre merite. Mais je vous prie d'excuser, sur les grandes ruines et calamitez qui ont si longuement duré en ce Royaume, si vous n'estes si bien logé et accommodé en vostre voyage comme je le desirerois. J'ay donné charge au dict la Varenne d'y faire suppleer autant que faire se pourra; il vous dira aussy toutes nouvelles de deçà : sur lequel me remettant, je ne feray ceste-cy plus longue, que pour prier Dieu qu'il vous ayt, mon frere, en sa saincte et digne garde. De Paris, ce xxiiij^e novembre 1599.

Vostre bon frere,

HENRY.

1599. — 24 NOVEMBRE. — IIme.

Cop. — Biblioth. de M. Monmerqué, Ms. intitulé *Lettres à l'ambassadeur du Levant*.

[A M. DE BRÈVES.]

Monsr de Breves, Depuis mes dernieres, j'ay receu les vostres du xviiie septembre, auxquelles il n'eschet pas grande response. Je vous ay escript que j'aime mieux que demeuriés encore à me servir par delà, que vous faciés faute par vostre absence à mon service. Je vous le repeteray par la presente. Mais si vous en partés, je veux que vous laissiés mes affaires à Cocquerel et non à Pietrequin, ainsy que je vous ay commandé, saichant que ce premier ne fauldra pas à vous aller trouver pour ce faire, sans marchander avec son Roy, quand vous luy manderés et qu'il cognoistra que vous luy voudrés

---

Susanne. Son influence, comme celle de Zamet, s'étendait presque à tout. Il rendit de grands services aux Jésuites, dont il était un des plus chauds partisans. Ce fut à lui qu'ils durent leur bel établissement de la Flèche. Son cœur, comme celui du Roi son maître, fut inhumé dans cette église. Il était né en 1560, et mourut en 1616. Ses enfants, auxquels il laissa une grande fortune, furent le marquis de la Varenne, l'évêque d'Angers et la comtesse de Vertus.

confier et remettre la dicte charge. Veritablement il ne fut pourveu au payement de vostre estat de l'année passée, mais ce fut parce que je m'attendois que vous retourneriés, puisque vous aviés demandé avec autant d'instance et obtenu congé de ce faire; et avions faict estat de donner ordre, à vostre arrivée, à vostre dedommagement. Or vous serés remis sur l'estat pour la prochaine année, et desire que vous continuiés de vous opposer aux brigues et poursuictes des Anglois qui veulent entamer ma baniere, et de façon que l'autorité et reputation d'icelle soit conservée, leur disant par delà, que la dicte royne d'Angleterre traicte maintenant la paix ouvertement avec le roy d'Espagne, laquelle doit estre conclue dans ceste année. Celle que l'on pensoit qui se deust faire entre l'Empereur et ce Seigneur a esté rompue, sur l'arrivée en Ongrie d'Hibraïm Bassa avec son armée, laquelle n'a toutesfois fait aucun exploit d'importance. Ce qui me fait croire qu'à la fin la dicte paix se fera, encores que l'on die que l'Empereur en est dissuadé par le Pape et le roy d'Espagne. Il se dit aussy que le Persien et le Moscovite veulent se joindre. Le cardinal d'Austriche est d'amitié avec le dict Empereur pour faire mieux la guerre à Sa Haultesse, lequel en ce cas aura à souffrir grandement, son empire estant jà troublé et mal gouverné, comme il est. L'intelligence que le Sigalle avoit en Calabre a esté descouverte, de sorte que son voyage aura esté inutile. Continués à m'advertir de toutes occurrences; et saichés que le duc de Savoye m'a requis de luy permettre de me venir trouver, pour me donner contentement; ce que je luy ay accordé. Je dois bien tost aussy estre remis en liberté de me pouvoir marier, par le jugement de Sa Saincteté : qui sera une grande consolation pour ma personne et pour tous mes bons subjects. Je prie Dieu, Monsr de Breves, qu'il vous ayt en sa saincte garde. Escript à Paris, le xxiiij^e novembre 1599.

HENRY.

[1599.] — 24 NOVEMBRE. — IIIme.

Orig. autographe. — Archives de M. de la Force.
Imprimé. — *Mémoires de la Force*, publiés par le marquis DE LA GRANGE, t. I, p. 316.

[A MONS^R DE LA FORCE.]

Monsr de la Force, A mon aultre, que vous recepvrés par Mesplées, j'adjousteray ce mot de ma main, pour vous dire que vous me ferés service tres agreable d'affectionner la reception du conseiller du Pont, comme je l'affectionne, par les raisons que vous entendrés par le dict Mesplées. Il y va en cela tellement de mon service et de mon contentement, que je ne vous celeray poinct que je ne pourray trouver bon de voir mon auctorité combattue plus tost par passion que par raison; et vous sçavés que mon humeur est de ne m'y laisser vaincre. Les choses en sont venues trop avant pour en demeurer là; bref, je veux estre obeï. Aussy vous pouvés-vous asseurer et asseurer en mon nom les Estats de mon pays, et le leur jurer et promettre, que cela n'arrivera plus, et que je les conserveray en tout ce que je pourray, non seulement pour le for[1]; mais mesmes en tout ce qu'ils requerront de moy, je leur tesmoigneray comme je desire les gratifier. Mais aussy, qu'ils me donnent ce contentement-là, et ne me facent choisir une aultre voye pour me faire obeïr, en mandant Coulomyes, cause de tout le bruit, de me venir servir icy prés de moy, et vous commandant de me l'envoyer : et remettant le surplus à la suffisance du dict Mesplées, je ne vous en diray davantage que pour vous prier de le croire, et Dieu vous avoir, Monsr de la Force, en sa garde. Ce xxiiij^e novembre, à Paris.

HENRY.

---

[1] C'était l'expression employée pour l'ancienne coutume et les libertés du Béarn.

[1599.] — 25 NOVEMBRE. — Ire.

Imprimé. — *Œconomies royales*, t. I, chap. 94.

[A M. DE ROSNY.]

¹ Mon amy, Je vous ay cy devant parlé de dix mil escuz de pots de vin que l'on me vouloit donner pour la ferme des rivieres d'Anjou, dont je vous dis que je voulois prendre cinq mil escuz pour mettre dans mes coffres. Il me semble que l'on devroit entendre à cela maintenant à cause des despenses qu'il faudra faire pour la venue de m^r de Savoye. Je me contenteray d'en faire mettre dans mes coffres deux mil; et les trois autres pourront servir ou pour les postes qu'il faudra faire faire à cause de la dicte venue, ou autres choses necessaires. Advisés-y donc et promptement. J'ay vu Berthier et la depesche qu'il m'a apportée d'où il estoit allé; que j'ay trouvée tres bien. Advancés cest affaire le plus qu'il vous sera possible; faictes donner de l'argent à Darbanne, mon tapissier, pour s'en aller à Fontainebleau y faire porter les meubles necessaires pour la venue de mons^r de Savoye et faire accoustrer ce qu'il faut pour l'y recevoir. Je m'en vais coucher à Monceaux. A Dieu. Ce xxve novembre.

HENRY.

[1599.] — 25 NOVEMBRE. — IIme.

Orig. autographe. — Biblioth. impér. de Saint-Pétersbourg; Ms. 886, lettre 83. Copie transmise par M. Houat.

A MONS^R DE BELLIEVRE,

CHANCELIER DE FRANCE.

Monsr le chancelier, Je vous ay cy devant parlé de dix mil escuz que l'on me vouloit me donner de pot de vin pour ferme des rivieres d'Anjou; il me semble que l'on y devroit entendre, mesmement pour

¹ Cette lettre était de la main du Roi.

les despenses qu'il conviendra faire à cause de la venue de mr de Savoye, comme aussy je l'escris au sr de Rosny. J'ay veu Bertier et la depesche qu'il a apportée d'où il vient, que j'ay trouvée tres bien. Je loue Dieu de ce qu'en cella comme en toutes autres choses il benit mon desseing. Je vous prie de haster et advancer cest affaire le plus qu'il vous sera possible, affin que je puisse estre marié en bref[1], qui est ce que je desire le plus en ce monde, et la chose que j'ay autant à cœur. Bonjour, Monsr le chancelier. Ce xxve novembre, à Juilly.

HENRY.

1599. — 6 DÉCEMBRE.

Orig. — B. N. Fonds Béthune, Ms. 9069, fol. 36.

[AU CONNÉTABLE.]

Mon Cousin, Je viens d'avoir advis que le duc de Savoye arrivera, pour le certain, dimanche prochain à Fontainebleau, tellement qu'il me faut preparer pour m'y en aller. C'est pourquoy je vous prie de vous en venir icy le plus tost que vous pourrés, et d'y arriver, s'il est possible, demain, de bonne heure, affin que je vous puisse voir, et resouldre avec vous plusieurs affaires qui nous pressent : priant Dieu, mon Cousin, qu'il vous ayt en sa saincte garde. Escript à Paris, le vje jour de decembre 1599.

HENRY.
DE NEUFVILLE.

---

[1] Les préliminaires du mariage avec Marie de Médicis se négociaient déjà depuis plusieurs mois. Une correspondance était même établie à ce sujet entre M. de Villeroy et le cavalier Vinta, principal ministre du grand duc de Toscane.

[1599.] — 9 DÉCEMBRE.

Orig. autographe. — Archives royales de Sardaigne. Copie transmise par M. l'ambassadeur de France à Turin.

A MON FRERE LE DUC DE SAVOYE.

Mon frere, C'est à ce coup que je ne doubteray plus du contentement que je m'estois promis de vous voir il y a longtemps, puisque j'en ay esté asseuré tant par celles que le commis du contrèroleur general des postes de mon Royaulme m'a rendue, que celle que despuis j'ay receue de vous par les mains du s^r Roncas. Je ne vous diray point comme vous serés le bien venu et veu de moy, car les effects le vous feront cognoistre, ny de quelle affection je vous embrasseray et cheriray : et pour ce que je me promets de jouir bien tost de ce contentement, il me suffira de vous asseurer encore un coup que jamais vous n'irés en lieu où vous soyés mieux venu et véu que vous le serés de

Vostre bien bon frere,
HENRY.

Ce ixe decembre à Paris.

[1599.] — 10 DÉCEMBRE.

Orig. — Archives royales de Sardaigne. Copie transmise par M. l'ambassadeur de France à Turin.

A MON FRERE LE DUC DE SAVOYE.

Mon frere, Encore que je vous aye escript ce matin par vostre ambassadeur, neantmoins, ayant de plus resolu de vous envoyer visiter par mon cousin le duc de Nemours, auquel j'ay donné charge de vous recevoir en ma ville d'Orleans, je l'ay bien voulu aussy charger de ce mot, pour vous dire derechef que vous serés le tres bien venu, et que je me resjouis de l'esperance que j'ay de vous voir bien tost, ainsy que mon dict cousin vous fera le plus particulierement entendre : sur lequel me remettant, je prie Dieu vous avoir, mon frere, en sa garde. Ce x^e decembre, à Paris.

Vostre bien bon frere,
HENRY.

1599. — 14 décembre.

Cop. — Biblioth. de M. Monmerqué, Ms. intitulé *Lettres à l'ambassadeur du Levant.*

[A M. DE BREVES.]

Monsr de Breves, Je suis tres marry de la mort du Mofty, pour les raisons que vous m'avés escriptes par vos lettres du ıjᵉ et xvjᵉ du mois d'octobre, que j'ay reçues le vııjᵉ du present mois. Mais je vous sçay bon gré du ressentiment que vous avés monstré à l'ambassadeur de la royne d'Angleterre, du langage plein d'impudence qu'il a osé tenir de ma personne et religion en bancquet, avec ces bassas, dont je me plaindray à sa maistresse; combien que je n'estime pas qu'elle m'en face reparation, comme à la verité je ferois en son endroict si quelqu'un des miens s'estoit tant oublié d'en user de mesme envers elle. Mais le principal sera que vous empeschiés qu'elle ne trouble et renverse nostre baniere; et veux que pour cela vous faciés tout ce que vous jugerés estre necessaire, sans avoir respect à la dicte royne ny à son ministre, puisqu'ils ne m'en portent point. Poursuivés aussy qu'il soit faict justice par delà des pirateries que font ses subjects sur les miens, et leur faictes comprendre que si ils les endurent, ils ruineront leur empire et tout commerce; car une volerie en engendre une autre; et seront les dicts Anglois cause de remplir les mers de delà de piraterie, comme ils font celles de deçà. Je vous ay donné advis par ma derniere comme la dicte royne traicte la paix avec le dict roy d'Espagne. Je la tiens maintenant pour arrestée. Le duc de Savoye arrivera icy dans deux jours. Je veux croire, comme il m'en a donné asseurance, que c'est pour me donner mon marquisat de Saluces; auquel cas nous serons bons amys. Continués de m'advertir de toutes occurrences : et je prieray Dieu, Monsr de Breves, qu'il vous ayt en sa saincte et digne garde. Escript à Fontainebleau, le xıııjᵉ jour de decembre 1599.

HENRY.

1599. — 19 DÉCEMBRE.

Orig. — Manuscrit appartenant à M. l'abbé Caron, à Versailles. Pièce 39.

A MON COUSIN LE CARDINAL DE JOYEUSE.

Mon Cousin, J'ay receu vostre lettre et veu par icelle la sentence que vous et les aultres depputez de nostre sainct Pere le Pape avés donnée sur mon desmariage : dont j'ay receu le plaisir et contentement que ce faict merite. Et encores que je sçache bien que vous avés principalement eu esgard en ceste procedure à la justice de la cause, neantmoins j'ay bien recogneu et consideré avec quelle affection chacun de vous s'y est comporté, dont je m'en ressens infiniment obligé et à vous en particulier; et n'ay voulu differer davantage de vous tesmoigner le resséntiment que j'en ay, et vous en remercier, comme je fais par celle-cy, en attendant que je vous face rendre plus particulierement cest office, que je le face moy-mesme de bouche, quand je vous verray, comme j'espere faire dans peu de jours. Cependant je vous diray que, comme je crois que Dieu me fera la grace d'user de celle que je reçois en cest endroict de Sa Sainctété avec le contentement et advantage qu'Elle s'en est promis et que vous esperés pour la gloire de Dieu et le bien et repos de ce Royaume, aussy me ressouviendray-je à jamais des bons offices que vous avés rendus et de la peine que vous avés prinse pour l'advancement de cest affaire, pour les recognoistre en toutes les occasions qui se presenteront pour vostre bien et contentement, ainsy que j'espere vous dire moy-mesme bien tost plus particulierement. Ce pendant je prie Dieu qu'il vous ayt, mon Cousin, en sa saincte et digne garde. Escript à Fontainebleau, le xixe jour de decembre 1599.

HENRY.

DE NEUFVILLE.

[1599. — VERS LE 20 DÉCEMBRE[1].]

Cop. — B. N. Fonds Béthune, Ms. 8955, fol. 46 verso. — Et Suppl. fr. Ms. 1009-4.
Imprimé. — *Mémoires et lettres de Marguerite de Valois*, nouvelle édition, publiée par M. Guessard, 1842, in-8°, p. 341.

[A LA REINE MARGUERITE.]

Ma sœur, Les delleguez de nostre sainct Pere le Pape pour juger la nullité de nostre mariage ayant enfin donné leur sentence à nostre commun desir et contentement, je n'ay voulu differer plus longtemps à vous visiter sur telle occasion, tant pour vous en informer de ma part, que pour vous renouveller les asseurances de mon amitié. Par tant j'envoye vers vous le s[r] de Beaumont exprés pour faire cet office, auquel j'ay commandé vous dire, ma sœur, que si Dieu a permis que le lien de nostre conjonction ayt esté dissous, sa justice divine l'a faict autant pour nostre particulier repos que pour le bien public du Royaulme. Je desire aussy que vous croyés que je ne veulx pas moins vous cherir et aimer, pour ce qui est advenu, que je faisois devant,

---

[1]. Le continuateur de Lestoile place inexactement au 11 novembre l'époque à laquelle dut être envoyée cette lettre.

La reine Marguerite répondit :

« Monseigneur, Vostre Majesté, à l'imitation des Dieux, ne se contente de consoler ses creatures de biens et faveurs, mais daigne encore les regarder et consoler en leur affliction. Cest honneur, qui tesmoigne celuy de sa bienveillance, est si grand, qu'il ne peut estre esgalé que de l'infinie volonté que j'ay vouée à son service. Il ne me falloit, en ceste occasion, moindre consolation; car bien qu'il soit aisé de se consoler de la perte de quelque bien de fortune que ce soit, d'une pourtant qui a sa vie et naissance telle que je l'ay, le seul respect du merite d'un Roy si parfaict et si valeureux en doibt retrancher par sa privation toute consolation ; et est marque de la generosité d'une belle ame, d'en conserver un immortel regret, tel que seroit le mien, si la felicité qu'il luy plait me faire ressentir, en l'asseurance de sa bonne grace et protection, ne la bannissoit, pour changer ma plainte en louange de sa bonté et des graces qu'il luy plaist me departir; de quoy Vostre Majesté n'honnorera jamais personne qui les ressente avec tant de reverence par tres humbles et tres fidels services, qui me rendent dignes d'estre tenue.

De Vostre Majesté,

Pour tres humble et tres affectionnée servante, sœur et subjecte,

« MARGUERITE. »

B. N. Fonds Béthune, Ms. 9086, fol. 25; et édition de M. Guessard, p. 343.

au contraire vouloir avoir plus de soing de tout ce qui vous concerne que jamais, et vous faire croire en toutes occasions, que je ne veulx pas estre doresnavant vostre frere seulement de nom, mais aussy d'effects, dignes de la confiance que j'ay entendu par Berthier et recogneu par la lettre que vous m'avés escripte par luy, que vous avés prise de la sincerité de mon affection. Aussy suis-je tres satisfaict de l'ingenuité et candeur de vostre procedure, et espere que Dieu benira le reste de nos jours d'une amitié fraternelle, accompagnée d'une felicité publique qui les rendra tres heureux. Consolés-vous donc, je vous prie, ma sœur, en l'attente de l'une et de l'aultre, sur l'asseurance que je vous donne d'y contribuer de mon costé ce que vous debvés esperer et sera en la puissance de

Vostre bon frere,
HENRY.

[1599.]

Imprimé. — *Œconomies royales*, édit. orig. t. I, p. 519. — *Vie militaire et privée de Henri IV*, Paris, 1803, in-8°, p. 262.

[A M. DE ROSNY.]

Mon amy, Je suis bien marry de vostre affliction, laquelle je viens d'apprendre par celle de mr du Laurens, auquel j'ay commandé de vous aller trouver en diligence, et apporter tout ce qu'il sçait et est de son art pour la conservation et santé de vostre fils, ne vous aimant pas si peu, que si je pensois que ma personne y fust necessaire, que je ne vous allasse rendre tesmoignage de mon affection. Hier je vous avois depesché un courrier, par lequel je vous mandois de vous rendre icy avec mr le chancelier demain ou mercredy au plus tard, pour ce que je voulois avoir vostre advis sur quelques depesches, apportées par Ste-Catherine, du president Jeannin; mais la maladie de vostre fils fait que je trouve bon que vous differiés vostre partement encore pour deux jours, voire davantage, s'il en est besoing : ce que vous ferés entendre à mr le chancelier, comme aussy luy escris. A Dieu, mon amy.

HENRY.

[1599.]

Imprimé. — *Œconomies royales*, édit. orig. t. I, p. 520. — *Vie militaire et privée de Henri IV*, Paris, 1803, in-8°, p. 520.

[A M. DE ROSNY.]

Mon amy, Puisque ma presence est necessaire avec mon conseil, comme je vois par vostre lettre, je partiray demain, iray coucher à Essonne, et jeudy je seray à Paris. Quant à ce que vous me mandés, que lorsque vous servés le mieux c'est à ceste heure que l'on juge sinistrement de vos actions, c'est chose qui arrive, je ne diray pas souvent, mais tousjours, que ceux qui manient les grandes affaires sont subjects à cela, et plus par envie que par pitié. Vous sçavés moy-mesme si j'en suis exempt et d'une religion et d'autre. Ce que vous avés à faire c'est que, comme je prends conseil de vous en toutes mes affaires, vous preniés conseil de moy aux vostres quand elles importeront tant soit peu, comme du plus fidel amy que vous ayés au monde et du meilleur maistre qui fut jamais.

HENRY.

ANNÉE 1600.

1600. — 7 JANVIER.

Cop. — Biblioth. de M. de Monmerqué, Ms. intitulé *Lettres à l'ambassadeur du Levant.*

[A M. DE BRÈVES.]

Monsr de Breves, Je feis response à vos lettres du xvie d'octobre, le xiiie du mois dernier passé. Depuis j'ay receu celles du xxxe du dict mois d'octobre, par laquelle j'ay esté tres ayse de la victoire que vous avés gaignée contre les poursuictes des Anglois pour la conservation de ma baniere, qu'il faut deffendre et maintenir sans respect de qui que ce soit. Retirés donc, envoyés et faictes chaudement executer les mandemens de Sa Haultesse pour ce regard, et si vous avés advancé quelque argent pour cest affaire, je commanderay à ceux de mon conseil d'y avoir esgard et y pourveoir comme il sera trouvé raisonnable; vous repetant que vous m'avés faict service tres agreable. Il ne faut pas aussy que nous esperions d'avoir reparation des voleries et cruaultez qu'exercent les dicts Anglois, ny sur mes subjects, ny autres, par la voie de la justice; car ils n'en font du tout point en Angleterre de choses semblables, tant ils sont accoustumez à la piraterie, de laquelle les grands mesme font estat et s'enrichissent. Par tant il faut que nous advisions et y pourvoyons de nous-mesmes. Pour ce faire, j'ay deliberé me faire fort par la mer le plus tost que je pourray; c'est le plus seur remede que je puis y appliquer. Ce pendant, employés par delà ceux que vous jugerés estre plus propres, soit pour en demander justice à ce Seigneur et à ses ministres, ou par telle autre voye que vous cognoistrés estre la meilleure; car puisque les dicts Anglois nous font le pis qu'ils peuvent, il faut s'en revancher et ne les respecter ny espargner aucunement. Le duc de Savoye arriva auprés de moy le xviie de decembre et est encore icy, recherchant, par tous moyens, de sortir d'affaire avec moy, tant il redoute d'entrer en guerre avec moy, laquelle il ne peut esviter, s'il ne me contente. Que advenant, comme il est certain que le roy d'Espagne, qui est son beau-frere, l'assistera, il semble aussy que nous soyons plus prests à nous entretenir la guerre, que la royne d'Angleterre n'est disposée de la luy continuer, puisqu'elle recherche et poursuict tous les jours la paix avec les archiducs de Flandres, ainsy que je vous ay escript par mes precedentes. Par tant, ce marchand qui parle pour elle par delà, me reproche à tort le traicté que j'ay faict : de quoy vous ferés vostre profit avec toute discretion et prudence; car je ne prends plaisir à mesdire des actions de mes voisins. Au reste, ayant esté adverty de la mort du consul de Tripoly, j'ay accordé la charge à un autre, qui partira au premier jour pour s'y acheminer et en prendre possession, lequel je vous adresseray. Ce pendant, ne permettés qu'il soit rien entrepris au prejudice de la dicte charge et que un autre s'y introduise sans provision de moy, et de mon exprés commandement : priant Dieu, Monsr de Breves, vous avoir en sa saincte garde. Escript à Paris, le vij° jour de janvier 1600.

HENRY.

1600. — 8 JANVIER.

Orig. autographe. — Archives des Médicis; légation française, liasse 3. Copie transmise par M. le ministre de France à Florence.

A MON COUSIN LE GRAND DUC DE TOSCANE.

Mon Cousin, J'adresse ceste lettre au sr de Sillery, mon ambassadeur à Rome, affin qu'il la vous porte luy-mesme, comme je luy commande de faire, et qu'elle luy donne accés et toute creance en vostre endroict. Par tant, je vous prie de le voir et ouyr aussi volontiers, que de bon cœur je le vous envoye, pour les subjects qu'il vous dira, et luy adjouxter pareille foy que à moy-mesme : et je prieray Dieu, mon Cousin, qu'il vous ayt en sa saincte et digne garde. Ce vij° janvier 1600, à Paris.

HENRY.

1600. — 11 JANVIER.

Orig. — Archives de la ville de Gênes. Copie transmise par M. l'ambassadeur de France à Turin.

A NOS TRES CHERS ET BONS AMYS LES DUC ET GOUVERNEUR
DE LA REPUBLIQUE DE GENNES.

Tres chers et bons amys, Nous envoyons presentement à Rome, devers nostre sainct Pere le Pape, le s^r d'Alincourt, chevalier de nos ordres et cappitaine de cent hommes d'armes de nos ordonnances, sur certaines occasions qui touchent et regardent le bien de nos affaires et service; et d'autant qu'il prendra le chemin de vostre ville, en intention de s'embarquer par mer, et que nous desirons qu'il passe seurement, nous vous avons bien voulu escrire ceste lettre en sa faveur, pour vous prier, comme nous faisons affectueusement, de vouloir faciliter son passage en ce qu'il vous sera possible, et mesme l'accommoder d'une de vos galeres, et la faire, pour cest effect, passer jusqu'à Antibes, pour y aller attendre le dict s^r d'Alincourt; de sorte qu'il la puisse trouver preste à son arrivée au dict lieu d'Antibes, pour aller descendre en vostre ville. A ceste fin, nous vous envoyons ce courrier exprés, auquel nous vous prions faire bailler la dicte galere, et vostre passeport, sous la protection duquel le s^r d'Alincourt puisse prendre port en vostre Estat; et s'il se presente occasion de le recognoistre et nous revancher en aultre endroict, nous vous tesmoignerons par effect que vous aurés faict chose qui nous aura esté tres agreable : et à tant, nous prions Dieu, Tres chers et bons amys, qu'il vous ayt en sa tres saincte et digne garde. Escript à Paris le xj^e jour de janvier 1600.

HENRY.

DE NEUFVILLE.

1600. — 12 JANVIER.

Orig. — A Londres, State paper office, antient royal letters, vol. XXII, lettre 209. Transcription de M. Lenglet.

[A LA REINE D'ANGLETERRE.]

Tres haute, tres excellente et tres puissante princesse, nostre chere et tres amée bonne sœur et cousine, Le cappitaine Jacques Caro, maistre du navire *la Bonne aventure,* ayant depuis quelque temps perdu le dict navire, qui luy fut pris par aulcuns de vos subjects, ainsy qu'il revenoit de traficquer en Espagne, suivant le passe-port qui luy en avoit esté expedié par nostre cher cousin le duc de Dampville, admiral de France; et le dict Caro envoyant presentement en vostre royaume pour en faire la poursuicte, nous l'avons bien voulu accompagner de ceste lettre, pour vous prier, comme nous faisons affectueusement, de commander que bonne et brefve justice luy soit rendue en cest endroict pour la restitution de son dict navire; et se presentant occasion de faire le semblable pour vos subjects, nous nous y employerons d'entiere affection, oultre que vous asseurés davantage la liberté du commerce, pour le bien de nos estats, royaumes et subjects, ainsy que le s^r de Boissize, conseiller en mon conseil d'Estat, et nostre ambassadeur par delà, vous fera plus amplement entendre; priant Dieu, Tres haute, tres puissante, et tres excellente princesse, nostre tres chere et tres amée bonne sœur et cousine, qu'il vous ayt en sa tres saincte et digne garde. Escript à Paris, le xij^e jour de janvier 1600.

Vostre bon frere et cousin,

HENRY.

DE NEUFVILLE.

1600. — 14 JANVIER.

Orig. — Archives royales de Bavière. Copie transmise par M. le ministre de France à Munich.

A NOS TRES CHERS ET TRES AMEZ COUSINS MESS[rs] LES COMTES PALATINS ELECTEURS DU SAINCT EMPIRE,

MARQUIS D'ANSPACH ET DE DOULACH, PRINCES DU DICT SAINCT EMPIRE.

Tres chers et tres amez Cousins, Nous avons receu la lettre que vous avés escripte en commun à Hidelber, le XVIIIe du mois de novembre dernier passé, par laquelle vous nous avés donné advis de la remise que l'Empereur a faicte à nostre nepveu le cardinal de Lorraine[1], de l'investiture et fief de l'evesché de Strasbourg, et de la poursuicte que faict le dict cardinal pour en prendre possession, nonobstant la declaration du conseil du dict Empereur, faicte à la maison de Brandebourg, que la dicte investiture n'apporteroit aulcun prejudice à nostre cousin l'administrateur, et sans avoir esgard à l'accord qui fut faict à Sarbourg, à la diligence et entremise de nos ambassadeurs, dont vous craignés, comme princes du Sainct Empire, qui affectionnés la tranquillité d'iceluy, que, oultre les aultres esmotions qui y sont allumées, la ruine totale des dicts eveschez, ville et aultres estats voisins ne s'ensuive; nous priant de nous employer, tant auprés de nostre frere le duc de Lorraine, que nostre nepveu le cardinal, à ce qu'ils ne precipitent ceste affaire. Veritablement, Tres chers Cousins, nous sommes tres marrys que ces choses ayent jà passé si avant; car il nous semble que c'eust esté le bien de tous, que le dict accord de Sarbourg eust esté accomply et observé comme il avoit esté promis, d'autant que par le moyen d'iceluy on eust peu terminer amiablement tous diffe-

---

[1] Charles, cardinal de Lorraine, évêque de Metz et de Strasbourg, né le 1er juillet 1567, mort le 30 novembre 1607, était le second fils de Charles II, duc de Lorraine et de Bar, et de Claude de France, sœur de la reine Marguerite, femme de Henri IV.

Les oppositions que les princes protestants de l'Empire mirent à son investiture, comme on le voit par cette lettre, l'empêchèrent, jusqu'en 1604, de jouir des revenus de son évêché de Strasbourg.

rends; et comme volontiers nous avons moyenné le dict accord, poulsez de nostre affection au bien et repos du dict Empire, et particulierement envers les princes des illustres maisons de Brandebourg et de Lorraine, alliez de nostre Couronne et personne, nous nous employerons encore de tres bon cœur envers les dicts duc et cardinal de Lorraine, à ce que l'execution de la dicte investiture soit sursise, et qu'il ne soit rien entrepris qui puisse troubler le repos public. A quoy nous aurons tres agreable que le dict cardinal s'accommode, affin d'eviter la combustion que sa poursuicte peut engendrer, passant plus avant; vous priant de croire, Tres chers et tres amez cousins, que vostre bien en particulier et celuy de l'Empire en general nous seront tousjours tres chers et recommandez, comme ils ont esté de tous temps aux Roys nos predecesseurs, lesquels ne se sont jamais employez de meilleur cœur pour l'advancement de l'un et de l'autre que nous, vous prians vous asseurer que nous trouverés tousjours disposez et prests de le faire à toutes occasions, comme vous declarera plus particulierement de nostre part le sʳ de Bongars, qui reside par delà pour nos affaires, auquel nous vous prions de continuer d'adjouster pareille foy, tant sur ce subject que sur tous aultres qu'il vous representera de nostre part, comme à nostre personne : priant Dieu, Tres chers et bien amez Cousins, qu'il vous tienne en sa saincte et digne garde. Escript à Paris, le xiiijᵉ jour de janvier 1600.

HENRY.

DE NEUFVILLE.

1600. — 30 JANVIER.

Orig. — A Londres, State paper office, antient royal letters, vol. XXII, lettre 210. Transcription de M. Lenglet.

[A LA REINE D'ANGLETERRE.]

Tres haute, tres excellente et tres puissante princesse, nostre tres chere et tres amée bonne sœur et cousine, Nous vous avons cy-devant escript en faveur d'un de nos subjects, nommé Jehan Maugars, marchand marinier des Sables d'Ollonne, pour la prinse qui avoit esté faicte par vos subjects d'un navire qui luy appartenoit, nommé *le Catholique*, et affin que vous eussiés agreable de luy en faire raison et justice; et d'autant qu'il ne la peut encore obtenir, quelque instance qu'il en ayt faicte, nous vous en avons bien voulu derechef faire ceste lettre, pour vous prier, comme nous faisons, de commander qu'il ne soit tenu en plus grande longueur, et que l'on pourveoie à la restitution du dict navire et marchandises le plus favorablement que faire se pourra, ou bien qu'il soit renvoyé sans se constituer pour ce regard en plus grande despense; et s'il se presente occasion d'user de semblable traictement à l'endroict de vos subjects, nous le ferons d'entiere affection, ainsy que le cognoistrés par effect, et que le s^r de Boissise, conseiller en nostre conseil d'Estat et nostre ambassadeur residant pres de vous, vous fera plus amplement entendre : priant Dieu, Tres haute, tres excellente et tres puissante princesse, qu'il vous ayt en sa tres saincte et digne garde. Escript à Paris, le xxxe jour de janvier 1600.

Vostre bon frere et cousin,

HENRY.

DE NEUFVILLE.

1600. — 16 FÉVRIER.

Cop. — Biblioth. de M. Monmerqué, Ms. intitulé *Lettres à l'ambassadeur du Levant*.

[A M. DE BRÈVES.]

Monsr de Breves, Je ne vous ay escript depuis le viie du mois de janvier, à cause des affaires que j'ay tousjours eus avec le duc de Savoye, qui est encore sans y avoir mis fin; de sorte qu'il semble que ce subject nous doive mettre à la guerre; car je suis resolu d'y entrer, s'il ne me rend ce qui m'appartient si justement que faict le marquisat de Saluces, si l'on ne me contente. Auquel cas je ne doubte point que le roy d'Espagne ne serve le dict duc, qui est son beau-frere, et le fomente en l'obstination de son usurpation, car seul il seroit foible pour me resister. Toutefois, peut-estre changera-t-il d'avis devant qu'il parte; sinon, je vous asseure que le suivray de prés. La royne d'Angleterre va faire la paix avec le roy d'Espagne; m'ayant prié de permettre aux depputez du dict roy et aux siens de s'assembler en ma ville de Boulogne, pour la traicter. Edmond, qui luy a servy d'agent longtemps auprés de moy, est icy venu pour cela, ainsy que vous verrés par le double de la lettre que la dicte dame m'en a escripte, que je vous envoye; de sorte que si par delà ils ne font compte de son amitié, que pour l'inimitié qui est entre le roy d'Espagne et elle, ils n'en doivent plus faire d'estat, et avés moyen de rabattre l'impudence du dict ambassadeur et convaincre ses menteries, que vous dictes qu'un vaisseau flamand arrivé aux eschelles de Syrie a favorisées, mais ce qui ne peut plus durer estre long-temps deguisé, puisque la dite royne abandonne aussy bien les Flamands que les autres, combien qu'ils ayent toujours suivy sa fortune durant la guerre qu'elle a eue avec le roy d'Espagne. Enfin, continués à vous opposer vertement au dict ambassadeur, et ne permettés qu'il gagne aucun des advantages à mon dommage, sans avoir esgard à l'amitié qui est entre sa maistresse et moy, puisqu'il en faict de mesme.

J'ay receu vos lettres du xiiie de novembre et xie decembre, par lesquelles j'ay sceu ce qu'a produit le voyage d'Hibrahim Bassa; ce qui s'accorde avec ce qui m'a esté escript d'Allemagne et d'Italie. Mais si la prise du prince des Georgiens est veritable, et que ce Seigneur chastie les rebelles d'Asie, comme il y a apparence qu'il aura faict, puisqu'ils le tenoient assiegé, il pourra relever la reputation de ses affaires; dont je m'attends d'estre plus particulierement esclaircy, tant par Pietrequin et Ollivier, que par vos premieres, comme de toutes aultres chosés.

Il y a encore icy un qui se dict prince de Moldavie qui s'y refugia du temps du feu Roy, lequel me presse d'escrire au Grand Seigneur, à ce qu'il le remette au dict pays, duquel il dict avoir esté privé par la malice et avarice de ses ennemys, aucuns officiers de sa Porte, lesquels il dict estre maintenant decedez; de sorte que si je veux interceder pour luy, il veut que je croye que je feray plaisir à Sa Haultesse, à sa mere et à ceux qui le gouvernent, lesquels sont tres mal contens de celuy qui reigne au dict pays de Moldavie, et seront tres aises d'en faire justice; et certes je le seray aussy de la luy procurer. Toutesfois, ne voulant employer en vain mon nom et entremise, ny requerir Sa Haultesse de chose qui luy soit à contrecœur, j'ay voulu sursir l'octroy de sa requeste pour quelque temps, affin d'en avoir vostre advis, lequel doncques vous me ferés sçavoir au plus tost. Je prie Dieu, Monsr de Breves, qu'il vous ayt en sa saincte et digne garde. Escript à Paris, le xvj^e jour de febvrier 1600.

HENRY.

1600. — 18 FÉVRIER.

Orig. — State paper office, antient royal letters, vol. XXII, lettre 211. Transcription de M. Lenglet.

[A LA REINE D'ANGLETERRE.]

Tres haute, tres excellente et tres puissante princesse, nostre tres chere et tres amée bonne sœur et cousine, nous avons receu, par le s^r Edmonds, vostre lettre escripte le xxive du mois de decembre, et sceu de luy en quels termes se trouve le traicté de paix d'entre vous et nos tres chers freres le roy d'Espagne et l'archiduc de Flandres, et comme vous desirés que l'assemblée et conference qui se doibt faire pour en prendre la resolution se tienne en nostre ville de Boulogne. Nostre tres chere sœur et cousine, comme nous ne desirons pas moins l'advancement de vostre contentement et du bien de vos affaires que des nostres propres, nous vous prions aussy de disposer, non seulement de la dicte ville pour y faire la dicte assemblée, mais aussy de tout ce qui despend de nous, que vous estimerés pouvoir favoriser l'un et l'aultre; et vous cognoistrés par nos effects, en cecy comme en toutes choses, que nous ne devons veritablement estre tenus pour neutre, ains pour tres affectionné et partial, où il est question de vostre interest, bien memoratif et recognoissant des plaisirs que nous avons tousjours receus de vostre amitié et bonté au besoing que nous en avons eu, ainsy que nous avons dict au dict Edmond, et vous sera confirmé par nostre ambassadeur : sur lequel nous nous remettrons, pour prier Dieu, Tres haulte, tres excellente et tres puissante princesse, nostre tres chere et tres amée bonne sœur et cousine, qu'il vous ayt en sa tres saincte et digne garde. Escript à Paris, le xviij° jour de fevrier 1600.

Vostre bon frere et cousin,

HENRY.

DE NEUFVILLE.

1600. — 21 FÉVRIER.

Orig. — Archives du canton de Genève. Envoi de M. Rigaud, premier syndic, et de M. L. Sordet, archiviste.

Imprimé. — Journal *le Fédéral*, octobre 1842. — *Courrier suisse*, 25 octobre 1842.

A NOS TRES CHERS ET BONS AMYS LES SYNDICS ET CONSEIL DE LA VILLE DE GENEVE.

Tres chers et bons amys, Dés les guerres passées, ayans tellement travaillé nostre Royaume, que nos subjects, pour la pluspart, en sont demeurez appauvrys et ruinez, nous avons estimé convenir au soing que nous devons avoir de leur bien et commodité, d'adviser aux moyens qui leur pourroient aider à se restablir et se remettre en bon estat, leur donnans moyen de gagner, avec leur travail et industrie, de quoy se redresser et entretenir. Entre lesquels moyens ayant esté adverty que celuy des soyes peut estre l'un des principaux et plus commodes, et qu'en ce Royaume il pourroit reussir dans peu d'années d'en faire bonne quantité, tant pour la commodité des meuriers qui sont à present, comme pour ceulx qu'on y pourra par cy-aprés planter ; ayant aussy entendu du s¹ Manfred de Balbany que quelques-uns qui sont à present en vostre ville pourroient estre propres à nous servir en cest endroict et à planter quantité des dicts meuriers pour nourrir les vers pour faire les dictes soyes; encore que nous croyons que vous ne vouldriés empescher les dictes personnes, jusques au nombre de cinq ou six, estans mandez par le dict Balbany pour nous venir rendre ce service; toutesfois, nous avons bien voulu vous faire ceste lettre pour vous prier trouver bon qu'ils nous viennent trouver, et faire en sorte que rien ne les retarde de s'acheminer incontinent par deçà, mesme leur commander de ce faire s'il en est besoing, affin qu'ils arrivent à temps pour pouvoir, dés ceste année, commencer, et le dict Balbany leur donner aussy commodité de faire le voyage à nos despens; vous asseurans que nous le tiendrons à plaisir fort agreable : prians Dieu, Tres chers et bons amys, qu'il vous ayt en sa tres saincte et digne garde. Escript à Paris, le xxjᵉ jour de febvrier 1600.

HENRY.

DE NEUFVILLE.

1600. — 25 FÉVRIER.

Orig. — Archives du Mont-Cassin, Ms. contenant la correspondance du cardinal Pierre Aldobrandini, lettre n° 1. Copie transmise par M. Noël Desvergers.

A NOSTRE TRES SAINCT PERE LE PAPE.

Tres sainct Pere, Comme la reverence que je porte à Vostre Saincteté est relative aux graces et faveurs que j'ay receues d'elle, qui sont infinies, ainsy que je supplie Vostre Saincteté, autant affectueusement qu'est possible, de croire, je prefereray tousjours le contentement de Vostre Saincteté à toute consideration qui concernera mon interest particulier, tant je suis asseuré de la bonté de Vostre Saincteté et de son equanimité. Mais Vostre Saincteté considerera, s'il luy plaist, que Dieu m'ayant confié le regime de ce sceptre françois, devoué de tout temps au service du Sainct-Siege, je doibs rendre compte à sa divine Majesté et à la posterité de la conservation d'iceluy, et, certainement, je desire m'en acquitter comme mon honneur m'oblige de le faire, estimant que Vostre Saincteté m'en aimera et prisera tousjours davantage, luy estant, aprés Dieu, plus redevable qu'à tous aultres, du bonheur que je possede, pour m'avoir tiré, comme par la main, d'un abyme de confusion et de misere, auquel mes pechez avoient jetté ma personne et mes subjects, pour nous faire jouir de la douceur et fecondité d'une tranquillité publique, pour laquelle Vostre Saincteté a tant sué et travaillé que, quand je n'aurois aulcune raison que celle-là d'en desirer et affectionner l'entretenement, je supplie Vostre Saincteté d'estre asseurée qu'elle est tres suffisante de m'en rendre tres soigneux et diligent. De quoy j'estime avoir donné à Vostre Saincteté et à tout le monde quelques preuves dignes de consideration en ce qui s'est faict et passé entre le duc de Savoye et moy, depuis le traicté de Vervins, comme Vostre Saincteté sçait mieux que nul aultre, à cause du devoir auquel je me suis mis pour cest effect, meu de mon observance plus que filiale, et de ma gratitude immortelle envers Vostre Saincteté, car l'une et l'aultre ont eu tant de puissance sur moy, que de m'avoir faict outrepasser les bornes de ma dignité et reputation pour complaire à Vostre Saincteté et faciliter un bon accord entre le dict duc et moy, de quoy je n'auray jamais regret, si je sçais avoir faict en cela chose agreable à Vostre Saincteté, comme, en verité, je me l'estois persuadé et croyois qu'elle en estoit pleinement satisfaicte, jusqu'à la reception de deux lettres que Vostre Saincteté a pris la peine de m'escrire sur ce subject, le xxvj^e du mois de janvier et le iiij^e du present, que j'ay receues par les mains du patriarche de Constantinople, les xij^e et xxj^e de ces dicts mois, par lesquelles j'ai recogneu que les advis qui ont esté donnez à Vostre Saincteté des difficultez survenues en ce faict depuis la venue par deçà du dict duc ont esmeu et travaillé l'esprit de Vostre Saincteté, et l'ont comme mis en doubte de la sincerité de ma volonté, tout ainsy que si moy ou mes conseillers avoient esté aucteurs des dictes difficultez, dont je ne veulx aultres tesmoings que la verité mesme, laquelle j'estime que le dict patriarche luy aura fidellement representée, comme celuy par les mains et le jugement duquel, representant icy la personne de Vostre Saincteté, toutes choses ont passé sans aulcun deguisement. Tres sainct Pere, je seray tousjours des derniers à ennuyer Vostre Saincteté de la justification de mes actions, principalement quand il sera question de ce faire aux despens d'un aultre; je me contenteray seulement de faire les choses bonnes, comme j'ay eu peine de faire jusqu'à present. Ce sont aussy les armes avec lesquelles j'ay, en party, vaincu les artifices et insinuations de ceulx qui m'ont voulu souvent priver des bonnes graces de Vostre Saincteté, dont je me suis si bien trouvé que, quoy qu'il arrive, je ne les changeray à d'aultres.

Vostre Saincteté apprendra donc, tant par le projet que par l'isseue de ce qui s'est passé entre le duc et moy, la reverence que j'ay portée aux exhortations et volontés de Vostre Saincteté et le devoir auquel je me suis mis pour composer amiablement le differend du dict marquisat de Saluces, comme il est enfin advenu, suivant le desir de Vostre Saincteté, de laquelle je favoriseray tousjours d'aussy bon cœur les saincts et genereux desseings pour la propagation du nom chrestien, que je procureray et rechercheray mon propre bien, tant je desire contenter Vostre Saincteté, laquelle croira pareillement, s'il luy plait, que je n'ay conseillers ny serviteurs qui ne me secondent volontiers en ceste deliberation; et quand quelqu'un d'eux s'oublieroit tant que d'en user aultrement, je ne l'endurerois aulcunement. J'ay appris aussy à distinguer les bons d'avec les mauvais conseillers. Par tant, je supplie Vostre Saincteté de n'adjouster foy aux rapports, et de s'arrester à mes œuvres, que je dirigeray tousjours par le droict chemin de la raison, comme celuy que je sçay qui me sera tousjours plus honorable et utile que tout aultre, et qui me peut maintenir plus seurement aux bonnes graces de Vostre Saincteté, laquelle je supplie de tout mon cœur, puisqu'il luy a pleu estre cause de l'accord qui a esté faict entre le dict duc de Savoye et moy, Elle veuille aussy employer son auctorité pour asseurer de plus en plus nostre amitié et bon voisinage, protestant à Vostre Saincteté que je ne desire rien plus que de vivre en bonne amitié et concorde avec tous mes voisins, et d'advancer de toute ma puissance les saincts desseings de Vostre Saincteté, comme luy a tousjours dict mon dict ambassadeur, qui le confirmera encore à Vostre Saincteté, luy presentant ma lettre, laquelle je supplie Vostre Saincteté de recevoir en bonne part et avec sa benignité accoustumée. Je prie Dieu, Tres Saint Pere, qu'il veuille maintenir et garder longuement et heureusement Vostre Saincteté au gouvernement de nostre mere la saincte Eglise.

Vostre devost fils,
HENRY.

Ce xxve febvrier 1600, à Paris.

1600. — 4 MARS.

Imprimé. — *Histoire de Genève*, par Spon, Genève, 1730, in-4°, t. I, p. 412.

[A LA RÉPUBLIQUE DE GENÈVE.]

Tres chers et bons amys, Mon frere le duc de Savoye m'estant venu trouver pour traicter des moyens de terminer nos differends par voye amiable, et principalement celuy du marquisat de Saluces, nous avons souvent parlé de vous et de ce qui vous concerne, luy poussé d'une intention et moy d'une aultre, comme vous sçavés que nos interests sont en cela tres contraires et differens. Tant y a que je luy ay faict une si expresse declaration de mon affection et obligation à vostre conservation, que je veux croire qu'il aura tel esgard, qu'il ne permettra ny commandera à l'advenir qu'il soit attempté et entrepris contre vous, tant en general qu'en particulier, chose qui vous soit desagreable; et si, en l'accord que j'ay faict avec luy, j'eusse peu mieux favoriser et asseurer l'estat et la condition de vostre ville, croyés que je l'eusse faict tres volontiers, tant je desire me revancher des plaisirs et services que j'ay receus de vous en mes necessitez. Mais il m'a fallu que je me sois contenté de ce qui a esté jugé raisonnable et honeste, pour ne me monstrer ennemy du repos public, et indigne du nom de Roy tres chrestien et equitable, duquel j'ay tousjours faict, et me suis tres bien trouvé de faire profession; vous asseurant avoir souvent voulu quitter le mien pour obtenir chose qui vous fust favorable et utile, mais cela ne s'est peu accommoder. Tant y a que le duc, effectuant nostre accord comme il a promis de le faire et y a obligé sa foy, comme j'auray plus de moyen de vous faire plaisir et assistance en vos affaires que je n'avois, soyés asseurez aussy que j'en auray plus de soing que jamais, ainsy que j'ay dict à vostre deputé, le s^r Dauphin, et vous l'ay bien voulu confirmer encore par la presente, en attendant qu'il se presente occasion de vous le tesmoigner par bons effects : priant Dieu, Tres chers et bons amys, qu'il vous ayt en sa saincte et digne garde. Escript à Paris, le iiij^e jour de mars 1600.

HENRY.

DE NEUFVILLE.

1600. — 5 MARS.

Orig. — Archives du canton de Berne. Envoi de M. le ministre de France en Suisse.

A NOS TRES CHERS ET GRANDS AMYS, ALLIEZ ET CONFEDEREZ LES ADVOYERS, CONSEIL ET COMMUNAULTÉ DE LA VILLE ET CANTON DE BERNE.

Tres chers et grands amys, alliez et confederéz, J'ay pris en tres bonne part ce qui m'a esté representé de la vostre par le colonnel Jean-Jacob de Diesbach, vostre conseiller, sur la creance de vostre lettre du premier jour du mois de decembre; aimant et affectionnant le bien de vostre Estat autant que le mien propre, tant pour les plaisirs que j'ai receus de vous aux occasions qui se sont offertes, que pour l'interest que j'ay à vostre prosperité et conservation. Le dict colonnel vous informera de ce qui s'est passé entre moy et mon frere le duc de Savoye, sur les differents que nous avions ensemble, et principalement sur celuy du marquisat de Saluces, lequel, enfin, il m'a promis de me restituer dedans le premier jour de juin prochain, ou bien de me livrer la recompense que je luy ay demandée, en laquelle j'ay faict tout ce que j'ay peu pour faire comprendre les bailliages desquels le dict colonnel m'a parlé de vostre part; mais je ne l'ay peu obtenir. Et, toutesfois, je n'ay dû differer de convenir avec le dict duc, s'estant mis à la raison comme il a faict, car, aultrement, je me fusse chargé de l'envie et du blasme de la guerre qui s'en seroit ensuivye, et je suis tant asseuré de vos prudences et de la bonne volonté que vous me portés, que je suis certain que vous en eussiés esté tres marry; joinct que j'espere qu'il se trouvera, avec le temps, moyen de pourveoir à ce qui vous concerne, de façon que vous aurés juste occasion d'en estre contens, chose qu'il me sera d'autant plus facile de promouvoir, qu'estant restably au dict marquisat de Saluces ou nanty de la susdicte recompense, j'auray, avec la volonté, tousjours plus de moyen de vous y assister, à quoy je vous prie de croire que je m'employeray tousjours de tres bon cœur, ainsy que j'ay donné charge au dict colonnel vous faire entendre. A tant je prie Dieu, Tres chers et grands amys, qu'il vous tienne en sa saincte et digne garde. Escript à Paris, le ve jour de mars 1600.

HENRY.

DE NEUFVILLE.

1600. — 7 MARS.

Cop. — Biblioth. de M. Monmerqué, Ms. intitulé *Lettres à l'ambassadeur du Levant.*

[A M. DE BRÈVES.]

Monsr de Breves, Je vous escris quasy par tous les ordinaires de Venise, faisant reponse aux depesches que je reçois de vous tous les mois par la mesme voye; de sorte que je trouve estrange que vous ayés demeuré quatre mois sans recevoir aucun commandement de moy, comme vous m'avés escript par votre lettre du xxiiie decembre. Il faut bien dire que mes pacquets sont retenus à Venise; car je n'ay aucun moyen que celuy de la republique pour les vous faire tenir; et si les affaires changeoient de face, il seroit necessaire d'en dresser et establir un autre, affin de ne demeurer à leur mercy; mais rien ne nous presse encore de ce faire, à cause de la paix publique, laquelle va s'affermissant tous les jours, par la grace de Dieu. Car le duc de Savoye, qui debattoit encore avec moy le marquisat de Saluces, m'estant venu trouver pour en composer, s'est enfin resolu de me le rendre. Quoy advenant, comme j'espere qu'il le fera comme il y a engagé sa foy, il ne reste plus rien entre nous qui nous puisse troubler, chacun se contentant dans les bornes de ce qui luy appartient. Cependant, il faut considerer que deviendra la guerre d'Ongrie et ce que produira l'occupation de la Transilvanie et les negociations et traictez de paix qu'on propose faire, tant entre l'Empereur et ce Seigneur, que de celuy-cy avec le roy de Perse. Au moyen de quoy, vous y aurés les yeux ouverts, affin de m'en avertir fidellement. Aucuns sont d'opinion que les Valacques, pour jouir de la Transilvanie, prendroient volontiers la protection de ce Seigneur, s'ils cognoissoient le pouvoir faire seurement, affin d'eviter la domination du dict Empereur, lequel aussy n'en est sans jalousie. Mettés peine de sçavoir ce qui en est, affin de m'en advertir; approuvant que vous assistiés le baile de Venise en ses poursuictes contre le Sigalle, pourveu qu'il face le semblable envers vous aux occasions qui se presenteront. Pietrequin et Ollivier ne comparoissent encore; et, pour fin de la presente, je vous asseureray de ma bonne santé : priant Dieu, Monsr de Breves, qu'il vous ayt en sa saincte garde. Escript à Paris, le vij^e mars 1600.

HENRY.

[1600.] — 9 MARS.

Orig. — Arch. des Médicis, légation française, liasse 3. Copie transmise par M. le ministre de France à Florence.

Imprimé. — *Histoire de Toscane*, traduite de l'italien de RIGUCCIO GALLUZZI; t. V, p. 353.

A MON COUSIN LE GRAND DUC DE TOSCANE.

Mon Cousin; Les preuves que j'ay receues de vostre amitié ont imprimé en mon ame une telle gratitude et recognoissance d'icelles, que ny nostre commun silence, ny le temps mesme ne l'effaceront jamais de ma memoire, comme j'ay dict à Baccio Joannini quand il m'a baillé vostre lettre du troisiesme de ce mois passé; en quoy il semble que Dieu, qui cognoit l'interieur de mon cœur, ayt voulu me favoriser grandement, m'ayant conduict comme par la main au poinct auquel je me trouve, de vous en rendre un tesmoignage qui vous en peut esgalement contenter, lequel je vous prie, mon Cousin, croire que j'embrasse de meilleure volonté que je ne le vous puis representer par escript. Au moyen de quoy je m'en remettray à ce que vous en dira mon ambassadeur, le s^r de Sillery, et vous en escrira vostre dict secretaire par mon commandement : priant Dieu, mon Cousin, qu'il vous ait en sa saincte garde. Ce ixe mars, à Paris.

HENRY.

1600. — 22 MARS. — Ire.

Orig. — Archives du royaume de Sardaigne. Copie transmise par M. l'ambassadeur de France à Turin.

A MON FRERE LE DUC DE SAVOYE.

Mon frere, Le president Berliet m'a rendu vos lettres, et ay esté bien aise de la charge que vous luy avés donnée de demeurer pres de moy pour me faire entendre de vos nouvelles et à vous des miennes. Il m'a proposé ce que vous desirés de moy, et vous fera sçavoir la bonne volonté que j'ay de vous contenter en tout ce qui me sera possible, ainsy que vous cognoistrés par effect : et, sur ce, je prie Dieu, mon frere, qu'il vous ayt en sa tres saincte et digne garde. Escript à Fontainebleau, le xxij^e jour de mars 1600.

Vostre bon frere,

HENRY.

1600. — 22 MARS. — IIme.

Orig. — Archives de la ville de Gênes. Copie transmise par M. l'ambassadeur de France à Turin.

A NOS TRES CHERS ET BONS AMYS LES DUC ET GOUVERNEUR DE LA REPUBLIQUE DE GENNES.

Tres chers et bons amys, L'affection que vous avés demonstrée par le bon et favorable recueil que vous avés faict au s^r d'Alincourt, en passant par vostre ville, ne nous a pas esté moins agreable que le soing que vous avés eu de le faire accomoder d'une des galleres de vostre republique, dont il nous a faict sçavoir avoir esté si bien assisté, que nous n'avons voulu differer plus longuement à vous en remercier, comme nous faisons par ceste lettre, ensemble des offres de bonne volonté et bienveillance que vous nous avés faictes par les vostres du xxvie janvier; vous prians croire que, comme nous estimons beaucoup l'amitié de vostre Republique, nous embrasserons volontiers toutes les occasions qui se presenteront d'y correspondre, et vous faire paroistre la nostre, ainsy que vous cognoistrés par effect. A tant nous prions Dieu, Tres chers et bons amys, qu'il vous ayt en sa tres saincte et digne garde. Escript à Paris, le xxij^e jour de mars 1600.

- - HENRY.

DE NEUFVILLE.

[1600.] — 29 MARS.

Orig. autographe. — Archives royales de Sardaigne. Copie transmise par M. l'ambassadeur de France à Turin.

A MON FRERE LE DUC DE SAVOYE.

Mon frere, Je suis tres marry que vous n'avés esté mieux receu et honoré, passant par mes provinces de Champagne et de Bourgogne pour retourner en vos Estats; car, comme je vous aime d'entiere affection, je vous y eusse volontiers rendu tesmoignage selon mon desir en ceste occasion, ainsy que je m'estois peiné de faire en toutes aultres qui y pourront advancer vostre contentement. Mais nos longues guerres nous ayant reduict en si piteux estat que c'est tout ce que nous avons peu faire, depuis qu'elles sont finies, que de reprendre haleine, partant vous attribuerés les manquemens que vous y aurés remarquez à la pauvreté publique, et non à la volonté, laquelle, mon Frere, ne peut estre meilleure en vostre endroict qu'elle est. Aussy ne perdray-je jamais la memoire de la peine que vous avés prise de me venir voir, et rechercheray tous moyens de m'en revancher, comme vous cognoistrés par effect, quand l'occasion s'en presentera, faisant estat de me rendre dans ma ville de Lyon dedans le temps que je vous dis à vostre partement, comme j'espere vous mander bien tost par un homme exprés que je vous despescheray. Sur ce, je prieray Dieu qu'il vous ayt, mon frere, en sa garde. Ce xxixe mars, à Paris, 1600.

Vostre bien bon frere,
HENRY.

1600. — 30 MARS.

Cop. — Biblioth. de M. Monmerqué, Ms. intitulé *Lettres à l'ambassadeur du Levant*.

[A M. DE BRÈVES.]

Monsr de Breves, Quand le secretaire Pietrequin et l'interprete Ollivier seront arrivez, je sçauray d'eux ce que vous leur avés donné charge de me representer, tant sur les affaires publiques que sur les vostres particulieres, et cognoistrés, par la resolution que je prendray, que je n'ay aultre but que celuy du bien de mon service, qui veut que je recognoisse et gratifie ceux qui ont bien merité d'iceluy; comme en verité je recognois que vous en avés fait. Et quand je vous ay escript ma volonté sur les occasions qui se sont presentées, si quelquefois elle n'a esté conforme à vos conseils et deportemens, n'estimés pas pour cela que j'oublie les autres services que vous m'avés faicts, ny que je vous veuille priver de la recognoissance et gratitude qu'ils meritent; car ce ne fut onques mon intention, quand je vous ay escript les lettres desquelles vous vous estes plaint par la vostre du xe janvier, que j'ay receue le xxve de ce mois. Contentés-vous seulement de vous accommoder et obeïr à mes commandemens, lesquels je change selon les temps et les occasions, et que j'estime qu'il est necessaire que je face pour le bien de mes affaires, desquelles je juge mieux de la consequence, pour la cognoissance generale que j'ay d'icelles, que vous ne pouvés faire où vous estes; mesme des choses qui se passent par delà, d'où veritablement j'ay creu que vous n'aviés pas la volonté de sortir, puisque vous ayant accordé vostre congé sur l'instance que vous m'en aviés faicte, vous m'avés depuis demandé un successeur avec des moyens pour acquitter vos dettes, de quoy vous n'aviés parlé devant. Or je veux croire que vous ayés faict le tout à bonne fin, puisque vous m'en avés asseuré par vostre dicte lettre. Par tant mettés vostre esprit en repos pour ce regard, et quand j'auray ouy les dicts Pietrequin et Ollivier, je vous manderay ce que vous avés à faire. Ce pendant, continués à me servir gaiement et fidellement. Je fais compte de m'acheminer en mon pays de Provence dedans ceste année et remettre sus un bon corps de galeres pour m'autoriser de ce costé-là, comme ont esté autrefois les Roys mes predecesseurs, et lors je pourray faire respecter mon amitié par le Sigalle et par tous, autrement qu'elle n'a esté depuis que les Roys mes predecesseurs ont abandonné le soin de la mer de Levant; car j'auray moyen de bien et mal faire à qui m'en occasionnera : qui fera respecter davantage vos poursuictes. Mais mandés-moy s'il est vray que le vayvode de Vallachie soit d'accord avec ce Seigneur pour la Transilvanie, car on dit qu'il en compose, et faict qu'il trompe l'un ou l'autre, ou tous deux ensemble; de quoy j'auray à plaisir d'estre esclaircy comme de toutes autres occurrences : priant Dieu, Monsr de Breves, qu'il vous ayt en sa saincte garde. Escript à Paris, le xxxe jour de mars 1600.

HENRY.

1600. — 5 AVRIL.

Orig. — Arch. de M. de Bourdeille.

[A MONS^R DE BOURDEILLES.]

Monsr de Bourdeilles, Sur ce que je feus dernierement adverty que les s^{rs} de Giversac et de Lafaye avoient assemblé quelques gens de guerre pour assieger le prieuré de Trimolat, je vous feis une depesche et vous manday que vous vous acheminassiés avec si bonne trouppe de vos amys, que vous peussiés separer les gens de guerre qui y pourroient avoir esté menez, et que vous vous saisissiés du dict prieuré pour le tenir en seure garde jusques à ce que j'en eusse autrement ordonné; et combien que je m'asseure que vous n'aurés failly d'executer ce commandement, toutesfois, parce que je suis adverty que le sr de Boesse est party d'icy pour peu de jours, en intention d'assembler aussy ses amys, pour se mettre par force en possession du dict prieuré, en vertu d'un arrest qu'il en a obtenu, et parce que telles assemblées sont contre mes ordonnances, et que je veulx desaccoustumer mes subjects d'entreprendre de se faire la raison d'eulx-mesmes, et leur apprendre à la requerir de ceulx qui la leur doivent rendre, je vous prie et neantmoins vous ordonne que si vous ne vous estes encore saisy du dict prieuré, que vous le faictes promptement; et faictes sçavoir aux uns et aux autres que vous avés eu commandement de moy, et que si aucun est si osé de s'y opposer, que sa faulte ne demeurera pas impunye. J'en escris particulierement au dict sr de Boesse la lettre que je vous envoye, que vous luy ferés tenir incontinent; et m'asseurant que vous vous sçaurés comporter en cela comme il est requis, je ne vous feray ceste-cy plus longue : priant Dieu, Monsr de Bourdeilles, vous avoir en sa saincte garde. Escript à Paris, ce ve avril 1600.

              HENRY.

               FORGET.

1600. — 7 AVRIL. — Ire.

Imprimé. — *Les devots Elancemens du Poëte chrestien*; Pont-à-Mousson, 1603.

[AU DUC DE LORRAINE.]

Mon frere, Ce mot sera pour vous tesmoigner combien j'ay agreable le service que le sr de Ramberviller, lieuctenant general au bailliage de l'evesché de Metz, m'a faict en me presentant un livre qu'il a composé, intitulé *les devots Elancemens du Poete chrestien*[1], auquel

---

[1]. Cet ouvrage doit avoir eu au moins deux éditions : celle qui fut présentée à Henri IV par l'auteur, en 1600, et celle de 1603, d'où M. Clerx de Belletanche, bibliothécaire à Metz, ainsi que feu M. Soulié, à l'Arsenal, ont bien voulu nous ex-

DE HENRI IV. 219

j'ay prins plaisir; et croyés que vous m'en ferés un tres agreable, si quelque occasion de le gratifier se presente, de le vouloir faire pour l'amour de moy, qui vous en prie, comme aussy de luy tesmoigner combien favorable luy aura esté ma recommandation. Il est personnage de merite, et lequel je vous asseure que vous n'aurés poinct de regret d'employer, non plus que de continuer à m'aimer. Sur ce, je prie Dieu qu'il vous ayt, mon frere, en sa saincte et digne garde. Escript à Paris, le vij^e jour d'avril 1600.

Vostre bien bon frere,

HENRY.

1600. — 7 AVRIL. — IIme.

Imprimé. — *Les devots Elancemens du Poëte chrestien*; Pont-à-Mousson, 1603.

[AU CARDINAL DE LORRAINE.]

Mon nepveu, J'ay receu un tel contentement du s^r de Ramberviller, lieutenant general au bailliage de l'evesché de Metz, du livre qu'il a composé et m'a presenté, intitulé *les devots Elancemens du Poete chrestien*, que je ne puis que je ne vous le tesmoigne par ce mot, et vous prie, s'il s'offre occasion de faire pour luy, de la vouloir embrasser pour l'amour de moy, affin qu'il cognoisse que vous m'aimés. Sa vertu et son merite vous le peuvent recommander, mais aussy me veux-je promettre que ma recommandation ne luy sera inutile. Sur ce, Dieu vous ayt, mon nepveu, en sa saincte et digne garde. Escript à Paris, le vij^e d'avril 1600.

HENRY.

RUZÉ.

traire cette lettre et la suivante qui y sont imprimées.

Le titre entier du volume est : *Les devots Elancemens du Poete chrestien, presentez à tres chrestien, tres auguste et tres victorieux Henry IIII, roy de France et de Navarre, par Alphonse de Ramberviller, lieutenant general au bailliage de Metz. Imprimés au Pont-à-Mousson par Melchior Bernard, 1603.*

Le livre est orné de magnifiques vignettes, gravées par Thomas de Leu et J. de Weert. Le portrait d'Henri IV, en pied et en habits royaux, est au frontispice.

1600. — 8 AVRIL.

Cop. — Biblioth. de M. Monmerqué, Ms. intitulé *Lettres à l'ambassadeur du Levant.*

[A M. DE BRÈVES.]

Monsr de Breves, La response que j'ay faicte à vostre lettre du ixe janvier, le xxxe du mois passé, vous aura delibvré de la peine en laquelle mes precedentes vous avoient mis, ayant, sur vos remonstrances et sur les advis que vous m'avés donnez, jugé non-seulement les excuses de vostre demeure par delà bien fondées, mais aussy vostre presence et sejour estre necessaires pour mon service. Partant soyés en repos pour ce regard, et continués seulement à entendre à me bien servir. Le voyage que le duc de Mercure a faict en Hongrie a esté comme particulier et pour s'absenter de ce Royaume, plustost que s'engager en la guerre du dict pays; aussy en est-il jà revenu, et ne faict aucune contenance ny demonstration d'y vouloir retourner; et si je m'aperçois qu'il ayt autre volonté, je l'en detourneray autant qu'il me sera possible. Car je vous declare que je n'ay aucune volonté de rompre avec ce Seigneur. Toutesfois vous ferés bien de continuer à luy faire cognoistre et aux siens que, s'ils continuent à mal traicter mes subjects et à vous refuser justice des torts et griefs qu'on leur faict, ils me contraindront de changer de conseil. Il est bien vray que la republique de Venise appointe le comte de Vaudemont, fils puisné du duc de Lorraine, en qualité de colonel de vingt mil hommes de pied et quatre mil chevaux; mais telles charges regardent plus les affaires de deçà que celles de delà, mesmes s'ils veulent vivre en amitié avec moy et la dicte republique. Vous aurés cogneu aussy par la lettre que la royne d'Angleterre m'a escripte, dont je vous ay envoyé le propre original, que je ne me suis guere meslé du traicté que les Espagnols et elle pretendent faire ensemble. Dictes-le hardiment à ce Seigneur et à ses ministres, qu'il n'y a rien qui me puisse plustost porter à l'union qu'ils redoubtent, que l'indignation fondée à bon droict sur l'injustice susdicte qu'ils font à mes dicts subjects. Par tant advertissés-les de remedier à ce point, et leur asseurés qu'en ce faisant ils ne seront en peine de chose qui despende de moy. J'ay appris par vostre derniere, du xxiiiie de fevrier, que j'ay receue avec celle du viiie du dict mois et la precedente du xxiiiie de janvier, la rebellion d'Asie par la punition d'Osmin-bassa, comme vous avés faict par les miennes du mois de fevrier et mars, l'accord que j'ay faict avec le duc de Savoye pour le recouvrement de mon marquisat de Saluces; pour l'execution duquel j'ay deliberé de m'acheminer en ma ville de Lyon dans le commencement du mois prochain; qui sera tout ce que je vous escriray par la presente : priant Dieu, Monsr. de Breves, qu'il vous tienne en sa saincte garde. Escript à Paris, le viij^e avril 1600.

HENRY.

1600. — 17 AVRIL.

Orig. — Arch. municip. de Bayonne. Copies transmises par MM. J. Balasque et d'Aguerre Dospital.

A NOS CHERS ET BIEN AMEZ LES MAIRE ET JURATS DE MA VILLE
DE BAYONNE.

Chers et bien amez, Nous vous avons cy-devant escript comme nous avions pourveu nostre cousin le mareschal d'Ornano de la charge de nostre lieutenant en Guyenne, et comme nous deliberions l'y envoyer au plus tost pour prendre en main la conduicte et administration des affaires; ce que n'ayant peu faire jusques icy, pour diverses occurrences qui nous sont survenues, où sa presence nous a esté necessaire, nous le faisons maintenant partir, ne voulans plus longuement priver nostre dicte province de Guyenne du fruict que nous esperons qu'elle recevra de son gouvernement. Mais comme nous nous asseurons que nostre dict cousin y sera tres utile, nous desirons aussy qu'il y soit recogneu, honoré et respecté comme il convient à sa qualité et merites, et à la confiance particuliere que nous avons en luy, sans laquelle chacun peut bien juger que nous ne luy eussions pas commis la charge d'une province si importante. C'est pourquoy nous vous avons bien voulu escrire la presente pour vous recommander de luy rendre en vostre particulier tout devoir et obeissance en ce qu'il vous fera entendre estre de nostre volonté et service; dont vous pouvés croire que nous ne recepvrons pas moins de contentement ny ne vous en sçaurons pas moins de gré que si le tout se faisoit à nostre propre personne. Donné à Paris, le xvij^e jour d'apvril 1600.

HENRY.

FORGET.

1600. — 20. AVRIL. — Ire.

Orig. — State paper office, antient royal letters, vol. XXII, lettre 212.

[A LA REINE D'ANGLETERRE.]

Tres haute, tres excellente et tres puissante princesse, nostre tres chere et tres amée bonne sœur et cousine, C'est avec grand regret que nous n'avons peu despescher plus tost par delà quelque personne de qualité pour assister à la ceremonie de l'ordre de la Jaretiere et y prendre possession de nostre place de chevalier, suivant ce qui est porté par les statuts du dict ordre. Mais la diversité des affaires qui nous sont survenus ne nous a permis de ce faire jusques à ceste heure, que nous envoyons pour cest effect le commandeur de Chattes, conseiller en nostre conseil d'Estat, capitaine de cinquante hommes d'armes de nos ordonnances, gouverneur de nostre ville de Dieppe, et l'un de nos lieuctenans generaux au gouvernement de Normandie, vous priant excuser ce retardement et trouver bon que le dict commandeur assiste de nostre part à la dicte ceremonie, y represente nostre personne, et satisface à ce qui est porté par les dicts statuts, et au reste le croire comme nous-mesmes : qui prions Dieu, Tres haute, tres excellente et tres puissante princesse, nostre tres chere et tres amée bonne sœur et cousine, qu'il vous ayt en sa tres saincte et digne garde. Escript à Paris, le xxe jour d'avril 1600.

Vostre bon frere et cousin
HENRY.

DE NEUFVILLE.

1600. — 20 AVRIL. — IIme.

Orig. — Collection de M. F. Feuillet de Conches.

A TRES HAULT, TRES EXCELLENT ET TRES PUISSANT PRINCE, NOSTRE TRES CHER ET TRES AMÉ BON FRERE ET COUSIN LE ROY CATHOLIQUE D'ESPAGNE.

Tres hault, tres excellent et tres puissant prince, nostre tres cher et tres amé bon frere et cousin, Nous avons receu, par le retour du controlleur Sancerre, les lettres de Vostre Majesté du dixiesme decembre dernier, avec plaisir d'entendre qu'elle eust commandé à ses ministres d'avoir soing de faire raison et justice aux marchands de nostre pays et duché de Bretagne sur les longues poursuictes qu'ils ont faictes par delà. Mais nous avons depuis entendu qu'il n'y a encores esté satisfaict; dont nous avons esté autant deplaisans comme les dictes poursuictes sont pleines de consideration et d'equité, et avons commandé au comte de la Rochepot, chevalier de nos ordres, conseiller en nostre conseil d'Estat, cappitaine de cent hommes d'armes de nos ordonnances, gouverneur et nostre lieutenant general en nostre pays et duché d'Anjou, que nous envoyons nostre ambassadeur pres de Vostre Majesté, d'embrasser les affaires des dicts marchands de Bretagne, d'en faire nouvelle instance à Vostre Majesté, comme de choses que nous avons à cœur. Par tant, nous la prions de se disposer à nous donner contentement en ce faict particulier, et croire sur ce subject le dict comte de la Rochepot comme nous-mesmes : priant Dieu, Tres hault, tres excellent et tres puissant prince, nostre tres cher et tres amé bon frere et cousin, qu'il ayt Vostre Majesté en sa saincte et digne garde. Escript à Paris, le xxe jour d'apvril 1600.

Vostre bon frere et cousin,

HENRY.

DE NEUFVILLE.

1600. — 21 AVRIL. — Ire.

Cop. — B. N. Fonds Du Puy, Ms. 407, fol. 36 recto.
Imprimé. — *Lettres inédites de Henri IV*, publiées par Sérieys, p. 67.

A MADAMOISELLE D'ENTRAGUES [1].

Madamoiselle, L'amour, l'honneur et les bienfaicts que vous avés receus de moy eussent arresté la plus legere ame du monde, si elle n'eust point esté accompagnée de mauvais naturel comme la vostre. Je ne vous picqueray davantage, bien que je le peusse et deusse faire, vous le sçavés. Je vous prie de me renvoyer la promesse que sçavés [2]; et ne me donnés point la peine de la ravoir par aultre voye. Renvoyés-moy aussy la bague que je vous rendis l'autre jour. Voilà le subject de ceste lettre, de laquelle je veux avoir response annuyt.

HENRY.

Du vendredy matin xxj^e avril 1600, à Fontainebleau.

[1] Henriette de Balsac, fille de François de Balsac, seigneur d'Entragues, et de Marie Touchet, devint maîtresse de Henri IV peu de temps après la mort de Gabrielle d'Estrées, qu'elle n'égalait pas en beauté, mais qu'elle surpassait en esprit et en coquetterie raffinée. Le Roi la fit marquise de Verneuil. Aussi perfide qu'audacieuse, dressée à la ruse et à l'art de la séduction par les parents les plus corrompus de la cour, elle fit le malheur de Henri IV par la longue passion qu'elle lui inspira, et que n'éteignit pas encore la conspiration dans laquelle elle trempa en 1604. Elle fut mère de Henri légitimé de France, duc de Verneuil, et de Gabrielle-Angélique, légitimée de France, mariée au fils du duc d'Épernon. Par sa mère, qui avait été maîtresse de Charles IX, la marquise de Verneuil était sœur du duc d'Angoulême, fils de ce roi. Elle mourut en 1633, à l'âge de soixante-trois ans.

[2] Sur cette promesse, voyez la lettre suivante.

Christianissima Maestà

Doppo haver.° humiliss. baciato le mani di V.M. Chris.ma vengo à renderle quelle più affettuose gr.e ch'io posso dell'favore, ch'ella mi ha fatto con la cortes. et cord.ma l.ra di confidenza, che s'è degnata scrivermi p.r Frontaneo suo fedel ser.re Jo l'ho veduto, et ascoltato con quell'attenzione, che conviene al comandam.to della M.tà V.ra et alla per.a obbedienza, che le debbo. Et havendomi egli pienam.te rappresen.ta.ta, et confirm.ta per parte di lei, quella sincerità, fede, et inviolabile affuer.ne so di me, ch'io vengo esser constant.ma nella M.tà V.ra et ch'ella med.ma mi significa nella sua, mi ha rallegrata, et consolata tutta, com' intenderà dal med.° Frontaneo. Però io, che dalla pura mano di Dio riconosco la santa mente della M.tà V.ra et non da' merti;

ch'ella si compiace attribuirmi per sua benignità, non posso dirle
altro per risp.a, se non assicurarla dal canto mio d'una sincera
corrispondenza di fede, d'una continua humiltà, et riverenza, et d'una
perpetua obbedienza verso la per.a sua. Et se il cielo ha fatto na.re
la M.tà V.ra per honorarmi, et obligarmi col s.to legame, et favorirmi
il tempo di mia vita, come ella mi scrive; che ben presto con la pres.a
me ne renderà chiaro testimonio, ben fortunata mi potrò chiamar io
sua humil.ma serva, se otterrò da Dio di sempre meritare la gr.a della
M.tà V., et di sapere regolare tutte le attioni mie, conforme alla volontà
et alli comandam.ti di lei, come som.am.te desidero. Et con questo
fine sigillando il mio concetto, supp.co il Sig.re che faccia riuscire
presto, prosperi, et felici tutti i pensieri della M.tà V., alla quale
intanto con ogni debita sommiss.e m'inchino. Di Fior.za alli 25
di Giugnio 1600.

Di Vostra Maestà Chris.ma

Soggiungo a V.M. che havendomi il sec.e Giovannini testificato
l'aff.ne che V.M. mi porta et per ciò datomi occ.ne di gran contento
la prego a participarli la sua gr.a et favore tanto più che
egli è antico ser.re di casa nostra

Humilissima, et obligatissima Serva
Maria de Medici

Recueil des lettres missives de Henri IV.   Pl. III.

Tome 5.   Lith. de l'Imprimerie Nationale.

D'après l'original conservé à la Bibliothèque Nationale.
(Voir le texte imprimé, page 235.)

Al Christianiss.mo Re
mio Sig.re

1600. — 21 AVRIL. — IIme.

Cop. — B. N. Fonds Du Puy, Ms. 407, fol. 36 recto. Et Suppl. fr. Ms. 1009-4. (D'après l'autographe qui était dans les Mss. Letellier-Louvois.)
Imprimé. — *Lettres inédites d'Henri IV*, publiées par Sérieys, p. 68.

A MONS^r D'ENTRAGUES[1].

Monsr d'Entragues, Je vous envoye ce porteur pour me rapporter la promesse que je vous baillay à Malesherbes. Je vous prie, ne faillés de me la renvoyer[2], et si vous me la voulés rapporter vous-mesme, je

---

[1] François de Balsac, seigneur d'Entragues, de Marcoussy et du Bois-Malesherbes, fils de Guillaume de Balsac et de Louise d'Humières, était conseiller d'État, capitaine de cinquante hommes d'armes des ordonnances, gouverneur d'Orléans et lieutenant-général au gouvernement de l'Orléanais. Il avait été créé chevalier du Saint-Esprit à la première promotion de l'ordre, en 1578. Ayant perdu, cette même année, sa première femme, Jacqueline de Rohan, il se remaria avec Marie Touchet, dame de Belleville, qui avait été maîtresse de Charles IX, dont elle avait eu Charles de Valois, duc d'Angoulême. M. d'Entragues, que l'ancienneté de sa maison plaçait aux premiers rangs de la noblesse, était, par son excessive immoralité, l'homme le plus décrié de la cour. Il forma avec le duc d'Angoulême, son beau-fils, et la marquise de Verneuil, sa fille, une conspiration pour livrer le duc de Verneuil, son petit-fils, au roi d'Espagne, qui devait le reconnaître comme héritier présomptif du trône de France. Cette conspiration fut découverte en 1604, et, par arrêt du parlement, rendu le 10 février 1605, M. d'Entragues et le duc d'Angoulême furent condamnés à mort, et la marquise de Verneuil à la détention. Mais la passion du Roi pour la marquise empêcha l'exécution de ces arrêts; madame de Verneuil fut rendue à la liberté; le duc d'Angoulême fut mis à la Bastille, d'où il ne sortit que sous le règne suivant, et M. d'Entragues fut relégué dans ses terres.

[2] Le meilleur commentaire et le plus complet de l'affaire de cette promesse est le commencement du chapitre 92 des *Économies royales*, paragraphes intitulés *Discours du Roy à Monsieur de Rosny sur la promesse à la d'Entragues*, et *Discours de Monsieur de Rosny touchant la d'Entragues*. Sully commence par expliquer fort en détail le moyen qu'employèrent les d'Entragues pour escroquer au Roi cent mille écus, par la promesse qu'Henriette de Balsac fit de ses faveurs à ce prix, tout en s'entendant avec ses parents pour être surveillée de si près, qu'elle parût ne pouvoir tenir sa parole, malgré sa bonne volonté; puis, après avoir joué ce jeu assez longtemps pour exciter au plus haut degré les désirs du Roi, la déclaration qu'elle lui fit que, sans une promesse de mariage

vous diray les raisons qui m'y poussent, qui sont domestiques, non
d'Estat; par lesquelles vous dirés que j'ay raison, et recognoistrés que

signée de lui, ses parents ne se relâcheraient pas de cette surveillance incommode. Enfin vient la conversation justement célèbre de Henri IV avec Rosny, qui, après avoir pris du Roi l'assurance qu'il ne se fâcherait pas contre lui, déchira cette promesse de mariage. Nous ne rapportons pas ce morceau, qui est connu de tout le monde; mais, pour l'intelligence de cet endroit de la correspondance, il est nécessaire de citer au moins quelques lignes de ce que Sully se fait dire là par ses secrétaires :

« . . . . Au lieu de la luy mettre en mains, vous la dechirastes en deux pieces. Voilà, Sire, puisqu'il vous plaist le sçavoir, ce qu'il me semble d'une telle promesse. — Comment, morbieu! ce dit le Roy, que pensez-vous faire? je crois que vous estes fou. — Il est vray, Sire, dites-vous, je suis un fou et un sot, et voudrois l'estre si fort, que je le fusse tout seul en France. — Or bien, dit le Roy, je vous entends bien et ne vous en diray pas davantage, afin de vous tenir parole; mais rendez-moy ce papier. » Sully explique alors les motifs de son opposition aux désirs de S. M. « Le Roy, continuent les secrétaires de Sully, vous escouta tout du long, et puis sans vous rien respondre, sortit de la gallerie, entra dans son cabinet, demanda de l'encre et du papier au sieur de Lomenie, et y ayant demeuré environ un demi-quart d'heure, à faire comme vous le conjecturiez, un autre pareil escript de sa main, il en ressortit, et quoiqu'il vous rencontrast en bas, sy monta-il à cheval devant vous sans vous dire un seul mot, et s'en alla chasser vers le Bois-Malesherbes, où il sejourna deux jours entiers ou environ. »

La fameuse promesse ainsi déchirée, puis récrite, était conçue en ces termes :

« Nous Henry quatriesme, par la grace de Dieu, Roy de France et de Navarre, promettons et jurons devant Dieu, en foy et parole de Roy, à messire François de Balsac, s^r d'Entragues, chevalier de nos ordres, que, nous donnant pour compagne damoiselle Henriette-Catherine de Balsac, sa fille, au cas que dans six mois à commencer du premier jour du present, elle devienne grosse et qu'elle en accouche d'un fils, alors et à l'instant nous la prendrons à femme et legitime espouse, dont nous solemniserons le mariage publiquement et en face de nostre Saincte Eglise, selon les solemnitez en tel cas requis et accoustumez. Pour plus grande approbation de laquelle presente promesse, nous promettons et jurons comme dessus, de la ratifier et renouveller soubs notre seings, incontinent après que nous aurons obtenu de Nostre Sainct Pere le Pape la dissolution du mariage entre nous et dame Marguerite de France, avec permission de nous remarier où bon nous semblera. En tesmoing de quoy nous avons escript et signé la presente. Au bois de Malesherbes, ce jourd'huy premier octobre 1599.

« HENRY. »

Il était d'autant plus urgent, et en même temps plus difficile, lors de ces deux lettres à M. d'Entragues et à sa fille, de réclamer la remise de cette promesse,

vous avés esté trompé, et que j'ay un naturel que je peux dire plustost trop bon que aultrement. M'asseurant que vous obeïrés à mon commandement, je finiray, vous asseurant que je suis vostre bon maistre,

HENRY.

Ce vendredy matin, xxj^e avril 1600, à Fontainebleau.

que les conditions s'en trouvaient remplies dans le délai fixé; car la marquise de Verneuil était grosse, et ce ne fut qu'au mois de juillet suivant qu'elle accoucha avant terme d'un enfant mort. D'un autre côté, le mariage avec Marie de Médicis était arrêté dès la fin de l'année précédente. On devait s'attendre au refus des d'Entragues, ce qui arriva en effet. Toutefois l'accident arrivé à la marquise de Verneuil, en déliant le Roi de son engagement, annula bientôt la promesse de mariage, subordonnée à la naissance d'un fils de cette première grossesse. Néanmoins on continua, même après le mariage du Roi, à négocier la remise de cette promesse, que M. d'Entragues ne consentit à rendre qu'en 1603 ; et c'est par une copie authentique du procès-verbal de cette restitution, copie certifiée et revêtue de la signature de MM. de Villeroy et de Gesvres, secrétaires d'État, que le texte de cette pièce étrange est arrivé jusqu'à nous. Voici ce procès-verbal de restitution écrit à la suite de la promesse :

« Nous soubsignez François de Balsac, s^r d'Entraigues, recognoissons et certifions que l'escript cy-dessus est le vray et seul escript fait par le Roy, à nostre supplication et instance, au temps et lieu porté par iceluy, et depuis mis en nos mains; lequel nous avons presentement rendu à Sa Majesté, en presence de messeigneurs les comte de Soissons et duc de Montpensier, monsieur le chancelier, les sieurs de Sillery, de la Guesle, procureur general et Jeannin, conseillers au conseil d'Estat. Faict à Paris, le ij^e jour de juillet 1604.

« Signé de BALZAC.

« Nous soubsignez, conseillers et secrétaires d'État de Sa Majesté, certifions le dict s^r d'Entraigues avoir escript et signé de sa propre main la recognoissance et certification cy-dessus escripte. Faict au lieu, jour et an susdicts, en presence des princes et seigneurs cy-dessus nommez. Signez : Charles de Bourbon, Henry de Bourbon, Bellievre, N. Brulart, de la Guesle, P. Jeannin, de Neufville et Potier.

« Collationné à l'original par nous soubsignez. A Paris le vi^e jour de juillet 1604.

« DE NEUFVILLE. POTIER. »

(Orig. — B. N. Suppl. franç. Ms. 177.)

1600. — 28 AVRIL.

Orig. — Musée Britannique, Ms. Burney, vol. 367, fol. 130. Copies transmises par MM. Delpit et Lenglet.

AU Sʳ CASAUBON.

Monsʳ de Casaubon, Je desire vous voir, et vous communiquer un affaire que j'ay fort à cueur[1]. C'est pourquoy vous ne fauldrés, incontinent la presente receue, de vous acheminer en ce lieu, et vous y rendre pour le plus tard dimanche au soir : et m'asseurant que vous

---

[1] Cette affaire était la conférence qui allait se tenir entre du Perron, évêque d'Évreux, et du Plessis-Mornay, au sujet des inexactitudes reprochées à celui-ci dans son livre de l'Eucharistie. L'évêque d'Évreux s'était engagé à y montrer plus de cinq cents erreurs. Du Plessis-Mornay accepta le défi; jour fut pris pour la conférence, qui eut lieu le 4 mai à Fontainebleau, sous la présidence du Roi, en présence de plusieurs prélats, de plusieurs ministres protestants, des principaux seigneurs de la cour, du chancelier et des secrétaires d'État. Les commissaires, nommés pour juger les questions et agréés par les deux parties, furent Isaac Casaubon, de Fresnes-Canaye, président en la chambre de l'édit de Languedoc, le médecin Martin, docte hébraïsant, qui pouvait apprécier sûrement les textes hébreux, comme Casaubon les textes grecs, Pierre Pithou et le président de Thou. Les deux premiers étaient protestants, et les trois autres catholiques; mais l'estime, et l'on peut dire la sympathie que Pithou et de Thou témoignaient aux hommes distingués de l'autre religion étaient notoires. Ils étaient d'ailleurs anciens amis de Mornay; et l'on a vu ci-dessus (t. IV, p. 231) avec quel profond mépris de Thou s'exprime sur le caractère du cardinal du Perron. Mais celui-ci, sûr de son fait, tant les citations du livre de l'Eucharistie étaient erronées, aimait bien mieux voir son triomphe constaté par des adversaires. Quoi qu'en dise madame du Plessis-Mornay en ses mémoires, il s'était attaché à faire choisir des hommes aussi honorables que savants, et certainement du Plessis n'aurait pu choisir tout seul des juges mieux intentionnés. Aussi ses partisans eurent-ils mauvaise grâce, après son échec, à se plaindre de cette proportion de trois catholiques contre deux protestants.

Un point sur lequel tous sont d'accord est l'extrême préoccupation que l'affaire causait au Roi, comme lui-même l'écrit ici à Casaubon. Madame de Mornay dit : « Fut remarqué en Sa Majesté, la veille, une telle anxiété, qu'il ne pouvoit mettre son esprit en repos; dont M. de Lomenie, secretaire du cabinet, ne se put tenir de luy dire que la veille de Coutras, d'Arques et d'Ivry il ne monstroit pas estre en si grand' peine : ce qu'il advoua. » (*Mémoires de Charlotte Arbaleste*, page 366.)

n'y manquerés, je ne feray ceste-cy plus longue, que pour prier Dieu qu'il vous ayt en sa saincte garde. Escript à Fontainebleau, le xxviij^e jour d'avril 1600.

HENRY.

DE NEUFVILLE.

[1600.] — 3 MAI.

Orig. autographe. — Biblioth. impér. de Saint-Pétersbourg, Mss. 837, lettre 47. Copie transmise par M. Allier.

A MONS^R DE BELLIEVRE,

CHANCELIER DE FRANCE.

Monsr le chancelier, Estant à Lyon, je vous fis entendre ce qui estoit de ma volonté touchant le procés que le s^r de Montbrun, qui m'a tousjours bien et fidellement servy, a en mon conseil contre certains marchands de ma dicte ville de Lyon, pour raison de quelques marchandises qu'ils perdirent durant les troubles, et dont le s^r de Montbrun a obtenu abolition de moy[1]; et pour ce que je continue en la mesme volonté pour luy, que je la vous fis paroistre au dict Lyon, je vous fais ce mot pour vous prier de toute mon affection, de vous employer de tout vostre pouvoir pour, en jugeant le procés, mettre hors d'interest et descharger le dict s^r de Montbrun, puisque de là despend non seulement la ruine du dict s^r de Montbrun, mais aussy d'aultres gentilshommes que j'aime, et pour lesquels vous me ferés service très agreable de vous employer, pour les en sortir conformement à la promesse que je leur en ay faicte : et sur ce, Dieu vous ayt, Monsr le chancelier, en sa saincte garde. Ce iij^e may, à Fontainebleau.

HENRY.

[1] En demandant cette abolition, M. de Montbrun avait dû reconnaître implicitement, ou peut-être même très-explicitement, qu'il avait contribué à enlever les marchandises que ces marchands de Lyon se plaignaient d'avoir *perdues*, suivant l'expression du Roi, dont l'intervention, en cette circonstance comme dans tant d'autres lettres au chancelier, est un des abus de ce temps les plus graves, et qu'on ne saurait essayer de justifier en aucune façon.

1600. — 5 MAI.

Cop. — B. N. Fonds Leydet, liasse V. (Relevé des registres secrets du parlement de Bordeaux.)
— Biblioth. de l'Arsenal, liasse in-fol. n° 170.
— Arch. de Bordeaux. Extrait du registre secret du parlement de Bordeaux, t. II, p. 45. Envoi de M. Bonnet, avocat.
Imprimé. — Memoires de Charlotte Arbaleste sur la vie de Duplessis-Mornay, son mari, p. 367, etc.

A MON COUSIN LE DUC D'ESPERNON.

Mon amy, Le diocese d'Evreux à gagné celuy de Saumur [1]; et la doulceur dont on y a procedé oste l'occasion à quelque huguenot que ce soit de dire que rien y ayt eu force que la verité. Ce porteur y estoit, qui vous contera comme j'y ay faict merveilles. Certes c'est un

---

[1] C'est du Plessis-Mornay, gouverneur de Saumur, que Henri IV désigne par cette plaisanterie, en l'opposant à du Perron, évêque d'Évreux. Le rare talent de celui-ci, son éloquence et son érudition, son expérience consommée dans ce genre de luttes, le soin tout particulier qu'il avait mis aux recherches nécessaires à cette discussion, lui assuraient un succès complet. Aussy Mornay fut-il battu par ce redoutable adversaire, au point de ne pouvoir continuer la dispute, remise au lendemain. C'est ce qui ressort clairement des récits des deux partis, quelque opposées que soient leurs appréciations, comme on doit nécessairement s'y attendre. Madame de Mornay insiste sur l'immoralité de du Perron, sur laquelle il n'y avait que trop à dire, mais qui était indifférente dans une dispute où il s'agissait de textes à vérifier, en présence et sous le contrôle sévère des maîtres de l'érudition. Elle se plaint de l'ingratitude et de la partialité de Henri IV; elle représente son mari comme victime d'une espèce de guet-apens, et trace une peinture tou-

chante du profond chagrin dont il fut navré. Le fait est qu'il avait allégué quantité de passages qu'on lui avait fournis tronqués, et que les auteurs cités ainsi disaient réellement tout le contraire de ce qu'il avait cru. Du Perron en donna des preuves sans réplique.

Rosny, resté protestant, mais qui était bien loin de mettre, comme Mornay, les considérations religieuses en première ligne, juge l'affaire d'après son impression comme témoin de la conférence, et charge sans ménagement son illustre coreligionnaire, qu'il accable de sa mordante ironie. « Il se défendit si foiblement (disent les prétendus secrétaires), qu'il faisoit rire les uns, mettoit les autres en colere, et faisoit pitié aux autres; ce que voyant le Roy, il vint vous demander : « Eh bien! « que vous en semble de vostre Pape? — « Il me semble, sire, dites-vous, qu'il est « plus Pape que vous ne pensez; car ne « voyez-vous pas qu'il donne un chapeau « rouge à monsieur d'Evreux ? » (Œconomies royales, chap. 95.)

DE HENRI IV. 231

des grands coups pour l'Eglise de Dieu qui se soit faict il y a longtemps. Suivant ces erres, nous ramenerons plus de separez de l'Eglise en un an, que par une aultre voye en cinquante. Il a ouy le discours d'un chacun, qui seroit trop long à discourir par escript; il vous dira la façon que je veulx que mes serviteurs tiennent pour tirer fruict de cest œuvre. Bonsoir, mon amy; saichant le plaisir que vous en aurés, vous estes le seul à qui je l'ay mandé[2]. De Fontainebleau, ce v[e] may 1600.

HENRY.

1600. — 17 MAI.

Orig. — State paper office, antient royal letters, vol. XXII, lettre 213. Transcription de M. Lenglet.

[A LA REINE D'ANGLETERRE.]

Tres haute, tres excellente et tres puissante princesse, nostre tres chere et tres amée bonne sœur et cousine, nous avons commandé au s[r] de Boissize, conseiller en nostre conseil d'Estat et nostre ambassadeur resident pres de vous, de vous faire plaincte de nostre part, non seulement de la depredation qui a esté nagueres commise sur deux navires de nostre ville de St-Malo, appartenans au s[r] de Landelle et à un aultre marchand, mais de la cruaulté qui s'est exercée sur les

---

[2] Ces expressions affectueuses prodiguées à un homme qu'il haïssait à si juste titre, et pour lequel son antipathie était connue, firent peu d'honneur à Henri IV. Madame de Mornay fait les réflexions suivantes sur cette lettre à d'Espernon :

« Laquelle il envoya partout, et tost fut veue dedans et dehors le royaume, et imprimée jusques à Prague; et à aultres des seigneurs n'en fut rien escript. Cette façon et ce style fut trouvé estrange, parce que chacun cognoissoit le peu d'amitié que le Roy luy portoit, et luy-mesme s'en rioit entre les siens, mais en faisoit son proffict, surtout avec ceux du clergé. Dont aussy, peu après, le Roy se repentit, sur ce qu'on luy fit cognoistre que c'estoit donner lieu à cest homme par dessus tous les catholiques de son royaume, puisqu'entre tous il l'avoit choisi seul. Fut noté aussy qu'en ceste lettre Sa Majesté usoit de ces mots : *J'y ay faict merveilles,* lesquels, depuis, quelques-uns voulurent changer en ceulx-ci : *Il s'y est faict merveilles,* parce que Sa Majesté declaroit trop qu'il y avoit esté partie; mais pour la pluspart où elle fut imprimée, fut avec les premiers mots et suivant l'original. »

personnes qui estoient dedans l'un des dicts vaisseaux, qui fut coulé à fond par quelques pirates anglois, ainsy que le sʳ de Boissize fera apparoir à vostre conseil par les informations qui en ont esté faictes de l'auctorité de nostre parlement de Bretagne; sur quoy nous vous prions croire le sʳ de Boissize comme nous-mesme, et commander qu'il soit faict raison à nos subjects interessez en ceste perte, comme il convient à l'entretenement de nostre commune amitié et bonne correspondance; à la seureté et liberté du traficq; et nous nous en revancherons à l'endroict de vos subjects en semblables occasions, si elles se presentent, ainsy que le sʳ de Boissize vous fera plus amplement entendre : priant Dieu, Tres haute, tres excellente et tres puissante princesse, nostre tres chere et tres amée bonne sœur et cousine, qu'il vous ayt en sa tres saincte et digne garde. Escript à Paris, le xvijᵉ jour de may 1600.

Vostre bon frere et cousin,

HENRY.

DE NEUFVILLE.

1600. — 22 MAI.

Orig. — B. N. Fonds Saint-Germain-Harlay, n° 521, fol. 55.

A MONSʳ DE SILLERY,

CONSEILLER EN MON CONSEIL D'ESTAT ET MON AMBASSADEUR À ROME.

Monsʳ de Sillery, Je vous prie presenter à Nostre Tres Sainct Pere le Pape les lettres que je luy escris, et suivant icelles, interceder et vous employer envers Sa Saincteté, à ce que son bon plaisir soit, à ma nomination, priere et requeste, pourvoir mon cousin le cardinal d'Ossat de l'evesché de Bayeux, à present vacquant par la mort de messʳᵉ René de Daillon[1], dernier paisible possesseur d'iceluy, luy en

---

[1] René de Daillon avait été successivement évêque de Luçon, abbé des Chastelliers, de Chaux et de Boissières. Il obtint l'évêché de Bayeux, après avoir été reçu commandeur du Saint-Esprit, à la seconde promotion de l'Ordre en 1579. Il était le second fils de Jean de Daillon, comte du Lude, et d'Anne de Batarnay. Après la mort de Henri III, dont il s'était montré l'un des plus sages conseillers, il fut le premier ecclésiastique qui reconnut son successeur, s'opposa aux intrigues du cardinal

octroyant et faisant, à ceste fin, expedier toutes les bulles, dispenses et provisions apostoliques qui luy seront necessaires[2], suivant les memoires et supplications qui en seront presentées à sa dicte Saincteté, et vous me ferés service tres agreable : priant Dieu, Monsr de Sillery, qu'il vous tienne en sa saincte garde. Escript à Paris, le xxij[e] jour de may 1600.

HENRY.

DE NEUFVILLE.

[1600.] — 23 MAI.

Orig. — Arch. des Médicis, légation française, liasse 3. Envoi de M. le ministre de France à Florence.

A MON COUSIN LE GRAND DUC DE TOSCANE.

Mon Cousin, Si j'ay receu tres grand plaisir, comme j'ay faict, de la resolution de mon mariage pour le contentement que j'en attends, je ne l'ay pas eu moindre d'entendre, par ce que mon ambassadeur m'en a escript et ce que Halincourt m'en a representé et en ay aussy remarqué par la lettre que vous m'avés escripte par luy, l'affection avec laquelle le tout a esté conduict et conclud de vostre part; de quoy je n'ay voulu differer davantage à vous remercier, et par mesme moyen, vous asseurer que vous avés acquis, en ce faisant, l'amitié d'un prince qui espousera à jamais vostre alliance, vostre prosperité et celle des vostres comme la sienne propre, ainsy que vous dira ce mien ancien et confident serviteur Frontenac, que j'envoie vers vous exprés pour vous visiter en mon nom sur ceste occasion, et vous porter la dicte asseurance. Par tant, je vous prie luy adjouster foy comme

de Bourbon, ainsi qu'au projet de l'établissement d'un patriarche, ce qui aurait pu amener le schisme. Ce fut d'après les vues et les conseils de l'évêque de Bayeux que Henri IV établit le mode de nomination aux évêchés et aux divers bénéfices pendant le temps qui s'écoula entre son avénement au trône de France et son abjuration.

[2] Le cardinal d'Ossat fut pourvu de cet évêché, en consistoire, le mois suivant.

234 LETTRES MISSIVES

à moy-mesme, qui prie Dieu vous avoir, mon Cousin, en sa saincte et digne garde. Ce xxiij° may à Paris.

HENRY.

1600. — 24 MAI. — Ire.

Orig. autographe. — Archives des affaires étrangères, correspondance politique, Mss. Florence, vol. II. Copie transmise par M. Mignet.
Cop. B. N. Fonds Dupuy, Ms. 407, fol. 37 recto. Et Suppl. fr. Ms. 1009-3.
Imprimé. — *Lettres inédites de Henri IV et de plusieurs personnages célèbres,* publiées par A. SÉRIEYS, Paris, 1802, in-8°, p. 69.

A MADAME LA PRINCESSE DE TOSCANE[1].

Les vertus et perfections qui reluisent en vous et vous font admirer de tout le monde, avoient, il y a desjà longtemps, allumé en moy un desir de vous honorer et servir comme vous le meritez; mais ce que m'en a rapporté Halincourt l'a faict croistre; et ne vous pouvant moy-mesme representer mon inviolable affection, j'ay voulu, en attendant ce contentement (qui sera bien tost si le ciel favorise à mes vœux), faire election, Madame, de ce mien fidelle serviteur, Frontenac, pour faire cest office en mon nom, asseuré qu'il s'en acquittera fidelement, comme celuy que j'ay nourry, et qui, mieulx que nul autre, a cognoissance de mes intentions. Il vous descouvrira mon cœur, et que vous trouverés non moins accompagné d'une passionnée volonté de vous cherir et aimer toute ma vie comme maistresse de mes affections, mais de ployer doresnavant sous le joug de vos commandemens celluy de mon obeissance comme dame de mes volontez, ce que j'espere de vous pouvoir tesmoigner un jour, et vous confirmer en personne le gage qu'il vous porte de ma foy, si vous adjouxtés

[1] Marie de Médicis, princesse de Toscane, fille de François-Marie, grand duc de Toscane, et de Jeanne d'Autriche, née en 1574, accordée à Henri IV, roi de France, par traité passé à Florence le 25 avril 1600, mariée par procuration à Florence, le 5 octobre, et à Lyon, avec le roi, le 27 décembre, couronnée à Saint-Denys, le 13 mai 1610, veuve le 14, et régente du royaume pendant la minorité du roi Louis XIII, son fils, du 15 mai 1610 au 2 octobre 1615; morte à Cologne le 3 juillet 1642.

pareille foy à luy que à moy-mesme; de quoy je vous prie, et de luy permettre, aprés vous avoir saluée et baisé les mains de ma part, qu'il vous presenté le service d'un prince que le ciel vous a desdié et fait naistre pour vous seule, comme pour moy il a faict vostre merite. Ce xxiiij^e may 1600, à Paris².

¹ Bien que ce soit ici la déclaration en règle, la première lettre adressée par Henri IV à la princesse avec qui son mariage était décidé, cette lettre, non plus qu'aucune des autres à la même princesse, ne porte point de signature. Elle est souscrite par ces petits traits de plume agencés de différentes manières, ce qu'on regardait alors comme plus galant en écrivant aux femmes. Le Roi dispose ici ces traits de manière à former une M et une H entrelacées.

Marie de Médicis répondit :

« Christianissima Maestà,

« Doppo havere humillissimamente baciato li mani di Vostra Maestà Christianissima, vengo a renderle quelle più affettuose grazie ch'io posso, del favore ch'ella mi ha fatto, con la cortesissima et cordialissima lettera di confidenza, che s'è degnata scrivermi per Frontaneac suo fedel servitore. Io l'ho veduto, et ascoltato con quella attenzione, che conviene al commandamento della Maestà Vostra, et alla perpetua obbedienza che le debbo. Et havendomi egli pienamente rappresentata et confirmata per parte di lei, quella sincerissima fede et inviolabile affezione verso di me, ch'io tengo essere constantissima nella Maestà Vostra, et ch'ella medesima mi significa nella sua; mi ha rallegrata et consolata tutta, come intenderà dal medesimo Frontaneac. Però io, che della pura mano di Dio riconosco la santa mente della Maestà Vostra, et non da meriti ch'ella si compiace attribuirmi per sua benignità, non posso dirle altro per rispondenza, se non assicurarla, del canto mio, d'una sincerissima corrispondenza di fede, d'una continua humiltà et reverenza, et d'una perpetua obbedienza verso la persona sua. Et se il cielo ha fatto nascere la Maestà Vostra per honorarmi et obligarmi col santissimo legame, et favorirmi tutto il tempo di mia vita (come ella mi scrive, che ben presto con la provedenza me ne renderà chiaro testimonio) ben fortunata mi poterò chiamar io sua humilissima serva, se otterrò da Dio di sempre meritare la grazia della Maestà Vostra, et di sapere regolare tutte le attioni mie, conforme alla volontà et alli commandamenti di lei, come sommamente desidero. Et con questa fide sigillando il mio concetto, supplico il Signore, che faccia riuscire presto prosperi et felici tutti i pensieri della Maestà Vostra, alla quale intanto con ogni debita sommissione m'inchino. Di Fiorenza, alli 25 di giugnio 1600.

« De Vostra Maestà Christianissima.

« Humilissima et obligatissima serva,

« MARIA DE MEDICI.

« Soggiungo à V. M. che havendomi il secretario Giovannini testificato l'affezione che V. M. mi porta et per ciò datomi occasione di gran contento, la prego a participarli la sua grazia et favore, tanto più che egli e antico servitore di casa nostra. »

1600. — 24 MAI. — IIme.

Min. — B. N. Fonds Béthune, Ms. 8851, fol. 105 recto.

A MESS^ns LES DOYEN ET GRAND CHAPITRE DE L'EGLISE CATHEDRALE DE STRASBOURG.

Tres chers et bons amys, Nous avons receu vos lettres du xij^e jour du passé, et entendu par icelles que les affaires d'entre nostre cousin l'administrateur de Strasbourg et vous sont en bons termes d'accord, dont nous sommes tres ayses et le serons davantage quand nous sçaurons que le tout aura bien succedé; car vous aimant comme nous faisons, nous nous resjouirons tousjours de la prosperité de vos dicts affaires. Vous recevrés ces dictes lettres par le s^r de Boisdauphin, mareschal de France, auquel nous avons commandé parler de nostre part, à nostre nepveu le cardinal de Lorraine, sur le trouble qui vous est faict aux biens qui vous ont esté partagez contre l'arrest de pacification de l'an 1593, et la transaction de Sarbourg, et sçavoir de luy la response que l'en aura eüe du nepveu[1], comme aussy il en fera toute instance auprés de l'Empereur; de sorte que nous esperons que les choses reussiront à nostre contentement et au vostre. Et si vous luy pouvés donner quelque lumiere et instruction, pour faciliter ceste negociation, nous aurons bien agreable que vous luy depputiés en cest endroict vos bons advis, pour le desir que nous avons que vostre ville et chapitre se maintiennent en leurs antiens privileges; à quoy nous tiendrons tousjours la main de tout nostre pouvoir, pour l'affection que nous vous portons, ainsy que vous cognoistrés par effect, et que le dict s^r de Boisdauphin vous fera plus amplement entendre : priant Dieu, Tres chers et bien amez, qu'il vous ayt en sa saincte et digne garde. Du xxiiij^e may 1600, à Paris.

HENRY.

[1] Le neveu de l'administrateur.

1600. — 26 MAI.

Imprimé. — *Œconomies royales*, édit. orig. t. I, chap. 98.

[A M. DE ROSNY.]

[1] Mon amy, J'ay veu la lettre que m^r le chancelier et vous m'avés escripte. Je trouve qu'une sepmaine de temps ne sera mal employée à pourveoir à tout ce que vous me mandés, et quatre ou cinq jours de retardement à mon partement ne prejudicieront tant à mes affaires que de ne donner ordre à cela. Je seray, Dieu aidant, demain à Paris, et j'iray disner chez Zamet, où je vous convie; mais advertissés-le dés ce soir, et là je parleray à vous et adviserons ensemble de toutes choses. Mon advis est que demain du matin il soit tenu un conseil particulier pour le fait du retard des rentes, où je ne vous puis donner aulcun advis, seulement approuver les resolutions que vous prendrés pour mon service, me confiant entierement en vostre bon mesnage; et si dans la semaine où nous allons entrer on a bien pourveu à tout ce que vous me mandés, ce ne sera pas peu faict. A Dieu, mon amy. Ce samedy à midy, xxvj^e may. A Verneuil.

HENRY.

1600. — MAI.

Orig. — Fonds de M. Lefèvre, libraire à Paris. Communication de M. Monmerqué.

A MONS^R MARION,

CONSEILLER EN MON CONSEIL D'ESTAT ET MON AVOCAT GENERAL EN MA COURT DE PARLEMENT DE PARIS.

Monsr Marion, J'ay besoing de recouvrer promptement les pieces et tiltres, qui sont demeurez par devers vous, de la negociation où vous feustes employé du temps du feu Roy, pour les limites de la frontiere de Picardie dont j'estois en differend avec le feu roy d'Es-

---

[1] Cette lettre était de la main du Roi.

pagne. Par tant vous ne fauldrés à les remettre incontinent es mains du s⁰ de la Guesle, mon procureur general, avec le procés verbal de l'execution de la commission qui vous fût adressée; et n'estant la presente pour autre effect, je ne vous la feray plus expresse : priant Dieu, Monsʳ Marion, qu'il vous ayt en sa trés saincte et digne garde. Escript à...... le...¹ jour de may 1,600.

HENRY.

DE NEUFVILLE.

[1600.] — 3 JUIN.

Imprimé. — *OEconomies royales*, édit. orig. t. I, chap. 98.

[A M. DE ROSNY.]

¹ Mon amy, Je vous fais ce mot pour vous dire que ma volonté est que vous escriviés à ceulx de ma court des Aides à Rouen qu'ils ayent à surseoir la verification de l'edict pour les esleus jusques à ce que j'en ay aultrement ordonné, affin que celuy faict en faveur de mon cousin le duc de Mayenne et verifié depuis peu puisse avoir lieu, comme chose que je desire. Sur ce, Dieu vous ayt en sa garde. Ce iijᵉ juin.

HENRY

1600. — 4 JUIN.

Orig. — Archives des Médicis, légation française, liasse 3. Copie transmise par M. le ministre de France à Florence.

A MON COUSIN LE GRAND DUC DE TOSCANE.

Mon Cousin, Le sʳ Scipion Vajari, gentilhomme siennois, ayant passé plusieurs années en ce Royaume, mesmes pendant les dernieres guerres qui y ont esté, et désirant, maintenant que la paix y est establye, s'en

---

¹ La place du quantième et du nom du lieu est ainsi restée en blanc sur l'original.

---

¹ Cette lettre était de la main du Roi.

retourner en son pays, je ne l'ay pas voulu laisser partir sans l'accompagner de ceste-cy, pour vous tesmoigner le contentement que j'ay des bons services qu'il m'a faicts pendant la dicte guerre, tant en la compagnie de chevaulx legers dont il a eu le commandement, qu'en plusieurs sieges et charges sur mes ennemys, et aultres occasions où il s'est rencontré, esquelles il s'est tousjours vaillamment comporté ; vous pouvant bien asseurer que, si vous l'employés par delà en quelque charge militaire, il s'en sçaura tres bien acquitter, et vous donnera toute la satisfaction que vous sçauriés desirer; et n'estant la presente à aultre effect je ne la vous feray pas plus longue : priant Dieu, mon Cousin, vous avoir en sa saincte garde. Escript à Paris, le iiij^e jour de juin 1600.

HENRY.

FORGET.

[1600.] — 9 JUIN. — Ire.

Original autographe. — Archives royales de Sardaigne. Copie transmise par M. l'ambassadeur de France à Turin.

A MON FRERE LE DUC DE SAVOYE.

Mon frere, J'ay ouy Roncas, et receu par luy la lettre que vous m'avés escripte; et comme il m'a trouvé prest à partir pour m'approcher de vous, j'ay desiré qu'il s'en retournast incontinent, affin que je puisse recevoir vostre resolution à mon arrivée à Lyon, ainsy qu'il m'a promis de vostre part; vous asseurant que vous me trouverés tousjours aussy affectionné en tout ce qui vous concernera, comme vous le sçauriés desirer, ainsy que j'ay dict au dict Roncas, sur les propositions qu'il m'a faictes. A Dieu, mon frere, lequel je prie vous avoir en sa garde. Ce ixe juin, à Paris.

Vostre bien bon frere,
HENRY.

1600. — 9 JUIN. — IIme.

Orig. — Archives de la ville de Soleure. Envoi de M. le ministre de France en Suisse.

A NOS TRES CHERS ET GRANDS AMYS, ALLIEZ ET CONFEDEREZ LES ADVOYERS ET CONSEIL DE LA VILLE ET CANTON DE SOLEURE.

Tres chers et grands amys, alliez et confederez, Nous sommes tres marrys du decés advenu de nostre amé et feal conseiller en nostre conseil d'Estat, le s^r de Mortefontaine, nostre ambassadeur residant par delà, tant pour la consideration de sa personne et les services que nous en recevions, que pour la satisfaction que vous aviés de ses comportemens, et avons pris en tres bonne part la recommandation que vous nous avés faicte en faveur de sa veufve et de ses enfans, suivant laquelle nous aurons à plaisir de recognoistre envers eux, aux occasions qui se presenteront, les services que le deffunct a faicts à nous et à ceste Couronne. Son fils aisné, qui est conseiller en nostre court de parlement de Paris, va par delà pour rendre les derniers devoirs et honneurs à son pere; il sera porteur de la presente : et vous prions de l'assister et favoriser en ceste pieuse occasion, et vous ferés chose digne de l'affection qu'il vous portoit, laquelle nous sera tres agreable. Au reste, nous avons faict election, pour remplir sa charge, de nostre amé et feal conseiller en nostre conseil d'Estat, le s^r de Vic, lequel se rendra bien tost sur les lieux pour reprendre les affaires laissées par le deffunct, dont nous vous asseurons que vous aurés toute occasion de vous louer, ainsy que vous cognoistrés par les effects. A tant nous prions Dieu, Tres chers et grands amys, alliez et confederez, qu'il vous tienne en sa tres saincte et digne garde. Escript à Paris, le ixe jour de juin 1600.

HENRY.

DE NEUFVILLE.

1600. — 15 JUIN.

Orig. — Collection de M. F. Feuillet de Conches.

A MONS^r DE LA ROCHEPOT,

CHEVALIER DE MES ORDRES, CONSEILLER EN MON CONSEIL D'ESTAT, CAPPITAINE DE CINQUANTE HOMMES D'ARMES DE MES ORDONNANCES, GOUVERNEUR ET MON LIEUCTENANT GENERAL EN ANJOU ET MON AMBASSADEUR EN ESPAGNE.

Monsr de la Rochepot, Je vous fais ceste lettre en faveur des Estats de mon pays de Bearn, qui m'ont faict entendre qu'estant le dict pays proche et limitrophe du royaulme d'Espagne, où les marchandises des uns et des aultres ont accoustumé de se communiquer, ils se trouvent grandement incommodez, d'autant que, par les rigueurs des edicts du dict royaulme, le trafficq et commerce en Espagne leur est deffendu, à cause de la religion pretendue refformée dont la pluspart d'entr'eulx font profession; bien que ceulx d'Espagne reçoivent plusieurs commoditez de mon dict pays de Bearn, et que l'on ayt depuis peu accordé semblable permission aux Escossois, chose qui semble faire consequence pour mes dicts subjects de Bearn, lesquels sont de semblable religion; et là-dessus ils m'ont faict supplier de les assister de ma recommandation. C'est pourquoy je vous prie vous employer à interceder pour eulx à l'endroict du roy d'Espagne et de ses principaux officiers et ministres, affin que la liberté du dict commerce soit permise par delà à mes dicts subjects de Bearn, comme elle a esté accordée à ceulx du royaume d'Escosse, estimant qu'en consequence de la permission qu'ont obtenue les dicts Escossois, celle que je demande pour mes dicts subjects ne leur peut estre refusée sans offenser mon nom et auctorité. Par tant, je vous recommande ceste poursuicte, et vous prie y apporter toute l'affection qu'il vous sera possible, de façon que je puisse estre contenté en chose si raisonnable. Et n'estant la presente pour aultre effect, je ne vous en diray davantage que pour vous asseurer que vous me ferés en cest endroict, service tres agreable : priant Dieu, Monsr de la Rochepot, qu'il vous ayt en sa tres saincte et digne garde. Escript à Fontainebleau, le xve jour de juin 1600.

HENRY.

DE NEUFVILLE.

1600. — 21 JUIN.

Cop. — Biblioth. de M. Monmerqué, Ms. intitulé *Lettres à l'ambassadeur du Levant.*

[A M. DE BREVES.]

Monsr de Breves, J'ay faict response le 11e de ce mois à vostre depesche du xxiiie de mars. Depuis, j'ay receu celles des ix et xxiiie avril, toutes deux ensemble, le ve du present mois, mais je n'ay encore receu celle que vous me mandés m'avoir escripte par la voye de Marseille, dont j'attendray l'arrivée pour me resouldre de ce que j'auray à faire sur les advis que vous me donnés par icelle. J'espere vous renvoyer de Lyon, où je fais estat de me rendre au commencement du mois qui vient, le secretaire Pietrequin et l'interprete Ollivier[1], avec ma resolution sur ce qu'ils m'ont apporté de vostre part; mais j'estime que la meilleure que je puisse prendre est de dresser et armer au plus tost un bon nombre de galeres, suivant ma deliberation, affin de faire changer de langage au Sigal et à tous les ennemys et envieux de la prosperité de mon Estat. Cependant il faut tirer du Sigal et de ses semblables toute la faveur que l'on pourra pour mes pauvres subjects, et ne se lasser point de poursuivre la liberté de ceux qui sont encore esclaves, car peut-estre que la necessité leur fera faire avec le temps ce à quoy la raison les oblige. Par tant, je desire que vous continuiés à en faire vostre devoir. Mandés-moy aussy ce qu'il reussira de la negociation du dict Sigal, et continués à en advertir le s^r de Sillery. Je m'attends aussy de l'estre par vos premieres de la suite de ce tumulte commencé par les Espaïs[2], duquel si ce Seigneur estoit

---

[1] Dans sa lettre du 2 de ce mois, dont nous donnons seulement l'analyse, le Roi avait annoncé à M. de Brèves l'arrivée de ces deux agents. — [2] C'est probablement la milice que nous appelons aujourd'hui les Spahis.

bien conseillé, il tireroit plus de bien que de mal, en se defesant des conseils de sa mere et de ceux qui le servent indignement; mais je crois qu'il n'en usera pas ainsy, tellement que j'estime que les dicts tumultes empireront sa condition. Mais je ne me puis contenter aucunement de la grace que vous me mandés avoir esté accordée à l'ambassadeur d'Angleterre, d'assujettir les Flamands à la banniere de sa maistresse, sous pretexte de l'auctorité qu'elle se vante avoir acquise au dict pays, où tant s'en faut que cela soit, qu'elle va tousjours perdant le credit en iceluy, pour avoir abandonné les Estats des dictes provinces pour s'accommoder avec le roy d'Espagne et ceux de la maison d'Austriche. Et, partant, faictes en sorte qu'ils revoquent la dite grace; n'obmettés rien de ce que vous jugerés estre à faire pour ce regard. Au reste, je blasme fort la procedure de mes subjects, des Genevois et Messinois[3], lesquels vous me mandés par une lettre à part avoir, sous pretexte de bonne foy, emporté les facultez et marchandises appartenant aux Maures estans en la ville d'Alep; et eussions bien faict de faire chastier les premiers qui ont faict telles voleries, affin de les faire servir d'exemple aux autres; et si vous m'eussiés mandé quels ont esté mes dicts subjects qui ont commencé, j'en eusse faict faire justice tres rigoureuse. Mais je ne puis trouver bon qu'il soit pourveu par voye de represaille, soit de l'auctorité de ce Seigneur ou de la mienne; car ce seroit renverser et bannir du dict pays tout le negoce et faire porter aux innocens la peine deue aux meschans. Mais j'aurois bien agreable que, de l'advis des dicts marchands qui trafiquent au dict pays et des consuls establys aux echelles d'iceluy, vous faciés un bon reglement contre tels abus, et que, iceluy faict, il soit religieusement observé. Car je n'entends aucunement favoriser et deffendre l'impunité de tels perfides, ainsy que vous declarerés aux ministres tant de ce Seigneur que de tous [ceux des] nations qui traffiquent sous la protection de ma banniere; et ne fauldrés de me donner advis de la resolution que vous y prendrés : priant Dieu, Monsʳ de Breves,

---

[3] La lecture de ce mot n'est pas bien certaine.

qu'il vous ayt en sa saincte garde. Escript à Fontainebleau, le xxj^e jour de juin 1600.

HENRY.

[1600.] — 26 JUIN.

Imprimé. — *Œconomies royales*, édit. orig. t. I, chap. 98. — *Vie militaire et privée de Henry IV*, Paris, 1803, in-8°, p. 266.

[A M. DE ROSNY.]

[1] Mon amy, Il y a deux jours que j'ay receu la vostre, à laquelle je n'ay faict aucune response, pour ce que je pensois partir demain et en estre moy-mesme le porteur. J'ay esté bien aise d'avoir recogneu par icelle le soing que mes serviteurs ont de moy et l'apprehension qu'ils ont eu de mon mal, et vous particulierement; mais je vous diray que je vis asseuré d'une chose, c'est que, qui a la garde [du Dieu] d'Israël pour soy ne doibt rien craindre; que c'est luy qui jusques à icy a eu soing de moy, et qu'il me continuera encore ceste mesme faveur, puisque je ne desire vivre que pour faire droict à tous et tort à personne et soulager mes peuples. J'estois resolu de partir demain matin et m'en aller coucher à Cosne, pour arriver le lendemain à Moulins, comme hier je l'escrivis à Villeroy; mais des causes que je vous diray m'ont retenu icy. Je partiray mardy sans faulte pour me rendre à Moulins mercredy; de quoy vous vous pouvés asseurer et en asseurer les aultres, leur faisant part de celle-cy. Cependant je vous prie de faire en sorte qu'à mon arrivée à Moulins je trouve tellement mes affaires ebauchées, que je n'y sejourne que cinq ou six jours au plus, pour me rendre incontinent à Lyon, où vous ferés advancer le regiment de mes gardes, mes compagnies de chevaux legers et le plus de vostre equipage que vous pourrés, affin que je les y trouve à mon arrivée. A Dieu, mon amy. Ce dimanche xxvj^e juin, à quatre heures du soir, à Fontainebleau.

HENRY.

DE NEUFVILLE.

[1] Cette lettre était de la main du Roi.

1600. — 1ᵉʳ JUILLET.

Orig. autographe. — Collection de M. de la Roche-Lacarelle.
Cop. — Archives royales de Sardaigne. Envoi de M. l'ambassadeur de France à Turin.

[A MON FRERE LE DUC DE SAVOYE.]

Mon Frere, Roncas m'a promis que je trouveray vostre resolution sur l'execution de l'accord que nous avons faict ensemble en ma ville de Lyon, à quoy je veux croire qu'il n'y aura aulcune faulte, car je juge de vostre volonté par la mienne, et ay toute confiance en vostre foy. Or, je vous escris la presente pour vous dire que je seray en la dicte ville le huitiesme de ce mois, où je vous prie doncques donner ordre que je sois esclaircy de vostre determination, et vous me trouverés aussy desireux de conserver vostre amitié que de vous faire recevoir les effects de la mienne aux occasions qui se presenteront, ainsy que vous dira mon agent : sur lequel me remettant, je prie Dieu, mon Frere, qu'il vous ayt en sa saincte garde. Ce 1ᵉʳ juillet, à Moulins, 1600.

Vostre bon frere,

HENRY.

[1600.] — 2 JUILLET.

Orig. autographe. — B. N. Fonds Béthune, Ms. 9080.
Cop. — Suppl. fr. Ms. 1009-2.

[AU CONNÉTABLE.]

Mon compere, Les advis que j'ay de Lyon et de Berny, mon agent prés du duc de Savoye, sont qu'il se prepare plus tost à retenir ce qu'il a à moy que d'accomplir ce qu'il m'a promis : et pour ce que je ne suis pour le pouvoir endurer, et que je ne veux prendre sur cela aucune resolution sans vostre advis, je vous prie, mon compere, si, d'adventure, vous n'estiés encore party pour me venir trouver, le vouloir faire promptement, et vous acheminer droict à Lyon, où je m'advance, affin qu'avec vostre prudent advis je me puisse resouldre de ce que j'auray à faire pour luy faire tenir parole. A Dieu, mon compere. Le ııjᵉ juillet, à Moulins.

HENRY.

1600. — 3 JUILLET.

Orig. — Arch. de M. J.-B. Ducos de la Hitte, au château d'Esclignac (Gers). Copie transmise par M. Gustave de Clausade, correspondant du ministère de l'instruction publique.

A MONSʀ DE LA HITTE [1].

Monsʳ de la Hitte, Ce n'a pas esté seulement au temps de la lettre que vous m'avés escripte, mais ce fut dés lors que je commençay à faire la guerre au duc de Savoye pour le recouvrement du marquisat, que je disposay de la lieutenance generale du gouvernement du dict marquisat; ce qui ne fut point pour ne vous sentir digne de ceste charge, et que je n'estime que vous ne vous y soyés comporté en homme d'honneur quand elle a esté entre vos mains, mais seulement parce que vous sçachant desjà advancé sur l'aage, et ayant faict vostre retraicte pour jouir desormais du repos, je n'ay point estimé que vous eussiés aulcune pretention à la dicte charge, comme aussy vous ne m'en avés point auparavant rien faict sentir, ne pouvant, quant à present, la retirer honestement des mains de celuy à qui je l'ay baillée. C'est pourquoy vous vous reserverés desormais à quelque occasion qui

---

[1] Jacques du Cos, seigneur de la Hitte, fils de Jacques du Cos et d'Anne de Montlezun, né en 1532, chevalier de l'ordre du Roi, gentilhomme de sa chambre, capitaine de cinquante hommes d'armes, commandant pour Sa Majesté delà les monts, mort en 1609. Il avait été nommé, le 10 octobre 1582, gouverneur provisoire du marquisat de Saluces, en l'absence de M. de la Valette; il fut pourvu définitivement de cette charge le 31 mai 1585, et il la conserva jusqu'à l'époque où Henri III fut dépossédé du marquisat par le duc de Savoie.

De Thou, dans son histoire, appelle ce personnage M. de la Fitte. Il paraît que la Fitte et la Hitte sont synonymes, et que la différence provient uniquement de la prononciation. On disait la Hitte dans le comté d'Armagnac, d'où cette famille est originaire, et la Fitte dans les dialectes, moins fortement accentués, du Languedoc et de la Provence. (Note fournie par M. Gustave de Clausade.)

vous soit convenable, laquelle s'offrant j'auray plaisir de vous y gratifier, comme un bon et ancien serviteur; et, n'estant la presente à aultre effect, je ne la vous feray plus longue : priant Dieu vous avoir en sa garde. Escript à Moulins, ce iij⁰ juillet 1600.

HENRY.

1600. — 10 JUILLET.

Cop. — Biblioth. de M. Monmerqué, Ms. intitulé *Lettres à l'ambassadeur du Levant.*

[A M. DE BREVES.]

Monsʳ de Breves, Mes dernieres sont du xxiᵉ de juin, faisant response à celles du ixᵉ et du xxiiiiᵉ avril, qui vous ont esté envoyées par Noé. Maintenant je fais response à celles du viiiᵉ et xxiᵉ may, qui sera que vous me ferés service tres agreable de vous bander ouvertement contre l'agent d'Angleterre qui est par delà, puisqu'il continue à descrier mes actions et traverser mon service, comme vous m'avés escript par vos dictes lettres qu'il faict avec telle impudence que c'est chose insupportable, ainsy que les pilleries que font les Anglois aux miens à costé de l'empire de ce Seigneur. Continués donc à vous y opposer par les moyens que vous jugerés estre les meilleurs; car, encore que la royne d'Angleterre et moy vivions tousjours en paix, neantmoins je ne dois attendre aucune reparation des injures et excés des dicts Anglois, d'autant qu'il semble qu'elle a entrepris d'agrandir et accroistre son credit par delà à mes despens. J'adviseray de faire de mon costé tout ce que je pourray pour assister et conserver mes subjects. J'ay jà commencé à mettre quelques galeres; mais, comme il faut le temps pour assembler le nombre qui est necessaire, il faut ce pendant se garantir et deffendre de tels escumeurs de mer le mieux que nous pourrons; vous asseurant que si vous pouvés faire du tout bannir du dict pays les consuls et autres officiers de la dicte royne, ou du moins les astreindre à naviguer sous ma baniere, vous me ferés un tres utile service. Je vous ay escript comme elle traictoit la paix avec le roy d'Espagne; à quoy les depputez ont jà donné tel advancement, qu'elle doit estre bien tost conclue; et tant s'en faut que les provinces d'Hollande et Zelande despendent d'elle, non plus que toutes les autres de Flandres auxquelles la maison d'Austriche commande, que ceux des Estats sont grandement offensez d'elle, d'autant qu'aprés avoir longtemps couru sa fortune, à present elle traicte et veut accorder avec leurs communs ennemys, contre lesquels elle me voit à la veille d'entrer en guerre; d'autant que le duc de Savoye, fomenté du dict roy d'Espagne, refuse maintenant d'effectuer l'accord que nous avons faict de nos differends; à l'observation duquel il a engagé sa foy : chose que je n'ay pas deliberé d'endurer; et serés adverty de ce qui en succedera. Je fais estat de vous renvoyer aussy bien tost Pietrequin et Ollivier.

Ce pendant, vous continuerés tousjours à m'advertir de toutes choses, comme de la guerre d'Hongrie, du traicté de paix qu'on m'a escript de la cour de l'Empereur estre tousjours sur le bureau, autant desirée par les uns que par les aultres. J'aurois à plaisir aussy de sçavoir le succés de la revolte, et aprés, la defaveur qu'a eue Alli-Bassa, comme ce qui reussira de la pratique que faict l'Anglois qui est en Perse au profit de la dicte royne, et du progrés de la guerre de Valachie, aprés la victoire qu'il a obtenue contre le Moldave, en laquelle on dict que Sigismond Battori s'est trouvé. Car on dict que le dict Valacque est tres fort, et que ses desseings accroissent par ses victoires, qui sont favorisées ouvertement par l'Empereur. Mandés-moy ce que vous en apprendrés, et vous resolvés de continuer à me servir par delà, car j'ay resolu de vous y tenir encore quelque temps, ainsy que je vous ay escript et que vous rapporteront les dicts Pietrequin et Ollivier, lesquels j'ay commandé à ceux de mon conseil d'expedier au plus tost et favorablement. Je prie Dieu, Monsr de Breves, qu'il vous ayt en sa saincte garde. Escript à Lyon, le xe jour de juillet 1600.

HENRY.

[1600.] — 11 JUILLET. — Ire.

Orig. autographe.— Arch. des affaires étrangères. Correspondance politique, Mss. Florence, vol. II. Copie transmise par M. Mignet.

[A MADAME LA PRINCESSE DE TOSCANE.]

J'ay receu avec beaucoup de contentement de vos nouvelles par Frontenac, lequel m'a fidellement rapporté vos merites; et, bien qu'ils fussent assez cognus d'ailleurs, sy est-ce que j'ay plus adjouxté de foy à ses paroles que je n'eusse sceu faire de nul aultre, cognoissant tellement mon naturel, que moy-mesme ne me cognois pas mieulx. Il vous a tellement despeinte que je ne vous aime pas seulement comme un mary doibt aimer une femme, mais comme un serviteur passionné une maistresse. C'est le tiltre que je vous donneray jusques à Marseille, où vous le changerés en un plus honorable. Je ne lesray plus passer d'occasion sans vous escrire et vous asseurer que mon plus violent desir est de vous voir et avoir auprés de moy. Croyés-le, ma maistresse, et que chaque mois me durera un siecle. J'ay receu ce matin de vous une lettre en françois; si vous l'avés faicte sans ayde, vous y estes desjà grande maistresse. Faictes mes affectionnées recommandations au grand-duc et à ma niepce la grand-duchesse, que je luy baise les mains, et à vous un million de fois. Ce xje juillet.

[1600.] — 11 JUILLET. — IIme.

Imprimé. — OEconomies royales, édit. orig. t. I, chap. 98.

[A M. DE ROSNY.]

[1] Mon amy, Je seray bien ayse que vous accompagniés d'une de vos lettres la troisiesme jussion que j'envoye à ma court de parlement de Tholouze pour la verification de mon edict des deux conseillers

[1] Cette lettre était de la main du Roi.

presidiaux en Languedoc, creez durant le siege de ma ville d'Amiens, et verifié en tous mes aultres parlemens, m'ayant aidé des deniers qui en sont provenus en une occasion si importante; ce que vous leur ferés bien entendre, affin qu'ils cognoissent, par ce que vous leur escrirés, que c'est chose que j'affectionne et qui n'est affectée à personne du monde que pour mon service; d'autant que j'ay esté adverty que la creance qu'ils ont eue que les dicts deniers estoient destinez à d'aultres effects, a esté, en partie, cause du refus qu'ils en ont faict. A Dieu, mon amy. Ce xj^e juillet, à Moulins.

HENRY.

1600. — 12 JUILLET.

Orig. — B. N. Fonds Béthune, Ms. 9080, fol. 3o.
Cop. — Suppl. fr. Ms. 1009-2.

[AU CONNÉTABLE.]

Mon Cousin, Puisque le duc de Savoye par ses longueurs et irresolutions, et par quelques langages qu'il tient, monstre n'avoir aucune inclination à me contenter et à satisfaire au traicté qu'il a faict avec moy pour la restitution de mon marquisat de Saluces, je suis resolu au pis, et me promects que Dieu m'assistera en la juste poursuicte de ce qui m'appartient. C'est pourquoy ayant donné ordre de faire les creues du regiment de mes gardes jusques à trois cens hommes pour enseigne, et faisant aussy levée des forces de mon pays de Bourgogne, je desire pour les exploicter et pour les aultres affaires qui se presentent, estre assisté de vostre personne et conseil, comme aussy de vostre compagnie de gens d'armes. Par tant je vous prie, mon Cousin, vous acheminer par deçà et vous y rendre le plus tost qu'il vous sera possible, donnant ordre que vostre dicte compagnie face le semblable, et advertissant pour cest effect les chefs et hommes d'armes qui sont près de vous, ensemble ceulx qui sont en Languedoc, de se preparer incontinent à me venir faire service en ceste occasion, qui n'est pas de peu d'importance au bien de cest Estat. J'estime qu'avant la reception de la presente vous aurés sceu la desroutte de l'armée de l'archiduc entre Nieuport et Ostende, faicte par le prince Maurice, et crois que cela ne peut que beaucoup favoriser mes affaires avec le dict duc de Savoye; de quoy aussy je seray bien ayse de conferer avec vous; au moyen de quoy je vous prie encore un coup d'advancer vostre venue; car il se pourra presenter des occasions auxquelles vous auriés regret de ne vous estre point trouvé, et je vous assureray que vous serés le tres bien venu : priant Dieu, mon Cousin, qu'il vous ayt en sa saincte garde. Escript à Lyon, le xij^e jour de juillet 1600.

HENRY.

DE NEUFVILLE.

[1600.] — 14 JUILLET. — Ire.

Orig. autographe. — B. N. Suppl. fr. Ms. 1039, fol. 42.

A MONS^R DE SOUVRÉ.

La Gode, Je vous aime trop et m'avés trop bien servy pour vous refuser quelque chose qui despende de moy, et jamais occasion ne s'offrira de le vous tesmoigner que je ne l'embrasse de tout mon cœur. Je suis arrivé il y a quelques jours en ceste ville, en bonne santé, Dieu mercy. Les nouvelles que j'y ai trouvées, tant de mon agent prés de mons^r de Savoye que d'infinys aultres endroicts, sont qu'il ne me veut tenir ce qu'il m'a promis, ce que toutesfois je suis resolu de faire, et crois, veu ce qui est arrivé en Flandres le deuxiesme de ce mois, où l'Archiduc a esté deffaict, aussy qu'il n'est pas qu'il ne sçache que je leve des forces, que cela le fera resouldre à tenir promesse. Car je crois par raison que le roy d'Espagne sera plustost pour secourir l'archiduc son frere, qui a une juste cause, que luy qui l'a injuste; toutesfois s'il le faict, je ne lairray à faire tout ce que je pourray pour avoir ce que injustement m'est occupé. Je vous conjure, pour fin de c te-cy, de vous trouver à mes nopces, comme vous me l'avés promis; et je m'y attends. Pour ce, je vous prie de vous rendre en ceste ville à la fin d'aoust, asseuré que vous y serés le bien venu et veu de moy, et que si vous me manqués à ce besoing, il n'y a plus d'amys. A Dieu, la Gode. Ce xiiij° juillet, à Lyon.

HENRY.

1600. — 14 JUILLET. — IIme.

Orig. — Collection de M. le chanoine Pierre Pera, bibliothécaire de la bibliothéque particulière de S. A. le duc de Lucques. Copie transmise par M. le ministre de France à Florence.

A MON COUSIN LE CARDINAL BONVISI [1].

Mon Cousin, Je sçay bien que les bons succés qui m'arriveront vous donneront tousjours beaucoup de consolation, pour l'affection que vous me portés et au bien de cest Estat, et ne doubte poinct que la nouvelle que vous aurés eue de la conclusion de mon mariage avec ma cousine la princesse Marie de Medicis ne vous ayt grandement resjouy, ainsy que vous m'avés mandé par vos lettres du x° de may. Aussy vous en ay-je bien voulu remercier par ceste lettre, et vous asseurer qu'aux occasions qui s'en presenteront de me revancher de ceste demonstration de vostre bonne volonté et des aultres que vous m'avés faict paroistre, je m'employeray tousjours d'entiere affection, ainsy que vous recognoistrés par effect, et que mon ambassadeur vous fera plus amplement entendre : auquel me remettant, je prie Dieu, mon Cousin, qu'il vous ayt en sa tres saincte et digne garde. Escript à Lyon, le xiiij° jour de juillet 1600.

HENRY.

DE NEUFVILLE.

---

[1] Bonviso Bonvisi, lucquois, cardinal du titre de St Vite et St Modeste, archevêque de Bari, avait reçu le chapeau, à la dernière promotion, en même temps que le cardinal d'Ossat. Il mourut en 1603.

1600. — 15 JUILLET.

Orig. — B. N. Fonds Béthune, Ms. 8851, fol. 18.

A MON COUSIN LE S^R BOISDAUPHIN,
MARESCHAL DE FRANCE.

Mon Cousin, J'ay receu vostre lettre du xxviie du mois passé, et ay veu par icelle et par celle que le s^r Ancel m'a escripte, du mesme temps, ce qui s'est passé en vostre passage en Lorraine et à Strasbourg, dont j'ay receu beaucoup de contentement. Je fais sur le tout particulierement response au dict sieur Ancel, luy faisant entendre mes intentions et volontez sur le subject des affaires de delà, comme aussy tout ce qui se passe icy, et la resolution que je prens sur les occurrences presentes; dont je luy mande vous faire part, si vous estes encores par delà lors qu'il recevra ma lettre. Sinon, l'esperance que j'ay de vous revoir bien tost m'empeschera de vous faire plus longue lettre, que pour prier Dieu qu'il vous ayt, mon Cousin, en sa saincte garde. Escript à Lyon, le xve jour de juillet 1600.

HENRY.

DE NEUFVILLE.

[1600.] — 18 JUILLET. — Ire.

Orig. autographe. — B. N. Fonds Béthune, Ms. 9080, fol. 7.
Cop. — Suppl. fr. Ms. 1009-2.

A MON COMPERE LE CONNESTABLE DE FRANCE.

Mon compere, Fosseuse vous dira le langage que luy a tenu le duc de Savoye, et jugerés par là ce que je m'en dois promettre; tellement que je crois que si la victoire que le prince Maurice a obtenue contre l'archiduc ne le fait changer d'advis, il faudra que nous nous battions : car je n'ay pas deliberé de me relascher d'un seul poinct du traicté de Paris, pour y estre ma reputation trop avant engagée. Toutesfois je verray ce que m'en diront le marquis de Lullin et Roncas, qui doibvent arriver aujourd'huy de sa part, et m'apportent son dernier mot; sur quoy il faudra que je me resolve, et avec regret que vous n'estes icy pour m'y assister de vostre bon conseil. Mon compere, je vous prie doncques me venir trouver le plus tost que vous pourrés, car je ne vous verray jamais assez tost auprés de moy, ainsy que j'ay commandé au dict Fosseuse de vous dire, et particulierement que j'ay veu la lettre que le dict duc vous a escripte par luy, dont je m'asseure que vous ne serés pas marry. A Dieu, mon compere. Ce xviij^{me} juillet, à Lyon.

HENRY.

1600. — 18 JUILLET. — IIme.

Orig. — B. N. Fonds Béthune, Ms. 9080, fol. 35.

[AU CONNÉTABLE.]

Mon Cousin, Je vous ay escript depuis quatre jours, et prié d'advancer votre venue par deçà et faire preparer vostre compagnie de gens d'armes pour me servir sur les occasions qui se presenteront. Et bien que je m'asseure que vous y userés de toute la diligence qu'il vous sera possible, pour l'affection que vous portés à mon service, j'ay advisé de vous faire encores ceste recharge à mesme fin, et pour vous dire que les affaires s'eschauffent du costé de Piedmont, ayant entendu par le s^r de Fosseuse la deliberation du duc de Savoye qui se monstre en apparence aussy resolu de retenir mon marquisat, comme je suis à le poursuivre par la voye de la force de satisfaire au traicté de Paris. Jugés par là combien l'assistance de tous mes serviteurs m'est necessaire et principalement de vous, mon Cousin, pour vostre experience et le rang que vous tenés en ce Royaume. Par tant, je vous prie de vous haster de venir et donner ordre que vostre dicte compagnie face le mesme en la plus grande diligence et la plus forte et complette qu'il vous sera possible. En tout cas, si vostre commodité ne vous permet de vous acheminer si tost par deçà, envoyés-moy incontinent vostre dicte compagnie et le prevost Rapin avec ses lieutenans et archers, car j'ay deliberé de me trouver en personne en mon armée, et veulx me servir de l'une et de l'aultre. Ce sera doncques tout le subject de ceste lettre, vous en ayant ce jour d'huy escript une aultre, de ma main, dont j'ay chargé le dict s^r de Fosseuse; pour fin de laquelle je vous asseureray derechef que, venant promptement, vous me ferés service tres agreable, et je me promects que vostre exemple disposera beaucoup de personnes à se mettre en leur debvoir et à me venir assister en ceste occasion, qui n'est pas de peu d'importance au bien de cest Estat : et sur ce je prie Dieu, mon Cousin, qu'il vous tienne en sa saincte et digne garde. Escript à Lyon, le xviij^e jour de juillet 1600.

HENRY.

DE NEUFVILLE.

[1600.] — 18 JUILLET. — IIIme.

Orig. autographe. — B. N. Fonds Béthune, Ms. 9080, fol. 9.

A MON COMPERE LE CONNESTABLE DE FRANCE.

Mon compere, Encore que je vous aye escript aujourd'huy par Fosseuse, sy ne laisseray de vous faire encor ce mot par Petit, pour vous dire que je serois tres aise de vous avoir auprés de moy pour la resolution que je dois prendre sur ce que le marquis de Lullin et Roncas me viennent proposer de la part du duc de Savoye, car vostre presence en cest affaire-là ne seroit que tres necessaire pour mon service. Il me fasche fort de ce que vous n'y estes, ny mon colonnel de l'infanterie, ny celluy de la cavallerie legere. Hastés-vous donc de venir, asseuré que vous serés le bien venu et veu de moy, qui vous aime. A Dieu, mon compere. Ce xviij^e juillet, à Lyon.

HENRY.

[1600.] — 24 juillet.

Orig. autographe. — Arch. des affaires étrangères. Correspondance politique, Mss. Florence, vol. II.
Copie transmise par M. Mignet.

[A MADAME LA PRINCESSE DE TOSCANE.]

Ma Maistresse, Je viens de recevoir une lettre de vous par les mains de Juanini, qui m'a apporté beaucoup de contentement, comme seront toutes celles que je recevray, vous priant de m'en honorer le plus souvent que vous pourrés. Le duc de Savoye a faict le fin jusques à ceste heure, mais je le presse de façon qu'il est au bout de son rolet; et si dans huict jours il ne me satisfaict, la premiere lettre que vous recevrés de moy sera datée de Chambery. Toute son esperance est de me faire quelque mechanceté, mais Dieu m'en gardera premierement pour vous, puis pour mes subjects. J'ay prins des eaux de Pougues[1], de quoy je me suis tres bien trouvé; j'achevay hier d'en prendre. Comme vous desirés la conservation de ma santé, j'en fais ainsin de vous et vous recommande la vostre, affin que, à vostre arrivée, nous puissions faire un bel enfant, qui face rire nos amys et pleurer nos ennemys. Frontenac me dict, à son arrivée, que vous desirés avoir quelque modelle de la façon que l'on s'habille en France. Je vous en envoye des poupines[2]; et avec m^r le Grand je vous envoyeray un tres bon tailleur. Je commence à vous escrire librement; usés-en de mesmes, car nous sommes liez d'un lien que rien que la mort ne peut separer. Resolvés-vous, ma belle maistresse, de me faire faire une faveur, car de vous seule en veux-je porter à ceste guerre. Je finiray par ceste requeste, que je vous supplie m'accorder, et baiseray cent mille fois vos belles mains. Ce xxiiij^e juillet, de Lyon.

[1] C'étaient alors les eaux minérales le plus en vogue. Pougues, village de l'ancien Nivernais, est aujourd'hui un chef-lieu de canton de l'arrondissement de Nevers, dans le département de la Nièvre.

[2] De petites poupées, comme on en envoie encore à l'étranger pour faire connaître les modes de France. Le mot *poupée* était usité aussi dès lors.

[1600.] — 25 JUILLET.

Orig. autographe. — Archives des Médicis, légation française, liasse 3. Envoi de M. le ministre de France à Florence.

A MON COUSIN LE GRAND DUC DE TOSCANE.

Mon Cousin, Envoyant ce porteur à ma maistresse[1] en attendant que je face partir mon grand escuyer, je l'ay chargé de cette lettre pour vous assurer tousjours de la continuation de mon amitié et me resjouir avec vous de l'heureuse delivrance de ma niepce, à laquelle, comme à vous et à tous les votres, je souhaite pareille felicité que pour moy-mesmes; et parce que vous sçaurés par autre voye plus au long de mes nouvelles, je finiray en priant Dieu vous avoir, mon Cousin, en sa garde. Ce xxve juillet, à Lyon.

HENRY.

1600. — 27 JUILLET.

Orig. — Arch. du canton de Genève. Copie transmise par M. Rigaud, premier syndic, et par M. L. Sordet, archiviste.

A NOS TRES CHERS ET BONS AMYS LES SYNDICS ET CONSEIL DE LA VILLE DE GENEVE.

Tres chers et bons amys, Nous ne pouvons vous celer avec combien de pitié et compassion nous avons entendu de Lucrece Regnault la longue et memorable detention de François de Gatagaret, dict le Poipe, son mary; et combien que l'occasion en soit importante, comme nous le croyons assez, puisque vous pretendés qu'il a conspiré contre la seureté de vostre Estat, nous estimons neantmoins que, si vous aviés eu preuve certaine de quelque entreprise qu'il ayt projetté à

---

[1] Il s'agit là de Marie de Médicis, comme on l'a vu dans deux lettres précédentes.

vostre prejudice ou d'aulcuns maulvais desseings, qu'il n'eust demeuré plus longuement sans un plus severe chastiment; mais, au cas qu'il n'y eust que du consentement ou aulcun leger deffaut, la longueur de son affliction a peu et deu expier l'offense. Cela, joinct à un tesmoignage fort grand que l'on m'a donné des anciens services dudict Gatagaret faicts aux Roys nos predecesseurs, nous convie (à l'instante recommandation que nous ont faict plusieurs de nos affectionnez serviteurs, de la pauvreté et pitoyable condition de la dicte Regnault, sa femme) de vous prier, comme nous faisons tres affectueusement par la presente, de mettre fin à ses plaintes et luy redonner son mary, le remettant en liberté, pour ensemblement venir en ce Royaume parachever le reste de leur vie avec quelque relasche de leurs afflictions si grandes. Oultre que vous ferés en cela une œuvre tres charitable, nous aurons fort agreable de participer au merite d'iceluy, et qu'à nostre priere et recommandation vous faciés recevoir à ces pauvres affligez le repos et soulagement qu'ils attendent de la liberté du dict Gatagaret, à nostre priere, l'effect de laquelle nous nous promettons de vostre bienveillance et affection accoustumée, et aultres choses dont nous vous avons cy-devant requis : et sur cette asseurance nous prions Dieu vous avoir, Tres chers et bons amys, en sa saincte et digne garde. Escript à Lyon, le xxvij^{me} jour de juillet 1600.

HENRY.

POTIER.

1600. — 28 JUILLET. — Ire.

Orig. — Archives de l'hôtel de ville d'Arles. Copie de M. Robolly, archiviste, transmise par M. Laugier de Chartrouse.

[1] A NOS TRES CHERS ET BIEN AMEZ LES CONSULZ, NOBLES, BOURGEOIS, MANANS ET HABITANS DE NOSTRE VILLE D'ARLES.

[2] Tres chers et bien amez, Depuis qu'il a pleu à Dieu donner la paix generale à cest Estat, il ne nous a esté faict de plus grande instance, tant par nos cours de parlement et toutes nos provinces, que de nos principaulx officiers, que de nous marier, affin de voir de nos enfans legitimes nous succeder à ceste Couronne, tant pour l'esperance qu'ils ont que ce qui sera procreé de nous se ressentira tousjours de ceste sincere et paternelle affection que nous portons à tous nos subjects, et que la memoire et l'exemple des travaux que nous avons prins et supportez pour les mettre en repos, leur sera une obligation d'y continuer quand les occasions y seront, qu'aussy pour, par ce moyen, eviter et prevenir les troubles qui pourroient advenir par quelque aultre changement. Sur quoy leur ayant bien voulu donner contentement, nous avons premierement donné ordre de nous faire restituer en estat de le pouvoir faire; ce qu'ayant esté jugé juste et raisonnable par Sa Saincteté, nous avons depuis, sans intermission, recherché de l'executer en lieu convenable à nostre dignité et à celle de cest Estat : ce qui s'est fort heureusement rencontré en la personne de la princesse Marie, niepce de nostre cousin le grand duc de Toscane, en estans ces affaires en si bons termes, qu'elles sont toutes conclues et

---

[1] Cette lettre est une circulaire, mais dont les exemplaires diffèrent entre eux, suivant la quotité des dons à offrir au Roi. Demandant ici six mille écus à la ville d'Arles, il en demande quatre à celle d'Amiens et huit à celle de Poitiers dans les lettres à ces deux villes, dont nous avons aussi les exemplaires. A d'autres, comme à la ville de Périgueux, aux États de Languedoc, il ne fixe pas la somme, s'en rapportant pour cela aux gouverneurs, qu'il charge de la proposer.

[2] En tête : « De par le Roy, comte de Provence. »

resolues et bien proche d'estre effectuées : ce que nous pretendons faire avec le mesme honneur et splendeur qu'il a cy-devant esté faict par les Roys nos predecesseurs, comme nous jugeons qu'il importe à la dignité de cest Estat d'en user ainsy. Mais parce que cela ne se peut faire qu'avec une despense extraordinaire, laquelle ne se peut estre prinse dans nos finances ordinaires, pour estre demeuré si attenuées des troubles passez, qu'elles ne peuvent pas fournir aux despenses ordinaires de l'Estat, nous avons advisé de recourir pour cela à nos bons subjects, et les rechercher de l'honnesteté qui a tousjours esté faicte par eulx et leurs predecesseurs aux nostres en semblables occasions, en ayant toutesfois voulu excepter ceulx du plat pays, que nous sçavons n'avoir encores eu le temps de se remettre des calamitez passées dont ils ont porté le principal faix, et nous contenter d'en requerir seulement les habitans de nos bonnes et principales villes, qui plus commodement le peuvent faire, nous devans ce tesmoignage que nous ne sommes pas moins aimez et respectez d'eux que l'ont esté nos dicts predecesseurs, qui ne le peuvent aussy avoir plus merité que nous, ayant aussy ceste confiance en leur devotion particuliere envers nous que nous nous asseurons qu'ils s'efforceront, à l'envy, de nous assister et secourir pour si bon et utile subject, aussytost qu'ils auront esté advertys et receu sur ce nos lettres de commandement, comme il nous a esté verifié par ceulx de nos villes de Paris et Rouen qui se sont jà liberalement acquittées de ce debvoir. Affin doncques que chascune des aultres de nos bonnes villes soient advertyes en particulier de ce que nous desirons en present et gratification sur ceste occasion, nous leur avons bien particulierement voulu escrire, comme nous faisons presentement à vous, pour vous prier de nous accorder pour vostre part la somme de six mil escuz que nous avons voulu demander, ainsy moderée, affin que tant plus volontiers et plus promptement vous y puissiés satisfaire. Vous adviserés doncques, l'ayant entre vous departie ou recouverte par quelque aultre bon et prompt moyen, de la fournir es mains du receveur general de nos finances de la province, si mieux vous n'aimés le faire vous-mesmes icy apporter en nos propres mains, comme il est necessaire que vous faciés promptement, parce que le temps nous presse fort de faire ceste despense. Ceste occasion est si importante, que le service qui nous y sera faict sera de nous recogneu comme le meilleur et le plus agreable que nous pourrions maintenant recevoir, et particulierement envers vous en toutes les occasions qui s'offriront de vous gratifier, tant en general qu'en particulier. Donné à Lyon, le xxvııj^e jour de juillet 1600.

HENRY.

FORGET.

1600. — 28 JUILLET. — IIme.

Orig. — Archives de M. de Bourdeille.

A MONS^R DE BOURDEILLES,

CAPPITAINE DE CINQUANTE HOMMES D'ARMES DE MES ORDONNANCES, SENESCHAL ET GOUVERNEUR DE MON PAYS DE PERIGORD.

Monsr de Bourdeilles, Vous sçavés comme pour me marier je me suis arresté au party qui m'a esté proposé de la princesse Marie, niepce de mon cousin le grand duc de Toscane, dont les conventions sont toutes resolues, et suis en chemin pour l'aller recevoir à Marseille, où elle me doibt estre amenée dans peu de temps. Et d'autant que c'est la coustume ancienne des bonnes villes de ce Royaume de faire quelque notable present et gracieuseté aux Roys, lors de leur mariage, pour tesmoignage de l'affection et fidellité qu'elles leur rendent, et aussy pour leur donner quelque moyen d'en supporter la despense qu'il faut faire grande et splendide, convenablement à la grandeur de leur estat et qualité, j'ay advisé d'escrire aux dictes villes pour leur ramentevoir ceste coustume, et les requerir de la prendre et pratiquer maintenant en ma faveur; ce qu'elles ne me doibvent refuser, si elles ont tant soit peu de ressentiment des grands biens et moyens dont elles jouissent par mon moyen. J'en fais une depesche particuliere à ma ville de Perigueux; et m'estant persuadé que, la recevant de vostre main, elle sera de plus d'effect en leur endroict, je vous ay bien voulu prier de vous y transporter pour la leur presenter, et conformement à la dicte despeche (que je vous envoye ouverte pour la voir), les convier à ce qui est de leur debvoir, leur remonstrant que comme, s'ils me tesmoignent en cela de la bonne volonté et affection, je leur en sçauray perpetuellement bon gré, aussy s'ils y manquent, j'auray grande occasion de m'en offenser. Je vous prie, sur tous les services que desirés me faire, prendre cest affaire en main et, entre autres choses, admonester les consuls du dict Perigueux de tenir prest ce qu'ils auront à me fournir, d'autant que je suis pressé d'entrer dés maintenant en la dicte despense. Sur ce, je prie Dieu, Monsr de Bourdeille, qu'il vous ayt en sa saincte garde. Escript à Lyon, le xxvııje jour de juillet 1600.

HENRY.

FORGET.

[1600. — 30 JUILLET. — Ire.]

Cop. — Archives royales de Sardaigne. Envoi de M. l'ambassadeur de France à Turin.

A MON FRERE LE DUC DE SAVOYE.

Mon Frere, Vos gens m'ont faict la declaration que vous leur avés commandée, dont j'eusse receu tout contentement si, suivant le pouvoir que vous leur avés donné, ils eussent voulu convenir de l'execution d'icelle; car je desire sortir d'affaires avec vous, affin de ne plus penser que à vous aimer. Toutesfois, ils ont encore voulu renvoyer vers vous, devant que de rien conclure, par les raisons qu'ils vous feront entendre; sur quoy je vous prie ouir ce que vous dira Berny de la part de

Vostre bien bon frere,

HENRY.

## DE HENRI IV.

[1600[1].] — 30 juillet. — IIme.

Impr. — *Œconomies royales*, édit. orig. t. II, chap. 8.

[A M[R] DE ROSNY.]

[1] Mon amy, A mon autre, que vous recevrés par ceste mesme voye [2], j'adjousteray encore ce mot pour vous dire que je suis bien trompé si quelque mine que facent ces gens icy, ils ne nous veulent tromper et gagner temps. Au demeurant, je vous prie de vous enquerir, sans qu'on s'en aperçoive, d'un voyage qui a esté faict depuis peu à Bar, en poste, et si celuy dont vous sçavés n'y a pas esté avec m[r] de Montpensier en habit deguisé, comme l'on me l'a mandé; et vous en enquerés si particulierement qu'à vostre retour j'en puisse avoir des nouvelles. Vous sçavés si cela me touche. A Dieu, mon amy. Ce dimanche xxxe juillet, à Lyon, à midy.

HENRY.

1600. — 30 juillet. — IIIme.

Orig. — B. N. Fonds Béthune, Ms. 9080, fol. 38 recto.

[AU CONNÉTABLE.]

Mon Cousin, Je suis sy bien trompé, si le duc de Savoye chemine encores avec nous de bon pied; ses gens m'ont bien declaré qu'il me veult rendre le marquisat de Saluces aux conditions portées par le traicté de Paris, et ont apporté un pouvoir ample pour convenir de la forme et du temps de l'execution; toutesfois ils n'ont voulu signer les articles sans renvoyer vers leur maistre, par où j'ay recognu qu'ils ne veulent que gagner le temps. Neantmoins je leur ay encore donné huict jours pour m'apporter son dernier mot, à la charge qu'ils me rendront Carmagnolles precisement le xvime du mois d'aoust prochain, suivant les articles accordez icy avec les depputez; et en cas qu'il

---

[1] Cette lettre est placée à tort à l'année 1601, dans les *Œconomies royales*.
[2] Cette autre lettre ne nous est pas parvenue.

n'approuve les dicts articles, j'en doibs estre esclaircy et resolu dedans les dicts huict jours, affin que je ne m'y attende plus; et comme il me semble que je me doibs tousjours preparer au pis, affin de n'y estre surpris, je vous prie, mon Cousin, advancer vostre venue le plus que vostre santé pourra le vous permettre, et faire aussy advancer vostre compagnie de gens d'armes; et vous sçaurés le reste quand vous serés icy : priant Dieu, mon Cousin, qu'il vous ayt en sa saincte et digne garde. Escript à Lyon, le xxxe jour de juillet 1600.

HENRY.

DE NEUFVILLE.

1600. — 30 JUILLET. — IVme.

Orig. — B. N. Fonds Béthune, Ms. 9080, fol. 35.
Cop. — Suppl. fr. Ms. 1009-2.

[AU CONNÉTABLE.]

Mon Cousin, Je vous ay escript ce matin par un courrier que j'ay depesché à Paris, auquel j'ay recommandé, si vous n'estiés sur le grand chemin pour venir icy, de se destourner pour vous aller trouver jusques aux eaux de Pougues, s'il entendoit que vous y feussiés allé, et vous ay adverty des termes où nous en sommes icy avec les depputez du duc de Savoye, et comme enfin ils ont apporté declaration de sa part, que des deux partys dont il pouvoit faire le choix, il s'estoit tenu à celluy de la restitution du marquisat, et qu'ils ont aussy monstré le pouvoir qu'ils ont de traicter de la forme de la dicte restitution, sur laquelle il a esté traicté avec eulx; et leur ay faict entendre que ma resolution estoit que Carmagnolles me feust restitué dans le xvie du prochain, et ce faisant que je leur baillerois quatre hostages pour seureté; que ayant achevé de faire restituer tout ce qui m'est occupé, que je leur feray de ma part rendre tout ce que je leur detiens. Ayant estimé que ces conditions estoient justes et raisonnables, ils ne les ont pas toutesfois voulu signer sans en consulter premierement le dict duc, leur maistre, vers lequel le secretaire Roncas est retourné; et leur ay donné terme de ceste resolution jusques au vi[e] du prochain, lequel passé chacun pourra pourveoir à ses affaires. Ce que j'ay bien voulu vous repeter par ceste-cy, dont j'ay pensé de charger encore le s[r] de Rochemore, qui vous va trouver, affin que vous ne puissiés faillir d'estre adverty, par l'une ou l'aultre depesche, de ce qui s'est passé en cest affaire, lequel je vois prendre bon chemin, si l'intention du dict duc est aussy bonne qu'il le faict icy dire par ses dicts depputtez. Si elle est aultre et qu'il ayt desseing de tromper, il pourra commencer par luy-mesme; car pour moy je suis bien resolu de ne revocquer aucune des forces que j'ay mandées, et au contraire de les advancer et tenir toutes ensemble jusques à ce que tout soit effectué. Je fais dés demain partir le s[r] du Passage avec les trois compagnies de Suisses, pour aller droict à Exilles, où l'ambassadeur que j'ay prés du dict duc les advertira de la resolution qu'il aura prise, affin que, sur cela, ils s'advancent pour estre aux portes du dict Carmagnolles le dict xvie du prochain. J'ay faict cependant venir icy mon cousin le duc de Biron et le s[r] d'Esdiguieres, pour continuer nos premiers desseings de la guerre, si elle se doibt faire, ou de la restitution, si l'on nous en donne bon exemple. Je me promets que vous arriverés encore assez à temps pour vous trouver à la conclusion de cest affaire. Si je voyois que ce deust estre pour la guerre, je vous presserois davantage de vous advancer; mais si les choses doivent passer par la douceur, comme je l'estime, je vous permettray de venir plus doucement, et m'accommoderay volontiers à vostre disposition, affin que vous puissiés plus alegrement parfournir ce voyage. Vous sçaurés du dict Rochemore l'estat de ma santé, qui est, Dieu mercy, fort bonne, et me remects aussy sur luy des aultres particularitez que j'aurois à vous dire; qui me gardéra de vous faire ceste-cy plus longue : priant Dieu, mon Cousin, vous conserver en sa saincte garde. Escript à Lyon, ce xxxe juillet 1600.

HENRY.

FORGET.

[1600.] — 31 JUILLET. — Ire.

Orig. autographe. — B. N. Fonds Béthune, Ms. 9080, fol. 11.
Cop. — Suppl. fr. Ms. 1009-2.

A MON COMPERE LE CONNESTABLE DE FRANCE.

Mon compere, Je n'adjousteray aultre chose à la depesche que Rochemore vous porte, sinon que maintenant je tiens l'accord de mons^r de Savoye pour certain; car tout presentement je viens d'avoir nouvelles de Berny, mon ambassadeur prés de luy, par lesquelles il me mande comme le duc de Savoye a eu des nouvelles comme le comte de Fouentés est arrivé à Genes avec sa maison seulement, la peste s'estant mise si forte aux troupes qu'il vouloit embarquer dans les galeres, qu'il a esté contraint de les laisser. Cela, mon compere, vous donnera le loisir de prendre les eaues de Pougues à vostre aise, et peut-estre fera que j'y pourray aller faire un tour; car j'escris à m^{me} la marquise de Verneuil de s'y rendre, et je l'y iray voir. J'use de telle diligence en toutes mes affaires, que cela ne me faict aucunement perdre le temps, et ne laisse de pourveoir tellement à mes affaires que si le duc de Savoye ne faict ce qu'il a accordé, que nous le luy ferons faire. Icy il faict un extresme chaud, et m'y ennuyeroit sans les comediens italiens, qui y sont, lesquels sont les meilleurs du monde. A Dieu, mon compere; ce dernier juillet à Lyon.

HENRY.

1600. — 31 JUILLET. — IIme.

Cop. — Biblioth. de M. Monmerqué, Ms. intitulé *Lettres à l'ambassadeur du Levant.*

[A M. DE BREVES.]

Monsr de Breves, Vous verrés par le memoire de toutes les depesches que je vous ay faictes depuis le commencement de ceste année jusques à present, que j'ay commandé vous estre envoyé, comme il a esté respondu diligemment et soigneusement aux vostres. Par tant, comme j'ay adressé mes paquets à mon ambassadeur residant à Venise pour les vous faire tenir par la voye de la Republique, à l'accoustumée, s'ils ne vous sont rendus promptement, il s'en faut prendre à la seigneurie de Venise, par la mercy de laquelle il faut que nous passions pour ce regard, jusques à ce que nous y ayons donné ordre, comme il faudra faire avec le temps. Or je veux esperer que vous aurés receu et veu les dictes lettres, devant que la presente arrive en vos mains; et comme vous avés esté adverty par icelles de l'arrivée de Pietrequin et Ollivier et pareillement de la suite des affaires, je ne vous en feray redicte. Seulement je vous repeteray que vous me ferés service tres agreable de continuer à poursuivre qu'il soit remedié aux poursuictes des Anglois; car on ne peut avoir raison en Angleterre, encore que la royne monstre d'en estre marrye; mais comme son amiral, et les principaux d'auprés proficent des dictes depredations, ils supportent ceux qui les font, de maniere qu'il faut necessairement y employer la force et la rigueur, qui ne voudra bannir entierement des eschelles de ce Seigneur toute sorte de commerce. Insistés donc qu'il en soit faict deffense publique, et que les dicts Anglois, qui couvrent leurs voleries du nom de traffic, soyent apprehendez et arrestez prisonniers pour leur faire leur procés où ils seront rencontrez par les galeres de ce Seigneur, où ils aborderont en quelque lieu de l'empire. Maintenant que je suis à la veille de rentrer en guerre avec le roy d'Espagne, puisqu'il entreprend de favoriser le duc de Savoye en l'usurpation du marquisat de Saluces, et d'autre part que la royne d'Angleterre va conclure la paix avec le dict roy d'Espagne, ce que dira son agent par delà pour acquerir la bienveillance de ce Seigneur et de ses officiers sera indigne d'estre ouy; mais plutost meritera-t-il pas d'estre chastié comme un detracteur et menteur? Representés-le au premier visir, et poursuivés qu'il soit traicté selon son merite. Au reste il est certain que le roy d'Espagne favorise le duc de Savoye contre moy, ayant envoyé à son secours le duc de Fuentés avec quelque argent; mais tant s'en faut que cela m'estonne, qu'estant apprecié comme je suis de la justice de ma cause, j'espere que Dieu me fera la grace de punir la perfidie de l'un et de l'autre, s'ils ne s'amendent comme ils doivent, sous peu de jours.

Sur cela les archiducs de Flandre ont faict une grande perte en la bataille qu'ils ont donnée au prince Maurice, le deuxiesme de ce mois, ainsy que vous verrés par le discours que je vous envoye à present. Le dict prince tient assiegé Nieuport, faisant estat d'aller à present à Donquerque pour nettoyer la coste, et en faisant priver la Flandre du commerce de la mer; ce qui fortifiera et accroistra grandement la puissance des Estats, et affoiblira les autres. Je n'estime pas qu'il se face de grands exploits ceste année du costé d'Hongrie, les preparatifs se faisant de part et d'autre fort mollement. L'Empereur a tiré à son service le duc de Mercure, de la maison de Lorraine, lequel s'estoit emparé contre moy, durant la guerre, de la Bretagne, dont il avoit esté chassé un peu devant la conclusion de la paix derniere; et s'estant depuis veu sans party, c'est ce qui luy a fait accepter le party de l'Empereur, lequel n'en sera pour tout cela fortifié de guere. En tout cas, s'ils vous en parlent par delà, vous leur respondrés qu'estant né prince allemand, et par consequent subject de l'Empereur, je ne puis l'empescher de ce faire; mais j'espere qu'ayant esprouvé ce service, il me sera plus facile de l'en retirer cy-aprés, qu'il n'eust esté de le divertir d'y entrer; et continués au reste de m'advertir de toutes occurrences : et prieray Dieu, Monsr de Breves, qu'il vous ayt en sa saincte garde. Escript à Lyon, le xxxj^e jour de juillet 1600.

HENRY.

[1600.] — 5 AOÛT.

Cop. — Archives de la ville de Poitiers, registre des délibérations. Envoi de M. Rédet, archiviste du département de la Vienne.

A MONS^R GRUGET,

MAIRE ET CAPPITAINE DE MA VILLE DE POICTIERS.

[1] Monsr le maire, J'ay esté tres aise d'entendre par la vostre l'es-

---

[1] Cette lettre était de la main du Roi.

lection qui a esté faicte de vous pour maire de ma ville de Poictiers pour l'année presente; ce que je vous ay bien voulu tesmoigner par ce mot de ma main et vous dire, que comme en celle de tresorier de France j'ay esté servy de vous, je me promets qu'en celle-cy, qui m'est plus importante, je le seray encore mieulx. Aussy vous prie vous asseurer que je le recognoistray aux occasions qui s'en offriront, de la mesme affection que vous le sçauriés souhaiter, et que je prie Dieu qu'il vous ayt, Monsr le maire, en sa saincte garde. Ce v^e aoust, à Lyon.

HENRY.

1600. — 8 AOÛT.

Orig. autographe. — B. N. Fonds Béthune, Ms. 9080, fol. 4o.
Cop. — Suppl. fr. Ms. 1009-2.

[AU CONNÉTABLE.]

Mon Cousin, Le duc de Savoye a enfin refusé ce que ses ambassadeurs avoient traicté icy sur la restitution de mon marquisat de Salluces, qu'il avoit declaré vouloir effectuer. Je m'en doubtois bien, ayant recherché par toutes sortes d'artifices et moyens de m'amuser et faire perdre le temps depuis son voyage de France, affin de gaigner l'hiver, se jouer de ma reputation et conserver son usurpation. Je l'ay tres bien recogneu dés le commencement, et m'a esté confirmé par toute sa proceddeure. Toutesfois, comme je ne me pouvois imaginer que ce fust son bien et advantage de m'avoir pour ennemy, j'avois patienté pour voir s'il changeroit point d'advis. J'ay mesmes voulu qu'il sceust que j'armois, et ay de faict armé pour l'assaillir et luy faire la guerre, s'il ne me faisoit raison; mais tout cela y a esté inutile, à mon tres grand regret; tellement que je suis contrainct avoir recours à ceste derniere ancre, de laquelle les princes ont accoustumé d'user pour repousser une offense et recouvrer ce qui leur appartient si justement que me faict le dict marquisat, et faire observer la foy qui leur a esté donnée. Par tant je fais estat de partir d'icy dedans quatre ou cinq jours, pour aller à Grenoble et voir à l'œil ce que je pourray et debvray faire en ceste occasion, en laquelle, mon Cousin, j'aurois tant besoing de vostre bon conseil et assistance. Au moyen de quoy je vous prie me venir trouver quand vostre santé, que je cheris comme le merite vostre affection, vous le pourra permettre, faire cependant une recharge à ceulx de vostre compagnie, affin qu'ils s'advancent, et me mander comme vous vous portés et quand je pourray avoir ce contentement que de vous avoir auprés de moy; vous asseurant que ce ne sera jamais si tost que je le desire, tant pour vostre santé que pour mon service. Je prie Dieu, mon Cousin, qu'il vous tienne en sa saincte garde. Escript à Lyon, le viij^e jour d'aoust 1600.

HENRY.

DE NEUFVILLE.

[1600.] — 10 AOÛT. — Ire.

Orig. autographe. — Arch. des affaires étrangères. Correspondance politique, Mss. Florence, vol. II Copie transmise par M. Mignet.

[*A MADAME LA PRINCESSE DE TOSCANE.*]

Ma belle maistresse, Je vous avois promis que ma premiere lettre seroit datée de Chambery. La perfidie du duc de Savoye m'en a empesché, car despuis il m'envoya offrir le marquisat, me fit envoyer ses gens pour entrer dans les places; et comme ils ont esté sur la frontiere il s'est moqué de sa parole. Par mes premieres vous apprendrés qu'il commencera d'en estre puny; ce sera par m^r le Grand, qui partira dans quatre jours et vous portera plus amplement de mes nouvelles. Ceste-cy n'est que pour vous tesmoigner que je ne laisseray passer une seule occasion sans vous faire sçavoir de mes nouvelles. Je me porte fort bien, Dieu mercy, et ay prins aujourd'huy un cerf à force. Je baise vos belles mains cent mille fois. Ce x^e aoust.

1600. — 10 AOÛT. — IIme.

Orig. — B. N. Fonds Du Puy, Ms. 89, fol. 36.

A MONS^r DE THOU,

CONSEILLER EN MON CONSEIL D'ESTAT, ET PRESIDENT EN MA COURT DE PARLEMENT.

Monsr le president, Estant sur les termes d'envoyer les s^rs de Commartin et Pithou[1] à Vervins pour la conference convenue et accordée avec mon cousin l'archiduc d'Autriche, pour la resolution des differens des limites de ce Royaume; ayant esté adverty que vous avés en main plusieurs tiltres et procés-verbaulx concernans ces differens, qui vous peuvent estre demeurez avec les autres papiers delaissez par le feu s^r president de Thou, vostre pere, autrefois employé en semblable conference, vous me ferés service fort agreable de faire faire la plus prompte et exacte recherche qui sera possible des dicts procés-verbaulx, tiltres et renseignemens, desquels vous pensiés que l'on se puisse ayder et prevaloir en la dicte conference pour la justification et conservation de mes droicts. Ayés-en donc soing et me donnés en cela le mesme contentement que j'ay tousjours receu de vous en tout ce que je vous ay commandé pour mon service, et selon l'affection que je sçay que vous portés au bien et advancement d'iceluy : et je prieray Dieu qu'il vous ayt, Monsr le president, en sa saincte garde. Escript à Lyon, le xe jour d'aoust 1600.

HENRY.

POTIER.

---

[1] C'est François Pithou, avocat au parlement de Paris. L'illustre Pierre Pithou, son frère, était mort quatre ans auparavant. François Pithou, qui fut aussi un très-docte personnage et travailla principalement sur le droit canonique, n'était pas non plus étranger aux affaires de l'État, comme on le voit ici. Les lettres lui sont redevables des Fables de Phèdre, qu'il fit connaître, le premier, d'après l'unique manuscrit qui les ait conservées; manuscrit du xe siècle, que nous avons publié textuellement en 1830. François Pithou mourut le 7 février 1621, dans sa soixante et dix-huitième année.

1600. — 12 AOÛT.

Orig. — Archives des Médicis, légation française, liasse 3. Copie transmise par M. le ministre de France à Florence.

[A MON COUSIN LE GRAND DUC DE TOSCANE.]

Mon Cousin, Aulcuns de mes plus speciaux serviteurs m'ont fait entendre que, depuis quelque temps en çà, Lucrece de Verazano mit en depost au mont de pitié de vostre ville de Florence la somme de neuf mil escuz, pour en estre erigé une ou plusieurs commanderies des chevaliers de St-Estienne, au profit de ceulx de la maison de Verazano, dont toutesfois la collation despendoit de vous, comme chef et instituteur de l'Ordre; pourquoy ayant esté instamment requis par mes dicts serviteurs de vous proposer et recommander la personne du s^r François de Baccio de Verazano qui est de la dicte maison, de droicte ligne et des plus proches parens de la dicte Lucrece, à ce que vous ayés agreable luy conferer, ou à l'un de ses fils, la dicte commanderie, si vous n'en faictes qu'une, ou si vous en faictes deux, la meilleure d'icelle; je vous en ay bien voulu escrire la presente pour vous prier de gratifier le dict s^r François de ce qu'il desire de vous en cela; vous asseurant que pour l'affection de contenter ceulx qui m'ont induict à vous faire ceste presente, je rechercheray les occasions de m'en revancher en aultre endroict : et sur ce je prie Dieu, mon Cousin, vous avoir en sa saincte garde. Escript de Lyon, le xij^e jour d'aoust 1600.

HENRY.

DE NEUFVILLE.

[1600.] — 13 AOÛT.

Orig. autographe. — Biblioth. impér. de Saint-Pétersbourg, Ms. 886, lettre 92. Copie transmise par M. Houat.

A MONS^R DE BELLIEVRE, CHANCELIER DE FRANCE.

Monsr le chancelier, J'ay occasion de me plaindre de ma court de parlement de Toulouse, qui a faict quatre refus de veriffier l'edict de creation de deux conseillers en chacun presidial de Languedoc, croyant que j'en ay gratifié quelqu'un de mes serviteurs, et que ce n'est pour subvenir à mes affaires; et parce que je sçay qu'ils croiront ce que vous leur en manderés, je vous prie leur escrire une lettre en mon nom, par laquelle vous leur ferés cognoistre le mescontentement que j'ay d'eulx, et les asseurerés que ce qui proviendra de la dite verification est destiné pour mes affaires, comme telle est la verité, et dont personne n'a esté gratifié. Sur ce, Dieu vous ayt, Monsr le chancellier, en sa garde. Ce xiije aoust à la Coste Saint-André.

HENRY.

1600. — 14 août.

Orig. — B. N. Fonds Béthune, Ms. 9080, fol. 42.
Cop. — Suppl. fr. Ms. 1009-2.

[AU CONNÉTABLE.]

Mon Cousin, Si vous avés desjà eu l'advis de la prinse que mon cousin le duc de Biron a faicte de la ville de Bourg en Bresse, je vous advertiray par la presente de celle que le sr de Lesdiguieres a faicte de la ville de Montmeillan, et espere, Dieu aydant, que ces exploits seront dans peu de jours suivys, de part et d'aultre, d'aultres plus grands, dont je vous donneray tousjours advis selon les occurrences. Je m'achemineray dans deux ou trois jours en mon armée en Savoye, pour y mettre moy-mesme la main. Mais je vous prie d'y faire venir en toute diligence vostre compagnie de gens d'armes, et de donner aussy ordre à ce que toutes les aultres trouppes et compagnies qui se trouveront derriere s'acheminent en deçà le plus tost que faire se pourra. Car j'ay advis que le duc de Savoye prepare ses forces et en doibt bien tost joindre de grandes qui luy viennent du Milanois, et, avec ce, il faict estat de se venir opposer à mon armée. Hastés doncques toutes les dictes trouppes et specialement vostre dicte compaignie, affin que j'en sois servy à poinct nommé; vous asseurant bien que les dicts n'y peuvent doresnavant arriver trop tost. Sur ce je prie Dieu qu'il vous ayt, mon Cousin, en sa saincte et digne garde. Escript à Grenoble, le xiiijᵉ jour d'aoust 1600.

HENRY.

Mon Cousin, depuis la presente escripte, je me suis resolu de partir dés demain pour me rendre en ma dicte armée. Je ne veulx vous convier de vous haster d'y venir en personne, craingnant que cela ne feist tort à vostre santé. Neantmoins ce seroit chose qui me seroit tres agreable. En tout cas, hastés vostre trouppe et celles qui sont encores de delà. Je ne vous ay peu escrire de ma main, parce que ces affaires me tiennent occupé ailleurs.

HENRY.

DE NEUFVILLE.

[1600.] — 16 AOÛT. — Iʳᵉ.

Orig. autographe. — B. N. Fonds Béthune, Ms. 9079, fol. 39.
Cop. — Suppl. franç. Ms. 1009-².

[AU CONNÉTABLE.]

Mon compere, Sᵗ-Geniés vient d'arriver avec la vostre. Je la garderay encore un jour ou deux, pour vous le redepescher incontinent que je seray dans Chambery : qui sera aprés-demain, si Dieu plait. Par ma derniere je vous ay mandé comme mon cousin le duc de Biron avoit pris dans Bourg six enseignes de gens de pied, avec une cornette de gens de cheval. Depuis, mʳ de Lesdiguieres a pris la ville de Montmelian¹, où il y avoit trois compagnies de gens de pied et une cornette de cavalerie, lesquels n'ont rendu aucun combat. Il m'en a apporté icy ce matin les drapeaux. Et ayant faict sommer, avec le trompette de ma compagnie de chevaux legers, ceux de Chambery, ils ont respondu qu'ils ne se rendroient point qu'ils n'eussent veu le

---

¹ Restait la citadelle, dont la prise fut l'événement le plus considérable de cette campagne. Il en est question dans la plupart des lettres suivantes, jusqu'au 16 novembre, date de la réduction.

canon : ce que j'espere de leur faire voir demain. M. de Grillon est logé dans les fauxbourgs avec le regiment de mes gardes, auxquels ceux de la ville ne tirent un seul coup. Je m'en vais coucher à Marche, qui est en Savoie, et dés ce soir voir le chasteau de Montmelian, où ceux qui sont dedans sont de pauvres gens. Il y peut avoir cent soldats assez mauvais, et trois ou quatre cens hommes, de pauvres gens ou femmes de la ville, qui s'y retirerent lorsque les nostres entrerent dedans, et qui en voudroient bien sortir; mais je ne le leur veux pas permettre. Hier le patriarche arriva prés de moy. Je ne vous puis escrire les propos que nous eumes ensemble; mais je vous les mande par St-Geniés, et par luy amplement de mes nouvelles. A Dieu, mon compere, Ce mercredy, à quatre du soir, xvj^e aoust, au fort de Barrault.

HENRY.

1600. — 16 AOÛT. — IIme.

Imprimé. — *OEconomies royales*, édit. orig. t. I, p. 594.

[A M. DE ROSNY.]

Mon Cousin[1], Je viens presentement de recepvoir vostre lettre escripte de mardy dernier, par laquelle j'ay veu les discours que vous a tenus le marquis de Lulin et la response que vous luy avés faicte, que j'ay trouvée tres bonne. Je crois que ce gentilhomme a bonne intention, mais son maistre s'en moque. Mr de Nemours est venu icy, auquel luy et l'archevesque de la Tarentaise ont tenu mesme langage. Je ne puis dire que je ne veux point ouir parler de paix, car je par-

---

[1] C'est ici la première fois que Rosny est titré de cousin par le Roi. Il ne fut cependant duc de Sully qu'en 1606. Mais cette partie du cérémonial n'était pas encore arrêtée d'une manière aussi fixe qu'elle le fut depuis. Sa terre de Rosny venait d'être érigée en marquisat, et il avait acquis de M. d'Estrées, au mois de novembre précédent, la charge de grand-maître de l'artillerie, qui ne fut érigée en office de la Couronne qu'au mois de janvier 1601. Au reste, le titre de cousin ne lui est pas dès lors donné constamment comme après qu'il fut devenu duc et pair. Henri IV semble ici témoigner, par ce titre, d'une consideration particulière pour la personne.

lerois contre mon cœur, et me semble que ferois tort à ma reputation et à mon service; mais je ne veux plus estre abusé, et il n'y a rien qui me puisse faire differer ny allentir l'employ de mes armes, que des effects tout contraires à ceulx que j'ay veus. Je l'ay dict ouvertement au patriarche de Constantinople, comme vous aurés sceu par ce qui en a esté escript à m^r le Chancelier, qui a eu charge de vous le communiquer. Je l'ay dict aussy au duc de Nemours, et m'avés faict plaisir d'en parler au dict marquis de Lulin comme vous avés faict. Je suis bien d'advis d'advertir tous ceulx qui nous doivent venir servir, qu'ils se hastent, et qu'ils ne s'y arrestent pas au bruict de la paix, que l'on publie exprés pour cest effect; et me semble que sçachant et voyant que je suis icy en personne, ils n'ont besoing d'aultre esperon. Je suis bien aise que vous ayés assisté d'argent le duc de Biron, vous estant en cela rencontré avec ce que je vous ay mandé, et desire que vous acheviés de pourveoir à ce qui luy faict besoin, en sorte qu'il ayt sujet d'estre content, et pour cause. Il semble veritablement que Dieu ne favorise pas seulement mes justes armes, mais qu'il espouvente celles de mon ennemy; et n'attends plus que vostre personne et vos flustes pour le faire aller en cadence. Le s^r de Lesdiguieres estime Montmeillan grandement fort, et que neantmoins nous le pourrons prendre, ayant vingt canons et de quoy tirer huict mille coups; mais je remets le tout à vostre recognoissance et à vostre soin et diligence. Je fais venir les huict qui sont à Grenoble et les cinq que vous avés faict venir de Valence, mais il faut aussy que vous faciés advancer ceulx de Lyon le plus tost que vous pourrés, vous servant pour ce faire des rivieres de Rosne et d'Izere. Il faut tout semblablement faire advancer tout le reste des munitions que vous avés faict voiturer de Paris, car il est du tout necessaire de haster nostre besogne, ce pendant qu'il faict beau, que nostre ennemy est foible et fort estonné. Ceux de la ville de Chambery ayant esté sommez, ont respondu de façon que je cognois bien qu'ils n'attendent que[2] l'on

---

[1] Le sens de la phrase demanderait un second *que*, pour exprimer que les habitants de Chambéry attendaient *seulement* qu'on leur fît voir le canon.

leur face voir le canon, ce que nous ferons sitost que vous serés icy avec vostre esquipage. Dites à mr de la Guiche qu'il s'avance avec sa troupe, et venez en diligence, après que vous aurés pourveu à ce que vous estimés estre necessaire pour mon service : priant Dieu, monsr de Rosny, qu'il vous ayt en sa saincte garde. De Barrault, ce xvje jour d'aoust 1600.

HENRY.

DE NEUFVILLE.

1600. — 18 AOÛT. — Ire.

Imprimé. — *OEconomies royales*, édit. orig. t. I, chap. 98.

[A M. DE ROSNY.]

Monsr de Rosny, Je suis venu loger icy pour avoir plus tost raison de ceste ville, laquelle, encore qu'elle ne vaille rien du tout, je ne puis forcer sans canon; et partant hastés-vous de venir, car j'auray à plaisir de vous voir commencer en ma presence de prendre possession de vostre charge par effect; et prenés la poste pour vous rendre icy au plus tost, m'asseurant tant sur vostre active diligence et vraye affection, que vous aurés achevé de pourveoir à mes aultres affaires, pour lesquelles vostre presence estoit necessaire par delà; et ne faillés d'amener vos plus entendus commissaires et meilleurs pointeurs, en poste, d'autant que nous en avons besoing; prenant vostre chemin par l'Aiguebelette, car la Varenne vous dira que l'on y peut passer seurement et commodement. Faites venir aussy les tresoriers de l'extraordinaire des guerres, avec l'argent necessaire pour faire faire les monstres aux compagnies et pourveoir aux aultres despenses qui se presentent icy tous les jours, despenses auxquelles nous n'avons aucun moyen de pourveoir sans vous, et mesmes je ne veux pas que l'on touche à l'argent, que par vostre ordre. Il est necessaire de penser aussy à ce qu'il faut faire pour mes nopces; aultrement nous nous y trouverions surpris. Nous avons commis le sr de Maisse pour en avoir le soin, comme vous l'avés desiré. Resolvés donc avec luy ce qu'il faut faire et luy donnés moyen de l'executer. Je sçay bien que le moins que nous y pourrons despendre sera le meilleur. Je suis aprés à me servir d'un moyen pour ce faire, que je vous diray quand je vous verray; toutesfois il ne faut laisser de donner ordre que les choses se facent le plus honorablement que faire se pourra; et me semble qu'il seroit bon que le dict sr de Maisse allast devant à Marseille, pour, estant sur les lieux, preparer toutes choses; Parlés-en avec mr le Chancelier et avec le dict sr de Maisse, et resolvés avec eux ce qu'ils auront à faire en cela, car je m'en fie à vous, et n'ay le loisir pour le present d'en escrire à l'un ny à l'aultre. Je me remets du surplus sur ce que vous dira de ma part le dict sr de la Varenne; ayant receu la lettre que vous m'avés escripte du xve de ce mois, à laquelle il n'eschet de faire aultre response puisque je vous doibs voir bien tost. J'ay aussy chargé le dict la Varenne de lettres pour mad{e} de Nemours et mad{e} de Guise, afin de les faire advancer. Je desire que vostre femme aille avec elles. Pour les cardinaux de Joyeuse et de Gondy, vous leur ferés tenir mes lettres et leur escrirés vous-mesme à tous[1] : priant Dieu, monsr de Rosny, qu'il vous ayt en sa garde. Escript au camp des faux-bourgs de Chambery, le xviije aoust 1600.

HENRY.

DE NEUFVILLE.

[1600.] — 18 AOÛT. — IIme.

Orig. autographe. — Archives de M. de Crillon.
Cop. — B. N. Suppl. fr. Ms. 1009-4.

A M{R} DE CRILLON.

Brave Grillon, J'envoye ce gentilhomme, frere du sr de Lasera,

---

[1] Henri IV n'ayant pu, comme on le verra ci-après, aller recevoir lui-même Marie de Médicis à Marseille, cette reine y fut reçue par le connétable, le chancelier, le duc de Guise, gouverneur de Provence, les ducs de Nemours et de Ventadour, les duchesses de Nemours, de Guise, de Ventadour, la comtesse d'Auvergne, les cardinaux de Joyeuse, de Gondi, de Givry et de Sourdis, et beaucoup d'autres grands seigneurs et grandes dames.

vous trouver pour vous dire qu'esperant le reduire à mon service, sur l'advis que j'ay eu que quelques-uns de mes gardes sont allez pour le forcer en sa maison et le prendre, vous y depeschiés quelqu'un pour leur commander de ne rien entreprendre contre luy ny sa maison ; baillant à ce gentil-homme quelqu'un des vostres, que ceulx de mes gardes cognoissent, affin qu'ils ne luy facent aulcun desplaisir. J'espere de vous voir tantost. Bon jour, brave Grillon. Ce vendredy matin, xviij^e aoust, aux Marches.

HENRY.

[1600.] — 18 AOÛT. — IIIme.

Imprimé. — *Œconomies royales,* édit. orig. t. I, chap. 98.

[A M. DE ROSNY.]

[1] Mon amy, Je vous fais ce mot pour vous dire, suivant ce que je vous manday dernierement par Fresnes, que je veux que vous faciés delibvrer la quittance de l'office de conseiller en ma court de Parlement de Paris que faict le jeune Chauvelin, avec la dispense des quarante jours, moyennant la somme de quatre mil escuz comptant, que l'on fera bailler au tresorier de mes parties casuelles, laquelle servira bien maintenant pour mon armée. J'escris le mesme à m^r le Chancelier, affin que de sa part il ne face aulcune difficulté de sceller les lettres necessaires : et ceste-cy n'estant à aultre fin, Dieu vous ayt en sa garde. Ce xviij^e aoust, aux Marches.

HENRY.

Toutesfois, je ne veux en cecy rien faire qui prejudicie à ceulx de la Religion ny à ce qui leur a esté promis; mais si on ne leur faict point de tort, ces quatre mil escuz vous serviront bien; car croyés que je n'en veux rien pour moy, ny pour d'aultres, quoy qu'on vous ayt dit.

---

[1] Cette lettre était de la main du Roi.

[1600.] — 18 août. — IVme.

Orig. autographe. — Biblioth. impér. de Saint-Pétersbourg, Ms. 886, lettre 81. Copie transmise par M. Houat.

A MONS^R DE BELLIEVRE,
CHANCELIER DE FRANCE.

Monsr le chancelier, Suivant ce que je vous manday dernierement par Fresnes, touchant l'office de conseiller en ma court de parlement de Paris que resigne Chauvelin le Jeune, avec la dispense de quarante jours, je vous fais ce mot pour vous dire que si cella ne prejudicie aucunement à ceulx de la Religion et à ce qui leur a esté promis, je veux que l'on delibvre la quittance moyennant la somme de quatre mil escuz, que l'on doit payer comptant en mes parties casuelles. Car ceste somme-là servira merveilleusement pour mon armée. Vous ne ferés donc aucune difficulté d'en faire les expeditions necessaires, comme chose que je veulx. Ceste-cy n'estant à aultre fin, Dieu vous ayt, Monsr le chancellier, en sa garde. Ce xviıj^e aoust, aux Marches.

HENRY.

[1600.] — 18 août. — Vme.

Orig. autographe. — Biblioth. impér. de Saint-Pétersbourg, Ms. 886, lettre 81. Copie transmise par M. Houat.

A MONS^R DE BELLIEVRE,
CHANCELIER DE FRANCE.

Monsr le chancelier, Je vous fais encore ce mot pour vous dire que, suivant ce que je vous ay cy-devant mandé, d'escrire en vostre nom à ceulx de ma court de parlement de Toulouse, pour la verification de deux offices de conseillers en chacun siege presidial de Languedoc, que vous le faciés, les asseurant par les vostres que je n'ay faict aucun don de la finance qui proviendra des dicts offices à personne, ains que je suis resolu de m'en aider pour la guerre de

Savoye, et pour cest effect je despeche celuy qui s'en va à Toulouse pour poursuivre la dicte verification, attendu mesmement que la fin du partement me presse, et que je veulx que cella soit faict avant. Ceste cy n'estant à autre fin, je prieray Dieu qu'il vous ayt, Monsr le Chancellier, en sa garde. Ce xviij^e aoust, aux faux-bourgs de Chambery.

HENRY.

[1600.] — 19 AOÛT.

Orig. autographe. — Archives des Médicis, légation française, liasse 3. Copie transmise par M. le ministre de France à Florence.

A MON COUSIN LE GRAND DUC DE TOSCANE.

Mon Cousin, J'envoie vers vous mon grand escuyer, pour trois occasions : la premiere pour vous remercier de ce que vous m'avés donné pour compagne vostre niepce, que je cheris comme elle merite ; la deuxiesme pour vous prier d'en faire les espouzailles en mon nom, et pour ce faire, vous porter mes lettres de procuration necessaires, que je vous prie accepter et avoir agreables ; et la derniere pour vous prier instamment de ma part, de la m'envoyer au plus tost, car je ne seray content que je ne la voye auprés de moy, ny que je ne me sois revanché de l'obligation que je vous ay du plaisir que vous m'avés faict en ceste occasion, comme en mes necessitez passées, ainsy que vous dira mon dict grand escuyer, auquel je vous prie adjouxter pareille foy qu'à moy-mesmes. Je prie Dieu, mon Cousin, qu'il vous ayt en sa saincte et digne garde. Ce xixme aoust, aux fauxbourgs de Chambery.

HENRY.

[1600.] — 20 AOÛT. — Ire.

Orig. autographe. — B. N. Fonds Béthune, Ms. 9079, fol. 1.
Cop. — Suppl. fr. Ms. 1009-2.

A MON COMPERE LE CONNESTABLE DE FRANCE.

Mon compere, Ceux de ceste ville ont envoyé ceste aprés-disnée vers moy, pour capituler, avec les articles qu'ils demandent, entre lesquels il y en a force que je trouve raisonnables. J'espere qu'ils seront resolus demain du matin; et incontinent aprés je vous en enverray copie. Cependant, je n'ay voulu differer plus longtemps à vous donner advis de cecy. Ceux du chasteau font des mauvais; mais j'espere, Dieu aydant, en avoir bientost la raison. Je vous donne le bonsoir. Le xxe aoust, aux fauxbourgs de Chambery, au soir.

HENRY.

1600. — 20 AOÛT. — IIme.

Imprimé. — *Les Corses françois*, par l'Hermite Souliers, Paris, 1667.

[AU MARÉCHAL D'ORNANO.]

Mon Cousin, J'ay receu vostre depesche du iiiie du present mois, et auparavant celle du xxviiie du passé, et ay veu par icelle comme vous avés sceu à la verité que les assemblées qui ont esté faictes à Mello et à Montauban ont donné beaucoup plus d'apprehension qu'il n'y a eu de mal, comme vous avés veu par mes dernieres lettres : aussy, à mon advis, il sera tousjours bon, quand vous entendrés quelque chose sur ce subject, que vous continuiés à en communiquer avec le s^r de Favas, parce que je me promets qu'il vous advertira tousjours fidellement de ce qu'il en sçaura. Je vous ay aussy cy-devant adverty de l'opinion que j'avois de la procedure du duc de Savoye, en quoy je ne me suis point trompé; et il pourra estre que ce sera luy qui le sera, et que ses artifices ne luy succederont pas comme il l'auroit pensé.

Depuis que nous sommes à la guerre ensemble, tous les progrés en ont esté fort heureux; et ne s'est rien tenté qui ne se soit executé, comme vous verrés par le memoire que je vous en envoyé, duquel il sera bon que vous faciés part à mes principaux serviteurs de delà, specialement à ceux du parlement; car je veux que chacun cognoisse que je ne suis entré dans cette guerre que par la necessité et quand je n'ay peu de moins, pour la dignité et reputation de cest Estat, auquel j'espere qu'il n'en arrivera que toute grandeur et accroissement, la cause en estant si juste comme elle est, et le prince auquel nous avons à faire n'estant pas si puissant qu'il nous doive estre formidable. J'espere bien, avant que l'hyver nous surprenne, que si je n'ay recouvert tout ce qui est de ce pays de Savoye, pour le moins j'y auray meilleure part que luy. Je vous tiendray tousjours adverty de ce qui se passera. Pour la succession du feu evesque de Cahors, j'eusse bien eu plaisir que vous y eussiés peu avoir part; mais le s^r de Themines, qui est son beau-frere, en apporta icy la premiere nouvelle, et ne luy ay peu refuser la meilleure piece, qui est l'evesché. S'il en survient quelque autre occasion, je vous promets que je me souviendray de vous, comme il sera bon que de vostre costé vous veillés aussy d'advertir diligemment de deçà de ce qui viendra à vostre cognoissance. Je ne veux oublier à vous dire qu'il sera à propos que vous envoyés de deçà vostre fils le colonel, parce que, si ceste guerre va plus avant, je fais estat de me servir du regiment des Corses; et ce sera son devoir de venir faire sa charge, comme je m'asseure que vous le desirés aussy. C'est ce que je vous diray pour ceste fois : priant Dieu, mon Cousin, de vous conserver en sa saincte garde. Escript au camp de Chambery, le xxe jour d'aoust 1600.

HENRY.
FORGET.

1600. — 21 AOÛT. — IIme.

Orig. — Arch. de la ville d'Avignon, boîte 95, n° 10. Envoi de M. le préfet de Vaucluse.

A MONS^r DE BELLIEVRE,
CHANCELIER DE FRANCE.

Monsr le chancelier, Les habitans de la ville d'Avignon m'ont faict supplier de leur permettre de tirer franchement et quictement de mes pays de Bourgogne, Lyonnois, Dauphiné, Vivarois, Languedoc et Provence, deux ou trois mille charges de bled pour la provision de la dicte ville. Et encores que j'aye fait lever bonne quantité de grains, et specialement du dict pays de Bourgogne, pour la nourriture de mes armées, toutesfois, je seray bien aise de gratiffier les dicts habitans en ce qu'il me sera possible. Par tant, je vous fais ceste lettre, affin que vous ayés à me donner advis de ce que vous penserés que je pourray faire pour eulx en la concession de ceste requeste, qu'ils m'ont faicte; et n'estant la presente pour aultre effect, je prie Dieu, Monsr le chancelier, qu'il vous ayt en sa saincte garde. Escript au camp des faulxbourgs de Chambery, le xxj^e jour d'aoust 1600.

HENRY.

DE NEUFVILLE.

[1600.] — 22 AOÛT.

Orig. autographe. — B. N. Fonds Béthune, Ms. 9080, fol. 14.
Cop. — Suppl. fr. Ms. 1009.-2.

A MON COMPERE LE CONNESTABLE DE FRANCE.

Mon compère, Sainct-Geniés, que je vous renvoye, vous dira comme il nous a laissez dans la ville, et comme ceulx qui sont dans le chasteau ont capitulé de se rendre en mon obeïssance, si dans six jours ils ne sont secourus par armée bastante pour me faire lever le siege, dont il y a desjà un jour d'expiré. Les compagnies de cavallerie ont faict les paresseux, et n'y en a encores pas une de venue, sy que je n'ay auprés de moy que mes trois compagnies de chevaux-legers; qui me faict vous prier, mon compere, de faire haster vostre compagnie. J'ay accordé une compagnie de carabins à celuy dont Sainct-Geniés m'a parlé de vostre part, et faict expedier la commission. Je vous prie de luy demander qu'il la face promptement et qu'il me l'amene. Je pars demain d'icy pour m'en aller à Confluans et m'en saisir. J'ay nouvelles que le duc de Savoye leve troupes de toutes parts et se haste pour venir à moy. Je vous prie, incontinent que vous serés arrivé à Lyon, me le mander, affin que je vous y face sçavoir de mes nouvelles : et remettant le surplus à la suffisance du porteur, je finiray par vous prier de le crere. Sur ce, Dieu vous ayt, mon compere, en sa saincte garde. Ce xxij^e aoust, à Chambery.

HENRY.

[1600.] — 23 AOÛT. — Ire.

Orig. autographe. — Biblioth. impér. de Saint-Pétersbourg, Ms. n° 887, lettre 22. Copie transmise par M. Houat.

A MONS^R DE BELLIEVRE,
CHANCELIER DE FRANCE.

Monsr le chancellier, Vous entendrés de mes nouvelles par m^r le Grand, lequel enfin j'ay depesché pour s'en aller vers ma femme[1]. Hastés son partement, si vous voulés que je sois marié dans cette année, laquelle s'en va fort avancée. Je seray tres aise que vous veniés icy, si vostre santé vous le peut permettre, car vostre presence servira à donner ordre aux reglemens qui y seront necessaires. Vous pouvés prendre vostre chemin par Grenoble. Le surplus vous l'apprendrés par M. le Grand. Bonjour, mons^r le chancellier. Ce xxiij^e aoust, à Chambery.

HENRY.

---

[1] La copie semble offrir ici une lacune; car après ces mots, on lit ceux-ci : *qui doibt estre*, ce qui ne présente pas un sens complet.

[1600.] — 23 AOÛT. — IIme.

Orig. autographe. — Arch. des affaires étrangères. Correspondance politique, Mss. Florence, vol. II. Copie transmise par M. Mignet.

[A MADAME LA PRINCESSE DE TOSCANE.]

Ma belle maistresse, J'envoie mon grand escuyer vers vous, avec toutes les procurations necessaires pour achever nostre mariage. Il a d'autant plus desiré ce voyage, pour avoir cognu n'en pouvoir jamais faire qui me peust estre si agreable ny plus utile pour le bien universel de mon Royaulme et de tous mes bons serviteurs; entre lesquels, outre ce qu'il tient des premiers rangs, il est particulierement ma creature, et demeurant tousjours auprés de moy, sans que rien luy soit caché. Vous ne le pourrés enquerir de rien de mes nouvelles, qu'il ne vous en rende bon et fidelle compte. Je remettray donc sur luy à les vous faire entendre, vous priant d'adjouxter foy à tout ce qu'il vous dira de ma part comme à moy-mesmes. Quant aux affaires de la guerre, jusques à ceste heure Dieu a beny mes serviteurs, et j'espere qu'il continuera. Ma cause est juste, et je recognois tout venir de luy. Je vous tiens promesse : c'est de dedans Chambery que je vous escris. Ce porteur est si bien instruict des affaires de la guerre, que par luy vous en sçaurés toutes les particularitez. Je finiray donc en vous suppliant, ma belle maistresse, de haster vostre heur et le mien par vostre venue la plus prompte que vous pourrés. Je n'ay jamais eu un si violent desir que celuy de vous voir. Que cela vous serve encores d'un coup d'esperon pour haster vostre voyage. Constance a esté arresté par le duc de Savoye; je ne sçais si me le renverra. J'ay bien de quoy le luy faire rendre, mais non de quoy me revancher de m'avoir privé huict jours de vos nouvelles. Mon amour me contrainct de vous supplier encores un coup de haster vostre voyage le plus que vous pourrés : et sur ceste requeste je feray fin, vous baisant cent mille fois les mains. Ce xxiij^e d'aoust, de Chambery.

[1600.] — 24 AOÛT. — Ire.

Orig. autographe. — Arch. des affaires étrangères. Correspondance politique, Mss. Florence, vol. II.
Copie transmise par M. Mignet.

[*A MADAME LA PRINCESSE DE TOSCANE.*]

Despuis le partement de m[r] le Grand, Constance est arrivé, dont j'ay receu un extresme contentement, pour avoir sceu bien particulierement par luy de vos nouvelles. Je vous remercie, ma belle maistresse, du present que vous m'avés envoyé; je le mettray sur mon habillement de teste, si nous venons à un combat, et donneray des coups d'espée pour l'amour de vous. Je crois que vous m'exempteriés bien de vous rendre ce tesmoignage de mon affection, mais en ce qui est des actes de soldat je n'en demande pas conseil aux femmes. Je me porte fort bien, Dieu mercy, vous aimant autant que moy-mesmes. Si vous desirés autant me voir que moy vous, vous ne sesjournerés gueres là, après la venue de m[r] le Grand. Bonjour, ma belle maistresse, je vous baise cent mille fois. De Chambery, ce xxiiij[e] d'aoust.

[1600.] — 24 AOÛT. — IIme.

Orig. autographe. — Arch. des affaires étrangères. Correspondance politique, Mss. Florence, vol. II.
Copie transmise par M. Mignet.

[*A MADAME LA PRINCESSE DE TOSCANE.*]

Envoyant le s[r] Delbene avec mons[r] le Grand pour l'assister en ce voyage et luy ayder à prendre cognoissance de la forme qu'il faut vivre en Italie, dont il a toute cognoissance, m'estant serviteur tres affectionné et bien aimé de moy, je ne l'ay voulu laisser aller sans vous porter de mes nouvelles et vous asseurer par luy de mon entiere affection. Hastés-vous de venir, pour en voir les effects. Je vous ay escript aujourd'huy par Valerio; qui me faict finir baisant vos belles mains cent mille fois. Ce xxiiij[e] aoust, à Chambery.

1600. — 25 AOÛT. — Ire.

Orig. — Archives des Médicis, légation française, liasse 3. Copie transmise par M. le ministre de France à Florence.

A MON COUSIN LE GRAND DUC DE TOSCANE.

Mon Cousin, Envoyant par delà mon grand escuyer pour les raisons que vous entendrés de luy, j'ay pensé qu'il estoit à propos le faire accompagner de quelqu'un qui le puisse ayder d'advis et conseil aux occasions qui se presenteront, et suppleer à son default en celles où il ne pourra assister en personne. J'ay, à ceste fin, faict eslection du s^r Del Bene, conseiller en mon conseil d'Estat, et cappitaine de cinquante hommes d'armes de mes ordonnances, lequel j'ay faict venir exprés de Paris, tant pour sa suffisance que pour sçavoir que vous l'aimés et faictes cas de son merite. Par tant je vous prie prendre confiance de luy en ce qu'il pourra estre employé par mon dict escuyer pour mon service, et je me promets qu'il se portera de telle sorte, que vous aurés occasion de croire que je n'auray poinct faict mauvaise eslection : priant Dieu, mon Cousin, qu'il vous ayt en sa saincte garde. Escript au camp de Chambery, le xxve jour d'aoust 1600.

HENRY.

DE NEUFVILLE.

1600. — 25 AOÛT. — IIme.

Orig. — Archives de la ville de Berne. Copie transmise par M. l'ambassadeur de France en Suisse.

A NOS TRES CHERS ET GRANDS AMYS, ALLIEZ ET CONFEDEREZ LES ADVOYERS, CONSEILS ET COMMUNAULTEZ DE LA VILLE ET CANTON DE BERNE.

Tres chers et grands amys, alliez et confederez, Le colonel Jacob de Diesbach m'a presenté vos lettres et exposé sa creance, que j'ay prinse en tres bonne part, comme je feray tousjours ce qui me viendra de la vostre, pour l'affection que je vous porte. Il vous dira où il m'a laissé, et comme Dieu a commencé à bénir et favoriser mes justes armes contre le duc de Savoye, lequel ne se contentant de retenir le mien, s'est voulu jouer de sa foy pour triompher de ma reputation comme de ma patience. Il vous dira aussy le soing que je veux avoir de ce qui vous concerne, en vous aidant à vous delivrer pour jamais des jalousies et incommoditez donc le dict duc a pris plaisir à vous entretenir jusques à present, pour l'envie qu'il a tousjours portée à vostre prosperité. Au moyen de laquelle, si sur ces asseurances vous voulés vous resouldre de prendre la forteresse de Ste-Catherine, laquelle le dict duc n'a bastie et maintenue que pour brider et endommager vous et vos alliez, j'offre de vous assister de mes forces, de façon que j'espere que vous en aurés bien tost bonne isseue. J'adjousteray qu'il me semble que vous ne debvés perdre ceste commodité, et que vous ne debvés craindre que je me relasche en la poursuicte de ceste guerre, en laquelle ma reputation et mes armes sont engagées si avant qu'elles sont. Je le feray encore moins quand je cognoistray que vous me seconderés en icelle, comme je me suis tousjours attendu que vous feriés. Mais si pour certains respects vous ne vouliés faire la dicte entreprinse en vostre nom, je la feray pour moy et pour vous ensemble, si vous m'y voulés assister et prester la main, en me secourant d'une notable somme de deniers, par prest, pour y employer, ainsy que j'ay dict au dict colonnel, par lequel je vous prie me faire sçavoir vostre intention au plus tost. Car comme je doibs estre aux environs de Sessel dans dix ou douze jours, je seray tres aise d'y trouver vostre derniere resolution, laquelle ne degenerera, comme j'espere, de celle que vos majeurs ont prises et monstrées en semblables occasions, quand elles se sont presentées. Aussy pouvés-vous estre asseurez que j'embrasseray tousjours vostre bien comme le mien propre; dont j'ay chargé le dict Diesbach vous donner toute asseurance : priant Dieu, Tres chers et grands amys, alliez et confederez, qu'il vous tienne en sa saincte et digne garde. Escript à Chambery, le xxve jour d'aoust 1600.

HENRY.

DE NEUFVILLE.

[1600. — 25 AOÛT.] — IIIme.

Imprimé. — *OEconomies royales*, édit. orig. t. I, p. 566.

[A M. DE ROSNY.]

Mon amy, Nous avons pris plusieurs petites places et sommes à present devant Conflans, qui fait mine de se vouloir faire battre. Par tant venés me trouver le plus tost que vous pourrés, car vostre presence est icy du tout necessaire, et envoyés devant vous, puisque vous viendrés en poste, quatre ou cinq bons commissaires, autant de vos meilleurs pointeurs, douze bons canonniers, quatre cens pionniers et force outils pour remuer terre et faire logis de batterie [1].

HENRY.

[1600. — 25 AOÛT.] — IVme.

Orig. autographe. — Archives de M. de Marcieu.

A MONS^r DE St-JULIEN [1].

Monsr de St Julien, J'envoye dés demain mons^r le Grand à Florence,

---

[1] Il devait y avoir ici une formule de salutation et la date, au moins le quantième du mois ou le jour de la semaine. Les secrétaires de Sully ont omis cette terminaison. Le Roi, écrivant le 25 de Chambéry, et le 27 de Conflans, en annonçant qu'il vient de prendre cette place, n'a pu écrire que le 26 ou le 25 au soir la lettre où il annonce qu'il vient d'arriver devant, et se préparer à l'assiéger. On lit dans les Économies royales, que Sully ne perdit pas un instant pour envoyer de Lyon au Roi l'artillerie qu'il lui demandait, et que Conflans se rendit à l'arrivée de l'équipage. Il est donc très-probable que la lettre fut écrite le 25 au soir, et que l'équipage de siége envoyé par Rosny arriva le 27 à midi. L'activité singulière qui fut toujours une des qualités principales de Sully autorise cette explication, la seule admissible avec ces concordances.

---

[1] Barthélemy Émé, seigneur de Saint-Julien, la Chapelle, Vizille, la Bastie-Meylan, Crémieu, Quirieu, la Balme, etc., chevalier de l'ordre du Roi, président du conseil souverain de Pignerol, avait été, sous Charles IX et Henri III, garde des sceaux de France de delà les monts, c'est-à-dire dans le marquisat de Saluces. Il était chargé alors d'une mission secrète à Venise.

où le cardinal Aldobrandin doibt se rendre. Ce n'est plus pour venir par deçà comme il estoit resolu, car l'estat des affaires ne me laissant loisir d'aller à Marseille, je n'ay voulu qu'il y vinst, et me contenteray qu'il s'arreste à Florence[2]. Mandés-moy ce qu'on en pensera et dira en vos quartiers, et ne m'en parlés avec vos masques de Venise, mais d'aussy franc et libre cueur qu'avés bon entendeur dans

Vostre plus affectionné maistre et amy,

HENRY.

1600. — 27 AOÛT.

Orig. — B. N. Fonds Béthune, Ms. 9080, fol. 43.
Cop. — Suppl. fr. Ms. 1009-2.

[AU CONNÉTABLE.]

Mon Cousin, Nous avons eu bon marché de ceste place ; elle ne nous a cousté que cinquante coups de canon, qui ont esté tirez depuis midy jusques à cinq heures avec deux pieces. Il y avoit huict cens hommes dedans pour le moins, auxquels j'ay donné, avec la vie, leurs armes et leurs chevaux ; et ils m'ont livré enseignes avec la place, qui est d'importance et commande le passage à ces vallées. Si nous advançons quelque aultre chose, je vous en advertiray, vous priant de me faire sçavoir de vos nouvelles : et sur ce je prie Dieu, mon Cousin, vous avoir en sa saincte garde. Escript au camp de Conflans, ce xxvij[e] aoust 1600.

HENRY.

DE NEUFVILLE.

Mon Cousin, il y avoit deux regimens dans la place : l'un du colonel Ponte, et l'aultre du val de Lyseré, lequel toutefois n'avoit que deux drapeaux ; mais ils faisoient plus de huit cens cinquante hommes, qui

---

[2] Ce fut en effet ce cardinal neveu qui célébra à Florence les épousailles de Marie de Médicis avec le grand-duc de Toscane son oncle, représentant Henri IV...

ont promis de ne se mettre dans place ny se presenter en campagne devant moy en ce pays de Savoye, de douze jours; ce que j'ay voulu adjouster à ma lettre.

1600. — 30 AOÛT.

Imprimé. — *Œconomies royales*, édit. orig. t. I, chap. 98.

[A M. DE ROSNY.]

Mon Cousin, Ne vous esbahissés pas si les commandemens que je vous fais sont differens pour ce qui concerne vostre charge; car ils despendent des advis que me donnent ceulx que nous estimons les plus sages et mieux entendus des affaires du pays, ainsy que vous verrés quand vous serés icy. Il faut que nous ayons tout l'esquipage que vous avés preparé, suivant le memoire en forme d'inventaire que vous avés envoyé à m^r de Villeroy, pour me le faire voir. Par tant, donnés ordre à cela, et faictes tout acheminer et conduire au port de la Gasche, ainsy que je vous escrivis hier, et me venés trouver aujourd'huy ou ceste nuict en ce lieu, car je n'en puis partir que je n'aye parlé à vous, pour les raisons que je vous diray quand je vous verray, desirant, oultre cela, conferer avec vous de plusieurs affaires d'importance qui concernent mon service, aultres que celles qui regardent vos charges. Mais faictes incontinent depescher ce courrier, que j'envoye à Bourg en Bresse par le chemin de Lyon, sans qu'aultre que vous le saiche, pour les raisons que je vous diray : priant Dieu, mon Cousin, qu'il vous ayt en sa saincte garde. Escript au camp Sainct-Pierre d'Albigny[1], ce xxxe aoust 1600.

HENRY.

DE NEUFVILLE.

[1] Ce fut en ce lieu que Rosny rejoignit le Roi, par conséquent ce jour-là même, ou le lendemain matin au plus tard.

[1600.] — 31 AOÛT.

Orig. autographe. — B. N. Fonds Béthune, Ms. 9079, fol. 6.
Cop. — B. N. Suppl. fr. Ms. 1009-2.

[AU CONNÉTABLE.]

Mon compere, J'ay commandé à Castelnau, que j'envoye où il vous dira, de vous dire de mes nouvelles. Demain, Dieu aydant, je vous redepescheray le chevalier de Montmorency. Pourvoyés à vostre santé, mesmement puisque rien ne nous presse. Nous n'avons aucunes nouvelles de m^r de Savoye. Nous avons attaqué la Charbonniere, qui est une tres bonne place. L'on m'asseure que dans deux jours elle sera reduicte en mon obeissance : mais pour moy, quand nous l'aurons bien prise en quinze jours, je ne trouve pas le temps mal employé. Cela faict, m^r de Savoye peut bien faire le signe de la croix sur le dos à Montmellian, et à tout le duché de Savoye. Que je saiche souvent de vos nouvelles, et que pour l'amour de moy vous mettés peine à vostre santé. Envoyés-moy des bons melons, des muscats, des figues et des persegues : car icy nous n'avons aucun fruict. Asseurés-vous tousjours de mon amitié, et que jamais maistre n'aima plus son serviteur que je fais vous : et remettant le surplus à la suffisance du porteur, je feray fin, pour prier Dieu vous avoir, mon compere, en sa garde. Ce dernier aoust, au camp de la Charbonniere.

HENRY.

1600. — 1er SEPTEMBRE.

Orig. — B. N. Fonds Béthune, Ms. 9080, fol. 46.
Cop. — Suppl. fr. Ms. 1009-2.

[AU CONNÉTABLE.]

Mon Cousin, Vostre personne m'est si chere que vous me feriés service tres agreable de preferer la conservation d'icelle et le recouvrement de vostre santé à toute aultre chose, et me semble que vostre sejour à Lyon sera plus à propos que en un aultre lieu; car vous serés prés de moy pour me joindre et me venir trouver quand il sera besoing et que vostre santé le vous permettra. Depuis la prise de Conflans, de laquelle je vous ay donné advis, j'ay passé la riviere et m'en suis venu loger icy pour forcer cest aultre passage qui n'est de moindre importance que celuy du dict Conflans. La place est assise en forte assiette; toutesfois estant commandée, j'espere qu'estant nostre canon en batterie, comme il pourra estre dans cinq ou six jours, que nous en aurons bon compte. Le chevalier de Montmorency, vostre fils, qui l'a veue, vous pourra dire quelle elle est. Au reste estant adverty que le duc de Savoye faict toutes sortes de diligence pour assembler des forces, j'ay deliberé aussy de me renforcer, et principalement de gens de pied, car c'est ce qui est le plus necessaire en ce pays-cy. C'est pourquoy j'ay commandé au dict chevalier de remettre sus le regiment qu'il a cydevant commandé en mon pays de Languedoc, composé de cinq enseignes; mais au lieu qu'elles n'estoient remplies que de cent hommes chacune, je veulx qu'elles le soyent de deux cens, pour faire mille hommes, lesquels je me promets qu'il levera facilement, mesmes estant favorisé de vostre nom, comme je vous prie de l'en assister. Je luy ay baillé cinq commissions en blanc pour les remplir des cappitaines qu'il jugera plus propres pour me servir, dont j'ay voulu luy confier le choix, à la charge aussy qu'il le fera par votre advis et commandement. Donc à ceste cause, je vous prie, mon Cousin, l'assister. J'ay ordonné luy estre baillé deux cens escus pour la levée de chacune compagnie, et sy je luy ay promis qu'ayant passé le pont St-Esprit je luy feray delivrer cent escuz encores pour enseigne, oultre deux cens escuz que je luy ay donnez pour les frais de son voyage; vous asseurant que si j'eusse peu mieulx faire pour luy, tres volontiers je l'eusse faict, pour vostre consideration, mon Cousin, et aussy pour ce que j'espere qu'il me servira tres bien. Il fault, oultre cela, que vous luy ordonniés un lieu ou deux en mon dict pays de Languedoc, auxquels il puisse assembler les dictes compagnies. Par tant vous en ferés au dict pays les depesches que vous jugerés necessaires, car je n'en escris qu'à vous. Davantage, mon Cousin, je desire encores tirer de vostre gouvernement mil hommes de pied, desquels j'ay advisé de donner la charge au sr de Chambaud[1], saichant qu'il les aura bien tost mis ensemble et que j'en seray bien servy, joinct qu'il me semble estre bien à propos d'en prendre de ceulx de la religion pretendue reformée du dict pays et non des aultres, pour les raisons que vous pouvés mieulx juger. Au moyen de quoy, je vous prie de mander à mon cousin le duc de Ventadour, qu'il ordonne au dict Chambaud un ou deux lieux pour faire la dicte levée, et qu'il la favorise de tout ce qu'il pourra, affin que j'en sois tant plus promptement et mieulx servy. J'ay deliberé, oultre cela, de tirer du Lyonnois mille autres hommes, et pareil nombre de Provence, car je veux, si je puis, me mettre en estat que le duc de Savoye ne me puisse faire quicter la place et regagner ce que j'ay conquis sur luy. Pour cela je n'ay point changé d'opinion encores pour le temps et le lieu de mon mariage. Il est vray que si le dict duc se presente en ce temps-là et qu'il passe les monts, j'abandonneray mal volontiers mon armée pour aller danser aux nopces. Vous serés adverty journellement de tout ce que je feray, comme je le desire estre. Escript au camp de Chamoux, le premier jour de septembre 1600.

HENRY.

DE NEUFVILLE.

[1600.] — 2 SEPTEMBRE.

Orig. autographe. — B. N. Fonds Béthune, Ms. 9079, fol. 126.
Cop. — Suppl. fr. Ms. 1009-2.

A MON COMPÈRE LE CONNESTABLE DE FRANCE.

Mon compere, A mon aultre lettre, que j'ay commandée à mr de Villeroy de vous escrire par le chevalier de Montmorency, j'adjousteray encore ce mot de ma main, pour vous dire que le plus grand ser-

---

[1] Jacques de Chambaud, seigneur de Privas, Vacherolles et Valaury, gentilhomme ordinaire de la chambre du Roi, et mestre de camp.

vice que vous me sçauriés faire, et que j'auray pour aussy agreable, c'est que vous pourvoyés à vostre santé, affin d'estre gaillard pour me venir trouver lorsque je le vous manderay, si j'ay besoin de vostre service : asseuré tousjours de mon amitié, qui ne vous defauldra jamais, et croyant le dict chevalier de mes nouvelles, et ce que je luy ay commandé de vous dire. A Dieu, mon compere. Ce ij^e septembre, au camp de Charbonniere.

HENRY.

[1600.] — 3 SEPTEMBRE.

Orig. autographe. — Arch. des affaires étrangères. Correspondance politique, Ms. Florence, vol. II. Copie transmise par M. Mignet.

[*A MADAME LA PRINCESSE DE TOSCANE.*]

J'ay receu une lettre de vous du xvie d'aoust, par laquelle vous estes en peine pour avoir esté quelque temps sans sçavoir de mes nouvelles. Vous en aurés esté en bref delibvrée, car bien tost après vous en aurés receu et souvent despuis, n'ayant laissé passer une seule occasion sans vous escrire. Despuis ma derniere depesche j'ay pris Conflans, ville importante pour fermer le passage de la Tarentaise, et assez forte, pour la difficulté d'y mener l'artillerie. Il y avoit mille soixante hommes bien armez, mais peu courageux. Je tiens un fort assiegé, qui est bon et bien guarny; mais j'espere, avec l'aide de Dieu, en estre le maistre ceste sepmaine. Il ferme la vallée de la Meurienne. Cela faict, toute la Savoye et la Bresse sont à moy, fors les citadelles de Bourc, Montmeillan et fort Ste-Catherine, que j'assiegeray tout à mon aise et à ma commodité. Ce pendant, je fais nouvelles levées, tant de Suisses que de François, pour rendre mon armée composée, dans la fin de ce mois, de vingt mille hommes de pied et deux mille cinq cens chevaulx. C'est pour battre tout ce qui me pourroit venir sur les bras. Laissons la guerre pour parler de vous, ma maistresse : hastés vostre voyage le plus que vous pourrés; et, pour ce faire, croyés et suivés surtout les conseils de m^r de Sillery. S'il estoit bien seant de dire qu'on est amoureux de sa femme, je vous dirois que je le suis extrememient de vous; mais j'aime mieulx le vous tesmoigner en lieu où il n'y aura tesmoing que vous et moy. Bonjour, ma maistresse, je finis, baisant cent mille fois vos belles mains. Ce iij^e septembre.

1600. — 7 SEPTEMBRE. — Ire.

Orig. — B. N. Fonds Béthune, Ms. 9080, fol. 59.
Cop. — Suppl. fr. Ms. 1009-2.

[AU CONNÉTABLE.]

Mon Cousin, J'ay ordonné aux huict compagnies qui estoient en garnison en Languedoc, Dauphiné et Provence, de faire es'dicts pays leurs recrues jusques à cent hommes, au lieu qu'elles n'estoient composées que de trente-cinq hommes chacune. De quoy je vous ay bien voulu advertir par ceste lettre et vous prier faciliter et favoriser, en ce qu'il sera possible, la levée des dictes recrues qui se pourront faire en l'estendue de vostre gouvernement; de sorte que j'en puisse estre assisté en ceste armée de Savoye, où je les ay destinées; et je le tiendray à service tres agreable : priant Dieu, mon Cousin, qu'il vous ayt en sa saincte garde. Escript au camp de Chamox, le vij^e jour de septembre 1600.

HENRY.

DE NEUFVILLE.

1600. — 7 SEPTEMBRE. — IIme.

Orig. — B. N. Fonds Béthune, Ms. 9080, fol. 49.
Cop. — Suppl. fr. Ms. 1009-2.

[AU CONNÉTABLE.]

Mon Cousin, Ce porteur s'estant presenté pour vous aller trouver, j'ay bien voulu vous faire sçavoir par ceste lettre que depuis le partement du chevalier, tout ce que nous avons peu faire a esté de trainer le canon jusques au pied de la montagne sur laquelle il le faut monter pour battre ce fort; dont j'espere que nous viendrons à bout demain ou samedy au plus tard, pour commencer à le battre dimanche ; et crois qu'alors nous en aurons bon compte. Les ennemys commencerent hier à faire parler d'eulx du costé de la Tarantaise, où l'on dict qu'ils ont faict passer jusques à cinq ou six mille hommes. Je ne suis pas marry qu'ils ayent pris ce chemin-là, car cela ne nous empeschera de continuer nostre siege ; et s'il survient quelque aultre chose, je vous en donneray incontinent advis. Ce pendant, je vous prie de commander au chevalier qu'il s'advance de lever son regiment tant qu'il pourra, et s'il arrive quelque force où vous estes, pour me venir trouver, les faire aussy haster : priant Dieu, mon Cousin, qu'il vous ayt en sa saincte et digne garde. Escript au camp de Chamoux, ce vij^{me} jour de septembre 1600.

HENRY.

DE NEUFVILLE.

Je vous prie aussy me faire advancer vostre compagnie de gens d'armes ; et n'oubliés aussy les fruicts que vous avés envoyé querir en Avignon ; car l'une et les aultres seront les bien venus.

1600. — 8 SEPTEMBRE.

Orig. — Archives des Médicis, Christine de Lorraine, liasse IV, ac. 58. Copie transmise par M. le ministre de France à Florence.

A MON COUSIN LE GRAND DUC DE TOSCANE.

Mon Cousin, Le capitaine George de Mercato, corse, m'ayant bien et fidellement servy en ce Royaume en plusieurs occasions qui se son-presentées, a desiré de se retirer auprés de vostre seigneurie. Je ne luy en ay voulu denier la permission, m'asseurant qu'il s'acquittera fort bien de tout ce que vous luy commanderés. C'est pourquoy s'en allant vous trouver, je vous ay bien voulu par luy escrire ceste lettre, pour vous prier de le recevoir à vostre service, et au reste l'avoir en toute bonne et favorable recommandation : et n'estant la presente à aultre effect, je prie Dieu, mon Cousin, qu'il vous ayt en sa tres

DE HENRI IV. 299

saincte et digne garde. Escript au camp de Chamox. Ce vıȷ⁶ jour de septembre 1600.

HENRY.

DE NEUFVILLE.

1600. — 9 SEPTEMBRE.

Orig. — B. N. Fonds Béthune, Ms. 9080, fol. 8.
Cop. — Suppl. fr. Ms. 1009-2.

[AU CONNÉTABLE.]

Mon Cousin, J'envoye ce courrier exprés devers le s^r de Chambauld avec les dix commissions necessaires pour la levée de mille hommes de pied, dont je luy donne la charge, et lesquelles je desire qu'il leve en mon pays de Languedoc. Je vous prie favoriser la dicte levée en ce qu'il vous sera possible, car je l'ay destinée à me servir en ceste armée de Savoye, et espere d'en estre bien assisté. Au demeurant, tout nostre canon est prest et en batterie devant ce fort de Charbonniere; je monte à cheval pour faire faire la dicte batterie, et espere ne revenir poinct que je ne mette ceulx de dedans en estat de recognoistre bien tost mon auctorité : de quoy vous serés adverty. Ce pendant je prie Dieu, mon Cousin, qu'il vous ayt en sa saincte et digne garde. Escript au camp de Chamox, le ixme jour de septembre 1600.

HENRY.

DE NEUFVILLE.

1600. — 10 SEPTEMBRE. — Ire.

Orig. — N. B. Fonds Béthune, Ms. 9080, fol. 63.
Cop. — Suppl. fr. Ms. 1009-2.

[AU CONNÉTABLE.]

Mon Cousin, J'escris presentement aux prevost des marchands et eschevins de ma ville de Lyon pour les prier d'accommoder de cent corcelets le s^r de Bourg-Lespinasse, pour rendre mieulx armé le regi-

38.

ment de mille hommes de pied que je luy ay commandé de lever; et c'est chose que j'ay à cœur et que je desire; et vous prie mander incontinent les dicts prevost des marchands et eschevins, pour vous venir trouver et les disposer à me faire ce service, de secourir le dict de Bourg de la dicte quantité de corcelets; m'asseurant qu'ils le feront bien volontiers, et que vous y apporterés tout ce qui despendra de vous et de vostre auctorité : et sur ce, je prie Dieu, mon Cousin, qu'il vous ayt en sa saincte garde. Escript au camp de Chamox, le xme jour de septembre 1600.

HENRY.

DE NEUFVILLE.

Mon Cousin, Je vous diray aussy que le dict s^r de Bourg m'est venu trouver pour se justiffier de ce que l'on luy a voulu imposer et au s^r de Chazeul, dont je suis demeuré satisfaict.

[1600.] — 10 SEPTEMBRE. — IIme.

Orig. autographe. — B. N. Fonds Béthune, Ms. 9080, fol. 16.
Cop. — Suppl. fr. Ms. 1009-2.

A MON COMPERE LE CONNESTABLE DE FRANCE.

Mon Compere, Hier matin je vous escrivis comme je m'en allois faire battre ceste place, laquelle j'esperois prendre à l'instant. Dieu a tellement beny mon labeur, que je n'ay esté deceu de mon esperance, comme vous entendrés plus particulierement par le Rollet, present porteur, par lequel j'envoye à mad^e la marquise de Verneuiles quatre enseignes qui estoient dedans. Par luy vous entendrés de mes nouvelles, et par ceste-cy vous serés asseuré que je vous aime autant que vous le sçauriés souhaiter. Je vous recommande vostre santé. A Dieu, mon compere. Ce x^e septembre, au camp de la Charbonniere.

HENRY.

1600. — 10 SEPTEMBRE. — IIIme.

Orig. — B. N. Fonds Béthune, Ms. 9080, fol. 67.
Cop. — Suppl. fr. Ms: 1009-2.

[AU CONNÉTABLE.]

Mon Cousin, Depuis vous avoir escript ce matin par le Rollet, qui vous aura rendu compte de la prise du fort de Charbonnieres, j'ay esté conseillé par mes medecins de me retirer en quelque ville pour quatre ou cinq jours, affin de me purger et reposer. Sur quoy j'ay pris resolution d'aller à Grenoble. Ce pendant ceulx de mon conseil iront avec m^r le chancellier à Chambery, pour donner quelque regle et forme aux affaires de ce pays, tant pour la justice que pour les finances. Et d'autant que je seray tres ayse, mon Cousin, de jouir de vostre compaignie durant mon sejour au dict Grenoble, je vous prie de partir, incontinent la presente receue, et m'y venir trouver, car je me promets que vostre santé vous permettra de me donner ce contentement. Et je vous asseure que vous serés le tres bien venu et veu de vostre bon maistre, duquel vous sçaurés ce qu'il a faict depuis qu'il ne vous a veu, et ce qu'il pretend faire pour faire valoir la justice de ses armes et conserver la reputation de la France. Je remets doncques le demeurant à quand je vous verray, pour prier Dieu, mon Cousin, qu'il vous ayt en sa saincte et digne garde. Escript au camp de Chamoux, le xe jour de septembre 1600.

HENRY.

DE NEUFVILLE.

1600. — 10 SEPTEMBRE. — IVme.

Orig. — B. N. Fonds Béthune, Ms. 9080, fol. 85.
Cop. — Suppl. fr. Ms. 1009-2.

[AU CONNÉTABLE.]

Mon Cousin, J'ay esté adverty que la comtesse de la Roche est allée effrontement en ma ville de Lyon, et qu'elle y est encores de present, sans considerer combien j'aurois de subject de la faire maltraicter, veu la rebellion de son mary, qui est tousjours pres le duc de Savoye. Je vous prie de la faire venir par devers vous et luy faire une bonne reprimande de son impudence, luy commandant de faire retour en tel lieu que l'on ne la voye plus. Sur ce, je prie Dieu qu'il vous ayt, mon Cousin, en sa saincte garde. Escript au camp de Chamoux, le xe septembre 1600.

HENRY.

DE NEUFVILLE.

1600. — 11 SEPTEMBRE. — Ire.

Cop. — Biblioth. de M. Monmerqué, Ms. intitulé *Lettres à l'ambassadeur du Levant*.

[A M. DE BREVES.]

Monsr de Breves, J'ay differé de vous renvoyer vostre secretaire Pietrequin et le truchement Ollivier jusques à ceste heure, qu'ils m'ont faict supplier de les depescher, affin de n'estre prevenus de l'hyver et des mauvaises marées, pour vous aller rendre compte de la charge que vous leur avés commise par deçà, pour laquelle, en ce qui regarde vostre particulier, je me remettray au dict Pietrequin à vous faire entendre la resolution qui a esté prise par ceux de mon conseil, à laquelle je desire que vous vous accommodiés. Je suis bien marry qu'il n'y a eu moyen de vous donner plus de contentement, comme j'eusse bien voulu; mais les despenses qu'il me faut faire pour mon mariage et pour le renouvellement de nos alliances des Suisses, et celles de cette guerre de Savoye, m'ont empesché de vous traicter si favorablement que j'eusse desiré et que je cognois que vos services meritent. Par tant, prenés patience en attendant mieux. J'ay fait expedier au dict Pietrequin un brevet de cinq cens escuz de pension sur les deux pour cent qui se levent sur les marchands traffiquant par delà sous la baniere de France, affin de luy donner moyen d'apprendre la langue turquesque; et quant au dict truchement Ollivier, je luy ay fait encore donner trois cens escuz comp tant, outre les deux cens qu'il receut il y a trois mois, tant pour les frais de son voyage que pour luy tenir lieu sur ce qui luy est deu. De quoy j'ay desiré que l'un et l'autre se contentent, attendant qu'il se presente quelque meilleure occasion de leur faire plus largement esprouver et sentir les effects de ma liberalité. J'escris à ce Seigneur et à son premier Bassa et à Alli-Bassa les lettres dont je vous envoye les coppies, pour leur tesmoigner le contentement que j'ay receu du renouvellement des articles de nos capitulations. Adjoutés-y, en leur presentant les dictes lettres, les paroles que vous jugerés à propos, selon les occurrences presentes, pour leur faire cognoistre que j'ay toute inclination à l'entretenement et conservation des dicts articles, pourveu que de leur part ils y correspondent comme vous les prierés de faire; et pour ce que je vous ay escript par le dernier ordinaire de Venise, comme je feray encore par la prochaine, l'estat de mes affaires, ce que je desire de vostre service par delà, je ne vous en diray rien davantage, ne saichant aussy quand cette depesche vous sera rendue, laquelle n'estant que pour le faict des dicts articles des capitulations renouvelées, je ne la vous feray plus expresse : me remettant du reste sur les dicts Pietrequin et Ollivier, pour prier Dieu, Monsr de Breves, qu'il vous ayt en sa saincte garde. Du camp de Chamoux, le xj^e jour de septembre 1600.

HENRY.

1600. — 11 SEPTEMBRE. — IIme.

Orig. — B. N. Fonds Béthune, Ms. 9080, fol. 69.
Cop. — Suppl. fr. Ms. 1009-2.

[AU CONNÉTABLE.]

Mon Cousin, ayant recogneu par vos lettres que le s^r de Chambaud, au lieu des dix compagnies de cent hommes dont je luy ay envoyé les commissions, desiroit faire une levée de deux mille, j'en ay faict depescher dix autres commissions de deux cens hommes chacune, lesquelles je luy envoye presentement, et luy mande que je luy feray bailler deux cens escuz comptant pour chacune des dictes compagnies, et cent escuz lorsqu'elles seront prestes à marcher : qui est la mesme condition que j'ay faicte au chevalier de Montmorency. Je luy escris aussy qu'il me vienne trouver à Grenoble avec vous, pour recevoir mes commandemens sur la dicte levée, et affin que je luy puisse tesmoingner le contentement que j'en auray. Par tant, je vous prie l'amener ou donner ordre qu'il s'y achemine, aprés qu'il aura envoyé au pays les dictes dix commissions de deux cens hommes, tenant la main qu'il s'employe à me faire ce service, que j'auray aussy agreable qu'autre que je puisse recevoir de luy : et sur ce, je prie Dieu, mon Cousin, qu'il vous ayt en sa saincte et digne garde. Escript au camp de Chamoux, le xj^e jour de septembre 1600.

HENRY.

DE NEUFVILLE.

1600. — 13 SEPTEMBRE.

Orig. — B. N. Fonds Béthune, Ms. 9080, fol. 71.
Cop. — Suppl. fr. Ms. 1009-2.

[AU CONNÉTABLE.]

Mon Cousin, J'ay receu, à mon arrivée icy, les fruicts que vous m'avés envoyez, dont je vous remercie de tout mon cœur; et quand j'en auray gousté, je me loueray de la bonté d'iceulx, comme je fais du soing que vous avés eu de les me faire recouvrer si à propos que vous avés faict. J'ay aussy receu vostre lettre par le s^r de Fosseuse, lequel m'a dict de vos nouvelles, bien marry qu'elles ne sont meilleures pour vostre santé, si mesmes le mal que le Belloy dict que vous avés au genoil vous empesche de me venir voir icy, comme je vous y ay convié par le courier que je vous ay envoyé dimanche dernier. Quand je vous verray, je vous diray plus particulierement pourquoy j'ay mandé le dict s^r de Fosseuse. Ce pendant, vous sçaurés que je l'ay trouvé tout aultre en ses propos que l'on ne m'avoit donné à entendre : car on m'avoit voulu faire accroire qu'il avoit dict en vostre presence ne m'avoir rapporté, venant de Thurin, ce qu'il m'en avoit dict en bonne compaignie, comme si on eust voulu sur cela m'accuser d'avoir adjousté au compte; mais il m'en a assez dict pour prouver ce qui en est, ainsy que je vous diray doncques, vous voyant. J'ay sceu par vostre dicte lettre l'office que vous avés faict envers l'ambassadeur d'Espagne, lequel, s'il ne sert, du moins ne pourra-il nuire, l'ayant faict avec la discretion que vous m'avés escript. J'ay laissé mon armée entre les mains du s^r de Lesdiguieres, auquel j'ay donné charge d'entrer plus avant en la Morienne, pour nettoyer les forts qui y sont, ce pendant que j'assembleray mes provisions pour assieger Montmelian, et je prendray icy quelque repos; vous priant de ne laisser pour cela à faire advancer toutes les compaignies qui fondront à Lyon ce pendant que vous y demeurerés. Le s^r de St Geran est arrivé icy, qui me doibt faire voir sa compaignie demain ou vendredy, laquelle je feray payer pour le nombre d'hommes qu'il representera. Je prie Dieu, mon Cousin, qu'il vous ayt en sa saincte et digne garde. Escript à Grenoble, le xiij^e jour de septembre 1600.

HENRY.

DE NEUFVILLE.

[1600.] — 16 SEPTEMBRE. — Ire.

Orig. autographe. — Musée britannique, in-4°, Ms. addit. n° 5473, lettre n° 72. Copie transmise par M. l'ambassadeur de France à Londres.

A MONS^R DE BELLIEVRE,
CHANCELIER DE FRANCE.

Monsr le chancellier, Je vous fait ce mot en faveur du s^r Garnier, viguier et cappitaine de ma ville de Saint-Maximin en Provence, à ce que vous le faciés expédier au plus tost pour les affaires qu'il a en mon conseil, tenant la main à ce qu'il ayt bonne et briefve justice, affin qu'il s'en retourne promptement au dict pays, pour chose qu'importe à mon service, ainsy que je luy ay commandé. Sur ce, Dieu vous ayt, monsʳ le chancellier, en sa garde. Ce xvjᵉ septembre, à Grenoble.

HENRY.

[1600.] — 16 SEPTEMBRE. — IIᵐᵉ.

Orig. autographe. — Archives des affaires étrangères. Correspondance politique, Ms. Florence, vol. II. Copie transmise par M. Mignet.

[*A MADAME LA PRINCESSE DE TOSCANE.*]

Je vous rends mille graces du present que m'avés faict. En un temps plus à propos ne l'eussiés-vous sceu faire; car pour or ny argent il ne se peut treuver un bon cheval. Je l'ay envoyé chercher à Marseille; venant de vous il ne me peut estre que tres heureux. Depuis ma derniere lettre, j'ay prins la Cherbonniere et tous les forts plus avant dans la Morienne; mon armée s'en va dans la Tarentaise la reduire toute, ce que dans six jours sera faict, s'il plaist à Dieu. Il ne parvient aucunes gens du duc de Savoye. Toute la Bresse, hors la citadelle de Bourc, est à moy, Pierre-Chastel estant en mon obeissance depuis le douziesme de ce mois. Le prince de Conty, le comte de Soissons, le comte d'Auvergne, mʳ d'Espernon, sont arrivez ; bref toute la France court à moy : il ne nous manque que des ennemys. Vous sçaurés si particulierement de mes nouvelles par mʳ le Grand, qui arrivera en mesme temps que ceste-cy, que cela me fera finir en vous asseurant que je desire plus que chose du monde vostre presence. Je baise cent mille fois vos belles mains. Ce xvjᵉ septembre, à Grenoble.

[1600.] — 22 SEPTEMBRE. — Ire.

Orig. autographe. — Archives des affaires étrangères. Correspondance politique, Ms. Florence, vol. II. Copie transmise par M. Mignet.

[*A MADAME LA PRINCESSE DE TOSCANE.*]

J'ay receu deux lettres de vous, l'une par St-Leger, l'autre par le jeune St-Luc. Le mesme jour je vous avois escript toutes nouvelles. Je pars lundy pour retourner à mon armée, que je fais renforcer autant que je vois qu'il est necessaire. Le duc sans Savoye[1] a vu le comte de Foyntés et est de retour à Turin avec un visage qui tesmoigne du mescontentement. Il ne donne nul ordre à ses affaires; ce que voyant, je luy sers de tuteur. Je finiray, vous asseurant que je desire extrêmement vostre prompte arrivée, et vous baisant cent mille fois les mains. Ce xxij[e] septembre, à Grenoble.

1600. — 22 SEPTEMBRE. — IIme.

Orig. — Arch. du département du Cher, chartrier du bureau des finances. Copie transmise par M. le préfet.
Imprimé. — *Éloge de la ville de Bourges,* par le P. Philippe LABBE, dans l'*Annuaire du Berry,* 1re année, ive partie, p. 35; Bourges, 1840, in-8°.

[AUX MAIRE ET ESCHEVINS DE BOURGES.]

Tres chers et bien amez, Nous avons veu la response et les foibles offres que vous faictes à nos lettres, et admonestement que vous a faict nostre tres cher et tres amé cousin le s[r] de la Chastre, de nous secourir en une occasion si juste et si celebre que celle de nostre mariage, desquelles nous recevons plus de mescontentement que nous n'en sommes satisfaicts. Car si l'estat de nos affaires et le mal qui nous presse se pouvoient guarir par de belles paroles et la recognoissance que vous faictes du fruict que vous en devés esperer, qu'en cela gist vostre repos et la conservation de tous vos moyens et facultez domes-

---

[1] Ce trait est une des nombreuses saillies que le lecteur remarquera dans ces lettres à Marie de Médicis. Nulle part peut-être la verve spirituelle et facile de Henri IV n'est plus brillante que dans cette partie de sa correspondance.

tiques à l'avenir, vous auriés très grande raison ; mais puisqu'il veult aultre remede, nous vous prions de l'y apporter, et nous rendre plus contens et satisfaicts que nous ne le sommes de vos lettres et de vos offres, en argent comptant, et non point en drap ny aultres marchandises, et croire que par le secours que vous nous rendrés en ceste occasion, nous jugerons la bonne volonté et affection que vous avés à nostre service, comme nous escrivons à nostre dict cousin le s`r` de la Chastre le vous faire plus particulierement entendre de nostre part. Donné à Grenoble, le xxıȷ`e` jour de septembre 1600.

HENRY.

RUZÉ.

1600. — 23 SEPTEMBRE.

Cop. — Biblioth. de M. Monmerqué, Ms. intitulé *Lettres à l'ambassadeur du Levant.*

[A M. DE BREVES.]

Mons`r` de Breves, j'ay eu à plaisir d'entendre par vos trois dernieres depesches, des xvı`e` et xxx`e` juillet et xııı`e` aoust, les particularitez qui y sont contenues sur les occurrences du lieu où vous estes. Je me promets que vous aurés tousjours l'œil ouvert aux deportemens de ce Seigneur, et qu'il ne se passera rien d'importance dont vous ne me donniés advis, comme je vous prie de faire, mesme de ce que vous apprendrés du Valaque et du progrés qu'il fera en son entreprise de Pologne; dont je tiens que le desseing sera plus facile que l'execution. J'ay veu la traduction de la lettre que Hibraïm-Bassa vous a escripte, et de la response que vous luy avés faicte ; en quoy vous vous estes conduict selon mes intentions ; car quelle apparence y auroit-il eue que vous le fussiés allé trouver pour auctoriser de ma part par vostre presence les exploits qu'ils pourront faire au desavantage du nom chrestien, et que vous luy eussiés envoyé des lettres pour faire tomber en l'obeïssance de ce Seigneur les forteresses d'Hongrie, comme celles de Papa?

Il faut que je vous die que ce Seigneur ou ses ministres ont si laschement abandonné la garnison qui avoit traicté avec eux, aux plus cruels et barbares supplices que l'on sçauroit imaginer, que l'Empereur a dict que cest exemple retiendra plusieurs autres de faire le semblable et les assister en leurs affaires. Vous avés bien faict de refuser une des robes de ce Seigneur, que Amai-Bassa[1] vous avoit presentée, et de vous en estre excusé sur les raisons et considerations portées par vos lettres; car en verité vous n'eussiés peu recepvoir cette gratification sans monstrer un esprit de resjouissance en la restitution de la forteresse de Papa au pouvoir de ce Seigneur. Or elle est maintenant remise en l'obeïssance de l'Empereur, et crois que les ministres de la Porte, voyant combien peu leur a duré ceste conqueste, ne vous solliciteront plus de servir en semblable subject. Toutesfois, au cas qu'ils vous en pressent davantage, vous leur ferés response que cela ne despendant que de mon auctorité, c'est à moy seul à qui il s'en faut adresser, et prendrés toujours garde à ne vous engager plus en semblables negociations.

J'ay faict establir pour vostre seule consideration l'imposition de deux pour cent, de l'abolition de laquelle vous vous estes plaint par vos dictes lettres; mais donnés ordre aussy à vous affectionner tellement à la protection des marchands trafficquans sous ma baniere, qu'ils n'ayent point de regrest de payer ceste imposition, et que la douceur qu'ils recevront de votre assistance leur face oublier l'amertume de la charge. J'espere mettre sus, dedans quelque temps, un bon nombre de galeres pour empescher les courses et voleries que le vice-roy de Thenes[2] faict sur mes subjects, et avec icelles luy rendre ce qu'il m'aura presté; de façon que je ne suis d'advis d'envoyer homme exprés par delà, pour faire la poursuicte contre luy dont vos lettres font mention. Il suffira que vous continuiés à vous plaindre de ses deportemens, affin qu'en estant adverty, et par l'apprehension qu'il aura que je recherche son chastiement, il se modere et use de meilleur traitement à l'endroit de mes subjects.

Au demeurant, je vous ay mandé par mes precedentes comme

[1] Probablement *Ahmet* ou *Achmet*.
[2] Probablement *Tunis*.

je m'estois saisy des villes de Bourg[1] et Chambery. Depuis, plusieurs villes et places se sont volontairement rendues en mon obeïssance, et ay pris les forts de Miollens, Conflans et la Charbonniere, qui sont sur le pas de la Tarentaise et de la Moriane, et ay nettoyé tout ce qui pouvoit favoriser le passage par deçà du duc de Savoye, lequel j'ay reduict delà les monts, où il est encore aussy mal assisté des Espagnols comme il s'en estoit promis un grand service; car le comte de Fuentés n'estant passé de Barcelonne à Genes qu'avec trois ou quatre mille Espagnols, dont il doit laisser une partie dans le duché de Milan, jugés ce que peut esperer le dict duc, qui avoit basty son principal fondement sur la venue du dict comte de Fuentés ; et crois qu'il n'est pas à se repentir d'avoir donné tant de foy aux promesses d'Espagne. Ce pendant je me suis retiré en cette ville pour me purger sept ou huict jours, et en partiray dans trois jours pour me rendre à Chambery et faire preparer en diligence ce qui sera necessaire pour le siege de la forteresse de Montmeillan, laquelle je suis resolu d'attaquer dans trois sepmaines, avec esperance, moyenant l'aide de Dieu, de l'emporter quinze jours aprés. D'autre costé, mon armée de Savoye, dont j'ay laissé la conduite au s^r Desdiguieres, s'emploie à nettoyer plusieurs petits forts sur les advances de ces montagnes, dont la prise ne requiert point ma presence ; et mon cousin le duc de Biron est en Bresse avec une autre armée qui attaque l'Escluse, en intention de marcher incontinent aprés au fort Ste-Catherine qui est prés de Geneve, où j'ay envoyé le s^r de Sancy avec quelques forces pour commencer à le bloquer et incommoder; de façon qu'ayant trouvé toutes choses riantes au commencement de la conqueste de ceste province, je n'en espere pas la fin moins heureuse par la prise de la dicte forteresse de Montmeillan, de laquelle je vous manderay des nouvelles : priant Dieu, Monsr de Breves, qu'il vous ayt en sa saincte garde. Escript à Grenoble, le xxiij^e jour de septembre 1600.

HENRY.

---

[1] Le ms., par une erreur évidente, ajoute ici Montmeillan.

1600. — 26 SEPTEMBRE. — Ire.

Orig. — B. N. Fonds Béthune, Ms. 8891, fol. 53 recto.

A MONS^R DESDIGUIERES,

CONSEILLER EN MON CONSEIL D'ESTAT, CAPPITAINE DE CENT HOMMES D'ARMES DE MES ORDONNANCES ET MON LIEUCTENANT GENERAL EN DAUPHINÉ.

Monsr Desdiguieres, Mon cousin le duc de Nemours m'a faict voir une lettre que le cappitaine Peronet, qui commande à Salleneufve, a escript au chastelain et sindicq de Chaumond, par laquelle, suivant la commission que vous luy avés faict expedier, il luy demande quelques fournitures et contributions de vivres ; et ay cogneu encores par la dicte commission, que vous y avés comprins les mandemens[1] de Curzilles, de la Ballue et de Clermont en Genevois. Et parce que ce n'a jamais esté mon intention de rendre contribuables les subjects du duché de Genevois, baronnies de Faucigny et Beaufort, d'où despendent les dicts mandemens, je vous prie les faire jouir de l'effect de mon intention et de la grace que je leur ay faicte, sans les comprendre doresenavant aux dictes contributions, faisant sçavoir au dict cappitaine Peronet le commandement que je vous ay faict, affin que de son costé il y obeïsse et se garde bien de lever aucune chose sur les dicts mandemens, en vertu de vostre commission ny soubs autre pretexte : priant Dieu, Monsr Desdiguieres, qu'il vous ayt en sa saincte garde. Escript à Grenoble, le xxvj^e jour de septembre 1600.

HENRY.

DE NEUFVILLE.

---

[1] Dans la Bresse et le Bugey on donnait le nom de *mandement* à certaines parties de territoire, comprises sous une même juridiction inférieure. Le mandement était une subdivision du bailliage, répondant à peu près à ce qu'étaient, dans d'autres provinces, la prévôté, le ban, la châtellenie, le petit bailliage, etc.

1600. — 26 SEPTEMBRE. — IIme.

Orig. — B. N. Fonds Béthune, Ms. 9080, fol. 73.
Cop. — B. N. Suppl. fr. Ms. 1009-2.

A MON COUSIN LE DUC DE MONTMORENCY,

PAIR ET CONNESTABLE DE FRANCE, GOUVERNEUR ET MON LIEUCTENANT GENERAL
EN LANGUEDOC.

Mon Cousin, Le s^r de Fosseux m'a representé que, en la guerre qui survint du costé de la frontiere d'Espaigne en l'an 1598, il fit plusieurs despenses pour le bien et conservation de la dicte frontiere et de mon pays de Rouergue ; dont desirant luy donner quelque contentement, comme je ay beaucoup du bon debvoir et service qu'il rendit en ceste occasion, je l'ay faict assigner de la somme de huit mil escuz sur le fonds de mes finances, et pour le surplus qu'il peut pretendre, je l'ay renvoyé à en composer et convenir avec les estats de mon pays de Rouergue, qui doibt volontairement contribuer à partie des dictes despenses, puisqu'elles ont esté converties au bien et conservation d'icelluy. C'est pourquoy j'ay advisé de vous escrire ce mot pour vous prier de proposer particulierement en l'ouverture des prochains estats generaulx de la dicte province, de faire quelque recognoissance au dict s^r de Fosseux pour les dictes despenses jusques à telle somme que vous adviserés estre raisonnable, et dont je me remets à vostre discretion, faisant entendre aux dicts estats que c'est chose que j'affectionne et desire, comme je leur tesmoigne d'ailleurs par les lettres de commission que je leur envoye pour imposer la somme qui luy sera par eulx accordée : et n'estant à aultre fin, je prie Dieu, mon Cousin, qu'il vous ayt en sa saincte garde. Escript à Grenoble, ce xxvj^e jour de septembre 1600.

HENRY.

FORGET.

[1600.] — 27 SEPTEMBRE.

Orig. autographe. — Arch. du royaume de Belgique. Communication de M. Gâchard, archiviste général.

A MON FRERE L'ARCHIDUC D'AUTRICHE.

Mon frere, J'ay parlé au comte d'Aramberg de l'affaire du s^r de Rosny, et luy ay sur cela faict entendre bien au long le desir que j'ay que par mon moyen et entremise il en reçoive tout contentement; [sy] que je ne m'en estendray davantage par ceste-cy, mais bien vous prieray-je de toute mon affection ne m'esconduire de ma priere et de vouloir donner contentement au dict s^r de Rosny, luy faisant cognoistre comme vous affectionnés ce dont je vous prie; qui m'en revancheray en tout ce qui s'en offrira pour vostre contentement, de la mesme volonté que vous le sçauriés desirer, et que je prie Dieu vous avoir, mon frere, en sa garde. Ce xxvij^e septembre, à Grenoble.

Vostre bien bon frere,

HENRY.

[1600.] — 30 SEPTEMBRE. — Ire.

Orig. autographe. — Arch. des affaires étrangères. Correspondance politique, Mss. Florence, vol. II. Copie transmise par M. Mignet.

[A LA REINE MARIE DE MÉDICIS.]

Ma femme [1], Vous verrés et entendrés par madame de Guyer-

---

[1] Le grand-duc de Toscane, à qui le duc de Bellegarde, grand écuyer de France, avait porté, comme on l'a vu, la procuration nécessaire, n'épousa Marie de Médicis à Florence, au nom de Henri IV, que le 5 octobre. Mais le Roi considère la princesse comme sa femme, du moment où sa procuration a pu être remise au grand-duc; ce dont Bellegarde s'était acquitté le 23 septembre. D'ailleurs madame de Guercheville, à qui cette lettre fut remise, partant de Chambéry le 30 septembre, ne devait voir Marie de Médicis qu'après la cérémonie des épousailles, lorsqu'elle aurait reçu solennellement le titre de reine de France.

cheville ² mes volontez sur la forme que je desire que vous teniés en vostre façon de vivre avec les princesses. Croyés-la de tout ce qu'elle vous en dira de ma part. C'est une des plus femmes de bien du monde, et qui m'est aussy fidelle servante. Aimés-la; ses conseils vous seront tousjours tres utiles et à moy tres agreables³. J'espere vous voir si tost aprés elle, que je ne la feray plus longue. Je baise vostre belle bouche cent mille fois. Ce dernier septembre.

1600. — 30 SEPTEMBRE. — IIme.

Orig. — B. N. Fonds Béthune, Ms. 9080, fol. 84.
Cop. — Suppl. fr. Ms. 1009-2.

[AU CONNÉTABLE.]

Mon Cousin, Depuis que je vous laissay avant-hier à Grenoble, j'ay eu advis que le duc de Savoye a assemblé toutes ses forces, et avec icelles est descendu des montagnes, en intention de s'approcher de mon armée et la combattre. Cela me faict desirer que les regimens dont j'ay donné la charge au chevalier de Montmorency et à Chambaud, et les recreues du regiment des Corses, puissent estre assez à temps pour me secourir en ceste occasion, qui importe comme vous sçavés et à ma reputation et au bien et advantage de mes affaires. Il n'y a que quatre ou cinq jours que j'escripvis aux dicts chevalier et Chambaud, et vous feis bailler les lettres du premier, ayant envoyé celles de l'autre par homme exprés. Je leur fais encore une recharge par courrier exprés, et vous prie, en ce que vous pourrés, advancer et haster leur venue, y employer vos persuasions et l'auctorité que vous avés sur eulx. Car ils ne peuvent arriver trop tost, s'ils desirent participer à l'honneur qu'ils pourront acquerir

---

² Sur la marquise de Guercheville, voyez ci-dessus, t. III, page 244.

³ Malheureusement Marie de Médicis ne tint aucun compte de cette recommandation, et le crédit absolu de la Galigaï (qui fut plus tard la maréchale d'Ancre) interdit à madame de Guercheville tout accès dans la confiance de la Reine.

aux belles occasions qui se vont presenter. Et m'asseurant que vous y apporterés ce qui sera de l'affection que vous avés à mon service, je ne vous en diray davantage : priant Dieu, mon Cousin, qu'il vous ayt en sa saincte et digne garde. Escript à Chambery, le dernier jour de septembre 1600.

HENRY.

DE NEUFVILLE.

Mon Cousin, faictes haster aussy la compagnie des gens d'armes qui sont soubs la charge du duc de Ventadour ; j'ay envoyé à Valence sa monstre d'un mois ; et sommés un chascun, par où vous passerés, de me venir assister en ceste occasion, du succés de laquelle vous serés soigneusement adverty ; estant bien marry que vostre indisposition ne vous a permis d'estre de ceste partie : de quoy je sçay que vous n'estes moins deplaisant que moy.

[1600.] — 2 OCTOBRE.

Orig. autographe. — Musée britannique, in-4°, Mss. additionnels, n° 5473, lettre 22.
Copie transmise par M. l'ambassadeur de France à Londres.

A MONS^r DE BELLIEVRE,
CHANCELIER DE FRANCE.

Monsr le chancelier, J'ay, pour beaucoup de considerations, accordé à Portail, que vous cognoissés, la resignation de l'office de commissaire ordinaire des guerres, faicte à son profict par le s^r du Portail, son oncle, et vous en ay bien voulu faire ce mot, affin qu'estant informé de mon intention pour ce regard, vous n'apportiés aucune difficulté en l'expedition de ces lettres de provision ; et vous me férés service tres agreable : priant Dieu, Monsr le chancelier, qu'il vous ayt en sa saincte garde. Ce ij^e octobre, à Chambery.

HENRY.

[1600.] — 3 OCTOBRE. — Ire.

Orig. autographe. — Biblioth. impér. de Saint-Pétersbourg, Ms. 886, lettre n° 68.
Copie transmise par M. Houat.

A MONS^r DE BELLIEVRE,
CHANCELIER DE FRANCE.

Monsr le chancellier, J'escris au s^r de Fresnes de faire voir en mon conseil les privileges de ceux de ma ville de Bergerac, pour l'exemption des tailles qu'ils demandent, vous en ayant bien voulu aussy faire ce mot, pour vous dire que m'ayant bien servy, non seulement devant mon advenement à la Couronne, mais depuis, je desire les gratifier en tout ce que je pourray et que vous et ceulx de mon conseil le jugerés juste. Tenés-y donc la main et y apportés tout ce qui despendra de vous, à ce qu'ils cognoissent que je n'ay perdu la memoire de leurs services. Sur ce, je prieray Dieu qu'il vous ayt, Monsr le chancellier, en sa saincte et digne garde. Ce iij^e octobre, à Chambery.

HENRY.

[1600.] — 3 OCTOBRE. — IIme.

Orig. autographe. — B. N. Fonds Béthune, Ms. 9086, fol. 58.
Cop. — Fonds Fontanieu, Ms. P. 73, fol. 99 recto; et Suppl. franç. Ms. 1009-2.
En fac-simile. — *Lettres autographes de Henri IV*, lithographiées pour M. le comte de Lasteyrie, n° 6.
Imprimé. — *Opinion de M. le comte de Hamel*, membre de la chambre des députés, etc.
(Séance du 14 juillet 1824 [1].)

[AU CONNÉTABLE.]

Mon compere, Celuy qui vous rendra la presente est un marbreur que j'ay faict venir expressement de Paris pour visiter les lieux où il y aura des marbres beaux, et faciles à transporter à Paris (pour l'enrichissement de mes maisons des Tuileries et Sainct-Germain en Laye, et Fontainebleau); en mes provinces de Languedoc, Provence

---

[1] Cette lettre est indiquée à tort par M. de Hamel comme datée de Blois et comme adressée au connétable de Lesdiguières, qui ne reçut l'épée de connétable que sous Louis XIII, vingt-deux ans plus tard.

et Dauphiné. Et pour ce qu'il pourra avoir besoing de vostre assistance, tant pour visiter les marbres qui sont en vostre gouvernement que les faire transporter comme je luy ay commandé, je vous prie le favoriser en ce qu'il aura besoin de vous. Vous sçavés comme c'est chose que j'affectionne; qui me fait croire que vous l'affectionnerés aussy, et qu'il y va de mon contentement. Sur ce, Dieu vous ayt, mon compere, en sa garde. Ce iij^e octobre, à Chambery.

HENRY.

1600. — 3 OCTOBRE. — IIIme.

Cop. — B. N. Fonds Béthune, Ms. 9080, fol. 75.
Cop. — Suppl. fr. Ms. 1009-2.

[AU CONNÉTABLE.]

Mon Cousin, J'oubliay, à mon partement de Grenoble, de vous recommander de parler aux estats pour le present que j'attends d'eulx en faveur de mon mariage, comme ç'a esté l'ancienne coustume qui a tousjours esté pratiquée envers les Roys mes predecesseurs en telles occasions. Je vous envoye ma lettre que je leur en escris, toute ouverte, qui servira d'instruction de ce que leur peut estre dict sur cest affaire. Mais la meilleure et sur laquelle je fais plus de fondement est sur vostre presence et le soing et affection que je m'asseure que vous y apporterés. Je ne leur fais pas la demande de somme certaine, et ay pensé qu'il estoit plus à propos de la remettre à leur discretion, de laquelle je veulx attendre quelque bon effect. Vous sçavés comme le clergé m'a offert cent mil escus, et que la ville seule de Paris m'en a donné cent mil francs et celle de Rouent vingt mil escuz. A proportion de cela, tout le pays de Languedoc doibt bien faire quelque bonne et notable somme. J'en parlay à l'evesque de Lodeve, pendant qu'il estoit par deçà, qui me promit de s'y employer. Je luy en escris encore icy un mot, affin qu'il y serve et s'y employe, ainsy que vous luy ordonnerés. Je pars presentement pour aller à

Nissy¹ et à Foussigny, où mon cousin le duc de Biron se doibt trouver, et recognoistrons les advenues par où pourroit venir le duc de Savoye, qui publie qu'il viendra donner une bataille à la vue de Montmeillant; mais les effects ne se rapportent point encores à ses paroles; car il ne se dict poinct qu'il y soit preparé. De ce que j'en entendray, je ne fauldray de vous en advertir. Sur ce, je prie Dieu, mon Cousin, vous conserver en sa saincte garde. Escript à Chambery, le iij° jour d'octobre 1600.

              HENRY.

               FORGET.

1600. — 3 OCTOBRE. — IVᵐᵉ.

Orig. — B. N. Fonds Béthune, Ms. 9080, fol. 80.
Cop. — Suppl. fr. Ms. 1009-2.

[AU CONNÉTABLE.]

Mon Cousin, L'alarme que l'on m'avoit donnée de la descente du duc de Savoie avec ses forces n'est pas si chaude que, possible, vous avés eu occasion de croire par les lettres que je vous en ay escriptes. Mais je ne laisse pas d'avoir besoing du regiment du chevalier de Montmorency, et je desire qu'il s'advance de deçà en la plus grande dilligence qu'il luy sera possible; car le sʳ de Chambaud m'a mandé que les deux mil hommes qu'il a levez pour mon service passeront le Rhone à Valence le vijᵉ de ce mois, et je serois bien ayse que le dict regiment du dict chevalier y arrivast au mesme temps. Par tant, je vous prie y tenir la main, et faire en sorte que je reçoive ce service de luy aussy à propos comme je l'espere. Au demeurant, j'ay aujourd'huy commencé ce petit voyage, qui ne durera que cinq ou six jours, et à mon retour je vous en manderay des nouvelles : priant Dieu, mon Cousin, qu'il vous ayt en sa saincte garde. Escript à Aix, le iijᵉ jour d'octobre 1600.

              HENRY.

             DE NEUFVILLE.

Mon Cousin, je vous prie aussy de faire advancer les Corses.

---

¹ Ainsi écrit; mais il faut entendre : à Anecy.

[1600.] — 8 OCTOBRE. — Ire.

Orig. autographe. — B. N. Fonds Béthune., Ms. 9079, fol. 9.
Cop. — Suppl. fr. Ms. 1009-2.

[AU CONNÉTABLE.]

Mon compere, Je vous depesche ce laquais, qui fera autant de diligence à vous porter la mienne, que la poste : n'y en ayant point d'establie d'icy à vous. C'est pour vous advertir comme aujourd'huy j'ay arresté la capitulation de Montmellian avec ceux de dedans, qui me la remettront entre les mainz, si dans un mois, qui finira le xvie du prochain, ils ne sont secourus d'armée bastante pour me faire lever le siege. De quoy je vous ay bien voulu faire part, pour le plaisir que je sçais que vous aurés d'entendre ceste bonne nouvelle, et de la communiquer à tous mes bons serviteurs. Demain je vous enverray les conditions. Je n'ay aucunes nouvelles d'Italie de m^r de Sillery ny m^r le Grand. Quand ma femme arrivera en France, aussy tost que je le sçauray, qui sera dans deux ou trois jours, je vous le manderay. Ce pendant je pourveois à ma santé, affin de me porter bien à son arrivée, ayant prins medecine ces deux jours passez; pour ce que j'estois tout debauché d'une violente colique que j'avois : mais maintenant je me trouve bien, Dieu mercy. J'ay nouvelles que m^r le cardinal Aldobrandin me vient trouver en poste, pour parler de la paix. A son arrivée, il trouvera Montmellian en mon obeïssance. Envoyés-moy des mousquets, et me faictes part de vos nouvelles. Bonjour, mon compere. Ce viij^e octobre, à Chambery.

HENRY.

1600. — 8 OCTOBRE. — IIme.

Imprimé. — *OEconomies royales*, édit. orig. t. II, chap. 98.

[A M. DE ROSNY.]

Mon Cousin, Je ne vous verray pas si tost de deux jours, comme je pensois quand je suis party, pour les raisons que je vous diray quand je vous verray. Toutesfois, je partiray d'icy demain et iray à Beaufort par Faverges, faisant estat que le patriarche de Constantinople arrivera icy aujourd'huy avec le secretaire du Pape, nouvellement venu; mais je me contenteray de les ouïr, et remettre à faire response; qui sera quand j'auray parlé à vous à Chambery, où je le renverray devant. Je m'asseure que vous ne perdrés pas, ce pendant, le temps; mais je vous prie faire faire une bonne quantité de petits gabions de trois pieds de haut seulement et de neuf pieds en diametre pour servir à ce que vous sçavés, sçachant bien que vous avés bonne provision de sacs, de balles de laine, de pics, de pelles et de pioches, affin de pouvoir mieux et plus seurement et diligemment advancer nostre besogne à mon retour, sans perdre plus de temps pendant qu'il est encore beau, et que le duc de Savoye nous laisse en repos. Je vous envoye ce courrier exprés pour qu'il m'apporte de vos nouvelles, dont je suis en impatience : priant Dieu, mon Cousin, qu'il vous conserve. De Anessy, le viij^e octobre 1600.

HENRY.

DE NEUFVILLE.

1600. — 8 OCTOBRE. — IIIme.

Orig. — Archives de la ville de Metz. Copie transmise par M. Clercx de Belletanche, bibliothécaire.

A NOS TRES CHERS ET BIEN AMEZ LES MAISTRE-ESCHEVIN ET TREIZE DE LA VILLE DE METZ.

Tres chers et bien amez, D'autant que les affaires qui se presentent par deçà et les occasions qui nous y retiennent pourront nous rendre plusieurs de nos serviteurs necessaires, ayant faict estat de mander le s^r de Fremicourt, comme l'un des plus proches et affectionnez à nous assister en telle necessité, nous desirons luy oster tout subject qui le puisse retarder ou excuser du service que nous esperons de luy; et sçachant que le differend intenté par devant vous et les officiers de vostre justice est prest à decider, et que cest affaire luy important comme il faict, luy pourroit donner occasion, pour en faire la poursuicte, de se divertir de nostre service, oultre ce qu'il nous est necessaire en la conservation de nostre ville de Vitry, où il commande, pour ce qu'il n'y arrive inconvenient pendant nostre eloignement ; et pour ce, nous vous faisons la presente, pour vous mander de donner tout l'advancement plus grand qu'il vous sera possible à la resolution et decision du dict differend, et avoir soing d'ailleurs que son bon droict luy soit conservé en la justice de sa cause : à quoy nous asseurans que vous tiendrés la main, nous prions Dieu vous avoir, Nos tres chers et bien amez, en sa saincte garde. Escript à Annecy, le viij[e] jour d'octobre 1600.

HENRY.
POTIER.

1600. — 11 OCTOBRE. — Ire.

Orig. autographe. — B. N. Fonds Béthune, Ms. 9128, fol. 20.
Cop. — Suppl. fr. Ms. 1009-4.

[A LA MARQUISE DE VERNEUIL.]

Mon menon, nous arrivasmes hyer, en ce lieu de Beaufort, à nuict fermante, où nos baguages ne sont encores arrivez à ceste heure, que nous partons pour aller au col de Cormet recognoistre le passage. Il nous fallut mettre hyer vingt fois pied à terre, et le chemin est cent fois pire aujourd'huy. La France m'est bien obligée, car je travaille bien pour elle. Je remets mille bons contes à vous faire, que j'ay apprins de mess[rs] qui sont venus de Chambery, à quand j'auray l'honneur de vous voir, qui ne sera, ce crois-je, que dimanche. Ce temps me durera plus qu'à vous. Aymés-moy bien, les cheres amours à moy, que je baise un million de fois. Ce xj[e] octobre.

[1600.] — 11 OCTOBRE. — IIme.

Orig. autographe. — B. N. Fonds Béthune, Ms. 9128, fol. 4 verso.

[*A LA MARQUISE DE VERNEUIL.*]

Mon cher cœur, J'estois party si matin pour aller recognoistre les passages que je vous ay mandé, que cela m'a retardé jusques à ceste heure le contentement de sçavoir de vos nouvelles, ayant treuvé à mon retour vostre laquais arrivé. J'ay baisé mille fois vostre lettre, puisque ce ne pouvoit estre vous. Ne doubtés pas que je ne vous treuve fort à dire; nous sommes trop bien ensemble pour qu'il puisse estre autrement. Je le vous monstreray bien par mon prompt retour. En mon voyage nous n'avons pas seulement veu la neige, car nous en avons esté couverts trois heures durant, d'aussy espaisse qu'elle est en France en janvier. Et descendus à la vallée, ce n'a esté que pluye. Ces messieurs qui venoient de l'Aiguebelette disent bien que le chemin que nous avons fait anuit est et plus haut et plus mauvais. Certes, en toutes les Alpes il n'y en a pas un pire. Je pars demain, et espere vendredy estre si prés de vous, que je vous sommeray de la promesse que me feistes en partant, si j'arrivois sans bagage. C'est trop causé pour estre mouillé comme je suis. Bonsoir le cœur, le cœur à moy; je te baise et rebaise un million de fois. Ce xj^e d'octobre.

1600. — 14 OCTOBRE.

Imprimé. — *Œconomies royales*, édit. orig. t. I, chap. 98.

[A M. DE ROSNY.]

Mon Cousin, Je ne haste pas tant les gens que vous. S'ils veulent se contenter de trois sepmaines, je suis d'advis que nous les leur accordions, mais non passer oultre, comme voudroient ceulx qui s'en meslent avec vous. Par tant, faites-les resouldre et m'advertissés de leur response, car si ma presence ou mes lettres vous sont necessaires pour certifier vostre opinion, vous n'en manquerés pas. Je ne vous verray pas ce matin, comme j'avois promis, pour m'estre un peu trouvé mal cesté nuict. J'ay dict ma volonté à ce porteur, pour la vaisselle d'argent qui est à Lyon, qu'il faut faire apporter icy pour servir le cardinal Aldobrandin. Je prie Dieu, mon Cousin, qu'il vous conserve. De Chambery, le xiiij^e d'octobre 1600.

HENRY.

DE NEUFVILLE.

[1,600.] — VERS LA MI-OCTOBRE.

Imprimé. — *OEconomies royales*, édit. orig. t. I, chap. 96.

[A M. DE ROSNY.]

[1] Mon amy, Autant que je loue vostre zele à mon service, autant je blame vostre inconsideration à vous jetter aux perils sans besoin. Cela seroit supportable à un jeune homme qui n'auroit jamais rendu preuve de son courage, et qui desireroit commencer sa fortune. Mais la vostre estant desjà si advancée, que vous possedés les deux plus importantes et utiles charges du Royaume, vos actions passées vous ayant acquis envers moy toute confiance de valeur, et ayant plusieurs braves hommes en l'armée où vous commandés maintenant, vous leur deviés commettre ces choses remplies de tant de dangers. Par tant advisés à vous mieux mesnager à l'advenir; car si vous m'estes utile en la charge de l'artillerie, j'ay encore plus besoin de vous en celle des finances. Que si par vanité vous vous les rendiés incompatibles, vous me donneriés subject de ne vous laisser que la derniere. A Dieu, mon amy, que j'aime bien; continués à me bien servir, mais non pas à faire le fol et le simple soldat.

HENRY.

[1] Cette lettre était de la main du Roi.

[1600.] — 16 OCTOBRE.

Orig. — Archives du Mont-Cassin, Ms. contenant la correspondance du cardinal Pierre Aldobrandini, lettre n° 3. Copie transmise par M. Noël Desvergers.

A MON COUSIN LE CARDINAL ALDOBRANDIN.

Mon Cousin, Le s^r Erminio, present porteur, m'a rendu vos lettres. Je l'ay veu aussy volontiers que merite l'honneur qu'il a eu d'estre choisy et envoyé de Sa Saincteté et d'estre aimé de vous. Il me promet que vous serés dans peu de jours par deçà, et je vous dis que vous y serés le bien venu, ayant tousjours jugé de vostre affection ce que je doibs croire d'un mien vray amy, bien affectionné à ceste Couronne. Je n'escris point pour le present à Sa Saincteté sur ce que le dict s^r Erminio m'a proposé, puisque j'attends vostre venue si proche. J'y penseray, et ce pendant pour ceste heure je vous diray seulement qu'encore que Dieu continue à benir mes armes, je seray tousjours prest d'embrasser les raisonnables ouvertures qui me seront faictes pour parvenir à la paix, et monstrer que je ne suis pas implacable ; ce que je feray encore de meilleur cœur par vostre entremise ; ce que je prie le dict Erminio de vous dire : priant Dieu, mon Cousin, qu'il vous ayt en sa saincte et digne garde. xvj^e octobre, à Chambery.

HENRY.

1600. — 17 OCTOBRE.

Orig. — Papiers provenants des anciennes archives de Lyon et conservés dans cette ville. Copie transmise par M. Dupasquier.

A NOS TRES CHERS ET BIEN AMEZ LES PREVOST DES MARCHANDS ET ESCHEVINS DE NOSTRE VILLE DE LYON.

Tres chers et bien amez, Vous estes bien advertys comme la Royne nostre espouse doibt arriver en brief à Marseille, et bien tost aprés s'acheminer en nostre ville de Lyon ; et d'autant que, pour la commodité de son passage, il est besoin de faire reparer quelques endroicts des chemins, qui sont fascheux et difficiles, mesmes pour les coches et charriots, dont elle amenera quantité avec elle, nous vous avons bien voulu escrire la presente pour vous ordonner et enjoindre de faire travailler en toute diligence au chemin d'entre Lyon et Vienne, avec l'assistance des habitans des paroisses voisines, que voulons y estre contraincts pas les juges des lieux, à ce que les dicts coches et charriots y puissent commodément passer; et à ce ne faictes faulte, sur tant que desirés nous complaire. Donné à Chambery, ce xvij° jour d'octobre 1600.

HENRY.

FORGET.

1600. — 19 OCTOBRE.

Orig. — B. N. Fonds Béthune, Ms. 9080, fol. 86.
Cop. — Suppl. fr. Ms. 1009-2.

[AU CONNÉTABLE.]

Mon Cousin, Je vous escrivis, il n'y a que deux jours, par un de mes valets de pied. Depuis, m'estant survenu deux bonnes nouvelles, je n'ay voulu differer davantage à vous en faire part : l'une que receus hier une depesche de Florence, comme mon mariage y fut faict le cinquiesme avec grande pompe et allegresse et que la Royne debvoit partir le dix pour estre le xiii° à Livorne et le xx ou xxi° à Marseille, où la grande duchesse la veult accompaigner. L'aultre a esté la conclusion de la capitulation de Montmeilland, dont j'ay les hostages pour m'estre la place remise, ou cas que dans le xvi° du prochain il ne comparroisse armée de la part du duc de Savoye, qui me face lever le siege; ce qu'il ne peut entreprendre qu'avec un tres grand effort, y estant jusques icy aussy mal preparé qu'il ayt esté depuis un mois. Avec ces deux bonnes nouvelles, je me suis resolu de faire le voyage de Marseille, et m'en vais prendre le chemin par Lyon, pour venir au Rhosne, affin de faire meilleure diligence. Car si j'entends que le duc de Savoye se remue, je ne veulx pas manquer de me trouver icy pour le recevoir. Je laisse icy, ce pendant, mon cousin le comte de Soissons pour conduire mon armée, où chacun de nous laisse ses armes et ses chevaux. Je fais estat de pouvoir estre en Avignon le xxv ou xxvie. Je vous prie de vous y trouver, affin de m'accompagner à aller rencontrer ceste bonne compagnie. Sur ce, je prie Dieu, mon Cousin, vous conserver en sa saincte garde. Escript à Chambery, ce xixe octobre 1600.

HENRY.

FORGET.

1600. — 20 OCTOBRE. — Ire.

Orig. — B. N. Fonds Béthune, Ms. 9080, fol. 88.
Cop. — Suppl. fr. Ms. 1009-2.

[AU CONNÉTABLE.]

Mon Cousin, Je vous avois hier mandé ma resolution sur mon acheminement à Marseille, lequel j'avois commencé aujourd'huy, ayant faict dés ce matin partir la meilleure partie de mon bagage; mais à mon lever j'ay eu un advis de bon lieu comme le duc de Savoye avoit desjà assemblé les Espaignols du comte de Fuentés et les regimens qu'il avoit faict lever sur l'estat de Milan, et qu'il debvoit commencer à marcher le xxve pour venir droict à Montmeillan, sur l'opinion qu'il avoit de mon dict acheminement et de l'affoiblissement de l'armée par mon absence, comme il n'avoit pas mal discouru, car il est bien certain que, en partant de l'armée, j'en amenois plus de mille bons chevaux. Ce que ayant bien considéré, j'ay esté contrainct de revenir d'opinion et me resouldre, quoique à grand regret, de manquer plustost un peu d'honnesteté, que de faillir à ma reputation; et par tant de m'arrester icy jusques à tant que la capitulation du dict Montmeillian ayt eu son effect. Il faut, mon Cousin, que vous suppleés à mon absence, et que vous me faictes ce service d'aller à Marseille faire la reception de la Royne et de ceste bonne compaignie qui l'accompaigne. Pour le moins, si vous ne pouvés estre à temps pour la dicte bien-venue, que vous y soyés pour accepter en mon nom la consignation qui se fera de sa personne. Je fais demain partir m^r le chancellier et le secretaire Fresnes pour vous y accompaigner et vous porter le pouvoir qui est pour ce necessaire. Ils seront en Avignon le xxve, où je vous prie de vous rendre, et les y attendre, si vous y estes plus tost qu'eulx; desquels vous entendrés toutes mes intentions. A quoy me remettant, je ne vous feray pas ceste-cy plus longue : priant Dieu, mon Cousin, vous conserver en sa saincte garde. Escript à Chambery, ce xxe octobre 1600.

HENRY.

FORGET.

1600. — 20 OCTOBRE. — IIme.

Imprimé. — *Les Corses français*, par L'HERMITE-SOULIERS, Paris, 1667, in-8°, p. 90.

[AU MARÉCHAL D'ORNANO.]

Mon Cousin, J'ay entendu diverses fois le s^r Darnes, present porteur, sur la charge que vous luy aviés donnée, et ce qu'il m'a rapporté se rapporte quasy en tout à ce que m'en a aussy dict mon cousin le duc d'Espernon. J'ay esté fort deplaisant que cela soit advenu, mais j'espere y pourveoir bien tost, et, comme vous estes tous deux mes serviteurs, que vous me voudrés bien contenter en ce que je desire de vous, comme je m'efforceray de vous rendre l'un et l'autre contens et satisfaits. J'ay icy retenu le s^r Darnes plus longuement, parce que j'estois en incertitude quel train prendroient les affaires de deçà, et par consequent où je pourrois resoudre mon sejour de cest hyver; et encore que j'en aye maintenant plus de lumiere, je n'en puis encore rien conclure, que le mois de la capitulation de Montmelian ne soit passé; mais cela fait, je m'en resouldray tout aussy tost, et lors je vous le feray incontinent sçavoir, et vous manderay de me venir trouver. Je pense que ce sera plustost à Blois qu'ailleurs. Toutesfois, je n'en suis pas encore resolu; mais en quelque lieu que ce soit, je ne manqueray de vous faire venir. Cependant, vous pouvés tenir vostre esprit en repos de cest affaire, et estre asseuré que je vous en sortiray, et à vostre contentement. J'en ay au reste beaucoup de la diligence que le colonel, vostre fils, a faicte de dresser son regiment, et de le mener icy, où je n'ay peu encore le voir, parce que j'ay ces deux jours gardé la chambre; mais je le verray ceste aprés-disnée, et me resouldray du lieu où je m'en serviray, ayant desjà sceu que les compagnies en sont bien fournyes, et qu'il y a bon nombre de bons hommes; dont je suis fort aise.

Vous sçaurés de ce dict porteur comme en mesme jour ay eu icy deux fort bonnes nouvelles : l'une a esté la conclusion de la capitulation du chasteau de Montmelian, qui est de me rendre la place, en cas que dans le xvie du prochain le duc de Savoye ne comparoisse avec bonne armée qui m'en face lever le siege; ce qui ne sera pas sans quelque miracle, car jusques icy il est fort mal preparé, et j'espère bien qu'il me laissera jouir de la dicte capitulation, qui est fort advantageuse, car c'est une des meilleures places que je vis jamais, et m'asseure qu'il y a mille cappitaines en France, que si l'un d'eux y eust esté avec la provision qui y est, qu'ils n'en eussent pas faict si bon marché; duquel je n'ay point subject de me plaindre. L'autre bonne nouvelle, par laquelle j'ay sceu que mon mariage fut faict et celebré le vi^e de ce mois avec grande pompe et magnificence, et que la Royne devoit partir le xe, pour estre à Marseille le plus tost qu'elle pourra, que j'estime qui sera vers le xxiiie ou xxiiiie. Je me suis resolu de l'aller trouver là, et faire ce voyage en la meilleure diligence que je pourray, et la feray encore plus grande au retour, si tant est que j'entende que le dict duc de Savoye se mette en devoir de venir empescher l'effect de la capitulation : ce que j'estime qui luy sera bien mal aisé, ou que s'il l'entreprend, qu'il ne luy succedera pas, car je suis icy tres bien accompagné. Chacun y laissé ses armes et ses chevaux; car quand nous n'aurons qu'à rapporter nos personnes, nous nous y rendrons bien diligemment. Je suis aussy adverty que le Pape, envoyant son neveu le cardinal Aldobrandin, legat à Florence, pour faire mes espousailles, l'a aussy chargé de passer jusques vers moy, pour s'entremettre de la paix; mais je croy que je pourray estre de retour avant qu'il arrive icy, où je l'entendray; et me proposant la raison, je l'accepteray volontiers. Mais il faudra qu'elle soit bien complète pour ce qui est du bien et de l'honneur, où il est bien raisonnable que la peine que j'y ay prise soit comptée pour quelque chose. De ce qui en succedera vous en serés adverty. Cependant je desire que vous faciés part de ces nouvelles à ceux de ma cour de parlement et à mes autres principaux serviteurs de la province. Remettant le surplus de ce que j'auray à vous dire à la creance de ce porteur, je prieray Dieu, mon Cousin, vous avoir en sa saincte garde. A Chambery, le xxe octobre 1600[1].

HENRY.

FORGET.

[1600.] — 22 OCTOBRE. — Ire.

Orig. autographe. — Arch. des affaires étrangères. Correspondance politique, Mss. Florence, vol. II. Copie transmise par M. Mignet.

A LA ROYNE MA FEMME.

Ma femme, C'est avec une extresme desplaisir qu'il faille que le contentement que je esperois recepvoir de vostre presence me soit retardé par les preparatifs que faict le duc de Savoye de venir secourir Montmelian. C'est encores une addition aux aultres subjects qu'il m'a donnez de ne l'aimer gueres; si il a le courage de venir, je lui paieray toutes ces debtes en un coup. Je ne seray point accusé que la beauté de ce pays, ny la plaisance qu'il y a en la demeure, m'y arreste : la seule loy du debvoir force celle d'amour. Sur ceste verité, je finiray; vous baisant un million de fois. Ce xxij[e] octobre.

[1] Cette lettre est datée de 1601 dans l'ouvrage d'où nous l'extrayons : ce qui est une erreur manifeste.

[1600.] — 22 OCTOBRE. — IIme.

Orig. autographe. — Arch. des affaires étrangères. Correspondance politique, Mss. Florence, vol. II.
Copie transmise par M. Mignet.

A LA ROYNE MA FEMME.

Ma femme, Zamet s'en allant vous servir, je ne l'ay voulu laisser aller les mains vuides et sans vous porter de mes nouvelles. Il vous dira le regret que j'ay de n'estre moy-mesme porteur de mes nouvelles; mais où il y va de l'honneur, il faut que tout aultre chose cede. Je prepare ce pendant icy tellement les affaires de m^r de Savoye, que, s'il vient, il sera receu à la reale. Aymés-moy bien; et ce faisant vous serés la plus heureuse femme qui soit sous le ciel. Je vous baise un million de fois. Ce xxij^e octobre.

1600. — 25 OCTOBRE.

Orig. — B. N. Fonds Béthune, Ms. 9080, fol. 77.
Cop. — B. N. Suppl. fr. Ms. 1009-2.

A MON COUSIN LE DUC DE MONTMORENCY,
PAIR ET CONNESTABLE DE FRANCE, GOUVERNEUR ET MON LIEUCTENANT GENERAL EN LANGUEDOC.

Mon Cousin, J'ay receu vostre lettre et entendu ce que vous avés mandé au s^r de Villeroy par celle que vous luy avés escripte le xxie de ce mois, suivant laquelle j'ay faict dresser la commission necessaire, que je vous envoye, pour l'imposition des deniers des garnisons de l'année prochaine, affin de ne les comprendre point avec la commission generale de mes tailles, et ne donner aucun ombrage aux estats de mon pays de Languedoc, de la consequence qu'ils en apprehendent. J'y ay faict attacher les estats des dictes garnisons, l'un desquels, qui est pour la generalité de Montpellier, vous ne trouverés pas conforme à celluy que vous m'avés envoyé, d'autant que m'estant faict representer celluy de la presente année, je n'ay pas trouvé qu'il fust semblable; et l'ay faict reformer selon icelluy, pour soulager mon peuple, horsmis en ce qui touche la garnison de Sommieres, que j'y ay laissée, puisque aussy bien elle est tousjours payée ailleurs. J'y ay aussy comprins les estats et appointemens, quoique le dict pays n'y ayt consenty par le passé que par force ; et sçay bien qu'es années precedentes l'on a tousjours employé es estats les garnisons de Montpellier et Aiguesmortes avec les appointemens de ceulx qui y servent, et que le payement s'en est pris sur une creue de seize solz qui se leve sur le sel. Je suis encores resolu de faire le mesme, et en auray bonne souvenance pour y pourveoir en l'estat de la dicte année prochaine, comme en semblable, des garnisons des villes de la Religion pretendue reformée, qui seront payées comme elles ont accoustumé d'estre, ainsy que le seront aussy les compagnies corses qui sont en ceste armée. Et quant aux mortes-payes qui sont dans les places de frontiere, dont vous craignés qu'il arrive du mal par faulte de les payer, je vous diray qu'ayant esté ordonné de faire toucher au trésorier de mon espargne des deniers des gabelles de Languedoc, la somme de quinze cens trente-trois mil livres pour les nouveaux officiers des dictes gabelles de Languedoc, comprises cinq cens mille pour les intendans, conseillers et receveurs generaulx d'icelles, aprés qu'ils auront faict apparoir de leur reception, et aucun d'eulx n'ayant encores satisfaict à cette condition, ceste somme demeurera en fonds au dict tresorier de l'espargne, sur laquelle j'ay resolu de faire fournir quatre cens mille, pour le manquement de fonds que vous me mandés qui se trouvera en la creue destinée pour le payement des dictes mortes-payes. En quoy j'ay suivy vostre advis et le desir que vous avés monstré avoir par la lettre du dict s^r de Villeroy, que cette partie fust fournie des deniers des dictes gabelles, pour vous oster l'apprehension que vous aviés, qu'il ne mesadvint de mes places par faulte de ceste provision.

Je trouve bon que la dame de Lors face compagnie à ma cousine la duchesse de Vantadour, vostre fille, quand elle ira saluer la Royne ma femme, et luy ay, en vostre consideration, volontiers accordé le don de lods et ventes dont vous m'avés escript pour elle.

Au demeurant, vous aurés sceu la capitulation que j'ay faicte avec ceux du chasteau de Montmelian. Je m'entretiens icy, attendant que le terme de leur reddition soit expiré, et la venue de mon cousin le cardinal Aldobrandin, legat de nostre Sainct Pere, qui se doibt rendre prés de moy vers la fin de ceste sepmaine ; de quoy vous serés adverty. Ce pendant l'on m'a donné advis que le duc de Savoye s'advance avec ses forces du costé de la Val d'Aouste pour venir secourir le dict chasteau, et je me prepare à le bien recevoir, s'il nous vient visiter. Mais comme, sur ceste occasion, j'ay besoing d'estre assisté, je vous prie haster la compagnie de mon cousin le duc de Vantadour, et les regimens du chevalier de Montmorency et de Chambaud, de s'acheminer par deçà en toute diligence, car je seray bien ayse que ceste feste ne se passe point sans eulx, et m'asseure qu'ils auroient aussy regret de ne s'y trouver pas. Je leur depeschay hier un courrier pour cest effect, et me promects de les voir bien tost prés de moy : et sur ce je prie Dieu, mon Cousin, qu'il vous ayt en sa tres saincte et digne garde. Escript à Chambery, le xxve jour d'octobre 1600.

HENRY.

DE NEUFVILLE.

1600. — 29 OCTOBRE.

Cop. — Biblioth. de M. Monmerqué, Ms. intitulé *Lettres à l'ambassadeur du Levant.*

[A M. DE BREVES.]

Monsr de Breves, Je feis response à vos lettres du xxve et xxxe juillet et xiiiie d'aoust le xxiiiie septembre dernier. Depuis, j'ay receu les vostres du xxviie du dict mois d'aoust, et ay sceu que les galeres du Sigale s'estant approchées de la Sicile, ont donné l'alarme à celles du roy d'Espagne, qui estoient à Naples prestes à charger de l'infanterie pour Genes, pour le service du duc de Savoye, que le dict roy d'Espagne assiste ouvertement contre moy. J'ay depuis poursuivy ma fortune contre le dict duc de Savoye si heureusement, par la grace de Dieu, que j'ay contrainct ceux qui gardoient la forteresse de Montmeillan, qui est la principale et plus importante de tout ce pays de Savoye, de capituler avec moy et me la livrer et mettre en mes mains le xvɪ^e du mois de novembre prochain, si elle n'est secourue, dedans ce temps-là, d'une armée qui me contreigne à lever le siege. Cela m'a retenu, estimant que le dict duc, avec ceux qui l'assistent, vouldront faire un effort pour la secourir, ce qui m'a fait faire moindre difficulté d'accorder à ceux qui la gardent, pour l'esperance et le desir que j'ay aussy d'attirer le dict duc, avec ses adherants, au combat. Sans cela je me fusse trouvé à Marseille à la descente et arrivée de la Royne ma femme; mais j'ay voulu asseurer cette conqueste, devant que de m'esloigner. Le Pape a depesché vers moy le cardinal Aldobrandin, son nepveu, pour m'exhorter à la paix, à laquelle il me trouvera prest d'entendre, pourveu que mes ennemys se mettent à la raison, et que j'aye mon compte effectuellement, comme celuy qui ne veut pas estre trompé, et qui aussy a pour regle et fin de ses actions l'equité. Vous serés adverty de ce qui en succedera.

On m'a escript d'Hongrie qu'encore que l'armée de ce Seigneur ayt mis le siege en la ville de Canise, en la haute Hongrie, elle le poursuict toutesfois si froidement, que cela manifeste grandement, et sa forteresse, le besoing qu'il a de la paix, le traicté de laquelle a commencé aussy de se renouveller. Les Polonois assistent Sigismond Battory et Hieremie de Moldavie contre le vaivode de Valacquie, lequel a si mal assisté la noblesse de Transilvanie, qu'elle s'est revoltée contre luy, ayant appellé à son secours George Baste, commandant pour l'Empereur à Varadin, qui s'y est acheminé; ce qui fait croire que le dict Valacque sera maintenant forcé de se jetter entre les bras du dict Seigneur. S'il continue à vivre et gouverner son empire comme il a commencé, tous s'accorderont enfin en son dommage. Je vous ay escript que le dict Empereur a attiré à son service le duc de Mercure, lequel s'y estant acheminé, commande depuis à son armée. Il est de ceux qui ayant faict contre moy durant les troubles de mon Royaume, a recherché cette occasion pour s'en eloigner : de quoy j'ay esté marry, et ne faut pas que ce Seigneur ny les siens estiment qu'il ayt pris ceste charge par mon commandement, ny aussy que la presence et conduicte du dict duc rende la dicte armée imperiale plus puissante et heureuse que devant, n'ayant mené avec luy que des Lorrains, encore en petit nombre. Ce sera ce que vous en dirés par delà, si vous en parlés, et non autrement. Au demeurant, le traicté de la paix d'entre le roy d'Espagne et la royne d'Angleterre, qui avoit esté intermis et delaissé pour ne s'estre pas leurs depputez accordez de leur rang, commence à se renouveller, tellement que je crois qu'il se conclura et resouldra ceste fois; car les parties y sont tres disposées et affectionnées davantage.

Il y a un Anglois qui, ayant esté en Perse, a pris charge du Sophy de visiter tous les princes chrestiens [les priant] de s'unir et entendre avec luy pour faire la guerre au dict Grand Seigneur. Il faut croire que le dict Anglois n'a entrepris cette negociation sans le sceu de sa souveraine. Il estoit nagueres vers l'Empereur, et doibt aprés fondre en Italie, pour delà venir en Angleterre et en mon Royaume; dont vous ferés vostre profit, toutesfois avec telle discretion qu'il faut que ce Seigneur et ses ministres soient advertys de l'office qu'ils reçoivent par l'entremise du dict Anglois, et que mon nom n'y soit mis en jeu. Le dict Anglois a passé par Moscovie, où il a esté retenu comme prisonnier quatre ou cinq mois, ainsy que m'a rapporté un qui estoit en sa compagnie; tellement que ce Seigneur pourra avoir esté adverty par ceste voie-là de sa legation et de son voyage. Je prie Dieu, Monsr de Breves, qu'il vous ayt en sa saincte garde. Escript à Chambery, le xxixe jour d'octobre 1600.

HENRY.

1600. — 31 OCTOBRE.

Cop. — Biblioth. de M. Monmerqué, Ms. intitulé *Lettres à l'ambassadeur du Levant*.

[A M. DE BREVES.]

Monsr de Breves, Depuis mon autre lettre escripte, j'ay receu la vostre du xe de septembre, et ay sceu que les Portugais, qui, depuis que le roy d'Espagne s'empara du royaume, se sont tousjours opposez à sa domination, ont naguere envoyé vers ce Seigneur pour requerir sa faveur et entremise envers la seigneurie de Venise, pour leur mettre en liberté celuy qu'ils soutiennent estre leur roy don Sebastien de Portugal[1], lequel estant arrivé en la dicte ville de Venise, y a esté arresté et est encore detenu prisonnier, asseurans tous les dicts Portugais qu'il est roy de Portugal sans faulte, de quoy ils donnent de tres bonnes enseignes et remarques, jusques à faire offrir de tenir prison pour luy, ou d'estre tenus comme imposteurs s'ils ne le verifient. Toutesfois, c'est chose vers laquelle la dicte seigneurie de Venise n'a voulu entendre, autant pour n'irriter le roy d'Espagne et estre dicts auteurs de changemens et remuemens que la recognoissance et liberté du personnage peut apporter à la Chrestienté, que pour autre consideration; et aussy pour n'offenser le Pape, lequel favorise le dict roy d'Espagne en ceste occasion, d'autant plus volontiers qu'il est ennemy des divisions chrestiennes. Mettés peine à sçavoir comme ils auront esté receus par delà, et si vous cognoissés que l'on gouste les poursuictes, favorisés-les sous main avec prudence et diligence, et toutesfois donnés ordre que l'on ne saiche que je vous ay commandé de le faire, ny que vous vous y entremettiés. Mais puisque le dict roy d'Espagne favorise mon ennemy ouvertement, je seray tres aise de m'en revancher, et crois que l'on ne troubleroit peu les affaires si l'on pouvoit faire revenir le roy don Sebastien. Travaillés-y donc sagement et me mandés ce qui en succedera.

Vous sçaurés aussy qu'ayant deliberé de faire construire et armer jusqu'à vingt galeres dedans le printemps prochain, je ne recouvre que trop de matiere et mariniers pour ce faire; mais je ne peux en si peu de temps trouver les forçats necessaire pour les armer. Car mes officiers de la justice, voyant que je n'entretenois plus de galeres, avoient desaccoustumé aussy d'y renvoyer et condamner les delinquans et criminels. C'est pourquoy j'ay deliberé d'acheter des

---

[1] C'était un imposteur, qui voulait se faire passer pour ce prince, tué le 4 août 1578, en combattant les Maures. Voyez le Journal de Lestoile, juin 1601.

esclaves où j'en pourray trouver, à la charge de les rendre et bailler aux ministres de ce Seigneur pour le prix qu'ils auront cousté, à mesure qu'ils les demanderont. Il en arrivera deux biens aux esclaves : l'un, qu'ils seront par ce moyen asseurez de leur liberté en payant; et l'autre, qu'estans en mes mains, ils seront mieux traictez et plus doucement qu'en d'autres. Toutesfois, je desire que vous me mandiés vostre advis, et s'il faut que vous en parliés à ce Seigneur et à ses ministres, affin qu'ils ne trouvent mauvais ce que j'en feray; et faictes de façon qu'ils ne croyent pas que je veuille violer nos capitulations et m'en affranchir, et favoriser les subjects de son empire qui ont tousjours esté en mon Royaume, ny aussy attendre leur permission avant que de me servir des dicts esclaves, s'il faut que j'en arme mes galeres. Et me faictes tenir vostre response à la presente le plus tost que vous pourrés, affin que je n'y employe de l'argent ny que je m'y amuse, si c'est chose qui les offense[1]. Je prie Dieu, Mons**r** de Breves, qu'il vous tienne en sa saincte garde. Escripte à Chambery, le dernier jour d'octobre 1600.

HENRY.

[1600.— VERS LE COMMENCEMENT DE NOVEMBRE.]

Imprimé. — *OEconomies royales*, édit. orig. t. I, p. 562. — *Vie militaire et privée de Henri IV*, Paris, 1803, in-8°, p. 265.

[A M. DE ROSNY.]

Mon amy, vous avés bien deviné, car mons**r** de Savoye se moque de nous; partant venés en diligence et n'oubliés rien de ce qui est necessaire pour luy faire sentir sa perfidie. A Dieu. De Chambery, ce lundy.

HENRY.

___

[1] D'après la réponse que fit l'ambassadeur à ce point assez curieux de la lettre du Roi, S. M. répliqua le 24 avril suivant : « J'ai veu vostre advis sur ce que je vous avois escript touchant les forçats de leur nation. Je le suivray quand il en tombera quelqu'un entre mes mains. Au pis-aller, j'en useray ainsy que vous m'avés mandé. »

[1600.] — 2 NOVEMBRE. — Ire.

Orig. autographe. — Arch. des affaires étrangères. Correspondance politique, Mss. Florence, vol. II.
Copie transmise par M. Mignet.

A LA ROYNE MA FEMME.

Ma femme, J'envoye ce courrier en diligence pour sçavoir de vos nouvelles, plaignant la peine que vous aurés eue sur la mer, le vent vous ayant esté contraire, et craignant que n'en ayés receu quelque incommodité en vostre santé. Renvoyés-le-moy promptement. Je suis tres marry que je ne me suis peu trouver sur le port à vostre arrivée, pour vous y rendre tous offices de bon mary et vous aider à consoler de vostre peine. Le duc de Savoye m'a privé de ce contentement, venant comme il faict au secours de Montmellian. Il arrive aujourd'huy au val d'Aoste. Je vous envoye la copie de la lettre qui a esté prinse anuict, qu'il escripvoit au comte Brandyn[1]. S'il est homme de parole, vous sçaurés aussy tost le gain de la bataille que la prinse de Montmellian. Je finis, vous baisant cent mille fois. Ce ij^e novembre.

1600. — 2 NOVEMBRE. — IIme.

Orig. — B. N. Fonds Béthune, Ms. 9079, fol. 95.
Cop. — Suppl. fr. Ms. 1009-2.

[AU CONNÉTABLE.]

Mon Cousin, Vous verrés par la lettre que j'escris par ce porteur à m^r le chancelier, laquelle je luy mande vous communiquer, en quelle peine je me trouve de l'incertitude où je suis de l'observation de la parole que m'a donnée le comte de Brandis, qui commande dans le chasteau de Montmelian (sur l'advis que j'ay eu des deffenses tres expresses que le duc de Savoye luy a faictes d'y satisfaire), à cause seulement du temps que j'ay jà perdu en ceste attente, et que je me vois comme contraint d'y perdre encore, si je ne trouve quelque

---

[1] Ainsi écrit, au lieu de *Brandis*. Sur le comte de Brandis, voyez ci-après la note de la page 543.

moyen de le faire parler clair, et l'obliger encore plus estroictement qu'il n'est. A quoy ma presence icy est si necessaire, comme pour resister aux efforts et aux ruses du dict duc, que, si je veux tirer honneur et profict de tout ce que j'ay faict en ce pays, il faut que je m'y arreste, recognoissant tous les jours davantage ceste necessité plus grande. De quoy je suis de tant plus marry que je sçais qu'elle n'est cogneue ny receue telle qu'elle est de ceux qui en sont esloignez, ou qui considerent combien il importe à mon honneur et devoir que je sois où vous estes, pour recevoir la Royne ma femme et sa compagnie. Mais je m'attends, si Dieu me donne bonne isseue de ce desseing, de recompenser tellement la faulte que je fais de n'estre par delà, que chacun en demeurera content. Cependant, je vous prie, mon Cousin, de m'aider à faire mes excuses; car je ne veux que vous deffendiés autrement ma cause; desirant que le succés des affaires en face l'office, avec le bon devoir que j'y contribueray à l'amender. J'ay receu vostre lettre du xxve du mois passé, escripte encore à Beaucaire; depuis laquelle je me promets que le dict s^r chancelier vous aura joinct, pour aller ensemble à Marseille; dont je suis attendant en bonne devotion de vos nouvelles, non sans inquietude du mauvais temps que j'ay sceu que ma dicte femme a rencontré sur la mer; laquelle me continuera jusques à ce que je sois certain de son arrivée en bonne santé. Je prie Dieu, mon Cousin, qu'il vous ayt en sa saincte et digne garde. Escript à Chambery, le ij^e jour de novembre 1600.

HENRY.

DE NEUFVILLE.

1600. — 3 NOVEMBRE.

Imprimé. — *Mémorial historique de la Noblesse*, par M. A. J. Duvergier, Paris, 1839, in-8°, p. 97.
— Et *Journal de l'Ain* du 2 décembre 1842.

[AU GRAND PRIEUR DE LUCINGE[1].]

Mon Cousin, Esperant avoir bien tost raison de la place que vous

---

[1] Georges de Lucinge, chevalier de Malte, grand prieur de Savoie, bailli de Morée, général des galères de la Religion et commandeur de Génevois, était le second

gardés, je vous veux faire cognoistre l'estime que je fais de ceux qui vous ressemblent de qualité, de vertu, de valeur, et vous tesmoigner ma bonté en vous conviant de traicter avec moy d'une chose qui ne peut fuir avec le temps, soit que la guerre continue ou que la paix se face; car si vostre duc n'a peu secourir le chasteau de Montmeillan, auquel par la capitulation j'avois accordé un mois de temps pour luy donner loisir de le faire, comment pourroit-il maintenant vous delibvrer de la necessité en laquelle vous estes reduict par les advantages que l'occupation du pays et des passages des rivieres m'a donnez sur luy, avec mon armée qui n'est pas moins puissante ny plus mal conduicte que la sienne. Voilà quant à la guerre. Pour le regard de la paix, du bruit et de l'esperance de laquelle le dict duc console et entretient ceux qui le servent, ce n'est pas un œuvre qui se puisse faire en peu de jours. Peut-estre auriés-vous atteint l'extremité de vos vivres avant qu'elle fust esbauchée. J'ay demandé raison au dict duc de plusieurs pretentions bien fondées que la Couronne de France a sur les pays qu'il me retient, les quelles ne seront pas vuidées assez tost pour vous tirer de peine. Davantage, quand bien je me contenterois de traicter seulement du marquisat de Saluces, le dict duc m'offre desjà de me laisser la Bresse pour partie de recompense d'icèluy. Quoy estant, vous amanderés grandement vostre condition, si dés à present vous voulés traicter avec moy et me contenter; car je vous donneray occasion de vous louer de ma bonté. Vous avés faict jusqu'à present tout ce qu'un gentilhomme et de courage peut pour deffendre et conserver ceste place, ayant, en ce devoir, surpassé tous les autres en pareille charge. Nul n'est obligé à faire l'impossible; c'est la necessité des vivres, et des autres choses qui defaillent, qui vous donne la

---

frère du baron des Alymes, et avait été employé, comme lui, en d'importantes négociations. Cette défense de Montmélian fut la clôture de sa carrière militaire. Il entra bientôt après dans les ordres sacrés, et mourut en 1629 archevêque de Nicosie, évêque-comte de Nola, abbé-vicomte de la Val-Sainte.

loy, avec le peu d'apparence qu'il y a maintenant d'esperer que vous soyés secouru. Resolvés-vous donc de faire ce que vous ne pouvés esviter : vous y estés conseillé et convié par un prince qui faict profession de gloire, et d'aimer et d'estimer les gens d'honneur. Si vous considerés l'estat particulier auquel vous vous trouvés et celuy auquel les affaires de vostre pays sont reduictes, vous ne perdrés ceste occasion d'asseurer vostre reputation, vostre personne et vos biens, estant certain, si vous la rejettés, que vous ne pouvés esviter d'esprouver les rigueurs de la guerre que meritent ceux qui attendent que la derniere extremité les reduise à la mercy de leurs ennemys. Que je saiche donc vostre deliberation par le retour de ce trompette, que j'envoye exprés devers vous avec la presente pour me la rapporter : et la dicte lettre n'estant à aultre fin, sur ce je prie Dieu, mon Cousin, qu'il vous ayt en sa saincte garde. Escript à Annecy, le iij^e novembre de l'an 1600².

HENRY.

[1600.] — 4 NOVEMBRE.

Orig. — Archives du Mont-Cassin, Ms. contenant la correspondance du cardinal Pierre Aldobrandini, n° 4. Copie transmise par M. Noël Desvergers.

A MON COUSIN LE CARDINAL ALDOBRANDIN.

Mon Cousin, Je sçay que aux preuves infinyes que j'ay faictes de la bonne volonté de Nostre Sainct Pere, vous m'y avés tousjours faict

¹ Le grand prieur de Lucinge répondit :

« Sire,

« Lorsque Monsieur le duc de Savoye m'a donné ceste place en garde et gouvernement, il a deu croire qu'avant d'y laisser entrer Vostre Majesté, il m'y faudroit ensevelir. S'il m'est une pensée d'affliction, c'est de n'avoir peu vous en donner de plus fortes preuves, en y soustenant davantage encores l'effort de vos armes, et surmontant de plus grandes necessitez que celles où me jugés reduict. Pour d'autres obligations de mon Ordre, et non moins importantes à l'Estat de Savoye, il me faut remettre la deffense et commandement d'icelle place à mon lieutenant, lequel n'aura pas d'autres conduicte et sentimens que les miens. Je supplie Vostre Majesté de me vouloir tenir pour estre passionement

« Son tres humble et tres obeyssant serviteur,

« ✠ GEORGES, G. P. »

« Du 6 novembre 1600. »

office de bon amy. C'est pourquoy, avec la cognoissance que j'ay de vostre sincerité en toutes choses, j'attends de vous, en l'occasion qui se presente, tous effects dignes de vostre amitié et probité; de quoy j'ay eu bien agreable de recevoir l'asseurance que vous m'avés donnée par vostre derniere lettre. Mais j'ay grand regret qu'il faille que je vous reçoive en ce pays et en l'estat auquel je suis; d'autant que je ne pourray vous faire l'honneur et bon traictement que je desire et dois au nom de Sa Saincteté et à l'affection que vous me portés. J'envoye ce gentilhomme au devant de vous, pour commencer à vous en faire excuse, et vous dire que, si vous y trouvés de l'incommodité, il faut en accuser celuy qui m'y a faict venir et vous aussy, lorsque nous y pensions le moins. Car je m'attendois à avoir ce contentement de vous voir plus tost à mes nopces qu'en Savoye, où vous me trouverés tousjours accompagné et conduict du mesme cœur et bon vouloir en vostre endroict et de la mesme franchise et rondeur en toutes choses que ailleurs; et si le secretaire Erminio a recogneu en moy quelque craincte d'estre trompé au traicté pour lequel vous prenés tant de peine, les preuves que j'ay faictes des procedez de celuy auquel j'ay à faire m'en doivent excuser, et je souhaite que vous parachéviés vostre legation sans avoir occasion de vous en plaindre. Sur cela je prie Dieu, mon Cousin, qu'il vous ayt en sa garde, et je vous asseureray derechef que je vous verray et embrasseray de tres bon cœur. De Chambery, ce iiij^e novembre.

HENRY.

1600. — 6 NOVEMBRE.

Orig. — B. N. Fonds Béthune, Ms. 9080, fol. 92.
Cop. — B. N. Suppl. fr. Ms. 1009-2.

[AU CONNÉTABLE.]

Mon Cousin, Le duc de Savoye s'estant advancé en le val d'Aoste comme il a faict, où il assemble son armée et se prepare pour venir à moy, il m'est impossible d'abandonner la mienne sans mettre ma reputation et mes affaires en peril. J'ay bien tiré du comte de Brandis une confirmation de sa capitulation, depuis que je luy ay faict voir la lettre du dict duc (de laquelle j'ay envoyé un double par delà par le courrier Picault) telle que vous verrés par le double d'icelle, que je vous envoye, tellement que j'estime qu'il ne manquera à sa parole dedans le temps convenu par icelle; toutesfois, je n'en seray bien en repos que je ne m'en voye en possession, cognoissant les humeurs de ces gens et les menées qui se font pour luy faire changer d'advis. Davantage, aprés la reddition du dict Montmellian, je seray contrainct de temporiser encores quelques jours en cés quartiers, tant pour y establir et asseurer toutes choses que pour y recepvoir le dit duc de Savoye, s'il s'y presente, comme il m'en menace. Pareillement je ne sçay ce que produira la venue et legation du cardinal Aldobrandin, ny quelle suite aura l'advis que j'escris à m^r le chancellier, qui m'a esté donné de la maladie du Pape. Tout cela est cause que je ne puis encorés respondre de moy que trop incertainement, et qu'il faut que je vous prie de m'excuser envers la grand-duchesse, la duchesse de Mantoue et les aultres seigneurs qui ont accompagné la Royne ma femme, si je ne les vais trouver, leur tesmoignant ma gratitude et l'obligation que je ressens leur avoir de la peine qu'ils ont prise de faire ceste conduicte, en les asseurant que je m'en revencheray en toutes occasions qui se presenteront pour leur contentement. Au reste je vous prie de m'amener ma femme le plus tost que vous pourrés; car j'ay tres grand desir de la voir, vous resjouissant avec elle, en mon nom, de l'asseurance que le s^t d'Elbenne m'a apportée de sa bonne santé, en laquelle je prie Dieu la conserver, et qu'il vous face, mon Cousin, semblable grace. Escripte à Chambery, le vj^e jour de novembre 1600.

HENRY.

DE NEUFVILLE.

1600. — 10 NOVEMBRE.

Orig. — Archives de la ville de Berne. Copie transmise par M. l'ambassadeur de France en Suisse.

A NOS TRES CHERS ET GRANDS AMYS, ALLIEZ ET CONFEDEREZ, LES ADVOYERS, CONSEILS ET COMMUNAULTEZ DE LA VILLE ET CANTON DE BERNE.

Tres chers et grands amys, alliez et confederez, Se retirant le comte de Brandis[1] sur les terres de l'obeïssance de vostre canton, pour y demeurer en toute seureté sous vostre protection, il nous a faict supplier vous escrire en sa faveur ceste lettre, laquelle ne luy ayant voulu desnier, nous vous prions, usant de vostre bienveillance accoustumée à l'endroict des estrangers, le vouloir avoir, pour l'amour de nous, en toute bonne et favorable recommandation, et le proteger et conserver en la jouissance de ses biens, assis en vostre dict canton, comme personne qui essayera de s'en rendre digne; et s'il se presente occasion de nous revancher de cest office en aultre endroict où nous le puissions faire, ce sera d'entiere volonté : priant Dieu, Tres chers et grands amys, alliez et confederez, qu'il vous ayt en sa tres saincte et digne garde. Escript à Corinte pres Chambery, le xe jour de novembre 1600.

HENRY.

DE NEUFVILLE.

---

[1] Jacques de Montmayeur, comte de Brandis, gouverneur de Montmélian, capitula avec une facilité qui fut généralement blâmée; et sa réputation en reçut une tache dont il ne se lava jamais. Après avoir rendu sa citadelle, il passa en France, où, malgré la protection officielle du Roi, à qui sa faiblesse avait profité, il se vit fort mal accueilli. Il se décida aussitôt à se retirer à Brandis en Suisse. Mais la recommandation de Henri IV auprès du canton de Berne ne fut pas plus efficace; car le duc de Savoie trouva moyen de le faire arrêter, et le fit amener à Turin, où il fut mis en prison.

[1600.] — 11 NOVEMBRE. — Ire.

Orig. autographe. — Arch. des affaires étrangères. Correspondance politique, Ms. Florence, vol. II. Copie transmise par M. Mignet.

A LA ROYNE MA FEMME.

Ma femme, Tout le monde a tant crié aprés m^r de Savoye, qu'enfin il est venu. La teste de son armée est logée à deux villaiges deçà la montagne du petit St.-Bernard; despuis mercredy il y passe tousjours, et esperant aujourd'huy avoir tout passé, comme je le crois, pour marcher demain droict à moy, j'en feray de mesme, car j'iray coucher à Montmeylan et lundy à Conflans ou à mon armée. Je prie Dieu que je vous puisse mander bientost quelque bonne nouvelle. J'ay esté extremement aise de la joie que mon peuple a monstrée à vostre reception à Marseille; c'est un echantillon par où vous pouvés juger, avec contentement, l'heur qui vous est preparé en ce Royaulme. Je m'en vais ouïr le legat; qui me faict finir vous baisant cent mille fois en imagination, attendant que je le puisse faire en effect: qui sera le plus tost que je pourray. Ce xj^e de novembre.

1600. — 11 NOVEMBRE. — IIme.

Orig. — B. N. Fonds Du Puy, Ms. 63, pièce 85.

A MON COUSIN LE DUC DE MONTMORENCY,

PAIR ET CONNESTABLE DE FRANCE,

MONS^R DE BELLIEVRE,

CHANCELIER DE FRANCE,

ET MONS^R DE FRESNES,

CONSEILLER D'ESTAT ET SECRETAIRE DE MES COMMANDEMENS ET FINANCES.

Messrs, L'heureuse et agreable nouvelle de l'arrivée en bonne santé en ma ville de Marseille de la Royne ma femme, de ma niepce la grand-duchesse, et de ma cousine la duchesse de Mantoue, que vous m'avés annoncée par vostre lettre du III.e de ce mois, s'est rencontrée avec celle du passage du duc de Savoye et de son armée par le petit St.-Bernard, et de son arrivée à l'entrée de la vallée de la Tarantaise; ce que j'ay pris à si bon augure, que j'espere que Dieu me donnera contentement du succés de l'une et de l'autre. Je fusse party dés aujourd'huy pour aller au devant de luy, [luy] faire l'honneur de son pays, auquel il a de present peu de credit, si je n'eusse esté obligé à donner à m.r le legat sa premiere audience publique. Il arriva à Chambéry mercredy dernier, aux flambeaux. Je le vis le lendemain en son logis, en lieu secret, pour honnorer en sa personne son sainct oncle; et luy eussé donné audience dés hier; mais il feit si mauvais temps que je feis conscience de le faire sortir de la ville; car je l'ay quictée et me suis logé icy depuis qu'il est venu, pour luy faire place. Il sçavoit la venue du dict duc, laquelle il me dict n'avoir peu retarder ny empescher, comme il eust bien desiré, pour avoir sceu par le secretaire Erminio que je ne voulois ouyr parler de surseance d'armes. Je luy ay respondu que il ne m'avoit faict desplaisir en ce faisant, pour le desir que j'avois de rencontrer le duc. Pour recognoissance de quoy je luy ay promis que, encores que nous oyons mal volontiers parler de paix quand nous avons nostre ennemy en presence, les armes en la main, toutesfois que j'en userois autrement ceste fois, pour le respect de Sa Saincteté et pour sa consideration particuliere. Davantage, je luy ay promis, quelque bonne ou mauvaise fortune qui m'arrive, que je ne changeray de langage ny de conseil. Mess.rs, quand j'en sçauray davantage je vous en feray part, s'estant le dict legat, jusques à present, tenu fort serré sur la descouverte du particulier de sa commission. Mais cela ne durera pas; car j'ay maintenant plus d'aureilles que de langue, ayant changé ma qualité de demandeur en son contraire. Et si ceulx de Montmelian me tiennent parole, comme ils continuent à m'asseurer que ils feront, je conserveray ce nom encores à meilleur tiltre. Cependant je vous prie m'amener ma femme, et me mander quel party auront pris la dicte grand-duchesse et la duchesse de Mantoue, que j'auray grand regret de n'avoir peu voir. Je ne vous escris point que vous faciés haster les gens de guerre et la noblesse de Provence; car j'ay opinion que ils arriveront doresnavant bien tard. Toutesfois, s'ils s'advancent, peut-estre en restera-il encores assez pour eulx. Pour le moins me rendront-ils une preuve de leur bonne volonté, qui ne leur sera infructueuse. Je prie Dieu, Messrs, qu'il vous ayt en sa saincte garde. Escript à Corinthe prés Chambery, le xj^e jour de novembre 1600.

HENRY.

DE NEUFVILLE.

[1600.] — 14 NOVEMBRE.

Orig. — Archives du Mont-Cassin, Ms. contenant la correspondance du cardinal Pierre Aldobrandini, n° 5. Copie transmise par M. Noël Desvergers.

A MON COUSIN LE CARDINAL ALDOBRANDIN.

Mon Cousin, Alexandre del Bene vous dira les advis que j'ay receus aujourd'huy, qui sont cause que je ne puis permettre au s^r de Villeroy de vous aller trouver, comme il eust faict sans cela; et si vous avés affaire de luy faire sçavoir quelque chose d'importance, je vous prie de le commettre au dict s^r del Bene, qui s'en acquittera fidellement; vous priant ce pendant de ne vous mouvoir d'où vous estes, et je vous y feray sçavoir tous les jours de mes nouvelles. A Dieu, mon Cousin, lequel je prie vous avoir en sa saincte garde. A Montmeillan, le xiiij^e novembre.

HENRY.

1600. — 15 NOVEMBRE.

Cop. — Arch. nationales. Registres authentiques de l'hôtel de ville de Paris, Sect. admin. Série II, 1792, fol. 445 verso.

A MONS^R DE CHARMEAUX,

CONSEILLER EN NOSTRE CONSEIL D'ESTAT, PRESIDENT EN MA CHAMBRE DES COMPTES
ET PREVOST DES MARCHANS DE MA BONNE VILLE DE PARIS.

Monsr le president, Dieu par sa saincte grace a beny mes labeurs, et par sa bonté je puis dire que Montmelian et toute la Savoye jusques au Mont-Sénys est maintenant reduicte soubs mon obeïssance; car j'ay desjà quarante soldats dans le donjon, et demain, à l'aube du jour, ce qui estoit dans la place doibt sortir, suivant la cappitulation, et leur tarde fort qu'il soit jour pour ce faire. Le duc de Savoye a faict passer quelques trouppes en la vallée d'Aoustes; il faict contenance de venir au secours du dict Montmelian et de me donner la bataille. Je partiray demain de grand matin, si Dieu plait, pour me joindre à ce qui est desjà de mon armée, opposé à son passage; et si le dict duc l'entreprend, j'espere que ma rencontre luy sera aussy peu favorable qu'il l'a trouvée depuis trois mois, que je suis entré dans ces pays, et que le repentir de n'avoir pas tenu sa promesse arrivera bien tard. Dont je vous ay bien voulu advertir, pour la joie que vous en recepvrés, vous prier de faire allegresse dans ma bonne ville de Paris, et chanter le *Te Deum,* pour rendre graces à Dieu, avec tres humbles supplications le prier qu'il luy plaise me continuer sa protection et son assistance : et je le prieray qu'il vous ayt, Monsr le president, en sa saincte et digne garde. Escript à Montmelian, le xve jour de novembre 1600.

HENRY.

RUZÉ.

[1600.] — 16 NOVEMBRE. — Ire.

Orig. autographe. — B. N. Fonds Béthune, Ms. 9080, fol. 23.
Cop. — Suppl. fr. Ms. 1009-2.

A MON COMPERE LE CONNESTABLE DE FRANCE.

Mon compere, Maintenant que, Dieu mercy, je suis dans Montmellian, et que je pars pour m'en aller droict aux ennemys, qui ne sont avec toute leur armée qu'à une lieue de St.-Jacomo, où est m^r de Lesdiguieres, je ne vous desirerois pas moins auprés de moy que vous vous y souhaités; mais vostre presence par delà ne m'est pas moins necessaire pour mon service; aussy que vous ne pourriés estre icy à temps-près de moy que ceste occasion ne soit passée, car j'espere, avec l'aide de Dieu, que demain ou après nous les verrons. J'envoye le s' d'Elbene vers la Royne ma femme, luy dire de mes nouvelles; je luy ay commandé aussy de vous en dire. Vous l'en crerés donc comme moy-mesme et que je vous aime bien. A Dieu, mon compere. Ce xvj° novembre au matin, montant à cheval pour m'en aller aux ennemys.

HENRY.

[1600.] — 16 NOVEMBRE. — IIme.

Orig. — Archives du Mont-Cassin, Ms. contenant la correspondance du cardinal Pierre Aldobrandini, n° 6. Envoi de M. Noël Desvergers.

A MON COUSIN LE CARDINAL ALDOBRANDIN.

Mon Cousin, J'ay sceu d'Alexandre del Bene ce que vous luy avés donné charge de me dire; que j'ay receu comme le merite vostre zele à l'honneur de Dieu et l'affection particuliere que vous me portés, dont je vous remercie de tres bon cœur. Ce chasteau m'ayant esté rendu, je m'en vais voir le duc de Savoye; mais je vous prie de croire que, quoy que je face ou qui m'arrive, je seray tousjours aussy prest de conclure une bonne paix, que je récognois estre necessaire à tous, quand ce ne seroit que pour complaire à Sa Saincteté, et vous tesmoigner l'estime que je fais de la peine que vous avés prinse d'en entreprendre la negociation, comme vous dira le dict del Bene, lequel j'envoye vers la Royne pour l'advertir de la reddition de la dicte place, où il recevra vos commandemens. Je prie Dieu, mon Cousin, qu'il vous ayt en sa saincte et digne garde. Ce xvj° novembre, à Montmeillan.

HENRY.

1600. — 16 NOVEMBRE. — IIIme.

Orig. — Papiers provenants des anciennes archives de Lyon. Copie transmise par M. Dupasquier.

A NOS TRES CHERS ET BIEN AMEZ LES PREVOST DES MARCHANS ET ESCHEVINS, MANANS ET HABITANS DE NOSTRE BONNE VILLE DE LYON.

Tres chers et bien amez, Ayant resolu de faire la celebration de nos nopces en nostre ville de Lyon, où la Royne nostre tres chere espouse s'achemine, estant pour cest effect partie de nostre ville de Marseille, nous vous en avons bien voulu escrire ceste lettre, par laquelle nous voulons et vous mandons que vous ayés à preparer toutes choses en nostre ville de Lyon, tant pour la celebration de nos dictes nopces que pour la reception de nostre dicte espouse; de quoy nous escrivons presentement au s^r de Botheon, affin que de sa part il y tienne la main avec vous, et y apporte ce qu'il luy sera possible, comme nous l'attendons et esperons de vos communes affections à nostre service. Donné à Montmelliand, le xvj^e jour de novembre 1600.

HENRY.

DE NEUFVILLE.

[1600. — 17 OU 18 NOVEMBRE [1].]

Imprimé. — *Histoire de Henry IV*, par PIERRE MATTHIEU, t. II, p. 373, Paris, 1631, in-fol. — Et *Histoire de Brest et de Bugey*, par GUICHENON, continuation de la 3e partie, p. 51.

[A M. DE BOUVENS [2].]

Monsr de Bouvens, A present que j'ay plus d'occasion que je n'avois d'esperer d'avoir bien tost raison de la place que vous gardés, je vous

---

[1] Pierre Matthieu place cette lettre entre la reddition de Montmélian et l'arrivée du Roi à Villars près Beaufort.

[2] Jean Amé de Bouvens, seigneur de St-Julien, Ciriès, Chastillon de Michaille et Musinens, comte de St-Pierre au marquisat de Saluces, gouverneur de la citadelle de Bourg en Bresse, était le fils aîné de Charles-Philibert de Bouvens et de Marguerite de Gingin.

veux faire cognoistre l'estime que je fais de ceux qui vous ressemblent en qualité, vertu et valeur, et vous tesmoigner ma bonté, en vous conviant de traicter avec moy d'une chose qui ne me peut fuir avec le temps, soit que la guerre continue ou que la paix se face. Car si vostre duc n'a peu secourir le chasteau de Montmeillan, auquel, par la capitulation, j'avois accordé un mois de temps pour luy donner loisir de le faire, comment pourra-t-il maintenant vous delivrer de la necessité en laquelle vous estes reduict, ayant à combattre la saison, la longueur et incommodité des chemins, les advantages que l'occupation du pays et des passages des rivieres m'a donnez sur luy, avec mon armée qui n'est pas moins puissante ny bien conduicte que la sienne? Voilà quant à la guerre. Pour le regard de la paix, du bruit et de l'esperance de laquelle le dict duc console et entretient ceux qui le servent, ce n'est pas une œuvre qui se puisse faire en peu de jours. Peut-estre auriés-vous atteint l'extremité de vos vivres, devant qu'elle soit esbauchée. J'ay demandé raison au dict duc de plusieurs pretentions bien fondées, que la Couronne de France a sur ses pays, qui ne seront pas vuidées assez tost pour vous tirer de peine. Davantage quand bien je me contenterois de traicter seulement du marquisat de Saluces, le dict duc offre desjà de me laisser la Bresse avec vostre place, pour partie de recompense d'iceluy, de sorte qu'il ne tiendra plus qu'à moy qu'elle ne demeure mienne, soit par la guerre, soit par la paix.

Quoy estant, vous amenderés grandement vostre condition, si dés à present vous voulés traicter avec moy et me contenter, car je vous donneray occasion de vous loüer de ma bonté.

Vous avés faict jusqu'à present ce qu'un gentilhomme d'honneur et de courage pouvoit faire pour deffendre et conserver ceste place, ayant, en ce devoir, surpassé tous les autres en pareille charge, que j'ay attaquez. Nul n'est obligé à faire l'impossible : c'est la necessité des vivres et des autres choses qui vous defaillent, qui vous donne la loy, avec le peu d'apparence qu'il y a maintenant d'esperer que vous soyés secouru. Résolvés-vous donc de faire ce que vous ne pouvés eviter. Vous y estes conseillé et convié par un prince qui faict profession de gloire et d'aimer et estimer les gens d'honneur. Si vous considerés l'estat particulier auquel vous vous trouvés et celuy auquel les affaires publiques sont reduictes, vous ne perdrés ceste occasion d'asseurer vostre reputation, vostre personne, vostre famille et vos biens, estant certain, si vous la rejettés, que vous ne pouvés eviter d'esprouver les rigueurs de la guerre que meritent ceux qui attendent que la derniere extremité les reduise à la mercy de leurs ennemys. Que je sache donc vostre deliberation par le retour de ce trompette, que j'envoye exprés devers vous avec la presente, pour me la rapporter ; et si vous desirés avoir quelque esclaircissement plus grand de mes intentions sur ce subject, mon cousin le duc de Biron vous en satisfera, comme celuy qui en est bien informé et auquel j'ay toute fiance : priant Dieu, Monsr de Bouvens, qu'il vous ayt en sa saincte et digne garde [3].

HENRY.

---

[3] M. de Bouvens répondit :

« Sire,

« Quand ceste place me fut remise par Monseigneur le duc de Savoye, mon maistre, je fis deliberation de m'y ensevelir et d'y rendre le dernier devoir d'un homme de bien. Je ne regrette sinon que Vostre Majesté n'en veut point faire la preuve par la force. Toutesfois je n'espere pas moins acquerir de gloire, surmontant les necessitez auxquelles Vostre Majesté croit que je sois, que resistant à ses efforts. Sur ce, je la supplie de croire que je demeureray toute ma vie,

« De Vostre Majesté,

« Tres humble et affectionné serviteur,

« Bouvens. »

Il écrivit dans le même sens au duc de Biron, qui lui avait transmis la lettre du Roi, et y avait joint ses propres exhortations. De plus, il tint parole, conserva sa forteresse jusqu'à la paix, et ne la rendit que sur l'ordre formel du duc de Savoie. Ce prince lui écrivit le 17 décembre : « Vous avés respondu aux lettres du Roy et du mareschal de Biron aussi galamment qu'il se pouvoit. Je me suis tousjours promis de vous ce que j'en vois : aussy n'oublieray-je point vos services, et vous et les vostres vous en ressentirés. »

M. de Bouvens reçut en effet toutes sortes de marques de consideration, non-seulement du duc de Savoie, mais de Henri IV et des seigneurs français.

1600. — 19 NOVEMBRE.

Imprimé. — *OEconomies royales*, édit. orig. t. I, chap. 98.

A M. DE ROSNY.

Mon Cousin, J'ay esté bien aise de sçavoir, par la lettre que vous m'escrivés par le s^r de Sainct-Julien, la sortie du chasteau de Montmeillan du comte de Brandis, l'ordre que vous avés donné à toutes choses necessaires pour cest effect, et que vous avés mis Crequy dedans avec sa compagnie. Mais je suis d'advis que vous pourveoyés à munir le dict chasteau de vivres et aultres choses necessaires pour la nourriture de la garnison que vous y aurés establie, car en ce faisant, la place ne pourra estre surprinse, et en tous cas nous retirerons tousjours bien l'argent que nous aurons employé en l'achapt des dicts vivres. Usés aussy de toute diligence pour retirer vos canons, les faire embarquer et porter où nous avons advisé. Au reste, j'ay quelque esperance que nous pourrons faire un bon effect sur l'ennemy; de quoy je me resouldray dans ce soir, et vous en donneray incontinent advis, et aussy de ce que vous aurés à faire, soit pour estre de la partie, soit pour vous en aller en Bresse. Nous avons appris par un Espagnol qui a esté prins, que les ennemys ne sont pas plus de six ou sept mille hommes en tout, et encore la pluspart bizognes[1], mal commandez, incommodez de vivres, et logez si escartez les uns des aultres, qu'il est facile de leur en prester d'une. Je vous prie donner ordre que le regiment du chevalier de Montmorency soit payé promptement, suivant la monstre qui a esté faicte, car les soldats s'en iront s'ils ne sont payez promptement. Je prie Dieu, mon Cousin, qu'il vous ayt en sa garde. Escript à Villars, le xixe jour de novembre 1600.

HENRY.

DE NEUFVILLE.

---

[1] Ancienne expression qui signifiait un soldat de recrue.

1600. — 21 NOVEMBRE. — Ire.

Orig. — B. N. Fonds Béthune, Ms. 9080, fol. 94.
Cop. — B. N. Suppl. fr. Ms. 1009-2.

[AU CONNÉTABLE.]

Mon Cousin, Je me resjouis avec vous de l'esperance que vos dernieres lettres m'ont donnée, de vous revoir bien tost avec la Royne ma femme; car c'est aujourd'huy ce que je desire et affectionne le plus; et affin de pouvoir jouir de ce contentement plus librement, j'ay voulu venir recognoistre l'armée du duc de Savoye, son courage et son logis, et pareillement celuy de la mienne, avec les advenues et les moyens qu'il y a d'entreprendre de part et d'aultre, devant que de m'eslongner; et vous diray qu'ayant, vendredy dernier, faict semblant d'attaquer une petite escarmouche du costé où est logé mon cousin le comte de Soissons, l'ennemy se monstra si lasche, qu'il n'y eut ordre de faire passer à ses gens de cheval un pont qui estoit entre nous et eulx, gardé par ses gens de pied, qui abandonnerent aussy peu leurs hayes; et croy que, si j'eusse voulu le faire enfoncer, qu'ils eussent tout quicté. Mais je n'y estois allé à ceste intention. Depuis, je suis venu du costé de deçà, par où aussy je les ay faict taster par le s^r de Nerestang[1], qui est logé avec son regiment à la teste. Il chargea et emporta, la nuict d'entre le dimanche et le lundy, un de leurs corps de garde, sans que les aultres s'en esmeussent; si bien que j'estime que, si nous ne les attaquons les premiers, ils sont gens pour nous laisser en repos. Il faut que je vous die aussy que les chemins et passages pour aller de l'un à l'aultre sont si estroicts et incommodes, que l'agresseur sera fort desadvantagé. Toutesfois, j'ay deliberé de temporiser encores icy un jour ou deux, pour voir si je pourray trouver quelque chemin pour aller à eux, affin de les esveiller et chatouiller, sinon en gros au moins par pieces, s'il est possible, devant

[1] Robert de Lignerac, seigneur de Nérestang, gouverneur d'Aurillac, lieutenant au gouvernement d'Auvergne. Il mourut en 1613.

que je parte. Ce pendant je fais retirer mes canons de Montmellian, et les fais conduire à Ste-Catherine, où j'ay commencé à dresser une pratique, de laquelle il y a jà apparence d'esperer que j'auray aussy bonne issue que j'ay eu de celle du dict Montmellian, ainsy que je vous diray quand je vous verray, si plus tost elle ne reussit; vous asseurant, mon Cousin, que j'ay esté tres ayse quand j'ay sceu que vostre santé vous permettoit de faire compaignie à la Royne ma dicte femme, car je desire fort vous revoir auprés de moy : priant Dieu, mon Cousin, qu'il vous ayt en sa saincte et digne garde. Escript à Villars, prés Beaufort, le xxj^e jour de novembre 1600.

HENRY.

DE NEUFVILLE.

[1600.] — 21 NOVEMBRE. — IIme.

Orig. autographe. — B. N. Fonds Béthune, Ms. 9079, fol. 126.
Cop. — Suppl. fr. Ms. 1009-2.

[AU CONNÉTABLE.]

Mon compere, A mon aultre lettre j'adjouxteray encore ce mot de ma main, pour me conjouir avec vous de ce que vostre santé vous permet d'accompagner la Royne ma femme jusques à Lyon, où je serai tres aise de vous voir. Amenés avec vous mes cousines, la comtesse d'Auvergne et duchesse de Ventadour, vos filles ; car je seray bien aise de les voir, et qu'elles facent compagnie à ma femme. A Dieu, mon compere. Ce xxj^e novembre, à Villars.

HENRY.

1600. — 23 NOVEMBRE.

Orig. — B. N. Fonds Béthune, Ms. 9080, fol. 96.
Cop. — Suppl. fr. Ms. 1009-2.

[AU CONNÉTABLE.]

Mon Cousin, Je vous escrivis hier fort au long par la voie ordinaire de la poste, faisant response à vos dernierès lettres; mais ayant trouvé la commodité de ce porteur, j'ay bien voulu vous faire encores ce mot pour vous dire que les neiges et le mauvais temps nous chassent de ce pays, et que sans cela je vous eusse rendu bon compte de l'armée du duc de Savoye, laquelle n'estant moins combattue que la mienne du mauvais temps, luy sera, à mon advis, fort peu utile ceste année. Je m'en revais à Chambery, où je verray m^r le legat, et me resouldray là de ce que j'auray à faire ; dont je vous donneray incontinent advis, comme je m'attends de le recepvoir de vous de l'acheminement et santé de la Royne ma femme : priant Dieu, mon Cousin, qu'il vous ayt en sa saincte et digne garde. Escript à Villars prés Beaufort, le xxiij^{me} jour de novembre 1600.

.HENRY.

DE NEUFVILLE.

[1600.] — 24 NOVEMBRE.

Orig. autographe. — Arch. des affaires étrangères, Correspondance politique. Mss. Florence, vol. II. Copie transmise par M. Mignet.

A LA ROYNE MA FEMME.

Ma femme, Mon nepveu de Guise vient d'arriver, qui m'a apporté de vos lettres. Je loue Dieu de vostre approchement en bonne santé. J'espere de vous voir bien tost, qui est le plus violent desir que j'aye. La neige a sauvé m^r de Savoye et son armée, comme ce porteur vous dira. Lundy je partiray de Chambery, pour aller au fort Ste-Catherine, d'où je vous iray trouver dés que je sçauray que vous serés à Lyon. Je vous donne le bonsoir et mille baisers. Ce xxiiij^e novembre, à Montmelyan.

[1600.] — 25 NOVEMBRE. — Ire.

Orig. autographe. — B. N. Fonds Béthune, Ms. 9079, fol. 39.
Cop. — Suppl. fr. Ms. 1009-2.

[AU CONNÉTABLE.]

Mon compere, Vous entendrés de mes nouvelles par la Varenne, et sa suffisance fera la mienne plus courte. Vous le croirés donc comme moy-mesme, de ce dont je l'ay chargé; et que je vous aime autant comme vous le sçauriés souhaiter. Bonjour, mon compere. Ce xxve novembre, à Montmellian.

HENRY.

1600. — 25 NOVEMBRE. — IIme.

Orig. — B. N. Fonds Béthune, Ms. 9080, fol. 153.

[AU CONNÉTABLE.]

Mon Cousin, J'ay receu par Paulian vos lettres du xvie de ce mois avec plaisir d'entendre que la Royne ma femme ayt passé à Aix en bonne santé, et que l'on luy ayt rendu l'honneur dont vos dictes lettres font mention, ainsy que le dict Paulian m'a faict entendre. J'ay aussy apprins par icelles que les estats generaulx de mon pays de Languedoc m'ont accordé, à vostre poursuicte et sollicitation, la somme de trente mil escuz pour ayder à subvenir aux frais de mes nopces, de quoy je vous ay bien voulu remercier par ceste lettre, sçachant combien vostre entremise a facilité cest octroy, et vous dire que, lorsque les dicts estats envoyeront me demander permission d'imposer sur eulx la dicte somme, je leur en feray volontiers bailler les depesches necessaires. Et pour fin de ceste lettre je vous asseureray que j'ay receu l'acte de l'octroy que les dicts estats m'ont faict en leur derniere assemblée, dont je vous parleray davantage à nostre premiere veue, que j'espere sera bien tost : et sur ce je prie Dieu, mon Cousin, qu'il vous ayt en sa tres saincte et digne garde. Escript à Chambery, le xxve jour de novembre 1600.

HENRY.

DE NEUFVILLE.

[1600.] — 27 NOVEMBRE.

Orig. autographe. — Arch. des affaires étrangères, Correspondance politique, Mss. Florence, vol. II.
Copie transmise par M. Mignet.

A LA ROYNE MA FEMME.

Ma femme, Brach est arrivé ce matin, qui m'a apporté de vos lettres. Vous me faictes plaisir de m'escrire souvent. Il me tarde extremement que je ne vous voye. Ce sera bien tost que vous et moy recevrons ce contentement. Les depputez du duc sont arrivez. Demain ils commenceront à traicter. Tenés-vous saine et gaillarde, et asseurée que je vous aime extremement. Sur ceste verité, je vous baise cent mille fois. Ce xxvij^{me} novembre.

[1600.] — 29 NOVEMBRE. — Ire.

Orig. autographe. — Arch. des affaires étrangères. Correspondance politique, Mss. Florence, vol. II.
Copie transmise par M. Mignet.

A LA ROYNE MA FEMME.

Ma femme, Je vous envoye par Roquelaure, l'un de mes plus anciens et bien aimez serviteurs, un present que vous estimerés, non pour la valeur mais pour l'excellence de l'œuvre, où nos orfevres françois ont employé tout leur art[1]. Le porteur vous dira le desplaisir que j'ay de ne vous avoir surprinse sur le chemin de Lyon, comme estoit mon intention. Si parmy mes prosperitez il n'arrivoit des obstacles à mes contentemens, je serois trop heureux. Ceste punition m'est certes une des plus rudes que le ciel me pouvoit despartir, que

---

[1] C'était un collier, estimé cent cinquante mille écus.

de me retarder encore huict jours de vous voir; le compte desquels commence à ce jour, non de celuy de la reception de ceste lettre, que je finiray vous baisant cent mille fois. Ce xxixe novembre, à Chambery.

[1600.] — 29 NOVEMBRE. — IIme.

Orig. autographe. — B. N. Fonds Béthune, Ms. 9080, fol. 155.

A MON COMPERE LE CONNESTABLE DE FRANCE.

Mon compere, Où va Roquelaure la mienne doibt estre plus courte. Il vous dira de mes nouvelles et ce dont je l'ay chargé : de quoy je vous prie de le crere comme moy-miesmes, et que je vous aime autant que vous sçauriés souhaiter. Bonjour, mon compere. Ce xxixme novembre, à Chambery.

HENRY.

[1600.] — 29 NOVEMBRE. — IIIme.

Orig. autographe. — Biblioth. impér. de Saint-Pétersbourg, Ms. 887, lettre n° 65.
Copie transmise par M. Allier.

A MONS^R DE BELLIEVRE,

CHANCELIER DE FRANCE.

Monsr le chancelier, Vous sçavés comme j'affectionne le bien de ma ville de Marvejols et l'affaire de la dame de Blacons. Oultre ce que je vous en ay dict et escript par Pycheron, avant vostre partement d'auprés de moy, j'ay bien voulu encores par ce mot vous prier que nonobstant toutes importunitez et sollicitations, vous ayés à laisser les choses en l'estat qu'elles sont. L'esperance que j'ay de vous voir bien tost m'empeschera de vous en dire davantage, pour prier Dieu vous avoir, Monsr le chancelier, en sa garde. Ce xxixme novembre, à Chambery.

HENRY.

1600. — 30 NOVEMBRE.

Orig. — B. N. Fonds Béthune, Ms. 8891, fol. 57.

A MON COUSIN LE DUC DE NEMOURS.

Mon Cousin, J'ay trouvé bien estrange que le capitaine Bessonet, vous ayant presenté des articles de la part de ceulx qui gardent le fort de Saincte-Catherine, ayt refusé de me venir trouver. Car s'il a esté permis de sortir du dict fort sur vostre passeport et celuy du s^r de Vitry, ce n'a esté pour en abuser et se moquer de moy, comme par les dicts articles et son refus il monstre vouloir faire. Or envoyés-le-moy par ce porteur, et qu'il n'y ayt point de faulte. Il me trouvera à Salenove, où plus prés du dict fort. Mon Cousin, je prie Dieu qu'il vous ayt en sa saincte garde. Escript à Rumelly, le dernier jour de novembre 1600.

HENRY.

DE NEUFVILLE.

1600. — 1er DÉCEMBRE.

Cop. — Biblioth. de M. Monmerqué, Ms. intitulé *Lettres à l'ambassadeur du Levant.*

[A M. DE BRÈVES.]

Monsr de Breves, La forteresse de Montmelian nous fut rendue le xvie du mois passé. J'en partis le jour mesme pour aller combattre le duc de Savoye, ayant sceu qu'il avoit passé le petit St-Bernard avec les forces du roy d'Espagne. Mais les neiges ont esté si grandes aux montagnes, qu'il m'a esté du tout impossible de l'approcher. Il y a trois sepmaines qu'il est logé là, sans qu'il ayt osé s'advancer d'un pas. Maintenant je m'en vais visiter le fort Ste-Catherine pour le bloquer selon que je verray estre à faire. Ceste place prise, le duc n'aura plus rien deçà les monts. J'ay aussy faict couler quelques forces du costé du marquisat de Saluces, lesquelles d'abordée m'ont rendu la moitié d'une vallée nommée Maire ; ayant pris la place que le duc y faisoit garder, qui m'ouvrit le chemin de Piedmont, où, si l'hiver me permettoit d'entrer, je commencerois à faire bruire mes armes. Mais ce sera pour l'année prochaine, si Dieu ne nous donne la paix, laquelle je ne rejetteray jamais quand je recognoistray que je la pourray faire honorable, utile et seure. Le Pape a depesché vers moy le cardinal Aldobrandin pour la traicter, lequel j'ay laissé à Chambery, où j'ay receu vostre lettre du dernier de septembre. Aprés l'avoir escripte, vous avés sceu la deffaite du Valacque en Transilvanie par les gens de l'Empereur, assistez de la noblesse du dict pays, revoltée contre ledict Valacque, et pareillement la prise de la ville de Canise; et m'attends de sçavoir par vos premieres ce que l'un ou l'autre effect aura produict en la Porte du Grand Seigneur. Je prie Dieu, Monsr de Breves, qu'il vous ayt en sa saincte et digne garde. Escript à Maire, le 1er jour de decembre 1600.

HENRY.

[1600.] — 2 DÉCEMBRE.

Orig. autographe. — B. N. Fonds Du Puy, Ms. 407, fol. 58.
Cop. — Suppl. fr. Ms. 1009-4.

A MONS^R LE PRESIDENT DE THOU.

Monsr le president, Sur ce que la dame de Loré m'a faict entendre qu'elle a un procés pendant pardevant vous, contre un sien nepveu, qui luy importe de tout son bien, et duquel elle ne peut avoir raison, je vous ay bien voulu faire ce mot de ma main, pour vous dire que vous me ferés service tres agreable de luy faire bonne et briefve justice et d'avoir son bon droict pour recommandé. Les services que j'ay receus des siens veulent que je la vous recommande de toute mon affection, et de la mesme que je prie Dieu vous avoir, Monsr le president, en sa saincte et digne garde. Ce ij^e decembre, au camp devant le fort de Ste-Catherine.

HENRY.

1600. — 4 DÉCEMBRE.

Orig. — Arch. du canton de Berne. Copie transmise par M. l'ambassadeur de France en Suisse.

A NOS TRES CHERS ET GRANDS AMYS, ALLIEZ ET CONFEDEREZ LES ADVOYERS, CONSEILS ET COMMUNAUTEZ DE LA VILLE ET CANTON DE BERNE.

Tres chers et grands amys, alliez et confederez, Ayant sceu que la ville et canton de Fribourg, oultre ce que nous nous promettions de leur amitié, ne se contentans d'avoir par le passé assisté ceulx qui nous ont faict la guerre, ont naguere envoyé au secours du duc de Savoie et de ses adherens, nos ennemys, des gens de guerre et soldats levez en leurs cantons, pour les employer contre nous; et desirans y pourveoir, nous vous prions de donner passage par vostre ville et canton à cinq cens chevaulx que nous avons deliberé d'envoyer incontinent pour empescher les dicts secours et passage des dicts gens de guerre vers nos dicts ennemys : chose que nous attendons de vostre amitié à l'endroict de ceste Couronne, et des tesmoignages que vous en avés rendus en toutes occasions; dont nous desirons qu'il s'en presente de les recognoistre, ainsy que vous esprouverés par effect : et à tant nous prions Dieu, Tres chers et grands amys, alliez et confederez, qu'il vous ayt en sa tres saincte et digne garde. Escript au camp devant Ste-Catherine, le iiij^e jour de decembre 1600.

HENRY.

DE NEUFVILLE.

1600. — 5 DÉCEMBRE.

Orig. autographe. — B. N. Fonds Béthune, Ms. 9080, fol. 90.
Cop. — Suppl. fr. Ms. 1009-2.

[AU CONNÉTABLE.]

Mon Cousin, Vous sçaurés par ceste lettre, que la capitulation de ce fort Ste-Catherine a esté arrestée et signée ce jour d'huy, par laquelle ceulx qui le gardent sont obligez me le rendre le xvij⁰ de ce mois, s'ils ne sont secourus d'une armée qui me contraigne de lever le siege; à quoy je donneray si bon ordre que j'espere, avec l'ayde de Dieu, qu'il n'en arrivera faulte. Je sesjourneray encore demain icy pour cela, et en partiray jeudy pour vous aller voir. Cependant j'ay esté bien ayse de sçavoir, par vostre lettre du ij⁰, la bonne santé de la Royne ma femme et la vostre, desirant fort de vous revoir et vous entretenir de ce qui s'est passé en ce voyage, comme j'espere faire bien tost. Cependant je prie Dieu, mon Cousin, qu'il vous ayt en sa saincte garde. Escript au camp devant le fort Saincte-Catherine, le vme jour de decembre 1600.

HENRY.

DE NEUFVILLE.

[1600.] — 6 DÉCEMBRE. — Ire.

Orig. autographe. — Arch. des affaires étrangères. Correspondance politique, Ms. Florence, vol. II. Copie transmise par M. Mignet.

A LA ROYNE MA FEMME.

Ma femme, Par la grace de Dieu nous avons arresté la capitulation le dix-septiesme de ce mois. Ceulx de ce fort sortiront. J'y laisse mon cousin le comte de Soissons et le mareschal de Biron avec mon armée. Je donne la journée de demain pour leur despartir mes commandemens, et jeudy je partiray, et seray samedy auprés de vous. J'ay eu deux accés de fievre, qui m'ont contrainct de prendre medecine anuict, je ne me trouve gueres bien encores; vostre veue me guerira. Je finis, vous baisant cent mille fois. Ce vj^me decembre.

1600. — 6 décembre. — IIme.

Orig. — Archives du canton de Zurich. Copie transmise par M. l'ambassadeur de France en Suisse.

A NOS TRES CHERS ET GRANDS AMYS, ALLIEZ ET CONFEDEREZ LES BOURGMAISTRES, ADVOYERS ET CONSEILS DES VILLES ET CANTONS DE ZURICH, BERNE, BASLE ET SCHAFFOUSE.

Tres chers et grands amys, alliez et confederez, Nous avons receu vos lettres du ve du passé, et pris en bonne part ce que vous nous avés mandé en faveur de la ville de Geneve, sur l'occasion de la paix qui se traicte de present à Chambery entre nous et le duc de Savoye, en presence de nostre tres cher cousin le cardinal Aldobrandin, legat de Nostre Tres Sainct Pere le Pape; et encore que ceulx de la dicte ville de Geneve nous soient, pour plusieurs considerations, assez recommandez, toutesfois comme nous avons beaucoup d'esgard à ce que vous affectionnés, nous vous prions de demeurer asseurez que nostre intention est de comprendre en la dicte paix ceulx de la dicte ville de Geneve, si Dieu permet que ceste negociation prospere comme nous l'esperons, affin de leur procurer par tous moyens le repos que nous leur avons tousjours souhaité, pour l'amitié que nous leur portons; vous priant croire que, si en meilleure occasion nous vous pouvions tesmoigner nostre bienveillance et le desir que nous avons de vous contenter, nous le ferions d'entiere affection : priant Dieu, Tres chers et grands amys, alliez et confederez, qu'il vous ayt en sa tres saincte et digne garde. Escript au camp de Luyset devant le fort de Ste-Catherine, le vj^e jour de decembre 1600.

HENRY.

DE NEUFVILLE.

[1600.] — 6 décembre. — IIIme.

Orig. autographe. — Bibliothèque impér. de Saint-Pétersbourg, Ms. 886, lettre n° 76. Copie transmise par M. Houat.

A MONS[R] DE BELLIEVRE,

CHANCELIER DE FRANCE.

Monsr le chancellier, Je vous envoie la declaration que j'ay faict expedier sur l'edict du mois de janvier mil cinq cens quatre vingt-six, touchant le droict de douze deniers pour libvre sur les marchandises de toiles, avec le don que j'ay faict du dit droict à mon cousin le comte de Soissons, pour six ans. C'est pourquoy je vous fais ce mot de ma main, à ce que toutes raisons au contraire et difficultez cessantes, vous ne manquiés à le sceller, d'autant que je veux tesmoigner à mon dict cousin le desir que j'ay de luy donner moyen de supporter la grande despense qu'il luy convient faire prés de moy et à mon armée, par mon commandement et pour mon service. Sur ce, Dieu vous ayt, Monsr le chancelier, en sa saincte garde. Ce vime decembre, au camp devant le fort Ste-Catherine.

HENRY.

[1600.] — 7 décembre. — Ire.

Orig. — Archives du Mont-Cassin, Ms. contenant la correspondance de Pierre Aldobrandini, n° 8. Copie transmise par M. Noël Desvergers.

A MON COUSIN LE CARDINAL ALDOBRANDIN.

Mon Cousin, Je vous envoye le s[r] de Barrante pour vous visiter de ma part et vous rendre compte de ce que j'ay faict en ce voyage, lequel a esté plus long que je ne pensois. Toutesfois je ne plains pas ma peine ny mon retardement, puisque je n'ay perdu le temps, ayant trouvé ceulx qui gardent ce fort aussy traictables que les aultres, ainsy que vous le dira le dict s[r] de Barrante, vous confirmant l'asseurance que je vous ay donnée de mon amitié et la confiance que j'ay en la vostre. Je vous prie doncques luy adjouster pareille foy qu'à moy-mesme : priant Dieu, mon Cousin, qu'il vous ayt en sa saincte et digne garde. Ce vij^e decembre, devant le fort Saincte-Catherine.

HENRY.

[1600.] — 7 DÉCEMBRE. — IIme.

Orig. — Archives du Mont-Cassin, Ms. contenant la correspondance du cardinal Pierre Aldobrandini, n° 7. Copie transmise par M. Noël Desvergers.

A MON COUSIN LE CARDINAL ALDOBRANDIN.

Mon Cousin, Comme les choses de la guerre sont pleines d'incertitudes, me trouvant engagé icy à la teste de mon ennemy, je ne puis aussy faire response certaine sur l'audience que vous m'avés demandée par vostre derniere lettre, de laquelle a esté porteur le s^r Leon Strozzy; ce que je vous prie de ne prendre en mauvaise part, car ce n'est faulte d'affection de vous contenter; mais tant que j'auray l'esperance d'arrester mon ennemy et de le combattre, je ne pourrois penser ny employer mon esprit à aultres affaires. Cecy ne durera point, mon Cousin; car il est tres difficile que nous demeurions long-temps l'un devant l'aultre, mesmement en ceste saison et en ce pays. Trois ou quatre jours de temps nous en feront sages. Le terme est brief, lequel je vous prie de donner au soing que je doibs avoir de ma reputation, vous promettant vous faire sçavoir dans iceluy le lieu et le jour où je vous verray; de quoy je vous asseureray ce pendant que j'ay tres bonne envie, et de tesmoigner à Sa Saincteté et à vous, en toute occasion, combien je desire complaire à Sa Saincteté et favoriser vostre legation pour vostre consideration particuliere. J'envoye la presente au dict s^r de Strozzy, que j'ay faict demeurer à Conflans, car je ne sçais encore quand j'y seray, et vous advertiray, par la voye du s^r de Sillery, de ce que je deviendray et où nous pourrons nous voir. Sur ce, je prie Dieu, mon Cousin, qu'il vous ayt en sa saincte et digne garde. Ce vij^e decembre, devant le fort Ste Catherine.

HENRY.

[1600.] — 7 DÉCEMBRE. — IIIme.

Orig. autographe. — Arch. des affaires étrangères. Correspondance politique, Mss. Florence, vol. II. Copie transmise par M. Mignet.

A LA ROYNE MA FEMME.

Ma femme, Je suis arrivé en ce lieu de Seyssel, où je n'ay treuvé nul bateau. A trois lieues plus bas j'en treuveray. Je partiray dés le poinct du jour pour arriver dimanche au matin[1], qui est toute la diligence qui se peut. A quoy me porte l'extresme envie que j'ay de vous voir. Ce porteur vous dira toutes nouvelles, sur lequel me remettant, je finiray, vous baisant cent mille fois. Ce vij^me decembre.

HENRY.

1600. — 11 DÉCEMBRE.

Orig. — Arch. municip. de Metz.
Imprimé. — *Lettres du Roi Henri IV aux magistrats et aux habitants de la ville de Metz*, p. 14.

A NOS TRES CHERS ET BIEN AMEZ LES MAISTRE ESCHEVIN, CONSEIL ET TREIZE DE LA VILLE DE METZ.

Tres chers et bien amez, nous avons trouvé bon de remettre et differer la conference qui avoit esté resolue pour decider les contentions et difficultez qui sont entre nostre bon frere le duc de Lorraine et vous, jusques à ce que nous soyons en nostre ville de Paris. Nous escrivons presentement à nostre dict frere d'avoir agreable ceste remise; et ce pendant retenir en estat et surseoir toutes executions et contrainctes qui peuvent avoir esté ordonnées, de son auctorité, sur vos subjects; à quoy nous croyons qu'il se conformera, et qu'il ne sera passé plus avant aux dictes contrainctes, auxquelles nous pourvoirons cependant avec l'auctorité qui y sera necessaire, en cas que l'on face quelque chose qui porte prejudice à vos droicts et pretentions, de la

---

[1] Il arriva dès le samedi soir 9 décembre, et consomma le mariage, qui fut béni solennellement le 17 par le cardinal légat.

conservation desquels nous aurons le mesme soing que des nostres propres, et de vous maintenir en la seureté et liberté que vous pouvés desirer de nostre protection; et la vous ferons tousjours ressentir autant favorable que vostre fidelle obeïssance et affection singuliere au bien de nos affaires et service le meritent de nous : qui, sur ceste asseurance, prions Dieu de vous avoir, Tres chers et bien amez, en sa saincte garde. Escript à Lyon, le xj^{me} jour de decembre 1600.

HENRY.

POTIER.

ANNÉE 1601.

[1601.] — 6 JANVIER.

Orig. autographe. — Archives des Médicis, légation française, liasse 3. Copie transmise par M. le ministre de France à Florence.

A MON ONCLE[1] LE GRAND DUC DE TOSCANE.

Mon oncle, Ce ne sera par ceste lettre que je vous escriray le contentement que j'ay de la Royne vostre niepce, et vous remercieray de me l'avoir moyenné si parfaict qu'est celuy que j'en reçois; car tel office merite une lettre à part, par personne expresse qui vous represente de vive voix le gré que je vous en sçay; de quoy j'espere de m'acquitter au plus tost. Cependant le chevalier Vinta[2] m'ayant faict sçavoir qu'il depeschoit devers vous ce courrier, j'ay bien voulu vous advancer ce signe de ce mien contentement comme de ma gratitude, et sur ce vous prier vouloir accroistre l'un et l'autre de la grace que vous proposera de ma part le dict Vinta, lequel je vous renvoyeray après le retour du dict courrier, bien instruict de toutes choses : priant Dieu, mon oncle, qu'il vous ayt en sa saincte et digne garde. Ce VIme janvier, à Lyon.

HENRY.

---

[1] Depuis son mariage avec Marie de Médicis, nièce du grand-duc, Henri IV appelle ce prince *mon oncle*, de même qu'on l'a vu jusque-là se servir des titres de parenté de sa première femme, Marguerite de France.

[2] Le chevalier Bélisaire Vinta, premier secrétaire d'état du grand-duc, tenait dans le conseil de ce prince à peu près le même rang que M. de Villeroy en France. Il avait accompagné Marie de Médicis au départ de Florence; et arrivé à Marseille, il la devança pour aller trouver le Roi à Lyon.

[1601.] — 19 JANVIER.

Orig. autographe. — Archives des Médicis, légation française, liasse 3. Copie transmise par M. le ministre de France à Florence.

A MON ONCLE LE GRAND DUC DE TOSCANE.

Mon oncle, Plusieurs raisons generales et particulieres m'ont induict à faire la paix avec le duc de Savoye, dont j'informeray le chevalier Vinta, devant qu'il parte, affin qu'il vous en rende bon compte à son retour. Cependant j'ay bien voulu vous advertir par la presente de la conclusion d'icelle, vous dire que j'espere qu'elle ne sera moins utile à la Chrestienté qu'à mon Royaume, tant à present que à l'advenir, pourveu qu'elle soit executée et observée des autres comme elle sera de moy, qui desire que vous l'ayés aussy agreable que je sçay que vous affectionés mon bien; et je vous asseureray de la bonne santé de la Royne et de la mienne, comme de la continuation de mon amitié : priant Dieu, mon oncle, qu'il vous tienne en sa saincte garde. Ce xixme janvier, à Lyon.

HENRY.

1601. — 20 JANVIER.

Orig. autographe. — Archives des Médicis, légation française, liasse 3. Copie transmise par M. le ministre de France à Florence.

A MON ONCLE LE GRAND DUC DE TOSCANE.

Mon oncle, Vous avés en vos galeres un de mes subjects de Marseille, nommé Antoine Guillaume, qui m'est particulierement recommandé par aulcuns de mes plus speciaulx serviteurs. C'est pourquoy je vous prie ordonner en ma faveur qu'il soit mis en liberté et delibvré au patron qui aura charge de mon nepveu le duc de Guise, de le retirer. Vous me ferés, en ce faisant, plaisir agreable, et me donnerés subject de rechercher les occasions de m'en revancher en tout aultre endroict. Sur ce, je prie Dieu, mon oncle, vous avoir en sa saincte garde. Escript à Paris, le xxme jour de janvier 1601.

HENRY.

FORGET.

[1601.] — 22 JANVIER.

Orig. autographe. — Arch. des affaires étrangères. Correspondance politique, Mss. Florence, vol. II.
Copie transmise par M. Mignet.

[A LA REINE.]

Ma femme, Je suis arrivé en ce lieu de Nevers, à dix heures, et espere estre à Briare à my-nuict. La royne Louise cuida mourir samedy. Je me porte fort bien, Dieu mercy. Mandés-moy tous les jours de vos nouvelles. Je vous baise cent mille fois. Ce xxij^e de janvier.

[1601.] — 23 JANVIER. — Ire.

Orig. autographe. — Arch. des affaires étrangères. Correspondance politique, Mss. Florence, vol. II.
Copie transmise par M. Mignet.

[A LA REINE.]

M'amye, Je suis arrivé en ce lieu de Briare, à trois heures du matin, fort heureusement Dieu mercy. Je repars pour aller à Fontainebleau disner, s'il plaist à Dieu : jamais on ne vit une telle diligence. Conservés-vous bien, et me mandés de vos nouvelles. Je vous baise cent mille fois. Ce mardy xxiij^e de janvier.

[1601.] — 23 JANVIER. — IIme.

Orig. autographe. — Arch. des affaires étrangères. Correspondance politique, Mss. Florence, vol. II.
Copie transmise par M. Mignet.

[A LA REINE.]

Par faulte du courrier, J'ay apporté jusques icy vostre lettre. La Varane a laissé la royne Louise en estat que je suis d'advis que n'y alliés pas[1]. Je m'en vais manger un morceau et gaigner Fontainebleau. De Montargis, ce xxiij° janvier.

[1601.] — 24 JANVIER.

Orig. autographe. — Arch. des affaires étrangères. Correspondance politique, Mss. Florence, vol. II.
Copie transmise par M. Mignet.

[*A LA REINE.*]

Ma femme, J'arrivay arsoir icy d'assez bonne heure pour voir tout, mais fort las. Ceste maison pleure, de quoy vous la voyrés en hyver, mais il n'y a remede. Mes ouvriers n'ont faict la diligence que je pensois; nonobstant toutes ces choses, il y fait plus beau qu'à Lyon. Je me porte bien, Dieu mercy, fors le rhume qui, estant des meilleurs, ne me laissera qu'après les quarante jours. Bonjour, m'amye. De ce pas je vais à Paris. Je vous baise cent mille fois. Dictes à Zamet que de Bryare il vienne en poste. Ce xxiij° janvier.

[1601.] — 27 JANVIER.

Orig. autographe. — Arch. des affaires étrangères. Correspondance politique, Mss. Florence, vol. II.
Copie transmise par M. Mignet.

A LA ROYNE MA FEMME.

Mon cœur, Je tesmoigne bien que je vous hais bien fort, de me rejouir de vostre mal. Pour Dieu, conservés-vous bien, et pour vous et pour moy, et pour tout ce Royaulme. Mandés-moy le jour que vous serés à Nemours, affin que je m'y trouve. La neige continue, et il y en a plus d'un pied dans les bois; qui m'empesche de courre aujourd'huy un cerf, mais ce sera demain, si la neige fond. Lundy j'iray

---

[1] Sans l'état désespéré de cette princesse, Marie de Médicis devait aller la saluer à Moulins; mais le 29 janvier elle mourut dans cette ville, qui était de son douaire. Elle portait les titres de Reine douairière de France et de Pologne, duchesse de Bourbonnais, de Berry et d'Auvergne, comtesse de Forez et de la Marche, dame de Romorantin.

voir mes enfans. J'ay encores un peu mal aux yeux; pour mon rhume il diminue fort, et ne m'en ressentiray plus mais que je vous voye. Ce que vous m'avés escript en françois est fort bien; si vous augmentés tous les jours d'une ligne, dans huict jours toute la lettre sera françoise. Ne doubtés point que je ne vous aime bien, car vous faictes tout ce que je veux; c'est le vray moyen de me gouverner : aussy ne veux-je jamais [estre] gouverné que de vous, que je baise cent mille fois. Ce xxvij^e janvier.

1601. — 28 JANVIER.

Cop. — Arch. nationales, section administr. série H, 1792, Registres authentiques de l'hôtel de ville de Paris, fol. 475 recto.

A MONS^r LE PRESIDENT DE CHARMEAUX,
PREVOST DES MARCHANDS DE MA BONNE VILLE DE PARIS.

Monsr le president, Je vous ay cy-devant escript que vous eussiés à faire faire un basteau pour mener à Melun, pour conduire la Royne ma femme. Je vous fais derechef ce mot pour vous faire entendre ma volonté plus particulierement, qui est que je desire que deux eschevins de ma bonne ville de Paris aillent presenter le dict basteau à ma dicte femme et luy faire la reverence, avec leurs robes de velours, comme l'on a accoustumé en faire aux mariages; vous et le reste de vostre compagnie demeurant à Paris, pour la recevoir, au mesme habit. L'asseurance que j'ay que vous y apporterés toute la diligence requise m'empeschera de la vous faire plus longue, pour prier Dieu vous avoir, Monsr le president, en sa saincte et digne garde. Ce xxviij^e janvier 1601, à Verneuil.

HENRY.

[1601.] — 30 JANVIER.

Orig. autographe. — Arch. des affaires étrangères. Correspondance politique, Mss. Florence, vol. II. Copie transmise par M. Mignet.

[A LA REINE.]

Mon cœur, Si je n'eusse sceu aussy tost vostre guerison que vostre mal, j'eusse esté bien en peine. Pour Dieu ne vous hastés pas, tant que cela vous peut faire mal. J'ay prins un cerf avec beaucoup de plaisir. Je vous y souhaitois bien. Ordonnés vos journées pour n'arriver que lundy, car j'iray dimanche au soir vous trouver à Nemours, et je ne le puis plus tost à cause de la feste. Vous estes attendue icy avec le plus grand applaudissement du monde. C'est assez escript; je m'en vais jouer à la paume. Je vous baise cent mille fois. Gardés-vous bien. Baisés mon fils de Vendosme de ma part. Ce xxxe janvier.

[1601. — VERS LA FIN DE JANVIER.]

Orig. autographe. — Archives de M. de Marcieu.

A MONS^r DE S^T-JULIEN.

Monsr de St Julien, J'ay eu par vostre lettre, datée de Venise du mois dernier, tel contentement que jour de ma vie ne l'oublieray, et rendray tesmoignage que je n'en suis pas ingrat. Perseverés à voir vos amys et me servir. De mon costé, je ne rabattray rien de ma bonne volonté et recognoissance à vostre endroict et au leur. Vous aurés sceu nouvelles de la paix de Lyon[1], ceste rhubarbe au cueur savoyard; mais graces à Dieu, la main qui tient le gobelet est ferme, et le faudra vuider tout entier. N'obmettés rien de ce que vous pourrés adviser pour l'utilité de mes affaires, et demeurés par delà, je

[1] La paix avec le duc de Savoie avait été conclue à Lyon, le 17 janvier.

vous prie, jusqu'à perfection de ce dont vous avés charge. Asseurés-vous de plus en plus de la bonne volonté de

Vostre tres affectionné maistre et amy,
HENRY.

[1601.] — 3 FÉVRIER.

Orig. autographe. — B. N. Fonds Béthune, Ms. 9080, fol. 3.

A MON COMPERE LE CONNESTABLE DE FRANCE.

Mon compere, Vous entendrés de mes nouvelles par celle que je rescris à m^r de Villeroy. Je suis toujours attendant des vostres et que vous ayés receu la ratiffication de mons^r de Savoye. Vous ne sçauriés crere comme icy il faict beau et froid, et comme, Dieu mercy, je m'y trouve bien. Je vais demain matin en poste à Nemours, y trouver ma femme, qui y est arrivée, et la mener à Fontainebleau, où il faict merveilleusement beau. A Dieu, mon compere. Ce iij^e febvrier, à Paris.

HENRY.

[1601.] — 7 FÉVRIER.

Imprimé. — Œconomies royales, édit. orig. t. II, chap. 8.

[A M. DE ROSNY.]

[1] Mon amy, Pour ce coup vous serés exempt de nous donner à souper à nostre arrivée à Paris, où je seray demain au soir, Dieu aidant, et j'y veux parler à vous. C'est pourquoy, à mon arrivée, je vous manderay où je seray, pour me venir trouver. Ma femme y arrivera le lendemain, qui ira descendre chez Gondy, où nous coucherons ce soir là; et le lendemain, après y avoir disné, et veu la foire, nous

---

[1] Cette lettre était de la main du Roi.

irons coucher au Louvre². Bon jour, mon amy. Ce mercredy matin, vij⁰ febvrier, à Fontainebleau.

HENRY.

1601. — 8 FÉVRIER.

Orig. — B. N. Fonds Béthune, Ms. 9047, fol. 10.

[AU CONNÉTABLE.]

Mon Cousin, J'escris particulierement au sʳ de Villeroy ce qui est de mon intention, tant sur les depesches du sʳ de Vic, que autres qu'il m'avoit envoyées; aussy pour le regard du traicté, duquel il me mande que vous n'avés encores receu la ratiffication. Je ne puis croire que le duc de Savoye veuille manquer à ce qui a esté promis par mon cousin le legat. Le prejudice et dommage qu'il a receu en ses affaires, pour n'avoir tenu ce qu'il m'avoit promis par le traicté faict à Paris, luy doibt faire craindre de tomber une autre fois en pareille peine. Me remettant sur la lettre que j'escris au dict sʳ de Villeroy, je me contenteray par celle-cy de vous mander des nouvelles dont je reçois beaucoup de contentement et lesquelles vous seront fort agreables : qui est la grossesse de ma femme. Nous partons presentement pour aller à Paris voir la foire Sᵗ-Germain, où je desire vous voir au plus tost. Je prieray Dieu, ce pendant, qu'il vous ayt, mon Cousin, en sa saincte et tres digne garde. Escript à Fontainebleau, le vııjᵉ jour de febvrier 1601.

HENRY.

POTIER.

¹ Suivant Lestoile, ce fut chez Zamet qu'ils passèrent la seconde nuit de leur arrivée à Paris.

1601. — 10 FÉVRIER.

Orig. — B. N. Fonds Béthune. — Ms. 9079, fol. 112.
Cop. — Suppl. fr. Ms. 1009-2.

[AU CONNÉTABLE.]

Mon Cousin, J'ay entendu par le capitaine la Plume, et vu particulierement par vos lettres du 1ᵉʳ de ce mois, ce qui se passa à Bourg, et l'ordre que vous avés donné pour conserver mes gens de guerre qui n'ont esté licenciez, sur l'incertitude de la resolution que doibt prendre le duc de Savoye, ayant fort agreable le commandement que vous avés faict au regiment et aux compagnies de cavalerie, de temporiser et s'arrester au lieu que vous leur avés ordonné pour la seureté de ma conqueste, aussy l'ordre que vous avés mis pour asseurer les places de Provence. Je trouve bon que vous ayés offert à mon cousin le duc de Biron le regiment de Navarre, car il faut fortifier mon dict cousin, affin qu'il empesche que la citadelle de Bourg ne soit aucunement secourue. C'est pourquoy je depesche presentement un commissaire des guerres vers les dix compaignies de mes gardes qui me venoient trouver, leur mandant de s'en retourner et aller au dict Bourg; et affin que vous ayés moyen de maintenir les dictes forces, j'ay commandé au sʳ de Rosny de faire fonds pour une seconde monstre, et d'en envoyer l'argent de delà, selon l'estat que vous luy enverrés des dictes forces. J'ay fort agreable l'advis que vous avés donné au sʳ de Lesdiguieres, de ne se haster trop de tirer les munitions de Montmeillan, et suis bien aise du contentement que vous avés du service qu'il faict par delà. Les gens de guerre qui sont sous luy, tant es garnisons qu'à la campagne, seront payez du fonds que j'ay ordonné pour le dict second mois, comme aussy les carabins de Bareuil et les harquebusiers à cheval de mon cousin le duc de Biron, ensemble la compagnie du sʳ de Luz. J'ay aussy fort agreable l'asseurance que vous avés donnée à mon dict cousin le duc de Biron pour le payement de sa compagnie sur les deniers du taillon de la presente année, et veux qu'il soit payé de son extraordinaire durant le temps qu'il servira au dict Bourg. Je n'ay permis à Bouvens d'avoir autres rafraischissemens que ceulx qui sont portez par la lettre que j'ay escripte au s^r de Villeroy. Mon cousin le duc de Biron se debvoit regler sur ce que j'avois escript au baron de Luz; et d'autant que la commodité des dicts vivres importe à mon service, j'escris à mon dict cousin qu'il ne permette au dict Bouvens de recevoir ci-aprés aucuns rafraischissemens, et qu'il s'asseure de sa femme, si ce n'est qu'en luy baillant le dict rafraischissement, ils ne promettent et donnent ostage de rendre la place au mesme temps que le traicté doibt estre ratifié; à quoy je luy mande de tenir la main et faire observer exactement sur ce ma volonté, comme je vous prie faire de vostre part. J'ay aussy commandé au dict s^r de Rosny d'envoyer promptement en Suisse les deux cens mil escuz pour donner quelque contentement à ceux du dict pays, attendant le surplus. Je prie Dieu, sur ce, qu'il vous ayt, mon Cousin, en sa saincte garde. Escript à Paris, le xe jour de febvrier 1601.

HENRY.

POTIER.

[1601.] — 11 FÉVRIER.

Imprimé. — *OEconomies royales*, édit. orig. t. II, chap. 8.

[A M. DE ROSNY.]

Mon amy, Faictes payer au s^r Zamet la somme de quarante-neuf mil neuf cens dix livres, que je luy doibs, laquelle il m'a prestée à plusieurs et diverses fois, durant l'année derniere, et dont il m'a rendu compte, et faictes employer la dicte partie au premier roole de comptant que vous ferés expedier, comme chose que je desire. Sur ce, Dieu vous ayt, mon amy, en sa saincte et digne garde. Ce xj^e febvrier.

HENRY.

[1601 [1].] — 13 FÉVRIER.

Imprimé. — *OEconomies royales*, édit. orig. t. I, chap. 98.

[A M. DE ROSNY.]

Mon amy, Y ayant desjà force gens qui m'importunent de leurs pensions et assignations de debtes, et de vous en escrire, je vous fais ce mot pour vous dire que vous les remettiés à mon conseil, ou quand vous serés prés de moy; mais que personne ne saiche point que je vous l'ay mandé. Bonjour, mon amy. Ce vendredy matin, xiij° febvrier, Fontainebleau.

HENRY.

1601. — 15 FÉVRIER. — Ire.

Orig. — B. N. Fonds Béthune, Ms. 9079, fol. 109.
Cop. — Suppl. fr. Ms. 1009-2.

[AU CONNÉTABLE.]

Mon Cousin, Les deux vostres dernieres sont des vj° et viij° de ce mois, auxquelles je fis response au mesme temps que je les eus receues. Depuis, et ce matin seulement, j'ay veu le comte Octavio Tassoni, camerier du Pape, et depesché vers moy par mon cousin le cardinal Aldobrandin, lequel m'a presenté sa lettre, escripte d'Avignon, le iii° de ce mois, par laquelle il me mande que, sur quelques occurrences qui sont survenues qui luy semblent devoir apporter quelque retardement à la verification que doibt faire le duc de Savoye du traicté qui a esté faict pour luy à Lyon, oultre qu'il s'y agit du repos public, s'y sentant interessé en son particulier et pour sa reputation, il s'estoit resolu de partir en poste pour aller retrouver le dict duc de Savoye, et, par sa presence, faire cesser tous les obstacles qui se pourroient rencontrer en cest affaire, duquel il me supplie de

[1] C'est à tort que les *OEconomies royales* rapportent cette lettre à l'année 1600. Elle était de la main du Roi ainsi que la précédente.

ne faire aucune mauvaise conjecture, m'asseurant sur son honneur qu'il reussira entierement selon ce qui a esté traicté; ne s'estant pas voulu contenter de me donner l'advis de son dict voyage par une sienne lettre, mais ayant voulu depescher icy expressement le dict comte Octavio pour m'en donner plus particulier compte; me suppliant seulement, d'autant que la saison ne luy peut permettre de faire grande diligence en son dict voyage, de vouloir prolonger le temps de la suspension d'armes, portée par les articles qui ont esté signez, pour encore un mois, combien qu'il n'estime point avoir besoing de ce dilayement, si ce n'est pour donner encore un plus ferme establissement au susdict traicté, si tant est qu'il arrive auprés du dict duc de Savoye auparavant qu'il ayt envoyé sa ratification. La creance du dict comte Octavio a esté plus estendue, mais elle n'a pas esté de plus grande substance, sinon sur les protestations des ruines que le dict duc de Savoye attireroit sur luy s'il desadvouoit le dict traicté, dont il compte pour l'une des principales l'inimitié irreconciliable du Pape et encore particulierement celle du dict cardinal Aldobrandin, qu'il dict estre extremement ulceré du bruit seulement qui a couru que cela fust pour pouvoir advenir. Et ayant, depuis l'audience du dict comte, consideré cest affaire, ne voyant poinct de raison ny d'apparence que le duc de Savoye soit pour faire ce desadveu, et que quand il le feroit, et qu'il faudroit rompre, et que pour peu de temps nous ne luy pourrions porter grand dommage : j'ay estimé qu'il ne seroit que bon d'accorder une prolongation pour quinze jours d'une suspension d'armes, parce que nous n'en pouvons recevoir aucun prejudice, et que ce sera, en gratifiant en cela mon dict cousin le cardinal Aldobrandin, tousjours l'engager davantage à ressentir l'injure du desadveu, si elle luy est faicte par le dict duc de Savoye; vous ayant voulu depescher ce courrier exprés, affin que vous puissiés faire publier la dicte prolongation au mesme temps que expirera le terme de la dicte suspension, remettant à vous et à ceux de mon conseil qui sont prés de vous, de faire la dicte prolongation du mois entier, si jugés que l'estat de mes affaires le requiere.

Je respondis, au reste, à tous les points de vos dictes deux lettres par ma dicte derniere depesche, excepté à ce que vous m'aviés escript pour le s^r de St-André pour le gouvernement de Montpellier, dont je vous aurois envoyé l'expedition, n'estoit que depuis peu de jours, j'ay sceu que ceux de la dicte ville ayant esté advertys que je voulois pourveoir quelqu'un de ceste charge, ils se sont resolus de me supplier de me continuer plustost le s^r de Pusols Dufaur[1], qui en a esté cy-devant pourveu, que nul autre; ce que j'ay estimé qu'il seroit bon de leur accorder, tant parce que le dict s^r de Pusols est fort homme de bien et m'a esté presenté de vostre main, que parce qu'il eust eu quelque juste subject de se plaindre de s'en voir privé pour en pourveoir un autre. J'en attendray toutesfois vostre advis, que je pourray bien avoir avant que les depputez de la dicte ville de Montpellier, que l'on m'a dict estre en chemin pour venir icy, y soyent arrivez, ou pour le moins depeschez[2].

Mon cousin le mareschal d'Ornano a envoyé icy vers moy pour s'excuser du voyage que je luy avois mandé de faire par deçà et me supplier de vouloir resouldre l'affaire en son absence, et qu'il l'approuvera et signera tout tel que je en ordonneray, et accompagne cela de quelques raisons qui sont assez legeres. Je luy ay aussy respondu qu'il estoit necessaire qu'il fist le dict voyage, et que cela ne se pouvoit resouldre qu'il ne fust present, comme fera mon cousin le duc d'Espernon, qui est arrivé icy d'hier au soir. Je m'asseure qu'il satisfera et se rendra icy au plus tard dans le xve du prochain, auquel temps je desire aussy que vous vous y retourniés, car cest affaire ne se peut bien terminer que en vostre presence, et neantmoins il importe, pour mon service, qu'il se finisse promptement. C'est ce que

---

[1] *Pusols* est écrit ici au lieu de *Pujols*, qu'on lit ci-après dans la lettre du 30 avril et dans celle du 20 juillet. Arnaud du Faur, seigneur de Pujols en Agénois, avait été gentilhomme de la chambre du roi de Navarre, qui parvenant à la couronne, le fit gouverneur de Montpellier. Il était fils de Pierre du Faur, président à mortier au parlement de Toulouse, et de Gauside d'Ondes, héritière de Pibrac.

[2] *Soyent depeschez* signifie ici : que leur affaire ait été expédiée en cour.

j'ay à vous dire pour ceste fois : priant Dieu, mon Cousin, qu'il vous ayt en sa saincte et digne garde. Escript à Paris, le xv⁰ jour de febvrier 1601.

HENRY.

FORGET.

[1601.] — 15 FÉVRIER. — IIme.

Orig. — Arch. du Mont-Cassin, Ms. contenant la correspondance du cardinal Pierre Aldobrandini, n° 9. Copie transmise par M. Noël Desvergers.

A MON COUSIN LE CARDINAL ALDOBRANDIN.

Mon Cousin, J'ay veu par vostre lettre, et ce que j'ay entendu de la creance du comte Ottavio Tossary, la bonne opinion que vous avés que le bruit qui a couru que le duc de Savoye refusoit de ratifier le traicté n'auroit pas d'effect, et qu'au contraire il reussiroit infailliblement. J'en seray bien aise et le desire, puisque cela importe au repos public; mais quand il en adviendroit aultrement, ce ne me seroit rien d'inesperé, ayant tousjours recogneu tant d'incertitude aux resolutions du dict duc de Savoye, que j'en tiens celle-cy capable comme les autres. Ce qui m'en desplait le plus est la peine que vous en prenés, laquelle vous n'avés pas meritée, ny moins qu'il mist en suspens vostre traicté, pour luy avoir procuré un si grand bien que celuy que vous luy avés faict, ne pouvant nier que vous ne l'ayés tiré du plus mauvais pas où il se soit jamais trouvé, dont il est tenu principalement au Pape et puis à vous. Car, sans la reverence que j'ay rendue aux intentions de Sa Saincteté et l'affection particuliere que je vous porte, et que j'ay desiré que vostre voyage succedast à vostre contentement, il estoit en peril de courir une tres mauvaise fortune, ce qu'il recognoistroit bien mal s'il vous faisoit ceste injure publique de n'approuver ce que vous avés traicté pour luy. Je serois à cest egard marry qu'il le fist, mais pour tout aultre je ne m'en mettray en peine. Cependant, affin qu'il ne manque rien de ma part pour l'accomplissement du dict traicté, et encore principalement pour vous complaire, j'ay accordé la continuation de la suspension d'armes pour quinze jours, et ay donné pouvoir à mon cousin le Connestable, si vous luy mandés qu'il soit necessaire de faire pour davantage, qu'il le face. Ce ne sera pas seulement en ce qui sera de ceste affaire, mais en toute autre, mesme en celles qui seront de vostre particulier interest, que je m'accommoderay tousjours bien volontiers à tout ce que vous desirerés de moy; de qui je desire que vous croyés que vous estes aimé, chery et honoré autant que vous pouvés le desirer.

Je me retrouve icy maintenant en repos, prenant mon plaisir parmy mes ouvriers, vous y ayant souvent desiré, pour vous faire voir mon ouvrage et en prendre vostre advis; saichant que vous vous en delectés et y estes bien intelligent; et vous asseure que l'alarme du duc de Savoye ne m'en divertit pas une heure. Mais quand il le faudra faire, je seray tousjours autant et plus porté à me rapprocher de luy, que je ne l'ay esté d'en revenir. Je vous prie au reste de m'aimer tousjours et faire estat bien asseuré de mon amitié, comme j'ay prié le dict comte Ottavio Tossari de vous en asseurer encore particulierement de ma part : à qui me remettant, je finiray par prier Dieu vous avoir en sa saincte et digne garde. Ce xve febvrier, à Paris.

HENRY.

1601. — 23 FÉVRIER.

Orig. — B. N. Fonds Béthune, Ms. 9079, fol. 106.
Cop. — Suppl. fr. Ms. 1009-2.

[AU CONNÉTABLE.]

Mon Cousin, J'ay receu, il y a desjà deux ou trois jours, vos lettres du xIII^e et xve, auxquelles j'eusse plus tost faict response, n'estoit que je me doubtois bien qu'il ne tarderoit pas que je n'eusse icy de retour le courrier que je vous avois depesché; au lieu duquel arriva hier le controlleur general des guerres Ardier, qui me rendit les vostres du xixe. Par les premieres, j'ay veu le bon ordre que vous avés donné de faire retourner en Provence toutes les troupes qui y avoient esté destinées, et que mon nepveu le duc de Guise s'estoit un peu hasté de renvoyer; ce qu'il pouvoit differer jusques à ce qu'il eust advis de vous que le duc de Savoye eust envoyé la ratification du traité. Car de luy, de qui la foy et la confiance en ses promesses et resolutions est jà experimentée, il s'en doit plus tost presumer le mal que le bien. Mais puisque jusques à present il n'est point advenu d'inconvenient en Provence, j'espere, par la bonne provision que vous y aurés faicte, qu'il n'y a plus de peril qu'il y en advienne de la part du dict duc de Savoye, estimant que toutes les dictes troupes y seront retournées, et y estans qu'elles se peuvent bien deffendre des forces de Nice et de celles qui y pourroient estre envoyées, du moins jusques à ce que nous les ayons peu renforcer, si besoin est. J'ay aussy trouvé fort bon que vous y ayés envoyé les canons, poudre et balles que vous m'avés mandé par vos dernieres, encore que pour canons la province n'en fust pas desgarnie (car j'ay veu qu'il y en avoit quinze ou seize), qu'il ne falloit que faire changer de place et les mettre où il y avoit apparence que le besoing en pourroit estre plus grand; mais la raison que vous dictes est fort bonne, que, quand l'occasion sera passée, l'on les en pourra retirer quand l'on voudra. Je crois bien que de munitions ils en pourroient avoir necessité, et a esté fort bien faict de les en avoir pourveus de bonne heure. J'avois, comme vous sçavés, mandé que les compagnies du regiment de mes gardes, qui estoient ordonnées pour venir icy, retournassent à Bourg. Mais puisqu'elles estoient desjà trop esloignées de vous, je leur envoye presentement un commissaire des guerres en diligence vers Sancerre, où le s^r de Montigny, qui vient d'arriver, m'a dict qu'elles sont encore, pour les faire rebrousser vers le dict Bourg, pour y fortifier mon cousin le duc de Biron; estant le lieu où il y a apparence qu'ils s'emploieront le plus tost, s'ils ont resolution de rompre, et c'est une des raisons que j'ay qu'ils ne le feront pas, de ce qu'ils ne l'ont faict plus tost; car ils savent bien que la citadelle de Bourg est en grande necessité, et qu'ils la pouvoient plus facilement secourir depuis que mon armée est séparée, qu'ils ne feront pas maintenant qu'ils voient bien que nous avons assez de subject de nous defier d'eux et de leur mauvaise foi; de laquelle toutesfois je leur veux bien faire ceste faveur que de doubter encore pour ce faict particulier, combien que tous les advis que vous avés de leur procedure se rapportent au contraire, pour ce que je ne les veux considerer du tout depourveus d'entendement, et ayant peu de raison qui puisse accompagner leur mauvaise volonté, laquelle je tiens bien toute certaine, ceste incertitude ne peut plus guere durer; car ils ne se peuvent excuser de ne mander quelque chose, et crois bien que si c'est autre chose que la ratification, que l'on le peut bien tenir pour une rupture certaine, de laquelle si mon esloignement d'eux leur a servy de quelque subject, mon prompt retour par delà leur en pourra bien estre un autre de s'en repentir; car ils me verront encore bien plus diligent à l'un que je ne l'ay esté à l'autre.

Pour le regard du terme que j'ay accordé à la requeste du legat, vous en aurés veu les raisons en ma precedente depesche, et du peu de prejudice qu'il m'en pourroit advenir. Je crois que nous nous sommes mescomptez aux termes de la suspension. Mais je n'en avois envoyé la declaration signée de moy que par forme, et en cas que vous en voulussiés servir, mon opinion ayant tousjours esté que vous le feriés vous-mesme et en vostre nom, ayant assez de qualité et de pouvoir pour accorder la dicte prolongation, puisque vous l'avés de commander toutes mes armées et ordonner tout ce qui despend d'icelles. Je n'ay point aussy exprimé que la chose fust reciproque, parce que je me suis asseuré que vous le compreniés assez, et que cela ne se pouvoit executer autrement : à quoy il se faut aussy tenir; et si ceux qui sont par delà de la part du dict duc de Savoye en ont le pouvoir, vous ferés faire en vostre nom la dicte prolongation, en telle forme et pour tel temps que vous jugerés qu'il se devra faire, laquelle vous vous pouvés bien obliger et promettre que je ratifieray tousjours. Pour vostre retour de deçà, je vous prie de ne le presser point, pour ce que je vous ay mandé en ma derniere depesche. Car il est raisonnable que mes affaires precedent ceux des particuliers, mesmes cestuy-cy que vous sçavés m'estre si important, et lequel je vous prie n'abandonner qui ne soit achevé d'une façon ou d'autre.

Pour le faict du gouvernement de Montpellier, je suis bien aise que nous nous soyons rencontrez de mesme advis, de sçavoir promptement l'opinion du sr de Pusols, dont je vous laisse la charge. Ayant sceu sa response, si elle est de s'en excuser, je vous enverray aussy tost pour le sr de St-André, duquel j'ay tousjours eu fort bonne opinion, et qui m'a esté bien confirmée par la nomination que vous m'en avés faicte. Quant aux advis que j'ay de nos voisins de deçà, il n'y a rien de consequence, sinon que l'on me mande que l'archiduc s'est fort resjouy de la conclusion qu'il estime certaine de nostre paix, parce qu'il s'attend que l'on luy enverra toutes les forces qui estoient avec le duc de Savoye, et en a donné telle alarme en Angleterre et à ceux des Estats, qu'ils tiennent de grandes forces en la mer pour y attendre les autres et les combattre, avant qu'elles puissent prendre terre. Le dict archiduc a envoyé icy son plus grand favori, pour se rejouir avec moy de mon mariage et de la paix; et le choix qui a esté faict de sa personne faict presumer qu'il ayt à traicter avec cela de quelque autre chose. De moy, l'alarme du dessein du duc de Savoye ne me prive pas d'aller à la chasse et de faire la guerre aux loups; mais je seray bien tost remis à la luy faire à bon escient s'il y faut retourner, pourvoyant cependant aux moyens : qui est tousjours la provision la plus necessaire et la plus malaisée. Sur ce, je prie Dieu, mon Cousin, vous conserver en sa saincte garde. Escript à Paris, ce xxiije febvrier 1601.

HENRY.

- FORGET.

[1601.] — 25 FÉVRIER.

Orig. autographe. — Biblioth. Mazarine, Ms. 1549, p. 1. Communication de M. de la Villegille.

A MONS{r} DE COURSON [1].

Monsr de Courson, Envoyant le sr de Juvigny en Normandie, pour

---

[1] M. de Courson était conseiller au grand conseil. Sur l'affaire dont M. de Juvigny avait à l'entretenir, voyez ci-après, page 415, la lettre au duc de Montpensier.

affaires qui y importent à mon service; et saichant qu'il a cognoissance de tout plein d'abus qui se commettent au faict de mon domaine, je luy ay donné charge de vous voir et d'en conferer avec vous, comme aussy je vous prie vous employer diligemment en ce qu'il vous fera entendre, affin qu'il me puisse donner advis du soing qu'il aura eu de satisfaire à mon commandement, suivant lequel je m'asseure que vous et luy continuerés à me tesmoigner l'affection que je vous ay tousjours recogneu avoir à mon service. Sur ce, Dieu vous ayt, Monsr de Courson, en sa garde. Ce xxve fevrier, à Monceaux.

HENRY.

1601. — 26 FÉVRIER.

Orig. — B. N. Fonds Béthune, Ms. 9079, fol. 103.
Cop. — Suppl. fr. Ms. 1009-2.

[AU CONNÉTABLE.]

Mon Cousin, J'eus hyer à mon lever, par le courrier que je vous avois envoyé, vostre depesche du xxiie, où estoit la coppie des lettres que vous escrit le duc de Savoye, et suis bien de vostre advis, que la premiere n'a esté qu'artifice, ou pour prevenir la necessité de vivres qui est en la citadelle de Bourg, avant qu'il se soit peu resouldre sur la ratification qu'il doit envoyer; ou si ce n'est cela, et qu'il saiche bien qu'il y est entré des vivres et qu'il y en ayt suffisamment, ç'a esté pour nous amuser soubs pretexte de ce contre-seing, qui est avec tant de conditions qu'il seroit du tout inutile, et par ce moyen couvrir un peu sa mauvaise intention ou pour le moins son irresolution. Mais vous y avés prudemment pourveu par la deputation que vous avés faicte du s^r Jannin et la charge que vous luy avés donnée, laquelle je suis asseuré qu'il sçaura bien executer.

J'ay veu aussy les advis qui vous sont donnez des levées qui se font en Lombardie et à Naples, ce qui peut bien estre; et quand il ne seroit, la longueur et incertitude en laquelle le duc de Savoye a tenu ceste affaire fournit assez de subject en Italie, où ils se plaisent volontiers à discourir des affaires d'autruy, de dire qu'il se faict de grands preparatifs de guerre; car ils presentent tousjours pour faict ce qu'ils pensent que se doibt faire; mais ceux qui se cognoissent mieux qu'eux en faict de levées de gens de guerre et sçavent la despense qu'il faut faire et l'estat de ces provinces, jugent bien que les dictes levées ne s'y peuvent faire ny si grandes ny si souvent comme ils pensent; et vois aussy par lettres que j'ay d'Espagne, qu'ils y crient desjà à l'argent, et que le comte de Fuentés demande provision de six millions d'or pour l'entretenement des forces qu'il a levées. A quoy il semble qu'ils soyent mal preparez, n'ayans mesme rien pris ny retenu de ce qui appartenoit aux marchands, en la derniere flotte qui leur est arrivée des Indes, qui est une forte conjecture qu'ils ne s'attendent pas d'avoir grandes affaires ceste année. Il vaut toutesfois mieux que nous nous y preparions à faulte, que de faillir à nous y preparer.

Je vous avois mandé par ma derniere depesche que je vous avois faicte depuis deux jours, que j'avois envoyé vers le regiment de mes gardes pour le faire rebrousser à Bourg. Mais le commissaire l'a retrouvé prés d'Estampes; de sorte que l'ayant si prés d'icy, je leur ay permis de s'y venir reposer pour quelques peu de jours, pour estre plus prés d'en repartir et s'acheminer diligemment, si vous me mandés qu'il en soit besoing; ayant esté bien aise de sçavoir que les troupes fussent de retour en Provence, et que mon nepveu les eust dejà logées où il a pensé qu'elles pourroient mieux servir. J'approuve bien aussy ce que vous luy avés mandé, de ne permettre aucune traicte de bled en la province, affin qu'elle n'en demeurast pas desgarnye. Je vous envoye la coppie de la lettre que j'eus hier de mon ambassadeur d'Angleterre, par laquelle vous verrés l'accident qui y est advenu, dont je suis marry pour le regard du comte d'Essex, que j'ay toujours aimé. Mais la cause en est si mauvaise qu'elle ne se peut excuser, comme je vois bien aussy qu'elle ne luy sera pas pardonnée. C'est ce que je vous puis dire pour ceste fois : priant Dieu, mon Cousin, vous conserver en sa saincte garde. Escript à Paris, ce xxvj° jour de febvrier 1601.

HENRY.

FORGET.

[1601.] — 27 FÉVRIER.

Orig. — Arch. du Mont-Cassin, Ms. contenant la correspondance du cardinal Pierre Aldobrandini, lettre n° 2. Copie transmise par M. Noel Desvergers.

[A MON COUSIN LE CARDINAL ALDOBRANDIN.]

Mon Cousin, Puisque ç'a esté par le moyen et pour la consideration de Nostre Sainct Pere que je me suis accordé avec le duc de Savoye, il est bien raisonnable que je m'en congratule avec vous, et vous tesmoigne en ceste occasion, comme j'ay faict en toutes aultres, combien je respecte Sa Saincteté et affectionne son contentement. De quoy je vous prie d'estre toujours ma caution en son endroict, et vous asseurer de la continuation de ma bonne volonté, ainsy que vous dira plus particulierement mon ambassadeur, lequel vous recommandera aussy de ma part le patriarche de Constantinople, qui a veritablement bien merité de la bonté de Sa Saincteté et du public, comme de ceulx qui ont interest au present traicté, tant il s'est vertueusement comporté à l'advancement d'iceluy. Je m'en remettray donc sur mon dict ambassadeur, pour prier Dieu, mon Cousin, vous avoir en sa garde. Ce xxvij° febvrier à Paris.

HENRY.

1601. — 3 MARS.

Orig. — B. N. Fonds Béthune, Ms. 9079, fol. 100.
Cop. — Suppl. fr. Ms. 1009-2.

[AU CONNÉTABLE.]

Mon Cousin, Je vous fis une depesche du xxvj° du passé; j'ay depuis deux jours receu la vostre de ce mesme jour, avec celle qui estoit venue de Rome, et les autres mesmement mentionnées en vostre dicte lettre. J'ay esté bien aise que vous ayés veu celle du cardinal d'Ossat, et les conjectures sur lesquelles est fondé le jugement qu'ils font par delà de la rupture de la paix; en quoy je ne recognois que des propositions bien incertaines, sur lesquelles ceux qui discourent des affaires d'autruy et en sont hors d'interest, mesme en ce pays-là où ils ont du loisir de reste, font ordinairement des predictions qui ne sont pas necessairement concluantes. Pour moy, je m'arreste tousjours que je ne vois point pour eux un advantage si certain de la dicte rupture pour en attirer sur eux un reproche universel, comme ils ne l'ont; pour le moins ils l'auront bien merité, et crois plustost qu'autrement ce grand bruit qu'ils en font faire à Rome est pour essayer d'intimider le Pape et le persuader de presenter un nouveau traité ou de changer quelque chose en celuy qui a esté faict. Ce que s'ils entreprennent, je suis bien resolu qu'ils cognoistront que je suis autant prince de parole, que le duc de Savoye ne l'est point du tout. En supputant le temps que le cardinal Aldobrandin s'est deu rendre prés de luy, je calcule que vous devés avoir aujourd'huy ou demain de ses nouvelles, par lesquelles vous serés resolu de ce qui se devra attendre de la negociation qu'il aura faicte. J'ay veu la response que vous avés faicte à mon cousin le duc de Biron, que je trouve fort bien considerée, pour n'estre point trompé de ceux de la citadelle de Bourg; et trouve fort bonne l'ouverture que vous avés faicte, de leur faire le prest de cinq ou six mil escuz, qui sera peut-estre le plus fort argument dont l'on se peut servir pour leur persuader de remettre la place[1].

Pour la Provence, puisque les principaux manquemens estoient de canons et munitions d'armes, maintenant qu'ils auront la provision que vous leur en aurés faicte, ils devront estre plus asseurez, mesmes les troupes y estant retournées en garnison, comme j'ay sceu par les lettres

---

[1] Cet argument n'eut pas plus de force sur M. de Bouvens, gouverneur de la citadelle de Bourg pour le duc de Savoie, que n'en avaient eu la lettre du Roi et le siége du maréchal de Biron. Voyez ci-dessus, page 351.

que j'ay receues de mon nepveu le duc de Guise, et du s^r du Vair, que vous m'avés envoyées. J'ay veu aussy, par le memoire du s^r des Diguieres[2], qu'il faict son devoir pour ce qui est de la Savoye, comme je m'asseure aussy qu'il n'oublie pas de penser au Dauphiné. Ainsy chacun estant en garde, ce sera bien par malheur s'il arrive quelque mauvais accident; et de venir en gros, il leur faudra du temps avant qu'ils nous puissent arriver. De mon costé, je travaille icy à ce qui est de plus necessaire, qui est la provision des moyens; ayant pour ce assemblé encore hier tout mon conseil en mon cabinet, où furent faictes de bonnes resolutions qui vaudront beaucoup à l'advancement et seureté de mes finances.

Je n'ay rien de nouveau d'Angleterre, depuis le premier avis que je vous ay envoyé, ny de nos autres voisins de deçà, sinon d'Allemagne, où il semble que les preparatifs de la guerre pour ceste année vont fort lentement, et que l'Empereur a souvent d'autres cogitations que celles de son Estat. J'ay donné hier audience à don Roderigo Lasso, qui est venu icy de la part des archiducs pour nous visiter. L'on pensoit qu'il eust quelque autre charge particuliere, mais il ne s'en est jusques icy point expliqué; de sorte que je crois qu'il n'aura que ce compliment à faire. J'acheveray icy ce caresme-prenant, et fais estat d'en partir mercredy ou jeudy pour aller à Saint-Germain, où je pourray passer la pluspart du caresme. J'eus hier nouvelles du mareschal d'Ornano, qui est en chemin et doit arriver demain ou mardy. Vous nous ferés bien faulte pour son affaire, mais j'espere que nous en sortirons. Sur ce, je prie Dieu, mon Cousin, vous conserver en sa saincte garde. Escript à Paris, ce iij^e mars 1601.

HENRY.

FORGET.

[2] Ce nom devrait être toujours ainsi écrit, bien qu'un usage différent ait prévalu.

[1601.] — 7 MARS. — Ire.

Orig. autographe. — Arch. de Belgique. Copie transmise par M. Gachard, archiviste général.

A MON FRERE L'ARCHIDUC D'AUSTRICHE.

Mon frere, Je vous suis fort obligé de ce que vous m'avés voulu faire visiter sur le retour de mon voyage, conjouir du bonheur que j'en ay remporté de mon mariage, et d'avoir ramené icy la Royne ma femme grosse, avec les bons propos qui m'ont esté tenus de vostre part par don Rodrigo Lasso, present porteur. Je ne repute pas ceste faveur pour un office d'honesteté et courtoisie seulement, mais un effect de la bonne et sincere affection que vous me portés, à laquelle vous trouverés tousjours toute bonne correspondance de la mienne, que je vous offre et confirme toute entiere, bien desireux qu'elle se puisse justifier par bons effects, comme elle fera en toutes les occasions qui s'en offriront; et de ce je vous prie d'en demeurer tres asseuré, comme je l'ay encore plus particulierement[1] au s^r Rodrigo Lasso, et prié de le vous certifier de ma part. De quoy m'asseurant qu'il s'acquittera bien volontiers, comme il a tres bien faict de la charge que vous luy avés commise, je ne vous feray sur ce subject aultre plus long discours, ny ceste-cy plus longue, que pour vous saluer de mes affectionnées recommandations, et prier Dieu, mon frere, vous avoir en sa saincte et digne garde. Ce vij^e mars, à Paris.

Vostre bon frere,
HENRY.

---

[1] Il faut sous-entendre ici le mot *assuré* pour avoir le sens de la phrase.

[1601.] — 7 mars. — IIme.

Orig. autographe. — Arch. de Belgique. Copie transmise par M. Gachard, archiviste général.

A MA SOEUR ET BONNE NIECE,
L'INFANTE D'ESPAGNE, ARCHIDUCHESSE.

Ma sœur et bonne niepce, C'est un effect de vostre bonté que la faveur que nous avés voulu faire de nous faire visiter par dom Rodrigo Lasso, present porteur, sur le retour de nostre voyage; et par luy nous conjouir du bonheur qui nous y a accompagnez : dont je vous rends graces bien affectionnées, recognoissant en cela une preuve bien particuliere de vostre bonne affection envers moy, de qui vous la pourrés attendre en toutes les occasions, toute telle que vous la pourriés desirer. Il vous dira l'estat auquel il nous laisse, qui est bon, Dieu mercy, mesmes pour la grossesse de la Royne ma femme, dont il y a tous les jours nouveaux indices de bien esperer. J'espere que bien tost nous aurons subject de nous rejouir de mesme adventure qui vous sera advenue; je le desire de tout mon cœur, comme je feray tousjours ce que je penseray estre de vostre contentement, ainsy que je m'y sens obligé, et par la proche alliance qui est entre nous, et par les bons tesmoignages qu'il vous plait me donner de vostre bonne volonté; dont je vous remercie, et vous prie croire que ce sera un bien agreable exercice de la mienne quand elle vous pourra servir et estre utile en quelque chose, comme j'ay prié le dict dom Rodrigo Lasso de vous dire plus particulierement de ma part : à qui me remettant, je finiray ceste-cy par vous baiser les mains et prier Dieu vous donner, ma sœur et bonne niepce, toute sorte de contentement. Ce vij^e mars, à Paris.

Vostre frere et bon oncle,

HENRY.

1601. — 10 MARS.

Orig. — Arch. du grand-duché de Hesse-Cassel.
Imprimé. — *Correspondance inédite de Henry IV avec Maurice le Savant, landgrave de Hesse*, publiée par M. de Rommel, Paris, 1840, in-8°, p. 52.

[AU LANDGRAVE DE HESSE.]

Mon Cousin, Le sʳ Maurice Taurer s'en retournant vers vous, je l'ay bien voulu accompagner de ce mot, qui est pour vous dire le contentement que j'ay des bons services qu'il m'a rendus, et vous tesmoigner aussy sa valeur et experience aux armes, où il s'est tousjours, depuis le temps que vous l'envoyastes par deçà, si bien employé, mesmement en la compagnie de chevaux legers de mon fils naturel le duc de Vendosme, qu'il n'y avoit une seule occasion et exploit de guerre où il ne se soit trouvé et faict paroistre pour bon cavallier. Or, vous puis asseurer qu'en ce que vous le voudriés employer, il est pour s'en bien acquitter, et vous servira tres bien, s'estant tellement façonné et exercé en mes armées, qu'il ne pouvoit choisir lieu où il peust mieux profiter pour s'acquerir de l'honneur et experience. Je ne le vous recommande point, car je sçay que vous l'aimés assez. C'est pourquoy je ne vous feray celle-cy plus longue, que pour prier Dieu, mon Cousin, vous conserver en sa saincte garde. Escript à Sᵗ-Germain en Laye, le xᵉ jour de mars 1601.

HENRY.

[1601.] — 13 MARS.

Orig. autographe. — Collection de M. F. Feuillet de Conches.

[A LA REINE.]

Vous aurés eu à vostre lever de mes nouvelles par mʳ de Monbason. Je me suis fort promené tout aujourd'huy; mon estomac est un peu remis; demain je cours un chevreuil, qui m'achevera de guerir. Vous avés oublié de m'escrire en italien et de m'appeler vostre cœur. Pour certain je seray dimanche à St-Germain; voilà la meilleure nouvelle que je vous puis mander, aprés celle que je vous aime plus que chose au monde. Bonsoir, mon cœur, je te baise cent mille fois. Ce xııj^e mars.

1601. — 17 MARS. — Ire.

Orig. — B. N. Fonds Béthune, Ms. 9070, fol. 7.
Cop. — Suppl. fr. Ms. 1009-2.

[AU CONNÉTABLE.]

Mon Cousin, Je n'ay point de vos lettres depuis celles du IIIe, par lesquelles vous me donnés advis de l'arrivée du comte Octavio Tassoni, avec la ratification du duc de Savoye. Je me promettois que vous procederiés si diligemment à l'execution, que j'en aurois plus promptement des nouvelles, mesmes de la reduction de Bourg, par où j'estime que cela aura esté commencé; mais je considere bien aussy qu'il aura fallu du temps pour aller et venir au dict Bourg, et que vous n'en aurés pas voulu escrire, que ce n'ayt esté pour mander que la dicte citadelle ayt esté reduicte. Je suis un peu plus en peine de ce que j'entends, que leurs forces sont encore toutes ensemble, et qu'elles ne se separent point. Si cela continuoit gueres, je crois qu'il en faudroit faire instance, car cela est des dependances du traicté, que les troupes levées pour la dicte guerre se separeront aprés les ratifications de la paix. J'en voy qui en ont bien plus d'alarme que moy, qui ay opinion que tout cela se resouldra au plaisir que le comte de Fuentés se sera voulu donner de mettre pour peu de temps toute l'Italie en alarme, aux despends de deux ou trois mil libvres de l'argent de son maistre; car je sçay que l'archiduc languit en Flandres aprés le secours qui luy doibt venir de delà, et qui luy fera doresnavant grand besoing, car les Estats se font bien forts. Toutesfois, encores que je ne pense que le dict comte de Fuentés attaque rien en Italie, je n'ay voulu laisser, en escrivant au Pape et au cardinal Aldobrandin, pour les remercier de tant de peines qu'ils ont prinses pour reduire cest affaire à sa conclusion, de leur faire instance et à l'un et à l'aultre de ce que les dictes forcés demeurent ensemble. J'en envoye la depesche ouverte au s^r de Villeroy, qui la vous fera voir. Vous jugerés bien que ce que j'en fais est plus pour contenter mes amys qui ont martel, que non pas moy qui de cela n'en ay pas beaucoup.

Vous n'aurés icy rien de nouveau d'ailleurs, sinon la fin du comte d'Essex, qui fut executé le vij^e au matin, et eut ceste grace qu'il n'eut que la teste tranchée, et au dedans de la prison seulement. Il n'y a encores que luy qui ayt esté executé; mais il y en a beaucoup de prisonniers et s'en faict tous les jours. L'ambassadeur mesme qui estoit renvoyé par deçà eut commandement, de Douvres, de s'en retourner, et depuis a esté faict prisonnier, parce que l'on luy impose qu'il sçavoit quelque chose du desseing du dict comte d'Essex, et ne l'avoit pas decelé, comme c'est la loy de toutes les conspirations contre les princes souverains et leurs Estats.

Je suis au reste venu loger icy le lendemain de caresme-prenant, et ay laissé mon conseil à Paris, et par ce moyen je suis icy, et eux là, en plus de liberté. Je n'ay rien à vous dire davantage pour ceste fois. Sur ce, je prie Dieu, mon Cousin, vous conserver en sa saincte garde. Escript à Sainct-Germain en Laye, ce xvij^e mars 1601.

HENRY.

FORGET.

[1601.] — 17 MARS. — IIme.
Impr. — *OEconomies royales*, édit. orig. t. II, chap. 8.

[A M. DE ROSNY.]

Mon amy, Ce pour quoy je vous envoyay chercher hier matin pour parler à vous, estoit pour avoir oublié de vous dire comment le chevalier Vinta m'avoit supplié de vous commander de vous assembler, vous, m^r le chevalier et le s^r de Maisse, ou aultre de mon conseil que vous adviserés, pour achever de traicter avec luy ce que l'on avoit commencé à Lyon; ce que je vous prie de faire incontinent;

aussy comme Antoine Perez m'estoit venu trouver et remercier des trois mil escuz que je luy donnay, et tesmoigner comme il en estoit tres content, et l'obligation qu'il m'en avoit; me suppliant que sur l'estat on le couchast pour quatre mille, affin que si d'adventure les Espagnols en avoient cognoissance, ils ne sceussent qu'il fust pirement traicté en ceste année qu'il l'avoit esté les precedentes. C'est pourquoy, pour contenter la vanité de cest homme, je vous prie de l'employer sur le dict estat pour la dicte somme de quatre mil escuz. A Dieu, mon amy. Ce xvij^e mars, au matin, à Sainct-Germain en Laye.

HENRY.

[1601.] — 20 MARS.

Imprimé. — *Œconomies royales*, édit. orig. t. II, chap. 6.

[A M. DE ROSNY.]

[1] Mon amy, J'ay veu vos lettres et celles qui vous ont esté escriptes par m^{rs} le Connestable, de Villeroy, de Sillery et de Gastine [2], sur lesquelles je vous diray que je trouve bon que l'on reduise les compagnies des regimens de Navarre, Piedmont et Champagne, qui estoient à Bourg, à raison de cinquante hommes pour enseigne, compris les chefs, comme je vous l'avois cy-devant dict, comme aussy que l'on licencie celle du s^r de St-Angel, et les compagnies du s^r du Lux, du Breuil, et la crue des carabins de m^r de Biron, aussi que l'on face le semblable du regiment du s^r de Crequy, à mesure que l'on le sortira des places que nous rendrons. Je trouve qu'il seroit encore fort à propos de laisser encore pour quelques jours en Provence les compagnies du regiment de mes gardes et celles des Corses, les redui-

---

[1] Cette lettre, ainsi que la précédente, était de la main du Roi.

[2] Probablement André de Froulay, seigneur de Gastines, etc., qui mourut en 1616. Il était le fils aîné de Louis de Froulay et de Louise de la Vayrie. Sa femme, Thomasse de la Ferrière, lui apporta la terre de Tessé, nom que prirent les aînés de leurs descendants. Le maréchal de Tessé était leur arrière-petit-fils.

sant au nombre que je vous ay ordonné, comme aussy que l'on licencie celles du s^r du Bourg et du chevalier de Montmorency, et que l'on face fournir le pain aux compagnies du regiment de mes gardes et de celuy des Corses; ce que vous ferés entendre à m^r le Connestable, affin qu'il le trouve bon. Toutesfois il me semble bon que s'ils font leurs monstres comme nous l'avons ordonné, qu'il ne leur faudroit fournir du pain, ou que l'on accommode m^r de Lesdiguieres avec les depputez de mons^r de Savoye, ce que je veux croire qui se pourra, si mes serviteurs s'y employent comme ils doibvent. Pour le voyage du sieur de Gastine en Suisse, puisque rien ne presse, je trouve bon de mettre la resolution de cest affaire-là jusques à l'arrivée du s^r de Villeroy, qui sera icy à la fin de ce mois. Pour ceulx de Geneve, ils m'ont escript cela mesme que m^r de Sillery escrit qu'ils ont faict à m^r le Connestable, par leur depputé, qui est icy, lequel je vous renverray, affin que vous leur faciés entendre ce qui a esté traicté avec mons^r de Savoye, et qu'ils se resolvent à faire ce qu'ils doivent, affin que vous puissiés mettre l'ordre qui est necessaire pour le bien de mon service en ce pays-là. Quant à Bourg, voyés sur l'estat des fortifications que je vous ay renvoyé, où l'on peut prendre encore deux mil escuz pour travailler aux fortifications du dict lieu, car je ne suis pas d'advis que l'on touche à ce que j'ay ordonné pour Barrault ny pour Exiles. Pour les munitions qui y sont necessaires, je m'en repose sur vous pour y pourveoir comme vous verrés à propos pour mon service. M^r le mareschal de Biron ne m'a rien mandé que les chefs qui sont sortis de Bourg se soyent efforcez d'accroistre leurs troupes et lever de nouveaux soldats pour mener en Italie, ce que je ne veux que l'on souffre. Mon advis n'est point de mettre la Bresse en la generalité de Lyon, ains la laisser en celle de Bourgogne, mais bien qu'elle ressortisse en la court des Aides à Paris, comme nous l'avions resolu ensemble. Je suis bien aise que vous ayés pris reglement avec ceulx de mes comptes, comme aussy que vous vous assembliés aujourd'huy avec le cavalier Vinta, et que demain vous faciés de mesme avec ceux de mes Aides. Je me trouve tout desbauché d'un flux de ventre, et mé meine un peu viste et me rend foible. C'est ce que j'ay à vous dire pour ceste heure. A Dieu, mon amy. Ce xxe mars à midy, à St-Germain en Laye.

HENRY.

1601. — 26 MARS.
Cop. — B. N. Fonds Béthune, Ms. 8957, fol. 15 recto.

[AU PAPE.]

Tres Sainct Pere, Ayant pour but principal en ce monde, aprés la gloire de Dieu, de rendre à Vostre Saincteté toutes nos actions agreables, nous ne luy sçaurions assez exprimer par ceste lettre combien nous a consolé le contentement que par son bref apostolique du IIIe de ce mois Vostre dicte Saincteté nous a tesmoigné avoir receu du bannissement que nous avons ordonné de l'exercice de l'heresie à Chasteaudauphin[1]; à quoy nous n'avons moins esté porté de nostre propre inclination à l'accroissement de nostre saincte foy, que du desir que nous avons eu de complaire à Vostre dicte Saincteté, laquelle nous supplions de croire que nous ne serons jamais plus contens que quand il se presentera occasion de tesmoigner à Votre Saincteté les effects de nostre singuliere observance à l'endroit d'icelle et du Sainct Siege Apostolique, ainsy que le sr de Bethune, nostre ambassadeur prés Vostre dicte Saincteté, luy fera plus amplement entendre : priant Dieu, Tres Sainct Pere, qu'icelle Vostre Saincteté il veuille maintenir, garder et preserver longuement et heureusement au bon regime et administration de nostre mere saincte Eglise. Escript à Paris, le xxvje jour de mars 1601.

Vostre dévot fils,
HENRY.

[1] Il est dit, dans l'article 5 du traité de Lyon : « Aussi est convenu que le dict sieur Duc rendra et restituera effectuellement et de bonne foy, au dict sieur Roy..... le lieu, ville et chastellenie de Chasteau- Dauphin. » Cette place ne retourna à la Savoie que plus d'un siècle après, par le traité d'Utrecht. Elle redevint encore française de 1792 à 1814.

[1601.] — 9 AVRIL.

Orig. autographe. — B. N. Fonds Béthune, Ms. 9079, fol. 14.
Cop. — Suppl. fr. Ms. 1009-2.

[AU CONNÉTABLE.]

Mon compere, J'ay entendu fort amplement par le s^r de Sillery, et depuis par ce que Villeroy m'a rapporté, comme vous vous estes dignement acquitté et à mon contentement, de ce que je vous avois commis au partement de Lyon pour mon service, et comme par vostre prudence les choses ont succedé comme je desirois; de quoy je vous ay bien voulu remercier par ce mot de ma main, et vous tesmoigner le gré que je vous en ay : ce que je feray moy-mesmes de bouche lorsque vous serés icy, qui ne sera jamais aussy tost que je le desire. C'est pourquoy je vous prie, mon compere, d'advancer vostre santé autant que vous pourrés, et vostre retour prés de moy, où vous serés tousjours le bien venu et veu de moy, qui vous aime comme vous le sçauriés souhaiter. Je remets le reste des affaires à celle que j'ay commandé à Villeroy de vous faire, et laquelle vous recevrés avec cestecy. A Dieu, mon compere. Ce ixe avril, à Paris.

HENRY.

[1601.] — 10 AVRIL. — Ire.

Imprimé. — *Mémoires historiques de la noblesse*, par M. A. J. DUVERGIER, Paris, 1839, in-8°, p. 96.
— Et *Journal de l'Ain* du 2 décembre 1842.

[AU BARON DES ALYMES.]

Mon Cousin, Vous avés esprouvé desjà que je risquerois plus tost ma vie que de faillir à l'observation de ma parole au regard de mon frere le duc de Savoie. Vous sçavés que j'ay fort et ferme embrassé son amitié, si tost que j'ay cogneu qu'il avoit desiré la mienne; mais vous sentés qu'il en doibt estre usé justement et pareillement avec moy. Aprés avoir accordé chacun des articles qui furent traictez à Bourgoing entre les gens de vostre costé de Savoye et le s^r de Sillery, on me vient remonstrer aujourd'huy des observations sur Roque-Parvyere et des difficultez sur le Cental et Barcelonnette[1] et sur Beche-Dauphin[2], dont il ne fut alors nulle question. Vous sentés aussy que par deçà[3] je ne sçaurois accomplir ce que j'ay promis, s'il ne doibt estre satisfaict aux promesses[4] que j'ay receues et reçois[5]. Je n'en diray davantage à present, voulant m'en rapporter à vous, affin qu'au plus tost faciés cognoistre à mon dict frere de Savoye combien il me plairoit vivre en paix et bonne intelligence avec luy, vous demandant luy vouloir escrire à ce propos d'icelles difficultez, en brief delay : et priant Dieu, mon Cousin, qu'il vous ayt en sa saincte garde. Au Louvre, le xe d'avril.

HENRY.

[1] Par l'article 7 du traité, le Roi rendait ces places au duc de Savoie.

[2] On lit dans l'article 6 : « Le dict sieur Duc fera abattre et demolir entierement le fort de Besche-Dauphin, qui a esté construit durant les guerres. »

[3] Le texte imprimé porte ici *par Dieu*, ce que je crois avoir corrigé en toute vraisemblance, en y substituant *par deçà*, qu'indiquent le sens et les habitudes de ce style.

[4] Dans l'article 10 : « Aussy tost que les ratifications du present traicté auront esté fournies, le dict sieur Duc fera remettre en la puissance du dict sieur Roy..... la citadelle de Bourg, avec l'artillerie, poudres... Et la dicte restitution faicte, le dict sieur Roy fera aussy restituer les villes et chasteaux de Chambery et Montmelian au dict sieur Duc. Lequel incontinent aprés fera rendre le Chasteau-Dauphin. Lesquelles choses estant effectuellement accomplies par le dict sieur Duc, la vallée et vicariat de Barcelonnette et toutes les autres places luy seront entierement rendues dans un mois aprés. »

[5] Ici, au lieu de *et reçois*, le texte imprimé donne *ainçois*, ce qui nous paraît également une fausse lecture.

1601. — 10 AVRIL. — IIme.

Orig. — Collection de M. F. Feuillet de Conches.

A MONS^a DE LA ROCHEPOT,

CHEVALIER DE MES ORDRES, CONSEILLER EN MON CONSEIL D'ESTAT, CAPPITAINE DE CENT HOMMES DE MES ORDONNANCES, GOUVERNEUR ET MON LIEUCTENANT GENERAL EN ANJOU ET NOSTRE AMBASSADEUR EN ESPAGNE.

Monsr de la Rochepot, Vous verrés par les lettres que j'escris au roy d'Espagne, dont je vous envoye la copie, l'instance que je luy fais de nouveau pour la restitution des navires et marchandises appartenans aux marchands de mon pays et duché de Bretagne, detenus et arrestez en Espagne avec leurs mariniers et facteurs par les officiers et ministres du dict roy; les longueurs et connivences desquels je ne puis que je ne blasme grandement. Par tant vous reitererés la poursuicte que vous en avés ci-devant faicte, et ferés sentir doucement au dict roy le juste mescontentement qui me demeure du mauvais procedé de ses dicts officiers, s'il n'estoit reparé par la justice que j'en attends à cest endroit; et me remettant sur vous de negotier dextrement le contenu en la dicte lettre que j'escris au dict roy d'Espagne, je ne vous en diray davantage, si non que ces pauvres gens me font tant de pitié de les voir travailler si long temps et avec tant d'injustice, que je tiendray à service tres agreable celuy que vous me ferés de les tirer de ceste misere : et sur ce je prie Dieu, Monsr de la Rochepot, qu'il vous ayt en sa saincte garde. Escript à Paris, le xe jour d'avril 1601.

HENRY.

DE NEUFVILLE.

[1601.] — 14 AVRIL. — Ire.

Imprimé. — *Œconomies royales,* édit. orig. t. II, chap. 8.

[A M. DE ROSNY.]

[1] Mon amy, Le s^r de Gondy s'en va par delà, pour achever de faire ce qui reste des affaires que j'ay avec mon oncle le grand duc de Toscane qui me concernent, passer les quittances et arrester les comptes, et par mesme moyen il demande d'arrester les siens propres, et separer ce qui luy est deu des sommes deues à mon dict oncle[2]. C'est pourquoy je vous prie voir le tout et le traicter favorablement en ce qui touche son particulier, me faisant entendre ce qui en est, pour le depescher comme j'adviseray et sera raisonnable. Ceste-cy n'estant à autre fin, je prieray Dieu qu'il vous ayt, mon amy, en sa saincte garde. Ce xiiij^e avril, à Fontainebleau.

HENRY.

[1601.] — 14 AVRIL. — IIme.

Imprimé. — *Œconomies royales,* édit. orig. t. II, chap. 6.

[A M. DE ROSNY.]

Mon amy, Il y a quelque temps que je commanday à m^r le Grand de me faire amener à Paris, en ma grande escurie, des poulins de mon haras de Meun; et pour ce que pour les amener et nourrir par les chemins et ceulx qui les ont amenez, il y a faict faire quelques frais, je vous prie, incontinent, de faire pourvoir au payement et remboursement d'iceulx, comme chose que je veulx et qui a esté faicte par mon commandement. Au demeurant, je vous ay ce matin escript par Gondy et en sa faveur; souvenés-vous que ce sont lettres que je ne luy ay peu refuser, mais de n'y rien faire au prejudice de mon

---

[1] Cette lettre, ainsi que les suivantes, était de la main du Roi.

[2] Jérôme de Gondi, sous le nom duquel le grand-duc de Toscane prêtait de l'argent à Henri IV, faisait aussi des affaires avec le Roi pour son propre compte.

service, que je vous recommande sur tout. J'escris le mesme à m^r de Sillery, auquel aussy j'avois escript en sa faveur. A Dieu, mon amy. Ce samedy, à deux heures après midy, xiiij^e avril, à Fontainebleau.

HENRY.

[1601.] — 16 AVRIL.

Imprimé. — *OEconomies royales*, édit. orig. t. II, chap. 8.

[A M. DE ROSNY.]

Mon amy, Quelque temps avant mon partement de Paris pour aller à Lyon, le s^r de Sancy me proposa un advis duquel il me dict que je pourrois tirer une notable somme de deniers; et parce que si cest advis se trouvoit bon, je serois aise d'en prendre quelque chose pour employer à mes bastimens, d'autant que le fonds que nous y avons destiné pour ceste année n'est suffisant, j'ay commandé au dict s^r de Sancy, par les mains duquel vous recevrés ceste-cy, de conferer avec vous du dict advis, lequel il trouve si certain qu'il m'offre à me vendre son grand diamant[1], à prendre son assignation sur ceste nature de deniers. Mandés-moy donc vostre advis sur iceluy, car il est tel que l'on m'asseure que je seray tres aise, en retenant la meilleure partie pour moy, d'assigner le dict s^r de Sancy de quelque chose sur ce qui luy est deu, et si d'adventure l'on vous en parloit, vous dirés comme je l'ay, il y a long-temps, retenu pour moy; mais je vous prie m'en escrire vostre advis. Au demeurant, j'ay commandé à Zamet de vous parler d'un leopardier qui est venu, avec ma femme, de Florence, et qui s'en retourne. Je vous prie luy faire donner de l'argent pour s'y en retourner, comme j'ay commandé au dict Zamet de vous dire de ma part. Sur ce, Dieu vous ayt, mon amy, en sa saincte garde. Ce xvj^e avril, à Fontainebleau.

HENRY.

[1] C'est le diamant encore appelé aujourd'hui *le Sancy*. Il ne fut vendu à la Couronne que plus tard, après la mort de M. de Sancy, par Mme de Monglat, sa belle-sœur. Il a la forme d'une poire, et pèse 55 carats.

1601. — 30 AVRIL.

Orig. — B. N. Fonds Béthune, Ms. 9078, fol. 16.

[AU CONNÉTABLE.]

Mon Cousin, S'en retournant le sʳ Boucaud, mon advocat en la chambre de Castres, je vous ay bien voulu escrire ce mot par luy, pour vous dire que j'ay receu beaucoup de contentement du voyage qu'il a faict par deçà, et de l'information qu'il m'a donné de ce qui s'est passé en l'establissement et installation du sʳ de Pujols au gouvernement de ma ville de Montpellier, et aultres occurrences de la province; et d'autant que je recognois le dict Boucaud personne capable et fort affectionnée à mon service, je seray bien aise que vous l'employés quelquefois et vous serviés de luy lorsque l'occasion s'en offrira, m'asseurant qu'il se sçaura tousjours dignement et fidellement acquicter de ce qui luy sera commis en charge : et n'estant la presente à aultre effect, je prie Dieu, mon Cousin, vous avoir en sa saincte garde. Escript à Paris, le dernier jour d'avril 1601.

HENRY.

FORGET.

1601. — 1ᵉʳ MAI.

Imprimé. — *Œconomies royales*, édit. orig. t. II, chap. 8.

[A M. DE ROSNY.]

Mon Cousin, Vous sçaurés par la lettre que j'escris à ceux de mon conseil la resolution que j'ay prise sur les trois poincts desquels vous avés donné charge au sʳ de Villeroy de me faire rapport; par tant je ne vous en feray redicte par la presente, seulement je vous prieray donner ordre que les choses passent comme je l'ay ordonné. Pourvoyés pareillement au voyage de Venise, et de l'ameublement du sʳ de Fresnes-Canaye[1], ainsy que nous l'arrestasmes dernierement ensemble,

[1] Philippe Canaye, seigneur de Fresnes, conseiller d'état, fils de Jacques Canaye, célèbre avocat au parlement de Paris, était né en 1551, dans cette ville, où il se dis-

affin qu'il s'y puisse acheminer au plus tost, et vous souvenés de la provision qu'il faut envoyer en Hollande, en m'advertissant du temps que la premiere voiture sera preste à partir. Preparés aussy le present que j'ay deliberé d'envoyer au roy d'Escosse, avec l'argent necessaire pour celuy par lequel je le veux envoyer : que j'entends faire resider quelque temps auprés du dict roy, suivant ce que je vous dis dernierement; car j'ay choisy un homme que j'estime, qui sera propre pour me servir en ceste occasion. Je prie Dieu, mon Cousin, qu'il vous ayt en sa saincte et digne garde. Escript à Fontainebleau, le premier de may 1601.

HENRY.

DE NEUFVILLE.

1601. — 8 MAI.

Orig. — Arch. de M. de Bourdeille.

A MONS^r DE BOURDEILLES,

CAPPITAINE DE CINQUANTE HOMMES D'ARMES DE MES ORDONNANCES, SENESCHAL ET GOUVERNEUR DE MON PAYS DE PERIGORD.

Monsr de Bourdeille, Ayant esté adverty des poursuictes qui se font par delà, au nom de l'evesque de Perigueux, contre les heritiers du feu s^r de Longua, à cause de l'enterrement d'icelluy s^r de Lon-

tingua de bonne heure au barreau, à la suite d'une education très-soignée, complétée par un tour d'Europe. Il avait embrassé le calvinisme dès sa première jeunesse. Henri IV le nomma, en 1594, président de la chambre mi-partie de Castres. Sa réputation de science et d'équité le fit choisir pour l'un des juges de la fameuse conference entre du Plessis-Mornay et du Perron. Frappé de la supériorité des raisons alléguées par le second, il abjura le protestantisme, à la suite de cette conférence. L'abjuration d'un personnage aussi éclairé eut beaucoup d'éclat, et Clément VIII lui adressa un bref pour le féliciter. A la date de cette lettre, M. de Fresnes-Canaye, qui avait déjà rempli d'autres missions, venait d'être nommé ambassadeur à Venise, charge qu'il remplit de la manière la plus distinguée. Il mourut à Paris, le 27 février 1610. Des nombreux et savants ouvrages qu'il avait composés, on n'a d'imprimé que son Voyage à Constantinople, sous le titre d'*Éphémérides*, et trois volumes de ses Ambassades.

gua et de deux de ses enfans en l'eglise parochiale de S*t*-Georges de Mussidan, et craignant, si les dictes poursuites sont continuées, qu'il n'en naisse du mecontentement et peut-estre de la division et du trouble entre mes subjects de Perigord, j'ay advisé, pour y remedier, de vous escrire la presente, en vous ordonnant de tenir la main que les dictes poursuictes soyent sursises pour le temps de deux mois, pendant lesquels j'adviseray à terminer ce differend, duquel je veux cognoistre moy-mesme : ce que j'escris aussy au dict evesque, affin qu'estant informé de ce qui est de ma volonté en cest endroit, il se garde d'y contrevenir. Neantmoins, j'auray bien agreable que vous le luy faciés d'abondant entendre de ma part. Sur ce, je prie Dieu qu'il vous ayt, Mons*r* de Bourdeille, en sa saincte garde. Escript à Paris, le viij*e* jour de may 1601.

HENRY.

POTIER.

[1601.] — 9 MAI.

Orig. autographe. — Musée Britann. Mss. Egerton, vol. 5, fol. 72. Transcription de M. Delpit.
Cop. — B. N. Fonds Leydet, liasse 2. — Et Arch. de M. de la Force.
Imprimé. — *Mémoires de la Force*, publiés par M. le marquis de LA GRANGE, t. I, p. 322.

[A M. DE LA FORCE.]

Mons*r* de la Force, J'ay esté bien aise d'apprendre par la vostre du xxviij*e* d'avril, que j'ay receue hier, comme ma volonté a esté suivye touchant le conseiller du Pont; et eusse bien desiré que l'envoy des s*rs* de S*te*-Colombe, d'Arros[1] et de Salles[2], depputez de mon pays de Bearn pour venir recognoistre la Royne ma femme, eust esté plus tost. Mais puisqu'il n'a peu, je trouve bon le temps auquel vous me mandés

[1] Pierre de Gontaut, baron d'Arros, seigneur de Rebenac et de Levescat, était le troisième fils d'Armand de Gontaut, seigneur de Brussac, et de Jeanne de Salagnac. Sa baronnie d'Arros lui venait de sa femme, qui était fille de Bernard, baron d'Arros, lieutenant-général de Jeanne d'Albret en Navarre, et gouverneur de Béarn. Pierre de Gontaut avait été page de Henri IV, puis commandant d'une compagnie de gendarmes.

[2] Bertrand de Salles était gouverneur de la forteresse de Navarreins.

qu'ils se rendront prés d'elle, qui sera vers le xve de septembre; car en ce temps elle pourra accoucher. Je vous envoye la lettre que vous desirés pour faire assembler ceux des Estats. Oultre que j'affectionne qu'ils luy facent quelque honneste present, il y va du vostre d'y tenir la main, comme je vous en prie de les y exhorter et exciter, ayant cela fort à cœur. Mandés-moy des nouvelles que vous apprendrés de la frontiere et de celles de mes jardins, et s'ils sont beaux et bien entretenus. Les meilleures que vous aurés de moy sont que je me porte bien, vous aimant comme vostre affection à mon service m'y convie, comme je fais aussy vos enfans, qui se rendent fort soigneux auprés de moy. A Dieu, Monsr de la Force, lequel je prie vous avoir en sa saincte garde. Ce ixe may, à Fontainebleau.

HENRY.

1601. — 10 MAI.

Orig. — B. N. Fonds Béthune, Ms. 9070, fol. 21.
Cop. — Suppl. fr. Ms. 1009-2.

[AU CONNÉTABLE.]

Mon Cousin, Matelet, en me rendant vos lettres du dernier jour du passé, m'a faict entendre l'estat auquel estoient les affaires de mon pays de Languedoc lorsqu'il en est party; de quoy je vous ay bien voulu dire que j'ay receu contentement, et auray à plaisir de voir bien tost par deçà mon cousin le duc de Ventadour, et apprendre encore de luy les aultres particularitez dont le dict Matelet n'avoit point cognoissance. Il y a desjà quelques jours que mon nepveu le duc de Guise m'a fait sçavoir la prinse et execution à mort du capitaine Maurice de Lisle, qui conduisoit sur ma ville de Marseille l'entreprinse dont vous avez ouï parler; mais parce qu'il a esté verifié qu'elle n'avoit point de suicte ny de liaison dedans la dicte ville, je tiens ce mouvement pour estre tout esteinct, et fais compte que vous aurés maintenant veu mes villes de Narbonne et Leucate, et vous serés, par mesme moyen, informé de l'estat de ma frontiere. Desjà le sr de Villeroy m'avoit faict entendre l'advis que vous luy avés donné de la fortification que les Espagnols avoient commencé à y faire. A quoy, encores qu'il m'ayt asseuré vous avoir faict response, j'adjousteray toutesfois que par les traictez d'entre les deux royaumes, il n'est point deffendu de se fortifier de part et d'aultre; et neantmoins si les Espagnols s'y portoient de telle sorte que j'eusse occasion de prendre ombrage et jalousie de leurs fortifications, je desire que vous me le faciés incontinent sçavoir, mais plus encore, que vous vous hastiés de me revenir trouver; car je m'ennuye de ne vous voir point, et mes affaires ont besoin de vostre presence. Quant à la depputation que les habitans de ma ville de Toulouse ont faicte devers vous, pour vous persuader de les aller voir, je le trouve bon, pourveu que vous puissiés faire ce voyage sans qu'il retarde vostre retour prés de moy. Au demeurant, encore que je me trouve en tres bonne santé, Dieu mercy, je me suis toutesfois resolu de donner dix ou douze jours à la sollicitation de mes medecins, pour faire une petite diette, que je commenceray demain en ce lieu, où j'ay faict venir la Royne ma femme, qui continue de se porter bien de sa grossesse; et aprés que j'auray achevé la dicte diette, je fais compte de m'en aller faire un tour en mes pays de Picardie et Normandie, pour visiter mes villes de frontiere, et possible donneray-je jusqu'en Champaigne, pour pourveoir à une esmotion qui est nagueres arrivée en la ville de Metz[1], dont je ne doubte poinct que le bruict n'ayt esté jusques à vous : et sur ce, je prie Dieu, mon Cousin, qu'il vous ayt en sa saincte garde. Escript à Fontainebleau, le x° jour de may 1601.

HENRY.

DE NEUFVILLE.

[1] Par suite d'avis donnés à M. de Sobole, gouverneur de Metz, d'une entreprise contre cette ville, qu'aurait préparée le comte de Mansfeld, le gouverneur avait fait arrêter deux personnes signalées comme les complices du comte, et les avait fait mettre à la question. Se fiant aux déclarations que leur arracha la torture, il fit emprisonner plusieurs notables de la ville, ce qui y causa beaucoup d'effervescence et entraîna de longs embarras, comme on le verra dans la suite de cette correspondance.

[1601.] — 14 MAI. — Ire.

Imprimé. — *OEconomies royales,* édit. orig. t. II, chap. 8.

[A M. DE ROSNY.]

[1] Mon amy, Je vous envoye un placet que m'a presenté mon nepveu le prince de Joinville, affin que sur iceluy vous me mandiés vostre advis; car je seray tres aise, l'aimant comme je fais, de le pouvoir gratifier de cela, si c'est chose qui ne porte pas grand prejudice à mes affaires et à mon service. Ceste-cy n'estant à aultre fin, Dieu vous ayt, mon amy, en sa saincte garde. Ce xiiij^e may, à Fontainebleau.

HENRY.

[1601.] — 14 MAI. — IIme.

Imprimé. — *OEconomies royales,* édit. orig. t. II, chap. 8.

[A M. DE ROSNY.]

Mon amy, Estant resolu, durant que je feray ma diette, de prendre plaisir à quelque chose et passer mon temps, ma femme a faict le mariage de Magdelaine[1], sa more, avec un des siens; et moy, en faveur d'iceluy, je luy ay promis la somme de six cens escuz, luy en ayant, à ceste fin, faict expedier un acquit patent; et pour ce qu'elle ne veut espouser qu'elle n'ayt la dicte somme, je vous fais ce mot pour vous dire que vous commandiés que la dicte somme de six cens escuz luy soit promptement payée, affin que la consommation du dict mariage ne soit reculée; auquel ma femme est resolue de faire quelque festin digne d'une si belle beauté. A Dieu, mon amy. Ce xiiij^e may, à Fontainebleau.

HENRY.

[1] Cette lettre et la suivante étaient de la main du Roi.

---

[1] Cette jeune Mauresque, amenée d'Italie par Marie de Médicis, paraît être la même que la petite *Lavau,* mêlée plus tard aux intrigues de la cour, dont le car-

1601. — 16 MAI.

Orig. — B. N. Fonds Béthune, Ms. 9170, fol. 3o.
Cop. — Suppl. franç. Ms. 1009-2.

A MON COUSIN LE DUC DE MONTMORENCY,
PAIR ET CONNESTABLE DE FRANCE, GOUVERNEUR ET MON LIEUCTENANT GENERAL
EN LANGUEDOC.

Mon Cousin, Je vous ay mandé par ma derniere depesche, que je vous envoyerois incontinent les requestes qui nous ont esté presentées par aulcuns de nos subjects catholiques et aultres de la religion pretendue reformée de mon pays de Languedoc, et vous ferois sçavoir ce qui auroit esté ordonné en mon dict conseil sur icelle. Vous les recevrés avec la presente, et tiendrés la main à ce que mon intention, apostillée en marge des articles des dictes requestes, soit exactement suivye et observée; ne voulant rien resouldre et ordonner es affaires de mon dict pays de Languedoc sans que vous en ayés cognoissance : et n'estant la presente pour aultre effect, je prie Dieu, mon Cousin, qu'il vous ayt en sa saincte garde. Escript à Fontainebleau, le xvje jour de may 1601.

HENRY.

DE NEUFVILLE.

[1601.] — 18 MAI.

Imprimé. — Œconomies royales, édit. orig. t. II, chap. 8.

[A M. DE ROSNY.]

[1] Mon amy, Depuis vous avoir faict entendre ma volonté touchant le droict de patente de Languedoc, on m'a representé, de la part du dinal de Richelieu parle deux fois dans son journal, au chapitre intitulé : Mescontentement de la Royne regnante contre monsieur le Cardinal (pages 67 et 69).

---

[1] Cette lettre était de la main du Roi.

pays, que ce n'est pas une ferme, mais bien un octroy non subject aux encheres, fondé sur le debvoir auquel le dict pays s'est mis de m'assister, oultre mes deniers ordinaires, dont il a esté desjà fourny en mon espargne cinquante mil escuz, aprés qu'il a esté trouvé necessaire, pour le bien de mon service, de gratifier en cela le pays, par l'intercession de l'evesque de Lodesve, qui se doibt rendre auprés de moy dans peu de jours. C'est pourquoy, ne voulant donner occasion à mes subjects du dict pays de se plaindre, je vous prie d'adviser sur ce faict-là avec ceulx de mon conseil, pour en ordonner ce que vous jugerés estre à propos pour le bien de mon service; remettant cest affaire-là à vous. Sur ce, Dieu vous ayt, mon amy, en sa saincte garde. Ce xviij^e may, à Fontainebleau.

HENRY.

1601. — 22 MAI.

Orig. — B. N. Fonds Béthune, Ms. 9070, fol. 32.
Cop. — Suppl. franç. Ms. 1009-2.

[AU CONNÉTABLE.]

Mon Cousin, Affin que vous saichiés comment les choses se passent au faict de la gendarmerie, je vous envoye l'estat du taillon, que j'ay faict dresser pour ceste premiere demie année. Vous verrés par iceluy comme j'ay en partie suivy ce que le s^r de Villeroy m'a dict estre de vostre advis, auquel je veulx toujours deferer, pour vostre experience et la bonne volonté que je vous porte. J'espere que vous serés bien tost par deçà, où je remettray à conferer davantage avec vous de ce qui touchera le dict taillon. Ce pendant, je prie Dieu, mon Cousin, qu'il vous ayt en sa tres saincte et digne garde. Escript à Fontainebleau, le xxij^e jour de may 1601.

HENRY.
DE NEUFVILLE.

1601. — 24 MAI.

Imprimé. — *Œconomies royales,* édit. orig. t. I, chap. 77.

[A M. DE ROSNY.]

Mon Cousin, Vous sçaurés combien il importe à mon service que la fortification de ma ville d'Antibes soit achevée, estant en tel estat maintenant, qu'il est tres facile non seulement de la forcer, mais aussy de la surprendre, comme m'a remonstré ce porteur, que les habitans ont envoyé vers moy. Les deux mil escuz faisant portion des cinq mille que ceulx de Provence avoient levez sur eux, pour payer les cinq cens hommes qu'ils m'avoient offert d'entretenir auprés de moy durant la guerre de Savoye (lesquels nous avons depuis affectez aux fortifications de la dicte ville et de Sainct-Tropés) n'ont esté payez, ayant esté divertys à aultres effects, contre ma volonté, tellement que l'on ne travaille point à la dicte ville ny à l'aultre ; de quoy j'ay escript mon advis à mon nepveu le duc de Guise et à ceulx du dict pays. Mais je pense qu'il sera difficile de retirer d'eux les dicts deniers, encore que je leur aye recommandé expressement de les remplacer, et que je soye bien resolu de ne les leur quitter. C'est pourquoy je vous prie d'ouïr les ouvertures que vous fera ce dict porteur au nom des dicts habitans, offrant de faire un bastion à leurs despens, et de s'evertuer pour achever la dicte fortification, si je les y veux assister, chose que je desire grandement, cognoissant combien il importe à mon service d'asseurer la dicte place et les aultres du dict pays. Oyés-le donc et le faictes promptement depescher le plus favorablement que faire se pourra : priant Dieu qu'il vous ayt, mon Cousin, en sa saincte garde. Escript à Fontainebleau, le xxiiij^e jour de may 1601.

HENRY.

DE NEUFVILLE.

DE HENRI IV.

1601. — 25 MAI.

Imprimé. — *OEconomies royales*, édit. orig. t. II, chap. 8.

[A M. DE ROSNY.]

Mon Cousin, J'escrivis à ceulx de mon conseil des finances, le xxe de ce mois, l'advis que j'avois eu de l'arrivée en ma ville de Lyon des deux ambassadeurs que la seigneurie de Venise envoye vers moy[1], affin qu'ils advisent à donner ordre à leur reception, logement et traictement, leur mandant que je voulois qu'il en fust usé comme envers les s[rs] Gradenigo et Delphin, qui me furent envoyez par la mesme Respublique aprés mon entrée en ma bonne ville de Paris; eux y (entre lesquels est encore le s[r] Delphin) venant pour me visiter, tant sur le faict de la paix que sur celuy de mon mariage : à quoy j'estime que les dicts s[rs] de mon conseil et vous, aurés pourveu. Toutesfois, comme c'est chose qui importe à ma dignité et à mon service, et que j'ay esté adverty qu'ils doivent arriver aujourd'huy ou demain en ma ville d'Orleans, j'ay voulu vous rafraichir ce commandement, affin que vous donniés ordre que mon intention soit en cecy suivye et effectuée comme il convient. Vous preparerés aussy les deux presens qu'il faut faire aux dicts ambassadeurs quand nous les licencierons; ce que je fais estat de faire le plus tost que je pourray, ayant mandé à leur ambassadeur ordinaire qu'il advertisse les aultres qu'ils prennent le droict chemin, d'Orleans en ma dicte ville de Paris; tellement que j'estime qu'ils y arriveront bien tost; ce que je vous mande, affin que vous donniés ordre que vous n'y soyés surpris. Je m'en repose donc principalement sur vous : et prie Dieu, mon Cousin, qu'il vous ayt en sa

---

[1] « La serenissime seigneurie de Venise emporte l'honneur d'avoir esté tousjours la premiere à se resjouir des bonnes fortunes arrivées au Roy et à la France. La seigneurie ne manqua pas d'envoyer au Roy ses ambassadeurs, qu'il reçut à Fontaine-Belle-Eau, lesquels se conjouïrent avec Sa Majesté de ces deux grandes victoires qu'il venoit d'obtenir, l'une en Savoie, et l'autre, plus grande, à Florence : ceste-là par les armes de Vulcan, et ceste-cy par les armes de Venus. » (LE GRAIN, *Decade du roy Henry le Grand*, livre huictiesme.)

saincte et digne garde. Escript à Fontainebleau, le xxv° jour de may 1601.

HENRY.

DE NEUFVILLE.

[1601.] — 26 MAI. — Ire.

Imprimé. — *OEconomies royales*, édit. orig. t. II, chap. 8.

[A M. DE ROSNY.]

Mon amy, Il y a quelques jours que je vous escrivis de me donner advis d'un placet que mon nepveu le prince de Joinville me presenta, pour, si l'on faisoit aucun estat des deniers contenus en iceluy, luy en donner quelque somme. Mais lors-je ne me souvenois que, le dernier voyage que je fis à Paris, la marquise de Verneuil m'ayant demandé la mesme chose, je la luy avois accordée; sy que mon nepveu ne s'est nullement prevalu du dict advis, qui a faict que sur d'aultres qu'il m'a presentez je luy ay accordé dix mil escuz[1], comme vous verrés par le brevet que je luy en ay faict expedier, où ils sont specifiez. C'est pourquoy je vous prie de les voir, affin que si vous jugés qu'ils soyent justes et faisables, vous teniés la main à ce que mon dict nepveu puisse jouir de la liberalité que je luy ay accordée; et vous me ferés service tres agreable; d'autant que je l'aime et desire faire quelque chose pour luy. Sur ce, Dieu vous ayt, mon amy, en sa saincte garde. Ce xxvj° may, à Fontainebleau.

HENRY.

---

[1] Ces placets, dont il est ici question, étaient des projets de nouveaux impôts. Ceux qui les imaginaient les faisaient présenter au Roi par quelque personnage de la cour, qui (si le projet était exécutable) obtenait un don plus ou moins considérable, suivant le degré de sa faveur et l'importance de l'impôt. L'auteur du projet recevait aussi un *droit d'avis*. Molière en parle dans les *Fâcheux*, où il a mis en scène cet usage :

Si vous vouliez, Monsieur, me prêter deux pistoles,
Que vous reprendriez sur le droit de l'avis.

1601. — 26 MAI. — IIme.

Cop. — Biblioth. Mazarine, Ms. 1549, p. 11. Communication de M. de la Villegille.

A MON COUSIN LE DUC DE MONTPENSIER,

PAIR DE FRANCE, GOUVERNEUR ET MON LIEUCTENANT GENERAL AU GOUVERNEMENT DE NORMANDIE.

Mon Cousin, Je vous fais ceste recharge pour vous prier, suivant ce que je vous ay escript, d'assister à la deliberation qui se fera, tant en ma court de parlement que chambre des comptes de Normandie, sur mon edict de la vente et revente de mon domaine au dict pays[1]; et de recepvoir les opinions de ceulx qui y assisteront. Je mande au s^r de Courvauldon, second president de ma dicte court, de se trouver avecque vous, tant en ma dicte cour que chambre des comptes, et de vous instruire de ceste affaire[2], laquelle je vous diray avoir en grande affection, pour ce que de l'execution d'icelle je deschargeray mon Royaulme d'une grande somme de deniers, et assoupiray de gros interests qui courent à la foule de mes finances, et sy je donneray contentement à un prince estranger[3], qui, durant ces derniers troubles, m'a secouru de ses deniers, au tres grand besoing de cest Estat; ce que me promettant que ferés, je prie Dieu, mon Cousin, qu'il vous

[1] Les sommes à rembourser à des princes étrangers avaient obligé de recourir à l'aliénation du domaine en plusieurs provinces. Un édit du 4 décembre 1599 ordonna cette mesure en Normandie, jusqu'à la concurrence de 200,000 écus. Le parlement adressa là-dessus, le 28 avril 1601, des remontrances à Sa Majesté. Le 3 mai suivant, le Roi y répondit par des lettres de jussion, qui restèrent sans résultat. La résistance du parlement dura deux ans, et ce fut seulement le 28 janvier 1602, à la suite d'un arrêt du conseil ordonnant de passer outre à l'exécution de l'édit, que le parlement se décida à la vérification. L'affaire suivit la même marche à la Chambre des comptes.

[2] Dans cette lettre à M. de Courvauldon, le Roi dit : « Je mande à ma dicte court en general de proceder à la dicte verification pure et simple; aultrement, et à faulte de ce faire, que j'interdiray à chacun de vous l'exercice de vos charges, et en vostre lieu y pourveoiray d'autres personnes, qui n'auront que mon seul service en recommandation. »

[3] Le duc de Würtemberg.

ayt en sa saincte garde. Escript à Fontainebleau, le xxvj^e jour de may 1601.

HENRY.
DE NEUFVILLE.

1601. — 28 MAI. — Ire.

Orig. — B. N. Fonds Béthune, Ms. 9070, fol. 37.
Cop. — Suppl. fr. Ms. 1009-2.

[AU CONNÉTABLE.]

Mon Cousin, J'ay esté bien aise de sçavoir de vos nouvelles par vostre lettre du viiie de ce mois et par la Borde, porteur d'icelle. Il aura esté bien à propos pour mon service que vous ayés visité ma ville de Thoulouze, comme vous avés faict ma frontiere; car vostre presence y aura grandement servy à confirmer un chascun en son debvoir, et m'attends d'apprendre par vos premieres, en quel estat vous y aurés trouvé toutes choses, et mesmes que vous avés pourveu à celles qui auront eu besoing de vous, auxquelles vous aurés peu donner ordre. Je m'asseure aussy que vous aurés faict le semblable à Montpellier, si vous avés jugé à propos de repasser au retour par ladicte ville. Mais, mon Cousin, je desire surtout sçavoir que vous avés pourveu à vostre santé, et que vous vous soyés bien trouvé de l'eau de la fontaine de Mayenne, affin que je vous puisse revoir bien tost et bien sain; continués donc à m'advertir du progrés de vostre disposition.

Nous vous avons escript que nos traictez avec le roy d'Espagne ne deffendent les nouvelles fortifications; toutesfois si celles que les Espagnols ont faictes par delà meritent que nous en facions plaincte, je suis d'advis que nous ne laissions de la faire à leur roy, en la forme que vous serés d'advis qu'elle soit faicte; et quand il ne vouldra y avoir esgard, nous serons tousjours mieux fondez à nous en revancher. Il n'a encore juré la paix de Vervins, et son Adelantado a si mal traicté nos marchands qui estoient allé traficquer en ses pays, qu'ils en sont destruicts entierement; dont je suis las de demander raison par nos voies ordinaires, comme j'ay faict depuis deux ans inutilement, cognoissant qu'ils abusent de ma patience; de sorte que j'ay advisé de m'en revancher par les moyens qui me sont permis par nos dicts traictez, encore que je ne sois tenu de les observer, estans violez par luy et ses ministres comme ils sont journellement. Toutesfois, je veulx m'y conduire par conseil; à l'effect de quoy, j'ay assigné en ma ville de Paris à la fin de ce mois, avec mon amiral, ceux qui ont plus de cognoissance et de pratique du commerce d'Espagne et de la navigation, pour en prendre leur advis et ma resolution en mon conseil, tant pour le conseil d'Espagne que pour celuy d'Angleterre; car vous sçavés que mes dicts subjects sont tres mal traictez en l'un et en l'aultre royaume.

Je suis encore en ce lieu, où il fait si beau et y prends tant de plaisir, que je n'en puis partir. Toutesfois je fais estat d'aller jusques à Monceaux la sepmaine prochaine, et passeray par Paris, mais seulement pour y voir les ambassadeurs extraordinaires de la respublique de Venise, qui y sont arrivez; car j'ay advisé de remettre la feste de nostre ordre du Sainct-Esprit au premier de janvier, affin que vous soyés de la partie, et pour eviter aussy les chaleurs de ceste saison. Ce pendant nous ferons refaire les chiffres des colliers, auxquels l'on n'a encores touché. L'entreprise de Metz va tous les jours se verifiant davantage, et trouvons qu'elle a esté commencée devant la paix, mais continuée et poursuivye depuis la pacification d'icelle, et mesme depuis celle de Savoye. Je vous en diray les particularitez quand je vous verray, par lesquelles vous apprendrés que je ne me doibs confier entierement en la foy de tous mes voisins.

J'avois envoyé à Poictiers le s^r d'Amours, conseiller en mon conseil d'Estat, pour y establir l'imposition d'un sol pour livre, où il a esté si mal receu, que j'ay tres grande raison d'en estre tres mal satisfaict, comme en la verité je le suis, mais encores plus resolu d'en avoir la raison par une voye ou par une aultre, à quelque prix que ce soit. Pour ce faire, j'ay jà donné ordre d'y faire acheminer des forces; et si vous estiés auprés de moy, vous me releveriés de la peine d'y aller, comme j'ay deliberé de faire, et me serviriés en ceste occasion comme firent vos pere et frere les Roys mes predecesseurs, à Bordeaux et à Rouen, quand ceulx des dictes villes se rebellerent : de quoy il sera memoire à jamais. Cependant j'ay permis à mon cousin le duc d'Elbœuf, gouverneur de la ville, sur l'instance qu'il m'en a faicte, de s'acheminer devant la dicte ville, affin de preparer ce qui sera necessaire pour bien refrener et chastier ceste desobeissance ; et vous serés adverty de ce qui en succedera, comme je le desire estre souvent de vostre bonne santé, laquelle, mon Cousin, je recommande à Dieu de tout mon cœur. Escript à Fontainebleau, le xxviij° jour de may 1601.

HENRY.

DE NEUFVILLE.

1601. — 28 MAI. — IIme.

Imprimé. — *OEconomies royales*, édit. orig. t. II, chap. 8.

[A M. DE ROSNY.]

Mon amy, Estant encore incertain du temps que je partiray d'icy, je desire que m^r le chancelier et vous m'y veniés trouver avec ceux de mon conseil des finances, et que vous y soyés vendredy de bonne heure ; mais faictes entendre à un chacun que je ne veux y parler d'aultres affaires que des miennes, encore des plus pressées [1], comme je l'escris au dict s^r chancelier par les lettres que j'adresse en general à ceulx de mon dict conseil. Donnés ordre, devant que de partir, qu'il demeure quelqu'un auprés des ambassadeurs de Venise, qui ayt soin de leur personne et traictement durant vostre absence, et quand je vous auray veu, je m'en resouldray du temps et lieu de leur audience. Faictes aussy depescher Miraumont, ainsy que j'escris à ceux de mon dict conseil; et dictes au mareschal d'Ornano, qu'au retour d'icy vous luy porterés mon intention derniere sur sa depesche.

[1] Sur l'objet de cette réunion du conseil, voyez la lettre précédente au connétable.

Cependant il pourra retourner à Paris, où vous retournerés deux ou trois jours après vostre arrivée icy. Je prie Dieu qu'il vous ayt, mon Cousin, en sa saincte garde. Escript à Fontainebleau, le xxviij[e] may 1601.

HENRY,

DE NEUFVILLE.

1601. — 29 MAI.

Imprimé. — *Œconomies royales*, édit. orig. t. II, chap. 6.

[A M. DE ROSNY.]

Mon Cousin, Puisque vous avés cinquante mil escuz prests pour les Hollandois, pour satisfaire au premier terme des deniers que je leur ay accordez, faites-les mettre entre les mains du tresorier Dutemps, et le chargés de les faire porter promptement et seurement en ma ville de Dieppe, où les Hollandois les enverront prendre, car la voicture en doibt estre faicte à leurs frais, comme il a esté pratiqué cy-devant; et me mandés en quel temps seront payables les aultres termes, affin que j'en advertisse mon agent. Mais le plus secretement que les dicts deniers pourront estre comptez et transportez sera le meilleur pour mon service, pour les raisons qui vous sont assez cogneues. Par tant, je vous prie d'en avoir soin. Quand vous serés icy, je me resouldray du lieu et du temps que je donneray audience aux ambassadeurs de Venise, lesquels vous ferés ce pendant recevoir et traicter honorablement comme je vous ay escript par mes precedentes; et quant à la valeur de leurs presens, il me semble qu'il faut qu'elle soit semblable à celle des aultres qui furent faicts aux s[rs] Gradenigo et Delphin, quand la Seigneurie les envoya vers moy. Toutesfois, je m'en remets à ce que vous en adviserés : priant Dieu, mon Cousin, qu'il vous ayt en sa saincte et digne garde. Escript à Fontainebleau, le xxixe jour de may 1601.

HENRY.

DE NEUFVILLE.

1601. — 30 MAI.

Imprimé. — *OEconomies royales*, édit. orig. t. II, chap. 8.

[A. M. DE ROSNY.]

Mon Cousin, Je me suis resolu de faire venir en ce lieu les ambassadeurs de Venise, suivant ce que j'escris à m^r le chancelier, plustost que de les faire attendre à Paris mon retour de Monceaux et celuy de la Royne ma femme, aprés la premiere audience que je leur eusse donné au dict Paris, puisque leur legation est commune à ma dicte femme comme à moy. Je me deschargeray aussy, ce faisant, de la despense qu'ils eussent faicte en attendant mon dict retour, et crois qu'ils estimeront plus la reception privée que je leur feray en ce lieu que si elle se faisoit à Paris avec plus de solemnité. Dictes-leur que je desire qu'ils partent vendredy, pour venir coucher à Melun le lendemain, qui sera samedy. Ils se pourront rendre de bonne heure en ce lieu, et le dimanche ensuivant, je leur donneray audience; le lundy, ils se reposeront; et le mardy prochain, ils pourront prendre congé et s'en retourner mercredy à Paris, pour se raffraichir, si bon leur semble, et y attendre ma depesche et les presens que je leur feray. Je vous prie donner ordre à tout ce qu'il leur faudra : faictes partir le maistre-d'hostel la Clielle avec eux, et les aultres qui peuvent servir à leur traictement et conduicte, affin de les defrayer par les chemins, comme j'entends qu'ils soient icy. Envoyés querir d'Herbanes, et luy commandés de ma part qu'il se trouve icy dés demain, s'il est possible, ou vendredy de bon matin, avec cinq tentures de tapisserie et trois ou quatre lits, et s'il en faut davantage, ils se trouveront icy. Faictes apporter aussy de la vaisselle d'argent, et n'oubliés à envoyer un mareschal de mes logis devant Melun, pour faire marquer le logis des dicts ambassadeurs; et si vous n'en avés par delà, j'enverray d'icy un des miens, quand je sçauray quelle suite ils ont avec eux. Mais pour tout cela, ne laissés de vous rendre icy au temps que je vous ay mandé : et sur ce, je prie Dieu, mon Cousin, qu'il vous ayt en sa saincte et digne garde. Escript à Fontainebleau, le xxx° may 1601.

HENRY.

DE NEUFVILLE.

1601. — 4 JUIN.

Orig. — B. N. Fonds Béthune, Ms. 9070, fol. 4o.
Cop. — Suppl. franç. Ms. 1009-2.

[AU CONNÉTABLE.]

Mon Cousin, J'ay esté tres-aise d'avoir esté asseuré par vostre lettre, escripte à Thoulouze le xxij° du mois passé, premierement de vostre bonne disposition, qui m'est tres-recommandée, et aprés, de l'honorable reception qui vous a esté faicte en la dicte ville, et finalement de l'affection que vous avés recognu que les citoyens d'icelle portent au bien de mon service et à l'execution de mes commandemens. Et comme je ne doubte point que vostre presence et visitation ne les ayt grandement resjouis et consolez, je suis certain aussy qu'elle n'aura moins servy à les conforter en la perseverance de leur devoir envers moy, par les exhortations et bons records que vous leur en avés laissez, et par l'exemple que vostre sage conduicte, en tout ce qui concerne le bien de mes affaires, leur aura apporté. Au moyen de quoy, je me resjouis derechef du voyage que vous y avés faict, comme je fais de l'esperance que vous me donnés, par vostre dicte lettre, de vous haster de boire les eaux de la fontaine de Mayenne, pour me revenir voir tant plus tost; car je vous y souhaite plus que jamais, recognoissant tous les jours davantage combien vous estes necessaire prés de ma personne, sur la diversité des affaires qui y surviennent.

Je vous ay donné advis de la desobeïssance de ceux de Poictiers, sur l'establissement de l'imposition du sol pour livre, laquelle je n'ay deliberé de laisser impunie, car elle procede plus de malice que de necessité, ayant verifié que ceste ville ne m'a secouru d'un escu depuis que mon Royaume est en paix, encores qu'elle ayt esté souvent admonestée et requise de ce faire, à toutes les occasions qui se sont presentées, comme ont esté les autres, qui n'y ont pas manqué. Elle est gouvernée aussy par des magistrats de petite estoffe, lesquels sont en possession d'abuser de l'auctorité de leurs charges et de mal faire. C'est la seule ville de ce Royaume qui a refusé l'entrée à la propre personne de son Roy, comme vous sçavés qu'elle fit au feu Roy : tellement que j'estime que Dieu a permis qu'elle soit tombée en ceste faulte, affin qu'elle reçoive par mes mains la punition des precedentes avec celle-cy, et qu'elle serve d'exemple aux autres et de memoire à la posterité : vous asseurant que je suis tout resolu de n'y rien obmettre à faire de ce qui sera necessaire pour la ranger au point de son devoir; neantmoins par les voies de la justice usitées en semblables cas, assistée et fortifiée comme elle doit estre. C'est une ville foible et hargneuse, que il faut brider de façon qu'elle ne puisse jamais plus regimber contre son prince et faire mal. Je parle d'y aller en personne, si je cognois qu'il soit besoin que je le face. Cependant, j'ay permis à mon cousin le duc d'Elbeuf d'aller devant pour recognoistre leurs volontez, et leur representer mon juste courroux. Je m'y conduiray selon sa response, dont je vous donneray avis.

Celuy que vous m'avés donné des fortifications que les Espagnols ont faictes en leur frontiere ne se rapporte pas aux alarmes que l'on nous en avoit données, dont je suis tres-aise; et veritablement je croy que le roy d'Espagne a autant d'envie et de besoin de vivre en paix avec nous, que nous avec luy. Quant à l'entreprise de Metz, nous verifions bien qu'elle a esté, de longue main, pratiquée par le conte de Mansfelt, gouverneur du duché de Luxembourg, pour le service des archiducs. Mais nous ne sommes pas encores bien esclaircys et asseurez s'ils l'ont continuée depuis la paix. Mais j'espere que nous y verrons plus clair en poursuivant les procedures commencées contre les prisonniers. Je me resjouis d'une chose, c'est que je ne trouve pas que les habitans soient si coupables que l'on estimoit. Mais, mon Cousin, je suis tres-mal content de la difficulté que font ceux de vostre gouvernement de payer les trente mil escuz qu'ils m'avoient accordez pour les frais de mes nopces, aprés vous avoir prié de me donner parole de l'octroy d'iceux, sans condition, comme vous sçavés que vous fistes, estant avec eux à Beaucaire quand ils se resolurent. C'est proprement donner et retenir, que d'accorder la dicte partie à des conditions telles que sont celles qu'ils ont proposées, parce que je ne puis les leur accorder sans trop prejudicier à mes affaires, comme m'ont faict entendre ceux de mon conseil. Mon Cousin, je vous prie donc d'y pourveoir et leur faire entendre que s'ils me font achetér et attendre davantage le tesmoignage de leur bonne volonté, non seulement je ne leur en sçauray gré quelconque, mais aussy, comme ils incommoderont d'autant mes affaires, je seray tres-mal content d'eux, et sçauray aussy bien revoquer les graces que je leur ay accordées pour acquitter leurs dettes et pourvoir à leurs affaires; que eux se desdient du dict octroy. Je prie Dieu qu'il vous ayt, mon Cousin, en sa saincte garde. De Fontainebleau, le iiij^e jour de juin 1601.

HENRY.

DE NEUFVILLE.

1601. — 5 JUIN. — Ire.

Orig. — Arch. de M. de la Force.
Imprimé. — *Mémoires de la Force*, publiés par M. le marquis DE LA GRANGE, t. I, p. 323.

A MONS^r DE LA FORCE.

Monsr de la Force, L'evesque de Lescar m'a presenté un cahier contenant plusieurs articles de plainctes et doleances de mes subjects catholiques de mon pays de Bearn, sur lequel j'ay faict les responses contenues en marge d'iceluy, telles que j'ay jugé estre à faire pour le bien de mon service; vous ayant bien voulu faire ceste-cy pour vous recommander de toute mon affection de tenir la main à l'execution de ma volonté, ainsy qu'elle est contenue au dict cahier, et ceux que j'ay cy-devant respondus, tant à Chambery que Lyon; et surtout, je desire que mes dicts subjects n'ayent doresnavant aucune occasion de se plaindre de mes officiers, en la distribution de la justice, laquelle je veux et entends leur estre rendue egalement, et qu'ils jouissent pleinement et paisiblement du contenu en mes edicts et reglemens que je leur ay octroyez; estant mon intention, comme vous sçavés, de maintenir et conserver en toute equité indifferemment tous mes subjects, qui vivent et se contiennent soubs mon obeïssance et l'observation de mes commandemens. Autrement, je seray contrainct de leur pourveoir d'autres remedes, et en venir à des expediens que je suis content d'eviter. Aussy ayant honoré les evesques de mon dict pays de l'estat de conseillers en mon conseil d'Estat et privé de Navarre, je trouveray bon qu'ils soyent appellez en vostre conseil lorsqu'il s'y traictera de mes affaires, mesmement celuy de Lescar, qui a assez de commodité d'y assister, faisant sa residence ordinaire à Pau, et lequel depuis vingt-huit ans m'a servy en qualité de maistre des requestes. Je m'asseure aussy qu'ils m'y rendront et au public l'affection et fidelité qu'ils doibvent dignes de leurs charges et qualitez : et ceste-cy n'estant à aultre fin, je prieray Dieu, Monsr de la Force, qu'il vous ayt en sa saincte gardé. Escript à Fontainebleau, le ve jour de juin 1601.

HENRY.

DE LOMÉNIE.

1601. — 5 JUIN. — IIme.

Orig. — Arch. de M. de Mornay.
Imprimé. — *Mémoires de Duplessis-Mornay,* 1824, in-8°, t. IX, p. 415.

A MONS^r DU PLESSIS,

CONSEILLER DU ROY EN MON CONSEIL D'ESTAT, SUPERINTENDANT DE MES MAISON, AFFAIRES
ET FINANCES DE NAVARRE ET ANTIEN DOMAINE.

Monsr du Plessis, J'ay respondu au cahier qui m'a esté presenté par l'evesque de Lescar, et accordé à quelques autres particuliers ecclesiastiques de mon pays de Bearn quelques pensions, le tout par l'advis de mon conseil. Ils vous porteront leurs provisions pour estre visées. Je desire que vous n'y faciés point de difficulté, estant mon intention qu'ils jouissent tous de ce que je leur ay, pour bonnes et justes considerations, octroyé; dont j'ay voulu vous asseurer encores d'abondant par la presente, à laquelle j'espere que vous conformerés. A tant, je prie Dieu qu'il vous ayt, Monsr du Plessis, en sa saincte garde. Escript à Fontainebleau, le ve de juin 1601.

HENRY.

DE LOMENIE.

1601. — 8 JUIN.

Orig. — B. N. Fonds Béthune, Ms. 9070, fol. 5o.
Cop. — Suppl. franç. Ms. 1009-2.

[AU CONNÉTABLE.].

Mon Cousin, J'ay commandé à mon cousin le mareschal d'Ornano de faire acheminer en ma ville de Bourdeaulx deux compagnies du regiment des Corses, pour les establir en garnison au chasteau Trompette; et pour ce qu'elles auront à passer par vostre gouvernement, je vous en ay bien voulu escrire ceste lettre, pour vous prier qu'elles ayent occasion de se comporter doulcement par les chemins, leur envoyer un commissaire pour les conduire depuis la frontiere de mon pays de Languedoc jusques en ma ville de Thoulouse, où mon dict cousin envoyera l'un des siens pour les recevoir et mener au dict Bordeaulx : et n'estant la presente pour autre effect, je prieray Dieu, mon Cousin, qu'il vous ayt en sa saincte garde. Escript à Fontainebleau, le viij^e jour de juin 1601.

HENRY.

DE NEUFVILLE.

1601. — 9 JUIN.

Cop. — Biblioth. Mazarine, Ms. 1549, p. 15. Communication de M. de la Villegille.

A MONS**R** DE BELLIEVRE,

CHANCELLIER DE FRANCE.

Monsr le chancellier, Je ne puis entendre qu'avec regret et desplaisir les longueurs et remises dont use ma cour de parlement de Rouen en la verification de mon edict de la vente et revente de mon domaine, en mon pays de Normandie; dont je luy ay si souvent escript, qu'à la fin je penseray que les longueurs qu'elle y apporte tournent au mespris de mon auctorité. J'en suis à toutes heures sollicité par l'ambassadeur de mon cousin le duc de Wirtimberg, qui ne sesjourne icy que pour cela. Et parce que je desire que l'on y mette une fin, je vous prie envoyer querir le premier president de ma court de parlement de Rouen, qui est à Paris, et luy faire entendre le mescontentement que j'en ay, affin qu'il dispose ma dicte court, soit par lettre ou aultrement, à me contenter en cela. Car si l'on me contrainct d'en venir aux remedes extresmes, l'on aura regret d'avoir eu si peu d'egard à l'execution de mes commandemens. Dictes-le de ceste sorte au dict president, et y adjoustés ce que vous jugerés à propos; car vous sçavés quelle est mon intention en cest endroict: priant Dieu, Monsr le chancellièr, qu'il vous ayt en sa saincte garde. Escript à Fontainebleau, le ixe jour de juin 1601.

HENRY.

DE NEUFVILLE.

1601. — 13 JUIN.

Orig. — B. N. Fonds Béthune, Ms. 9070, fol. 52.
Cop. — Suppl. fr. Ms. 1009-2.

[AU CONNÉTABLE.]

Mon Cousin, Mes subjects qui font profession de la religion pretendue reformée en vostre gouvernement ont faict plaincte en mon conseil qu'au prejudice de la demolition que j'ay ordonnée en mon dict conseil estre faicte des forts et citadelles de mon Royaume, hors-mis celles que j'ay voulu reserver, le sʳ de Sainct-Roman fortifie journ-nellement celuy de la Motte, et secrettement y entretient nombre de gens de guerre. Et, pour ce que je desire leur entretenir ce qui leur a esté promis, affin de leur oster tout ombrage, je vous prie, pendant qu'estes sur les lieux, faire deffense de ma part au dict de Sainct-Roman de continuer la fortification du dict fort de la Motte, et tenir la main que les aultres qui ont esté faictes en temps de guerre soient demolys, suivant que je l'ay cy-devant ordonné; et vous me ferés service bien agreable : priant Dieu, mon Cousin, qu'il vous tienne en sa saincte garde. Escript à Paris, le xiijᵉ juin 1601.

HENRY.

DE NEUFVILLE.

[1601.] — 16 JUIN.

Imprimé. — *Œconomics royales*, t. II, chap. 6.

[A M. DE ROSNY.]

¹Mon amy, Mon intention estant que le sʳ de Marabat, qui vous rendra ceste-cy, et qui m'a bien et utilement servy, soit payé de la somme de deux mil escuz, restant d'un don que je luy ay cy-devant faict en consideration de ses services, je vous prie de l'en faire assigner sur les deniers revenans-bons de ce qui avoit esté cy-devant ordonné pour l'entretenement de l'assemblée de Saumur, laquelle, comme vous sçavés, est rompue; d'autant que c'est chose que je veux et desire; et croyés qu'en ce faisant, vous me ferés service tres agreable. Sur ce, Dieu vous ayt en sa garde. Ce xvjᵉ juin, à Monceaux.

HENRY.

¹ Cette lettre était de la main du Roi.

[1601.] — 18 JUIN.

Orig. autographe. — Biblioth. impér. de Saint-Pétersbourg, Ms. 886, lettre 93. Copie transmise par M. Houat.

A MONS^R DE BELLIÈVRE,

CHANCELLIER DE FRANCE.

Monsr le chancellier, Sur ce que j'ay esté adverty qu'aux funerailles de ma tante la princesse de Condé[1], l'on luy faict quelques honneurs qui ne luy sont deus et qui sont de consequence, je vous fais ce mot pour vous dire que vous y faciés prendre garde, et que, d'une part, vous faciés en sorte qu'il ne soit rien oublié de ce qui est deu à sa qualité et au rang qu'elle tenoit en mon Royaume, comme aussy qu'il ne luy en soit faict aucuns qui prejudicient à mon service, qui fussent pour tirer consequence à l'advenir. Ceste-cy n'estant à aultre fin, Dieu vous ayt, Monsr le chancellier, en sa saincte et digne garde. Ce xviij^e juin, à Monceaux.

HENRY.

[1601.] — 19 JUIN.

Fac-simile gravé provenant du cabinet de M. C. L. F. Pankoucke, à Paris.

Cop. — Biblioth. de Troyes. Envoi de M. Thirion, correspondant du ministère de l'instruction publique et bibliothécaire de la ville de Troyes.

Imprimé. — Œconomies royales, tom. II, chap. 6.

[A M. DE ROSNY.]

J'ai veu la lettre que m'avés escripte touchant m^r d'Ornano. Envoyés querir Viçose, il vous dira ce qui se passa entre nous deux. A la verité je n'ay jamais veu tant d'ignorance et d'opiniastreté ensemble, mais je dis tres dangereuse. Il faict le Corse à toute oultrance. S'il faict ce qu'il vous a dict, il m'offensera si aigrement que je m'en ressentiray. Comme son amy, faictes-le-luy sentir : qu'il ne me donne

---

[1] Cette princesse était morte le 11 de ce mois, à l'hôtel de Soissons.

point de subject de le faire recognoistre pour ce qu'il est[1]. Bonsoir. Ce xixe juin.

HENRY.

[1601.] — 25 JUIN. — Ire.

Orig. autographe. — Biblioth. impér. de Saint-Pétersbourg, Ms. n° 887, lettre 17.
Copie transmise par M. Allier.

A MONS[r] DE BELLIEVRE,
CHANCELLIER DE FRANCE.

Monsr le chancellier, Je vous prie incontinent de faire resouldre en mon conseil l'edict que je veulx estre faict sur tous les proprietaires des jeux de paulme de mon Royaume, pour avoir esté bastys sans permission, et prendre lettres de moy, et payer la taxe qui en sera faicte en mon dict conseil, comme aussy la main-levée du ban et arriere-ban du haut et bas Auvergne, que j'ay cy-devant accordée à mon nepveu le comte d'Auvergne. Vous me ferés service fort agreable d'apporter ce qui despendra de vous et de vostre auctorité, que ces deux affaires soyent promptement expediées; ayant accordé les deniers qui en proviendront à mon dict nepveu, pour luy donner moyen de s'entretenir prés de moy, d'où je veulx qu'il ne bouge doresnavant; ce qui me les faict affectionner : ce que me promettant que vous ferés aussy, je ne vous en diray davantage, que pour prier Dieu vous avoir, Monsr le chancellier, en sa garde. Ce xxve juin, à Monceaux.

HENRY.

[1] Les Œconomies royales terminent ainsi cette lettre : « C'est-à-dire indigne des honneurs que je luy ai départis. Sa seule fidelité m'y obligeroit, ses desobeissances me dispenseront de parler ainsy. Il faut dire vray, je suis fort rebuté de luy. Voilà tout ce que je vous en puis dire. Bonsoir. Ce xixe juin. »
Il est certain que ces mots ne sont point sur l'autographe, ni sur l'ancienne copie qui en est conservée à Troyes. On ne peut supposer que Henri IV ait écrit deux fois absolument la même chose, à la différence de cette addition. Il n'est pas permis de supposer non plus que Sully ait ainsi falsifié cette lettre avec intention. Peut-être dans une copie qu'il en aurait faite, et qui servit à ses secrétaires pour l'impression, avait-il ajouté, comme une sorte de commentaire à ce que le Roi lui écrivait, ce que ce prince lui aurait ensuite dit à lui-même.

1601. — 25 JUIN. — IIme.

Cop. — Biblioth. de M. Monmerqué, Ms. intitulé *Lettres à l'ambassadeur du Levant.*

[A M. DE BREVES.]

Monsr de Breves, je vous ay escript mon intention le IIIe du present sur le subject de vos lettres du XIXe et XXVIIe mars et du IIIe avril, vous envoyant une lettre pour ce Seigneur, laquelle j'estime que vous employerés si à propos, que l'on aura plus d'esgard à mon amitié et à l'observation de nos capitulations que ce Sigale ne desire. Ces jours passez, il arriva vers moy un Marseillois, nommé Barthelemy de Cœurs, medecin de profession[1], qui m'a apporté des lettres[2] et presens[3] de ce Seigneur et de son premier bassa, et m'a dict de leur part que l'un et l'autre desiroient conserver l'entiere amitié et confederation qui a tousjours esté entre la maison de France et celle des Ottomans, suivant nos capitulations, m'informant du progrés faict par l'armée que commande le dict bassa, dont j'ay veu que le dict medecin est bien informé, comme celuy qui a tousjours suivy le dict bassa ; et aussy il a esté depesché de Belgrade, m'exhortant de joindre ma puissance à celle de leur empereur contre la maison d'Austriche et les adhérens d'icelle,

---

[1] C'était un renégat qui était devenu médecin du Grand Seigneur. Plusieurs historiens du temps parlent avec quelques détails de sa mission, qui, sans avoir le caractère officiel d'une ambassade, ne manqua pas de causer une certaine sensation et d'occuper le public.

[2] Dupleix nous a conservé la suscription de cette lettre du Sultan : « Au plus glorieux, magnanime et grand seigneur de la croyance de Jesus-Christ, elevé entre les princes de la nation du Messie, definiteur des differends qui arrivent entre les peuples chrestiens, seigneur de grandeur, majesté et richesse, et illustre guide des plus grands : Henry IV, empereur de France, de qui la fin des jours soit bien heureuse et tranquille. » (*Hist. de France. Henry IV*, page 301.)

[3] Ces présents consistaient en un cimeterre et un poignard dont les gardes et les fourreaux étaient d'or, garnis de rubis, avec un panache de plumes de héron enté dans un tuyau recouvert de turquoises. Les *OEconomies royales* nous apprennent qu'il y avait aussi deux riches cimeterres pour Rosny.

avec laquelle il estimoit qu'il me trouveroit en guerre : en m'offrant, pour ce faire, toute bonne correspondance et assistance; adjoustant que, si mes affaires ne me le permettoient, ou que je ne feusse en volonté de continuer ou renouveller la dicte guerre, je voulusse aider au dict Grand Seigneur à pacifier la guerre d'Ongrie; de laquelle j'ay colligé, et des propos qu'ils m'ont envoyé dire, que l'un et l'autre sont tres las et qu'ils seroient tres aises d'en estre delibvrez : jusques à me dire les conditions auxquelles ils condescendroient pour y parvenir, si on se veut entendre de bonne foy[1]; declarant aussy que si on ne le veut faire, que le dict empereur fera un tel effort ceste année, qu'il y paroistra grandement, et s'il devoit, marcheroit en personne en son armée. Je n'ay faict encore response au dict medecin, et serés adverty d'icelle quand je l'auray resolue. Mesme je vous enverray les lettres qu'il a apportées et celles qu'il remportera. Cest homme se monstre affectionné à mon service et surtout à l'entretenement de nos capitulations; et se monstre aussy ennemy du Sigale, tellement que je me serviray de ceste occasion pour me plaindre du dict Sigale, comme de celuy qui faisant violer nos dictes capitulations en faveur des Anglois, est en partie cause que j'ay accordé et finy la paix avec les Espagnols. Il a remené avec luy force François, qui sont ceulx que vous m'avés escript (par vostre lettre du viie d'avril, que j'ay reçue le ixe du present), avoir eu advis estre passé par Raguse pour me venir trouver. Le dict medecin me dict encore en avoir laissé auprés du dict bassa jusqu'à trois ou quatre cens, qui sont tres bien traictez.

J'ay remarqué aussy que le dict Grand Seigneur a crainte que les princes chrestiens s'unissent contre luy à la sollicitation du Sophy, les ambassadeurs duquel ont visité le Pape, aprés l'Empereur; desquels ils ont esté receus tres favorablement, ayant envoyé avec eux certains

---

[1] « Entre autres choses que cet envoyé demanda au Roy, dit Lestoile, fut de rappeller le duc de Mercœur de la Hongrie, qui estoit general des troupes de l'Empereur. Le Roy luy demanda pourquoy les Turcs craignoient tant ce duc. « C'est, respondit-il, qu'entre les propheties que les Turcs croyent, il y en a une qui porte que l'espée des François chassera les Turcs de l'Europe. »

Portugais jesuites pour visiter le dict Sophy et recognoistre mieux ses intentions. C'est un Anglois qui conduict ceste pratique, lequel a pris le droict chemin d'Espagne, au partir de Rome; et par l'advis des Espagnols, il est passé par mon Royaume, laissant le Persien, sous pretexte de n'estre d'accord ny en bonne intelligence ensemble, mais esperant que son passage causeroit jalousie de mon amitié à ce Seigneur, ou me contraindre de luy refuser audience, pour me rendre odieux au Pape. Mais je m'y conduiray de façon, que l'artifice tournera à la honte des aucteurs d'iceluy; et peut estre que je retiendray le dict medecin jusqu'à ce que l'autre soit passé. Le dict medecin s'est fort loué à moy de vostre conduite, de quoy j'ay eu contentement. Le roy d'Espagne arme cinquante ou soixante galeres à Genes, non tant pour garder son pays que pour entreprendre sur ceux de ce Seigneur : de quoy l'effet paroistra devant que vous receviés la presente. Vous avés bien fait de m'avoir descouvert les espions desquels vostre lettre faict mention ; et vous enverray avec ma precedente celle de ce Seigneur que m'apporta Pietrequin, que vous me demandés par la vostre. Je prie Dieu, Monsr de Breves, qu'il vous ayt en sa saincte garde. Escript à Monceaux, le xxve jour de juin 1601.

HENRY.

1601. — 30 juin.

Orig. — Archives de M. de Bourdeilles.

A MONS^R DE BOURDEILLES,
CONSEILLER EN MON CONSEIL D'ESTAT ET SENESCHAL DE MON PAYS DE PERIGORD.

Monsr de Bourdeille, Je ne veulx pas que mon cousin le mareschal d'Ornano s'en retourne, sans vous porter asseurance du contentement que je reçoy du service que vous me faictes par delà. Vous le croirés doncques sur ce subject et l'assisterés aux occasions qui se presenteront de continuer à me tesmoigner vostre fidellité et affection; et je le recognoistray en ce que s'offrira pour vostre bien et advantage, ainsy que mon dict cousin vous fera plus amplement entendre : priant

Dieu, Mons' de Bourdeille, qu'il vous ayt en sa saincte garde. Escript à Paris, le dernier jour de juin 1601.

HENRY.

DE NEUFVILLE.

1601. — 11 JUILLET. — Ire.

Orig. — B. N. Fonds Béthune, Ms. 9079, fol. 63.
Cop. — Suppl. fr. Ms. 1009-2.

A MON COUSIN LE DUC DE MONTMORENCY,

PAIR ET CONNESTABLE DE FRANCE, GOUVERNEUR ET MON LIEUCTENANT GENERAL
EN LANGUEDOC.

Mon Cousin, Cachat vous va trouver, lequel vous asseurera de ma bonne santé et de celle de la Royne ma femme; et vous le serés par ceste-cy de la continuation de ma bonne volonté, laquelle me faict souhaiter, tous les jours, vostre retour en bonne disposition auprés de moy, qui n'ay eu de vos nouvelles il y a long temps; de quoy je me plains, et m'en prends plus à ceulx qui sont auprés de vous qu'à vous; car vous ne debvés penser maintenant qu'à asseurer vostre santé, estant par delà pour cest effet. Mais les aultres ne debvroient pas laisser passer tant de temps sans me faire sçavoir comment vous vous trouvés des eaux de Mayenne. Je vous prie de leur en faire une reprimande, et leur commander de la reparer. J'ay veu à Monceaux mon frere le duc de Lorraine et ma sœur de Bar, que j'ay trouvez en bonne disposition. J'ay voulu aller le rencontrer jusques là, pour jouir plus tost de leur presence et leur faire honneur; ils seront demain icy, puis je les meneray à Fontainebleau, d'où j'espere en partir à la fin de la sepmaine prochaine pour aller à Blois et de là à Poictiers, car il faut que je me face voir aux habitans de la dicte ville, affin de les raccoustumer à bien recepvoir et honorer leur Roy; car vous sçavés qu'ils refuserent leurs portes au feu Roy. Ma dicte femme me veult suivre, et croy qu'elle recevra plus de mal, esloignée de moy, qu'elle n'en aura par les chemins, car nous la ferons porter à bras d'hommes et ferons petites journées, et, sy, nous partirons matin. Davantage nous servirons des rivieres, quand nous pourrons, de façon que j'espere que nous ferons heureusement nostre voyage, avec l'aide de Dieu. Les archiducs de Flandres ne pouvant secourir Rimbergue, que le prince Maurice a assiegé, et lequel j'estime qu'il a pris maintenant, sont allez assieger Ostande pour avoir leur revanche, s'ils peuvent. A quoy ils n'oublient rien à faire, et ay quelque opinion qu'ils feront quelque rappeau[1]; de quoy les evenemens nous feront sages[2], dont je vous feray part. Nous avons icy un gentilhomme du duc de Savoye, qui veult que je croye que son maistre veult estre sage et m'aimer à l'advenir; de quoy je luy ay dit que je suis tres aise, et que je luy en donneray volontiers autant d'occasion qu'en ont receu de moy tous ceulx qui en ont usé ainsy envers moy. Au reste, je vous recommande le susdict Cachat, avec sa garnison, vous priant donner ordre qu'elle soit payée de façon qu'il puisse l'entretenir et m'en servir. Sa demande est juste et importante à mon service; par tant je l'ay asseuré qu'elle vous sera tres recommandée. Toutesfois, j'ay bien voulu vous tesmoigner que j'auray bien agreable que vous en ayés souvenance : priant Dieu, mon Cousin, qu'il vous ayt en sa saincte et digne garde. Escript à St-Germain en Laye, le xj[e] jour de juillet 1601.

HENRY.

DE NEUFVILLE.

1601. — 11 JUILLET. — IIme.

Orig. — Collection de M. F. Feuillet de Conches.

A MONS[R] DE LA ROCHEPOT.

CHEVALIER DE MES ORDRES, CONSEILLER EN MON CONSEIL D'ESTAT, GOUVERNEUR ET MON LIEUCTENANT GENERAL EN ANJOU, ET MON AMBASSADEUR EN ESPAGNE.

Monsr de la Rochepot, Si à l'arrivée de ce porteur vous n'avés en-

---

[1] Vieux terme de fauconnerie employé ici au figuré d'une manière dont on aperçoit l'intention.

[2] Acception étymologique du mot *sage*, comme provenant du latin *sapere*.

core presenté au roy d'Espagne les lettres qui vous furent baillées à vostre partement, par lesquelles je luy mandois vous recevoir mon ambassadeur ordinaire; vous en surscierés la presentation jusqu'à ce que vous ayés receu aulcun commandement de moy, lequel vous sera porté par vostre nepveu, que je vous renverray bientost aprés ce porteur. Neantmoins vous ne laisserés ce pendant de poursuivre vivement les effects des promesses qui vous ont esté faictes en faveur de nos marchands, et à faire les informations et procés-verbaux, desquels faict mention mon ancienne lettre; et m'envoyés le tout par ce porteur le plus tost que vous pourrés, avec vostre advis de ce que j'auray à faire sur le tout; et comme une grande partie du mal qui a esté faict aux dicts marchands a procedé de la malice et cruauté de l'adelantado, advisés s'il est à propos de se plaindre de luy et en demander raison ouvertement, le prenant, comme l'on dict, à partie, affin de luy faire oster l'auctorité et puissance qu'il a eue jusques à present de leur mal faire; leur remonstrant que je ne puis esperer que mes dicts subjets soyent bien traictez où il fauldra qu'ils respondent devant luy, et que justement ils peuvent le recuser, ayant exercé contre eux tant de sortes d'inhumanitez et tyrannies, comme il a faict, ainsy que j'ay commandé à ce porteur vous faire plus particulierement entendre : priant Dieu, Mons' de la Rochepot, qu'il vous tienne en sa saincte garde. Escript à Monceaux, le xj° jour de juillet 1601.

            HENRY.

              DE NEUFVILLE.

1601. — 13 JUILLET.

Cop. — Biblioth. de M. Monmerqué, Ms. intitulé *Lettres à l'ambassadeur du Levant.*

[A M. DE BREVES.]

Mons' de Breves, Je vous escris aussy souvent qu'à mon ambassadeur à Venise, mais mes lettres sont arrestées là par faulte de commodité de les vous faire tenir à point nommé : ce qui est cause qu'elles arrivent en vos mains souvent hors de temps; dont je suis marry, et suis encore plus desireux d'y pourveoir. Mais je ne le puis faire pour ceste année. J'ay appris, par votre lettre du viiie de may, en quel estat estoient lors les affaires de ce Seigneur, de quoy je ne vois pas que les Chrestiens puissent beaucoup profiter, estans divisez et regys comme ils sont. Le roy d'Espagne, assisté du Pape et des autres princes d'Italie, reservé la seigneurie de Venise, assemble jusques à soixante-dix galeres pour s'opposer à celles du Sigale, ou executer quelque autre entreprise en l'empire du Grand Seigneur. Ils ont aussy envoyé un grand secours d'hommes à l'archiduc Ferdinand; et toutesfois l'Empereur se monstre plus disposé à la paix que preparé à continuer la guerre. Par tant, si les forces de ce Seigneur ne s'eschauffent davantage, il ne se fera pas grands exploits ceste année, ayant faict dire aux ambassadeurs du sophy de Perse, venant en ceste Europe, que je n'aurois agreable qu'ils vinssent vers moy, comme ils ont faict vers les autres, pour les rechercher de faire la guerre à ce Seigneur, avec lequel je suis en amitié, et desire m'y maintenir. De Rome ils ont pris le chemin d'Espagne, et m'ont envoyé la lettre que vous trouverés avec la presente, de laquelle je n'en ay entendu le contenu, par faulte d'interprete [1]. Vous me ferés sçavoir ce qu'elle contient; et si vous jugés qu'il soit necessaire pour mon service d'en faire entendre quelque chose à ce Seigneur, faictes-le. Vous ne leur devés bailler la dicte lettre, car ils pourroient s'en vanter et prevaloir, au prejudice de ma reputation; tellement qu'il suffira de leur faire cognoistre que je n'ay voulu participer à l'intelligence des autres. Car je suis d'advis que vous ne leur en disiés pas tant, si vous cognoissiés clairement que cela puisse servir à mes affaires. Je vous envoie des doubles des lettres de ce Seigneur et d'Ibraïm-Bassa, que j'ay receües par le medecin marseillois, de l'arrivée duquel je vous ay donné advis par mes precedentes, et des responses dont je l'ay chargé, affin que vous saichiés tout ce que j'ay traicté avec luy. Je luy ay faict donner mille escuz. Il m'a pro-

---

[1] Ceci prouve combien l'étude des langues orientales était alors incomplète en France.

mis d'affectionner tout ce qui concernera mon service, et d'avoir pour cest effect toute correspondance avec vous. Il parle mesme de revenir bien tost par deçà. Au reste vous sçaurés que je vis en paix avec tous mes voisins, et dedans mon Royaume, grace à Dieu, avec laquelle j'espere le remettre avec le temps en sa premiere forme et splendeur, pour estre aussy utile aux amys d'icelle et formidable aux autres, qu'il a jamais esté. J'ay esté prié par le duc de Florence de favoriser les prisonniers desquels il faict mention au memoire qu'il vous envoye; par tant faictes pour eux ce que vous pourrés, sans prejudicier à mon service, et me donnés advis de ce que vous y aurés advancé : priant Dieu, Monsr de Breves, qu'il vous tienne en sa saincte garde. De St-Germain en Laye, le xiije juillet 1601.

HENRY.

[1601.] — 16 JUILLET.

Orig. autographe. — B. N. Fonds Du Puy, Ms. 407, fol. 54.
Cop. — Suppl. fr. Ms. 1009-3.

A MONSR L'EVESQUE D'EVREUX.

Monsr d'Evreux, Je vous fais ce mot de ma main, et vous depesche ce lacquais, exprés pour vous dire qu'ayant besoin de vostre service, je vous prie incontinent me venir trouver à Paris, où je seray. Aussy ma sœur est icy, et j'auray à plaisir que vous luy parliés, et j'espere que ce sera avec profict. A Dieu, Monsr d'Evreux, lequel je prie vous avoir en sa saincte garde. Ce xvje juillet, à St-Germain en Laye.

HENRY.

1601. — 18 JUILLET.

Orig. — B. N. Fonds Béthune, Ms. 9070, fol. 77.
Cop. — Supp. fr. Ms. 1009-2.

[AU CONNÉTABLE.]

Mon Cousin, J'ay veu par vos deux depesches des iiije et vje de ce mois, vostre arrivée à la fontaine de Mayenne et des bonnes preuves et tesmoignages que l'on vous a racontez de la vertu et proprieté de ceste eau, que je desire vous estre encore plus utile qu'elle n'a esté à aulcun aultre; car vous prolongeant vos jours en santé, c'est tenir tousjours les miens en plus de repos et contentement. J'ay trouvé bonne la proposition que vous faictes, puisque vous vous trouvés porté sur les lieux, de tenir vous-mesmes, avant que d'en partir, les estats de la province, dont j'ay ordonné que les commissions vous soient promptement envoyées; mais je ne vouldrois pas que cela reculast de beaucoup vostre retour par deçà, que je desire singulierement. Je m'asseure que vous n'oublierés en la dicte assemblée des estats, de leur representer les justes mescontentemens que j'ay de la longueur qui a esté tenue en la levée des xxx mil livres qui avoient esté accordées pour les despenses de mon mariage, comme à la verité l'effect ne respond point à la franchise et bonne volonté avec laquelle ils en firent l'offre et la promesse. Je vous prie d'en faire resouldre l'imposition, et qu'elle soit, s'il est possible, plus advancée que les aultres, parce que le retardement du payement des assignations levées sur les dicts deniers importe beaucoup à mon service. Pour le regard du chasteau de Rochemaure, puisqu'il y a arrest de mon conseil pour le faire remettre entre les mains de mon cousin le duc de Montpensier, je trouve bon qu'il soit executé. Cela ne portera poinct de prejudice au s^r de Perault, qu'il ne soit remboursé de la despense qu'il verifiera avoir faicte pour mon service, dont aussy bien l'usufruictier ne pourroit estre tenu. Nous n'avons icy rien de nouveau, que l'acheminement des troupes qui vont en Flandres, dont ces chaleurs icy n'augmenteront pas le nombre, car j'ay sceu par ceulx qui les ont veus, qu'ils trainent avec eux beaucoup de malades, specialement des Napolitains; et sera malaisé qu'ils arrivent en tout plus de cinq mille auprés de l'archiduc, qui neantmoins faict grand bruit de ce secours, et sur lequel il fonde principalement l'effort qu'il pretend faire à Ostande, qu'il doibt assieger. De moy, je suis tousjours en opinion de faire mon voyage de Blois, et n'y a eu dispute, sinon que la Royne y veult aussy venir avecques moy, et que toutes ces dames qui sont auprés d'elle s'y opposent, parce qu'elle doibt bientost entrer en son huitiesme mois. Cela se resouldra à Fontainebleau, où je fais estat d'aller passer et y demeurer cinq ou six jours. Je vous advertiray de la resolution que nous y aurons faicte. Sur ce, je prie Dieu, mon Cousin, vous avoir en sa saincte garde. Escript à Paris, le xviij° jour de juillet 1601.

HENRY.

FORGET.

1601. — 20 JUILLET. — Ire.

Orig. — B. R. Fonds Béthune, Ms. 9070, fol. 73.
Cop. — Supp. fr. Ms. 1009-2.

A MON COUSIN LE DUC DE MONTMORENCY,

PAIR ET CONNESTABLE DE FRANCE, GOUVERNEUR ET MON LIEUCTENANT GENERAL
EN LANGUEDOC.

Mon Cousin, Je commis, l'année derniere, les s^{rs} de Saint-Felix, president en ma court de Parlement de Toulouze, et de Pujols du Faur, pour vacquer à l'execution de mon edict sur les precedens edicts de pacification au departement du hault Languedoc; à quoy ils commencerent de travailler en quelques lieux, mais peu à peu ils se separerent et laisserent l'œuvre imparfaicte; de sorte que j'en ay depuis receu force plainctes, auxquelles desirant pourveoir j'ay commandé au dict s^r de Sainct-Felix de s'en retourner au plus tost par delà, pour reprendre avec le dict s^r de Pujols les derniers erremens où ils sont demeurez de la dicte execution, et icelle continuer sans aucune intermission en tous les lieux de leur dict departement où elle reste encore à faire, ayant escript au dict s^r de Pujols à mesme fin; et pour ce que c'est chose que vous sçavés importer grandement au bien de mon service et au repos de mes subjects, je vous prie d'y tenir la main, et en cas que le dict s^r de Pujols se voulust excuser sur le service et residence qu'il doit en ma ville de Montpellier, vous luy ferés entendre que ma volonté est qu'il en demeure dispensé jusques aprés l'execution de mon dict edict au dict departement; et n'estant la presente à aultre effect, je ne vous la feray point plus longue : priant Dieu, mon Cousin, vous avoir en sa saincte garde. Escript à Paris, le xxe jour de juillet 1601.

HENRY.

FORGET.

[1601.] — 20 JUILLET. — IIme.

Orig. — Archives royales de Sardaigne. Copie transmise par M. l'ambassadeur de France à Turin.

A MON FRERE LE DUC DE SAVOYE.

Mon frere, J'ay entendu du sieur Forny, gentilhomme de vostre chambre, la bonne volonté que vous avés de vivre en paix et amitié avec moy; de quoy j'ai esté tres aise, car c'est chose que j'ay tousjours desirée. Vous congnoistrés aussy par effect, que j'y correspondray volontiers et sincerement, estant bien marry des accidens qui ont interrompu le cours de nos bonnes intentions en cest endroict; mais il ne tiendra à moy que le retardement d'icelles ne serve à les faire fructifier davantage, à nostre mutuel contentement et au commun bien de nos subjects et pays, comme j'ay dict plus particulierement au dict de Forny. Je prie Dieu, mon frere, qu'il vous ayt en sa saincte et digne garde. Ce xxe juillet à Paris.

Vostre bien bon frere,

HENRY.

1601. — 22 JUILLET.

Orig. — B. N. Fonds Béthune, Ms. 9070, fol. 68.
Cop. — Suppl. fr. Ms. 1009-2.

[AU CONNÉTABLE.]

Mon Cousin, Je vous ay escript depuis peu de jours comme j'avois trouvé bon, puisque vous vous trouviés porté sur les lieux, et que cela ne retarderoit point vostre retour par deçà, que vous teniés les estats de la province, avant que de revenir. Je vous envoye maintenant les commissions, affin que vous advanciés tant plus tost la tenue des dicts estats, pour lesquels je ne vous envoye point d'aultre instruction, pour ce que vous estes assez informé de l'estat de mes affaires, qui requerroient bien que je requisse mes subjects de quelque plus grand secours que celuy de l'ordinaire. Toutesfois j'aime mieux me restreindre d'ailleurs que de les en presser davantage. Ce qui est de plus à leur representer, c'est de vivre en paix les uns avec les aultres soubs le benefice de mes edicts, et employer toute leur industrie à remettre partout le labourage, les manufactures et le commerce, affin de restaurer la province et la restablir en ses premieres commoditez.

Vous avés veu, au reste, en mes precedentes depesches, l'opinion que j'avois d'aller de là à Blois, pour y faire les couches de la Royne; mais parce qu'il se trouve qu'elle est entrée en son huictiesme mois, et que les medecins disent qu'il seroit perilleux de la mener maintenant par les champs, j'ay repris la premiere opinion de la faire accoucher à Fontainebleau, où je fais estat de la mener dans ceste sepmaine et tout mon conseil aussy, pour y demeurer jusques après ses couches : qui sera jusques à la fin d'octobre. Si vous me tenés promesse de partir le premier septembre, vous nous y trouverés encore et aurés de tant moins de chemin à faire. Nous n'avons de dehors aucunes nouvelles d'importance, sinon que l'expectation de l'evenement de ces deux sieges qui se font en Flandres, celuy de Berg[1] par les Estats, et celuy d'Ostende par l'archiduc, où l'on escrit qu'ils se battent à bon escient. Cela doibt par raison faire jugement de la fortune des affaires de l'un et de l'autre, au moins pour le reste de ceste année. Pour le dedans de deçà, tout, Dieu mercy, se comporte bien; il n'y a que quelque desobeissance qui s'est faicte au chasteau de Montelimard, duquel ceux qui y sont n'ont pas voulu sortir pour y laisser entrer le s* de Gouvernet[2], auquel j'en ay donné la charge; mais je depesche presen-

[1] On trouve écrit indifféremment *Berg*, ou *Rembergue*, ou *Rimbergue*.

[2] René de la Tour de Gouvernet, seigneur de la Chaud.

tement en diligence au s⁽ʳ⁾ de Lesdiguieres pour s'y acheminer et les en tirer par force, et les remettre entre les mains de la justice, pour en estre faict une punition exemplaire, car il faut desaccoustumer telles temeritez par la seureté de la peine. Je m'asseure que le dict s⁽ʳ⁾ de Lesdiguieres ne fauldra de vous advertir de ce qu'il y aura executé. Ce sont toutes les nouvelles qui s'offrent à vous dire maintenant, sinon que, comme j'espere que je vous reverray en meilleure disposition que vous n'avés esté de longtemps, vous en pouvés autant esperer de moy, qui, graces à Dieu, ne me portay jamais mieux, dont je me veulx bien icy resjouir avec vous. Sur ce, je prie Dieu, mon Cousin, vous avoir en sa saincte garde. Escript à Paris, le xxıjᵉ jour de juillet 1601.

HENRY.

FORGET.

1601. — 26 JUILLET. — Iʳᵉ.

Orig. — B. N. Fonds Béthune, Ms. 8891, fol. 44 recto.

A MON COUSIN LE DUC DE NEMOURS,
PAIR DE FRANCE.

Mon Cousin, J'ay entendu ce que m'a dict de vostre part le s⁽ʳ⁾ de Neufchelles et le succés de vostre voyage de Piedmont; et par ce que je m'assure qu'il vous rapportera fidellement mon intention sur le tout, je me contenteray vous asseurer que vostre bien me sera toujours tres recommandé, pour l'affection que je vous porte : priant Dieu, mon Cousin, qu'il vous tienne en sa saincte garde. Escript à Paris, le xxvjᵉ juillet 1601.

HENRY.

DE NEUFVILLE.

[1601.] — 26 JUILLET. — IIme.

Cop. — B. N. Suppl. fr. Ms. 1009-4. (D'après l'autographe qui était dans le cabinet du duc de Sully.)

[A M. DE ROSNY.]

Mon amy, Les affaires que j'ay eues icy m'y ayant plus retenu que je ne pensois, j'ay differé mon voyage de Blois jusques aprés les couches de ma femme, aussy qu'elle est plus avant dans son huictiesme que je ne la croyois. Je pars dans la fin de ceste sepmaine pour aller à Fontainebleau, où je la meneray, et d'où elle ne bougera et moy aussy, qu'elle ne soit accouchée et que je ne sois pere. Aussy tost je vous le manderay; de quoy m'asseurant que si c'est un fils, comme je l'espere et en prie Dieu de tout mon cœur, vous n'en serés moins resjouy que moy, qui ay esté tres aise d'entendre, par celle que vous avés escripte à Valliere, ce qui s'est passé à Loches entre vous et m^r le mareschal d'Ornano. Soyés asseuré de la continuation de mon amitié et que je vous en tesmoigneray les effects aux occasions qui s'offriront, de la mesme volonté et affection que je prie Dieu vous avoir, mon amy, en sa saincte garde. Ce xxvj^e juillet, à Paris.

HENRY.

1601. — 28 JUILLET.

Cop. — Biblioth. de M. Monmerqué, Ms. intitulé *Lettres à l'ambassadeur du Levant.*

[A M. DE BREVES.]

Monsr de Breves, Je vous ay escript le iiie de ce mois, faisant response à vos lettres du iiie de may, desquelles vous m'avés envoyé le duplicata avec celle du xxviiie du mesme mois, que j'ay receue le xviiie du present, et pareillement celle du iie de juin. Puisqu'il ne faut esperer de ranger le Sigale à la raison, il faut se resoudre de le prendre à

partie de tous les griefs que je reçois de l'empire, et le persecuter en mon nom, tant que nous pourrons : en quoy j'estime que Ibraïm-Bassa nous sera favorable, pour leur inimitié ; tellement que vous aurés bien [faict] de luy avoir faict plainte de ses comportemens et injustices. Vous aurés veu, par le double des lettres que j'ay escriptes au Grand Seigneur et au dict Ibrahim-Bassa par le medecin de Cœurs (que je vous ay envoyé avec ma dicte depesche du xiiie du present mois, et duquel vous aurés encore icy un duplicata), ce que j'ay voulu escrire au dict Grand Seigneur et Ibraïm-Bassa, à quoy le dict medecin m'a donné esperance que l'un et l'autre auront tel esgard que j'en auray contentement. Les princes de Transilvanie, Valacquie et Bogdavie[1] ne sont encore si paisibles sous la puissance de ceux qui ont pris la protection de ce Seigneur, qu'ils en puissent disposer selon sa volonté. Car ceux-là mesme traictent encore avec l'Empereur par l'entremise des Polonois et d'eux-mesmes; Sigismond-Battory estant plus meprisé que obeï de ceux qui l'ont (recogneu), qu'il faut croire que ceux qui auront les armes des uns et des autres[2]........
Ceste année donnera la loy aux affaires des dictes provinces, comme en celle d'Ongrie et d'Italie, où le Pape et le roy d'Espagne ont envoyé de grandes forces, oultre l'armée de mer qui est partie de Gesnes pour l'empire de ce Seigneur [ou] pour quelque autre endroict. Or s'il advient que la dicte armée de mer ayt bonne fortune, ce sera une belle occasion d'attaquer et alterer le dict Sigale, avec celle qu'il a jà donnée de l'accuser d'intelligence avec l'Espagnol et Genevois[3]; et je me promets que vous ne l'aurés laissé perdre, si elle s'est offerte; ne pouvant approuver la raison du dict Sigale, pour excuser la grace qu'il a faict faire aux Anglois, au prejudice de ma banniere; car si je souffre et consens une fois que les dicts Anglois en entament l'auctorité, ils voudront empieter sur icelle de plus en plus. Au moyen de quoy, vous continuerés à vous opposer à l'instance qu'ils font que les Irlandois ne soyent distraicts de la recognoissance de ma dicte ban-

---

[1] Ainsi, au lieu de *Moldavie*.
[2] La phrase se trouve ici interrompue.
[3] On a déjà vu plusieurs fois qu'on appelait ainsi alors les Génois.

niere (car ils sont subjects de leur royne), comme font les Hollandois. Au reste, j'approuve l'office que vous avés faict aux chrestiens de la communauté de Lisle, desire et auray bien à gré que vous les departiés semblables à ceux de leur condition qui auroient recours à vous.

J'ay choisy le s^r de Bethune, frere du s^r de Rosny, pour m'aller servir d'ambassadeur à Rome. Il partira d'icy à la fin de ce mois pour s'y acheminer; avec lequel je desire [que vous preniés peine] d'avoir la mesme correspondance que vous avés eue avec le s^r de Sillery. J'auray bien agreable aussy que vous la conserviés avec le grand maistre de Malthe, à present qu'il est mon subject[4], telle que vous avés eue avec Verdalle; asseuré que vous vous y conduirés avec telle discretion qu'il n'en arrivera aucun inconvenient à mon service, le bien duquel il faut preferer à toute autre consideration. J'ay tres bien pris l'advis que vous m'avés donné et la fin de votre lettre de may, estant bien resolu de ne m'engager en la ligue proposée contre ce Seigneur, s'il ne m'en est donné occasion de sa part ou de ses ministres; encore le feray-je avec les considerations que je dois y avoir, tant pour ma reputation que pour le bien et advantage de ma Couronne. La guerre est fort allumée aux Pays-Bas. Les Hollandois ont assiegé une ville qui est sur le Rhin, nommée Berg, qui separe les pays qu'ils occupent avec l'Allemagne, de laquelle s'ils demeurent maistres, les archiducs seront fort affoiblys. Mais ceux-cy ont, en un mesme temps, assiegé une autre place nommée Ostande, qui est sur la mer, du costé d'Angleterre, de laquelle ils ont bonne isseue. Ils regagneront au double le desavantage qu'ils perdront de l'autre costé; mais il leur sera difficile de la forcer, parce que les Hollandois ont jetté dedans de grandes forces; et comme ils sont maistres de la mer, ils pourront encore y en faire entrer tant

---

[4] Alof de Wignacourt, grand-croix et grand-hospitalier de France, avait succédé, le 10 février 1601, au grand-maître Martin Garzez qui était de la langue d'Aragon. Le grand-maître Wignacourt était d'une ancienne maison de Picardie, et ainsi né sujet du roi de France, comme l'était auparavant Hugues de Loubens de Verdalle, prédécesseur de Garzez.

qu'ils veulent. Je prie Dieu, Monsr de Breves, qu'il vous ayt en sa saincte garde. Escript à Paris, le xxvuj^e jour de juillet 1601.

HENRY.

1601. — 2 AOÛT.

Orig. — B. N. Fonds Béthune, Ms. 9070, fol. 80.
Cop. — Suppl. fr. Ms. 1009.2.

[AU CONNÉTABLE.]

Mon Cousin, Vous ferés sçavoir, soubdain que vous aurés receu la presente, à tous mes subjects et aultres de mon pays de Languedoc qui ont accoustumé de trafiquer par mer en Espagne et en Portugal, qu'ils s'abstiennent d'y aller jusques à ce que j'en aye aultrement ordonné, et ce sur peine d'estre punys corporellement et de confiscation de leurs vaisseaux et marchandises; et s'il advient qu'aulcuns d'iceulx, aprés que vous aurés faict entendre ma volonté, y contreviennent, je vous ordonne de faire saisir leurs personnes, navires et facultez, et de faire faire bon inventaire des dicts biens, et m'advertir diligemment de la dicte saisie et de la valeur d'icelle, et je vous manderay ce que vous aurés d'en faire. Davantage, vous ferés advertir secretement et promptement mes dicts subjects, qui sont de present au dict pays d'Espagne et de Portugal, et aultres qui sont soubs l'obeïssance du roy d'Espagne, qu'ils en partent et se retirent en mon Royaume le plus tost qu'ils pourront, pour des raisons qui n'importent pas moins à leur utilité et conservation particuliere qu'à mon service[1]. Usés donc de diligence, et donnés ordre que je sois servy et obey selon mon intention, et vous me ferés service tres agreable : priant Dieu, mon Cousin, qu'il vous ayt en sa saincte et digne garde. Escript à Paris, le iij^e jour d'aoust 1601.

HENRY.

DE NEUFVILLE.

[1] Voyez la lettre suivante sur le motif de ces mesures, qui faillit rallumer la guerre entre les deux royaumes.

1601. — 4 AOÛT.

Orig. — B. N. Fonds Béthune, Ms. 9084, fol. 75.
Cop. — Suppl. fr. Ms. 1009-2.

[AU CONNÉTABLE.]

Mon Cousin, Il m'ennuye d'avoir desjà demeuré quelque temps sans avoir de vos nouvelles, encore que je m'asseure qu'elles ne sont que bien fort bonnes, et que les eaux que vous avés continué de prendre, vous auront tousjours profité de plus en plus. Car j'entends tous les jours nouvelles confirmations des bonnes qualitez et vertus qu'a cette fontaine où vous estes. J'ay esté aussy conseillé de prendre des eaux de Pougues, et pour le faire avec plus de patience, je me suis resolu d'aller demeurer pour douze ou quinze jours à St-Germain, au lieu d'aller à Fontainebleau comme j'avois proposé; mais il m'a esté rapporté que les chaleurs y sont si extresmes qu'il n'y auroit d'ordre d'y demeurer. C'est pourquoy je remets ce voyage à la fin de ce mois, qu'il y a apparence que les chaleurs seront de beaucoup diminuées. Depuis la depesche que je vous feis en vous envoyant la commission des estats, il ne nous est icy rien survenu de nouveau, estant tousjours attendant l'evenement de ces deux sieges qui se font en Flandres. Pour l'archiduc et le prince Maurice, ils travaillent de leur costé tant qu'ils peuvent. Le dernier advis porte que ceulx d'Ostande avoient faict une grande sortie et qu'il leur estoit bien succédé. Les troupes d'Italie n'estoient pas encore arrivées à l'archiduc. L'on mande que la perte y est si forte, qu'il est en danger, pour ce qu'il en reste, de n'en tirer pas grand secours.

Il est arrivé quelque desordre en Espagne, où la franchise de la maison de mon ambassadeur a esté forcée, ayant envoyé prendre en icelle quelques-uns des siens prisonniers, pour quelques excés qui estoient advenus entre eux et quelques Espagnols qui en auroient esté mal traictez[1]. L'ambassadeur qui est deçà faict ce qu'il peut pour

[1] L'affaire est ainsi exposée par l'historien Dupleix : « Antoine de Silly, sieur de la Rochepot, estoit ambassadeur en Espagne pour le Roy. Un sien neveu se baignant

reparer ceste injure, mais je suis resolu de ne la souffrir pas, qu'elle ne soit bien satisfaite. Il n'y a point encore d'advis bien certain du dessein du prince Doria, mais puisqu'il est en mer, il y a apparence qu'il se vouldra advancer d'executer son entreprise, avant que le temps luy soit plus contraire. C'est ce que nous avons icy de nouveau pour ceste heure. S'il en survient davantage, je continueray de vous en faire part. Les meilleures que je puis attendre, c'est la continuation de vostre disposition, et vostre acheminement pour vostre retour de deçà. Sur ce, je prie Dieu, mon Cousin, vous conserver en sa saincte garde. Escript à Paris, ce iiij^e aoust 1601.

HENRY.

FORGET.

1601. — 12 AOÛT.

Cop. — Biblioth. de M. Monmerqué, Ms. intitulé *Lettres à l'ambassadeur du Levant.*

[A M. DE BRÈVES.]

Monsr de Breves, Un gentilhomme Siennois nommé Lezziny se trouve prisonnier à la porte du Grand [Seigneur] et m'est recommandé de mes plus speciaux serviteurs. Mon oncle le grand duc de Toscane, [qui] luy a donné mille sequins pour la rançon de un sien

un soir avec quelques gentilshommes françois, les Espagnols leur dirent des injures et jetterent leurs habits dans l'eau. Les François, irritez de leur insolence, les chargerent à coups d'espée, et nonobstant leur nombre et leur resistance, en tuerent deux, en blesserent d'autres, et aprés gagnerent le logis de l'ambassadeur de France. Le peuple s'estant attroupé avec armes, à la suscitation des parents de ceux qui avoient été tuez, estoit en termes de forcer le logis de l'ambassadeur, sans nul respect du droit des gents, si l'alcade (qui est le magistrat de la justice) n'y eust accouru et ne se fust saisi du neveu de l'ambassadeur et de ses compagnons, violant luy-mesme par cette action le droit inviolable entre les ennemys mesmes, soubs pretexte de contenter ceste populace. — Le Roy, adverti du procedé des Espagnols, luy commanda de se retirer sans prendre congé du roy d'Espagne...... Sa Majesté, pour tesmoigner son indignation, interdit cependant à tous ses sujets le commerce d'Espagne. » (*Hist. de Henry le Grand,* Paris, 1633, p. 298.) On verra ci-aprés la suite de cette affaire.

frere, veut parfaire le reste, et donnera ordre de faire fournir en Constantinople ce qu'il conviendra pour cest effect. Ne faillés à vous employer d'affection pour moyenner et faciliter sa delibvrance; car je desire le gratifier et favoriser; mais advisés à vous y conduire avec telle prudence et discretion qu'en embrassant la dicte delivrance l'on ne prenne occasion de croire qu'il soit beaucoup plus riche qu'il n'est, et que là-dessus l'on ne vienne à augmenter la dicte rançon; car vous avés à faire à personnes assez pernitieuses pour concevoir ceste opinion. De quoy me remettant à vostre conduicte, je vous asseureray que vous me ferés service tres agreable : priant Dieu, Monsr de Breves, qu'il vous ayt en sa saincte garde. Escript à St-Germain en Laye, le xij^e aoust 1601.

HENRY.

[1601.] — 13 AOÛT. — Ire.

Orig. autographe. — Archives des Médicis; légation française, liasse 3. Copie transmise par M. le ministre de France à Florence.

A MON ONCLE LE GRAND DUC DE TOSCANE.

Mon oncle, Le sejour qu'a faict auprés de moy le chevalier Vinta m'a esté tres agreable pour vostre consideration et pour sa valeur. J'ay souvent aussy traicté avec luy de toutes choses avec la liberté que merite la confiance que vous avés en luy, et principalement du desir que j'ay que nous recueillons le fruict de nostre alliance que nous en avons esperé; à quoy je me confesse et recognois tous les jours d'autant plus atenu, que s'accroissent aussy les occasions que j'ay d'estre tres content des actions et de la personne de la Royne, comme le dict Vinta m'a promis vous rapporter, en vous asseurant de ma part de mon inviolable et perpetuelle amitié; si bien qu'il ne me reste que à vous tesmoigner le contentement que le dict Vinta m'a laissé de sa conduite : et sur ce, le vous recommander comme je fais de tout mon cœur : duquel je prie Dieu, mon oncle, vous avoir en sa saincte et digne garde. Le xiij^e aoust, à St-Germain en Laye.

HENRY.

1601. — 13 AOÛT. — IIme.

Orig. — B. N. Fonds Béthune, Ms. 9070, fol. 86.
Cop. — Suppl. fr. Ms. 1009-2.

[AU CONNÉTABLE.]

Mon Cousin, J'ay receu vos deux depesches des xxixe du passé et premier de cestuy-cy, et veu par les premieres les grandes plainctes que vous avés receues des catholiques, et principalement des ecclesiastiques, des excés et violences qui leur sont faictes par ceux de la religion pretendue reformée, estimant entre aultres que ce soit ceulx de la ville de Nismes qui se veulent approprier d'une partie de leur recolte pour fournir à l'entretenement de leurs ministres, continuant la longue possession qu'ils en ont cy-devant faict durant les troubles. A cela, si vous estiés auprés de moy, je n'y pourveoirois que par vostre advis; à plus forte raison vous retrouvant maintenant sur les lieux, et pouvant mieux juger du remede, je m'en remettray du tout à vous, vous priant de l'y apporter tel que vous cognoistrés estre necessaire; comme il ne se pouvoit mieulx commencer que en appellant, ainsy que je vois, les consuls de la dicte ville de Nismes, pour leur en faire une bonne reprimande. Car c'est à la verité à eulx d'en respondre, parce qu'il ne peut sortir de la dicte ville des gens armez, qu'ils ne saichent quels ils sont et à quel effect ils sont sortys; et estime que c'est à eulx à qui l'on s'en doibt adresser pour representer les aucteurs et executeurs de telles violences, desquels, s'ils peuvent estre apprehendez, il faudroit en faire une bonne et exemplaire justice pour en desaccoustumer, aprés, les aultres. J'ay advisé d'en escrire aux consuls de la dicte ville la lettre que je vous envoye, que vous leur ferés tenir, vous priant, s'il est possible, de faire attrapper quelques uns de ces fourrageurs et boutte-feux, et faire si bien accompagner vostre prevost, qu'il ne puisse estre empesché d'en faire la capture et jugement.

J'ay veu par vostre aultre derniere, comme vous avés receu les commissions des estats que je vous ay cy-devant envoyées et la resolution que vous faictes d'advancer la tenue d'iceulx, affin que cela ne retarde point vostre acheminement de deçà, et que vous n'y soyés au temps que vous m'avés promis; dont je suis bien aise et vous prie d'en demourer tousjours en ce bon propos; car nostre separation commence à devenir trop longue et ennuyeuse. Il y a desjà quatre ou cinq jours que j'ay commencé icy à prendre des eaux de Pougues, dont je ne me suis aulcunement desbauché, et espere, avec l'advis de mes medecins, qu'elles me profiteront et que je m'en porteray beaucoup mieux. Je ne me contraincts poinct pour cela de discontinuer mes exercices ordinaires, de jouer à la paulme et d'aller à la chasse, et recognois que cela aide plus à l'effect desdictes eaux, qu'il n'y nuit. Je croy que je continueray de les prendre encore cinq ou six jours. Ce sera à ce mesme temps que finira le huictiesme mois de la grossesse de la Royne ma femme, et que nous serons en liberté de la transporter à Fontainebleau pour y faire ses couches, où j'espere que vous arriverés assez à temps pour vous resjouir, sur le lieu, du fruict qu'il plaira à Dieu nous en donner. Je vous mandois par mes dernieres comme nous estions en grande expectation dessus deux sieges qui se font en Flandres. Nous sommes maintenant esclairez de celuy de Rembergues, que le prince Maurice a prins par composition; et est à presumer que celuy d'Ostande, que faict l'archiduc, luy en deviendra plus difficile et incertain, et que le dict prince Maurice y amenera tout ce qu'il avoit devant le dict Rembergues, ou qu'il assiegera quelque aultre place pour faire une diversion; n'estant pas ceulx de la dicte ville d'Ostande fort pressez, parce qu'ils tiennent encore tout le dehors et y peuvent mettre tant de gens qu'il leur plaist, la royne d'Angleterre y ayant envoyé de sa part trois mille Anglois. De sorte que le mieux qui en puisse advenir au dict archiduc est que ce sera un siege fort long et de grande despense, aprés lequel il sera mal aisé qu'il puisse entreprendre de tout le reste de ceste année. Nous n'avons d'ailleurs aulcunes aultres nouvelles de consequence. Sur ce, je prie Dieu, mon

Cousin, vous avoir en sa saincte et digne garde. Escript à Sainct-Germain en Laye, le xiij^e jour d'aoust 1601.

HENRY.

FORGET.

[1601.] — 16 AOÛT.

Imprimé. — *OEconomies royales*, édit. orig. t. II, chap. 8.

[A M. DE ROSNY.]

Mon amy, Sur ce que j'ay entendu que le s^r Martin poursuit la suppression des deux estats de collecteurs des tailles en mon duché d'Albret, lesquels ont esté pourveus des dicts offices par moy, et desquels j'ay receu la finance; et que de tout temps mes predecesseurs ducs d'Albret ont joui de ce privilege, comme vous verrés par les lettres de provision qui vous en seront monstrées; aussy que, oultre le dict privilege, ma sœur a interest à la conservation des dicts offices, pource que cela est dans son partage provisionnel, et que, si les pourveus estoient supprimez, pour leur remboursement ils saisiroient son revenu le plus clair : cela est cause que je vous ay bien voulu faire ce mot de ma main, pour vous dire que vous faciés surseoir le jugement de cest affaire jusques à ce que je vous aye sur cela faict entendre plus amplement ce qui est de mon intention, comme aussy j'escris le semblable à m^r le chancellier : et sur ce, Dieu vous ayt, mon amy, en sa saincte et digne garde. Ce xvj^e d'aoust, à St-Germain en Laye, au soir.

HENRY.

[1601.] — 20 AOÛT. — Ire.

Orig. autographe. — Arch. des Médicis. Christine de Lorraine, liasse 77. Copie transmise par M. le ministre de France à Florence.

Cop. — B. N. Fonds Béthune, Ms. 8957, fol. 1 verso; et Suppl. fr. Ms. 1009-3.

A MA TANTE ET BONNE NIEPCE LA GRANDE DUCHESSE DE TOSCANE.

Ma tante et bonne niepce, Je n'ay pas voulu faire passer à Rome le s^r de Bethune, qui m'y va servir d'ambassadeur, sans vous faire visiter et saluer par luy, ainsy qu'il fera en vous presentant ceste lettre, par laquelle je vous prie vous asseurer tousjours de mon amitié et me continuer la vostre, vous souhaitant et à toute vostre famille pareille felicité qu'à moy-mesme. Il vous dira aussy quelle est la disposition de la Royne, qui est entrée aujourd'huy dans son neufviesme mois, et de l'accouchement que j'espere, avec l'aide de Dieu, que vous aurés receu la nouvelle, à vostre contentement, devant que le dict de Bethune arrive auprés de vous. Par tant, ma tante et bonne niepce, je ne vous feray la presente plus longue que pour prier Dieu qu'il vous conserve en parfaicte santé. Ce xx^{e 1} aoust, à Sainct-Germain en Laye.

Vostre nepveu et bien bon oncle,
HENRY.

[1601.] — 20 AOÛT. — IIme.

Orig. autographe. — Arch. des Médicis, documents origin. liasse 13. Copie transmise par M. le ministre de France à Florence.

Cop. — B. N. Fonds Béthune, Ms. 8957, fol. 1 verso; et Suppl. fr. Ms. 1009-3.

A MON ONCLE LE GRAND DUC DE TOSCANE.

Mon oncle, J'ay commandé au s^r de Bethune, que j'envoye à Rome pour m'y servir d'ambassadeur, de vous aller visiter et saluer en mon nom, au lieu où vous serés, pour recevoir vos commandemens où il va, car je veux qu'il ayt soin de les executer comme les miens mesmes. Je luy ay donné charge de vous communiquer ceux que je luy ay faicts en partant, et recevoir vostre bon advis sur l'execution d'iceulx, lequel je vous prie luy despartir, et, au reste, luy adjouxter pareille foy qu'à moy-mesme, qui prie Dieu vous avoir, mon oncle, en sa saincte et digne garde. Ce xxe aoust, à St-Germain en Laye.

HENRY.

[1] Il y a dans la copie du fonds Béthune une erreur sur la date de cette lettre et de la suivante, qui sont indiquées comme du 23.

[1601. — 23 août.] — Ire.

Cop. — B. N. Fonds Béthune, Ms. 8957, fol. 1 recto; et Suppl. fr. Ms. 1009-4.

[AU PAPE.]

Tres Sainct Pere, J'envoye à Vostre Saincteté le s^r de Bethune, porteur de la presente, auquel j'ay entiere fiance. C'est pour me servir d'ambassadeur auprés d'Elle, recevoir ses commandemens et me faire entendre ses intentions; de quoy je me promets qu'il s'acquittera fidelement. Je supplie Vostre Saincteté le recevoir et voir de bon œil, prendre en bonne part ce qu'il luy representera de la mienne, traicter avec luy en toute confiance, et me continuer sa bienveillance, comme à celuy qui desire demeurer eternellement, de Vostre Saincteté,

Le tres devost fils,

HENRY.

[1601. — 23 août.] — IIme.

Cop. — B. N. Fonds Béthune, Ms. 8957, fol. 1 recto; et Suppl. fr. Ms. 1009-4.

[AU CARDINAL ALDOBRANDIN.]

Mon Cousin, Le s^r de Bethune sera porteur de la presente, allant trouver Sa Saincteté et vous, pour me servir d'ambassadeur. Je me fie grandement en luy; par tant je vous prie traicter avec luy, avec la mesme liberté et franchise que vous feriés avec moy-mesmes. Il vous asseurera de la continuation de mon amitié, du fondement que je fais de la vostre, et du commandement exprés que je luy ay faict d'y avoir recours en toutes occasions, vous priant de le recepvoir benignement et le favoriser au besoing qu'il aura de vous pour mes affaires, et je le recognoistray en toutes occasions avec contentement. Je prie Dieu, mon Cousin, qu'il vous ayt en sa saincte et digne garde.

HENRY.

[1601. — 23 AOÛT.] — IIIme.

Cop. — B. N. Fonds Béthune, Ms. 8957, fol. 1 recto ; et Suppl. fr. Ms. 1009-4.

[AU CARDINAL DE FLORENCE.]

Mon Cousin, Je crains que vous m'ayés oublyé, puisque je ne reçois plus de vos lettres; et toutesfois il me semble que vous me debvés plus aimer que jamais, car je prise plus vostre vertu et vostre amitié que prince qui soit en ce monde. Le s^r de Bethune, que j'envoye par delà pour me servir d'ambassadeur auprés de Sa Saincteté, vous confirmera mon dire, vous rendra compte de ma santé et de celle de la Royne ma femme, et pareillement de l'estat de mes affaires; vous priant de luy adjouster pareille foy qu'à moy-mesme, et l'assister de vostre conseil et auctorité aux occasions qui se presenteront pour mes affaires; car je luy ay commandé d'y avoir recours, me promettant que vous ne l'aurés desagreable, comme je ne l'auray de m'en revancher à vostre contentement : priant Dieu, mon Cousin, qu'il vous ayt en sa saincte et digne garde.

HENRY.

1601. — 23 AOÛT. — IVme.

Orig. — B. N. Fonds Béthune, Ms. 9070, fol. 91.

[AU CONNÉTABLE.]

Mon Cousin, Il y a desjà quelque temps que je n'ay point eu de vos lettres; toutesfois j'ay sceu de mon cousin le s^r de Ventadour, vostre beau-fils, que vous aviés assigné la tenue des estats au xxe de ce mois, qui me faict croire que vous voulés tenir promesse et advancer l'acheminement de vostre retour de deçà, dont je seray fort aise. J'espere que vous trouverés nostre famille augmentée, et que Dieu aura exaucé les prieres de toute la France et nous donnera un dauphin. La mere en est, Dieu mercy, en tres bonne disposition, et n'a jusques icy ressenty aulcune incommodité de sa grossesse. Nous sommes tousjours en opinion de luy faire faire ses couches à Fontainebleau et l'y mener dans les premiers jours de la semaine prochaine. Vous avés sceu l'opposition qui a esté faicte par delà au s^r de Gouvernet, pour la charge de gouverneur de la ville et chasteau de Montelimard, dont je l'ay cy-devant pourveu; et comme je y ay nagueres envoyé un exempt de mes gardes pour entrer dans le dict chasteau avec nouvelle garnison. Et pour ce que j'ay esté adverty que cela ne s'est pas executé si promptement que la qualité du faict et le respect qui est deu à mon commandement le merite, j'en fais presentement une depesche bien expresse au s^r des Diguieres, pour m'y faire obeïr promptement, et neantmoins j'ay accordé, à sa requeste, une abolition à ceulx qui ont detenu le dict chasteau de Montelimard. C'est l'ordre qu'il s'est donné pour cest affaire, lequel, j'estime, reussira fort bien. Nous n'avons de dehors aultres nouvelles que celles du siege d'Ostande, qui se continue tousjours avec grande despense, et neantmoins il ne se peut advancer que lentement, parce que les forces qui sont dedans sont quasy esgales à celles qui sont devant; et puis la royne d'Angleterre se declare de les secourir de tous ses moyens. L'evenement de ce siege pourra faire jugement de la fortune des uns et des aultres. C'est ce que je vous puis dire ceste fois : priant Dieu, mon Cousin, vous conserver en sa saincte garde. Escript à Paris, ce xxiij^e aoust 1601.

HENRY.

FORGET.

[1601[1].] — 27 AOÛT.

Cop. — B. N. Suppl. fr. Ms. 1009-1.

[A M. DE ROSNY.]

Mon amy, Je vous envoye la lettre que j'escris à ma femme, affin qu'incontinent icelle receue, vous la luy portiés vous-mesmes. Mu-

---

[1] Cette lettre est datée à tort de 1602 par l'abbé de l'Écluse.

nissés-vous de bonnes raisons, affin qu'elle ne se fasche de ce voyage et ne s'ennuye de mon absence. Vous verrés la lettre, par la coppie que je vous envoye. Pourvoyés à cela, et aussy à tout ce qui est necessaire pour ses couches, je vous prie. Errard[2] m'a demandé quelque chose sur un estat vacquant. Je suis d'advis de faire quelque chose pour luy ; mais mandés-moy quoy, et vostre advis. J'eus hier au soir des nouvelles de Calais, où l'on me mande que les assiegez d'Ostende se deffendent mieux qu'ils n'avoient encore faict ; et les assiegeans les assaillissent plus mollement. Bonjour, mon amy. Ce xxvij[e] aoust, à Verneuil.

HENRY.

[1601.] — 31 AOÛT.

Orig. autographe : — Collection de M. Charon. Communication de M. F. Feuillet de Conches.

[*A LA REINE.*]

Vous ne m'accuserés pas de paresse, mon cœur, car tous les jours je vous mande de mes nouvelles. De celles d'Ostende, il n'y a rien de nouveau. Je m'en vais disner à Boulogne, et seray demain, à mesme heure, à Calais. Je commence bien à m'ennuyer d'estre sans vous ; croyés que je hasteray mon retour tant que je pourray. Bonjour, m'amye, je te baise cent mille fois. Ce dernier d'aoust, de Monstreuil.

1601. — 2 SEPTEMBRE. — Ire.

Orig. — B. N. Fonds Béthune, Ms. 9093, fol. 38.

[AU CONNÉTABLE.]

Mon Cousin, L'ordre que m'avés escript, par vostre lettre du xve de ce mois, que vous avés donné pour suspendre le commerce d'Espagne et retirer du pays mes subjects qui y traffiquent, m'a esté tres agreable et suivant mon intention, et auray plaisir que l'effect s'en ensuive.

[2] Médecin de la Reine.

Car je ne vois point encores que le roy d'Espagne prenne le chemin de faire reparer l'injure qui a esté faicte à mon ambassadeur ny de faire mieulx traicter mes dicts subjects traficquans, lesquels continuent d'estre plus mal traictez par ses officiers qu'ils n'estoient en temps de guerre. Le s^r de la Rochepot n'avoit encores pris congé de luy, le xixe du mois passé, parce que le nonce du Pape, qui reside auprés du dict roy, l'avoit prié de differer deux ou trois jours à ce faire, dedans lesquels il esperoit d'accommoder les affaires : à quoy le dict s^r de la Rochepot estoit condescendu, pour justifier tousjours davantage sa procedure et ce qui en succedera. Sur cela, j'ay estimé debvoir faire le voyage en ceste province, que j'avois projecté il y a longtemps, pour visiter les places d'icelle, faire advancer les fortifications et les munir comme elles doibvent estre, affin, s'il faut rentrer en guerre (ce que j'esviteray tant que je pourrois), [que] je ne sois surpris de ce costé, mes voisins y estant armez comme ils sont ; car ils ont assemblé toutes leurs forces de part et d'autre, les archiducs pour prendre la ville d'Ostende, et la royne d'Angleterre et les Estats des provinces unies des Pays-Bas pour la deffendre. Vous verrés par un petit memoire que je vous envoie, faict par un cappitaine françois qui est dedans la place, qui est experimenté et advisé soldat, quelle opinion il a du succés du dict siege ; et toutesfois les dicts archiducs s'y opiniastrent plus que jamais, se promettans d'en avoir bonne isseue. Quant à moy, je les regarderay faire : qui sera leur rendre ce qu'ils m'ont aultrefois presté ; et croy, si vous arrivés auprés de moy à la fin du mois de septembre, comme vous me promettés par vostre dicte lettre, que vous y serés à temps encores pour juger des coups, car, en verité, je ne pense pas que la place soit prise si tost. Je fais estat de demeurer en ceste ville (où j'arrivay hier au soir) dix ou douze jours pour en avoir l'esbattement, car on en peut avoir nouvelles en un jour, et pouvons compter d'icy les canonades qui s'y donnent largement, ainsy que vous verrés par le dict memoire ; et si je n'estois pressé des couches de la Royne ma femme, auxquelles je desire me trouver, je ne partirois de ceste ville que ce siege ne fust finy, tant j'en juge l'evenement important aux affaires du monde.

Mais je suis tres desplaisant et mal content des façons de faire de mes subjects de la religion pretendue [reformée] de vostre gouvernement, que vous m'avés representé par vostre dicte lettre, et vous asseure que vous me ferés service tres agreable d'y pourveoir suivant mes edicts, auctorisant et assistant à cest effect mes officiers de la justice, comme vous jugerés estre necessaire; car je ne veux que l'on abuse de ma bonté comme font les aucteurs des dictes insolences. Donnés garde doncques, sans attendre sur ce autre instruction ny commandement de moy; car si vous estiés prés de moy, je m'y conduirois par vostre advis, ainsy que je vous ay jà escript; et croy avec vous que plus on differera le remede, plus le mal empirera. Je prie Dieu, mon Cousin, qu'il vous ayt en sa saincte et digne garde. Escript à Calais, le ij^e jour de septembre 1601.

HENRY.

DE NEUFVILLE.

1601. — 2 SEPTEMBRE. — IIme.

Imprimé. — *OEconomies royales,* édit. orig. t. II, chap. 96.

[A M. DE ROSNY.]

Mon Cousin, J'ay receu hier au matin à Boulogne, ainsy que j'en voulois partir, vostre lettre du xxixe d'aoust, par laquelle vous m'avés escript l'office que vous avés faict envers la Royne ma femme, sur mon acheminement en ceste province, que je suis tres aise qu'elle ayt si bien receu que vous m'avés mandé. Je n'en esperois pas moins de son affection au bien de mes affaires, et de vostre entremise vers elle. Venés donc me trouver le plus tost que vous pourrés, car je veux que vous soyés près de moy, estant à Calais, et pour cause[1]. J'escris au president Jeannin[2], qu'il vienne avec nous, car je suis de vostre advis

[1] Sur cette cause, voyez ci-après la note de la lettre du 7 septembre.

[2] Pierre Jeannin, un des hommes dont s'honore la France, naquit en 1540 à Autun, où son père, qui exerçait la profession de tanneur, était échevin. Distingué

qu'il pourra se presenter occasion de l'employer; et estime qu'il suffira
que vous faciés apporter vingt ou vingt cinq mil escuz, oultre les

fort jeune comme avocat au barreau de Dijon, il fut pris pour conseil par les États de Bourgogne, et il exerçait assez d'influence, en 1572, lorsque arriva l'ordre du massacre des protestants, pour décider le lieutenant général de la province à un sursis, grâce auquel le contre-ordre, envoyé de Paris, parvint à temps. Jeannin devint ensuite chef de la chancellerie de Bourgogne, conseiller, puis président à mortier au parlement de Dijon. Député aux États de Blois, il y porta la parole au nom du tiers état. Ses relations avec le duc de Mayenne, gouverneur de Bourgogne, lui acquirent toute la confiance de ce prince, dont il devint le plus sûr conseiller et même l'ami intime, *Meduanii intimus,* suivant de Thou. « M. de Guise tué, dit Tallemant des Réaux, M. de Mayenne, gouverneur de Bourgogne, prend les armes. Jeannin se donna à lui, et le servit très-utilement en ses affaires. Du temps qu'il étoit à M. de Mayenne, il traita ce prince à Autun dans la maison paternelle, lui présenta son père avec son tablier de corroyeur, en lui disant : « Monsieur, voilà « le maître de la maison; c'est lui qui vous « traite. » M. de Mayenne le reçut à bras ouverts, et le fit mettre au haut bout. Henri IV, maître de Paris, va à Laon; Jeannin y étoit : on vint à parlementer, on ne put s'accorder. Le Roi lui cria que s'il entroit dans Laon, il le feroit pendre. Jeannin, de dessus le rempart, lui répondit : « Vous « n'y entrerez que je ne sois mort; et après « je ne me soucie guère de ce que vous « ferez. »

C'était à lui que, pendant ce siége,

Mayenne avait confié le jeune comte de Sommerive son fils. Ce fut aussi lui qu'il chargea, en 1591, d'aller sonder les intentions de Philippe II, sur le roi à élire. Au retour, les preuves que le président donna des vues tout intéressées du roi d'Espagne préparèrent Mayenne à la soumission qu'il effectua trois ans plus tard.

Jeannin se retira alors dans sa province, d'où Henri IV le tira presque aussitôt pour se l'attacher particulièrement et en être aussi fidèlement servi que l'avait été le chef de la Ligue. La charge de premier président au parlement de Bourgogne étant vacante, le Roi en fit don à Jeannin, mais à la condition d'en traiter, pour ne plus quitter sa personne. Entré au conseil, il y fut à peu près sur le même pied que Villeroy et Sully. Ses principales négociations furent pour la paix de Savoie, en 1601, conjointement avec M. de Sillery; puis de 1601 à 1609, la reconnaissance des États de Hollande par l'Espagne. Outre ces missions considérables dont Henri IV chargea le président Jeannin, il le consultait sur tout, et sa confiance était telle qu'en une circonstance où le secret du conseil ne fut pas gardé, se plaignant de l'indiscrétion commise, il dit en prenant le président par la main : « Je réponds pour le bonhomme, « c'est à vous autres à vous examiner. » Il l'avait recommandé spécialement à la Reine, comme le ministre le plus sage et le plus intègre, dans le cas où sa mort amènerait une régence. Aussi Marie de Médicis, devenue régente, fit du président son principal conseiller, et lui confia

DE HENRI IV.   461

cent mille qui doivent estre employés à ce à quoy nous les avons destinez : et parce que j'espere vous voir bien tost, je ne vous feray la presente plus longue, pour prier Dieu, mon Cousin, qu'il vous ayt en sa garde. Escript à Calais, le ij^e septembre 1601.

　　　　　　　　　　　　　　　　　　　　　HENRY.
　　　　　　　　　　　　　　　　　　DE NEUFVILLE.

1601. — 2 SEPTEMBRE. — IIIme.

Cop. — B. N. Fonds Béthune, Ms. 9070, fol. 93.

[AU MARÉCHAL D'ORNANO.]

Mon Cousin, Vous avés bien faict d'avoir faict arrester en ma ville de Bourdeaux les balles à canon dont vous m'avés donné advis par vostre lettre du xviiie du mois passé, et n'en donnerés la main-levée sans mon commandement. Je me suis tousjours promis de l'affection et prudence du pere Mage, ce que vous m'avés mandé par la mesme lettre qu'il a tesmoigné sur le subject du livre des Jesuites, lesquels, à mon advis, ont esté contraincts à ce faire autant par indiscretion que par malice. Toutesfois, ils ne sont excusables de l'une ny de l'aultre procedure; mais je veux croire que le dict pere Mage les fera sages, et qu'il moderera l'ardeur du zelle qui les transporte[1]. A quoy je me promets aussy que le cardinal de Sourdis s'employera comme il doibt faire, tant pour obeïr aux commandemens que je luy en ay faicts, que aux promesses tres expresses qu'il m'en a faictes; car il m'a donné parole d'avoir en toutes choses tres bonne intelligence avec

la surintendance des finances, sous le titre de contrôleur général. Il parla au nom du Roi dans l'Assemblée des notables de 1617. Écarté quelque temps par les intrigues de la maréchale d'Ancre, il ne tarda pas à être rappelé, et conserva son influence jusqu'à sa mort, arrivée, dans sa quatre-vingt-troisième année, le 31 octobre 1622. Il voulut être enterré à Autun, dans le tombeau qu'il s'était fait préparer à côté de son père, dont l'épitaphe rappelait la profession.

[1] Le P. Lorenzo-Maggio, jésuite, avait obtenu du Roi la permission de visiter les couvents de son ordre en Guienne et en Languedoc. On verra ci-après qu'il fut ensuite mandé à la cour.

vous, et mesme de se conduire par vostre advis en ce qui concernera mon service, et je veulx croire qu'il s'en acquictera à mon contentement.

Au reste, vous sçaurés que je me suis acheminé en ceste province, suivant la deliberation que j'en avois faicte il y a quelques mois, pour visiter les fortifications que j'y fais faire, et pourveoir aux dicts pays comme il faut pour la seureté de ma frontiere. A la verité le traictement extraordinaire que l'on a faict en Espagne à mon ambassadeur et celuy qu'y reçoivent encore tous les jours mes subjects qui y traffiquent, a esté cause que je suis venu plus tost que je n'eusse faict, car j'avois deliberé d'attendre que la Royne ma femme se fust accouchée. Mais je ne veux estre pris au depourveu, s'il faut que nous rentrions à la guerre, de quoy je vous asseure que je n'ay aulcune volonté, mais aussy je suis encore moins disposé d'endurer une injure, quoy qu'il en puisse succeder; ce que vous dirés à tous ceulx qui vous en parleront, en advertissant chacun sur mes frontieres de delà de prendre garde à soy et aux desportemens de nos voisins, sans toutesfois rien attenter au prejudice de la paix publique, sous quelque pretexte que ce soit; me donnant advis de ce qui surviendra. Je prie Dieu, mon Cousin, qu'il vous ayt en sa saincte et digne garde. Escript à Calais, le ıje jour de septembre 1601.

HENRY.

DE NEUFVILLE.

[1601.] — 3 SEPTEMBRE.

Orig. autographe. — Collection de M. F. Feuillet de Conches.

[A LA REINE.]

M'amye, J'attendois d'heure à heure vostre lettre; je l'ay baisée en la lisant. Je vous responds en mer, où j'ay voulu courre une bordée par le doux temps. Vive Dieu! vous ne m'auriés rien sceu mander qui me fust plus agreable que la nouvelle du plaisir de lectures qui vous a prins. Plutarque me sourit tousjours d'une fresche nouveauté; l'aimer c'est m'aimer, car il a esté l'instituteur de mon bas aage. Ma bonne mere, à qui je doibs tout et qui avoit une affection si grande de veiller à mes bons deportemens, et ne vouloir pas, ce disoit-elle, voir en son fils un illustre ignorant, me mit ce livre entre les mains, encore que je ne feusse à peine plus un enfant de mamelle. Il m'a esté comme ma conscience, et m'a dicté à l'oreille beaucoup de bonnes honestetez, et maximes excellentes pour ma conduicte et pour le gouvernement des affaires[1]. A Dieu, mon cœur, je vous baise cent mille fois. Ce iij^e septembre, à Calais.

[1601.] — 5 SEPTEMBRE.

Orig. autographe. — Collection de M. F. Feuillet de Conches.

[A LA REINE.]

Mon cœur, J'ay tout ce matin esté sur les remparts à ouyr les coups de canon d'Ostande, qui se suivoient de si prés, qu'ils ont faict juger à un chascun qu'il y seroit arrivé quelque nouveauté. Demain au matin, je le sçauray et vous le manderay, s'il y a rien qui le merite. Je me porte bien, Dieu mercy, avec une extresme envie de vous revoir. J'ay envoyé m^r d'Aiguillon vers les archeducs[1]. Demain, m^r de Biron part pour Angleterre[2]. S'il faict aussy doux temps à Fontainebleau qu'icy, il y faict beau; vous faictes bien de vous promener. Je suis bien en peine de nostre fils[3]; mais je me resous à la volonté de Dieu en cela comme en toute aultre chose. Bonjour, mon cœur, je vous baise cent mille fois. Ce v^e septembre.

[1] On savait que Plutarque était la lecture favorite de Henri IV. La plupart de ses contemporains en ont parlé. Mais on ne voit bien jusqu'à quel point il portait cette prédilection, que dans cette belle lettre, restée inédite jusqu'au moment où M. Feuillet de Conches la tira de sa précieuse collection pour notre recueil. L'impatience de l'admiration donna dès lors à ce morceau exquis une première publicité dans quelques feuilles périodiques.

[1] Ce mot se trouve ainsi écrit dans cette lettre et les suivantes.
[2] Le départ de Biron fut retardé par les vents contraires. Voyez ci-après la lettre du 7 et la note.
[3] C'est-à-dire: de savoir si nous aurons un fils.

[1601.] — 6 SEPTEMBRE.

Orig. autographe. — Collection de M. F. Feuillet de Conches.

[*A LA REINE.*]

Mon cœur, Mr de Rosny vient de arriver, qui faict bien ce que vous lui avés commandé, de me presser fort de retourner; mais il a treuvé que j'en avois assez d'envie, et fais tout ce que je puis pour haster mes affaires; et ne craignés point, je seray une de vos sages-femmes. Si j'avois veu des gens que j'attends d'heure à aultre, je partirois soudain. Les affaires du siege se refroidissent du costé de l'archeduc. Quand je vous voirray, vous cognoistrés que mon voyage icy n'a pas esté inutile. Je loue Dieu de vostre bon portement, et le supplie tous les jours pour vous, que j'aime comme mon cœur et que je baise cent mille fois Ce vj^e septembre.

[1601.] — 7 SEPTEMBRE. — Ire.

Orig. autographe. — Collection de M. F. Feuillet de Conches.

[*A LA REINE.*]

M'amye, je ne vous sçaurois rien mander de nouveau d'aujourd'huy; mais demain, que m^r d'Aiguillon sera de retour des archeducs, je crois qu'il ne m'en manquera de subject. Le vent qui tire est tellement nostre ennemy, que je ne puis envoyer en Angleterre[1], ny avoir des

---

[1] Ces vents avaient secondé la traversée de lord Sidney, apportant de la part d'Élisabeth une lettre sur laquelle les *Œconomies royales* nous fournissent les renseignements les plus précieux. « Cette généreuse et brave reine Élisabeth n'eut pas plustost appris l'arrivée du Roy à Calais, qu'elle l'envoya visiter en son nom par le milord Edmont, son ambassadeur, qui luy apporta des lettres escrites de sa main, remplies de tant de complimens, offres, courtoisies et civilitez, que le roy voulant encherir sur icelles, il lui en escrivit d'autres de sa main avec tant de louanges et deferences, voire de submissions, qu'elles la firent resoudre de s'en venir à Douvres, d'où elle depescha soudain le s^r de Stafort, dit milord Sidnay, avec de secondes lettres au Roy. »

nouvelles de Hollande : qui estoit principal subject de mon voyage. Je me porte fort bien, Dieu mercy, si triste de ne vous avoir point avec moy, que si vous me voyés, vous en auriés du contentement. Bon

La première missive d'Élisabeth, apportée par l'ambassadeur Edmond, ne nous est point parvenue, non plus que la réponse de Henri IV. Mais voici la seconde lettre, que lui remit lord Sidney, telle que la donne Sully :

« Monsieur mon tres cher et bien aimé frere, j'avois tousjours estimé les conditions des souverains estre des plus heureuses et des moins sujetes à rencontrer des contradictions à leurs justes et legitimes desirs, mais nostre sejour en deux lieux si proches l'un de l'autre commence à me faire croire que ceux des hautes aussi bien que des mediocres qualitez rencontrent souvent des espines et des difficultez, puisque par certains esgards et respects, plustost pour satisfaire à autruy qu'à nous-mesmes, nous sommes tous deux empeschez de passer la mer : car je m'estois promis ce bon-heur et contentement que de vous baiser et embrasser des deux bras, comme estant vostre tres loyale sœur et fidelle alliée, et vous ce mien tres cher frere que j'ayme et honore plus que chose du monde, duquel (afin de vous dire le fonds de ma pensée) j'admire les vertus incomparables, et surtout sa valeur entre les armes, ses civilitez et courtoisies entre les dames; aussi que j'ay quelque chose de consequence à vous communiquer, que je ne puis escrire ny confier à aucun des vostres ny des miens pour maintenant : tellement qu'attendant le temps propre à cela, je me resoudray dans peu de jours de m'en retourner à Londres, et prieray Dieu, mon tres cher et bien aymé frere, qu'il vous continue ses sainctes graces et benedictions. C'est

« Vostre plus affectionnée sœur et loyale alliée ;
ELIZABETH. »

Henri IV, fort préoccupé de ce que la reine d'Angleterre pouvait avoir à lui communiquer si secrètement, eut l'idée d'envoyer Rosny, sans mission apparente, et comme si de lui-même il eût voulu profiter du séjour du Roi à Calais pour faire une promenade à Londres. Henri IV pensait bien qu'Élisabeth, informée de la venue de Rosny, le manderait aussitôt, et peut-être lui confierait ce secret. C'est ce qui arriva. A peine Rosny débarqué à Douvres, la reine le manda près d'elle, et en deux conversations, rapportées dans les *Œconomies royales*, lui communiqua le vaste projet d'équilibre européen et d'établissement de la liberté religieuse, projet que Henri IV mûrit pendant plusieurs années après la mort de cette princesse; qu'il était sur le point de réaliser lors du crime de Ravaillac, et auquel l'imagination de Sully donna des proportions et des développements si extraordinaires sous le nom de *République chrétienne*.

Rosny n'arriva de Fontainebleau à Calais que le 6, comme le constate la lettre précédente. Par celle-ci on voit que les vents restaient encore contraires. D'un autre côté, au retour, il retrouve à Calais Henri IV, qui ne quitta pas cette ville avant le 12 ou le 13, et fit partir auparavant l'ambassade solennelle du duc de Biron. C'est donc du 8 au 11 qu'on peut placer la double traversée de Sully.

soir, mon cœur : je seray à vous devant qu'accouchiés. Je vous baise cent mille fois. Ce vij° septembre.

[1601.] 7 SEPTEMBRE. — IIme.

Orig. autographe. — Biblioth. impér. de Saint-Pétersbourg, Ms. 886, lettre 51. Copie transmise par M. Houat.

A MONS^R DE BELLIEVRE,
CHANCELIER DE FRANCE.

Monsr le chancellier, Pour le refus qu'ont faict ceulx de ma court des aydes, de veriffier l'edict de creation des procureurs ez eslections de mon Royaulme, j'ay commandé l'expedition d'un pouvoir à mon cousin le prince de Conty, pour aller en leur compagnie le faire verifier en sa presence. Je vous prie le sceller; car, puisque j'ay esté esclaircy par vous que cest edict se peut tolerer, je ne puis souffrir une si grande resistance, laquelle je ne sçaurois considerer estre fondée sur le bien de mon service, mais plus tost sur quelque dessein particulier. Je vous prie donc de sceller ce pouvoir, affin que promptement je me serve des deniers que j'en dois toucher, pour mes bastimens, desquels je desire l'advancement avec autant et plus de passion que le jour que je les ay commencez. Sur ce, Dieu vous ayt, Monsr le chancellier, en sa saincte et digne garde. Ce vij° septembre, à Calais.

HENRY.

[1601.] — 8 SEPTEMBRE.

Orig. — Collection de M. F. Feuillet de Conches.

A MON FRERE LE DUC DE SAVOYE.

Mon frere, Je vous envoye le s^r de Chevrieres[1] pour vous voir faire le serment de l'observation de nostre dernier accord, que vous m'avés mandé par le s^r Fourny que vous feriés quand je voudrois.

[1] Jacques Mitte, comte de Miolans, seigneur de Chevrières et Saint-Chamond, chevalier des ordres du Roi, capitaine de cinquante hommes d'armes des ordon-

C'est une action necessaire et privée, laquelle je accompliray aprés, à vostre contentement; dont j'affectionneray les effects encore de meilleur cœur, pour vous faire cognoistre que je veux vous aimer comme mon frere, et vivre avec vous en bon voisin; faisant le semblable en mon endroict, comme vous m'avés promis et faict dire par le dict Fourny. Je remettray le reste au dict de Chevrieres, auquel, à ceste cause, je vous prie adjouster foy, comme à

Vostre bon frere,

HENRY.

Ce viij^e septembre, à Calais.

[1601.] — 9 SEPTEMBRE.

Orig. autographe. — Collection de M. F. Feuillet de Conches.

[*A LA REINE.*]

Mon cœur, M^r d'Aiguillon revint hier au soir. Il a receu toutes sortes d'honneurs. Il a trouvé ces princes fort estonnez de ma venue et de se voir hors d'esperance de pouvoir prendre ceste place[1]. J'ay pensé ne vous pouvoir mieulx esclaircir de toutes leurs nouvelles qu'en vous envoyant m^r de Montigny, qui a tout veu, qui vous asseurera aussy de mon prompt retour vers vous. Je m'en vais voir Ardres, et seray de retour ce soir, mon partement ne tenant plus à rien qu'à sçavoir des nouvelles d'Hollande; et si dans trois jours je n'en sçais, je laisseray quelqu'un icy pour pourveoir le moins mal que l'on pourra. Bonjour, mon cœur, je te baise cent mille fois. Ce ixme septembre.

nances, conseiller d'État, lieutenant général au gouvernement du Lyonnais. Il était fils aîné de Jean Mitte de Miolans, et de Françoise Maréchal, dame de Saint-Chamond. Dès l'année précédente, se trouvant à Turin, il avait découvert la trace des intelligences secrètes de Biron avec le duc de Savoie, et en avait prévenu Henri IV.

[1] Elle ne fut prise qu'en 1604.

[1601.] — 16 SEPTEMBRE.

Orig. autographe. — Arch. des Médicis, Christine de Lorraine, liasse 4. Envoi de M. le ministre de France à Florence.

A MA TANTE ET BONNE NIEPCE LA GRANDE DUCHESSE DE TOSCANE.

Ma tante et bonne niepce, Je n'ay pas voulu laisser partir le s^r Giovanini d'auprés de moy sans qu'il vous portast ceste lettre, qui vous donnera asseurance que, pendant qu'il y a residé pour le service de mon oncle le grand duc, il s'est si bien acquitté de sa charge, qu'il me demeure tout contentement de ses bons desportemens; et je desire qu'il vous en demeure pareille impression, et que vous l'ayés en toute bonne et favorable recommandation, comme je vous en prie, et Nostre Seigneur qu'il vous ayt, ma tante et bonne niepce, en sa saincte et digne garde. Le xvj^e de septembre, à Fontainebleau.

Vostre neveu et bien bon oncle,

HENRY.

[1601.] — 17 SEPTEMBRE.

Imprimé. — *Œconomies royales*, édit. orig. t. II, chap. 8.

[A M. DE ROSNY.]

[1]Mon amy, J'ay sceu que vous estiés arrivé à Rosny; je vous ay depesché ce courrier pour vous mander que vous me veniés trouver, pour ce que j'ay receu des nouvelles de m^r de la Rochepot, sur lesquelles je veux prendre vostre advis : qui est le subjet de la mienne. Ce xvij^e septembre, à Fontainebleau.

HENRY.

[1] Cette lettre était de la main du Roi.

[1601.] — 18 SEPTEMBRE.

Orig. autographe. — Archives royales de Sardaigne. Copie transmise par M. l'ambassadeur de France à Turin.

A MON FRERE LE DUC DE SAVOYE.

Mon frere, J'ay prié mon cousin le duc de Nemours, allant vers vous, de vous asseurer de la continuation de ma bonne volonté, en attendant que se presentast occasion de vous en rendre quelque bonne preuve par effet. Je sçais qu'il affectionne nostre mutuel contentement; c'est pourquoy je remettray le reste à la confiance que nous avons en luy, pour le vous recommander, et prier Dieu, mon frere, qu'il vous ayt en sa saincte et digne garde. Ce xviij^e novembre, à Fontainebleau.

Vostre bien bon frere,

HENRY.

1601. — 19 SEPTEMBRE. — Ire.

Orig. — B. N. Fonds Béthune, Ms. 9070, fol. 97.

[AU CONNÉTABLE.]

Mon Cousin, La crainte que j'ay eu de faillir à l'office de bon mary, et ne me trouver aux couches de la Royne ma femme, m'a faict haster mon retour de Picardie et le faire en poste, et [suis] arrivé icy, ayant trouvé la Royne en fort bonne disposition et avec aussy peu d'incommodité de la fin de sa grossesse qu'elle en a eu du commencement. Cela me faict esperer que nous en aurons tout bon succés, lequel nous sommes attendant d'heure à aultre. Vous serés des premiers adverty de la grace que Dieu nous en aura faicte, comme celuy que je sçay qui participe autant ou plus que nul aultre en toutes mes adventures et prosperitez. Je vous escrivis de Calais ce que j'y avois appris du siege d'Ostande, que je n'ay gueres laissé plus advancé qu'il estoit quand j'arrivay par delà, car leur travail est beaucoup plus lent et tardif que n'est le nostre en telles occasions. Leur meilleur capitaine est un nommé Castrix, qui a un regiment et n'avoit jamais eu auparavant aultre charge que de lieutenant de l'artillerie. Il leur fut blessé peu de jours avant que je partisse, dont toute l'armée demeura si desbauchée que depuis elle n'avoit quasy rien faict. Ceux de dedans aussy ne s'en sont que mocquez, et les menacent tous les jours de leur vouloir donner une bataille, car on tient qu'ils sont de sept à huit mille hommes dedans et ne peuvent estre plus de douze à quinze mille dehors. Toute la guerre qui s'y faict d'une part et d'aultre n'est guere qu'à coups de canon, dont ils font fort bon marché. Vous aurés desjà sceu, comme je crois, comme le malheur a voulu qu'un a porté sur le feu s^r de Chastillon[1], dont j'ay eu beaucoup de regret, car il estoit de fort bonne esperance; il avoit desjà, en ce peu de guerre qu'il avoit faicte, acquis fort bonne réputation. J'ay donné à son frere[2] tous ses estats.

Pendant que j'estois à Calais les archiducs m'ont envoyé visiter par le comte de Solre[3], et je leur ay rendu cest office par mon cousin le duc d'Aiguillon. J'ay aussy faict visiter la royne d'Angleterre par mon cousin le duc de Biron, qui n'en est pas encore de retour. J'ay eu, depuis que je suis icy, nouvelles du s^r de la Rochepot, qui me

---

[1] Henri de Coligny, comte de Coligny, seigneur de Châtillon-sur-Loing, amiral de Guyenne, gouverneur de Montpellier, capitaine de cinquante hommes d'armes des ordonnances, était passé en Hollande comme colonel général des gens de pied français que le roy avait envoyés au secours des États. Il s'était jeté dans Ostende, où il fut tué d'un coup d'arquebuse le 10 septembre 1601. Il était petit-fils du célèbre amiral de Coligny, dont son père, François de Coligny, était le fils aîné. Il avait pour mère Marguerite d'Ailly.

[2] Gaspard de Coligny, frère du précédent, devint à sa mort chef de la maison. Il joignit aux charges de son frère le bâton de maréchal de France en 1622, et eut plusieurs commandements importants sous le règne de Louis XIII. Sa terre de Châtillon fut érigée en duché-pairie le 18 août 1643, sous le nom de *Coligny*, pour son fils, qui venait d'abjurer la religion protestante, et qui, après sa mort, arrivée en 1646, prit le titre de duc de Châtillon.

[3] Philippe de Croy, comte de Solre, seigneur de Molembais, chevalier de la Toison d'or, grand écuyer et capitaine de la garde du roi d'Espagne, conseiller d'État des archiducs, et grand bailli de Tournay. Il était le fils aîné de Jacques de Croy et d'Anne de Hennin. Il mourut en 1612.

mande comme il s'est licencié d'avec le roy d'Espaigne, s'estant trouvé frustré de la courtoisie qu'il avoit esperée et qui luy avoit esté comme asseurée, de la restitution de ses prisonniers : qui est un traictement fort rude, et qui peut servir d'indice que l'intention n'en est pas bonne. J'en pourrois bien user de mesmes et faire encore pis pour ceulx qui sont prisonniers pour le faict de Metz, car ils ont esté jugez et condamnez à mort par ma court de parlement; toutesfois, je me suis resolu de les renvoyer à l'archiduc avec leur procés, pour en faire luy-mesme la justice; leur ayant voulu monstrer par cest exemple comme en semblable cas ils en devoient avoir usé en mon endroict. Je vous ay cy-devant mandé de faire publier la deffense de trafficquer en Espagne, pour laquelle je vous prie de faire encore une recharge bien expresse, pour la faire exactement observer, estant bien adverty qu'elle leur est tres incommode, et meritant bien que l'on leur face cognoistre que l'on se peut revancher de leur discourtoisie et en choses de beaucoup plus grande importance que sur ce qu'ils les ont faictes. Je crois que vous avés eu le mesme advis que j'eus hier par une depesche du s^r president du Vair, du ixe de ce mois, comme il estoit passé un courrier depesché pour l'Italie, qui y portoit la nouvelle que l'armée navale d'Espagne avoit eu la mer si contraire, qu'elle n'avoit peu prendre terre en Alger, où estoit son desseing, et avoit esté contraincte de s'en retourner, et qu'une partie avoit pris le chemin de Barcelonne et l'aultre revenoit en Italie; mais j'en viens d'avoir un aultre du s^r de la Guiche, qui mande tout le contraire, et que la dicte armée avoit prins Alger; de sorte que je ne sçay auquel des deux advis donner plus de creance, sinon qu'il semble que le premier soit plus exprés et avoir plu d'apparence. Si cela est, la dicte armée navale et le siege d'Ostande auront esté deux despenses faictes en ceste année, des moyens d'Espagne, qui n'auront pas faict beaucoup de fruict. J'estime au reste que dés maintenant vous serés prest à partir pour vostre retour de deçà, lequel je desire que vous advanciés le plus que vous pourrés, affin que vous me trouviés encore icy, d'où nous ne pouvons partir de tout le mois prochain. J'ay eu des advis qu'il se faict quelques assemblées de gens de cheval et de pied en Auvergne et en Limousin, et y en a qui apprehendent que ce ne soit commencement de quelques remuemens, mais j'estime plustost que ce ne soyent que querelles particulieres; et, à quelque effect que ce soit, je donneray bon ordre pour les separer. Je vous prie aussy de vostre part, si vous en entendés quelque chose, d'y pourvoir selon l'autorité que vous en avés. Sur ce, je prie Dieu, mon Cousin, vous avoir en sa saincte garde. Escript à Fontainebleau, ce xixe septembre 1601.

            HENRY.

            FORGET.

1601. — 19 SEPTEMBRE. — IIme.

Imprimé. — *OEconomies royales*, édit. orig. t. II, chap. 6 et 8 [1].

[A M. DE ROSNY.]

Mon amy, Ce pourquoy je vous mande de me venir trouver en ce lieu, et d'amener avec vous m^r de Villeroy, n'est pas que je desire que vous y faciés sejour de plus d'un jour, ny que vous y apportiés vos papiers, car je vous veux voir ensemble pour prendre vostre advis sur les bruits et advertissemens que j'ay cy-devant eus à Calais de m^r de Chasteauneuf; car ils m'ont esté reconfirmez d'aultres endroits, mesme que l'on en a veu à cheval qui ont esté congediez et renvoyez jusqu'à un aultre temps; sy que ce mal seroit pour croistre, s'il n'y estoit promptement pourveu. C'est pourquoy je vous prie de vous en venir incontinent et prendre en passant m^r de Villeroy; aussy que j'ay nouvelles d'Espagne sur lesquelles je serois tres aise que nous prenions quelques bonnes resolutions, ne voulant parler d'aultres affaires pour la premiere semaine des couches de ma femme, où nous serons assez empeschez à garder qu'elle ne se morfonde. N'amenés donc point avec vous personne d'affaires, car vous pouvés croire que je ne vous retiendray icy qu'un jour. Bonsoir, mon amy. Ce xixe septembre, à Fontainebleau.

[1] Cette lettre se trouve imprimée deux fois, à quelques pages de distance.

[1601.] — 19 SEPTEMBRE. — IIIme.

Orig. autographe. — B. N. Fonds Béthune, Ms. 9138, fol. 1.
Cop. — Suppl. fr. Ms. 1009-4.

A MADAME DE MONGLAT[1].

Madame de Monglat, Je vous ay choisie pour estre auprés de mon fils. C'est pourquoy je vous fay ce mot pour vous prier, incontinent la presente receue, de vous en venir icy, et vous y rendre demain au soir, asseurée que vous serés la bien venue et veue de moy et de ma femme. A Dieu, madame de Monglat. Ce xixe septembre, à Fontainebleau.

HENRY.

1601. — 22 SEPTEMBRE.

Orig. — Archives royales de Sardaigne. Envoi de M. l'ambassadeur de France à Turin.

A MON FRERE LE DUC DE SAVOYE.

Mon frere, Encores que le prieuré de Talloire despende de l'abbaye de Savigny, et ayt tousjours esté reputé membre et patrimoine d'icelle; qu'en ceste qualité les abbez du dict Savigny en ayent tousjours eu la collation, et que nouvellement l'abbé qui est à present l'ayt conferé à l'un de ses religieux; neantmoins, le dict abbé m'a faict entendre, qu'au prejudice de sa collation, vous avés nagueres faict pour-

---

[1] Françoise de Longuejoue, fille de Thibaut de Longuejoue et de Madeleine Briçonnet, était arrière-petite-nièce du cardinal Briçonnet, principal ministre de Charles VIII. Mariée d'abord à Pierre de Foissy, seigneur de Cernay, elle avait épousé en secondes noces Robert de Harlay, baron de Montglat, frère de M. de Sancy. Leur second fils fut grand louvetier de France. Leur fille aînée, mariée au seigneur de Saint-Georges, fut dame d'honneur de Mesdames Christine et Henriette, filles de Henri IV, puis gouvernante de Mademoiselle, nièce de Louis XIII. Mme de Montglat, jouissant de toute la confiance de Henri IV, et nommée par lui gouvernante des enfants de France, eut le soin non-seulement des enfants de Marie de Médicis, mais de ceux de Gabrielle d'Estrées, de la marquise de Verneuil et des autres maîtresses. On la citait à la cour pour son esprit caustique. Elle mourut en 1633.

474   LETTRES MISSIVES

veoir du dict prieuré l'un des vostres : chose qui n'est pas seulement contraire aux droicts particuliers de la dicte abbaye, mais qui faict aussy contre les derniers articles du dernier traicté et accord, nagueres conclud entre nous en ma ville de Lyon. De quoy je vous ay bien voulu escrire, pour vous prier, comme je fais, de faire revoquer la dicte provision du dict prieuré de Talloire, pour donner lieu à la collation du dict abbé de Savigny, auquel elle appartient de droict et de tout temps, et croire sur ce subject, comme moy-mesme, le s^r de Chevrieres, chevalier de mes ordres et mon lieuctenant general au gouvernement de Lyonnois; sur lequel me remettant, je ne vous en diray davantage, que pour vous asseurer que, vous disposant à chose si juste et raisonnable, je m'en revancheray en aultre occasion quand elle se presentera : priant Dieu, mon frere, qu'il vous ayt en sa saincte garde. Escript à Fontainebleau, le xxij^e jour de septembre 1601.

Vostre bon frere,
HENRY.

[1601.] — 23 SEPTEMBRE.

Imprimé. — *Dictionnaire des familles de l'ancien Poitou,* par M. Henri FILLEAU, Poitiers, 1846, in-8°, t. I, p. 165.

A MADAME DE PIOLANS.

Madame de Piolans[1], Vous ayant choisie et elue pour estre soubsgouvernante des enfans qu'il plaira à Dieu me donner, pour les loua-

[1] Louise du Bois, fille de Pierre du Bois, seigneur de la Béraudière, et de Renée de Bras-de-Fer, avait épousé, en 1567, François d'Aviau, seigneur de Piolant, chevalier de l'ordre du Roi, gentilhomme ordinaire des rois François II et Charles IX. Madame de Piolant, après avoir été sous-gouvernante des enfants de France, sous madame de Montglat, devint gouvernante des filles de France mesdames Élisabeth et Christine, la première reine d'Espagne, et l'autre duchesse de Savoie. Ces princesses l'appelaient familièrement *M'amie - Lan.* Quelques-unes des lettres qu'elles lui écrivirent sont données dans l'estimable recueil généalogique où nous puisons ces renseignements et la lettre même de Henri IV à madame de Piolant. Cet ouvrage a été publié posthume, avec beaucoup de soin, par M. H. Beauchet, petit-fils de l'auteur, et par M. de Chergé.

bles qualitez qui sont en vous, je vous en ay bien voulu advertir par ce mot de ma main, et vous prier incontinent de vous rendre en ce lieu, asseurée que vous y serés la bien venuë et veuë de ma femme et de moy, et que vous n'y serés pas si tost que j'esperé estre pere; car j'en suis à la veille. A Dieu, lequel je prie vous avoir, madame de Piolans, en sa garde. Le xxiij° septembre, à Fontainebleau.

HENRY.

1601. — 27 SEPTEMBRE. — Ire.

Cop. — Biblioth. de M. Monmerqué, Ms. intitulé *Lettres à l'ambassadeur du Levant*.

[A M. DE BRÈVES.]

Monsr de Breves, Les Espagnols ont failly l'entreprise d'Alger, combattus, ainsy qu'ils publient, de la tempeste, qui les a assaillys à quatre lieues de là où ils vouloient descendre. Mais l'Empereur a deffaict le Battory, de quoy il s'attendoit de tirer un grand advantage, en quoy favorisera la mort d'Ibrahim-Bassa, que je regrette grandement, et l'insuffisance de son successeur, puisqu'elle est telle que vous me l'avés representée par vostre lettre du xv° juillet, que j'ay receue le xviij° de ce mois. Aussy dict-on que le dict Empereur faict compte d'assieger Bude, ce pendant que l'archiduc Ferdinand, assisté des troupes du Pape et des dicts Espagnols, acquerra Camise, dont, s'il a bonne isseue, le Sophy ouvre la guerre à ce Seigneur. Jugés en quelle anxieté il sera reduict, avec les revolutions de l'Asie et alterations et jalousies qui naissent en Barbarie, de l'intelligence que l'on descouvrira maintenant, que les dicts Espagnols y auroient pour y executer leurs entreprises susdictes. Les imperialistes aussy publient que le bassa vice-roy de la Grece a offert des conditions pour la paix, advantageuses, lesquelles ils ont refusées, esperant reduire ce Seigneur en tel cas qu'il les recevra d'eux telles qu'ils voudront luy imposer, avec actions de graces. A quoy il y a grande apparence d'adjouster foy, s'il ne change de conduicte et s'il les luy manque. Continués à m'advertir de ce que vous en aprendrés. Je vous enverray une lettre pour ce premier visir nouvellement créé, si j'apprends par vostre première qu'il ne soit passé en Ongrie. cependant je m'attends que vous l'aurés visité et presenté[1] en la forme accoustumée, suivant ce que vous m'avés escript par vostre dicte lettre. A tant, je prie Dieu, Monsr de Breves, qu'il vous ayt en sa saincte garde. Escript à Fontainebleau, le xxvıj^e jour de septembre 1601.

HENRY.

[1601.] — 27 SEPTEMBRE. — IIme.

Imprimé. — *OEconomies royales*, édit. orig. t. II, chap. 8.

[A M. DE ROSNY.]

[1] Mon amy, Je n'ay voulu differer plus long-temps à vous faire part de mon contentement, qui est que la Royne ma femme vient tout presentement d'accoucher d'un fils, à ce que vous vous en resjouissiés avec moy, qui vous depesche la Forest[2], exprés pour vous porter ceste bonne nouvelle. A Dieu, mon amy. Ce jeudy xxvıj^e septembre, à Fontainebleau, à 10 heures du soir.

HENRY.

1601. — 27 SEPTEMBRE. — IIIme.

Orig. — B. N. Fonds Béthune, Ms. 9129, fol. 43.

A MONS^R DE MONTIGNY,

CHEVALIER DE MES ORDRES, CAPITAINE DE CINQUANTE HOMMES D'ARMES DE MES ORDONNANCES ET GOUVERNEUR DE MA BONNE VILLE DE PARIS.

Monsr de Montigny, J'escris aux prevost des marchans et eschevins de ma bonne ville de Paris pour leur donner advis de l'heureux ac-

---

[1] Ce verbe est employé ici dans une acception étymologique fort singulière, comme on pourrait le faire plaisamment dans un style familier en soulignant le mot. C'est du mot *présent*, synonyme de *cadeau*, que l'on fait dériver ici le verbe *présenter*, en lui donnant le sens de gratifier d'un présent.

---

[1] Ce billet était de la main du Roi.
[2] Au lieu de *la Varenne*, que porte le texte des Économies royales. Sur cette correction, voyez le post-scriptum de la lettre suivante, la lettre du 11 octobre et la VIe du 16. Rosny était alors en Gascogne.

couchement de la Royne mon espouse, qui vient presentement de mettre au monde un fils, et leur mande qu'ils ayent à en faire faire des feux de joye et assister aux processions generales qui se feront à ceste occasion. De quoy je vous ay bien voulu advertir par la presente, tant affin que vous teniés la main à l'execution de ceste mienne volonté, que pour vous rendre participant de cette bonne nouvelle et du plaisir et contentement que j'en reçoy, et aussy que vous donniés ordre que par les lieux où vostre pouvoir s'estend, vous faciés faire le semblable : à quoy m'asseurant que vous satisferés selon ma volonté, je prieray Dieu qu'il vous ayt, Monsr de Montigny, en sa saincte et digne garde. A Fontainebleau, le xxvij^e jour de septembre 1601.

HENRY.

RUZÉ.

Je vous envoye le s^r de la Varenne, contrerolleur general de mes postes, exprés pour vous porter cette bonne nouvelle.

1601. — 27 SEPTEMBRE. — IVme.

Orig. — B. N. Fonds Béthune, Ms. 9070, fol. 95.

A MON COUSIN LE DUC DE MONTMORENCY,

PAIR ET CONNESTABLE DE FRANCE, GOUVERNEUR ET MON LIEUCTENANT GENERAL
EN LANGUEDOC.

Mon Cousin, Presentement, sur les dix heures du soir, la Royne ma femme est heureusement accouchée d'un fils; dont, grace à Dieu, la mere et l'enfant se portent bien. Je n'ay pas voulu differer davantage de vous en donner advis par le secretaire du Faultrey exprés, comme à celui de mes bons serviteurs qui s'en resjouira autant, et affin que vous participiés de tant plus tost à cette bonne nouvelle, de laquelle je vous prie faire part à tous mes bons serviteurs de vostre gouvernement et en faire rendre graces publiques à Dieu. Je n'en escris que à ma court de parlement et ville de Thoulouse, remettant à vous en faire les aultres depesches, et ne mesleray point d'aultres nouvelles en ceste-cy, cela se reservant pour une aultre, ne se presentant aussy rien de pressé pour le present. Sur ce, je prie Dieu, mon Cousin, vous avoir en sa saincte garde. Escript à Fontainebleau, le xxvije jour de septembre 1601.

HENRY.

FORGET.

1601. — 27 SEPTEMBRE. — Vme.

Cop. — Archives municipales de Briançon, Registre in-fol. dit *le Livre du Roi*. Transcription de M. Tanché-Prunelle, conseiller à la cour d'appel de Grenoble. Envoi de M. Pierrangely.

[A M. DES DIGUIERES.]

Monsr des Diguieres, Combien que j'ay resolu de vous depescher le sr president de St-Jullien, toutesfois pendant qu'il est allé faire un tour à Paris, il a pleu à Dieu nous donner aujourd'huy un daulphin. Je n'ay pas voulu differer à son partement de vous en dire la nouvelle, que je sçais qui vous sera si agreable, que je la vous ay voulu envoyer exprés par le sr d'Espinay, l'un de mes gentilshommes servans, comme à celuy de mes bons serviteurs qui a autant part à toutes mes bonnes adventures; entre lesquelles celle-cy peut bien estre des premieres et plus importantes au repos de cet Estat. Je le mande aussy à ma court de parlement de Daulphiné et aux depputez des estats du dict pays, comme à ceulx auxquels ceste bonne nouvelle doibt estre plus agreable, comme y ayant particulierement interest et advantage. Je vous prie donner ordre de la communiquer, aux aultres villes, à mes bons serviteurs de la province, affin que Dieu en soit loué et remercié de tout, à quoy vous pourveoirés, aussy à ce que les graces publiques en soyent faictes partout; dont je m'asseure que vous aurés assez de soing, sans qu'il soit besoing le vous recommander davantage. Je ne mesleray poinct icy d'autres affaires avec ceste-cy, qui merite bien d'avoir ceste depesche particuliere et toute entiere. Je la finiray donc pour prier Dieu, Monsr des Diguieres, vous avoir en sa saincte garde. Escript à Fontainebleau, le xxvij° jour de septembre 1601.

HENRY.

FORGET.

1601. — 27 SEPTEMBRE. — VIme.

Orig. — Arch. municip. d'Amiens, liasse D. 12, pièce 8. Copie transmise par M. Delpit.
— Arch. municip. d'Abbeville. Copie transmise par M. Louandre.
— Arch. municip. de Bourges. Copie transmise par M. le préfet du Cher.
— Arch. municip. de Compiègne. Copie transmise par M. Graves. Etc.
Cop. — Arch. nationales, section administr. série H, 1792, Registres authentiques de l'hôtel de ville de Paris, fol. 664 verso.
— Arch. municip. de Rouen, Registres des délibérations, 1591-1602, fol. 398. Envoi de M. le préfet.
— Arch. de la cour d'appel de Rouen, Registres secrets originaux du parlement de Normandie, vol. du 9 septembre 1600 au 8 novembre 1604, fol. 39 verso.
— Arch. du capitole de Toulouse, Registre des annales, vol. IV, fol. 451. Transcription de M. Belhomme.
— Arch. de l'hôtel de ville de Saint-Quentin. Transcription de M. Eugène Janin. Etc.
Imprimé. — *Mémoires de messire Philippes de Mornay*, in-4°, t. III, p. 23. Etc.

CIRCULAIRE SUR LA NAISSANCE DU DAUPHIN.

[1] Entre tant de miraculeux tesmoignages de l'assistance divine que l'on a peu remarquer en nostre faveur depuis nostre advenement à ceste Couronne, il n'y en a un seul qui nous ayt faict ressentir plus vifvement les effects de sa bonté, que l'heureux accouchement de la Royne nostre tres chere et tres amée espouse et compagne, qui vient presentement de mettre au monde un fils : dont nous recueillons une joye que nous ne pouvons assez exprimer. Mais comme les calamitez publiques nous ont tousjours plus esmeu durant nos miseres passées

---

[1] Parmi les exemplaires que nous avons recueillis, il n'y a que ceux à l'adresse de la ville de Paris, de celle de Rouen, et du parlement de Normandie, qui contiennent ce préambule. Les autres commencent par les mots : « Il a pleu à Dieu faire la grace à la Royne...... » Celle aux capitouls de Toulouse débute même ainsi : « Ce jour d'huy dix heures du soir........ » Le reste est à peu près semblable dans toutes.

que la consideration de nostre particulier interest, aussy ne recevons nous pas tant de plaisir et contentement pour ce qui nous touche, en ceste naissance, que pour le bien general de tous nos subjects, qui auront bonne part en ceste occasion de resjouissance; dont nous avons bien voulu vous advertir par la presente, et par icelle vous mander, comme nous faisons, que vous assistiés aux processions generales que nous mandons en estre faictes, affin que, par le moyen de bonnes prieres publiques et particulieres d'un chacun, nostre dict fils puisse rencontrer un gratieux et favorable accueil de sa divine bonté, et par sa saincte grace estre nourry et eslevé à sa gloire et à son honneur, et que, multipliant encores ses benedictions sur nous, nous puissions luy donner des enseignemens pour le faire cheminer toute sa vie en sa crainte et en son amour, et en bienveillance à nos subjects. Sy, n'y faictes faulte, sur toute l'affection que vous avés au bien de nostre service. Donné à Fontainebleau, le xxvije jour de septembre 1601.

HENRY.

RUZÉ.

1601. — 27 SEPTEMBRE. — VIIe.

Orig. — B. N. Fonds Béthune, Ms. 8956, fol. 15.
Imprimé. — *Lettres du cardinal d'Ossat*, t. V. Supplément, p. 51.

A MON COUSIN LE CARDINAL D'OSSAT.

[1] Mon Cousin, Ceste lettre n'est que pour vous faire sçavoir que presentement la Royne ma femme s'est heureusement delivrée d'un dauphin; de quoy je n'ay voulu tarder davantage à vous donner advis, affin que vous le donniés aussy à Nostre Tres Sainct Pere le Pape et aux cardinaux du Sacré College auxquels vous estimerés que ceste nouvelle sera agreable, faisant cy et là l'office convenable, et les as-

---

[1] Le cardinal d'Ossat était alors vice-protecteur des affaires de France, en l'absence du cardinal de Joyeuse, protecteur. Une lettre analogue fut adressée aux ambassadeurs.

seurant que la mere et l'enfant se portent tres bien : et n'estant la presente pour autre effect, je prie Dieu, mon Cousin, qu'il vous ayt en sa saincte garde. Escript à Fontainebleau, le xxvij[e] jour de septembre 1601, à dix heures et demie du soir.

HENRY.

DE NEUFVILLE.

[1601.] — 29 SEPTEMBRE.

Imprimé. — *OEconomies royales*, édit. orig. t. II, chap. 8. — *Vie militaire et privée de Henry IV*, p. 272.

[A M. DE ROSNY.]

Mon amy, Il est impossible de croire comme ma femme se porte bien, veu le mal qu'elle a eu. Elle se coiffe d'elle-mesme et parle desjà de se lever; mesmé elle va jusqu'à sa garde-robe. Elle a un naturel terriblement robuste et fort. Mon fils se porte bien aussy, Dieu mercy; qui sont les meilleures nouvelles que je puis mander à un serviteur fidelle et affectionné et que j'aime. Vous sçavés comme ma femme a gagné Monceaux, puisqu'elle m'a faict un fils. C'est pourquoy je vous prie envoyer querir le president Forget et conferer avec luy de cest affaire-là, et adviser des moyens et de la seureté qu'il y faut tenir pour mes enfans, donnant ordre que la somme pour laquelle je le prends leur soit bien asseurée[1].

Comme j'achevois ceste-cy, j'ay receu la vostre. Je crois comme vous ce que vous me mandés de la faveur que Dieu m'a faicte de me donner un fils; et que vous et tous les gens de bien de mon Royaume et qui m'aiment s'en resjouissent avec moy. Hier revenant de courre un cerf, que je faillis, j'ouis tirer le canon de Paris. A Dieu, mon amy. Ce xxixe septembre, à Fontainebleau.

HENRY.

[1] Cette terre appartenait aux enfants de Gabrielle d'Estrées, desquels le Roi l'achetait pour en faire présent à la Reine.

[1601.] — 30 SEPTEMBRE.

Orig. autographe. — Arch. de la famille de Beaumevielle. Copie transmise par M. le sous-préfet de Lodève.

A MONS^R DE BEAUMEVIELLE.

Monsr de Beaumevielhe, J'ay receu celle que vous m'avés escripte, et à Lomenie, suivant laquelle j'escris au s^r de Carmontel de me venir trouver en ce lieu, et amener avec luy le s^r de Courtais, son beau-fils, asseurez qu'ils seront les bien venus et veus de moy. Vous luy rendrés donc la mienne et le solliciterés à venir le plus diligemment et secretement qu'il sera possible, affin que, par ce moyen, je puisse apprendre d'eulx l'auteur de ces menées, quoique je croye qu'elles se dissiperont maintenant, quand ils sçauront que ma femme est accouchée le xxviime de ce mois au soir, d'un beau fils, que Dieu m'a voulu donner pour mon contentement et pour l'asseurance de ma vie et de mes bons serviteurs et subjects comme vous. Asseurés-vous aussy que je recognoistray vos services. A Dieu, Monsr de Baumevielle. Ce xxxme septembre, à Fontainebleau, au soir.

HENRY.

[1601. — FIN DE SEPTEMBRE.] — Ire.

Cop. — B. N. Fonds Béthune, Ms. 8980, fol. 6 verso; et Suppl. fr. Ms. 1009-3.

[AU CARDINAL ALDOBRANDIN.]

Mon Cousin, Vostre souhait et le mien sont accomplys, car, par la grace de Dieu et la benediction de Sa Saincteté, la Royne ma femme est accouchée d'un fils, qui fera service à l'Eglise et au Sainct Siege, et sera heritier de ma gratitude envers Sa Saincteté et les siens. Je suis certain que vous ne vous en serés moins resjouy que moy-mesmes; aussy avés-vous cooperé à l'advancement de ce mien bonheur, aprés Dieu et Sa Saincteté, plus que personne. C'est pourquoy vous et les vostres aurés tousjours telle part que vous voudrés aux fruicts et advantages que moy et mon Royaulme en recueillerons. Mon Cousin, je vous prie d'en prendre toute asseurance, et favoriser la requeste que je fais presentement à Sa Saincteté[1] pour la perfection de mon contentement, suivant la priere que vous en fera mon ambassadeur, que vous croirés sur ce comme moy-mesme : priant Dieu, mon Cousin, vous avoir en sa saincte garde.

HENRY.

[1601. — FIN DE SEPTEMBRE.] — IIme.

Cop. — B. N. Ms. 8980, fol. 6 verso; et Suppl. fr. Ms. 1009-3.

[AU CARDINAL DE FLORENCE.]

Mon Cousin, Je n'aurois accomply la joie que je ressens du fils que Dieu m'a donné, si ne vous l'avois communiquée, car je sçay que vous estes celuy de tous mes amys qui y aura le plus participé. C'est pourquoy je vous escris la presente, par laquelle j'en rends graces à Dieu, et me resjouis avec vous de tout mon cœur; vous asseurant que le pere, la mere et le fils se portent tres bien, et que vous disposerés tousjours d'eux comme vous voudrés, ainsy que vous dira mon ambassadeur, avec la priere que je luy mande faire à Nostre Sainct Pere sur ceste occasion, car j'estime qu'elle vous sera agreable, et que vous la louerés et favoriserés volontiers. Je prie Dieu, mon Cousin, qu'il vous ayt en sa saincte et digne garde.

HENRY.

[1] D'être le parrain du Dauphin, comme on le verra ci-après.

[1601.] — 6 OCTOBRE.

Orig. autographe. — B. N. Fonds Béthune, Ms. 9128, fol. 19.
Cop. — B. N. Suppl. fr. Ms. 1009-4.

[*A LA MARQUISE DE VERNEUIL.*]

Mon cher cœur, J'arrivay hyer entre onze et douze, las et avec un extresme mal d'estomac. Ma femme se porte bien et mon fils, Dieu mercy. Il est creu et remply de moitié, en ces cinq jours, que je l'avois veu. Pour moy j'ay fort bien dormy et suis exempt de toute douleur, fors de celle d'estre absent de vous; qui, bien qu'elle me soit griefve, est moderée par l'esperance de vous revoir bien tost. J'ay desjà commencé les affaires de m^r de la Chastre, vous en serés contente. Bonjour, mes cheres amours, aymés bien tousjours vostre Menon, qui vous baise un million de fois les mains et la bouche. Ce vj^e octobre.

[1601.] — 8 OCTOBRE.

Orig. autographe. — Fonds Béthune, Ms. 9128, fol. 70.
Cop. — Suppl. fr. Ms. 1009-4.

[*A LA MARQUISE DE VERNEUIL.*]

Mes cheres amours, Une heure aprés que je vous ay escript, Lafont est venu me parler de vos affaires, à quoy je pourvoirray demain, s'il plaist à Dieu. Je courray le cerf, et si je apprends quelque chose, je le vous manderay. Cependant aymés bien moy; guardés bien ce que vous avés dans le ventre[1]. Souvenés-vous d'aller voir faire ces crespes, vous y prendrés plaisir. Bonsoir, mon tout, je te baise un million de fois. M^r d'Antragues a veu mon fils ; il le trouve fort beau. Ce viij^e octobre.

[1] La marquise de Verneuil accoucha dans ce mois.

1601. — 16 OCTOBRE.

Orig. — B. N. Fonds Béthune, Ms. 9079, fol. 97.
Cop. — Suppl. fr. Ms. 1009-2.

[AU CONNÉTABLE.]

Mon Cousin, je vis premierement en la depesche que m'apporta vostre courrier, l'extremité de la maladie du s^r de Saurin. Depuis, par celle que m'a apportée son fils, j'en ay appris le decés, que j'ay fort regretté; car je l'ay tousjours recogneu fort affectionné à mon service et bien bon capitaine, et sçay bien que c'est grande perte de perdre des serviteurs qui ont ces bonnes qualitez, dont une ne s'acquiert que avec une grande experience. Pour la charge de la capitainerie de Sommieres, j'ay bien consideré la requeste que vous m'en avés faicte pour le frere et le fils du dict s^r de Saurin, que je desire bien gratifier, et principalement pour la consideration de ce que vous m'en escrivés pour eux. Il s'en est icy presenté plusieurs autres pour demander la dicte charge, et y ayant aussy quelques autres considerations à faire là-dessus, je me suis resolu de n'en disposer point que vous ne soyés icy de retour et que nous n'en ayons conferé ensemble. Ce pendant vous pourrés pourveoir à la seureté de la dicte place comme vous adviserés pour le mieux. J'attends de vos nouvelles par le retour de Sillery, que je vous depesche pour vous porter la nouvelle de la naissance de mon fils. Ce n'est pas pour estre asseuré du contentement que vous en aurés receu, car je le fus dés qu'il fut au monde, qu'il vous seroit extresme; mais c'est pour l'estre de vostre acheminement de deçà, et si vous serés party de Languedoc; car cela estant, je ne doubte plus de vous avoir icy bien tost pres de moy, où je vous desire fort. Vous n'y trouverés rien qui vous empesche d'y prendre vostre repos, et y passer vostre temps comme vous feriés en vos maisons; car, Dieu mercy, il n'y a rien au dedans du Royaume qui ne soit en tranquillité et repos. Il avoit couru icy quelque bruit qu'il seroit faict quelques assemblées et levées de gens de guerre en

Auvergne et Limosin; mais il se trouve que les dictes assemblées ne sont que pour querelles particulieres, que l'oisiveté de la noblesse produict quasy partout; à quoy il faudra pourveoir quand vous serés par deçà. Ce sont ceux de dehors qui nous fournissent maintenant des nouvelles. J'en ay icy, depuis quelques jours, de l'accouchement de la royne d'Espagne, qui a faict une fille, dont on a aussy tost predict le mariage pour mon fils[1]; à quoy je consentiray volontiers, pourveu qu'elle fust bien apanagée. Le retour de leur armée navale sans aucun effet est aussy confirmé, qui leur a esté une grande despense bien inutile. Le siege d'Ostande se va continuant; mais il ne s'en dict point aucun advancement; plustost le contraire; et m'a esté escript que la mer s'estant ces jours derniers grandement enflée, elle a ruiné et gasté une grande partie de leurs tranchées. Mon cousin le duc de Biron n'est point encore de retour d'Angleterre; mais j'ay bien advis qu'il a esté fort bien recueilly et avec beaucoup de faveur et d'honneur. Je crois qu'il ne tardera pas à estre icy bien tost de retour. Je vous diray au reste, pour fin de ceste-cy, que la Royne et le Dauphin se portent fort bien et moy aussy, Dieu mercy. Sur ce, je prie Dieu, mon Cousin, vous conserver en sa saincte garde. Escript à Fontainebleau, ce vijᵉ octobre 1601.

HENRY.

FORGET.

1601. — 10 OCTOBRE.

Orig. — B. N. Fonds Béthune, Ms. 8973, f° 23.

A MONSᴿ DE BETHUNE,

CONSEILLER EN MON CONSEIL D'ESTAT ET MON AMBASSADEUR À ROME.

Monsʳ de Bethune, la Royne ma femme accoucha d'un fils le xxvijᵉ jour du mois de septembre dernier passé, à dix heures et demie du soir, ainsy que je vous escrivis à la mesme heure, affin d'en advertir

---

[1] La prédiction s'accomplit, car cette princesse était Anne d'Autriche, née sept jours avant Louis XIII.

Nostre Sainct-Pere et vous conjouir avec Sa Saincteté de la grace qu'il a pleu à Dieu me faire; de laquelle je suis plus obligé à Sa Saincteté que à personne de ce monde, pour avoir si volontiers favorisé de sa saincte benediction et faveur la justice de la poursuicte que j'ay faicte pour parvenir à l'accomplissement du mariage qui m'a apporté ce bonheur, comme je m'asseure que vous luy aurés tres bien representé, à vostre arrivée aux pieds d'icelle, où je juge que vous vous serés rendu, sinon devant, du moins bien tost après l'arrivée par delà du courrier porteur de ceste heureuse nouvelle, sur l'advis que vous m'avés donné par vos lettres du xix°, que j'ay receues le xxx°, de vostre embarquement à Marseille.

L'evesque de Camerino, nonce de sa Saincteté, estant venu à Moret, pour de là venir prendre sa premiere audience, que je luy avois assignée le mesme jour que la dicte Royne accoucha, me vint trouver le lendemain, mais il ne fit que me saluer et congratuler de ma felicité, de quoy il s'acquitta dignement, ainsy que fit l'ambassadeur de Venise, qui estoit au mesme lieu de Moret, pour avoir aussy son audience. Mais le dict nonce revint me trouver le dimanche après en ce mesme lieu, où il fut receu avec le mesme ordre et honneur que j'ay accoustumé d'observer et departir aux nouveaux venus de sa qualité. Il me presenta lors le bref et la lettre de la main de Sa Sainteté, qu'il accompagna d'une declaration si expresse de la continuation de la bienveillance paternelle de Sa Saincteté envers moy et mon Royaume, que, comme j'ay tres grande occasion de m'en louer, je veux aussy que vous en remerciés Sa Saincteté, après la reception de la presente, luy delibvrant la lettre que je vous envoie exprés sur ce subject. Le dict nonce me donna aussy telle asseurance de son affection particuliere au bien de mon Estat, que j'en suis demeuré tres satisfaict, esperant que ses actions y correspondront. Après il me requit de favoriser l'archevesque de Turin au restablissement de l'exercice de la religion catholique aux vallées de Pragela et Valeclusore, qui sont de son diocese, de prohiber celuy de la nouvelle opinion à Chasteau-Daufin, de changer aussy les gouverneurs du dict lieu et de Bourg en Bresse, qui faisoient profession de la dicte opinion. Je luy respondis sommairement que je favoriserois volontiers le dict restablissement, mais estre necessaire que le dict archevesque l'entreprist avec plus de courage qu'il n'avoit faict aprés la paix de Vervins, d'autant qu'il quitta sa poursuicte, rebuté des difficultez qu'il rencontra au commencement d'icelle; ce qu'il ne faut pas qu'il face, s'il veult faire ce service à Dieu, comme il publie, car l'ostination et dureté de ceux du pays est plus grande que jamais; que j'estois aprés à trouver moyen d'oster du dict Chasteau-Dauphin le dict exercice, pour contenter Sa Saincteté, de quoy j'avois aussy grand desir qu'Elle-mesme; mais comme ceux qui le y avoient introduict se fortifioient et couvroient de mon edict de paix, il estoit besoing de les vaincre par des raisons conformes au dict edict, ou les en faire departir de leur bon gré, affin de ne violer la loy, sur l'observation de laquelle est bastie la concorde et tranquillité publique de mon Estat; dont je devois estre d'autant plus soigneux que j'avois esprouvé l'utilité notoire que en recevroit la religion catholique, qui estoit plus grande que peut-estre on ne l'imaginoit à Rome; que j'avois mesme deliberé de retirer le domaine du dict chasteau, engagé durant la guerre, exprés pour en tirer celuy qui en joïssoit, qui faisoit profession de la dicte religion nouvelle, lequel je ne pouvois justement deposseder que par ceste voie, laquelle je advancerois tant que je pourrois; mais que je ne pouvois changer le gouverneur de Bourg, pour la confiance que j'avois en luy, estant ma creature. Mais je priois Sa Saincteté de ne se mettre en peine d'iceluy, pour les mesmes raisons que j'avois dictes au cardinal Aldobrandin, quand je fis eléction de sa personne pour luy donner la dicte charge, qui fut si tost que le traité de Lyon fut arresté.

Le dict nonce me parla encores de remettre l'exercice de la religion catholique au bailliage de Gez, et de faire rendre aux ecclesiastiques leurs eglises et biens, à quoy je luy dis que j'avois tres bonne volonté de pourveoir, que j'avois jà commencé à m'informer des moyens de ce faire, et qu'il pouvoit asseurer Sa Saincteté que j'advancerois le dict restablissement tant qu'il me sera possible. Ce que vous confirmerés à Sa dicte Saincteté.

Le grand maistre de Malte m'a escript la lettre que vous verrés par le doublé que je vous envoie, du subject de laquelle vous confererés avec mes cousins les cardinaux de Joyeuse et d'Ossat, et adviserés ensemble à ce que vous aurés à faire pour assister en mon nom le dict grand maistre et l'Ordre, estant certain, si l'autorité de cest inquisiteur n'est reglée, qu'il l'estendra au prejudice et desadvantage de la juridiction du dict grand maistre, de façon qu'il ne sera à l'avenir respecté ny obey comme il doit estre pour maintenir le dict Ordre en sa premiere discipline et reputation, par tant estre expedient de limiter et contenir l'autorité du dict inquisiteur dedans les bornes pour lesquelles elle a esté demandée et receue, ainsy que requiert le dict grand maistre, que vous secourrés donc en cette occasion par l'advis des dicts cardinaux, luy faisant sçavoir le commandement que je vous en fais.

Au reste, j'ay eu à plaisir d'entendre le bon accueil qui vous a esté faict en Avignon, et les declarations de bonne volonté que le vicelegat et gouverneur de la ville vous ont faicte ; de quoy je les remercieray, louant vostre conduite et vos responses, en ce qui s'est passé entre eux et vous.

J'avois mandé le Pere Lorenzo Maggio, pour prendre resolution avec luy du faict des Jesuites, ainsy que je vous dis à vostre partement, mais il n'a peu venir encores, pour estre demeuré malade à Bourdeaux, ainsy qu'il s'estoit acheminé pour ce faire, dont je suis marry ; mais j'espere qu'il sera bien tost guary et prés de moy, pour parachever ce faict, que j'affectionne pour contenter Sa Saincteté.

Le s^r de Villiers, qui me servoit d'ambassadeur à Venise, m'a escript les offres de bonne volonté au bien de mes affaires, que le chevalier Vaudramin luy a faictes, partant de Venise pour aller à Rome servir à la Republique d'ambassadeur ; dont vous le remercierés de ma part, quand il sera arrivé, luy disant que je m'en revancheray envers la Republique et sa personne particuliere, quand l'occasion s'en presentera, vous conservant en bonne intelligence avec luy. Je prie Dieu qu'il vous ayt, Monsʳ de Bethune, en sa saincte garde. De Fontainebleau, ce xᵉ jour d'octobre 1601.

HENRY.

DE NEUFVILLE.

[1601.] — 11 OCTOBRE.

Cop. — B. N. Suppl. fr. Ms. 1009-4. (D'après l'autographe qui était dans le cabinet du duc de Sully.)

[A M. DE ROSNY.]

Mon amy, Par ce gentilhomme qui vous rendra ceste-cy vous aurés de mes nouvelles, que ma femme et mon fils se portent tres bien, Dieu mercy, et gueres moy, pour ce que je me trouvay hier tout mal disposé. J'ay pris aujourd'huy medecine; de quoy je me trouve mieulx. J'espere avoir bien tost des vostres par la Forest, que je vous depeschay incontinent aprés que ma femme fut accouchée. A Dieu, mon amy; asseurés-vous que je vous aime bien, comme les effects vous le prouveront. Ce xjᵉ octobre, à Fontainebleau.

HENRY.

1601. — 13 OCTOBRE.

Orig. — B. N. Fonds Béthune, Ms. 9079, fol. 93.
Cop. — Suppl. fr. Ms. 1009-2.

[AU CONNÉTABLE.]

Mon Cousin, Je vous ay faict une depesche du vijᵉ de ce mois, qui a esté envoyée au sʳ de la Guiche, pour la vous faire tenir, par laquelle je vous mandois la resolution que j'ay faicte de ne rien ordonner de la capitainerie de Sommieres, que vous ne fussiés icy auprés de moy et que nous n'en eussions conferé ensemble. C'est la mesme response que j'en ay faicte au fils du feu sʳ de Saurin, present porteur, duquel j'ay toute bonne opinion, et seray bien aise de faire pour luy, s'il s'en présente occasion qui luy soit convenable. J'ay depuis receu vostre depesche du dernier du mois passé, où j'ay veu combien vostre passage a valu, en la ville de Montpellier, pour le repos d'icelle. Je m'asseure qu'il aura eu le mesme effect en celle de Nismes, et que toute la province ressentira beaucoup de fruict de ce peu de sejour que vous y avés faict. Je presuppose que si vous avés continué vostre voyage comme vous me mandés, que ce dict porteur vous rencontrera à Lyon, et par consequent que vous ne tarderés plus gueres à estre icy pres de nous, où je desire que vous puissiés arriver avant que nous en delogions, qui sera, comme j'estime, vers la fin du mois; et le premier voyage que nous ferons sera d'aller consigner à St-Germain mon fils le Dauphin, ayant estimé ne pouvoir choisir lieu plus commode pour le faire nourrir que celuy-là. Nous n'avons icy rien de nouveau depuis ma derniere lettre, que le retour de mon nepveu le comte d'Auvergne, et de mon cousin le mareschal de Biron, de leur voyage d'Angleterre, qui se louent tous des faveurs et honnestetez qu'ils ont receues de la Royne. Le siege d'Ostande est toujours continué par l'archiduc, et luy a esté ceste année plus favorable que la precedente; car il a pendant icelle faict fort beau temps. Il se confirme aussy tousjours davantage et opiniastre son siege, sur l'evenement duquel ils sont bien appointez contraires; car si les uns esperent l'emporter, les autres monstrent estre fort asseurez qu'il n'en sera rien. C'est ce que j'ay à vous dire pour ceste fois: priant Dieu, mon Cousin, vous avoir en sa saincte garde. Escript à Fontainebleau, le xiij^e jour d'octobre 1601.

HENRY.

FORGET.

1601. — 15 OCTOBRE. — Ire.

Cop. — B. N. Fonds Béthune, Ms. 8980, fol. 6 recto; et Suppl. fr. Ms. 1009-4.

[AU PAPE.]

Tres Sainct Pere, Le cardinal d'Ossat et mon ambassadeur auront annoncé à Vostre Saincteté la naissance du fils que Dieu m'a donné, suivant le commandement que je leur en ay faict; et comme après sa divine majesté, je tiens principalement de Vostre Saincteté ce bonheur, je m'asseure qu'elle en aura loué Dieu et s'en sera rejouy comme son premier pere. C'est aussy une creature en laquelle j'espere si bien imprimer les graces que j'ay receues de la misericorde de Dieu et de la bonté de Vostre dicte Saincteté, qu'elle en sera memorative à jamais pour les recognoistre en servant l'Eglise et le Sainct Siege, reverant le nom de Vostre Beatitude, et aimant cordialement ceux qui luy appartiennent. Et puisque Vostre Saincteté est l'auteur de ceste mienne felicité, qui est commune à toute la nation françoise, Elle le sera encores s'il luy plaist de sa perfection; ce qui adviendra quand ce sien et mien fils sera faict et incorporé en l'Eglise, et que le nom qu'il doibt porter luy sera imposé de la part de Vostre Saincteté. Tres Sainct Pere, c'est doncques la priere que je luy fais par la presente, laquelle je supplie Vostre Saincteté m'accorder; et tout ainsy que ceste faveur, que j'adjousteray aux aultres que j'ay receues de sa bienveillance paternelle, accroistra tousjours les obligations que moy et mon Royaume luy avons, et manifestera aussy de plus en plus l'observance et gratitude mienne envers Vostre Saincteté et le Sainct Siege, selon mon desir, ainsy que mon dict ambassadeur exposera plus au long à Vostre dicte Saincteté: partant, je la supplie avoir agreable que je m'en remette sur luy pour la remercier du choix qu'Elle a faict de l'evesque de Camerino pour la servir de nonce auprés de moy; car il se montre si desireux de me conserver en la bonne grace de Vostre Saincteté, que j'ay occasion de m'en louer. Je la luy donneray aussy de me procurer ce bien, au contentement de Vostre Saincteté, en conservant la paix publicque, et advançant la gloire de Dieu de tout mon pouvoir, suivant la lettre que Vostre Saincteté m'a escripte par luy. A tant, je prie Dieu, Tres Sainct Pere........

HENRY.

[1601.] — 15 OCTOBRE. — IIme.

Orig. autographe. — Archives des Médicis, légation française, liasse 3; Copie transmise par M. le ministre de France à Florence.
Cop. — B. N. Fonds Béthune, Ms. 8980, fol. 6 verso; et Suppl. fr. Ms. 1009-3.

A MON ONCLE LE GRAND DUC DE TOSCANE.

Mon oncle, J'ay voulu que la Royne ayt esté seule la premiere à vous advertir de la grace que Dieu nous a faicte du fils qu'il nous a donné, affin de faire mieux estimer et recevoir de vous l'honneur et reverence qu'elle a deu vous rendre en ceste occasion; mais croyés que je n'ay pour cela moins ressenty qu'elle-mesmes le gré que nous vous en débvons. C'est aussy la plus grande joie et le plus grand contentement que je pourrois avoir; et je suis asseuré que vous ne l'aurés eu moindre. Aussy avés-vous pareille part à ce bonheur que moymesmes, car la nature la vous donne, et le soing que vous avés eu de le procurer; mais oultre cela, je la vous offre et promets telle que vous la pouvés desirer pour vous et pour les vostres. Pour erre et tesmoignage de quoy, suppliant presentement Nostre Sainct Pere d'estre son premier parrain aux saincts fonts de baptesme, je desire que vous soyés le second. Par tant, je vous en convie par la presente, qui vous sera envoyée par mon ambassadeur residant à Rome, auquel je vous prie adjouster telle foy sur ce subject que à moy-mesmes : priant Dieu vous avoir, Mon oncle, en sa saincte et digne garde. Ce xve octobre, à Fontainebleau.

HENRY.

1601. — 15 OCTOBRE. — IIIme.

Cop. — B. N. Fonds Béthune, Ms. 8980, fol. 7 recto; et Suppl. fr. Ms. 1009-3.

[A LA GRANDE DUCHESSE.]

Ma tante et bonne niepce, Je ne veux pas seulement me resjouir avec vous du fils que Dieu m'a donné, car je veux vous remercier derechef de tout mon cœur de m'avoir donné une femme qui remplit mon Royaume de tant de felicité, et m'apporte tant de contentement que faict vostre niepce. En verité, j'ay grande accosion de m'en louer. Je le fais aussy maintenant avec vous de toute l'affection qu'il m'est possible, vous asseurant que vous et les vostres disposerés à jamais du pere, de la mere et du fils comme vous voudrés, pour vostre contentement. Ils se portent tous tres bien, et j'espere que le dernier, qui monstre vouloir vivre, ne degenerera de ses ancestres, tant il est bien né. J'espere, oultre cela, que l'année ne sera revolue, qu'il sera secondé d'un aultre, qui affirmera nostre bonheur et le rendra parfaict; et parce que vous sçaurés de mon oncle le grand duc l'office auquel je le convie, je me contenteray de vous dire que je rechercheray tousjours toute occasion de tesmoigner toute l'estime que je fais de vostre amitié, et l'estat que vous devés faire de la mienne : priant Dieu vous avoir en sa saincte et digne garde.

Vostre neveu et bien bon oncle,

HENRY.

[1601. — 15 OCTOBRE.] — IVme.

Cop. — B. N. Fonds Béthune, Ms. 8980, fol. 7 recto; et Suppl. fr. Ms. 1009-3.

[A LA DUCHESSE DE MANTOUE[1].]

Ma sœur, Comme la Royne et moy vous aimons de tout nostre cœur, et croyons que vous faictes le semblable de nous, non-seulement je suis asseuré que vous ne vous serés moins resjouie que nous-mesmes de la grace que Dieu nous a faicte d'avoir permis qu'elle soit accouchée d'un fils si heureusement qu'elle a faict; mais aussy je desire avec elle qu'il soit porté à l'eglise et tenu sur les fonts, de vostre main avec Nostre Sainct Pere et mon oncle le grand duc de Toscane.

[1] Éléonore de Médicis, fille de François, grand-duc de Florence, et sœur de la Reine, était née en 1566, avait épousé, en 1581, Vincent Ier, duc de Mantoue, et mourut en 1611.

C'est doncques la priere que je vous fais par la presente, qui vous sera envoyée par mon ambassadeur residant à Rome, auquel je vous prie adjouster sur ce subject pareille foy que à moy-mesmes. Je prie Dieu, ma sœur, qu'il vous ayt en sa tres saincte et digne garde.

Vostre bon frere,

HENRY.

1601. — 15 OCTOBRE. — Vme.

Cop. — B. N. Fonds Béthune, Ms. 8980, fol. 7 recto; et Suppl. fr. Ms. 1009-3.

[AU DUC DE MANTOUE.]

Mon Cousin, La Royne ma femme vous a adverty pour nous deux de la naissance du fils que Dieu nous a donné, dont je suis certain que vous n'aurés rien moins de joie et de contentement que nous-mesmes. Je m'en conjouis aussy avec vous, vous asseurant de la bonne disposition de la mere et du fils, qui sera nourry à aimer les vostres comme vous l'estes du pere; et d'autant que je desire tesmoigner à tout le monde l'estime que nous faisons de vostre amitié et de celle de ma sœur, vostre femme, je l'ay esleue pour tenir mon fils sur les fonts de baptesme avec Nostre Sainct Pere le Pape et mon oncle le grand duc de Toscane. Au moyen de quoy, je vous prie avoir agreable que nous recepvions de vous et d'elle ce contentement, et qu'elle y vienne en personne; et je vous asseure qu'elle y sera honorée et cherie comme elle le merite, ainsy que vous fera entendre mon ambassadeur residant à Rome, par la voie duquel je vous envoye la presente : priant Dieu, mon Cousin, qu'il vous ayt en sa saincte et digne garde.

HENRY.

[1601.] — 15 OCTOBRE. — VIme.

Orig. autographe. — B. N. Fonds Béthune, Ms. 9128, fol. 25.

[*A LA MARQUISE DE VERNEUIL.*]

Mon cher cœur, J'ay prins aujourd'huy un cerf avec plaisir. J'ay receu deux lettres de vous par ces combattans. S'ils vous avoient donné à entendre la verité, vous ne m'escririés en leur faveur, car il y va trop de mon honneur, et vous m'aimés mieux qu'eux. Ne vous embarqués au jubilé[1]; je vous voirray demain au soir, s'il plaît à Dieu, et vous cheriray comme ce que j'aime le plus au monde; je dis mille fois plus que moy-mesmes. Croyés-le, mon cher Menon, que je baise un million de fois. Ce xve octobre.

1601. — 16 OCTOBRE. — Ire.

Cop. — B. N. Fonds Béthune, Ms. 8980, fol. 27 recto; et Suppl. franç. Ms 1009-4.

[AU PAPE.]

Tres Sainct Pere, Tous ceulx qui nous sont envoyez de la part de Vostre Saincteté sont tousjours les tres bien venus. Mais quand ils sont choisys à la marque de la vertu et accompagnez des bonnes qualitez dignes de leur profession et de la bonne grace de Vostre Saincteté, comme elle nous mande qu'est l'evesque de Camerin, qu'elle a envoyé son nunce pres de nous, nous ne pouvons que nous ne les cherissions davantage, ainsy que nous ferons le dict evesque de Camerin, qui nous a rendu le bref de Vostre Saincteté, du xxve may, par lequel ayant recogneu la continuation de la bienveillance de Vostre dicte Saincteté, que nous avons assez esprouvée par effect, nous n'avons voulu tarder plus longuement à l'en remercier, et par ce renouvellement de nunciature luy renouveller aussy les vœux de nostre singuliere affection et observance à l'endroict de Vostre dicte Saincteté et du

---

[1] Sur la dévotion du jubilé en 1601, au lieu de 1600, voyez ci-après la lettre du 29 décembre.

Sainct Siege apostolique, ayant veu et receu d'autant plus volontiers le dict evesque, que Vostre dicte Saincteté nous a voulu donner asseurance qu'il est sa creature et ne despend que d'Elle, et qu'il n'aura rien devant les yeux, que la gloire de Dieu et le bien et exaltation de nostre mere saincte Eglise. En quoy il sera assisté de ce qui despendra de nostre auctorité et de nos ministres, ainsy que Vostre dicte Saincteté cognoistra par effect, et que nous avons commandé au s^r de Bethune, conseiller en nostre conseil d'Estat et nostre ambassadeur pres Vostre Saincteté, de luy faire plus amplement entendre : sur lequel nous remettant, nous prierons Dieu, Tres Sainct Pere, qu'icelle Vostre Saincteté il veuille maintenir, garder et preserver longuement et heureusement au bon regime, gouvernement et administration de nostre mere saincte Eglise. Escript à Fontainebleau, le xvj^e jour d'octobre 1601.

Vostre tres devot fils,

HENRY.

[1601. — 16 OCTOBRE.] — IIme.

Cop. — B. N. Fonds Béthune, Ms. 8957, fol. 12; et Suppl. fr. Ms. 1009-4.

[AU PAPE.]

Tres Sainct Pere, Nous ne doubtons point que Vostre Saincteté n'ayt esté touchée d'un extreme regret de la mort de feu nostre tres cher cousin le s^r Jean Francisque Aldobrandin[1], laquelle, pour l'interest que nous avons à tout ce qui concerne Vostre Saincteté, nous avons ressentie comme Elle-mesme. Et d'autant que nous ne doubtons point que Vostre Saincteté, pour sa rare pieté et singuliere prudence, n'ayt receu et supporté ceste affliction comme venant de la main de Dieu, avec sa moderation accoustumée, se consolant en ce que le dict

[1] Il avait épousé Olimpia Aldobrandini, nièce du Pape, et portait le nom de sa femme. Il était mort de la fièvre au siége de Canise, où il commandait en chef les forces auxiliaires de l'armée impériale. Son fils Sylvestre Aldobrandin fut créé cardinal en 1602, à l'âge de quatorze ans.

sʳ Jean Francisque est mort genereusement en ceste saincte et chrestienne expedition, pour la gloire de Dieu et la ruine des infidelles; toutesfois nous prions Vostre dicte Saincteté, de toute l'affection qu'il nous est possible, d'avoir esgard combien la respublique chrestienne a besoing que Vostre dicte Saincteté conserve la santé et personne de Vostre Beatitude, affin qu'il luy plaise preferer sur ceste occasion le soing d'icelle à toutes aultres considerations, et sur ce avoir agreable l'office de condoleance que luy fera de nostre part le sʳ de Bethune, conseiller en nostre conseil d'Estat, sur lequel nous remettant, nous prierons Dieu, Tres Sainct Pere, qu'il veuille conserver longuement et heureusement Vostre Saincteté au gouvernement de son Eglise.

Vostre tres devot fils,
HENRY.

1601. — 16 OCTOBRE. — IIIme.

Cop. — B. N. Fonds Béthune, Ms. 8957, fol. 6 recto; et Suppl. fr. Ms. 1009-3.

[AU CARDINAL ALDOBRANDIN.]

Mon Cousin, J'ay entendu avec beaucoup de regret la mort de feu mon cousin le sʳ Jean Francisque Aldobrandin, vostre frere, et en ay ressenty le mesme desplaisir que s'il m'eust touché de pareille proximité qu'à vous, tant je desire participer à toutes les bonnes et mauvaises fortunes qu'il plaist à Dieu vous envoyer. Vous avés beaucoup de prudence, pour vous consoler en ceste perte, et n'en aurés pas moins de subject, puisqu'il a perdu la vie en une si glorieuse expedition, à l'augmentation de l'honneur de vostre maison. Je vouldrois pouvoir soulager vostre affliction en quelque chose, car soyés certain qu'elle ne vous seroit espargnée, vous aimant comme je fais, ainsy que j'ay commandé à mon ambassadeur vous faire entendre, en vous visitant de ma part sur ceste occasion : de quoy me remettant en luy, je prieray Dieu, mon Cousin, qu'il vous ayt en sa saincte garde. Escript à Fontainebleau, le xvjᵉ d'octobre 1601.

HENRY.

[1601. — 16 OCTOBRE.] — IVme.

Cop. — B. N. Fonds Béthune, Ms. 8980, fol. 15 recto; et Suppl. fr. Ms. 1009-3.

[AU CARDINAL St-GEORGE [1].]

Mon Cousin, L'honneur et observance que je porte à Nostre Tres Sainct Pere le Pape, m'a faict davantage ressentir l'affliction que Sa Saincteté a receue de la mort de feu mon cousin le s^r Francisque Aldobrandin; et sçachant qu'en vostre particulier vous avés esté touché de pareil regret, j'ay bien voulu m'en condouloir avec vous par ceste lettre, et vous dire que je participe à l'ennuy que vous en avés receu, pour la profession que je fais de cherir vostre amitié. La consolation qui vous demeure, et à ceulx qui ont part à ceste perte, c'est qu'il est mort glorieusement en vostre saincte et religieuse expedition, ayant rendu tesmoignage de sa valeur et generosité, dont vostre maison a de long temps esté recommandée, et qu'il a bien merité de beaucoup de princes, qui le recognoistront à l'endroit des siens, et moy particulierement au vostre, ainsy que le s^r de Bethune, mon ambassadeur, vous fera plus amplement entendre de ma part : sur lequel me remettant, je prie Dieu, mon Cousin, qu'il vous ayt en sa tres saincte et digne garde.

HENRY.

[1] Cinthio Passero, surnommé Aldobrandin, cardinal du titre de Saint-Georges, puis de Saint-Pierre ès Liens, était fils d'une sœur de Clément VIII, qu'il avait accompagné en Pologne sous le pontificat de Sixte V. Il reçut le chapeau en 1593, à la première promotion de son oncle. Jean-Francisque Aldobrandin, sur la mort duquel Henri IV le complimente par cette lettre, était le mari de sa cousine. Le cardinal de Saint-Georges mourut en 1610. Son cousin, Pierre Aldobrandin, à qui la lettre précédente est adressée, créé cardinal en même temps que lui, eut, quoique plus jeune de vingt ans, tout le crédit du népotisme.

[1601. — 16 OCTOBRE.] — Vme.

Cop. — B. N. Fonds Béthune, Ms. 8980, fol. 15 recto; et Suppl. fr. Ms. 1009-3.

[A LA SIGNORA OLYMPIA [1].]

Ma cousine, J'ay sceu la mort de feu mon cousin le s^r Jehan Francisque Aldobrandin, vostre mary, et en porte le regret que je doibs, pour l'honneur qu'il avoit d'attoucher de si grande proximité à Nostre Tres Sainct Pere le Pape, et la persuasion que j'ay qu'il estoit fort affectionné à ceste Couronne. Je voudrois pouvoir soulager vostre affliction en quelque chose; toutesfois, si elle peut recevoir consolation, c'est qu'il est mort genereusement, comblé d'honneur et de gloire, à laquelle sa posterité participera, vous priant recevoir en bonne part l'office de condoleance que mon ambassadeur vous fera sur ce subject, et vous asseurer que je redoubleray en vostre endroict la bonne volonté que je luy portois, pour la vous tesmoigner et aux vostres, aux occasions qui se presenteront : sur lequel me remettant, je prieray Dieu, ma cousine, qu'il vous ayt en sa tres saincte et digne garde.

HENRY.

[1601.] — 16 OCTOBRE. — VIme.

Cop. — B. N. Suppl. fr. Ms. 1009-4. (D'après l'autographe qui était au cabinet du duc de Sully.)

[A M. DE ROSNY.]

Mon amy, Si vous n'avés eu plus tost la nouvelle de l'heureux accouchement de ma femme et, par mesme moyen, de la naissance du fils que Dieu m'a donné, prenés-vous-en à la Forest, que je vous depeschois expressement, à l'instant qu'elle fut accouchée, et à m^r le Grand et à Roquelaure; mais le desir qu'il a eu d'avoir quelque present pour estre porteur de ceste bonne nouvelle fit qu'il pria Fresnes

[1] La signora Olimpia Aldobrandini était nièce du Pape, et sœur du cardinal Aldobrandin.

de luy bailler les depesches de Bordeaux et Toulouse et aultres villes, et par consequent cela a faict que plus tost vous ne l'avés eüe, car je luy avois tres expressement commandé d'aller droict à vous et de là à mr le Grand et à Roquelaure. Tenés moy pour veritable aux promesses en ce que je vous ay promis pour vostre fils. Il y a des princes et seigneurs qui m'ont voulu bailler leurs enfans pour estre à mon fils le Dauphin, auxquels j'ay faict response que le premier serviteur qu'il auroit seroit vostre fils, et que je le vous avois promis. Je suis bien aise de ce que vous vous portés mieulx, des boues de Barbotan[1] et des bains, et le serois encore plus si, lorsque vous recevrés celle-cy, vous estiés parfaictement guery ; ce que j'espere, et de vous voir bien tost, puisque je suis resolu de faire la moitié du chemin qui est d'icy à vous, car je fais estat d'estre dans trois sepmaines, Dieu aydant, à Tours et à Poitiers. Il court icy une maladie qui ressemble à la coqueluche, de quoy tout le monde se ressent. Je l'ay desjà eue et commence d'en estre guery. Ma femme et mon fils se portent tres bien, Dieu mercy : qui sont les meilleures nouvelles que je vous puis mander, et que je vous aime bien. A Dieu, mon amy. Ce xvjme octobre, à Fontainebleau.

HENRY.

1601. — 17 OCTOBRE.

Orig. — B. N. Fonds Béthune, Ms. 8973, fol. 25.

A MONS{R} DE BETHUNE,

CONSEILLER EN MON CONSEIL D'ESTAT ET MON AMBASSADEUR À ROME.

Monsr de Bethune, Puisqu'il a pleu à Dieu me donner un fils, lequel monstre avoir envie de vivre, tant il commence à prendre heureuse nourriture, je veulx le presenter à Dieu et l'enregistrer et incorporer en l'Eglise le plus dignement et promptement que faire se pourra, affin qu'il chemine par les pas de ses ancestres, et qu'ayant

---

[1] Barbotan est un bourg de Gascogne, dans le département du Gers, avec une source boueuse dont on estime les vertus médicinales.

à me succeder au regime et gouvernement de ceste monarchie françoise, non-seulement il puisse y prosperer, comme j'espere que Dieu luy fera la grace de faire, quand il aura receu les caracteres et l'institution qui doibvent estre données au premier fils du Roy Tres Chrestien, mais aussy estre digne d'heriter des graces et benedictions que sa divine bonté m'a departies, et luy en rendre la gloire entiere, telle qu'elle luy est justement deue. Pour à quoy parvenir plus heureusement, je desire qu'il soit presenté et levé aux saincts fonts de baptesme par nostre Sainct Pere le Pape, car j'espere que sa pieté en ceste action luy causera et apportera tout bonheur, et favorisera les vœux que je fais pour luy, tout ainsy qu'elle m'a guidé en la recognoissance entiere de mon salut, qui a esté le fondement de la felicité et consolation dont je jouis de present. Au moyen de quoy je vous envoye ce courrier exprés pour ce subject, avec la lettre que j'en escris à Sa Saincteté, que vous verrés par le double d'icelle. Mon intention et le desir de la Royne sont que le grand duc de Toscane et la duchesse de Mantoue accompagnent Sa Saincteté en ceste action, pour l'affection que nous leur portons et pour tenir lieu de pere et de mere à ma dicte femme. Par tant, je vous envoye des lettres pour eulx et pour la duchesse de Mantoue, ainsy que vous verrés par le double d'icelles, qui sont accompagnées d'autres que j'escris à mes cousins les cardinaulx de Joyeuse et d'Ossat, auxquels vous les delibvrerés en leur communiquant la presente, prenant advis et assistance d'eulx, en execution du commandement que je vous fais par icelle, m'asseurant qu'ils le vous donneront tres volontiers.

Puis, vous irés trouver Sa Saincteté et luy ferés ma requeste, aux termes que vous adviserés, avec mes dicts cousins, estre les plus convenables, tant pour l'esmouvoir à la m'accorder, comme je me promets qu'il adviendra, que pour luy representer la reverence et affection que je luy porte, luy disant, si ma femme eust faict une fille, que je ne luy eusse donné la peine de la tenir sur les fonts, et l'eusse reservée pour mon premier fils, affin que Sa Saincteté entende que ceste seule consideration m'a retenu de la requerir de me faire ceste grace devant la delivrance de ma femme, comme ont faict d'autres. Mais Dieu ayant exaucé mes vœux si heureusement qu'il a faict, comme je l'attribue au soin extraordinaire qu'il a manifesté avoir, depuis mon advenement à la Couronne, de la conservation d'icelle, et aux sainctes et devotes prieres que Sa Saincteté y a employées, ainsy qu'il luy a pleu souvent me faire sçavoir, je desire aussy recognoistre envers l'un et l'autre, tant qu'il m'est possible, les obligations que je leur en ay, vouant et desdiant dés à present ceste leur creature au service perpetuel de sa majesté divine, du Sainct Siege et de Sa Saincteté : à quoy je me promets qu'elle reussira plus heureusement, si elle est honorée de la saincte benediction de Sa Saincteté, au dict baptesme. Car je croy qu'elle ne luy sera moins prospere qu'a esté à moy-mesmes celle que Sa Saincteté a espandue sur moy, quand elle m'a ouvert les portes de l'Eglise, qui a esté la source de toutes les graces et faveurs signalées et indicibles que Dieu a si largement departies à mon Royaume et à moy. Vous adjousterés à cela tout ce que mes dicts cousins et vous jugerés estre propre pour mieux exprimer et faire recevoir ma bonne intention. Vous adviserés aussy avec mes dicts cousins ce que vous aurés à dire à Sa Saincteté pour luy faire trouver bon le choix que j'ay faict du dict grand duc et de la duchesse de Mantoue pour l'accompagner en ceste action, ayant voulu les preferer aux autres, pour donner contentement à la mere, qui m'en a supplié; laquelle honore le premier comme son pere et aime l'autre comme sa chere soeur. Et sçaurés, encores que je ne doubte point que Sa Saincteté n'ayt agreable mon eslection, toutesfois que je n'ay voulu la faire sçavoir au dit duc ny à la dicte duchesse jusques à ce que Sa Saincteté eust declaré sur ce son intention, pour tousjours luy rendre plus de respect et honneur. A ceste fin, je vous adresse les lettres que j'escris aux autres, lesquelles vous ferés tenir à Florence et à Mantoue par gens que vous envoyerés exprés en mesme temps, en l'un et l'autre lieu, par lesquels vous leur ferés entendre ma volonté et tirerés parole de la leur. Mais il faudra, s'il est possible, convenir avec Sa Saincteté du temps qu'elle envoyera par deçà pour cest effect, et de la qualité de celuy qu'elle y depputera, affin d'en advertir les autres, et qu'ils s'y accommodent. Quant au dict temps, le plus brief que l'on le prendra me sera le plus agreable. Et pour le regard des procureurs, je desire qu'ils soyent de la plus honorable qualité que faire se pourra. Par tant, si le cardinal Aldobrandin vouloit en accepter la charge, et que Sa Saincteté peust se passer de sa presence, j'en serois tres aise. En tout cas, je desire qu'il y soit le premier convié de ma part, luy disant qu'il me promit et à la Royne ma femme, quand il partit de Lyon, si Dieu nous envoyoit un fils, qu'il nous reviendroit voir; par tant que je le semonds à present de sa parole, affin qu'il sçache que je le veulx preferer à tous autres. S'il s'en excuse, j'aurois à plaisir que Sa Saincteté commist ceste charge au cardinal de Florence; car je serois tres aise de le revoir, et me semble qu'il nous porteroit aussy tout bon heur, nous aimant comme il faict, et estant chery et estimé de nous et de toute la France comme il est, ainsy que vous luy dirés en secret, affin de le demander à Sa Saincteté au deffault du dict cardinal Aldobrandin, s'il le trouve bon et que sa santé luy permette d'entreprendre le voyage. Sinon, il faudra remettre et laisser ce choix à la discretion de Sa Saincteté, m'asseurant qu'elle le fera tel que le requiert ceste action, et que j'en demeureray content. Et neantmoins vous sçaurés en cela l'advis des dicts cardinaulx de Joyeuse et d'Ossat.

Je m'attends aussy que le dict grand duc fera choix de personne convenable et de la dignité requise; mais je desire que la dicte duchesse de Mantoue face le voyage en personne, comme je l'en prie par les lettres que j'escris au duc son mary et à elle; de quoy il faudra que vous les priés encores de ma part, par celuy que vous envoyerés vers elle et son dict mary, car la Royne ma femme et moy avons grand desir de la voir par deçà sur ceste occasion. Quant au nom que nous donnerons à l'enfant, je fais estat que les parrains s'en remettront volontiers à moy, tellement que je ne vous en escriray autre chose par la presente; mais vous adviserés s'il sera besoing d'en dire quelque chose à Sa Saincteté, à ce qu'elle trouve bon que j'en ordonne. De quoy vous m'eclaircirés par vostre response. L'enfant fut ondoyé le lendemain qu'il naquit et se porte tres bien, de sorte que rien ne presse ceste cerimonie, que le desir que j'ay de l'accomplir, pour parfaire ce bon œuvre, qui accroistra le bonheur de ceste creature et le contentement de mes subjects. Toutesfois, je m'accommoderay tousjours à la saison qui sera la plus propre pour la commodité du voyage de ceulx qui seront depputez, suivant ce qui en sera concerté par delà.

Au reste, vous sçaurés que nous ne pouvons chevir de l'esprit de ma sœur, laquelle escoute bien l'evesque d'Evreux, mais elle ne faict encores aucune demonstration de vouloir acquiescer à ses raisons : de quoy je suis tres desplaisant. Toutesfois je ne me rends pas encores à son obstination, estant resolu, devant qu'elle se separe de moy, de faire tous les efforts dont je pourray m'adviser pour la vaincre. Je vous asseure aussy que c'est aujourd'huy le plus grand affaire que j'aye le plus à cœur, duquel je prie Dieu me donner bonne issue.

Vous aurés sceu, par ma lettre du xme de ce mois, les instances qui m'ont esté faictes par le nunce du Pape, de retirer de Hollande le s^r de Buzanval, et la response que je luy en avois faicte. Depuis j'ay advisé de contenter de cela Sa Saincteté (mais non par forme d'obligation), de ne renvoyer plus au dict pays le dict Buzanval, ou autre[1]. Car comme les dicts Hollandois sont forts par la mer, et qu'elle est maintenant pleine de pirates qui destroussent tous les marchands qui praticquent, peut-estre sera-il besoing que je renvoye quelqu'un là, qui ayt soin des marchands de mon Royaume qui y traficquent, et de les proteger en mon nom, ainsy que faisoit le dict Buzanval. C'est aussy la seule cause pour laquelle je l'entretenois au dict pays. Toutesfois, puisque Sa Saincteté a desiré qu'il fust revocqué, j'ay voulu luy complaire, encores que j'estime que son absence n'y apportera aucune mutation favorable aux archiducs, lesquels la doibvent attendre principalement de leur conduicte, tant en la poursuicte de la guerre qu'en la recherche

---

[1] C'est-à-dire : ou bien d'y renvoyer un autre.

de la paix; et vous pourrés dire à Sa Saincteté qu'ils ne sont servis en l'une ny en l'autre comme il seroit necessaire.

Ils s'opiniastrent au siege d'Ostende, qui consommera le reste de leurs forces et moyens avec peu de fruict, mesmement tant que la porte de la mer demeurera libre aux Anglois et aux autres qui assistent les assiegez, ainsy qu'elle a esté jusques à present, car ils sont journellement rafreschis par icelle de tout ce qui leur faict besoin, de façon qu'ils sont aussy peu incommodez dedans que dehors. Je prie Dieu, Monsr de Bethune, qu'il vous conserve en sa saincte garde. Escript à Fontainebleau, le xvij^e jour d'octobre 1601.

HENRY.

DE NEUFVILLE.

1601. — 18 OCTOBRE.

Orig. — Archives royales de Sardaigne. Envoi de M. l'ambassadeur de France à Turin.

A MON FRERE LE DUC DE SAVOYE.

Mon frere, Le jeune Zamet s'en va par delà pour les affaires de son frere et les siennes. Vous sçavés combien je les aime tous deux, et m'asseure que ceste seule consideration seroit suffisante pour vous affectionner à les favoriser. Toutesfois j'ay bien voulu accompagner le dict Zamet de cette lettre, pour vous prier de l'avoir en toute bonne recommandation : et n'estant la presente pour aultre effect, je prie Dieu, mon frere, qu'il vous ayt en sa tres saincte et digne garde. Escript à Fontainebleau, le xviij^e jour d'octobre 1601.

Vostre bon frere,

HENRY.

[1601.] — 19 OCTOBRE.

Orig. autographe. — B. N. Fonds Béthune, Ms. 9128, fol. 27.

[*A LA MARQUISE DE VERNEUIL.*]

Mon cher cœur, Vous m'aviés tant promis d'estre sage, que vous ne pouvés doubter que le style de vostre autre lettre ne m'ayt offensé. Je la vous porteray, et vous jugerés que je n'en pouvois attribuer la cause au jubilé. Ç'a esté la crainte que j'ay tousjours eue de vostre manque d'amour, qui m'a rendu plus facile à y rapporter vos promptitudes. Je vous l'ay dit souvent, non comme pointilleux, mais comme le craignant plus que la perte de ma vie. Rapportés donc cela à mon extreme passion, non à avoir envie de vous manquer. Dieu m'envoye plustost la mort! Je vous eusse envoyé m^r de la Riviere, mais il a fallu qu'il soit demeuré pour pourveoir à mon fils, qui a tary sa nourrice. Aprés disner il partira, et sera demain à vostre lever. Mandés-moy quand vous aurés achevé vostre jubilé et quand vous voudrés me voir ; ce que je desire extresmement pour vous tancer bien. Bonjour, le tout à moy. Je te baise un million de fois. Ce xixme octobre.

[1601.] — 23 OCTOBRE.

Orig. autographe. — Collection de M. F. Feuillet de Conches.

[*A LA REINE.*]

Mon cœur, J'ay esté tout voir, mes ouvriers; demain matin je voirray m^r le chancelier et ceux de mon conseil; et si j'ay faict de bonne heure, je m'en retourneray demain mesme, sinon jeudy, comme je vous l'ay promis. Brandyne a dict icy merveille et s'en est allé trouver l'archiduc. Jouanniny m'est venu faire une plaincte de vous, je la remects à vous la dire. Il faict fort fascheux à Paris; mais que vous y soyés, il ne me faschera pas tant, car je vous meneray par tout. Bon soir, mon cœur, je vous baise cent mille fois. Ce xxiij^e octobre.

[1601.] — 24 OCTOBRE.

Orig. autographe. — Collection de M. F. Feuillet de Conches.

[*A LA REINE.*]

Mon cœur, Monglat s'en va pour pourvoir au partement de mon fils. Il n'est pas voulu partir sans lettre de moy. Je n'ay rien apprins de nouveau, sinon que l'infante et l'archiduc ont eu quelque querelle; je la vous conteray demain, quand je seray à disner à Fontainebleau. Bon jour, mon cœur, je vous baise cent mille fois. Le xxiiij[e] octobre.

[1601.] — 13 NOVEMBRE.

Orig. autographe. — B. N. Fonds Béthune, Ms. 9128, fol. 74.

[*A LA MARQUISE DE VERNEUIL.*]

Mon cher cœur, Je n'ay appris rien de nouveau, sinon que hyer je renouay le mariage de mon cousin [1], et tous les contrats en furent passez. Je jouay arsoir jusques à mynuict au reversin : voilà toutes les nouvelles de St-Germain. Mon menon, j'ay un extreme desir de vous voir. Ce ne sera que ne soyés relevée, car je ne puis commencer ma diete que dimanche, à cause de l'ambassadeur de Savoye, qui me vient faire jurer la paix : qui ne peut estre que samedy. Mes cheres amours, aimés-moy tousjours, et soyés asseurée que vous serés tousjours la seule qui possederés mon amour. Sur ceste verité, je vous baise et rebaise un million de fois et le petit homme [2]. Ce xiij[e] novembre.

---

[1] Le comte de Soissons. Voyez ci-après, au 8 décembre, Ire lettre.

[2] L'enfant dont la marquise venait d'accoucher le mois précédent. Nommé d'abord Gaston, puis Henri, il fut légitimé en 1603 et destiné à l'Église. Nous reparlerons de lui au sujet de l'évêché de Metz, dont il fut pourvu, à la demande de Henri IV.

[1601.] — 15 novembre.

Imprimé. — *Œconomies royales*, édit. orig. t. II, chap. 8.

[A M. DE ROSNY.]

Mon amy, Souvenés-vous de parler au prevost des marchands de ma bonne ville de Paris, pour leur faire entendre comme ils devroient bailler à ma femme la tapisserie qu'ils luy ont promise à cause de son heureux accouchement de mon fils le Dauphin. Bon jour, mon amy. Ce xve novembre, à St-Germain en Laye.

HENRY.

[1601.] — 27 novembre.

Orig. autographe. — Collection de M. F. Feuillet de Conches.

[A LA REINE.]

Mon cœur, Je suis arrivé icy à nuit fermante avec un extresme mal de teste qui m'a passé depuis qu'il a eu neigé. Demain je voirray tous mes artisans, mes bastimens et mes jardins, et vendredy j'iray voir nostre fils. Je vous ay dict lundy, mais j'espere dimanche vous voir. Bonsoir, mon cœur, je vous baise cent mille fois. Ce xxvij^e novembre.

[1601.] — 8 décembre. — Ire.

Orig. autographe. — Archives royales de Sardaigne. Copie transmise par M. l'ambassadeur de France à Turin.

A MON FRERE LE DUC DE SAVOYE.

Mon frere, Je vous remercie du tesmoignage que m'a rendu de vostre part le marquis de Lulin, de la joie que vous avés sentie de la naissance de mon fils, qui m'avoit jà esté représentée par le s^r de Chevrieres. C'est un effect de vostre amitié, que je prise beaucoup et duquel je me revancheray volontiers quand l'occasion s'en presentera. J'esleveray et nourriray mon dict fils en l'amitié des vostres, avec pareil soing que je desire conserver celle qui est entre nous, comme j'ai prié le dict marquis vous dire, en la presence duquel j'ay juré l'observation de nostre dernier accord, avec intention de l'observer et entretenir, de façon que nous et nos subjects jouissions longuement et heureusement du contentement et des bienfaicts d'iceluy. J'attendray aussy le semblable de vostre costé, et vous tiendray la promesse que je vous ay faicte par le dict sr de Chevrieres. Au reste, je vous recommande de tout mon cœur l'affaire de la princesse de Conty, auquel le comte de Soissons, mon cousin, a de present le principal interest, puisqu'il doibt espouser l'heritiere du feu comte de Montafier[1], car c'est chose que j'ay tres à cœur, et à laquelle ma parole est tellement engagée, que je ne seray content que il n'ayt esté satisfaict. Je vous prie doncque y pourveoir ainsy qu'il a esté convenu, le dict comte ne pouvant entendre aux derniers partys qui ont esté offerts de vostre part, pour les raisons que j'ay prié le dict marquis de Lulin vous dire. Par tant je m'en remettray sur luy pour derechef vous asseurer de la parfaite amitié de

Vostre bien bon frere,

HENRY.

Ce viije decembre, à Paris.

[1601.] — 8 DÉCEMBRE. — IIme.

Cop. — B. N. Suppl. fr. Ms. 1009-4. (D'après l'autographe qui était dans le cabinet du duc de Sully.)

[A M. DE ROSNY.]

Mon amy, Je crois de vostre affection à mon service ce que vous m'en escrivés par la vostre du xxvie du passé, comme aussy veulx-

---

[1] Jeanne de Coëme, dame de Bonnétable et de Lucé, princesse de Conti, fille unique de Louis de Coëme, seigneur de Lucé, et d'Anne de Pisseleu, avait épousé en premières noces Louis, comte de Montafié en Piémont. Leur fille Anne, comtesse de Montafié, dame de Bonnétable et de Lucé, était ainsi la belle-fille du prince de Conti, dont elle épousa le frère, le 27 de ce mois, suivant le projet dont parle ici Henri IV. La princesse de Conti sa mère, dont elle allait devenir la belle-sœur, était morte la veille, 26 décembre 1601. La comtesse de Soissons mourut le 17 juin 1644.

je que vous faciés le mesme de ma bonne volonté, autant comme qu'il s'en offrira d'occasion, pour vous tesmoigner combien je vous aime. Le froid qu'il faict icy est si extresme, qu'il faut retarder le partement de mon voyage de Blois pour quelques jours; mais j'espere, Dieu aidant, y estre dans la fin de ce mois, où je seray tres aise de vous voir et mes cousins vos enfans, que j'aimeray bien, et pour l'amour de vous et pour l'amour d'eulx, et vous permettray et à eux de venir voir mon fils, qui les aimera. Les meilleures nouvelles que je puis mander d'icy sont que je me porte fort bien, comme aussy font ma femme et mon fils, qui s'est bien nourry. A Dieu, mon amy, croyés et soyés asseuré que je vous aime bien. Ce viij^e decembre, à Paris.

HENRY.

1601. — 11 DÉCEMBRE. — Ire.

Cop. — B. N. Fonds Brienne, Ms. 38, fol. 1 recto.

[A LA REINE D'ANGLETERRE.]

Tres haulte, tres excellente et tres puissante princesse, nostre tres chere et tres amée bonne sœur et cousine, Ayant advisé de rappeller le s^r de Boissize, conseiller en nostre conseil d'Estat et nostre ambassadeur par delà, pour nous en servir pres de nostre personne, nous avons, en son lieu, faict choix de celle du s^r de Beaumont[1], conseiller en nostre conseil d'Estat, sur l'asseurance que nous avons qu'il remplira bien dignement ceste place et n'aura rien devant les yeux que l'entretenement et affermissement de nostre commune amitié et bonne intelligence. Au moyen de quoy, nous vous prions de le voir et oyr be-

---

[1] Christophe de Harlay, seigneur, puis comte de Beaumont, fils unique du premier président Achille de Harlay et de Catherine de Thou, fille du premier président de Thou. Il était bailli du palais, et devint, sous Louis XIII, lieutenant général au gouvernement d'Orléans et des bailliages de Gien et Montargis. Il resta ambassadeur en Angleterre jusqu'en 1607. Nommé chevalier des ordres du Roi en 1612, il ne put être reçu, car la première promotion du règne de Louis XIII ne se fit qu'en 1618, et M. de Beaumont mourut en 1615, un an avant son père.

nignement sur le tesmoignage qu'il vous rendra de nostre droicte intention en vostre endroict, et luy adjouster doresnavant, en ce qu'il aura à negocier avecq vous pour nos affaires, pareille foy et creance que vous feriés à nous-mesmes : et à tant nous prierons Dieu, Tres haulte, tres excellente et tres puissante princesse, nostre tres chere et tres amée bonne sœur et cousine, qu'il vous ayt en sa saincte et digne garde. Escript à Paris, le xj⁶ jour de decembre 1601.

Vostre bon frere et cousin,

HENRY.

[1601. — 11 DÉCEMBRE.] — IIme.

Cop. — B. N. Fonds Brienne, Ms. 38, fol. 1 verso.

[A LA REINE D'ANGLETERRE.]

Madame ma bonne sœur, J'ay commandé au s^r de Beaumont, que j'ay eslu pour me servir en la place du s^r de Boissize, de vous renouveller souvent les vœux de mon amitié et me conserver la vostre, comme la chose de ce monde qui m'est la plus chere. Je me promets qu'il s'en acquittera fidelement et que ce sera heureusement, s'il vous plait avoir son entremise aussy agreable comme de bon cœur je vous en prie, et de me renvoyer le dict s^r de Boissize avecq vostre bonne grace; car je sçay, et je vous en responds, Madame ma bonne sœur, qu'il a faict son debvoir pour s'en rendre digne, depuis qu'il me sert auprés de vous, en procurant par tout moyen l'accroissement de nostre amitié, comme vous dira le dict s^r de Beaumont, avec les aultres affaires dont je l'ay chargé. Par tant je vous prie de luy adjouster pareille foy que vous feriés à

Vostre bon frere et cousin,

HENRY.

[1601. — 13 DÉCEMBRE.]

Cop. — Fonds Béthune, Ms. 8957, fol. 8 recto ; et Suppl. fr. Ms. 1009-4.

[AU PAPE.]

Tres Sainct Pere, En attendant que je rende graces à Vostre Saincteté, par le sr Barberin, de celle qu'Elle a faicte au pere, à la mere et au fils, de leur avoir envoyé par luy sa saincte et bienheureuse benediction, je supplieray Vostre Saincteté de croire qu'Elle ne pouvoit la departir à princes qui aient plus de respect, de service et d'affection à Vostre Saincteté et au Sainct Siege, que nous; et que j'esleveray et instruiray en ceste devotion et observance mon dict fils, qui prend tres bonne nourriture, par la bonté de Dieu, que les devotes et sainctes prieres et oraisons de Vostre dicte Saincteté nous ont rendu favorable: de quoy j'ay commandé à mon ambassadeur remercier affectueusement Vostre dicte Saincteté, et particulierement du louable et paternel conseil qu'il a pleu à Vostre Saincteté me donner par sa lettre du xxviiije du mois d'octobre, qui m'a esté deslivrée par son nonce, sur ce qui est advenu en Espagne à l'ambassadeur qui m'y servoit. Lequel conseil j'avois jà pris et suivy, devant la reception de vostre dicte lettre, sçachant que je ferois chose qui seroit agreable à Vostre Saincteté et utile au public, et par tant digne de moy. Je ne m'en departiray point encore, Tres Sainct Pere, puisque Vostre Saincteté le desire ainsy; mais je la supplie de considerer que, comme les princes grands et puissans sont à bon droict tres jaloux de leur dignité, aussy doivent-ils estre tres circonspects et respectueux les uns envers les aultres, affin de servir d'exemples aux moindres et esviter les rencontres et accidens que une offense precipitée et non reparée tire apres soy, comme Vostre Saincteté peut le mieux cognoistre que tout aultre par sa singuliere prudence, au jugement de laquelle deferera tousjours grandement

Vostre plus humble et devost fils,

HENRY.

[1601. — VERS LA MI-DÉCEMBRE.] — Ire.

Cop. — B. N. Fonds Béthune, Ms. 8980, fol. 8 ; et Suppl. fr. Ms. 1009-4.

[AU PAPE.]

Tres Sainct Pere, Je rends graces tres affectionnées à Vostre Saincteté de la singuliere faveur qu'Elle a voulu faire à ma personne, à la Royne ma femme, et à mon fils, en nous envoyant sa bienheureuse benediction par le seign^r Barberini, clerc de la chambre apostolique, avec une croix d'or, garnie des sainctes reliques, et des langes benis pour mon dict fils, et d'avoir accompagné le tout d'une declaration si expresse de la paternelle bienveillance de Vostre Saincteté envers nous, que comme nous luy en demeurons tous ensemble tres obligez, je supplie aussy Vostre Saincteté de croire qu'Elle sera reverée et servie de nous et de tous ceulx qui en despendent, d'entiere et cordiale affection en toutes occasions, et que j'instruiray mon dict fils en la mesme observance à l'endroict du Sainct Siege, affin qu'il se rende digne heritier du tiltre, comme du sceptre de ses ancestres, et qu'il honore à jamais la glorieuse memoire de Vostre Saincteté, aime et cherisse ceulx de sa maison, tout ainsy que fera le pere tant qu'il regnera. A quoy l'oblige de plus en plus la bonne volonté de laquelle Vostre Saincteté m'a accordé la supplication que je luy ay faicte, de presenter mon dict fils au sainct sacrement de baptesme, ainsy qu'il a pleu à Vostre Saincteté m'escrire, par sa lettre du xij^e du mois de novembre, que son nunce m'a deslivrée; car j'espere que ceste faveur rendra ses jours heureux, et l'incitera davantage à promouvoir la gloire de Dieu et de son Eglise tres saincte, quand il sera capable de le faire. Ce pendant je m'acquitteray de ce debvoir, pour nous deux, tant que mon pouvoir s'estendra, comme j'ay prié le dict Barberini asseurer Vostre Saincteté.

Il luy dira aussy l'ordre que j'ay donné pour faire chastier les coulpables de l'entreprise du comtat de Venisse, laquelle en verité n'a ses racines si profondes que l'on a donné à entendre à Vostre dicte Saincteté, ainsy que j'ay recogneu par sa lettre du xie du mois de octobre, et ce que m'en ont dict de sa part ses nunces. Toutesfois je promets à Vostre Saincteté que je veilleray tellement sur les actions des perturbateurs du repos publicq, qu'ils n'auront moyen d'endommager les pays de Vostre Saincteté, non plus que les miens. Je veulx aussy avoir pareil soing de ceulx-là que des autres. Finalement, je supplie Vostre Saincteté de croire que je fuiray tousjours les occasions de mettre mes voisins en soupçon de moy, quand ce ne seroit que pour complaire à Vostre Saincteté. Mais souvent ceulx qui se plaignent les premiers et le plus, ne sont ceulx qui ont plus de subject de le faire, comme Vostre Saincteté peut mieulx juger par les comportemens des uns et des autres, ainsy que luy exposera plus particulierement mon ambassadeur, affin que je ne l'ennuye de plus longue lettre, laquelle je finiray doncques par l'accoustumée salutation et reverence que faict à Vostre Saincteté

Son tres devost fils,

HENRY.

[1601. — VERS LA MI-DÉCEMBRE.] — IIme.

Cop. — Fonds Béthune, Ms. 8890, fol. 8 verso; et Suppl. fr. Ms. 1009-3.

[AU CARDINAL ALDOBRANDIN.]

Mon Cousin, Combien que la lettre que vous m'avés escripte par le sr Barberini et ce qu'il m'a dict de vostre part m'ayent tesmoigné, autant que je le pouvois desirer, vostre joie sur la naissance de mon fils, toutesfois il faut que je vous die que je l'ay creue encore plus grande qu'ils ne me l'ont representée, la mesurant à l'affection que je vous porte et à l'interest que je me persuade que vous avés au bien de mon Estat, que vous avés obligé avec moy à espouser vostre contentement en toutes occasions. Aussy avés-vous meilleure part, aprés Dieu et Sa Saincteté, que tout aultre, au bonheur et contentement que je reçois de mon mariage. Par tant, il est raisonnable que vous participiés particulierement à toutes les felicitez qui en naissent, comme je vous prie croire que vous et les vostres ferés eternellement. Ce que je vous eusse dict moy-mesme, si mon desir de vous revoir n'eust esté surmonté des justes causes qui vous doibvent empescher de venir par deçà, lesquelles m'ayant esté representées par le nunce de Sa Saincteté, avec vostre lettre du xiie de novembre, ont esté jugées de moy si fortes et importantes, que je veulx estre maintenant le premier à vous destourner de ce voyage, vous asseurant toutesfois que je ne vous sçais moindre gré de la bonne volonté que vous avés monstrée de me contenter en ceste occasion, que si l'effect s'en estoit ensuivy, ainsy que j'ay prié le dict s^r Barberini vous dire, lequel j'ay veu d'autant plus volontiers, que je l'ay recogneu tres affectionné à vostre contentement et service, digne d'estre aimé de vous. Je prie Dieu, mon Cousin, qu'il vous ayt en sa saincte et digne garde.

HENRY.

1601. — 16 DÉCEMBRE. — Ire.

Orig. — Arch. de la ville de Soleure. Copie transmise par M. l'ambassadeur de France en Suisse.

A NOS TRES CHERS ET GRANDS AMYS, ALLIEZ ET CONFEDEREZ LES BOURGUEMAISTRES, ADVOYERS, AMANS, CONSEILS ET COMMUNAUTEZ DES TREIZE CANTONS DES LIGUES DES HAULTES ALLEMAIGNES.

Tres chers et grands amys, alliez et confederez, Nous avons tant de desir de voir arrester et conclure la continuation et renouvellement de nostre ancienne alliance, amitié et confederation, qu'aussy tost que nous avons entendu l'acheminement qui y avoit esté donné par les s^{rs} de Sillery et de Vic, nous avons faict partir nostre tres cher et amé cousin le duc de Biron, pair et mareschal de France, gouverneur et nostre lieutenant general en Bourgogne, pour y mettre la derniere main. Il a charge de nous de vous visiter de nostre part en personne et par lettres, et vous exposer plus particulierement l'affection et bonne volonté que nous vous portons, et l'estime que nous faisons de la valeur et generosité dont vostre nation est recommandée. De quoy nous vous prions le croire comme nous-mesmes, et, s'il reste encore quelques difficultez à resouldre pour le faict du dict renouvellement, y apporter la facilité que nous attendons de vostre affectionnée inclination au bien et advantage de nos affaires. Quoy faisant, vous nous donnerés occasion de le recognoistre en toutes celles qui se presenteront de vous tesmoigner nostre bienveillance, ainsy que vous entendrés de nostre dict cousin, sur lequel nous remettant, nous prions Dieu, Tres chers et grands amys, alliez et confederez, qu'il vous ayt en sa saincte et digne garde. Escript à Paris, le xvj° jour de decembre 1601.

HENRY.

DE NEUFVILLE.

[1601.] — 16 DÉCEMBRE. — IIme.

Imprimé. — *Mémoires de messire Philippes de Mornay*, t. III, p. 27.

[A M. DU PLESSIS.]

[1] Monsr du Plessis, J'ay esté bien aise d'entendre ce que vous m'avés mandé par Hesperien, qui vous rendra ceste-cy, et depuis ce, que vous avés faict un voyage où vous avés esté pour mon service, et l'esperance que vous me donnés que dans l'année prochaine il y aura quatre fontes qui commenceront à travailler dans les montagnes Pyrenées, et que celles-là donneront commencement à d'aultres. Je recevray à un grand contentement de sçavoir que vous vous employés à cest œuvre, où il y va de mon service, lequel je veux croire que vous affectionnerés comme autresfois je l'ay recogneu : et ceste-cy n'estant à aultre fin, je prieray Dieu qu'il vous ayt en sa saincte et digne garde. Ce xvj° decembre, à Paris.

HENRY.

[1] Cette lettre était de la main du Roi.

1601. — 24 décembre.

Orig. — Fonds Béthune, Ms. 8956, fol. 13.
Imprimé. — *Lettres au cardinal d'Ossat*, publiées par Amelot de la Houssaye, t. V, Suppl. p. 52, Amsterdam, 1714, in-12.

[AU CARDINAL D'OSSAT.]

Mon Cousin, J'ay bien consideré le discours que vous m'avéz faict par vostre lettre du xxvi⁰ de novembre, que j'ay receue le xix⁰ de ce mois, je l'ay trouvé tres judicieux et exact, comme a accoustumé d'estre tout ce qui passe par vostre main. Vous avés curieusement recherché et representé les causes et raisons qui meuvent le Pape et tous les Espagnols d'entendre au desseing deduict par icelle; toutes lesquelles me semblent estre destituées de fondement valable, hors celle qui regarde l'advancement de l'honneur de Dieu, que je crois veritablement piquer et inciter Sa Saincteté, mais non les autres, sinon pour mieulx couvrir et desguiser leur convoitise; car de droit, tous ces pretendans proposez par le jesuite Personius n'y en ont point du tout, et estime quand il fauldra jouer des couteaux, que leurs partisans se trouveront encore plus debiles dans le pays qu'ils ne pensent. Car ces pensionnaires qu'ils ont nourrys et instruicts à leur mode y ont peu de credit; ce sont bannis, qui promettent plus qu'ils ne peuvent, pour amender leur condition et par tant instrumens tres foibles et incertains, et des amys et conseillers tres dangereulx. Nous verrons comment les Espagnols, descendus en Irlande, s'en trouveront. Davantage ceulx qui sont plus passionnez pour eulx sont si imprudens, qu'ils ont jà descouvert leur but, duquel plusieurs affectionnez à la religion catholique sont si scandalisez, qu'ils ont commencé à faire bande à part. Mais quand tout cela ne seroit point, quelle apparence y a-t-il de s'attendre que les Espagnols employent leurs gens et leurs deniers avec leur reputation, pour mettre ceste Couronne sur la teste d'un tiers, seulement pour empescher qu'un non-catholique en herite? Ils abusent Sa Saincteté quand ils luy donnent telle esperance;

c'est affin d'estre fortifiez de son nom et auctorité en l'execution de leur desseing, qui a tousjours esté et est encore de s'emparer, s'ils peuvent, du royaulme d'Angleterre, pour, par ce moyen, subjuguer plus facilement les Hollandois, et aprés donner telles lois qu'il leur plaira à leurs voisins. Le feu roy d'Espagne le tenta en l'an 1588, et il ne luy reussit. Son fils suit à present ses brisées, conforté de l'opinion qu'il a que la Royne doibt bien tost mourir.

Quant au party d'Arbelle, il est tres debile; tellement qu'il ne renforcera guere celuy qui s'y attachera. J'en dis quelque chose au cardinal Aldobrandin, estant à Lyon; de quoy il ne demeura satisfaict : et faut que l'experience supplée à la prudence, quand la passion nous emporte. J'ay crainte qu'il advienne du projet que faict le Pape tout le contraire de ce à quoy il aspire : qui est de rendre les catholiques d'Angleterre plus miserables que jamais, leur faisant prendre les armes contre les lois du Royaulme et le legitime honneur d'iceluy. Si Dieu ne m'eust touché le cœur de la recognoissance de la verité de nostre religion, la condition des catholiques de ce Royaulme n'eust amendé par les desseings faicts en iceluy sous pretexte de pieté. C'est un exemple si recent et si fort, qu'il doibt servir de guide et de regle en la direction des affaires d'Angleterre, aprés le decés de la dicte Royne, où les mouvemens seront encore plus soudains et plus violens qu'ils ont esté en la France, parce qu'il n'y a point de forteresses en Angleterre, et qu'ils ont accoutumé d'y vider leurs differends par batailles en peu de temps. Le roy d'Escosse est le vray heritier du dict royaulme; il sera toujours prest pour en recueillir la succession plus tost que nul aultre, et ne faut pas que Sa Saincteté pense que les brefs qu'elle a envoyez à son nonce, pour faire tenir aux catholicques du pays, soient suffisans pour dresser à l'instant une partie qui soit assez forte pour resister et faire teste à l'aultre. C'est faire un faux compte de s'y attendre. Les dicts Espagnols dressent mieulx leur partie en voulant s'establir en Irlande, en intention de s'estendre encore en Angleterre, s'ils peuvent, devant que la dicte Royne decede; mais je n'ay pas opinion qu'ils s'en trouvent bien.

Pour moy, je desire, comme Sa Saincteté, que le dict royaulme d'Angleterre tombe entre les mains d'un prince catholique ; je n'ignore aussy les raisons qui me doivent faire desirer que ceste couronne demeure separée de celle d'Escosse, ny celles qui me doivent donner jalousie des alliances qu'a le roy d'Escosse en mon Royaulme ; mais c'est injustice de s'opposer à la justice, et imprudence de s'engager en une entreprise peu reussible, comme celle que l'on propose à Sa Saincteté. Je dis qu'il seroit plus equitable, facile et utile à la religion catholique, de penser à reduire le dict roy d'Escosse au giron de l'Eglise, qu'à s'opposer à son establissement par les moyens qui ont esté ouverts à Sa Saincteté. Je n'en parle sans fondement. Tant il y a, que je declare et proteste que je ne pretends rien au dict royaulme, que d'empescher que les Espagnols s'en emparent sous pretexte de pieté et de contenter Sa Saincteté : car leur accroissement m'est trop suspect, vivant avec moy comme ils font, et manifestant tous les jours leur ambition en Italie et ailleurs par tous moyens extraordinaires. A quoy seroit meshuy temps que Sa Saincteté prist garde de plus prés qu'elle ne faict ; car c'est chose qui n'importe moins à sa maison qu'aux aultres, comme j'auray à plaisir que vous remonstriés quelquefois au cardinal Aldobrandin, et mesme à Sa Saincteté, si l'un ou l'autre vous donne argument de le faire. Car, mon Cousin, ces gens vous gagnent pays partout où ils peuvent s'estendre, et n'espargnent or ny argent pour ce faire. Que n'ont-ils faict en Suisse, pour traverser le renouvellement de mon alliance ? Considerés ce qu'ils advancent en Italie, et à quoy tendoit l'entreprise de Barbarie. Pensés-vous aussy qu'ils se soient mis en aulcun debvoir de me contenter sur ce qui a esté faict à mon ambassadeur qui estoit en Espagne[1] ? Ils ont mesprisé les conseils et prieres de Sa Saincteté sur ce faict, et n'ont faict aulcune raison à mes subjects, qu'ils ont tyrannisez en leurs ports depuis la paix. Voilà comment ils vivent avec moy. Sur cela ils publient que je veulx commencer la guerre,

---

[1] Voyez ci-dessus, lettre du 4 août et la note.

soit parce qu'ils me donnent assez d'occasion de le faire, ou qu'ils pensent me decrier envers Sa Saincteté en le faisant. Mais tout cela ne me hastera pas d'aller un pas plus viste que j'ay deliberé. J'ay devant les yeux, par preference à toute aultre chose, l'honneur et service de Dieu et le bien et repos publicq de la Chrestienté, avec le contentement de Sa Saincteté, et aprés, de ne manquer au soin que je doibs avoir de ma dignité et reputation et de la protection de mes subjects. Voilà, mon Cousin, ce que la confiance que j'ay en vous et ma franchise m'ont suadé de vous escrire sur le subject de vostre lettre du xxvie du passé; dont vous userés ainsy que vous jugerés, par vostre prudence, estre pour le mieulx; mais il me semble qu'il faut fuir toute occasion de faire que le Pape s'ouvre à vous de la dicte succession d'Angleterre, puisque les raisons susdictes ne me permettent de m'engager au desseing qu'il a projetté. Je prie Dieu, mon Cousin, qu'il vous tienne dans sa saincte et digne garde. Escript à Paris, le xxiiij^e jour de decembre 1601.

HENRY.

DE NEUFVILLE.

[1601. — 26 DÉCEMBRE.]

Cop. — Arch. des Médicis, Documents originaux, liasse 14. Envoi de M. le ministre de France à Florence.

[AU PAPE.]

Tres sainct Pere, Mon ambassadeur presentera à Vostre Saincteté ceste lettre, par laquelle je la supplie vouloir entendre benignement ce qu'il luy remonstrera de ma part sur un subject que j'ay fort à cœur, qu'il luy exposera; suppliant Vostre Saincteté d'apporter en ceste occasion la prudence qui l'accompagne en toutes ses actions, et d'autant plus que c'est chose qui importe à l'entretenement de la paix publicque, qui est l'œuvre de ses mains[1] : et je prierai Dieu,

[1] Il s'agissait d'une dissension très-grave entre le grand-duc de Toscane et son frère don Pierre de Médicis. Celui-ci avait envoyé demander justice au roi d'Espagne,

Tres Sainct Pere, qu'il veuille conserver Vostre Saincteté longuement et heureusement au gouvernement de sa saincte Eglise.

Vostre tres devost fils,

HENRY.

[1601.] — 26 DÉCEMBRE.

Orig. autographe. — B. N. Fonds Béthune, Ms. 9138, fol. 42.

A MADAME DE MONGLAT.

Madame de Monglat, Celle qui vous rendra ceste-cy est une nourrice que je vous envoye pour donner le tetin à mon fils. C'est pourquoy vous ne ferés faulte incontinent la presente receue de le faire servir, et faire qu'elle luy donne à teter; ne voulant que celle qui l'a nourry jusques à present continue davantage, de peur que cela prejudiciast à sa santé. A Dieu, madame de Monglat. Ce xxvi° decembre, à Paris.

HENRY.

1601. — 27 DÉCEMBRE. — Ire.

Cop. — Biblioth. de M. Monmerqué, Ms. intitulé *Lettres à l'ambassadeur du Levant.*

[A M. DE BRÈVES.]

Monsr de Breves, La deffaite de l'Eberstein[1] dont vous m'avés donné en le priant de charger le comte de Fuentès de la lui faire obtenir. Le roi de France, en envoyant à son ambassadeur cette lettre pour le Pape, y joignait l'exposé détaillé des faits. Il chargeait M. de Béthune de demander au Pape d'interposer son autorité pour assoupir cette affaire et réconcilier les deux frères, déclarant que dans aucun cas il ne souffrirait que le roi d'Espagne exigeât rien par violence ou menace du grand-duc.

---

[1] Au lieu de ce nom, le manuscrit porte *de Lescrinain* ou *de l'escrivain.* L'ignorance dont le copiste fait preuve en maint endroit, surtout dans la transcription des

advis par vostre lettre du vıı^e octobre, qui m'a esté confirmée par celle du xxie du [mesme] mois, avec la retraite de l'armée chrestienne de devant Camise le xxvııı^e du mois passé, relevera la reputation et les affaires de ce Seigneur, avec son auctorité et ses armes. Toutesfois j'ay opinion qu'il s'en servira plus volontiers pour faire la paix avec l'Empereur, s'il cognoist la pouvoir obtenir, qu'à continuer la guerre; car son premier bassa et ses autres principaux ministres et luy-mesme sont ennemys d'icelle. Le duc de Mercure a eu meilleure fortune à Albaregalle, contre l'armée commandée par Assan-Bassa, laquelle s'est rompue par la faute des chefs et la bonne conduicte du dict duc, sous l'archiduc Mathias. Si sur cela les armes de Sigismond Bathory prosperent en Transilvanie, comme on dict qu'elles ont commencé, estant demeuré maistre de la campagne par le moyen des forces dont le Grand Seigneur l'a assisté, la defaveur des affaires du dict Empereur augmentera beaucoup, tellement qu'il arrivera bien à propos que le sophy de Perse declare à present la guerre au dict Grand Seigneur, comme on s'y attend. Continués à m'advertir de ce que vous en apprendrés, et aussy de ce que sera devenu le Sigal, lequel a faict peu parler de luy ceste année.

Les Espagnols ont assailly l'Irlande contre la royne d'Angleterre; mais je ne pense pas qu'ils s'en trouvent bien, non plus que l'archiduc, de tant s'opiniastrer au siege de la ville d'Ostende, qu'ils font, car la rigueur du temps achevera de ruiner leur armée, qui est fort affoiblie, et leurs ennemys ne perdront le temps quand ils verront qu'ils seront affoiblys. Il est vray qu'ils n'ont sceu prendre Bosleduc en Brabant, qu'ils avoient assiegé, les glaces ayant contrainct d'en quitter l'entreprise, voyant venir contre eux les forces des dicts archiducs.

Il me semble aussy que ce Seigneur a pris mauvais conseil d'avoir mal contenté les Polonnois pour le gouvernement de la Valacquie. Je

---

noms propres, nous semble autoriser une correction aussi éloignée de la leçon du manuscrit, pour la mention d'un fait qu'il est facile de reconnaître : la défaite du comte d'Éberstein, gouverneur d'Esclavonie, commandant un corps de cavalerie impériale au siége de Canise.

prie Dieu, Monsr de Brèves, qu'il vous ayt en sa saincte et digne garde. Escript à Paris, le xxvij^e jour de decembre 1601.

HENRY.

[1601.] — 27 DÉCEMBRE. — IIme.

Cop. — B. N. Suppl. fr. Ms. 1009-4. (D'après l'autographe qui était dans le cabinet du duc de Sully.)

[A M. DE ROSNY.]

Mon amy, J'ay esté bien aise d'entendre de vos nouvelles par le Plessis, que vous m'avés despesché exprés, et l'eusse esté davantage s'il m'eust asseuré que vous estiés du tout guery; mais de l'occasion de son voyage, n'en ay esté aussy estonné que rien plus. Vous sçavés ce que je vous ay dict moy-mesme, et escript plusieurs fois : qui est que si on me disoit quelque chose de vous, avant que de le voir, je vous en advertirois. Puis donc que cela n'a point esté, je ne sçay pourquoy vous avés cru à de faux rapports que l'on vous peut avoir faicts; qui vous prie de me nommer ceulx qui vous ont escript ou vous l'ont dict, que vous estiés nommé parmy ces discours. Vous vous debviés souvenir qu'aussy tost que j'eus nouvelle que au Limosin on parloit de remuement, je vous depeschay le s^r de St-Aubin Monglat[1], pour sçavoir ce que vous en sçauriés, et depuis sur celuy que vous me depeschastes, je vous fis entendre tout ce que je sçavois de cest affaire. Vivés donc l'esprit en repos de ce costé-là et avec ceste creance que, si l'on me dict quelque chose de vous, je le vous escriray et n'en croiray que ce que je doibs d'un fidel et affectionné serviteur. Je pars dans deux jours, pour m'en aller à Fontainebleau faire le jour de l'an, où après avoir sesjourné quelques jours, j'en partiray pour commencer mon voyage de Blois et celuy de Poictiers, où je me promects que vous me viendrés trouver, et admenerés mes petits cou-

---

[1] Louis de Harlay, seigneur de St-Aubin, gouverneur de St-Maixent, second fils de Robert de Harlay et de Jacqueline de Morainvillier, était frère puiné de M. de Sancy et beau-frère de madame de Montglat.

sins avec vous, comme vous me l'avés promis, et encore je vous en conjure, en vous faisant ressouvenir de vostre promesse, asseuré que vous et eulx serés les bien venus et vus de moy, qui vous aime. A Dieu, mon amy. Ce xxvij^e decembre, à Paris.

HENRY.

[1601. — 29 décembre.]

Cop. — B. N. Fonds Béthune, Ms. 8957, fol. 11 recto; et Suppl. fr. Ms. 1009-4.

[AU PAPE.]

Encores que nous soyons asseurez que Vostre Saincteté, par sa singuliere prudence, veille suffisamment pour despartir aux ames que Dieu luy a commises les graces et consolations spirituelles qui nous sont necessaires, toutesfois desirant en suite de celles que Vostre Saincteté a faictes à l'eglise Ste-Croix de nostre ville d'Orleans, par l'ouverture des tresors de l'Eglise qu'ont produit les indulgences du sainct Jubilé[1], voir augmenter aux doyen, chanoines et chapitres de la dicte Eglise, le moyen de la pouvoir faire reedifier et remettre en sa premiere grandeur, dont elle est deschue par l'injure des troubles qui ont eu cours en ce Royaulme, durant lesquels elle a esté entierement bruslée, nous supplions et requerons Vostre Saincteté autant et si affectueusement que le pouvons, qu'il luy plaise, en faveur et contemplation de la priere que nous luy en faisons, et en compassion des demolitions et ruines de la dicte Eglise Ste-Croix, qui ont esté cy-devant plus particulierement representées à Vostre Saincteté, accorder aux doyen, chanoines et chapitre de la dicte Eglise, pour tous fideles chrestiens, les pardon et indulgences portez par la requeste et supplication qu'ils en feront presenter à Vostre Beatitude, laquelle se disposant à ce faire, nous fera aussy plaisir tres grand et

---

[1] Clément VIII avait accordé les grâces du jubilé à l'église Sainte-Croix d'Orléans pour l'année 1601. De là vient qu'en France les dévotions du jubilé se firent surtout cette année-là. Ceux qui les firent l'année précédente avaient entrepris exprès le voyage de Rome.

tres agreable en nostre endroict, ainsy que le sʳ de Bethune, conseiller en nostre conseil d'Estat et nostre ambassadeur prés de Vostre Saincteté, vous le fera plus amplement entendre : priant Dieu.....

HENRY.

1601. — 30 décembre.

Orig. — Archives royales de Sardaigne. Envoi de M. l'ambassadeur de France à Turin.

A MON FRERE LE DUC DE SAVOYE.

Mon frere, J'ay sceu comme, sur l'insistance qui a esté faicte de ma part, vous avés faict arrester à Turin prisonnier un receveur general de mes finances à Tours, nommé Francois Jusseaume, qui avoit quitté et abandonné sa charge, et par le moyen d'infinies faulsetez, volé et emporté mes deniers et ceulx de plusieurs particuliers; dont je vous ay bien voulu remercier par ceste lettre, et vous dire que vous avés en cela faict chose digne de vostre affection en mon endroict, et dont j'ay receu beaucoup de contentement. Mais parce qu'il importe grandement au bien de mon service que le dict Jusseaume soit conduict et amené par deçà, tant pour esclaircir plusieurs affaires de sa charge, dont l'on ne peut tirer lumiere que par sa bouche, pour avoir emporté tous ses papiers et les miens, que pour servir d'exemple à d'aultres qui pourroient avoir semblable volonté de mal faire, je vous prie, mon frere, de le faire consigner es mains d'un huissier de ma chambre des comptes, nommé Jean Flamant, que j'ay envoyé exprés par delà pour cest effect, et à qui j'ay commandé de le conduire seurement en ce Royaume, luy faisant bailler seureté et escorte s'il en a besoing; et je me revancheray du plaisir que vous me ferés en cest endroict, en aultre occasion, si elle se presente : priant Dieu, mon frere, qu'il vous ayt en sa saincte et digne garde. Escript à Paris, le xxxᵉ jour de decembre 1601.

Vostre bon frere,
HENRY.
DE NEUFVILLE.

ANNÉE 1602.

1602. — 6 JANVIER.

Cop. — B. N. Fonds Béthune, Ms. 8980, fol. 28.

[AU PAPE.]

Tres Sainct Pere, Vostre Saincteté, qui a toujours grandement aimé et affectionné le bien de ce Royaume, nous a faict paroistre, par toutes sortes de tesmoignages, qu'Elle en desiroit l'accroissement et prosperité; et, aprés qu'il a pleu à Dieu de combler ses graces et benedictions par la naissance du fils qui nous a esté donné, par sa divine bonté, Vostre Saincteté a voulu, non seulement s'en conjouir avec nous par le s^r Barberin, referendaire de l'une et l'autre signature, clerc de la chambre apostolicque et nunce de Vostre Saincteté, mais encores nous envoyer par luy, tant pour nous et la Royne nostre espouse, que pour nostre dict fils, sa saincte et paternelle benediction, et, pour plus ample tesmoignage de la joye qu'Elle a receue de la dicte naissance, nous donner et à nostre dicte espouse, ensemble à nos subjects, les pardons et indulgences portées par le bref de Vostre Beatitude, du xxvie octobre, envoyer à nostre dict fils la saincte croix, avec les langes et couvertures benistes de la main de Vostre dicte Saincteté, qui ont esté apportées par le dict Barberin, de quoy nous la remercions tant affectueusement qu'il nous est possible, et desirons, en attendant que nostre dict fils soit capable de servir à Vostre dicte Saincteté et au Sainct Siege apostolicque, nous en revancher à l'endroit d'icelle, par toutes sortes d'observances, telles qu'Elle les doibt attendre du premier et plus affectionné fils de l'Eglise. Et, comme nous recognoissons que la bonne education de nostre dict fils importe au salut de la republicque chrestienne en general, non moins qu'au bien de ce dict Royaume en particulier, nous aurons soing, nous proposant les bonnes et paternelles recommandations de Vostre dicte Saincteté, de le faire eslever en la crainte de Dieu, affin que, venant un jour à succeder à ceste Couronne Tres Chrestienne, il soit imitateur des vertus des Roys Tres Chrestiens, ses predecesseurs, comme de leur zele à la deffense et propagation de nostre saincte Religion Catholicque, Apostolicque et Romaine; et esperons que Dieu luy en fera la grace. Au demeurant, nous avons veu bien volontiers le dict seign^r Barberin, tant pour le respect de Vostre Saincteté et la fiance qu'Elle a de luy, que pour les louables et dignes qualitez de sa personne. Nous luy avons aussy ouvert nostre cœur sur le desir de conserver par toutes sortes de debvoirs la paternelle bienveillance de Vostre Saincteté, laquelle nous supplions nous la continuer, comme nous prions Dieu, Tres Sainct Pere, qu'il veuille conserver longuement et heureusement Vostre Saincteté au gouvernement de son Eglise. De Paris, le vj^e janvier 1602.

Vostre devost fils,

HENRY.

1602. — 8 janvier. — Ire.

Cop. — B. N. Fonds Béthune, Ms. 9136, fol. 31 recto.

A MONS^R L'EVESQUE ET COMTE DE THOUL.

Monsr de Thoul, La creance que j'avois prinse de vostre entiere affection au bien de mes affaires, par tant et si solemnelles promesses que vous m'en avés cy-devant données, m'avoit faict esperer que vous seriés le premier à me prester le serment de fidellité que le s^r Viart, conseiller en mon conseil d'Estat et president en ma justice de Metz, a eu charge expresse de recepvoir de vous et de ceulx du chapitre de vostre Eglise, comme aussy des magistrats de la ville de Thoul, et que vostre exemple seul serviroit suffisamment pour induire les autres à mesme debvoir. Mais, au contraire, j'ay eu advis du dict s^r Viart que jusques à ceste heure, quelque instance et presse qu'il ayt peu faire envers vous, et après plusieurs remises, excuses et delais, il n'a peu vous induire et persuader de satisfaire au dict serment, sinon en termes bien eslongnez de la sincere affection, volonté et submission que vous debvés à mon auctorité; qui me font, non sans mescontentement, revocquer en doubte ce que je m'estois promis de vostre fidellité. De laquelle, si vous desirés me donner desormais plus d'asseurance, je veux et entends que vous disposiés avec plus de franchise à faire le dict serment; et, recognoissant ce que vous estes et combien vous estes tenu, et le soing que j'ay eu de vous mettre en repos, si vous avés aussy volonté d'y estre maintenu et conservé soubs ma protection, que vous rangiés à mesme debvoir que mon cousin l'evesque et comte de Verdun, la dignité duquel et la qualité et condition de sa personne, estant d'aussy grand poids et merite que la vostre[1], vous doibvent oster toute apprehension d'estre contrainct de faire autre chose que ce que vous estes tenu, et que vous debviés vousmesmes effectuer sans attendre aulcune semonce, et à quoy derechef je vous advertis de satisfaire, sur tant que vous desirés me donner occasion de vous bien voulloir et embrasser vostre conservation. Attendant donc sur ce le contentement de vous que je me suis tousjours promis, je prieray Dieu ce pendant vous avoir, Monsr de Thoul, en sa saincte garde. Escript à Paris, le viij^{me} jour de janvier 1602.

HENRY.

POTIER.

[1] L'évêque de Verdun était, comme nous l'avons dit ci-dessus, un des fils du duc de Lorraine; l'évêque de Toul, à qui cette lettre est adressée, était Christophe de la Vallée, fils de Christophe de la Vallée et de Pétronille Richier de Valdaincourt. Il avait succédé, en 1588, à Charles de Lorraine, cardinal de Vaudemont, ayant été fort appuyé par le duc de Lorraine, dont il était la créature; ce qui semble indiquer une sorte de sarcasme dans le rapprochement que fait ici Henri IV.

Cet évêque de Toul mourut à Liverdun en 1607.

1602. — 8 JANVIER. — IIme.

Orig. — Arch. de la ville de Toul. Copie transmise par M. le sous-préfet.
Cop. — B. N. Fonds Béthune, Ms. 9136, fol. 31 verso.

A NOS TRES CHERS ET BIEN AMEZ LES MAGISTRATS, MANANS
ET HABITANS DE LA VILLE DE THOUL.

Tres chers et bien amez, Le s^r Viard, conseiller en nostre conseil d'Estat et president en la justice de Metz, nous a faict entendre les termes avec lesquels il dict que vous vous estes resolus de faire le serment de fidelité que vous nous debvés, que nous tenons bien esloingnez de la prompte submission et sincere affection que nous nous estions promis de vous, principalement aprés tant de longueurs, de difficultez et remises que vous avés faictes, que nous pensions debvoir vous rendre plus obeissans et faciles à ce que nous attendions de vous, conforme à ce que les magistrats et habitans de la ville de Verdun ont faict de debvoir envers nous, lesquels franchement et sans conditions quelconques ont faict paroistre vouloir despendre de la protection de ceste Couronne, de n'estre mescognoissans du bien et du repos que nous leur avons moyenné; et n'ayant pas moins faict pour vous que pour eulx, vous debvés de mesme pied vous submettre au dict serment, et n'y apporter davantage de formalitez, comme nous entendons que vous avés faict; desquelles nous voulons aussy et vous mandons de vous departir, et, sans aultres reservations, nous faire le serment que nous debvés, à cause de nostre dicte protection, croyans cependant que, survenans cy-aprés quélque trouble entre nous et ceulx auxquels vous pensés estre obligez comme à nous, que nous n'aurons pas moins de soing que nos predecesseurs de vous gratifier et mettre à couvert contre ce que nous verrons vous estre incommode et prejudiciable; et ferons autant et plus pour vostre repos et conservation que vous sçauriés desirer. Sur ceste asseurance, et en attendant quel debvoir vous aurés faict d'obeïr à nos commandemens, nous prierons Dieu qu'il vous ayt, Tres chers et bien amez, en sa saincte grace. Escript à Paris, le viij° jour de janvier 1602.

HENRY.

FORGET.

1602. — 15 JANVIER.

Orig.—Papiers provenants des anciennes archives de Lyon. Copie transmise par M. Dupasquier.

A TRES CHERS ET BIEN AMEZ LES PREVOST ET ESCHEVINS DE NOSTRE VILLE DE LYON.

Tres chers et bien amez, Encores que nous ne doubtions point que les gens d'eglise ne vous soyent assez recommandez, toutesfois ayant une particuliere affection et devotion au monastere des Chartreux de nostre ville de Lyon, nous vous avons bien voulu escrire ceste lettre, affin que vous ayés les religieux du dict ordre et la dicte maison en toute bonne et favorable recommandation, et que se presentant occasion de les gratiffier, vous leur faciés paroistre que ceste lettre ne leur aura point esté inutile : et vous nous ferés service tres agreable. Escript à Paris, le xv° jour de janvier 1602.

HENRY.

DE NEUFVILLE.

1602. — 18 JANVIER.

Orig. — Archives de la ville de Berne. Copie transmise par M. l'ambassadeur de France en Suisse.

A NOS TRES CHERS ET GRANDS AMYS, ALLIEZ ET CONFEDEREZ LES ADVOYERS, CONSEIL ET COMMUNAULTÉ DE LA VILLE ET CANTON DE BERNE.

Tres chers et grands amys, alliez et confederez, Nous avons receu les trois lettres que vous nous avés escriptes du dernier du passé par Daniel de Vy, vostré conbourgeois, et vous prions de croire que pour la singuliere amitié que nous vous portons, nous prendrons tousjours en bonne part ce qui nous sera representé et recommandé de la vostre. Mais le bailliage de Gex estant maintenant soubs nostre obeïssance et faisant partie et portion de nostre Royaume, à cause de la cession qui nous en a esté faicte par le duc de Savoye, il est raisonnable que les habitans du dict bailliage, qui sont maintenant nos subjects, vivent soubs mesmes lois, edicts et ordonnances que les aultres, à chascun desquels nous avons permis l'exercice libre de sa religion, estimant que ceux du dict bailliage se comporteront de telle sorte que ceste liberté n'apportera aulcune alteration au gouvernement d'iceluy; vous asseurans que nous serons toujours tres aises de vous tesmoigner combien la continuation de vostre amitié et bienveillance nous est chere, ainsy que vous cognoistrés par effect; nous remettans à nostre tres cher cousin le duc de Biron, gouverneur du dict pays de Gex, et aux s^{rs} de Sillery et de Vic, nos ambassadeurs, à vous faire plus amplement entendre les raisons qui nous ont meu de faire jouir nos subjects du dict bailliage de Gex du benefice de nos edicts et ordonnances, qui sont observées aux aultres provinces de nostre Royaume: et, sur ce, nous prions Dieu, Tres chers et grands amys, alliez et confederez, qu'il vous ayt en sa saincte et digne guarde. Escript à Paris, le xviij^e jour de janvier 1602.

HENRY.

DE NEUFVILLE.

1602. — 19 JANVIER.

Cop. — Biblioth. de M. Monmerqué, Ms. intitulé *Lettres à l'ambassadeur du Levant.*

[A M. DE BRÈVES.]

Monsr de Breves, Le mauvais succés de l'armée chrestienne au siege de Canise, avec celuy d'Alger, auroit consolé ce Seigneur et son empire de ceux qu'ils ont eus devant Albaregale[1], comme des nouveaux des revoltes d'Asie et autres semblables. Toutesfois je doubte que ce

[1] Albe-Royale. Le duc de Mercœur, commandant l'armée impériale, venait d'enlever cette ville aux Turcs, qui s'en étaient emparés en 1543.

Seigneur saiche s'en prevaloir, estant de naturel et si mal servy qu'il est; car j'ay opinion qu'il recherchera plus la paix que la guerre, tellement qu'il ne fauldra qu'à l'Empereur qu'elle ne se face; de quoy la disgrace du siege de Canise le pourroit disposer, et d'autant plus que les Espagnols sont encore battus en Irlande et en Hollande; qui sera cause qu'ils n'en pourront estre assistez, comme il a esté cy-devant. Toutesfois le Pape l'en deffendra tant qu'il pourra; mais, s'il n'est assisté, il sera contrainct de passer par dessus toutes considerations et respects, et s'accommoder. J'ay sceu que les corsaires d'Alger traictent aussy mal mes subjects où ils les rencontrent, que les autres, et certainement si je n'estois plus jaloux de l'observation de ma foy que le dict Seigneur et ses ministres ne le sont de la leur en ce qui me concerne, je serois bien tost persuadé d'entrer en ceste partie, tant luy et ses gens me donnent occasion de me defier et me plaindre d'eux. Toutesfois, j'ay deliberé d'en surseoir encore la resolution, pour esprouver leur volonté et prudence, aprés toutes les fortunes diverses et, sy, celles qui les menacent pour les ruiner, comme j'ay appris par vos lettres des IIIIe et XVIIIe de novembre, que j'ay receues ensemble le XVe du present. Au moyen de quoy, observés leurs deliberations et actions, affin de m'en donner advis, et si le Sigal continue de traverser[2] mes affaires, et qu'il n'y ayt moyen de l'en divertir, prenés-le à partie et vous bandés et formalisés ouvertement contre luy en mon nom, ainsy que vous jugerés expedient de le faire. Car je vois que mon indulgence et ma patience les rendent plus temeraires et insolens que devant, ayant osé vous accuser de desloyauté et attaquer vostre personne et la dignité de vostre charge; car si vous aviés intelligence avec les ennemys de ce Seigneur durant vostre legation, vous m'offenseriés autant que luy. Purgés-vous donc envers ce Seigneur et ses principaux ministres de ceste calomnie; car, à mon regard, j'ay trop esprouvé vostre fidelité pour en doubter. Mais il me desplait assez de ne pouvoir retirer le duc de Mercure du lieu où il

---

[1] Le Ms. donne là : *de favoriser*.

est, pour les raisons que je vous ay escriptes. Quand ce Seigneur se plaindra à moy de la guerre que luy fait le dict duc, soubs l'autorité de l'Empereur, duquel il est subject, que fera-t-il autre chose, en m'offensant, que d'esmouvoir contre luy pour tousjours non-seulement le dict duc de Mercure, mais aussy tant de bons capitaines et soldats dont mon Royaume abonde. Je ne pense pas qu'il prenne si mauvais conseil. Toutesfois, vous serés soigneux de m'advertir de ce qui s'y passera.

Le grand maistre de Malthe, qui est à present françois, vouldroit que vous eussiés bonne correspondance avec luy, comme il a escript que l'aviés eu autresfois avec Verdale; ce que je n'ay voulu commander, que vous ne m'ayés donné advis si c'est chose que vous puissiés faire sans prejudicier à vostre charge et à mon service. Par tant, esclaircissés m'en par vos premieres. Au demeurant, j'ay deliberé de tenir et mettre un agent à Raguse, qui puisse recueillir et adresser nos depesches, affin qu'elles ne despendent plus de la volonté d'autruy, ayant sceu par vos dernieres combien de temps vous aviés passé sans en recevoir, et le prejudice que mon service en reçoit, qui sera tout ce que je vous en escriray, priant Dieu, Monsr de Breves, qu'il vous ayt en sa saincte garde. Escript à Paris, le xixe jour de janvier 1602.

HENRY.

1602. — 21 JANVIER. — Ire.

Orig. — B. N. Fonds Béthune, Ms. 9084, fol. 13.
Cop. — Suppl. fr. Ms. 1009-2.

A MON COUSIN LE DUC DE MONTMORENCY,

PAIR ET CONNESTABLE DE FRANCE, GOUVERNEUR ET MON LIEUCTENANT GENERAL
EN LANGUEDOC.

Mon Cousin, Iceluy qui fait à present mes affaires en Hespaigne m'a adverty que le roy d'Hespaigne et son conseil, pour faire cognoistre qu'ils desirent l'entretien de la paix, et se purger du reproche qui leur a esté faict du mauvais traictement que y ont cy-devant receu les marchans françois, qu'ils ont faict une ordonnance generale, qu'ils ont envoyée en tous leurs ports; par laquelle ils declarent leur bonne intention à l'observation de la dicte paix, avec commandement exprés que es dicts ports les François, leurs vaisseaux et marchandises y soyent bien receus et gratieusement traictez, comme vous verrés par la copie de la dicte ordonnance, qui m'a esté envoyée; laquelle je vous envoye avec ceste-cy. Vous recognoistrés qu'ils y ont mis ceste clause : Pourveu que ce soit sans que nos dicts François meslent leurs affaires avec les Anglois, Flamans et aultres leurs ennemys; qui est que les marchandises qu'ils porteront n'appartiennent point à leurs dicts ennemys. Ce que nos dicts François doivent soigneusement observer, affin de ne leur donner subject de les maltraicter. Ayant estimé qu'il est necessaire qu'ils en soyet advertys, pour ne se mettre pas en peril, pour ceste occasion il sera à propos que vous envoyés copie de la dicte ordonnance à mes officiers en tous les ports et havres de vostre gouvernement, et leurs mandés qu'ils donnent ordre de la faire sçavoir à tous ceulx qui trafficquent en Hespaigne, et pareillement leur faire comprendre la consequence de la dicte close, pour y pourveoir de leur part, advertissant les dicts officiers de ne faire de la dicte ordonnance d'Hespaigne aucune publication publicque, mais seulement de la communicquer aux dicts marchans, trafficquans es dicts pays; qui est toute mon intention de ceste-cy, laquelle n'estant à autre effect, je ne vous feray plus longue : priant Dieu, mon Cousin, vous avoir en sa saincte garde. Escript à Paris, ce xxj⁵ janvier 1602.

HENRY.

FORGET.

[1602.] — 21 JANVIER. — IIme.

Imprimé. — *OEconomies royales*, édit. orig. t. I, chap. 98.

[A M. DE ROSNY.]

Mon amy, Je monte à cheval pour m'en aller courre un cerf à Marcoussis. Je vous prie mettre fin à ce qu'il fault pour le mariage de la

Bourdaisiere; c'est chose que j'affectionne et de quoy je m'oubliay de vous parler dernierement. Souvenés-vous de l'assignation de deux mil escuz pour m^r le Grand, auquel j'ay dict que ç'avoit esté vous qui m'en aviés faict souvenir, affin qu'il vous en sceust gré ; car je veux faire en sorte que tout le monde vous aime comme je fais. Je seray demain, Dieu aidant, et vous verray icy ou chez vous mercredy matin, pour resouldre le jour que nous tiendrons conseil pour l'affaire que vous sçavés. J'ay commandé à Bastian[1], qui vous rendra ce mot, de vous parler de ces deux affaires et d'aultres dont je l'ay chargé, de quoy je vous prie le croire comme moy-mesme. A Dieu, mon amy. Ce xxj^e janvier, à Paris.

HENRY.

[1602. — 25 JANVIER. — Ire.]

Orig. — Archives des Médicis, légation française, liasse 3. Copie transmise par M. le ministre de France à Florence.

A MON ONCLE LE GRAND DUC DE TOSCANE.

Mon oncle, La charge que vous avés donnée au chevalier Giugny, de laquelle il s'est dignement acquitté, et sa personne, m'ont esté tres agreables : l'une pour vostre consideration et pour son merite ; car comme vous avés esté principal auteur de mon mariage, ce m'est grand plaisir et contentement d'entendre que vous participés et continués d'avoir soing de la felicité d'iceluy, qui est telle que la vous representera le dict chevalier, lequel s'est conduit avec tant de prudence et affection en l'execution de sa commission, qu'il s'est montré digne de la confiance que vous avés en luy et de vostre bienveillance. J'ay aussy traicté librement avec luy de toutes choses, ainsy qu'il vous dira. Surtout il vous assurera de la continuation de mon amitié, et qu'elle vous sera confirmée par tous bons effects, aux occasions qui se presenteront.

[1] C'est, comme nous l'avons dit, le nom que Henri IV donnait familièrement à Zamet.

Je m'en remettray doncques sur luy pour prier Dieu, mon oncle, qu'il vous conserve en sa saincte protection. Ce xxv° janvier, à Paris.

HENRY.

[1602. — 25 JANVIER. — IIme.]

Cop. — B. N. Fonds Brienne, Ms. 38, fol. 13 verso.

[A M. DE BEAUMONT,
AMBASSADEUR EN ANGLETERRE.]

Monsr de Beaumont, Vous cognoissés le jeune St-Luc[1], qui est fils d'un pere de qui j'ay receu de bons services; et encores que cela le rende assez recommandable, toutesfois l'esperance qu'il donne de produire un jour quelque bon fruict me le faict affectionner davantage. Il m'a demandé congé de passer en Angleterre pour voir le pays, et je le luy ay tres volontiers accordé. Assistés-le et le favorisés de ce qu'il despendra de vous, en luy donnant accés de baiser les mains à la Royne et luy presenter les lettres que je luy escris en sa recommandation; et vous me ferés service tres agreable : priant Dieu, Monsr de Beaumont, qu'il vous ayt en sa saincte et digne garde[2].

HENRY.

[1] Timoléon d'Espinay, seigneur de Saint-Luc, comte d'Estelan, baron de Crèvecœur, fils aîné de François d'Espinay et de Jeanne de Cossé. Il épousa, au mois de juillet suivant, Henriette de Bassompierre. Il devint chevalier des ordres du Roi, gouverneur de Brouage, vice-amiral, puis maréchal de France, lieutenant général au gouvernement de Guyenne, et mourut à Bordeaux en 1644.

[2] Dans les copies des lettres de Henri IV à ses ambassadeurs qui nous sont parvenues seulement par la collection Brienne, il n'est pas fait mention des lieux d'où elles ont été écrites. La date seule se trouve en tête de chaque lettre.

1602. — 26 JANVIER.

Orig. — Arch. de la ville de Metz. Copie transmise par M. Clercx de Belletanche.

A NOS TRES CHERS ET BIEN AMEZ LES MAISTRE-ESCHEVIN, TREIZE ET HABITANS DE LA VILLE DE METZ.

Tres chers et bien amez, Les depputez qui nous sont icy venus trouver de vostre part nous ayant presenté vos remonstrances pour vous donner, en la resolution de ce qui nous est proposé, tout ce qui nous sera possible de contentement, nous avons commis le s^r de Vienne, conseiller en nostre conseil d'estat, intendant et controlleur general de nos finances, pour faire promptement la verifficiation des debtes que vous proposés avoir esté faictes pour le bien de nostre service, pour aprés y pourveoir, notamment à l'acquict de la debte de Strasbourg, de laquelle nous mettrons peine, en l'année prochaine, de vous faire payer telle part et portion que nos affaires le pourront permettre. Quant au faict des fournitures, il y a jà longtemps que nous desirons estre au vray informé de l'ordre qui s'y est tenu par le passé. Nous mandons au s^r de Sobolle de nous le faire entendre plus tost et conferer avec vous des moyens plus prompts qui s'y peuvent apporter, affin d'y pourveoir à vostre soulagement le plus tost que faire se pourra. Nous avons faict expedier nos lettres de declaration fort expresses, pour vous conserver en la possession et jouissance de l'abbaye de St-Eloy et en l'establissement de vostre college en icelle. Nous en avons adressé l'execution aux s^{rs} de Sobolle et Vyart, à laquelle nous sommes certains qu'ils apporteront tout ce qui y sera requis du debvoir de leurs charges. Pour le surplus de vos remonstrances, nous en prendrons la resolution au plus tost, et mettrons peine en cela et en toutes aultres choses de vous faire recepvoir toute la faveur et bon traitement qu'ont merité de nous vos fidelles et recommandables services. Sur ceste asseurance, nous prierons Dieu qu'il

DE HENRI IV. 539

vous ayt, Tres chers et bien amez, en sa saincte garde. Escript à Paris, le xxvj^e jour de janvier 1602.

HENRY.

POTIER.

1602. — 27 JANVIER.

Orig. — Archives de Berne. Copie transmise par M. l'ambassadeur de France en Suisse.

A NOS TRES CHERS ET GRANDS AMYS, ALLIÉS ET CONFEDEREZ, LES ADVOYERS, CONSEILS ET COMMUNAULTEZ DE LA VILLE DE BERNE.

Tres chers et grands amys, alliez et confederez, Nous avons receu vos lettres du vij^e de ce mois, pour response auxquelles nous vous dirons que veritablement nous n'avions donné aulcune charge au s^r de Sillery, conseiller en nostre conseil d'Estat, l'envoyant par delà, de traicter du renouvellement de nostre alliance, de vous declarer nostre intention et vous donner resolution sur l'instance que vous lui avés faicte seulement ces jours derniers touchant le bailliage de Gex; car nous ne nous attendions pas que cela deust advenir; les choses estant passées comme vous sçavés qu'elles ont faict depuis le traicté qui fut faict avec vous par le Roy nostre tres honoré seigneur et frere, l'an 1589, jusqu'à la cession qui nous a esté faicte du dict bailliage par le duc de Savoye, pour eschange de nostre marquisat de Saluces, par le traicté duquel il a esté expressement convenu que les choses cedées seront et demeureront unies et incorporées à la Couronne de France, et seront reputées domaine et patrimoine d'icelle et n'en pourront estre separées par occasion que ce soit, ains tiendront lieu et pareille nature que le dict marquisat. Ce que nous vous prions mettre en consideration, avec les aultres raisons qui vous seront representées par nostre tres cher cousin le duc de Biron et les s^{rs} de Sillery et de Vic, nos ambassadeurs, et vous asseurés qu'en toutes les occasions qui se presenteront, nous aurons à plaisir de vous gratifier et tesmoigner les effects de nostre bienveillance et particulierement recognoistre l'assistance que ce Royaume a receue de vous, au besoing auquel il s'est trouvé. Mais nous aurions tres grand regret que ceste nouvelle ouverture fust cause d'empescher ou retarder les effects de l'asseurance que vous aviés jà donnée à nos ambassadeurs d'entrer en nostre alliance. Il nous semble aussy que ce ne peut estre vostre bien, non plus que le nostre, qu'il en soit usé ainsy, estant mesme les affaires si bien disposées et advancées qu'elles sont. Au moyen de quoy nous vous prions de nous donner ce contentement que de ne differer d'entrer en la dicte alliance pour ceste occasion, affin que nous ne soyons frustrez de l'estat que vous en avés faict, et croire qu'en ce faisant vous nous augmenterés la volonté d'avoir esgard à vos remonstrances, que l'affection que nous portons à vostre bien requiert que nous facions, ainsy que vous representeront nos dicts ambassadeurs : sur lesquels nous remettans, nous prierons Dieu, Tres chers et grands amys, alliez et confederez, qu'il vous ayt en sa saincte et digne garde. Escript à Paris, le xxvıjᵉ jour de janvier 1602.

HENRY.

DE NEUFVILLE.

1602. — 29 JANVIER.

Orig. — B. N. Fonds Béthune, Ms. 8891, fol. 59.

A MONSʳ VIART,

CONSEILLER EN MON CONSEIL D'ESTAT ET PRESIDENT EN LA JUSTICE DE METZ.

Monsʳ Viart, Ayant escript fort particulierement aux evesque, chapitre et citoyens de Thoul, par mes lettres du xxᵉ du mois passé, pour leur faire entendre ma volonté sur la prestation du serment et la recognoissance qu'ils me doibvent, j'avois estimé qu'ils ne manqueroient de satisfaire à leur debvoir et me rendre en ceste occasion l'obeïssance et tesmoignage de la fidelité et affection à mon service que je me suis tousjours promis d'eux, et qui m'est deue, pour la protection favorable qu'ils ont receue des Roys mes predecesseurs et de moy particulierement. Mais j'ay cogneu le contraire, par le refus qu'ils font de me recognoistre en qualité de leur seigneur et protecteur, aussy pour ne vouloir que leurs vassaulx facent serment de fidelité, et pour l'instance qu'ils font de ne faire le dict serment qu'à la charge de leur accorder la neutralité, comme j'ay veu par les lettres que vous et le s^r de Vanes m'avés escriptes, et non par les remonstrances qu'ils disent me vouloir faire; car ils n'ont envoyé vers moy, et possible n'y envoiront, jugeant en eux-mesmes qu'ils pourroient estre aussy mal receus, comme leurs dictes remonstrances sont mal fondées. L'exemple de ceulx de Verdun les invite assez à ce qui est de leur debvoir, mais encore plus la raison, et ce à quoy ils sont obligez, ayant esté maintenus et conservez soubs l'auctorité de cest État par une protection si favorable, qu'ils tiennent tout leur bien et conservation de ceste Couronne. Et tout ainsy que mon intention est de continuer envers eulx les effects de ma bonne volonté en tout ce qui sera pour leur bien et contentement, aussy veulx-je estre recogneu et servy d'eulx comme ils y sont obligez par leur debvoir et pour leur conservation; ce que vous leur ferés entendre, leur remonstrant que l'auctorité qu'ont tousjours eu les Roys mes predecesseurs sur eulx les oblige de me recognoistre leur seigneur et protecteur, ne pouvant les dictes qualitez estre separées, sans prejudicier à mon autorité et manquer à leur debvoir et aux dictes obligations qu'ils ont à ceste Couronne, et encore moins leurs subjects et vassaulx dispensez de faire le serment de fidelité et s'obliger à me servir, puisque leur conservation en despend. Pour le regard de la neutralité, ils doibvent croire que je l'accorderay volontiers, lorsque je jugeray qu'elle sera necessaire pour leur bien et repos, comme ont faict les Roys mes predecesseurs; ce que je ne puis faire maintenant que je suis en paix avec mes voisins. Aussy seroit-ce contrevenir à la promesse et au serment qu'ils me doibvent faire, ne pouvant avoir ligue ny association avec aulcun prince. Vous leur dirés donc absolument que je veulx estre obey; et aprés l'avoir faict entendre particulierement tant aux dicts evesque, chapitre que citoyens, s'ils n'y obeïssent, vous les ferés assembler pour leur dire en public ma volonté et l'obeïssance que j'attends d'eux, pareille à celle qui m'a esté rendue par ceulx de Verdun; et au cas qu'ils n'y obeïssent, vous protesterés de m'advertir du manquement de leur debvoir et du refus par eux faict, et qu'ils seront cause du mescontentement que j'en recevray. S'ils ont quelques remonstrances à me faire, vous m'en donnerés advis, affin que je vous mande promptement sur icelles ma volonté : et m'asseurant que vous suivrés et executerés entierement ce qui est de mon intention pour ce regard, et que vous et le sʳ de Vanes, gouverneur de la dicte ville, tiendrés la main pour ne rien laisser passer au prejudice de mon auctorité et de mon service, je prieray Dieu, Monsʳ Viart, qu'il vous ayt en sa saincte garde. De Paris, le xxixᵉ jour de janvier 1602.

HENRY.

POTIER.

1602. — 12 FÉVRIER.

Cop. — Archives royales de Sardaigne. Envoi de M. l'ambassadeur de France à Turin.

A MON FRERE LE DUC DE SAVOYE.

Mon frere, Je crois qu'aucune des lettres que je vous ay escriptes sur la detention du receveur Jusseaulme en vos pays n'est parvenue jusques à vous, parce que le dict Jusseaulme, ny l'huissier auquel je vous avois prié de le remettre et consigner n'ont encores comparu, et je me persuade que pour la bonne volonté que vous me portés, vous auriés eu à plaisir de me donner ce contentement; car il importe grandement à mon service et au bien de mes affaires que le dict receveur soit incontinent amené par deçà, d'autant qu'ayant emporté tous ses papiers et les miens, et ayant esté descouvertes depuis son partement plusieurs malversations et faulsetez qu'il a commises en sa charge, l'on ne peut tirer lumiere de son administration que par sa bouche, et ce pendant, les deniers de ma recepte generalle de Tours demeurent de telle sorte esgarez, que je ne m'en puis prevalloir comme je desirerois. Par tant, je vous prie, mon frere, suivant ce que je vous ay desjà mandé, faire mettre et consigner le dict Jusseaulme es mains de Jehan Flamant, huissier de mes comptes, que j'ay envoyé exprés par delà, et surtout faire bailler au dict Flamant si bonne escorte, depuis vostre ville de Turin jusques à Exilles, où j'ay commandé que le dict Jusseaulme soit receu et gardé, qu'il ne mesadvienne de luy par les chemins; car mon service en recevroit un tres grand prejudice, et c'est chose que j'ay à cœur plus que je ne vous sçaurois dire; vous voulant bien encores remercier par ceste lettre, oultre ce que je vous en ay escript par mes precedentes, de ce que vous avés trouvé bon que le dict Jusseaulme ayt esté arresté es pays de vostre obeïssance. Vous avés en cela faict chose digne de vostre affection en mon endroict, et dont je desire qu'il se presente occasion de me revancher. Vous parferés l'œuvre en me l'envoyant seurement jusques à la frontiere, affin que je le puisse faire amener par-deçà pour sçavoir de luy ce qu'il a faict de mes finances, qu'il a emportées, et le faire chastier pour servir d'exemple à ses semblables; et je vous sçauray le bon gré que merite le plaisir que vous m'aurés faict, et le recognoistray en aultre occasion : priant Dieu, mon frere, qu'il vous ayt en sa saincte et digne garde. Escript de Paris, le xij^e jour de febvrier 1602.

Vostre bien bon frere,
HENRY.

1602. — 18 FÉVRIER.

Imprimé. — *Mémoires de Nevers*, t. II, p. 857.

[AU MARÉCHAL DE BIRON.]

Mon Cousin, Ceste-cy n'est que pour accompagner l'advis y joint, qui m'a esté envoyé de bonne part et de personnes qui sont ordinairement bien adverties; celuy-cy n'est à negliger. Vous adviserés comme le s^r de Boesse doibt se conduire en ceste occasion; il en prendra instruction de vous, selon le commandement que je luy fais par la lettre que je luy envoye avec copie du dict advis; soit que vous jugiés devoir aller jusqu'à Bourg, ou mander le dict sʳ de Boesse. La dexterité dont on peut user servira à descouvrir ceux qui auront volonté d'executer quelques mauvais desseings. J'ay depesché exprés le sʳ de Vienne pour vous porter le dict advis, lequel vous dira particulierement ce qui est de mon intention ; et m'asseurant que vous ordonnerés sur ce subject ce que vous jugerés le plus utile et le plus advantageux pour le bien de mon service, et que le sʳ de Boesse apportera tout le devoir et toute la dexterité qui seront necessaires à l'execution de ce que jugerés estre à faire, je ne m'estendray davantage : priant Dieu, mon Cousin, qu'il vous ayt en sa saincte garde. A Paris, ce xviijᵉ de febvrier 1602.

HENRY.

POTIER.

[1602.] — 20 FÉVRIER.

Orig. — B. N. Fonds Béthune, Ms. 9072, fol. 72.
Cop. — Suppl. fr. Ms. 1009-2.

A MON COMPERE LE CONNESTABLE DE FRANCE.

Mon compere, Je vous fais ce mot et vous depesche ce courrier exprés pour vous prier de vous rendre icy demain, tant pour accorder la querelle de Montespan[1] et Pompignan, qui est icy d'aujourd'huy, que force aultres où vostre presence est tres necessaire. Vous aurés aussy entendu ce qui est arrivé entre Crequy et Chambaret ; c'est pourquoy je ne vous en diray davantage, remettant le reste à vostre venue. Bon soir, mon compere. Ce qui me fait vous presser de venir est que je desire voir une fin à toutes ces querelles avant mon partement d'icy pour m'en aller à Fontainebleau. Ce mercredy au soir, xxᵉ febvrier, à Paris.

HENRY.

[1] Sur Antoine Armand de Perdailhan, seigneur de Gondrin, marquis d'Antin et de Montespan, voyez ci-dessus la lettre du 12 mars 1586, et la note, t. II, p. 199.

1602. — DERNIER FÉVRIER.

Cop. B. N. Fonds Du Puy, Ms. 407, fol. 123 recto. Et Suppl. fr. Ms. 1009-3.
Imprimé. — *Lettres inédites de Henri IV et de plusieurs personnages célèbres*, publiées par A. SÉRIEYS, Paris, 1802, in-8°, p. 137.

[AU PRINCE DE JOINVILLE.]

Mon nepveu, Vous avés raison d'advouer vostre faulte, car elle ne pourroit estre plus grande, eu esgard à moy et à celle à qui elle importoit[1]. Puisque vous avés regret de m'avoir offensé et me suppliés de vous pardonner, je le veulx, à la charge que vous serés plus sage à l'advenir; et pour le vous tesmoigner, preparés-vous pour aller en Hongrie, avec mr le duc de Mercœur, lorsqu'il y retournera[2]. Et quand il sera prest à partir pour le dict voyage, je trouve bon que vous me veniés trouver, pour estre pres de moy trois ou quatre jours, affin

---

[1] Il s'agissait d'une galanterie entre le prince de Joinville et une des maîtresses du Roi. Ce fut une des occasions où Henri IV aurait montré les exigences les plus despotiques. Il alla, a-t-on dit, jusqu'à prétendre faire épouser sa maîtresse au jeune prince lorrain, et signifia impérieusement cette volonté à la duchesse douairière de Guise, mère de Joinville. Cette princesse, qui, par sa mère, sœur d'Antoine de Bourbon, était cousine germaine du Roi, et qui en 1593 avait vu son fils aîné si près de monter sur le trône en épousant l'infante d'Espagne, accueillit la proposition par une indignation et un mépris qui contrastaient singulièrement avec sa bonne humeur habituelle. Elle le prit si haut, qu'elle irrita le Roi à l'excès; et le prince de Joinville ne put se représenter devant lui qu'à la condition de sortir du royaume. On peut voir le détail de cette aventure dans les *Amours du grand Alcandre*, où le prince de Joinville est désigné sous le nom de *Filizel*.

[2] Henri IV ne connaissait pas encore la mort du duc de Mercœur, arrivée à Nuremberg le 19 de ce mois, comme il revenait en France avec l'intention de retourner bientôt en Hongrie. Le prince de Joinville ne fit donc pas ce voyage, et le Roi s'apaisa assez facilement. Il n'y a pas de vérité historique dans cette assertion des *Amours du grand Alcandre* : « Tout ce que purent obtenir « ses parents fut qu'il sortiroit du royaume « pour n'y revenir jamais, et aussi ne fut-il « rappellé qu'après la mort d'Alcandre. »

Il faut toujours user de cet ouvrage avec circonspection. La clef offre, outre plusieurs incertitudes, un certain nombre d'indications évidemment fausses. On oublie d'ailleurs que l'auteur peut s'être ainsi écarté volontairement en plusieurs endroits de l'exactitude historique, par suite de la forme même qu'il avait choisie.

que, avant vostre partement, je face recognoistre à tout le monde et à vous aussy, que mon naturel est d'aimer mes parens, quand ils sont gens de bien et sages. A Dieu, mon nepveu. Ce dernier febvrier 1602, à Fontainebleau.

HENRY.

[1602.] — 3 mars. — Ire.

Original autographe. — Archives royales de Sardaigne. Copie transmise par M. l'ambassadeur de France à Turin.

A MON FRERE LE DUC DE SAVOYE.

Mon frere, Je vous eusse tres volontiers accordé la grace que vous m'avés demandée pour le receveur arresté à Turin, tant je desire vous contenter, si l'impunité de son faict n'eust esté, pour la consequence, trop prejudiciable à mes affaires, comme en verité elle seroit. Le nombre de tels larrons n'est jà que trop grand, sans qu'il soit besoin de l'accroistre par l'exemple du support et de la faveur que cestuy-cy auroit receue. C'est pourquoy je vous prie vous contenter pour ceste fois de ma bonne volonté, laquelle je seray tousjours tres aise de vous tesmoigner en toutes aultres occasions; et par tant faire delibvrer le dict receveur à l'huissier que j'ay envoyé par delà pour le prendre, et luy faire donner si bonne escorte, qu'il ne puisse estre recous[1] et se sauver en vos pays; et je me revancheray du plaisir que vous me ferés. C'est chose que j'ay tres à cœur, plus pour l'impudence et temerité remarquée en la conduite de ce galant, que pour l'argent qu'il a desrobé[2]. Je prie Dieu, mon frere, qu'il vous conserve en sa saincte et digne garde. Le iij^e mars, à Fontainebleau.

HENRY.

---

[1] Ou *rescous*, c'est-à-dire *délivré*. C'est un vieux mot qui était fort usité dans un français plus ancien que celui du temps de Henri IV.

[2] Nous voyons dans les *OEconomies royales*, t. II, chap. II, que Rosny fit pendre ce comptable infidèle. Mais cette lettre prouve qu'il ne fut pas arrêté à Milan, comme on le lit dans les mêmes mémoires.

1602. — 3 mars. — IIme.

Cop. — Biblioth. de M. Monmerqué, Ms. intitulé *Lettres à l'ambassadeur du Levant.*

[A M. DE BRÈVES.]

Monsr de Breves, Depuis mes dernieres, escriptes du xixe du mois de janvier, j'ay receu les vostres des iiie, xviie et xxxe de celuy de decembre; et encore que j'aye appris par la derniere que vous avés eu meilleur visage [du general] de la mer que vous ne vous promettiés par les autres, toutesfois, j'ay commandé vous estre envoyée la lettre que vous avés desiré que je luy escrivisse; pour luy faire cognoistre mon mescontentement, tant sur la distraction des Hollandois que Irlandois de ma protection et banniere, que pour les voleries que les pirates font sur mes subjects. Mais j'ay advisé de l'accompagner encore d'une autre, d'un style plus gracieux, ainsy que vous verrés par le double d'icelle, que je vous envoye avec celuy de la premiere; de quoy vous userés comme vous verrés estre plus à propos. J'ay deliberé de remettre sus un agent à Raguse, affin que vous puissiés faire recevoir mes commandemens plus seurement et à propos, me persuadant que l'empire de ce Seigneur tombera bien tost en une confusion qui aura suite de changemens d'importance; d'autant qu'estant stupide et mesprisé comme il est, il n'y a point d'esperance qu'il soit pour s'evertuer et eschapper le peril qui le menace. Il est vray que le succés de Camise pourra encore entretenir pour un temps les choses en l'estat qu'elles sont, avec l'affoiblissement du revolteur d'Asie. Mais si le Sophy se met en jeu, comme il en est recherché du Pape et du roy d'Espagne, il aidera à advancer la ruine. Auquel cas il sera peut-estre necessaire que j'embrasse les occasions de m'en prevaloir, comme feront les autres. Les Espagnols estoient descendus en Irlande, se promettant d'envahir le pays, mais ils y ont esté battus et contraincts de l'abandonner. Ils font aussy mal leurs affaires au siège d'Ostande, où ils ont esté huict mois de temps sans aucun advancement. Toutesfois ils arrivent de tous costez par mer et par terre, et semble qu'ils ayent quelques grands desseings à executer ceste année. C'est pourquoy je prends garde à mes affaires et fais haster la construction des galeres que j'ay commandées, voulant en entretenir jusqu'à xxv, avec quoy j'espere doresnavant avoir part à l'empire de la mer, duquel j'ay esté privé jusques à present, par faulte des dictes galeres. Continués à m'advertir de toutes occurrences : priant Dieu, Monsr de Breves, qu'il vous ayt en sa saincte garde. Escript à Fontainebleau, le iij^e jour de mars 1602.

HENRY.

1602. — 3 MARS. — IIIme.

Cop. — Biblioth. de M. Monmerqué, Ms. intitulé *Lettres à l'ambassadeur du Levant.*

[A M. DE BRÈVES.]

Monsr de Breves, [veu] le retardement de mes depesches et le long temps qu'elles demeurent à vous estre portées, et qu'il en arrivoit de mesme à celles que vous m'adressés, j'ay resolu d'envoyer le secretaire Bourdin resider pour mon service à Raguse, affin d'avoir soin de la direction des unes et des autres. Je luy envoie presentement la depesche à Venise, où il est maintenant, et luy commande de partir aussy tost qu'il l'aura receue; de façon que je crois qu'il sera au mesme temps au dict Raguse que vous recevrés ceste depesche, et luy pourrés doresnavant adresser celles que vous m'enverrés, comme fera aussy le s^r de Fresnes Canaye celles qui seront pour vous, me promettant que, par cette mutuelle correspondance de vous trois, je seray mieux servy, comme je le desire : et n'estant la presente pour autre effect, je prie Dieu, Monsr de Breves, qu'il vous ayt en sa saincte garde Escript à Fontainebleau, le iij^e jour de mars 1602.

HENRY.

1602. — 7 MARS.

Orig. — B. N. Fonds Béthune, Ms. 9084, fol. 19.
Cop. — Suppl. fr. Ms. 1009-2.

[AU CONNÉTABLE.]

Mon Cousin, En attendant que je vous renvoye le s^r de la Rochepot avec mon advis et intention sur ce qu'il m'a representé de vostre part touchant ces querelles que je vous ay donné charge d'appointer, ayant entendu ce que vous en avés escript au s^r de Villeroy, j'ay advisé de faire venir icy les deux la Houssaye, affin de les mettre d'accord avec le s^r de Vitry; à quoy j'emploieray mon nepveu le comte d'Auvergne et les s^{rs} de Vilars-Houdan; par tant, je vous prie de les faire conduire icy seurement, et continués à travailler aux autres : priant Dieu qu'il vous ayt, mon Cousin, en sa saincte garde. A Fontainebleau, le vij^e jour de mars 1602.

HENRY.

DE NEUFVILLE.

[1602.] — 8 MARS.

Orig. autographe. — B. N. Fonds Béthune, Ms. 9072, fol. 76.
Cop. — Suppl. fr. Ms. 1009-2.

A MON COMPERE LE CONNESTABLE DE FRANCE.

Mon compere, J'ay veu ce que m^r de la Rochepot, qui vous rendra ceste-cy, m'a monstré de ce que vous avés faict touchant la querelle de Montespan et de Pompignan; sur quoy je vous diray que je loue la peine que vous y avés rendue; et en cella m'avés faict service tres agreable. Mais j'ay esté d'advis que l'on y changeast quelque chose, ainsy que vous fera entendre le dict s^r de la Rochepot de ma part. Achevés donc cest affaire, affin de travailler incontinent aux autres que je vous ay commandez. Et pour ce que vous entendrés ma volonté par le dict s^r de la Rochepot, je vous prieray seulement de tenir la main à ce qu'elle soit suivye, et de le crere, et que je vous aime bien. A Dieu, mon compere. Ce viij^e mars, à Fontainebleau.

HENRY.

1602. — 9 MARS.

Orig. — Fonds Béthune, Ms. 9084, fol. 25.
Cop. — Suppl. fr. Ms. 1009-2.

[AU CONNÉTABLE.]

Mon Cousin, Le cappitaine qui commande à vos Suisses a seurement amené et rendu en ce lieu le s^r de la Houssaye et en a faict son debvoir; de quoy je vous ay bien voulu donner advis par ceste lettre. Et parce que je vous ay mandé mon intention sur les autres querelles par le s^r de la Rochepot, je ne vous diray autre chose par ceste-cy : priant Dieu, mon Cousin, qu'il vous ayt en sa saincte et digne garde. Escript à Fontainebleau, le ixe jour de mars 1602.

HENRY.

DE NEUFVILLE.

1602. — 12 MARS.

Orig. — Fonds Béthune, Ms. 9084, fol. 31.
Cop. — Suppl. fr. Ms. 1009-2.

[AU CONNÉTABLE.]

Mon Cousin, Comme je voulois faire response à la vostre du iiie, que je receus le viie par le commissaire Lafosse, je receus celle du dict viie, et au mesme temps j'ay eu aussy celle du viiie, laquelle, combien qu'elle soit la plus courte, elle comprend neantmoins toutes les aultres; et l'eus hier à mon lever avec beaucoup de contentement; non que j'apprehendasse la rupture de nostre paix, pour la peine et peril de la guerre : c'estoit plus tost pour la consideration de mes subjects, ausquels la continuation de la guerre ne pourroit apporter que nouvelles charges, et je les sens gémir soubs celles qu'ils portent maintenant, et desquelles je n'ay aultre plus grand desseing que de les descharger. Nous voyons enfin que le conseil de la raison l'a emporté par dessus celluy de la passion; car il est bien certain que le Veador qui avoit esté despesché en Hespagne portoit instruction pour persuader la guerre; mais ceulx de la dicte court, qui ont bien jugé que ce n'estoient que interests particuliers, ont eu opinion contraire, et se sont tenus à la raison et à la justice. Il faut bien que l'ordonnance qu'ils ont envoyée ayt esté fort expresse, puisque le duc de Savoie n'a point voulu attendre la fin du delay qui luy avoit esté accordé, et a prevenu le temps : dont je suis bien aise, comme je m'asseure que vous estes de vostre costé, et ne me mets point en peine de vous recommander la diligence en l'execution du traicté, estant bien asseuré que vous la faictes la plus grande qu'il est possible. Nous feismes aussy, ce me semble, avant que de partir, la resolution de tout ce qui despendoit de la dicte execution, à quoy je n'estime pas qu'il y ayt lieu de rien changer, sinon que, d'autant que je crois que le secours que le roy d'Hespagne veult envoyer en Flandres se prendra dans les trouppes et levées du comte de Fuentés, et qu'elles ne tarderont pas de s'y acheminer, je serois d'advis que vous feissiés loger les regimens de Navarre et de Piedmont, qui sont à Bourg, aux lieux qui sont les plus proches du passage qui est reservé par le dict traicté pour passer en la Franche-Comté, affin d'empescher qu'ils ne facent aucun desordre dans le pays, et leur faire perdre l'envie qu'ils pourroient avoir d'y entreprendre, s'ils ne voyoient point de resistance. Pour le regiment de St-Angel[1] et la compaignie du Barreuil, il les faudra licentier. Pour les regimens qui sont en Provence, je suis aussy d'advis d'y laisser encores pour quelques mois celluy des gardes et celluy des Corses, qui doivent estre entretenus, parce qu'ils ne despendront pas plus là qu'ailleurs et pourront servir à conserver la fron-

---

[1] Charles de Rochefort de Théobon, baron de Saint-Angel.

tiere; comme il n'est que bien à propos d'y tenir encores quelques forces, tant que l'on sçaura que celles de Nice y demeureront, et jusques à ce que l'on voye que celles du dict duc de Savoye et comte de Fuentés soyent separées; et je donneray ordre que les dicts regimens seront payez comme debvoit estre l'armée; et pour les aultres qui y avoient esté envoyez, il fault donner ordre de les licentier au plus tost. Pour le regard du paiement des Suisses et des compaignies des s^{rs} de Morges et de Verdun, qui sont destinées pour la garnison du fort de Barrault, il y a esté pourveu, et le fonds en a esté baillé au tresorier de l'extraordinaire des guerres; mais j'entends que le paiement des deux mois qui a esté envoyé serve pour trois, n'estant possible de les pouvoir payer mois pour mois.

J'ay veu, au reste, mon Cousin, le desir que vous avés, aprés la dicte execution faicte, d'aller faire un voyage en Languedoc, pour y prendre les eaues que l'on vous conseille estre fort propres et utiles pour vostre santé. J'ay bien à cela deux bonnes raisons qui s'y opposent : pour le grand desir que j'ay de vous revoir pres de moy et la peine que je porte que vous en soyés si longuement separé; et l'autre que vostre presence est toujours icy utile à mon service. Mais j'en ay une plus forte, qui surmonte les deux autres : qui est le soing et desir que j'ay de vostre santé, qui me faict acquiescer à votre demande, aimant mieulx me priver pour quelque temps de vostre presence, pour en jouir aprés plus longuement. Je vous permets donc, mon Cousin, de faire vostre voyage; mais je vous prie qu'il soit le plus court que vous pourrés, et que pendant icelluy j'aye de vos nouvelles bien souvent, comme j'auray soing de vous en donner des miennes. Sur ce, je prie Dieu, mon Cousin, vous conserver en sa saincte garde. Escript à Paris, ce xij^e mars 1602.

HENRY.

FORGET.

1602. — 13 mars. — Ire.

Orig. — Arch. des Médicis, légation française, liasse 3. Envoi de M. le ministre de France à Florence.

A MON ONCLE LE GRAND DUC DE TOSCANE.

Mon oncle, La recommandation que vous m'avés faicte par vostre lettre du iiime de janvier en faveur de mon cousin le duc de Modene, a esté receue de moy comme le merite l'affection que je vous porte et la justice d'icelle; ce que j'auray à plaisir de vous tesmoigner, et à luy aussy, aux occasions qui se presenteront, ainsy que j'ay dict au comte Niccolo Cesi, qu'il a envoyé vers moy : priant Dieu, mon oncle, qu'il vous conserve en sa saincte garde. De Fontainebleau, le xiij^e jour de mars 1602.

HENRY.

DE NEUFVILLE.

1602. — 13 mars. — IIme.

Orig. — Arch. municip. de Bordeaux. Copie transmise par M. le secrétaire général de la ville.

A NOS TRES CHERS ET BIEN AMEZ LES MAIRE ET JURATS DE NOSTRE VILLE DE BOURDEAUX.

Tres chers et bien amez, Ce n'a peu estre qu'avec deplaisir que nous avons entendu le trouble qui est advenu par delà sur quelque procedure de nostre cousin le cardinal de Sourdis; et parce que cela nous est icy rapporté diversement, nous avons resolu de prendre un peu de loisir pour examiner davantage cest affaire, pour après en ordonner ce qui sera de la justice, laquelle nous voulons indifferemment rendre à tous nos subjects. Nous faisons entendre à nostre court de parlement l'ordre que nous voulons estre ce pendant tenu sur cest affaire. A quoy vous vous conformerés de vostre part, vous enjoignant au reste de maintenir la paix et la bonne union entre tous les habitans de nostre ville de Bourdeaulx autant qu'il vous sera possible, faisant tousjours rendre aux pasteurs spirituels l'honneur et la reverence que vous sçavés qui est deue à la dignité de la charge qui leur est commise, et remettant à nous et à nostre justice souveraine de corriger et reprimer ce qu'ils vouldroient entreprendre plus que ce qu'il leur est licite et permis. Nous avons, sur ce, ouy vostre depputé, par lequel vous serés aussy informé de ce qui est de nostre volonté en ce qui vous concerne. A quoy nous remettant, nous ne vous en ferons pas icy aultre plus long propos, que pour vous asseurer tousjours de la continuation de nostre bonne volonté envers vous. Donné à Paris, le xiij° jour de mars 1602.

HENRY.

FORGET.

[1602.] — 15 MARS.

Orig. autographe. — Biblioth. de l'Arsenal, Recueil d'autographes détachés.

A MONS^R DE VILLEROY.

Monsr de Villeroy, Je vous envoye les lettres que j'ay receues de la Boderie. Faictes-les deschiffrer et me les renvoyés par ce courier. Je vous prie de vous trouver dimanche à Sainct-Germain, où je seray. J'ay sceu de mon procureur general de Bourdeaux ce qui s'y est passé entre le cardinal de Sourdis et ceux de son eglise, et bien autre chose que ce qu'on m'avoit dict à Fontainebleau. C'est pourquoy je voudrois que vous allassiés voir m^r le chancelier, et communiquer avec luy de cest affaire, puis depescher un courier en toute diligence au dict cardinal, par lequel vous luy manderés de me venir trouver incontinent qu'il aura receu la mienne; car il est à craindre que si je ne l'oste de là, sans doute il y causera du mal et nous jettera la guerre contre ceux de la Religion, car desjà il commence à y faire des monopoles. Vous lui manderés que j'ay occasion de me plaindre de luy, pour ce qu'il m'avoit promis d'estre bien sage[1], et se gouver-

---

[1] Le cardinal de Sourdis, qui n'avait dû qu'à sa parenté avec Gabrielle d'Estrées et aux intrigues de sa mère, maîtresse du chancelier de Chiverny, le chapeau rouge

ner autrement qu'il n'a faict. A Dieu, Monsr de Villeroy. Ce xv° mars, à Verneuil.

HENRY.

[1602.] — 16 MARS.

Orig. autographe. — B. N. Fonds Béthune, Ms. 9074, fol. 5.
Cop. — Suppl. fr. Ms. 1009-2.

A MON COMPERE LE CONNESTABLE DE FRANCE.

Mon compere, J'ay veu mr de la Rochepot, qui vous rendra cestecy, et entendu par luy ce que vous avés faict pour mettre fin à la querelle de Chambaret avec Crequy; ce que je trouve tres bien. C'est pourquoy je vous prie d'y mettre une fin en y interposant vostre auctorité. Vous me ferés en cela service tres agreable, les aimant tous deux comme je fais. J'en ay escript mon advis à Chambaret par Sainct-Angel, et donne charge au dict sr de la Rochepot de vous faire entendre mon intention sur cela. Icy il fait tres beau, comme aussy il vous asseurera. A Dieu, mon compere. Ce xvi° mars, à Verneuil.

HENRY.

et l'archevêché de Bordeaux, n'avait alors qu'une vingtaine d'années, et était loin de justifier par son mérite les succès exorbitants de sa fortune. A la suite d'un différend entre lui et le parlement de Bordeaux, il venait d'excommunier M. de Sessac, premier président de cette compagnie souveraine, et M. de Verdun, l'un des présidents. Cette présomptueuse étourderie fit le plus mauvais effet dans la province et même à Rome, d'où le cardinal d'Ossat écrivait le 15 avril à M. de Villeroy: « Quant à ce qui est advenu depuis peu de jours à monsieur le cardinal de Sourdis, je ne m'en emerveille nullement, ains m'attends qu'après que vous l'aurez tiré de ceste fosse, comme vous faites bien d'y penser, il s'en cavera d'autres encore plus profondes... Il fera un grand deplaisir au pape, lequel ne veut avoir les oreilles batues d'evenemens auxquels il ne peut remedier : et moins trouve-t-il bon que les ecclesiastiques heurtent les puissances seculieres... Bien aime Sa Sainteté le zele aux personnes ecclesiastiques, mais il veut qu'il soit guidé et regi par la prudence et discretion. »

[1602]. — 18 MARS.

Imprimé. — *Œconomies royales*, édit. orig. t. II, chap. 9.

[A M. DE ROSNY.]

Mon amy, Je vous fais ce mot et vous depesche ce courrier exprés pour vous prier de partir demain au soir tout tard, pour vous rendre icy à la nuict. Vous en repartirés demain de bon matin, car je ne me puis resouldre du jour de mon partement pour aller à Blois, que je ne vous aye veu; aussy que j'ay d'aultres choses à vous communiquer; mais je vous prie que personne ne le saiche. Bon soir, mon amy. Ce xviij^e mars, à St-Germain en Laye.

HENRY.

1602. — 21 MARS. — Ire.

Orig. — B. N. Fonds Béthune, Ms. 9084, fol. 34.
Cop. — Suppl. fr. Ms. 1009-2.

[AU CONNÉTABLE.]

Mon Cousin, Je crois que la response que je feis à vostre derniere depesche du xiiie vous aura encores trouvé à Lyon, parce que le courrier qui l'a portée aura faict bonne diligence, et que je me doubte que l'assemblée que vous y debviés faire de mon cousin le duc de Biron et du s^r de l'Esdiguieres vous y aura peu retenir quelques jours davantage. J'ay eu ces jours passez une depesche de mon cousin le duc de Ventadour, qui me mande l'ordre qu'il a donné pour Fiac, et comme il y a remis tous les catholiques; ceulx qui s'estoient mis dans la tour s'en estant fuys quand ils l'ont senty approcher, et pour cela, que ceulx de la chambre de l'edict ne laissent pas de procedder contre les coulpables. Il me mande aussy que son advis seroit de desmanteller la place et en combler les fossez et aussy de desmolir la tour : ce que j'estime qui ne seroit que bien à propos; car aussy bien l'on dict que ce lieu sert de retraicte à plusieurs vagabonds et gens de mauvaise vie. Toutesfois, puisque vous allés sur les lieux, je me remets à vous d'en ordonner ce qui sera de mon service et bien de la province, et j'escris aussy à mon dict cousin le duc de Ventadour, affin qu'il en recoure doresnavant à vous. J'ay, au reste, veu les coppies des lettres que vous a escriptes le duc de Savoye, qui estoient en vostre derniere depesche, mesmement celle où il vous prie d'obtenir de moy que je confirme la coadjutorerie qu'il a accordée de l'abbaye d'Ambournay, qui est au pays de Bugey. S'il vous en presse plus, luy respondrés que j'ay faict il y a quelque temps une regle generale de n'accorder aucunes coadjutoreries, parce que autrement tous les benefices qui sont à ma nomination seroient incontinent tous mis en survivance, et perdrois tout le moyen d'en gratiffier mes serviteurs, et que saichant bien que je veulx inviolablement observer cest ordre, que vous ne m'en avés point voulu parler : comme à la verité il ne seroit pas raisonnable que ce que je refuse à tous mes serviteurs, je le feisse pour un de ses subjects. Et pour ce qu'il vous prie de faire pour le s^r d'Urfé, n'ayant point veu la premiere lettre qu'il vous en a escripte, et ne saichant de quoy il est question, je ne vous en puis respondre pour ceste fois. Pour le faict du s^r de Gondin, vous avés bien faict de le renvoyer en sa charge sans le laisser passer plus oultre, car sa presence n'est point icy requise pour cela; à quoy il se remediera bien sans luy. J'ay faict expedier les lettres d'evocation du dict faict à ma personne et à mon conseil, où estant, il se peut asseurer que ce que je luy ay accordé luy sera conservé et maintenu, et que les subtilitez du s^r de Berticheres ne luy nuiront gueres pour ce regard. Nous n'avons pour ceste heure icy aucunes nouvelles, ny du dehors ni du dedans : ce qui n'est pas à mauvaise conjecture pour le dernier; car c'est signe que tout y est en repos. Nous sommes icy en bons termes d'accommoder les differends de mon cousin le duc d'Espernon et mareschal d'Ornano, où vostre presence eust esté bien requise. Toutesfois, j'espere que nous en viendrons à bout. C'est ce que je vous diray pour ceste fois : priant Dieu, mon Cousin, vous conserver en sa saincte et digne garde. Escript à St-Germain, ce xxj^e mars 1602.

HENRY.

FORGET.

1602. — 21 MARS. — IIme.

Cop. — B. N. Fonds Du Puy, Ms. 89, fol. 67 verso.

[A M. DE BETHUNE.]

Monsr de Bethune, Puisque nous n'avons pas peu vaincre ma sœur la duchesse de Bar, avec tous nos efforts et moyens, ainsy que je vous ay escript par mes precedentes, son mary, mon beau-frere, est contrainct de recourir derechef à Nostre Sainct Pere, affin d'obtenir de sa bonté la dispense de laquelle il a besoing pour delivrer sa conscience de l'inquietude et anxieté en laquelle il vit et languit. C'est doncques l'occasion pour laquelle il envoie presentement par delà le s^r de Beauvau[1], porteur de la presente; en quoy je veux que vous l'assistiés en mon nom envers Sa Saincteté, le cardinal Aldobrandin, et tous ceux que besoing sera, comme chose que j'ay tres à cœur et qui importe grandement à mon repos et honneur, à ce que Sa Saincteté soit contente de nous octroyer la dicte grace, pour nostre consolation commune, et eviter les inconveniens qui naistroient du desespoir auquel le refus d'icelle jecteroit mon dict beau-frere, avec ceux qui sont interessez en ce faict avec luy, ainsy que vous doibt representer le dict s^r de Beauvau. Sçachés doncques que vous ne me pouvés faire service plus agreable que d'embrasser et favoriser cest affaire avec toute la chaleur et affection que vous y pourrés apporter. Vous sçavés ce qui s'est passé jusques icy, ayant esté amplement adverty des moyens que l'on a tenus pour convertir l'esprit de ma dicte sœur, en quoy je n'ay

---

[1] M. de Beauvau, premier gentilhomme de la chambre du duc de Bar, avait accompagné son maître à Rome deux ans auparavant. Voyez la note de la page suivante, et ci-dessus, tome IV, page 288, note 3.

DE HENRI IV.   559

espargné conseil, persuasion, ny l'auctorité que j'ay sur elle; et neantmoins je ne suis pas hors de toute esperance que l'on ne puisse, avec le temps, y proffiter, mais il n'est pas raisonnable cependant de laisser mon dict beau frere en ce trouble ny en l'apprehension de la continuation de la rigueur de Sa dicte Saincteté. Je ne vous prescriray point icy ce que vous aurés à faire pour me servir en ceste occasion selon mon intention, me remettant à ce que mon cousin le cardinal d'Ossat et vous en adviserés et resouldrés ensemble, sur les propositions et memoires que vous representera le s^r de Beauvau. Je vous diray seulement que je desire que vous en espousiés la poursuicte comme mes affaires propres, assistant et accompagnant, pour cet effect, le dict s^r de Beauvau partout où il sera besoing : et croyés que vous ne sçauriés vous employer en chose qui me soit plus agreable. Escript à St-Germain en Laye, le xxj^e jour de mars 1602.

HENRY.

1602. — 22 MARS. — Ire.

Cop. — B. N. Fonds Du Puy, Ms. 89, fol. 66 recto.

[AU CARDINAL D'OSSAT.]

Mon Cousin, Mon beau-frere le duc de Bar, assisté de mon frere le duc de Lorraine, son pere, et fortifié de moy, a tenté et employé toutes sortes de moyens envers ma sœur, sa femme, pour l'instruire et convertir en nostre saincte religion, suivant les paternelles admonitions que Sa Saincteté luy en feit à son partement de Rome[1] et nostre

---

[1] Ce prince était allé à Rome en 1600. Son motif ostensible était de gagner le jubilé et en même temps d'obtenir du pape une dispense pour son mariage. Sous ce désir apparent, le duc de Bar cachait le désir réel de recevoir l'ordre de renvoyer sa femme. Le cardinal d'Ossat s'en était bien aperçu, ainsi qu'il l'écrivait à M. de Villeroy, en lui racontant la visite qu'il avait reçue alors de M. de Beauvau et du confesseur du duc : « J'entray en quelque soupçon que le dict religieux estoit venu pour quelque aultre chose... et mesme d'autant que le sieur de Beauvau estoit arrivé un peu de temps avant le dict religieux, et est encore demeuré icy aprés luy, et que le dict religieux ne pouvant bonnement repliquer à diverses reponses

commun desir; mais nous y avons si peu advancé, que nous en avons tous un extresme regret, et n'avons moindre compassion de l'anxieté et inquietude de conscience en quoy est reduict et retrouvé pour cette occasion le dict duc de Bar, jà çoit que nous ayons encores esperance que Dieu y operera par son Sainct Esprit, lorsque les moyens humains sembleront deplorez. Toutesfois, sur cette incertitude, mon dict beaufrere a voulu encores avoir recours à la grace et bonté de Sa dicte Saincteté, et par tant implorer pour le repos de sa dicte conscience le sainct et salutaire remede qui descend de son auctorité seule, la suppliant luy accorder la dispense de son mariage, de laquelle il a esté esconduit jusques à present. C'est pourquoy il renvoie presentement par delà le s^r de Beauvau, porteur de ceste lettre, par laquelle je vous prie, tant affectueusement qu'il m'est possible, de favoriser de tout vostre pouvoir sa requeste et poursuicte, comme j'entends que face aussy mon ambassadeur, car c'est chose qui me touche et importe autant que à mon frere, pour l'avoir marié et avoir desiré sa felicité comme la mienne propre. Vous aurés esté adverty de tout ce qui s'est faict en cest affaire, à Rome et ailleurs, depuis qu'il est sur le bureau, car vous y avés jà pris beaucoup de peine, et vous ay faict part de ce que nous avons employé pour gaigner le cœur de ma dicte sœur. Vous sçavés et cognoissés aussy tres bien quelle est la justice de la demande de mon dict frere, qui n'a oncques esté desniée à ses semblables ny à gens de moindre qualité que luy. Vous n'ignorés pas pareillement les inconveniens qui pourroient advenir de la continuation du refus de Sa dicte Saincteté pour la concession de la dicte dispense : par tant je vous prie le remonstrer à Sa Saincteté et partout où il sera besoing, affin d'eviter le mal auquel on precipite ce prince,

que je lui disois que le pape faisoit, il me dit par deux ou trois fois, que le pape avoit grand tort de tenir ce prince et toute ceste maison si longuement en suspens ; et qu'il luy devroit donner la dispense, ou bien luy commander de laisser ou renvoyer sa femme. A quoy je ne voulus rien repliquer, pour ne luy donner occasion de rabiller son dire, et discimuler ce que j'avois descouvert, longtemps il y a, qu'ils desiroient. » (Lettre du dernier octobre 1600.)

avec ceux de sa maison, qui ont tant merité de la religion catholique, si l'on les desespere de la dicte grace, de laquelle il semble aussy que Sa dicte Saincteté ne les peut esconduire sans faire tort à sa bonté et justice. Assistés et favorisés donc le dict de Beauvau de vostre conseil et intervention, comme tout ce qui despendra de vous ; disant de ma part à Sa Saincteté que j'espere que cela servira à amollir la dureté de ma dicte sœur, car elle l'a ainsy dict plusieurs fois ; et quand il en debvroit succeder autrement, toutesfois il n'est raisonnable que l'ame et le corps de son mary, qui est poulsé de tres saincte et chrestienne intention, en patissent, et que sa maison en demeure troublée pour jamais. Mon Cousin, plus vous affectionnerés ce faict, plus vous me ferés de plaisir, vous assurant qu'en meilleure occasion vous ne pourriés me tesmoigner la bonne volonté que vous avés de me complaire et contenter. Je me remets du surplus sur le dict Beauvau : priant Dieu, mon Cousin, qu'il vous ayt en sa tres saincte et digne garde. Escript à [Paris], le xxij^e jour de mars 1602.

HENRY.

1602. — 22 MARS. — IIme.

Cop. — Biblioth. de M. Monmerqué, Ms. intitulé *Lettres à l'ambassadeur du Levant.*

[A M. DE BREVES.]

Monsr de Breves, Je vous escris cette lettre, aprés plusieurs plaintes qui m'ont esté faictes par mes subjects de ma ville de Marseille, d'une levée de deux pour cent que vous faictes, de vostre auctorité privée, depuis six ans, sur tout le negoce que tous les François font en Levant, affin que vous ayés à faire cesser la dicte levée; d'autant que le pretexte d'icelle estant fondé sur le payement de quatre mil escuz que vous avés desiré pour recognoissance de la peine que vous prenés pour favoriser le trafic de mes subjects au dict pays, quoique vostre charge d'ambassadeur vous y oblige, et desquels quatre mil escuz vous avés esté plus que payé, il n'est pas raisonnable que vous continuiés la dicte levée comme vous faictes, à la ruine et alteration du commerce. Par tant donnés ordre que j'y sois obey, sans plus y apporter aucune difficulté ny connivence; car si vous ne le faictes, je seray contraint d'en escrire au Grand Seigneur et à ses gouverneurs des pays d'Egypte et de Syrie, affin qu'ils ne le permettent plus à l'advenir, et en feray delivrer la depesche aux depputez de ma dicte ville de Marseille, qui me sont encore venu trouver en ce lieu pour cest effect; et m'asseurant que vous en userés selon le commandement que je vous en fais par ceste lettre, je ne la vous feray plus longue : priant Dieu, Monsr de Breves, qu'il vous tienne en sa saincte garde. Escript à Paris, le xxij^e jour de mars 1602.

HENRY.

1602. — 26 MARS. — Ire.

Cop. — B. N. Fonds Béthune, Ms. 8957, fol. 15.
Cop. — Suppl. fr. Ms. 1009-4.

[AU PAPE.]

Tres sainct Pere, Ayant pour but principal en ce monde, aprés la gloire de Dieu, de rendre à Vostre Saincteté toutes nos actions agreables, nous ne luy sçaurions assés exprimer par ceste lettre combien nous a consolé le contentement que, par son bref apostolique du IIIe de ce mois, Vostre dicte Saincteté nous a tesmoigné avoir receu du bannissement que nous avons ordonné de l'exercice de l'heresie à Chasteau-Dauphin; à quoy nous n'avons moins esté portez de nostre propre inclination à l'accroissement de nostre saincte Foy, que du desir que nous avons eu de complaire à Vostre Saincteté, laquelle nous supplions de croire que nous ne serons jamais plus contens que quand il se presentera occasion de tesmoigner à Vostre Saincteté les effects de nostre singuliere observance à l'endroict d'icelle et du Sainct Siege apostolique, ainsy que le s^r de Bethune, nostre ambassadeur prés Vostre dicte Saincteté, luy fera plus amplement entendre : priant Dieu, Tres sainct Pere, qu'icelle Vostre dicte Saincteté il veuille maintenir, garder et preserver longuement et heureusement au bon regime et administration de nostre mere saincte Eglise. Escript à Paris, le xxvj° jour de mars 1602.

HENRY.

[1602.] — 26 MARS. — II^{mé}.

Orig. autographe. — Arch. de la famille de Beaumevielle. Copie transmise par M. le sous-préfet de Lodève.

A MONS^R DE BEAUMEVIELLE.

Mr de Beaumevielle, J'ay receu vostre lettre par ce porteur, et je seray tres ayse de vous voir. Venés demain matin loger au Pec, et pour me faire sçavoir lorsque vous y serés, mandés-le à Lomenie, qui me le fera entendre et vous mandera où je parleray à vous. Bon soir. Ce jeudy, à huict heures du soir, xxvj° mars, à St-Germain en Laye.

HENRY.

1602. — 28 MARS.

Orig. — B. N. Fonds Béthune, Ms. 8891, fol. 22.

A MONS^R VYART,

CONSEILLER EN MES CONSEILS D'ESTAT ET PRIVÉ, PRESIDENT EN LA JUSTICE DE METZ.

Monsr le president, Vous ayant mandé particulierement ce qui est de ma volonté sur le serment que me doibvent faire ceux de Thoul, la presente ne sera à aultre effect, que pour vous donner advis que, par les responses que j'ay faictes aux articles de ceulx de Metz, j'ay declaré ma volonté sur le differend qui est entre vous et le maistre-eschevin[1], selon que pour la manutention et conservation de l'auctorité des uns et des aultres et leur bonne correspondance, je l'ay jugé necessaire et raisonnable; à quoy je m'asseure que vous conformerés,

---

[1] Nous avons dit ci-dessus, que tel était à Metz le titre du premier magistrat municipal.

comme aussy à ce que j'ay ordonné es mesmes responses pour la seance du s⁰ de Batilly, auquel je mande d'y satisfaire de sa part, et vous recognoistre selon le lieu et le rang que vous avés pour mon service. Il y a plusieurs aultres poincts es dicts articles de Metz, sur lesquels ayant ordonné ce que j'ay recogneu estre du bien et repos de ceulx de la dicte ville, vous tiendrés exactement la main à ce qui sera requis de vous pour l'execution, et empescherés de tout vostre pouvoir qu'il se face rien qui puisse tant soit peu troubler le repos de la dicte ville et prejudicier à mon service. J'ay donné charge tres expresse au s⁰ de Sobolle de faire le semblable de sa part, et de vivre avec vous en la mesme amitié, bonne intelligence et correspondance que je sçay que vous avés eu par le passé. J'ay veu l'opposition formée à la bulle du Pape par les religieux de Gorse et la protestation par eux faicte contre icelle; en quoy je loue leur debvoir et de tous ceulx qui ont le courage et la resolution de conserver ce qui despend de mon auctorité et ce qui est soubs la protection d'icelle. Sur ce je prie Dieu qu'il vous ayt, Monsʳ le president, en sa saincte garde. Escript à Paris, le xxviij⁰ jour de mars 1602.

HENRY.

POTIER.

[1602.] — 29 MARS.

Orig. autographe.— Arch. royales de Sardaigne. Copie transmise par M. l'ambassadeur de France à Turin.

A MON FRERE LE DUC DE SAVOYE.

Mon frere, Sur ce que j'ay esté adverty qu'il y a quelque temps que vous faictes detenir prisonniere la comtesse de Beynes, sous un faux rapport qui vous a esté faict, qu'elle a eu cognoissance d'une entreprinse supposée en ma faveur sur votre citadelle de Turin, despuis la publication de la paix accordée entre nous, j'ay estimé ne luy devoir desnier ce tesmoignage de son innocence, pour n'avoir esté mon intention non plus disposée à cela, que son sexe propre à se mesler de tels affaires; et vous prier, mon frere, de vouloir commander qu'elle soit mise en liberté, comme chose que je m'asseure que vous jugerés juste, et que vous ne voudriés refuser à la priere que je vous fais pour elle, quand il n'y auroit aultre consideration que cela : ce que me promettant, je ne vous en diray davantage, que pour vous asseurer de la continuation de mon affection et prier Dieu vous avoir en sa garde. Le xxixe mars, à Paris.

Vostre bien bon frere,

HENRY.

[1602.] — 30 mars. — Ire.

Impr. — *OEconomies royales*, édit. orig. t. II, chap. 8.

[A M. DE ROSNY.]

Mon amy, Je vous prie de faire deslivrer incontinent à madame la marquise de Verneuil la somme de six mil livres, de laquelle je luy ay faict don, comme je vous l'ay dict moy-mesme, et depuis mandé par Lomenie. Bonjour, mon amy. Ce xxxe mars, à Paris.

HENRY.

[1602.] — 3o mars. — IIme.

Orig. autographe. — Arch. de la famille de Beaumevielle. Copie transmise par M. le sous-préfet de Lodève.

A MONS{r} DE BEAUMEVIELLE.

Monsr de Beaumevielle, J'ay receu par le sr du Laurens la bague que vous m'avés envoyée par luy, et entendu ce dont vous l'aviés chargé de me dire. Je trouve fort bon ce dont vous m'avés faict requerir par luy, et que vous vous y employés lorsque la commodité de vos affaires le vous permettra. Je me suis retiré pour vacquer en ce temps à mes devotions, ce qui pourra m'empescher de vous voir; mais ne croyés pas que saichant vostre affection, j'oublie vos services. Au contraire, je vous tesmoigneray le desir que j'ay de faire pour vous, lorsque l'occasion s'en offrira. Laissés un memoire à Lomenie de ce que vous desirés de moy, car j'en commanderay les expeditions;

mais pour les attendre je ne suis pas d'advis que vous sesjourniés plus long temps où vous estes : vous en pourrés vous-mesme juger l'importance[1]. A Dieu, Monsʳ de Beaumevielle. Ce xxxᵉ mars, au bois de Vincennes.

HENRY.

[1602]. — 1ᵉʳ AVRIL. — Iʳᵉ.

Orig. autographe. — Arch. de la famille de Beaumevielle. Copie transmise par M. le sous-préfet de Lodève.

A MONSʳ DE BEAUMEVIELLE.

Monsʳ de Beaumevielle, j'ay receu la vostre, encore que je me sois retiré en ce lieu pour y vacquer à mes devotions et n'en estre distrait par affaires particulieres. Si est-ce que Gesvres m'estant venu trouver, je n'ay cessé de luy commander qu'il advise avec vous à vous depescher les expeditions que vous demandés, et que je vous ay accordées. J'escris au sʳ Miron en vostre faveur, luy recommandant ce qui vous touche. Je trouve fort bon que, si vous apprenés quelque chose important à mon service, vous vous adressiés à luy pour me le faire entendre. Comme je ne doubte nullement de vostre fidelité et affection, aussy je veulx que vous croyés que je ne mettray en oubly vos services. Sur ce, Dieu vous ayt, Monsʳ de Beaumevielle, en sa garde. Ce 1ᵉʳ avril, au bois de Vincennes.

HENRY.

1602. — 1ᵉʳ AVRIL. — IIᵐᵉ.

Cop. — Titre authentique de l'aliénation de la terre de Puynormand. Envoi de M. Lenir, inspecteur de l'enregistrement et des domaines.

A MONSʳ DE LARDIMALYE.

Monsʳ de Lardimalye, Sur la resolution que j'ay prise, pour avoir moyen de m'acquitter des rentes constituées sur mon ancien do-

---

[1] En rapprochant ce passage de plusieurs autres des lettres à M. de Beaumevielle, on reconnaît qu'il servait d'agent secret dans des choses que Henri IV tenait à entourer de mystère.

maine, avant mon advenement à la Couronne, de faire proceder à la vente de la terre de Puynormand[1], de laquelle jouit à present par engagement le s^r de la Force, pour certaine somme de deniers, je vous ay bien voulu faire ce mot pour vous commander tres expressement et au s^r president Dupont, de proceder au plus tost à la vente de la dicte terre, et ce en vertu des pouvoirs que je vous ay cy-devant faict expedier à tous deux, et vous me ferés service tres agreable : et ceste-cy n'estant à autre fin, je prieray Dieu vous avoir, Monsr de Lardimalye, en sa saincte garde. Escript à Fontainebleau, le 1er jour d'avril 1602.

HENRY.

1602. — 2 AVRIL.

Orig. — Archives de la ville de Metz. Envoi de M. Clerx de Belletanche.

A MONS^R VYARD,
CONSEILLER EN MON CONSEIL, PRESIDENT À METZ.

Monsr le president, Je n'ay jamais eu que toute asseurance de la fidelité de mon procureur Joly. Les services qu'il m'a rendus purgeoient assés en mon endroict toute l'accusation dressée contre luy; mais comme à ceulx qui ont cest honneur de me servir en pareille charge que celle que je luy ay commise, ne suffit pas d'estre gens de bien en effect, ains en doibvent avoir la reputation entiere, telle qu'il se l'estoit conservée jusques au jour de la dicte accusation, j'ay trouvé bon qu'il fust plus amplement informé contre luy, à ce que la longueur du temps et l'observation des formalitez plus exactes en accusations

---

[1] Cette terre est située dans l'arrondissement de la Réole, département de la Gironde. M. Lenir qui exerçait, il y a quelques années, les fonctions d'inspecteur de l'enregistrement et des domaines dans ce département, ayant été chargé de vérifier les titres de possession de la terre de Puynormand, transcrivit cette lettre sur le titre d'acquisition en tête duquel elle se trouvait. On y voit avec plaisir reparaître Jean de Foucaud, seigneur de Lardimalie, ce gentilhomme si estimé de Henri IV, comme le prouvent les autres lettres qui lui sont adressées dans le Ier et le IIIe volume du présent recueil.

de ceste qualité donnassent à cognoistre à un chascun que sa justification est entierement deue à l'integrité de sa vie, et que son absolution n'est procedée d'aulcune faveur, que de celle de sa propre innocence : dont je luy ay baillé mes lettres de declaration, lesquelles je veulx que vous faciés lire en vostre siege, à huis ouverts, en telle et si grande assemblée de gens de justice, de la garnison et du peuple, que luy-mesme desirera, et que vous les faictes enregistrer avec son arrest, pour estre à la posterité un tesmoignage et lettres de chartres de son innocence; de laquelle ne peuvent avoir doubte que ceulx qui ne l'ont cogneu que par le bruit de la dicte accusation ; ce que vous-mesmes vous ferés entendre à tout le monde[1]; et vous me ferés service tres agreable : priant Dieu qu'il vous ayt, Monsr le president, en sa saincte et digne garde. Escript à Fontainebleau, le ij^e jour d'avril 1602.

HENRY.

RUZÉ.

[1602.] — 3 AVRIL.

Orig. autographe. — Fonds Béthune, Ms. 9072, fol. 46.
Cop. — Suppl. fr. Ms. 1009-2.

A MON COMPERE LE CONNESTABLE DE FRANCE.

Mon Compere, Je suis de l'advis de mon cousin le duc de Mayenne et de vous, que ces princes n'ont nul subject de querelle. Je vous ay

---

[1] Pierre Joly, procureur général à Metz, était du nombre des notables habitants de cette ville qui, lorsqu'on mit à la question Francisque Jornée, écuyer du comte de Mansfeld, avaient été nommés par lui comme complices du projet de livrer au comte la citadelle de Metz. Pierre Joly avait été amené à Paris avec une douzaine d'autres accusés, parmi lesquels un contrôleur d'artillerie, un membre du conseil des treize, le receveur général et le secrétaire de la ville. Leur innocence fut reconnue, et ils demandèrent qu'elle le fût d'une manière éclatante. « Le Roy, dit Pierre Mathieu, leur fit expedier une declaration au grand sceau, pour rendre plus connue leur integrité et fidelité à son service. » On mit surtout beaucoup de solennité à constater l'innocence du procureur général.

commandé à tous deux, qui leur tenés lieu de peres[1], de les accommoder, et vous baille mon autorité pour l'y apporter en tout ce que vous l'y trouverés necessaire. Vous sçavés comme je desire de voir mes princes bien ensemble, et comme je suis ennemy des querelles. Parachevés cest œuvre. J'espere vous voir mardy. Je crois que ma femme est grosse pour le certain; voilà la meilleure nouvelle. De Fontainebleau, ce iij^e avril.

HENRY.

[1602.] — 6 AVRIL.

Imprimé. — *Œconomies royales*, édit. orig. t. I, chap. 94.

[A M. DE ROSNY.]

Mon amy, J'ay faict depescher une ordonnance au s^r Garnier[1], mon predicateur ordinaire, de la somme de deux cens escuz, pour avoir presché devant moy l'Advent et le Caresme, et, oultre ce, je le mene encore en ce voyage. C'est pourquoy, et pour le contentement que j'ay de luy, attendant que j'aye moyen de faire mieux pour luy, je vous prie de faire qu'il soit payé comptant de la dicte somme de deux cens escuz, et que, me servant bien comme il faict, il ayt autant d'occasion de contentement et d'affectionner mon service, qu'ont eu les aultres, employez en sa charge par les Roys mes predecesseurs : et, sur ce,

---

[1] Cette querelle était entre le comte d'Auvergne, gendre du connétable, et le prince de Joinville, neveu du duc de Mayenne.

---

[1] Jean Garnier, religieux bénédictin de Saint-Denis, docteur de Sorbonne, chapelain et prédicateur ordinaire du Roi, avait alors une grande réputation de savoir et d'éloquence. Ce fut lui qui assista, deux mois après, le maréchal de Biron, pour le préparer à la mort. Il devint évêque de Montpellier en 1603, et mourut le 15 septembre 1607. Il était né au diocèse de Langres. Un manuscrit cité dans le *Gallia christiana* fait de lui cet éloge : « Vir fuit acris ingenii, flagrantisque et ad omnigenam sapientiæ et religionis gloriam anheli, litterarii splendoris firmus assertor, omnis theologiæ obscuritatis illustrator, sed virtute et religione splendidior. »

Dieu vous ayt, mon amy, en sa saincte et digne garde. Ce vj⁰ avril,. à Fontainebleau.

HENRY.

1602. — 11 AVRIL.

Orig. — Arch. municipales de Metz.
Imprimé. — *Lettres du roi Henri IV aux magistrats et habitants de la ville de Metz*, in-fol. 1820, à Metz, p. 14.

A NOS TRES CHERS ET BIEN AMEZ LES MAISTRE-ESCHEVIN, TREIZE ET HABITANS DE LA VILLE DE METZ.

Tres chers et bien amez, L'accusation contre nostre procureur Joly ne faict que donner lustre à sa reputation. Encores que nous n'eussions qu'assez d'asseurance de sa fidelité, nous avons esté bien contens qu'elle ayt esté veriffiée par un arrest aussy solennel, auquel nous avons joinct nostre declaration, affin que tout le monde ayt part à la cognoissance que nous en avons tousjours eue ; nous asseurant qu'estant, comme il est, vostre compatriote, vous serés fort ayses qu'il ne soit le premier d'entre les Messains qui ayt manqué au debvoir d'homme de bien à l'endroict du Roy vostre protecteur, qui prie Dieu vous avoir, Tres chers et bien amez, en sa saincte et digne garde. Escript à Fontainebleau, le xj⁰ jour d'avril 1602.

HENRY.

RUZÉ.

[1602.] — 13 AVRIL.

Orig. autographe. — B. N. Fonds Béthune, Ms. 8851, fol. 20.

A MON COUSIN LE Sʳ DE BOISDAUPHIN,

MARESCHAL DE FRANCE.

Mon Cousin, Hyer je receus par ce porteur la vostre du viii⁰, ensemble le procés-verbal que mes officiers en ma ville de Chasteau-Gontier ont faict sur ce qui y estoit arrivé le vi⁰ du dict mois en la prinse de possession que le s^r de Mayneuf avoit faicte de la capitainerie de la tour des Gisiers en ma dicte ville pour le s^r de Mayneuf d'Andigné, son frere, de laquelle je l'avois pourveu; et entendu par le s^r de Puycharic comme le tout s'y estoit passé et le bon service que vous m'avés faict en cela : de quoy je vous sçais tres bon gré. Aussy est-ce chose que je me suis tousjours promise de vostre fidelité et affection à mon service, et sur le premier advis que j'eus de cela par M. de Lavardin, et que vous vous y estes acheminé, j'ay creu facilement qu'il n'en arriveroit que ce qui en est arrivé. Et affin qu'il n'arrive plus, je vous prie de faire promptement desmolir la dicte tour, affin qu'elle ne serve de pretexte, à l'advenir, pour faire du mal ou donner ombrage aux habitans du dict lieu, et à me descharger de l'importunité que l'on me feroit cy-aprés, de donner la dicte capitainerie; et pour ce que j'ay apprins que, vous ayant esté amené le dict Mayneuf, vous luy avés ordonné de se rendre pres de moy dans un mois, et prins sa foy pour cest effect, je vous prie, mon Cousin, l'envoyer chercher, luy remettre la faulte qu'il a faicte, laquelle a pensé apporter du trouble dans le pays, et l'en tancer bien asprêment, le faisant mettre en liberté s'il n'y estoit, et rendre tout ce qui luy pourroit avoir esté prins et aux siens, et entendre ce qui est de son debvoir, à ce qu'il soit plus sage à l'advenir, et le deschargeant de me venir trouver; car l'on m'a asseuré qu'il a plustost failly par imprudence que par maulvaise volonté ou manquement d'affection à mon service, veu que luy et son frere ont toujours esté de mes serviteurs et m'ont bien servy. Pour mes nouvelles, je vous diray que moy, ma femme et mon fils nous portons bien, et qu'il faict icy fort beau : qui sont là les meilleures que je vous puisse mander, et que je vous aime bien. A Dieu, mon Cousin. Ce xiij^e avril, à Fontainebleau.

HENRY.

[1602.] — 15 AVRIL. — Ire.

Orig. autographe. — Musée britannique, Mss. Egerton, vol. 5, fol. 89. Transcription de M. Delpit.
Imprimé. — *Mémoires de la Force*, publiés par M. le marquis DE LA GRANGE, t. I, p. 325.

[A MONS^R DE LA FORCE.]

Monsr de la Force, Vous m'avés faict plaisir de voir tous ceulx que vous m'avés mandé, comme j'ay veu par celle que vous m'avés escripte de Nerac, le xxIII^{me} du mois dernier. Je pars demain d'icy pour m'acheminer à Blois; et de là je pourray aller jusques à Poitiers, où je ne feray point de citadelle ; et en lieu d'y establir la gabelle j'oiray les plainctes de mon peuple, pour le soulager en tout ce qu'il me sera possible ; de quoy je vous prie d'asseurer un chacun. Je crains bien qu'en espluchant tous ceulx qui sont auteurs des bruits que vous me mandés, que s'y trouve des gens meslez, que vous et moy n'eussions jamais creu en estre. Je vous prie encore un coup de ne manquer à m'advertir de tout ce que vous apprendrés m'importer, soit dedans ou dehors mon Royaume, et m'escrire des nouvelles de mes jardins de Pau. A Dieu, Monsr de la Force. Ce xve avril, à Fontainebleau.

HENRY.

1602. — 15 AVRIL. — IIme.

Orig. — Arch. de M. Couhé-Lusignan. Copie transmise par la société des Antiquaires de l'Ouest.

A MONS^R DE FRESNES,
CONSEILLER EN MON CONSEIL D'ESTAT ET MON AMBASSADEUR À VENISE.

Monsr de Fresnes, Les raisons de[1] *don Alessandro de la Mirande pour excuser son frere du conseil et party qu'il a pris*, que vous m'avés representées par vostre lettre du xxvII^e de mars, que j'ay receue le xI^e du present , sont si foibles, qu'au lieu de le justifier, elles le condamnent

---
[1] Les passages de ces lettres à M. de Fresne-Canaye imprimés en italiques sont écrits en chiffre dans les originaux

de ingratitude envers ceste Couronne, comme legereté et imprudence : ce qui seroit facile à prouver s'il estoit necessaire et utile de le faire. Il vous a dict que la lettre que je luy escrivis aprés la paix de Savoye, par laquelle je luy mandois me venir trouver, et qui fut adressée au cardinal d'Ossat pour luy faire tenir, *a esté envoyée au comte de Fuentés.* S'il est vray, et que luy ou les siens n'y ayent eux-mesmes trempé, debvoit-il pas plustost s'en alterer contre celuy qui a commis ceste faulte *et contre le dict comte de Fuentés mesmes,* que de l'alleguer pour se descharger de n'y avoir satisfaict ? *Il faut les tenir pour engagez.* Monstrés tousjours, comme vous avés commencé, que j'en ay regret et que je plains *la fortune de leur maison,* comme je fais de leurs semblables, *lesquels acceptant pensions du roy d'Espagne et se donnant à luy, hasardent et vendent à bon marché la liberté, non de leurs maisons seulement, mais aussy de toute l'Italie.* Toutesfois, si *les dicts de la Mirande changeoient d'opinion et s'en declaroient à vous à cœur ouvert,* et comme il convient, en ce cas vous leur donnerés occasion de croire *que j'ay tousjours les bras ouverts pour embrasser, aimer et assister ceulx qui me monstreront de l'affection et de la confiance, et principalement les princes de leur maison, comme des autres qui ont couru autrefois la fortune de la France, sans toutesfois m'engager plus avant avec eux que je ne le vous mande. Car je n'ay pas deliberé de surachepter l'amitié de gens qui se donnent à qui mieux les paye, et dont la foy est si muable, que d'estre subjecte à esbranler au premier vent de la crainte des armes espagnoles, comme nous apprenons par la propre confession et justification des dicts de la Mirande, que est la leur.* Vous vous contenterés donc de leur donner bonne esperance de ma bonne volonté, s'ils la recherchent comme ils doibvent, et m'advertirés de ce que vous en apprendrés.

J'auray à plaisir aussy de sçavoir ce qui resultera du procés de ce cappitaine, accusé d'avoir voulu vendre Ursinoni *au comte de Fuentés, non que j'estime, non plus que vous, que quand la pratique seroit toute prouvée, que cela les face esclater à present contre les Espagnols ; aussy je ne pense pas qu'ils soyent si stupides, qu'ils ne se ressouviennent, comme ils doibvent, d'une telle offense, s'ils la verifient. Mais ils s'abusent et mes-*

comptent grandement au jugement qu'ils font des intentions du roy d'Espagne et du duc de Lerme, car je descouvre et verifie tous les jours le contraire; et ce qu'ils monstrent vouloir vivre en paix n'est que pour ne se charger de trop d'ennemys, en mesme temps, affin de pouvoir vaincre plus facilement ceulx auxquels ils font la guerre, et surtout se tirer du pied l'espine des Estats des provinces unies des Pays-Bas, laquelle seule a faict clocher leur ambition demesurée. Mais il faut que le temps ouvre les yeux à cette respublique. C'est pourquoy j'approuve que vous vous comportiés envers ces Seigneurs comme vous m'avés escript, me donnant souvent advis de toutes occurrences.

Quant au dessein de *l'Angleterre*, dont vous a parlé le s* *nonce du Pape*, c'est chose à laquelle je ne veux entendre; car mon intention n'est d'usurper le bien d'autruy, mais seulement empescher que les autres ne le facent par voyes illicites. C'est pourquoy j'ay volontiers favorisé les *prestres anglois et catholiques anglois* qui s'opposent aux desseings des Jesuistes, lesquels servent plus aux passions des Espagnols qu'à l'advancement du bien de la religion, les uns par indiscretion et les autres par malice.

Je m'attends d'apprendre par vos premieres *ce que aura rapporté le comte Martiningue du voyage qu'il a faict en Piedmont, où je suis adverty que l'on continue à rechercher et brasser toutes sortes de practiques et desseings contre mon service avec plus d'ardeur que jamais*. Mesme j'ay commencé à recognoistre que *les advis que vous en a donnez le comte, en gros, ne sont sans fondement*: de sorte que j'aurois à plaisir que vous peussiés tirer de luy en cela plus de lumiere et particularitez, pour m'en advertir. Mettés-le donc sur ce propos quand vous le reverrés. Escrivés aussy à nostre *Milanois*, qu'il s'informe des actions et menées d'un François nommé *Picotté*[2], natif de la ville d'Orleans, qui est de present à Milan. Car je suis adverty d'ailleurs qu'il a de grandes correspondances en mon Royaume, lesquelles je serois fort aise de descouvrir par son moyen. Toutesfois, quand vous luy en escrirés, qu'il ne s'aperçoive que le dict commande-

---

[2] C'était un des principaux agents du duc de Biron, dont la conspiration commençait à se découvrir

ment vienne.de moy. Le dict Picotté est accompagné d'un autre mien subject, de Marseille, nommé David, qui trempe aussy en ces menées, lequel il faut observer comme l'autre.

Mettés peine de sçavoir au vray quelles sont les levées de gens de guerre qu'ils font à Naples, quand elles seront prestes à partir, quelle route elles prendront, et à quoy on estime qu'elles sont destinées, affin de m'en donner advis. Je vous envoye la lettre que vous demande Cristoforo Salo, me promettant que vous en userés avec la discretion qu'il convient. Vous avés eu raison de croire que les advis qui ont couru par-delà, que j'ay envoyé des troupes d'infanterie et cavallerie vers la frontiere de Navarre, sont faulx, puisque je ne vous en ay rien faict sçavoir; car sans doubte je vous en eusse adverty, si je l'eusse faict. Mais je n'y ay pas pensé. J'ay seulement envoyé, comme je vous ay escript, en la coste de Provence, dix ou douze compagnies de mes regimens pour aider à garder mes places, qui y sont en assez mauvais estat. Je pars demain d'icy pour m'acheminer à Blois et en Poictou, suivant ma premiere deliberation : priant Dieu, Monsr de Fresnes, qu'il vous ayt en sa saincte et digne garde. Escript à Fontainebleau, le xve jour d'avril 1602.

HENRY.

DE NEUFVILLE.

[1602.] — 16 AVRIL.

Orig. autographe. — Fonds Béthune, Ms. 9130, fol. 20.
Cop. — Suppl. fr. Ms. 1009-4.

A MADAME DE MONTGLAT.

Madame de Montglat, Vous ne m'eussiés sceu mander une plus agreable nouvelle, après l'asseurance de la continuation de la santé de mon fils, que celle que vous m'avés mandée par Guerin, qu'il a desjà une dent. Je vous prie de continuer d'en avoir soin, comme je m'en repose sur vous, et m'en mander souvent des nouvelles, mesmement à ceste heure, que je commenceray à m'esloigner, car je pars demain pour m'en aller à Blois. A Dieu, madame de Montglat. Ce xvj^me avril, à Fontainebleau.

HENRY.

1602. — 22 AVRIL.

Orig. — B. N. Fonds Béthune, Ms. 9084, fol. 45.
Cop. — Suppl. fr. Ms. 1009-2.

[AU CONNÉTABLE.]

Mon Cousin, J'escris à mon nepveu le duc de Guise qu'il est temps qu'il s'achemine en son gouvernement, parce que j'ay advis que les galeres de Naples et de Sicile sont prestes à faire voile pour passer en Espagne avec les gens de guerre qu'ils ont assemblez aux dicts pays, et qu'il y en a seize à Gennes qui doibvent faire le semblable; lesquelles ils arment des deux mille hommes espagnols qu'ils avoient deliberé d'envoyer en Flandres avec le marquis Spinola[1], au lieu desquels ils font levée encore de deux mille Italiens, qu'ils mettent en la place des dicts Espagnols. Et ceulx qui me donnent les dicts advis adjoustent que je doibs prendre garde et pourveoir aux places de mon dict pays de Provence; d'autant que les dicts Espagnols ont plusieurs intelligences en ville. Les trois fils aisnez du duc de Savoye passent en Espagne sur les galeres, et ne parle-on à sa court et à Milan que de la guerre que le roy d'Espaigne me doibt commencer de faire. Ils levent encore au dict Milan deux regimens de gens de pied, oultre les huict mille du dict Spinola, soubs la charge des s^rs Febrante, Noa et du comte Jean Jacomo de Belgiose : tellement qu'il est besoing que

---

[1] C'est par cette campagne que l'illustre Ambroise Spinola, alors âgé de trente ans, commença la carrière militaire dans laquelle il acquit tant de gloire, par les succès qu'il remporta sur le prince Maurice, malgré les efforts duquel il fit tomber Ostende au pouvoir des Espagnols. Les troupes mentionnées ici avaient été levées aux frais du marquis Spinola, et devinrent le noyau de l'armée avec laquelle il releva les affaires d'Espagne aux Pays-Bas. Le marquis Spinola, né en 1571, mourut en 1639.

nous pensions à nous. Je suis adverty aussy que le Roy revoque le s^r Jean-Baptiste de Tassis, qu'il n'envoyera personne en sa place, et qu'il a chargé seulement d'y laisser son secretaire. Ce sont tous signes qui me doibvent faire doubter de la volonté du dict roy, avec les mauvais traictemens qu'il permet tousjours à l'adelentado de faire à mes subjects qui traffiquent en ses pays; desquels il met tous les jours les personnes à la chaisne et confisque les biens et navires. Davantage le secretaire que le s^r de la Rochepot a laissé là me mande qu'ils ont faict mettre en prison de nouveau à Vallidolif[1] huict ou dix de mes subjects qui s'y sont trouvez, sans cause quelconque, desquels il ne peut obtenir la delibvrance. Mon cousin, telles procedures augmentent ma jalousie, avec les dicts preparatifs. C'est pourquoy je vous prie de dire de ma part à mon dict nepveu le duc de Guise, qu'il ne retarde plus à partir; aussy bien est-il besoing qu'il soit par delà quand la compagnie de gens de pied que Miraumont a eu charge d'y conduire y arriveront, pour les faire recepvoir et loger aux dictes places. J'oubliois à vous dire que le comté de Bourgoigne est plein de gens de guerre qu'ils ont levez de nouveau et mis en garnison aux lieux plus proches du duché. Le dict roy d'Espagne a aussy envoyé en la frontiere de Navarre, Arragon et Roussillon le comte de Poignan-Rossa, pour changer et fortifier les garnisons qu'ils y ont, dont je vous prie advertir ceulx qui commandent aux places de vostre gouvernement, affin que chascun veille et prenne garde à soy, sans toutesfois rien innover ou attenter au prejudice de nostre paix, laquelle je desire conserver tant qu'il me sera possible, pour les raisons que vous sçavés qui me doibvent convier de ce faire. Cependant, mon Cousin, mandés-moy vostre advis sur toutes ces occurrences, et vous asseurés tousjours de ma bonne volonté: priant Dieu qu'il vous ayt, mon Cousin, en sa saincte et digne garde. Escript à Orleans, le xxij^e jour d'avril 1602.

HENRY.

DE NEUFVILLE.

[1] Ainsi écrit, pour *Valladolid.*

[1602.] — 23 avril. — Ire.

Orig. autographe. — Biblioth. impér. de Saint-Pétersbourg, Ms. 886, lettre 93. Copie transmise par M. Houat.

A MONSr DE BELLIEVRE,
CHANCELLIER DE FRANCE.

Monsr le chancellier, Je vous envoye une lettre que m'a escripte l'ambassadeur du duc de Wirtemberg sur les longueurs, et difficultez, et refus, que ma court de parlement de Rouen a faicts de verifier mon edict de la revente de mon domaine de Normandie [1]; et pour ce que vous sçavés les raisons qui m'ont meu de le faire expedier, pour, de l'argent qui en proviendra, m'acquitter de ce que je dois au dict duc de Wirtemberg, je vous prie de pourvoir au plus tost à ce faict-là comme vous adviserés pour le mieulx, pour le bien de mon service et le contentement du dict duc, à ce que je n'oye plus parler de cest affaire, duquel la langueur nuict plus au bien de mes affaires qu'elle n'y sert, faisant depescher toutes les expeditions que vous jugerés necessaires pour y mettre fin. Sur ce, Dieu vous ayt, Monsr le chancellier, en sa saincte garde. Ce xxiije avril, à Orleans.

HENRY.

1602. — 23 avril. — IIme.

Imprimé. — *Mémoires de Nevers*, t. II, p. 851.

[AU MARÉCHAL DE BIRON.]

Mon Cousin, Ayant entendu que vous avés eu quelque mescontentement d'Espinard, bien qu'il m'ayt asseuré de ne vous en avoir jamais

---

[1] L'arrêt de vérification avait été rendu; mais il s'élevait de nouvelles difficultés sur la publication du règlement pour l'exécution de l'édit, comme on le voit dans une lettre que Henri IV écrivit le 14 mai suivant au premier président Groulart de la Court.

donné d'occasion, je vous ay bien voulu escrire ceste lettre en sa faveur, et vous prier, comme je fais, d'oublier le passé et de l'aimer comme estant mon serviteur, sans luy faire ny souffrir que l'on luy face aucun desplaisir, affin qu'en toute liberté et asseurance il puisse et continue de servir en la charge d'esleu des estats de mon pays de Bourgogne, luy ayant à ceste fin commandé de vous aller trouver pour se justifier et vous rendre content, comme je me promets qu'il fera : et, sur ce, je prie Dieu, mon Cousin, qu'il vous ayt en sa saincte garde. Escript à Orleans le xxiij^e d'avril 1602.

HENRY.

DE NEUFVILLE.

1602. — 25 AVRIL.

Orig. — B. N. Fonds Béthune, Ms. 9084, fol. 48.
Cop. — Suppl. fr. Ms. 1009-2.

[AU CONNÉTABLE.]

Mon Cousin, Je courus hier un cerf à Chambort, que je ne pris pas, et j'en revins tres las et avec une enflure sur le gros orteil du pied gauche, qui me faict grande douleur. J'esperois qu'elle passeroit ceste nuict, mais m^r de la Riviere dict qu'il faut que je me purge et que je sois saigné, si je m'en veulx delibvrer bien tost. C'est pourquoy j'envoye querir le cirurgien Penault, qui a accoustumé de me saigner, et commenceray une petite diette dedans deux ou trois jours, en ce lieu, où il faict tres beau. Toutesfois devant que de m'enfermer je courray encores un cerf ou un chevreuil, pour essayer si ce remede me garantira de l'aultre. Aucuns dient que c'est la goutte, mais je n'ay garde de l'advouer, pour ne consoler trop mon cousin le duc de Mayenne. Car, quant à vous, je m'asseure que vous en seriés tres marry ; aussy n'en estes-vous persecuté comme luy, et n'avés besoing de ceste consolation comme il a. Cependant envoyés-moy mon nepveu le comte d'Auvergne, avec ses chiens, car ceste forest est pleine de sangliers qui ruinent tout le pays, de façon qu'il n'aura faulte d'exercice. Je prie Dieu, mon Cousin, qu'il vous tienne en sa saincte garde. Escript à Blois, le xxve d'avril 1602.

HENRY.

DE NEUFVILLE.

[1602.] — 26 AVRIL.

Cop. — B. N. Suppl. fr. Ms. 1009-2.

[A M. DE ROSNY.]

Mon amy, Partés pour me venir trouver, incontinent que vous aurez receu la presente par ce courrier, que je vous envoye exprés ; car j'ay besoing de vous sur plusieurs occasions qui se presentent, que je vous diray quand vous serés icy, où il faut que je sejourne huict ou dix jours, pour faire une diette que mes medecins m'ont ordonnée, pour me delivrer d'une fluxion qui m'est tombée sur la jambe, laquelle avec le temps pourroit meriter le nom de goutte. Sur ce, je prie Dieu qu'il vous ayt en sa saincte garde. Ce xxvj^e avril, à Blois.

HENRY.

1602. — 29 AVRIL. — Ire.

Orig. — B. N. Fonds Béthune, Ms. 9084, fol. 52.
Cop. — B. N. Suppl. fr. Ms. 1009-2.

A MON COUSIN LE CONNESTABLE DE FRANCE.

Mon Cousin, Le president Sainct-Julien arriva icy le xxve de ce mois avec vos deux lettres du xxiij^e. La premiere estoit accompagnée de l'estat dressé par vostre advis et de mes cousins les mareschaux de France, sur la querelle d'entre le baron de la Chastre et le s^r de Pierre-Brun; auquel[1] le dernier avoit refusé d'obeir : ce qui vous auroit meu de l'envoyer à la Bastille, où il avoit appris à moderer sa co-

---

[1] C'est-à-dire, *auquel estat*.

lere et à vous porter le respect qui vous est deu. Sur quoy je vous diray, mon Cousin, avoir trouvé toute ceste procedure tres bonne, car c'est ainsy qu'il faut traicter tels opiniastres et audacieux; et espere que l'exemple de cestuy-cy fera sages doresnavant ses semblables. Vous n'avés peu avoir l'edict que j'ay faict sur les duels plus tost que à present, parce que j'ay voulu le considerer derechef et le faire voir aussy à mon cousin le comte de Soissons (que j'ay trouvé en ceste ville), devant que d'y faire mettre le sceau. Vous en aurés icy un double, et en envoye presentement l'original à mes gens, affin qu'ils le presentent à ceux de la cour de parlement et en poursuivent la publication; ce que je veux croire qu'ils feront soigneusement, pour estre chose desirée d'un chascun et necessaire pour conserver ma noblesse. Toutesfois, s'ils y apportoient de la longueur ou de la difficulté, je vous prie, mon Cousin, les mander, si vous estes à Paris, ou, si vous estes absent, leur escrire combien j'affectionne la dicte publication, et importe qu'elle ne soit differée, pour arrester le cours des dictes querelles; et me donnés advis de ce qu'ils y advanceront, affin que je leur reitere mes commandemens, s'il est besoing de le faire.

Par l'aultre lettre, vous respondés à celle que je vous avois escripte par le dict St-Jullien, et me donnés conseil de ce que je dois faire pour conserver mon estat et ma reputation, sur les preparatifs et amas de forces que font les Espagnols, et les advis qui nous ont esté donnez de divers endroicts, qu'ils veulent rompre avec moy et me commencer la guerre : dont je vous remercie, vous advisant que je l'ay trouvé si prudent et bien fondé, que j'ay incontinent pris resolution de le suivre et executer. Car, comme vous dictes tres-sagement, mon Cousin, c'est imprudence de demeurer sans forces quand nos voisins arment, mesmement si puissamment que font les dicts Espagnols; de quoy j'advoue que vous m'avés souvent admonesté. Mais j'ay voulu fuir la despense et me suis beaucoup confié et asseuré sur le besoing que j'ay creu que les dicts Espagnols avoient de conserver mon amitié, ayant sur les bras les ennemys et affaires qu'ils ont. Toutesfois, voyant que ce jeune prince et son conseil ont des mouvemens et desseings moins considerez que n'avoit le feu roy son pere, comme il a fait cognoistre l'année derniere, il me semble que le plus seur est de nous mettre en estat qu'il ne puisse nous endommager, quand il le voudroit faire. A quoy j'ay esté confirmé davantage, ayant veu les memoires du s^r de St-Geniés, que vous m'avés envoyez avec vostre lettre du xxvie, que j'ay receue le xxviie.

Je vous diray donc, en premier lieu, que je suis tres aise de la bonne resolution que mon nepveu le duc de Guise a prise de s'acheminer en son gouvernement par vostre bon conseil; et quand mon cousin le duc de Ventadour sera arrivé, je le depescheray promptement, affin qu'il s'en aille au vostre, où les advis et commandemens que vous m'avés escript avoir advancez aux gouverneurs particuliers des places obvieront ce pendant à toutes surprises. Mais je n'ay encore veu celuy par lequel le dict duc de Guise vous avoit dict qu'il me advertiroit des necessitez des places de son gouvernement. Si tost qu'il y sera arrivé, j'y feray pourveoir, comme je commanderay estre faict le plus diligemment qu'il sera possible au besoin de celles du vostre; desquelles je m'attends d'estre informé par le dict duc de Vantadour, sur l'instruction que vous luy en avés donnée et sur ce que nous a escript le s^r de St-Geniés, lequel a bien faict d'avoir ce pendant appellé et faict entrer dedans Narbonne les gentilhommes du pays et ses amys, et avoir logé vostre compagnie du costé de Locate. Mais comme aprés avoir muny les places des dictes provinces et celles de Guyenne de ce qu'il leur faict besoin, le principal et plus seur est, ainsy que vous m'avés escript, de dresser promptement un corps de forces dans mon Royaume, pour secourir les endroits qui en auront besoin, j'ay estimé y devoir pourveoir au plus tost et, pour ce faire, le composer de Suisses, parce que je les aurois plus tost levez, et qu'ils apporteront moindre foule et oppression au peuple; et aussy que je pourray facilement fortifier ce corps de François, s'il est besoin de ce faire. Oultre cela, j'ay considéré que je contenteray, voire obligeray ceste nation, la mettant en besogne, et m'en servant, aprés le renouvellement de nostre alliance, et qu'employant en la dicte levée tous les cantons, comme je feray, cela les ralliera et unira ensemble pour me servir, dont j'ay advisé de lever deux regimens de trois mille hommes chacun. L'un pourra servir du costé du Dauphiné, Provence et Languedoc, et l'autre es provinces de Bourgogne, Champagne et Picardie. Ce renfort sera suffisant avec nos François, pour resister à ceux qui m'attaqueront. C'est avec franche resolution neantmoins de n'attenter rien au prejudice de la paix, si l'on ne m'y force. Ce que je crains maintenant est de ne pouvoir avoir les dicts Suisses si tost qu'il seroit necessaire, et pour cela j'ay regret de ne vous avoir pas plus tost creu, ou d'avoir eu trop bonne opinion de l'observation de nostre paix. Toutesfois j'espere que Dieu et mes bons serviteurs m'assisteront de façon que nous nous garantirons de toute surprise; et, quand on sçaura que la dicte levée marchera, ceux qui auront envie de me mordre là, perdront. Si tost que le s^r de Rosny sera arrivé icy, je luy commanderay de pourveoir aux dictes munitions qui defaillent aux dictes places. J'advertiray aussy mon cousin le duc de Biron et le s^r de Lesdiguieres de ma deliberation, et de se tenir sur leurs gardes, sans toutesfois rien innover, ny alterer contre la paix, ainsy que j'ay jà escript au mareschal d'Ornano, me promettant que chacun en fera tel devoir qu'il ne m'en arrivera aucun inconvenient. Mais, mon Cousin, j'ay ma principale fiance en vostre experience et affection, pour en estre dignement assisté en toutes occasions; et quand mon cousin le duc d'Espernon sera icy, j'adviseray avec luy ce que j'auray à faire pour nos gens de pied françois; et me semble qu'il suffira de faire la creue de nos regimens. Je me promets aussy que nous n'aurons faulte de cavallerie, et que nos voisins n'en seront pas mieux garnys que nous.

Ce pendant il vient bien à propos que l'armée de mer de la royne d'Angleterre soit de present en la coste d'Espagne, comme elle est; car la jalousie que les Espagnols en ont sera cause qu'ils ne pourront si tost employer hors du pays les forces qu'ils ont preparées. Au reste, mon Cousin, je voudrois que nous pussions descouvrir de quelle part le dict roy d'Espagne a esté adverty de la pretendue entreprise sur Perpignan, de laquelle ils accusent Luchise; car je tiens que cest advis a esté inventé et donné exprés par personnes qui sont marryes de nostre paix, et seroient tres aises de nous voir aux prises ensemble. Pensés-y de vostre costé, et escrivés au s^r de St-Geniés qu'il y travaille du sien, car il nous importe de le sçavoir, comme vous pouvés mieux juger. Je prie Dieu qu'il vous ayt, mon Cousin, en sa saincte garde. Escript à Blois, le xxixe jour d'avril 1602.

HENRY.

DE NEUFVILLE.

Quant aux papiers de Combelles, que vous avés retirez, ainsy que vous m'avés escript, envoyés-les-moy, ou à m^r le Chancelier, comme je vous ay mandé, affin que les ayant veus, nous prenions resolution de ce que nous ferons du dict Combelles.

[1602.] — 29 AVRIL. — IIme.

Orig. autographe. — B. N. Fonds Béthune, Ms. 9084, fol. 6.
Cop. — Suppl. fr. Ms. 1009-2.

A MON COMPERE LE CONNESTABLE DE FRANCE.

Mon compere, Par l'aultre, que j'ay commandé au s^r de Villeroy de vous faire, vous apprendrés toutes nouvelles; et ceste-cy est pour vous dire que samedy on laissa courre un cerf à une forest qui est prés de Herbaut en Beausse, qui feit un extresmement grand chemin; car de là il vint passer la riviere à Escures, alla jusques pres d'Amboise et de la Bourdaisiere, et revint mourir pres de Pont-le-Roy. Il ne passa par aucun relais et fut prins des chiens de la meute, où il s'en trouva douze ou quinze à la mort. Force chevaux le payerent. Frontenac estoit à la mort, avec quatre ou cinq seulement. Il m'a asseuré que c'estoit le plus grand corps de cerf qu'il eust jamais veu. Je n'y estois pas, car ce jour-là je fus saigné, et mon bras se rouvrit par trois fois. Je commence demain ma diete. Je vous prie, mon compere, si vous apprenés quelque chose qui importe à mon service, m'en advertir et vous asseurer tousjours de ma parfaicte amitié, de laquelle je vous tesmoigneray les effects aux occasions qui s'en offriront, à vostre contentement et comme vous le sçauriés desirer. A Dieu, mon compere. Ce xxixe avril, à Blois.

HENRY.

[1602.] — 3o AVRIL.

Cop. — Archives royales de Sardaigne. Envoi de M. l'ambassadeur de France à Turin.

A MON FRERE LE DUC DE SAVOYE.

Mon frere, Voyant que vous n'avés encores acquité les cent quatre-vingt dix mil escuz à quoy vous estes obligé par nostre traicté de paix de l'année derniere, touchant feu ma cousine la princesse de Conty, combien que j'aye de mon costé satisfaict entierement à icelluy, j'ay voulu envoyer vers vous le s^r de Servieres, mon conseiller et maistre d'hostel ordinaire, pour vous representer la consequence de l'affaire et les raisons qui me la font tousjours de tant plus affectionner, et sur ce vous faire telle instance du dict paiement, que mon cousin le comte de Soissons, auquel le faict touche maintenant, en reçoive le contentement qu'il s'est promis de la parolle que je luy ay donnée sur la vostre, et qu'il est raisonnable, affin que je n'aye plus de subject de m'en plaindre. Mon frere, je vous prie donc d'y pourveoir avant que le dict s^r de Servieres s'en revienne deçà, et le croire au surplus de ce qu'il vous dira de ma part comme vous feriés moy-mesmes : priant Dieu aussy qu'il vous ayt, mon frere, en sa saincte garde. Escript à Blois, le dernier jour d'avril 1602.

Vostre bien bon frere,
HENRY.

[1602. — AVRIL.]

Cop. — B. N. Fonds Béthune, M. 10344, fol. 28 verso. — Et Suppl. fr. Ms. 1009-3.

[A LA REINE D'ANGLETERRE.]

Madame ma bonne sœur, La reputation des grandes et heroïques qualitez qui vous accompagnent et qui rendent vostre reigne aussy heureux, qu'il sera memorable à la posterité, a faict desirer à mon nepveu le duc de Nevers de passer en vostre royaume, pour vous baiser les mains, et par la cognoissance de vos rares vertus, se rendre digne de servir à la republicque chrestienne. Et parce que, pour la parfaicte amitié que je vous porte, je ne puis recevoir qu'à singulier plaisir que ceulx de la qualité de mon dict nepveu, et qui ont cest honneur de m'appartenir, vous offrent leur service, j'ay eu sa deliberation tres agreable, et l'ay voulu accompagner de ceste lettre, pour luy donner accés à vous faire la reverence, et vous recommander les vœux de mon ancienne affection : sur quoy je vous prie le croire, et Dieu vous avoir, Madame ma bonne sœur, en sa tres saincte et digne garde.

Vostre bon frere et serviteur,

HENRY.

1602. — 6 MAI.

Cop. — Biblioth. de M. Monmerqué, Ms. intitulé *Lettres à l'ambassadeur du Levant.*

[A M. DE BREVES.]

Monsr de Breves, L'on ma faict si souvent des plaintes des mauvais deportemens du vice-roy d'Alger et des dommages qu'il souffre que l'on face à mes subjects traficquant en la coste du dict royaume, que j'ay esté meü d'en faire une bien expresse depesche au Grand Seigneur, de laquelle je vous envoye la copie, affin que, suivant icelle, vous vous employés par tous les moyens qu'il vous sera possible à en tirer et faire faire punition de ceux qui sont auteurs et coupables de ces desordres. Car il importe grandement à mon service et à la seureté de mes subjects qui y trafiquent de reprimer l'audace et insolence de ces gens-là. Et m'asseurant que [¹ vous vous y employerés convenablement, je ne vous en escriray] davantage que pour vous dire que je le tiendray à service tres agreable, et que vous

---

[1] Le copiste a passé là tout un membre de phrase, que le sens permet de suppléer assez facilement.

me donnerés advis de la reception de la presente, et de l'ordre que vous aurés donné sur le contenu d'icelle, laquelle n'estant pour autre effet, je prie Dieu, Monsr de Breves, qu'il vous ayt en sa saincte garde. Escript à Blois, le vj^e jour de may 1602.

HENRY.

[1602.] — 10 MAI.

Orig. autographe. — B. N. Fonds Béthune, Ms. 9084, fol. 9 recto.

A MON COMPERE LE CONNESTABLE DE FRANCE.

Mon compere, Il n'y a icy aulcunes nouvelles, sinon que hyer je courus un cerf, qui dura deux heures avec tous les plaisirs du monde, et que je pars presentement pour m'en aller coucher à Amboise et demain à Tours; où je ne sejourneray que fort peu, pour me depescher de mon voyage de Poictiers, affin de retourner au plus tost que je pourray pour voir mes bastimens. Bon jour, mon compere. Asseurés-vous que je vous aime bien. Ce x^e may, à Blois.

HENRY.

1602. — 11 MAI. — Ire.

Imprimé. — *Mémoires de Nevers*, t. II, p. 851.

[AU MARÉCHAL DE BIRON.]

Mon Cousin, D'Escures m'a faict entendre tres particulierement les advis que vous me donnés, tant pour les lieux où je puis faire arrester les Suisses et autres gens de guerre, desquels je voudrois me servir, comme aussy sur ce qui est pour la seureté des villes de la frontiere, principalement pour celles qui sont en vostre gouvernement. Je loue beaucoup les advis que vous m'aves donnez; ils sont conformes à ce qui est de mon intention; car je veux establir ces formes-là aux lieux où il sera requis pour le bien de mon service, et selon les occasions qui se presenteront. Pour le regard des villes de vostre gouvernement, je trouve bon que la garnison de Chaalon soit renforcée de vingt hommes, outre le nombre qui est porté par mon estat, sur quoy je mande ma volonté au baron du Sol par la lettre icy joincte, laquelle vous luy baillerés, et par mesme moyen luy ferés entendre ma volonté, tant pour la creue de la garnison que pour tenir complet le nombre de soldats porté par le dict estat; aussy pour faire que les habitans de Chaalon fassent bonne garde, jusqu'à ce que l'armée estrangere qui doit passer soit eloignée d'eux; voulant que le dict baron du Sol retienne les dicts vingt hommes de creue, durant le dict temps, et qu'après ils soyent licenciez. J'estime aussy necessaire pour mon service que la garnison de Seurre soit creue jusqu'à vingt hommes pour pareil temps. Sur quoy je mande ma volonté au s^r de Champiron, ayant commandé au baron de Senecey de renforcer la garnison du chasteau d'Auxonne de vingt hommes durant le dict passage, et de faire que les habitans de la dicte ville facent bonne garde pendant le passage de la dicte armée; ce que je desire que faciés entendre aux dicts gouverneurs et habitans des dictes villes, leur faisant observer ce qui est de ma volonté; remettant à vostre jugement de pourveoir et donner ordre à ce que vous jugerés estre à faire pour la seureté de la frontiere de vostre gouvernement. Vous aurés dans peu de jours de mes nouvelles, et vous manderay particulierement mes intentions sur ce que vous aurés à faire pour mon service : et ce pendant je prieray Dieu, mon Cousin, qu'il vous ayt en sa saincte garde. A Amboise, ce xj^e may 1602.

HENRY.

POTIER.

1602. — 11 MAI. — IIme.

Imprimé. — *Mémoires de Nevers*, t. II, p. 851.

[AU MARÉCHAL DE BIRON.]

Mon amy, J'ay esté bien aise d'entendre de vos nouvelles par Hebert et des lieux où il a esté. J'ay veu le memoire de ce qu'il vous a apporté de Milan. Je mets mon coyssinet sur deux gardes d'espée, lesquelles je veux que vous choisissiés de vostre main, car vous sçavés mieux que moy-mesme ce qu'il me faut. Je retiens aussy une toilette de Milan, pour me faire un pourpoint pour l'esté, de telle couleur que vous voudrés. Je pense que dans deux ou trois jours je vous pourray redepescher Escures. Ce pendant je vous prie m'advertir de ce que vous apprendrés de ceste armée d'Espagne qui passe pour aller en Flandres, et vous asseurer toujours de la continuation de mon amitié, de laquelle je vous tesmoigneray les effects en toutes les occasions qui s'en offriront, de la mesme volonté que vous le sçauriés desirer de la personne du monde qui vous aime autant. A Dieu, mon amy. Ce xj^e may, à Amboise, 1602.

HENRY.

1602. — 13 MAI.

Cop. — B. N. Fonds Brienne, Ms. 35, fol. 100 recto.

[A M. DE BEAUMONT,
AMBASSADEUR EN ANGLETERRE.]

Monsr de Beaumont, J'ay esté tres aise d'entendre, par vos lettres du xxie et xxviie du mois passé, le bon accueil que mon nepveu le duc de Nevers a receu de la royne d'Angleterre, ma bonne sœur et cousine, et sa bonne conduicte envers elle et de tous ceulx de sa suitte par delà, et pareillement les honnestes et gracieux propos que la dicte dame luy a tenus; qui m'obligent de plus en plus à l'honorer et aimer, comme à me revancher de sa courtoisie et bonne volonté aux occasions qui se presenteront. Ce que je n'oublieray de luy mander par la response que je feray à la lettre qu'elle m'a escripte par mon dict nepveu, si tost que je l'auray receue. Cependant vous ne fauldrés de la remercier de l'honneur qu'elle a faict à mon dict nepveu, de l'asseurer de l'obligation que je ressens luy en avoir, et luy dire que je priseray et aimeray davantage mon dict nepveu, de s'estre rendu agreable à la dicte dame, et de l'avoir laissée contente de luy et de sa trouppe; accomplissant cest office ainsy que vous jugerés estre à propos pour affermir la bonne et fraternelle amitié que je desire conserver avec elle.

Je n'ay pas oublié aussy la feste et ceremonie de l'ordre de la Jarretiere, que j'ay celebrée le mesme jour qu'elle l'a festoyée en Angleterre, sans avoir esgard à la proposition[1] d'icelle selon nostre usage, à cause du retranchement des dix jours. Il est vray que je n'y ay assisté en personne, à cause que j'estois encore dedans la diette qu'il a fallu que j'aye faicte ces jours passez, pour me delibvrer d'une petite fluxion qui m'estoit tombée sur le pied gauche; mais mon cousin le comte de Soissons et tous les princes, seigneurs et grands de ma court, suivys de la noblesse, s'y sont trouvez, et la ceremonie a esté faicte et l'honneur rendu à la dame, tel qu'il convient, ainsy que vous luy dirés, en excusant le deffault que j'ay faict d'y comparoistre, sur mon mal de pied, qui, me faisant boiter, eust diminué mon credict envers les dames, et donné creance à ceulx qui ont osé dire que c'estoit un ressentiment et commencement de goutte; adjoustant, comme pour faire perdre ceste opinion, que j'ay voulu despuis courre deux cerfs deux jours de suitte, devant que de partir de Blois, de quoy je ne me suis trouvé non plus las que j'eusse faict il y a dix ans : tellement que je me sens encore assez vigoureux pour luy faire un bon service si l'occasion s'en presente.

En suite de cela, vous luy dirés qu'il semble que les Espagnols ayent envie d'esprouver encores si j'ay de la force, comme ils ont faict aultres fois mon courage; car ils publient partout qu'ils veulent me recommencer la guerre, pour se venger de l'amitié que je porte à leurs ennemys, desquels ils recognoissent ne pouvoir jamais estre victorieux, mon Royaulme estant en paix et prosperité. De faict, j'ay esté adverty de divers endroicts qu'ils redoublent leurs armemens par terre et par mer, et qu'ils ont commencé de respandre de l'argent en mon Royaulme, pour suborner aulcuns de mes subjects et y acquerir des

---

[1] Ce mot *proposition* est pris ici dans le sens *d'avance*. Les Français se trouvaient en avance de dix jours sur les Anglais, par l'adoption de la réforme du calendrier.

intelligences pour le troubler. Sur quoy j'ay advisé de lever six mille Suisses et croistre les compagnies de mes regimens, et de commencer par celuy de ma garde, affin que les Espagnols et ceulx qui les assisteront me retrouvent sous les armes et en estat de les bien recueillir, s'ils m'attaquent; luy declarant, s'ils sont si hardis ou temeraires de commencer, qu'ils me trouveront bien resolu de n'achever, qu'elle et moy ne soyons delibvrez de leur voisinage.

Les forces levées par le marquis Spinola en l'estat de Milan, qui doivent faire huit mille hommes, sont parties et peuvent estre maintenant au pied du petit St-Bernard, pour passer en la Tarentaise et fondre au pont de Grezin sur le Rosne, qui est le seul passage qui leur a esté laissé par le traicté de Savoie. Ils en avoient faict redresser un aultre, qui leur pouvoit estre plus commode, que je leur ay faict rompre, affin de les assubjectir à n'oultrepasser les limites du dict passage. Ce sera tout ce que le dict marquis pourra faire d'arriver de Flandres à la fin du mois prochain, et ses gens seront si las et si harassez, qu'ils ne pourront aprés servir de quinze jours ou trois sepmaines. J'entends que c'est une pauvre levée, composée de jeunesse peu duitte et propre au mestier. L'on faict peu de cas aussy du colonnel et des cappitaines. C'est une levée faicte à la banque, de laquelle les frais sont advancez par le dict Spinola à grands interests, et le nombre en diminuera encore grandement, devant qu'elle arrive au pays. Enfin elle sera plus onereuse que profitable. Le comte de Fuentés luy a refusé les Espagnols dont il s'attendoit d'estre accompagné et auxquels consistoit la valeur de ce secours. Federic Spinola doibt à present encore faire voile en Espaigne avec les huict galleres qu'il a promis de passer en Flandres; car il n'avoit esté retenu que pour aller au devant de leur derniere flotte des Indes, qui doibt estre arrivée de present à Seville, selon l'advis qui m'en a esté donné d'Espagne, du xxe du mois passé. Mais les dicts Espagnols preparent encore en toute diligence d'aultres forces bien plus grandes par terre et par mer, tant en Italie qu'en Espagne et Portugal, avec une grande quantité de biscuits, d'armes et instrumens de guerre : par où ils font assez cognoistre qu'ils pretendent executer ceste année quelque entreprinse d'importance, pour laquelle ils ont reservé tous leurs gens de guerre espagnols, et font estat d'en mettre ensemble jusqu'à x ou xii mille, sans les Italiens qui les doibvent accompagner. Cela estant prest fondra bien tost en quelque lieu. C'est pourquoy j'ay advancé mon armement, affin de ne demeurer à la mercy des dicts Espagnols.

Aucuns publient qu'ils veulent employer les dictes forces contre le Turc et mesmes tenter derechef l'entreprise d'Alger. Estant advertis et preparez comme ils sont, je ne puis croire qu'ils donnent là, et d'autant plus que j'ay esté adverty que les galleres du Pape, du grand duc de Toscane ny de Malthe ne sont conviées à l'entreprise, comme indubitablement elles seroient si la dicte armée debvoit aller en Turquie : tellement qu'il faut croire qu'ils l'employeront en la chrestienté. Or ce ne peut estre qu'en Flandres ou contre mon Royaulme, ou bien encore en Irlande; et fault que je vous die que j'ay plusieurs advis et rencontres qui me font soupçonner, voire croire, qu'ils tenteront plus tost la derniere que les aultres, car je sçay que ce jeune roy est fort piqué et indigné de l'affront que la dicte dame luy a faict recevoir. Il s'en est plaint ouvertement et a juré de s'en venger; de quoy il fault que vous advertissiés la dicte dame. Mais faictes de façon qu'elle ne pense que ce soit chose inventée pour la divertir de la paix de laquelle elle est recherchée, car il faut eviter ceste rencontre et plus tost luy celer les dicts advis, que luy donner occasion de croire que je romps la dicte paix. Car elle s'y eschaufferoit davantage, jà çoit qu'elle y soit desjà autant disposée qu'elle peut estre; et encores que ce soit le plus grand service que vous me puissiés faire, de traverser la negociation d'icelle et en retarder la conclusion, neantmoins il ne faut pas vous en descouvrir inutilement. Faictes que je sois adverty de ce qui en succedera; car je doibs faire estat, s'ils s'accordent, que ces grandes forces que le dict roy d'Espagne prepare fondront sur moy, et je ne gaigneray peu si, par le retardement de la dicte paix, je puis l'esviter ceste année. Le president Jannin m'a rapporté tout contentement de la negociation qu'il a faicte en Flandres avec les archiducs, tant pour les princes d'Espinay, que pour les declarations et asseurances de leur amitié, qui luy ont esté renouvellées et confirmées en termes si precis et exprés, que j'ay occasion de m'en louer. Je partiray dedans deux jours pour continuer mon voyage de Poictiers; mais je ne passeray oultre pour ceste fois, et y feray le moins de séjour que je pourray. Je prie Dieu, Monsʳ de Beaumont, qu'il vous ayt en sa saincte garde. Escrit à [Tours], le xiijᵉ jour de may 1602.

HENRY.

[1602.] — 14 MAI. — Iʳᵉ.

Orig. — B. N. Fonds Béthune, Ms. 9057, fol. 6.
Cop. — Fonds Fontanieu, Ms. P. 73, fol. 78 verso.
Cop. — Suppl. fr. Ms. 1009-2.

[AU CONNÉTABLE.]

Mon compere, Sur l'advis que j'ay eu de l'acheminement de l'armée estrangere qui vient d'Italie pour la Flandre, et saichant qu'elle doit passer par la Bresse et le long de la frontiere de mon duché de Bourgogne, j'envoie d'Escures trouver mon cousin le duc de Biron, pour luy dire ce qu'il doit faire pour mon service et pour la seureté de mes villes de frontiere, lorsque la dicte armée passera. J'ay aussy commandé au dict d'Escures de vous faire entendre l'occasion du voyage que je luy ay faict faire depuis peu devers mon dict cousin, et le contentement que j'ay receu de ce qu'il m'a rapporté de sa part. Il me reste de vous dire que je partiray pour aller à Poictiers vendredy prochain, où estant je vous manderay de mes nouvelles : et ce pendant je prieray Dieu qu'il vous ayt en sa saincte et digne garde. Le xiiijᵉ may, à Tours.

HENRY.

1602. — 14 MAI. — IIme.

Imprimé. — *Mémoires de Nevers*, t. II, p. 852.

[AU MARÉCHAL DE BIRON.]

Mon amy, Ayant entendu par d'Escures les faux rapports et discours qui vous ont esté faits et desirant en estre esclaircy, et vous faire cognoistre les calomnies de ceux qui ont advancé de tels discours, j'ay depesché le s^r Jeannin et le dict s^r d'Escures pour vous aller trouver. J'ay commandé au dict s^r Jeannin, aprés qu'il aura appris de vous les rapports qui vous ont esté faicts, de mander ceux qui vous en ont parlé et qui sont les auteurs, pour averer et vous faire cognoistre au doigt et à l'œil leurs impostures, que vous devés tenir pour telles, saichant comme je vous aime et par combien d'effects je vous ay faict paroistre ma bonne volonté, laquelle continuera tousjours en vostre endroict; m'asseurant que, par la continuation de vos services et par tous vos deportemens, vous m'en donnerés toutes les occasions que je me suis promises de vostre fidelité et affection à mon service. Sur quoy les dicts Jeannin et d'Escures vous feront particulierement entendre mes intentions et combien j'auray agreable de vous voir prés de moy et vous faire paroistre en toutes occasions les effects de ma bonne volonté : auxquels me remettant et m'asseurant que vous les croirés de tout ce qu'ils vous diront de ma part, comme vous feriés de moy-mesme, je prieray Dieu qu'il vous ayt, mon amy, en sa saincte et digne garde. Ce xiiij^e may, à Tours, 1602.

HENRY.

[1602.] — 15 MAI. — Ire.

Orig. autographe. — Musée britannique, Mss. Egerton, vol. V, fol. 101. Transcription de M. Delpit.
Cop. — Archives de la Force.
Imprimé. — *Mémoires de la Force*, publiés par le marquis DE LA GRANGE, t. I, p. 325.

[A M. DE LA FORCE.]

Monsr de la Force, Par cetté voye je ne vous diray aultre chose, sinon que m'achemine à Poictiers, et que j'espere partir vendredy prochain d'icy pour m'y rendre en bref, où je ne sejourneray gueres, et que tous les jours je descouvre les plus grandes meschancetez, perfidies, ingratitudes et entreprinses contre moy, que vous ne le pourriés jamais croire[1]. Mais j'espere, avec l'ayde de Dieu, que puisqu'il a eu cy-devant soing de moy, qu'il l'aura encores et me gardera de mes ennemys. Si d'advanture vous apprenïes quelque chose qui importe à mon service, ne faillés à m'en advertir, vous asseurant tousjours de mon amitié. A Dieu, Monsr de la Force, lequel je prie vous avoir en sa saincte garde. Ce xvme may, au Plessis-les-Tours.

HENRY.

1602. — 15 MAI. — IIme.

Cop. — Biblioth. de M. Monmerqué, Ms. intitulé *Lettres à l'ambassadeur du Levant*.

[A M. DE BREVES.]

Monsr de Breves, Vos precedentes, celles du xxvie du mois de febvrier et du xiie de mars, nous promettoient la sortie, ceste année, du general de la mer avec un bon nombre de galleres, de quoy toute la chrestienté avoit esté abreuvée; mais puisque vos dictes lettres der-

---

[1] On préparait ainsi M. de la Force à la nouvelle de la conspiration du duc de Biron, son beau-frère, sur laquelle le Roi avait déjà reçu plusieurs avis. Par la lettre précédente il cherchait à éloigner Biron de son gouvernement de Bourgogne, en le faisant venir à la cour.

nieres n'ont faict mention de cela, je conclus qu'ils ont changé de desseing. De quoy peut-estre que les remuemens advenus à la Porte de ce Seigneur, tant contre son grand escuyer et contre le Sigal, et le redoublement des revoltes d'Asie auroit esté cause, avec la foiblesse de ce prince et la corruption et imprudence de ses ministres, dont je m'attends que vos premieres m'esclairciront. Ce pendant le roy d'Espagne arme grandement par terre et par mer aux royaumes de Naples, Sicile et Calabre et pareillement en Espagne, oultre les forces qu'il a envoyées en Flandres; ce qui sera cause que j'armeray aussy de mon costé, affin de ne demeurer depourveu et tomber en surprise. Pareillement la guerre s'eschauffe fort aux Pays-Bas entre les archiducs et les Hollandois; et encore que la royne d'Angleterre ayt la paix avec le roy d'Espagne, et que les archiducs de Flandres la recherchent vivement, neantmoins le traité n'en peut estre si tost conclud : de façon qu'ils continuent à armer, aussy la royne d'Angleterre, comme elle a commencé; car elle a jà faict sortir une armée de mer qui a pris la route d'Espagne et du Portugal. Voilà l'estat auquel la chrestienté se retrouve ; mais vous verrés par mon autre lettre, qui accompagne la presente, les occasions que me donnent ceux d'Alger de me plaindre; de quoy vous demanderés qu'il soit faict justice, leur declarant, s'ils n'y satisfont, que je rechercheray toute sorte de moyen de prendre revanche : priant Dieu, Monsr de Breves, qu'il vous ayt en sa saincte garde. Escript au Plessis-les-Tours, le xve jour de may 1602.

HENRY.

1602. — 17 MAI.

Orig. autographe. — B. N. Fonds Béthune, Ms. 9084, fol. 59.
Cop. — Suppl. fr. Ms. 1009-2.

A MON COUSIN LE DUC DE MONTMORENCY,
PAIR ET CONNESTABLE DE FRANCE.

Mon Cousin, Je vous donnay dernierement advis de la situation de la ville de Limoges, et de l'ordre que je donnay lors pour y remedier.

Maintenant je vous diray ce qui s'est passé sur l'execution du commandement que j'avois faict au sr de Chasteauneuf, gouverneur de la ville, de rentrer en icelle : c'est que tous les habitans assemblez, ayant entendu ma volonté par mes lettres que je leur avois adressées, resolurent à l'instant d'ouvrir les portes de la dicte ville au dict sr de Chasteauneuf, et d'envoyer au devant de luy pour le prier rentrer en icelle, comme il a faict au mesme temps, accompagné de cent gentilshommes et de plus de deux cens aultres hommes de cheval, tous en armes, comme la compagnie de mon fils Alexandre, laquelle ils ont aussy faict entrer en la dicte ville, ayant le dict sr de Chasteauneuf esté receu de tout le peuple avec un applaudissement general et cry continuel de *Vive le Roy!* jusques à ce qu'il fust descendu de cheval. Despuis ont esté livrez au dict sr de Chasteauneuf aulcuns de mes officiers et des consuls de la dicte ville qui n'avoient apporté ce que dependoit de leur auctorité pour apaiser la dicte sedition, lesquels il envoye vers moy pour en faire en general et en particulier telle punition que j'auray agreable. Ceste grande et subite soubmission faict cognoistre l'inclination naturelle qu'ont mes subjects à m'obeïr et servir, et que bien peu des dicts habitans participoient à la dicte desobeïssance. Estant à Poictiers, je prendray resolution avec mon conseil, de l'ordre que je dois establir en la dicte ville de Limoges pour rompre les partialitez qui sont en icelle, ensemble de l'exemple qui se doibt faire pour la punition des mauvais et contenir les bons en l'affection qu'ils ont au bien de mon service. J'ay advis que la flotte des Indes est arrivée en Espaigne, laquelle y a apporté bien peu de commodité ; car la valeur d'icelle n'est pas de deux millions. J'ay aussy advis qu'il est passé le long de la coste de Bretagne quelques galeres venans d'Espagne pour Flandres. C'est ce qui s'offre de nouveau maintenant, dont je vous puis donner advis : priant Dieu qu'il vous ayt, mon Cousin, en sa saincte et digne garde. Escript à Saincte-Maure, le xvıȷe jour de may 1602.

HENRY.
POTIER.

1602. — 22 MAI.

Orig. — Arch. de la ville de Metz. Envoi de M. Clerx de Belletanche, archiviste.

A NOS TRES CHERS ET BIEN AMEZ LES MAISTRE-ESCHEVIN ET TREIZE DE LA VILLE DE METZ.

Trez chers et bien amez, L'accusation du s^r Jolly, nostre procureur à Metz, luy doibt plustost tourner à gloire et honneur qu'à note d'infamie, puisque oultre la fidelité et affection que nous avons tousjours recogneu en luy au bien de nos affaires et service, il a par sa justiffication faict paroistre son innocence, comme il est assez amplement déclaré par nos lettres patentes pour ce expediées, sur l'arrest de nostre court de parlement, dont vous avés desjà eu bonne cognoissance. C'est pourquoy nous vous mandons et ordonnons que vous ayés à le recepvoir, luy permettre de faire et exercer la charge que nous luy avons donnée, tout ainsy que auparavant la dicte accusation, et comme si elle ne fust point advenue, tenant la main à ce que tout [l'honneur] et le respect deu à sa charge, concernant nostre service, luy soit rendu sans aulcune difficulté; et vous ferés chose qui nous sera tres agreable : priant Dieu qu'il vous ayt en sa saincte et digne garde. Escript à Poictiers, le xxij^e jour de may 1602.

HENRY.

RUZÉ.

[1602.] — 23 MAI.

Orig. autographe. — Musée Britannique, Mss. Egerton, vol. 5, fol. 94. Transcription de M. Delpit.

Cop. — Arch. de M. de la Force.

Imprimé. — *Mémoires de la Force,* publiés par M. le marquis DE LA GRANGE, t. I, p. 326.

A MONS^R DE LA FORCE.

Monsr de la Force, J'ay receu vos lettres et avec icelles celles de Medrane à vous et à moy, ensemble les memoires qu'il vous a baillez et que vous m'avés envoyez. Sur quoy je vous diray qu'il y a beaucoup de choses à considerer, et desirerois que ceulx qui les luy ont envoyez s'expliquassent plus particulierement qu'ils ne font, affin que je visse plus clair en ces affaires, où je ne comprends que trop de mal, et plus qu'il ne seroit à desirer, et où peut-estre il y a des gens meslez que vous ne croiriés jamais et dont vous seriés bien estonné et marry[1]; mais pour ceste heure vous n'en sçaurés davantage de moy, qui vous prie veiller soigneusement par delà à ce que rien ne s'y passe au prejudice de mon service, de quoy je ne sois promptement adverty; car il importe, et que vous taschiés promptement à descouvrir qui sont ces faiseurs de menées. Je suis venu en ceste ville, comme je vous J'ay cy-devant escript, et ma presence y estoit tres necessaire, car on y faisoit courre des bruicts bien esloignez de la verité; et le peuple a tesmoigné une grande rejouissance de me voir. Aussy leur donneray-je occasion de se louer de ma venue. Je ne puis pour ceste année pourvoir à faire bailler les deux mil escuz que j'avois resolu d'employer aux fortifications de ma ville de Navarrens, mais ce sera pour la prochaine sans faulte, Dieu aidant.

Je partiray d'icy au commencement de la prochaine sepmaine, pour m'en retourner à Paris par le mesme chemin que je suis venu icy. De là, je vous feray sçavoir ce que vous aurés à faire pour mon service, lequel je vous recommande, et d'avoir l'œil ouvert à tout, affin que rien ne s'y face que vous ne saichiés et de quoy aussy tost je ne sois adverty par vous, qui vous pouvés tousjours asseurer de la continuation de mon amitié. A Dieu, Monsr de la Force. Ce xxiij^e may, à Poictiers.

HENRY.

[1] Encore une allusion à ce que le Roi savait alors de la conspiration du duc de Biron, afin de préparer de plus en plus M. de la Force à la nouvelle du crime de son beau-frère.

1602. — 26 MAI.

Orig. — Biblioth. Harléienne, art. 27. Copie transmise par M. l'ambassadeur de France à Londres.

[AU PRINCE D'ÉCOSSE.]

Mon frere, Vous aimant cherement comme je fais, tant par ma propre inclination que pour estre fils d'un pere dont je prise et estime beaucoup l'amitié, j'ay commandé au baron du Tour[1], que j'envoye resider mon ambassadeur prés de luy, de vous saluer et visiter de ma part et vous dire que, vous souhaitant toute prosperité, je desire que vous m'aimiés aussy, en veue de vous faire paroistre ma bonne volonté en toutes les occasions qui se presenteront, ainsy que le dict baron du Tour vous fera plus amplement entendre : sur lequel me remettant, je prie Dieu, Mon frere, qu'il vous ayt en sa saincte garde. Escript à Poictiers, le xxvj[e] jour de may 1602.

Vostre bon frere,

HENRY.

---

[1] Charles Cauchon de Maupas, baron du Tour, était fils de Charles Cauchon de Maupas et de Françoise de Roucy. Il comptait parmi ses ancêtres le trop fameux Pierre Cauchon, évêque de Beauvais, dont le rôle fut si odieux dans le procès de Jeanne d'Arc. Quant à lui, sa solide piété égalait son éclatante bravoure. Tallemant des Réaux, si peu disposé à louer, en cite des traits admirables, ainsi que de son inépuisable charité, qui l'avait fait surnommer le père des pauvres. D'après le même auteur, il serait resté assez tard du parti de la Ligue. Il tenait un rang considérable à la cour de Lorraine. Le duc Charles II l'avait donné pour gouverneur au duc de Bar, son fils, qui épousa Madame Catherine. Lorsque ce prince succéda à son père comme duc de Lorraine, le baron du Tour devint chef de ses conseils, surintendant de sa maison, et premier capitaine-lieutenant de sa compagnie de gendarmes. En France, il fut conseiller d'État et chargé de plusieurs ambassades pour l'Écosse et pour l'Angleterre. Il mourut en 1629. Sa femme était la fille de Jérôme de Gondi, dont il est souvent fait mention dans cette correspondance. Leur petit-fils, tué devant Dunkerque, fut le dernier de sa branche, dont l'héritage passa dans la maison de Coligny, par le mariage de sa sœur avec le comte de Coligny-Saligny.

1602. — 27 MAI.

Orig. — Archives de M. Eugène Renaud d'Avêne des Méloizes. Copie transmise par M. de la Villegille.

A MONS^r DE BEAUMONT,
CONSEILLER EN MON CONSEIL D'ESTAT, ET MON AMBASSADEUR EN ANGLETERRE.

Monsr de Beaumont, Le baron du Tour[1], que j'envoie resider mon ambassadeur en Escosse, vous rendra ceste lettre et vous fera entendre en quel estat il m'a laissé, et le commandement que je luy ay faict d'avoir toute bonne intelligence avec vous pendant qu'il demeurera au dict pays. Par tant cooperés-y aussy de vostre costé, et l'instruisés, avant de partir, de ce que vous sçaurés des affaires du dict pays d'Escosse, affin que cela luy donne lumiere à me mieux servir quand il y sera arrivé. Voyés aussy la royne d'Angleterre ma bonne sœur, et assistés le dict baron du Tour de ce que vous pourrés apporter pour la facilité de son voyage et passage au dict pays d'Escosse; et me remettant du reste sur luy, je ne vous en diray davantage : priant Dieu, Monsr de Beaumont, qu'il vous ayt en sa saincte garde. Escript à Poictiers, le xxvij^e jour de may 1602.

HENRY.

DE NEUFVILLE.

1602. — 31 MAI. — Ire.

Imprimé. — *Mémoires de Nevers*, t. II, p. 854.

[AU MARÉCHAL DE BIRON.]

Mon Cousin, J'ay receu quasy en mesme temps les lettres que vostre secretaire et le cappitaine Thomassiere m'ont apportées. J'ay

---

[1] M. d'Avêne des Méloizes possède cette lettre et les lettres au baron du Tour, comme descendant du comte de Coligny, qui avait épousé la petite-fille du baron du Tour, héritière de cette branche de la famille Cauchon.

appris par elles ce que c'est de l'armée qui passe pour aller en
Flandres, l'ordre qu'elle tient et comme elle est advancée. J'apprends
par les lettres de mon ambassadeur en Flandres, qu'il a esté envoyé
plusieurs courriers pour la haster. C'est que les archiducs sçavent que
le prince Maurice est en campagne avec une armée de quinze mille
hommes de pied et de quatre à cinq mille chevaux, avec plusieurs
desseins qui leur donnent occasion de se fortifier; mais j'estime que
ces nouveaux soldats, avant qu'ils soyent aguerrys, serviront plus de
nombre que de force. La seconde levée, en laquelle entrent les meilleurs soldats des garnisons de Naples et de Milan, sera beaucoup plus
forte. Aussy ne sçachant où le roy d'Espagne la doibt employer, j'ay
estimé estre necessaire de munir mes villes de Provence et m'asseurer
d'hommes, ainsy que je vous ay faict entendre par d'Escures à son
premier voyage. Quand vous serés pres de moy, nous ferons ensemble
jugement de ce que doivent devenir les dictes forces et de l'ordre qu'il
faudra donner pour la seureté de mes villes de la frontiere. Cependant
je prieray Dieu, mon Cousin, vous avoir en sa saincte garde. Au Plessis-
lez-Tours, le dernier jour de may 1602.

                                HENRY.

                              POTIER.

1602. — 31 MAI. — IIme.

Imprimé. — *Mémoires de Nevers*, t. II, p. 853.

[AU MARÉCHAL DE BIRON.]

Mon Cousin, J'ay entendu par d'Escures la resolution que vous
avés prise de me venir trouver, ensemble les advis que vous me donnés
sur ce qui concerne mon service. Il m'a aussy rendu compte de ce
qu'a faict le s^r Jeannin pour eclairer la verité de ce qui vous auroit
esté rapporté. Je suis fort content que chacun cognoisse que tels rapports sont faulx, et auray fort agreable que les auteurs d'iceux soyent
chastiez, affin que cest exemple retienne à l'advenir ceux qui voudroient
faire le semblable, et que l'on n'adjouste creance qu'à ce qui est

veritable. La cognoissance que vous avés de mon affection singuliere à vostre endroit vous oblige à ne prester l'oreille à tels rapports, comme je feray tousjours pour ce qui me sera dict de vos actions. J'ay commandé à d'Escures d'aller au devant de vous, pour vous dire que vous me trouverés en ma ville d'Orleans, où je feray la Feste-Dieu, et n'en partiray que vous n'y soyés arrivé. Pendant le sejour que j'y feray, j'espere avoir la revanche d'un cerf que je ne pus prendre lorsque j'y passay. Et m'asseurant que vous ne fauldrés de vous rendre prés de moy dans la fin de la sepmaine prochaine, et que vous croirés le dict d'Escures de ce qu'il vous dira de ma part, je prieray Dieu, mon Cousin, qu'il vous ayt en sa saincte garde. Au Plessis-lez-Tours, ce dernier jour de may 1602.

HENRY.

POTIER.

[1602.] — 5 JUIN.

Orig. autographe. — Musée Britannique, Mss. Egerton, vol. 5, fol. 114-115. Transcription de M. Delpit.

Cop. — Archives de M. de la Force.

Imprimé. — *Mémoires de la Force*, publiés par le marquis DE LA GRANGE, t. I, p. 327.

[A M. DE LA FORCE.]

Monsr de la Force, Hier je receus la vostre du xxviij[e] du passé, suivant laquelle je suis d'advis que, si vous vous pouvés saisir de la personne de Jean Hygon, mentionné en icelle, vous le faciés. Je vous sçay tres bon gré des nouvelles contenues en icelle, la pluspart desquelles ne se trouvent conformes à celles que j'ay de ces quartiers par mon agent. Que si vous en apprenés d'aultres, donnés m'en advis, comme de tout ce que vous apprendrés m'importer. Par le cappitaine Carpasse, qui partit hier pour aller trouver son pere à Navarrens, je vous ay escript[1] amplement. Plus je vais en avant, plus je descouvre

---

[1] M. de la Grange met ici cette note : « La lettre remise au capitaine Carpasse, où il était question de Castelnaut, fils de la Force, et qui contenait sans doute des confidences plus explicites au sujet de Biron, ne s'est pas retrouvée. »

des choses estranges au prejudice de mon service, où force sont meslez que vous ne croyés pas. Avant qu'il soit peu, j'espere, Dieu aydant, y voir plus clair et en apprendre davantage; de quoy je vous advertiray. Cependant ayés l'œil ouvert à tout, et vous souvenés de ce que je vous ay mandé par le dict Carpasse, tant pour l'empescher de revenir icy, que pour le regard de vostre fils qui est pres de m^r le mareschal de Biron. Je m'en vais à Orleans, d'où, suivant ce qui s'y passera et que j'y resouldray, je vous escriray plus amplement. A Dieu, Monsr de la Force, lequel je prie vous avoir en sa saincte et digne garde. Ce v^e juin, à Blois.

HENRY.

1602. — 6 JUIN.

Orig. — Archives de M. de Noailles.

A MONS^R DE NOAILLES,

MON LIEUCTENANT GENERAL EN MON PAYS DE HAUTE AUVERGNE.

Monsr de Noailles, J'ay veu par vos lettres que ce porteur m'a rendues, comme avés dextrement executé le commandement que je vous avois faict de vous asseurer de la personne du s^r de Morese, et ce qu'avés commencé de faire pour vous rendre maistre du chasteau de Carlat: de quoy j'ay esté encores plus particulierement informé par ce dict porteur, comme aussy des ouvertures et offres que vous a faictes le dict s^r de Morese pour moyenner sa liberté. Sur quoy, je vous diray que j'ay beaucoup de contentement du bon devoir qu'avés faict en ceste occasion et du soin que vous avés pour vous asseurer du chasteau, à quoy je desire que vous travailliés de telle sorte, que vous en rendiés maistre au plus tost que faire se pourra; ayant pour agreable que vous leviés pour cest effect jusques à trois cens hommes, au paiement desquels j'ay donné charge au s^r de Rosny de pourveoir jusques à la reduction du chasteau, lequel vous bloquerés incontinent de si pres, et ferés faire les gardes si exactes, qu'il n'y puisse entrer ny hommes ny vivres. Si toutesfois le dict s^r de Morese peut vous faire entrer dans le dict chasteau, comme il vous l'a promis, j'auray pour agreable que cela se face avec la condition qu'il vous a proposée : de luy donner la liberté pour me venir trouver; ce que vous luy accorderés, sur la parole qu'il vous donnera de venir la part où je seray, sans prendre aultre asseurance de luy. Et au cas qu'il ne vous puisse faire entrer dans le chasteau, vous continuerés de le bloquer et faire tout ce qui sera en vostre pouvoir pour vous en rendre maistre, et pourvoirés par mesme moyen de loger le dict s^r de Morese en tel lieu et si asseurement qu'il ne puisse eschapper. Vous ferés entendre sur ce à tous mes serviteurs ce qui est de ma volonté; et s'il y en a quelqu'un qui s'y oppose ou qui favorise le dict s^r de Morese ou ceulx qui sont à present dans le chasteau, en façon quelconque, vous les traictiés comme ennemys de ma personne et de mon Estat. Et parce que j'ay ouï dire que le s^r de Nadaillac, nepveu du dict Morese, convie ses amys pour l'assister au secours qu'il veult donner à son oncle, j'escris au s^r de Rodez, son beau-pere, qu'il l'advertisse de ce qui est de son debvoir. Si le dict s^r de Morese prend resolution de me venir trouver et de faire mettre le chasteau en vos mains, il sera bien conseillé et me trouvera fort disposé à ouïr ses raisons sur ce qui m'a esté rapporté de luy; ce que vous luy pourrés dire et me donner advis de ce qu'advancerés en l'occasion qui se presente : et je prie Dieu, Monsr de Noailles, vous avoir en sa garde. A Blois, ce vj^e. juin 1602.

HENRY.

POTIER.

[1602.] — 9 JUIN.

Orig. autographe. — Fonds Béthune, Ms. 9079, fol. 16.

A MON COMPERE LE CONNESTABLE DE FRANCE.

Mon Compere, J'ay receu la vostre par la Croix, et ay esté tres aise d'entendre par luy de vos nouvelles et que vous vous portés mieux. Je pars demain, Dieu aidant, pour m'en aller coucher à

Pluviers et mardy à Fontainebleau, où peut-estre je ne seray gueres sans aller où vous dira ce porteur. Ce pendant asseurés-vous de mon amitié, de laquelle je vous tesmoigneray les effects aux occasions qui s'en offriront. A Dieu, mon compere. Ce dimanche, ixe juin, à Orleans.

HENRY.

[1602.] — 10 JUIN. — Ire.

Imprimé. — *Mémoires de messire Philippes de Mornay*, in-4°, t. III, p. 28.

[A M. DU PLESSIS.]

Monsr du Plessis, J'eusse esté tres ayse de vous voir, et vous eusse tesmoigné que je n'ay perdu la souvenance de vos services, qui crois de vostre fidelité et affection ce que je m'en suis tousjours promis. Je pars presentement pour aller coucher à Pluviers, et demain à Fontainebleau, où j'espere trouver m^r le duc de Biron arrivé. Cependant si sur les bruicts qui courrent, vous apprenés quelque chose qui importe à mon service, je vous prie ne manquer de m'en advertir. Aussy tost que je me seray esclaircy de beaucoup de choses sur iceux, je vous feray entendre mes volontez et intentions, affin que j'y sois servy de vous avec la mesme fidelité et affection que je l'ay tousjours esté. A Dieu, Monsr du Plessis, ce x^e juin, à Orleans.

HENRY.

1602. — 10 JUIN. — IIme.

Cop. — Biblioth. de M. Monmerqué, Ms. intitulé *Lettres à l'ambassadeur du Levant*.

[A M. DE BRÈVES.]

Monsr de Breves, Vous sçaurés par ceste lettre la reception des vostres du xxvie mars et du xiie avril. Depuis vous avoir escript les miennes du xvie de may, j'ay depuis faict mon voyage de Poictiers, où j'ay receu tous les contentemens que je pouvois desirer, tellement que je m'en retourne maintenant du costé de Paris, pour estre plus proche de la frontiere des Pays-Bas, où la guerre s'eschauffe fort; car les Hollandois ont mis aux champs une armée de huict mille hommes et de cinq mille à cheval pour secourir la ville d'Ostande, que les Archiducs tiennent assiegée; et ceux-cy en ont assemblé une autre qui est moins forte, pour s'y opposer. Je ne suis sans jalousie des autres forces que le roy d'Espagne a dressées et preparées et par terre et par mer, tant en Italie qu'en Espagne et Portugal, lesquelles sont tres grandes; et prevois que l'Empereur sera sy mal assisté ceste année en Hongrie, tellement que si ce Seigneur faict un effort, comme l'on dict qu'il s'y prepare, sans doute il relevera la reputation de ses armes. Continués à me faire sçavoir ce que deviendront ceux qui se sont revoltez en son empire contre luy, et l'ordre qu'il y donnera. Quant au Battori, si ce Seigneur ne le contente pour s'en asseurer du tout, il traictera avec l'Empereur; car il en est fort recherché. Mandés-moy aussy quelle aura esté la negociation des ambassadeurs de Perse et de Pologne, et si le premier aura remporté son diamant : et m'en envoyés un cristal, si vous pouvés le recouvrer; car je serois tres aise de le voir. Je vous recommande qu'il soit pourveu aux pirateries que font les corsaires d'Alger à mes subjects; qu'ils delivrent ceux qu'ils detiennent à la chaisne, lesquels on m'a dict exceder le nombre de deux ou trois mille. Ce pendant je me fortifieray pour la mer le plus que je pourray, et reitereray le commandement que j'ai jà faict aux habitans de ma ville de Marseille, de se pourveoir de leurs bons vaisseaux, et s'armer, allant en Levant et ailleurs pour leur trafficq, affin de n'estre subjects aux inconveniens auxquels ils tombent tous les jours par faulte de ce faire. Je prie Dieu, Monsr de Breves, qu'il vous ayt en sa saincte et digne garde. Escript à [Orleans], le xe juin 1602.

HENRY.

1602. — 13 juin. — Ire.

Cop. — B. N. Fonds Brienne, Ms. 38, fol. 119 verso.

[A M. DE BEAUMONT.]

Monsr de Beaumont, Le vi^e de ce mois, m^r de Boissize arriva à Blois, où j'estois encore; par lequel j'ay receu la lettre de la Royne ma bonne sœur, et sceu avec grand plaisir et contentement la continuation de sa bonne santé et de son amitié, qui sont les deux choses qui sont aujourd'huy les plus cheres et de moy les plus desirées : ce qui a esté cause que le dict s^r de Boissize a esté le bien venu comme il a esté, pour le contentement que j'ay recogneu qu'il a laissé à la dicte dame de sa conduicte en sa legation; car c'est ce que je luy avois le plus recommandé, comme à vous. Je demeure aussy tres satisfaict du bon debvoir qu'il a faict en la dicte charge et de toutes ses aultres actions. Il m'a fait entendre l'advantage que vous avés jà gaigné aux bonnes graces de la dicte dame, et combien elle a vostre procedure agreable, et ses ministres se louent de vos deportemens : de quoy j'ay esté tres ayse et vous sçay bon gré; car c'est le chemin qu'il fault que vous teniés pour me contenter et bien servir. Persistés-y donc, je vous prie, avec soing et diligence, en donnant aux obligations que j'ay à la dicte dame, à son aage et sexe, et à son naturel, comme à la consideration de l'interest que j'ay de conserver son amitié, les deffaults et manquemens que vous pourriés rencontrer d'une entiere et sincere correspondance de sa part et des siens envers moy, en ce que vous avés à traicter avec elle et eulx, ainsy que j'ay remarqué par vos depesches que vous avés tres bien commencé. Et d'autant que je partis de Blois le lendemain de l'arrivée du dict s^r de Boissize, et que n'ay faict que cheminer depuis, jusqu'à ce que je sois arrivé en ceste maison, et aussy que le dict s^r de Boissize, estant venu en poste, n'a eu moyen de me suivre, je ne l'ay eu aussy de l'entretenir si particulierement comme j'espere faire ci-aprés, ne l'ayant eu aussy de me rendre compte de vostre derniere negociation sur le faict de la mer et du commerce : tellement que vous ne recevés par la presente mes commandemens sur l'un et l'aultre poinct, comme vous ferés si tost qu'il aura esté ouy en mon conseil. Cependant je ne laisseray de commander à mes officiers qu'ils facent bonne justice aux subjects de la dicte dame aux occasions qui se presenteront, aussy que je me promects qu'elle la fera administrer aux miens, en quoy vous les assisterés de ma recommandation et de l'auctorité de vostre charge, à l'accoustumée.

Cependant vous sçaurés la reception de vos lettres des XVIe et XXIXe du mois passé. J'ay bien consideré les propos representez par vostre derniere s'estre passez entre la dicte dame et vous sur les occurences de ce temps, avec vostre jugement sur iceulx, que je recognois tres bien fondez; car il est certain que ce que la dame et ses conseillers desirent le plus est de me revoir aux prises avec le roy d'Espagne, soit pour faire la paix avec luy à conditions plus advantageuses, ou pour avoir moins occasion de craindre sa puissance, et par tant achever ses jours aussy heureusement qu'elle les a passez jusques à present. Mais je doibs avoir un but tout contraire au sien; car mon Royaulme est encore si pauvre et remply de si mauvaises humeurs, qu'il a besoing de repos pour se remettre, comme j'ay d'en jouir pour le pouvoir purger, avec l'auctorité de la justice, des dictes humeurs. Davantage, je ne veulx abuser la dicte dame, comme je ferois si je luy faisois proposer un moyen pour nous engager ensemble en la dicte guerre, et n'avoir intention d'y entrer : et par tant il me semble honeste et seur de s'abstenir de l'inviter ou persuader à ce faire, plustost que d'en user autrement. Mais si l'admiral ou le secretaire Cecil se jettent en ce propos, j'approuve que vous sondiés leurs cœurs et volontez le plus avant que vous pourrés, sans toutesfois m'obliger, et que vous m'en advertissiés. Vous ferés le semblable du progrés de la negociation de leur paix, laquelle les Espagnols feront contenance d'affectionner davantage lorsqu'ils seront plus prests et deliberez de l'endommager, ainsy qu'ils ont tousjours faict. Ils doivent avoir bien tost ensemble les forces qu'ils ont assemblées au royaulme de Naples et de Sicile, avec lesquelles ils ont faict passer grand nombre d'artillerie et outils de guerre, qu'ils ne vouldront laisser longtemps inutiles, tellement que nous serons tout esclaircis de leur deliberation et desseing. Je feray prendre garde au milord Gray, comme à la pratique de la royne d'Escosse, dont vous m'avés donné advis par vostre derniere lettre. Mais le s\u207f de Bethune m'a derechef escript, sur la marque et enseigne que je luy avois donnée de ce pretendu nepveu de Baronius, qu'il n'est cogneu à Rome en aulcune sorte, et que c'est un imposteur qui a esté malicieusement chargé, partout où il a passé, des memoires qu'il a semez où il a esté. En quoy j'ay opinion qu'aulcuns de mon Royaulme de la religion pretendue reformée ont mis la main plus que aultres. Mandés-moy en quelle part il s'est retiré; car je veulx trouver moyen de l'attrapper, affin de veriffier l'imposture. Je prie Dieu, Mons\u207f de Beaumont, qu'il vous ayt en sa saincte garde. Escript à [Fontainebleau] le xiij\u1d49 juin 1602.

HENRY.

1602. — 13 juin. — II\u1d50\u1d49.

Cop. — B. N. Fonds Béthune, Ms. 8868, fol. 79 recto.

A NOS TRES CHERS ET BIEN AMEZ LES DOYEN, CHANOINES ET CHAPITRE
DE L'EGLISE COLLEGIALE DE S\u1d57 GENGOUL, A TOUL.

Tres chers et bien amez, Nous avons avec beaucoup de gré, par les lettres du s\u207f Vyard et presentement par le recit du s\u207f de Vanes, receu l'advis du serment que vous nous avés presté, tel que nous l'avons desiré de vous. Ceste prompte submission ne nous peut donner plus de creance de vostre fidelle affection envers nous, que celle que nous en avions prinse dés lors que vous rentrastes soubs nostre protection et obeïssance, aprés ces troubles derniers, qui seule, pour ce qui s'y est passé, nous convie de renouveller les assenrances premieres de vostre dicte fidellité et de celle du s\u207f evesque et comte de Toul et de son clergé ; aussy bien que des magistrats et habitans de la dicte ville, lesquels seuls, avec ceulx du chapitre de l'eglise cathedrale, nous la rendent d'autant plus doubteuse et nous contraingnent d'autant plustost à la rechercher d'eulx par toutes voyes, que mal à propos, mais surtout ingratement ceulx du chapitre, après l'exemple si notable de leur evesque et de vous, recullent de nous la jurer et promettre, comme ils sont tenus et obligez. Et comme à ceulx-là nos bonnes graces et la faveur d'icelles leur manqueront par leur opiniastreté, s'ils persistent en leur desobeïssance; au contraire vous les avés acquises, et mettrons tout le soing qui nous sera possible pour vous en rendre les effects aussy utiles, asseurez et agreables que par vostre debvoir particulier et remarquable vous les avés meritez de nous, qui en ceste asseurance vous promettons tout appuy, support et assistance, en toutes occasions que vous les vouldrés requerir et jugerons qu'ils vous feront besoing et seront necessaires; et y emploierons tout ce que Dieu nous a donné de puissance et auctorité; dont vous ferés estat certain : priant sa divine bonté qu'il vous ayt, Tres chers et bien amez, en sa saincte garde. Escript à Fontainebleau, le xiij^e jour de juin 1602.

HENRY.

POTIER.

[1602. — 14] JUIN. — Ire.

Cop. — B. N. Suppl. fr. Ms. 1009-4. (D'après l'autographe qui était dans le cabinet du duc de Sully.)

[A M. DE ROSNY.]

Mon amy, Par m^r de Rochepot vous apprendrés l'occasion de son voyage vers vous et comme j'ay esté contrainct, à mon grand regret, d'arrester le comte d'Auvergne et le duc de Biron, pour avoir conspiré contre ma personne et mon Estat, ainsy que je vous feray voir lorsque je vous verray; qui sera bien tost, Dieu aydant : et remettant le surplus à la suffisance du dict s^r de la Rochepot, je vous prieray de le croire comme moy-mesmes, qui prie Dieu vous avoir, mon amy, en sa saincte et digne garde. Ce [xiiij^e] juin, à Fontainebleau.

HENRY.

[1602.] — 14 JUIN. — IIme.

Orig. autographe. — Musée Britannique, Mss. Egerton, vol. 5, fol. 110. Transcription de M. Delpit.
Cop. — Archives de M. de la Force.
Imprimé. — *Mémoires de la Force*, publiés par le marquis DE LA GRANGE, t. I, p. 327.

A MONS^R DE LA FORCE.

Monsr de la Force, Ce mot à la haste est pour vous advertir comme j'ay esté contrainct, à mon grand regret, d'arrester le comte d'Auvergne et le duc de Biron, pour avoir conspiré contre ma personne et mon Estat, ainsy que je vous feray voir quelque jour, et je m'asseure que à peine vous le croirés, vous qui sçavés comme je l'aimois. Ce que je vous ay bien voulu faire sçavoir, à ce que vous teniés la main à ce qu'il ne se remue rien, par delà où vous commandés, contre mon service; aussy que j'ay retiré prés de moy vostre fils, qui estoit venu icy avec le dict duc de Biron. Sur ce, Dieu vous ayt, Monsr de la Force, en sa saincte et digne garde. Ce XIIIJ^e juin, à Fontainebleau.

HENRY.

1602. — 14 JUIN. — IIIme.

Orig. — Archives municipales de Bordeaux.
— Arch. municipales de Nimes.
— Arch. municipales de Bourges.
— Archives de la maison de Bourdeille.
— Archives de la maison de Noailles.
Cop. — Arch. de la cour d'appel de Rouen, registres secrets originaux du parlement de Normandie, etc.

[*CIRCULAIRE SUR L'ARRESTATION DU DUC DE BIRON.*]

[1]..... Nous avons esté contraincts, à nostre grand regret, de nous saisir du comte d'Auvergne et du duc de Biron, pour avoir descouvert

---

[1] Les divers exemplaires de cette circulaire commencent soit par les mots *chers et bien amez*, soit par *nos amez et feaulx*, soit par *Monsr de*, avec le nom, suivant qu'elles sont adressées aux gouverneurs de provinces, aux parlements ou aux villes.

qu'ils faisoient entreprise contre nostre personne et nostre Estat; de quoy nous vous avons bien voulu advertir, affin que vous pourvoyés à la garde et seureté de vostre ville, comme nous nous le promettons de vostre loyaulté et affection et de l'interest que vous avés à la conservation de la tranquillité publique. Donné à Fontainebleau, le xiiij^{me} jour de juin 1602.

HENRY.

DE NEUFVILLE.

1602. — 14 JUIN. — IVme

Cop. — Arch. de la cour d'appel de Rouen. — Registres secrets originaux du parlement de Normandie, vol. du 16 février au 23 août 1602, fol. 197 recto.

A MONS^R DE LA COURT,

CONSEILLER EN MON CONSEIL D'ESTAT, ET PREMIER PRESIDENT EN MON PARLEMENT DE ROUEN.

[1] Monsr de la Court, Je suis contrainct avec beaucoup de regret de m'asseurer des personnes de mon nepveu le comte d'Auvergne et du duc de Biron, lesquels j'ay presentement faict arrester pour prevenir les effects des desseings et entreprises que je sçay de certain avoir esté par eulx faictes contre ma personne et mon Estat. Je vous en ay voulu donner presentement advis, comme à personne que je sçay affectionnée au bien de mes affaires et du repos public, affin que vous ayés soing de maintenir la bonne intelligence que je desire estre entre les officiers de mon Parlement et mes lieutenans generaulx, pour retenir mes subjects en debvoir, et empescher qu'en vos charges rien ne se passe sur ceste occasion au prejudice de mon service et du repos de mes subjects, me donnant particulierement et soigneusement advis de ce qui s'y offrira d'occurence important mon service. M'asseurant du debvoir que vous en ferés, je prie Dieu qu'il

[1] Cette lettre fut adressée directement au premier président Groulart de la Court, en lui envoyant la circulaire précédente pour le parlement de Normandie.

vous ayt, Monsr de la Court, en sa saincte garde. Escript à Fontainebleau, le xiiij^e jour de juin 1602.

HENRY.

POTIER.

1602. — 14 JUIN. — Vme.

Orig. — Arch. de M. de Couhé-Lusignan. Copie transmise par la société des Antiquaires de l'Ouest.

A MONS^R DE FRESNES,

CONSEILLER EN MON CONSEIL D'ESTAT ET MON AMBASSADEUR À VENISE.

Monsr de Fresnes, J'ay esté contrainct, à mon grand regret, d'arrester le duc de Biron et comte d'Auvergne, ayant descouvert non seulement par indices, conjectures ou rapports incertains et doubteux, mais par bons memoires escripts de la propre main du dict duc, qu'ils vouloient entreprendre sur ma personne et mon Estat, practiquez et fomentez par le duc de Savoie et le comte de Fuentés. Je les mettray entre les mains des gens de ma court de parlement de Paris, pour leur faire justice en la forme accoustumée en pareil cas, avec toute sincerité et integrité. Et plust à Dieu qu'ils fussent aussy innocens du crime duquel ils sont accusez, que je verifie qu'ils en sont coupables! car je les conserverois tres volontiers et aurois trop plus agreable de leur continuer les honneurs et bienfaicts qu'ils recevoient de moy, tirer encore service d'eux, voire leur faire sentir les effects de ma clemence, que de me priver de leur valeur et assistance; vous asseurant que s'ils se fussent humiliez, ou eusse cognu pouvoir conserver ma personne et mon Estat sans user de ce remede, je ne l'eusse jamais practiqué [1]. Mais j'ay recogneu leur desloyauté avoir passé trop avant pour la dissimuler; de quoy j'ay tous les regrets du monde, ainsy que vous dirés à ces Seigneurs, s'ils vous donnent occasion de le faire, car je ne suis pas d'advis que vous vous

---

[1] La nouvelle fut annoncée à peu près de même aux autres ambassadeurs. Le reste de la lettre est particulier à la république de Venise.

hastiés de leur porter ceste nouvelle, estimant qu'elle ne leur sera moins desagreable et de mauvaise odeur que à moy-mesmes, pour la cognoissance de telles corruptions. Vous devés aussy leur laisser penser quels sont les auteurs d'icelles, sans les leur nommer ny en faire plaincte; car c'est chose qui ne peut estre dicte, qu'elle ne m'oblige de la faire suivre d'un ressentiment que merite un tel attentat faict à mon Estat. Je sçay aussy que *ces Seigneurs ne se mouveront guerre* davantage; mais vous ferés sçavoir *au comte de Martinengue* que ce sont des fruicts de *l'amitié du dict duc de Savoye,* qu'il m'a tant recommandé; mais que je n'oublieray jamais *les advis qu'il m'en a faict donner* par le s^r de Villers et par vous; auxquels toutesfois je veux que luy et vous croyés que je n'eusse jamais adjousté foy, si je n'eusse veu escript de la main du dict duc toute la practique. Advertissés-moy de tout ce qui s'en dira, et observés tout ce qui se fera : priant Dieu qu'il vous ayt, Monsr de Fresnes, en sa saincte garde. Escript à Fontainebleau, le xiiij^e jour de juin 1602.

HENRY.

DE NEUFVILLE.

1602. — 15 JUIN.

Orig. — Arch. municip. de Clermont-Ferrand. Copie transmise par M. Gonod, bibliothécaire de la ville.

A NOS TRES CHERS ET BIEN AMEZ LES CONSULS ET ESCHEVINS, MANANS ET HABITANS DE MA VILLE DE CLERMONT.

Chers et bien amez, Nous avons esté contraincts, avec un tres grand regret, d'arrester presentement nostre nepveu le comte d'Auvergne et le duc de Biron, pour les entreprises qu'ils ont faictes sur nostre personne et nostre Estat : de quoy nous vous donnons advis aussy tost, affin que vous mettiés tel ordre à la seureté et garde de nostre ville de Clermont, qu'il ne s'y face rien ou entreprenne contre nostre auctorité et service, sur ceste occasion, et qui puisse troubler le repos de nos subjects. Donnés ordre cependant qu'il ne soit meffaict ne mesdict à ma niepce la comtesse d'Auvergne ne à ses enfans, et ne permettés qu'ils reçoivent sur ce aulcun desplaisir ne fascheries, nous tenans soigneusement advertys des occurrences les plus importantes, et que vous jugerés toucher nostre service, sans y faire faulte. Donné à Fontainebleau, le xve jour de juin 1602.

HENRY.

POTIER.

1602. — 22 JUIN. — Ire.

Cop. — B. N. Fonds Brienne, Ms. 38, fol. 143 verso.

[A M. DE BEAUMONT.]

Monsr de Beaumont, j'ay faict response à vos lettres des xvie, xxie et xxixe du mois passé le xiij^e du present; et le xiiiie je vous ay adverty de l'arrest que j'avois faict faire du duc de Biron et du comte d'Auvergne, lesquels furent conduicts le lendemain au chasteau de la Bastille, où ils sont de present. Despuis, j'ay renvoyé la cognoissance de leur procés aux gens tenans ma cour de Parlement, ainsy que vous verrés par la commission qui en a esté expediée[1]; dont

---

[1] En voici le texte. Il n'y est pas question du comte d'Auvergne; soit que de prime abord le conseil eût trouvé les charges trop faibles contre lui, soit que la faveur de la marquise de Verneuil, sa sœur, le crédit du connétable, son beau-père, et la mémoire du Roi son père lui eussent valu ce silence:.

HENRY, PAR LA GRACE DE DIEU, ROY DE FRANCE ET DE NAVARRE, à nos amez et feaulx conseillers les gens tenans nostre court de parlement de Paris, SALUT:

Ayant esté informez des entreprinses et conspirations faictes par le duc de Biron contre nostre personne et nostre Estat, pour obvier aux malheurs, ruynes et desolations qui adviendroient en ce Royaume,

si telle felonie pouvoit estre mise à effect; la charité et amour que nous portons à nos subjects et l'obligation de laquelle Dieu nous a chargez de n'obmettre chose qui soit au pouvoir d'un bon prince pour conserver et nous opposer à tout ce qui peut troubler leur repos et renouveller la face des miseres dont il a pleu à sa majesté divine se servir de nous pour les delibvrer: avons, pour la charité que debvons à nostre patrie, forçant la douceur de nostre naturel, prins resolution de nous asseurer de la personne du dict duc, et pour cest effect ordonné qu'il seroit gardé en nostre chasteau de la Bastille, où il est à present détenu. Et d'autant que le debvoir de la justice et nostre conscience nous commande

je vous envoie un double : suivant laquelle vostre pere [2], accompagné du president de Blancmesnil et des conseillers de Fleury et Thurin, qui sont les deux plus anciens d'icelle, ont esté commis pour instruire le dict procés; et le dict duc de Biron a esté interrogé par eulx une fois. Il a recogneu et advoué avoir composé et escript de sa main certains memoires qui luy ont esté representez, par lesquels il appert avoir eu intelligence avec mes ennemys, pour entreprendre contre mon Estat et ma personne, durant la guerre de Savoye. L'on va maintenant interrogeant les aultres prisonniers, pour penetrer jusques au fonds de ceste conspiration, descouvrir les complices et les moyens qu'ils avoient de l'executer, avec la fin à laquelle ils aspiroient, pour y pourveoir comme il convient, ainsy que j'espere que Dieu me fera la grace de faire à sa gloire et au salut de mon Royaulme. Jà les principales villes et places de mon duché de Bourgogne et des pays de Bresse, Bugey et Valromey, qui estoient gouvernez par le dict duc de Biron, ont obey à mes commandemens; et ceulx qui commandent aux chasteaux desquels particulierement j'avois donné la charge au dict duc, avecq le baron de Lux, m'ont asseuré par escript qu'ils feront le semblable. Toutesfois je n'ay laissé d'envoyer aux dicts pays le mareschal de Lavardin, accompagné de quelques gens de

de vouloir que la verité de crimes si enormes soit averée et que la punition des coulpables, de quelque qualité et dignité qu'ils soyent, s'en face selon qu'il est porté par les lois et ordonnances du Royaume: Nous avons renvoyé et renvoyons le dict duc, pour luy estre, sur le dict cas, faict et parfaict son procés criminel et extraordinaire, et par vous procedé à l'instruction et jugement d'iceluy, gardans et observans les formes qui doibvent estre gardées et observées en crimes de telle et si grande importance et à l'endroit de personnes qui ont la qualité du dict accusé. Comme aussy nous vous donnons pouvoir et mandement de proceder, faire et parfaire le procés contre tous ceulx que trouverés coulpables, consentans et adherans de la dicte conspiration, et de quelque qualité et dignité qu'ils soyent. Mandons à nostre procureur general de faire en cella toutes les poursuictes et requisitions qu'il verra estre necessaires et à vous d'y vacquer, toutes aultres choses cessans et postposées. Sy n'y faictes faulcte, car tel est nostre plaisir. Donné à Paris, le xvij° jour de juin, l'an de grace mil six cens deux, et de nostre regne le treziesme.

B. N. Fonds Béthune, Ms. 8956, fol. 74.

[2] Le premier président Achille de Harlay.

guerre, pour favoriser la dicte obeïssance et surmonter les difficultez qui pourroient y intervenir, où je le suivray de prés, si je cognois qu'il soit necessaire. Quant aux aultres provinces de mon Royaulme, toutes choses y sont en paix et tranquillité, graces à Dieu; chascun, jusqu'aux parens du duc, y detestant et condamnant sa faulte et m'asseurant de sa fidelité : tellement que j'espere, la justice faisant son debvoir, comme je me promects qu'elle fera, que l'exemple qui s'en ensuivra servira grandement à faire reverdir au cœur de mes subjects l'ancienne reverence et loyaulté que les François ont tousjours portée et gardée à leurs Rois (qui les a faict estimer et priser par dessus toutes les aultres nations chrestiennes) que la longueur et l'impunité des guerres civiles avoient grandement flestries. Et je vous asseure aussy que ce changement augmentera de plus en plus en mon ame toutes les volontez et affections qu'un roy craignant Dieu et aimant ses subjects doibt avoir de les bien traicter, comme vous sçavés que j'ay tousjours desiré et mis peine de faire.

J'ay receu, le xviie de ce mois, vostre lettre du xe. En verité j'ay grande occasion de me louer des declarations et tesmoignages d'amitié et bonne volonté que j'ay appris par icelles vous avoir esté faicts de nouveau tant par la Royne ma bonne sœur, que par son admiral et son secretaire, qui sont ses deux plus fidels conseillers, comme de vos responses et vostre sage conduicte en cela. A quoy je veulx correspondre avec toute la sincerité et integrité de foy que l'on peut desirer de moy, jusques à embrasser toutes sortes de moyens honnestes et possibles qui seront proposez pour affermir et restreindre nostre susdicte amitié et la rendre perpetuelle pour nous et nos successeurs. Je ne suis qu'en peine de ces ordinaires et frequentes voleries et pirateries qui se sont faictes et qui s'exercent tous les jours sur mes subjects par ceulx de la dicte dame, avec tant de cruaulté et impunité; dont je suis pressé et sollicité leur faire raison, tant par les poursuictes que mes dicts subjects en font plus vives que jamais, que pour mon propre interest, debvoir et honneur; me voyant comme desesperé du remede que j'attendois des officiers et ministres de la dicte dame, commé de la justice de la cause, et que c'est tous les jours à recommencer, nonobstant les deffenses et publications faictes au contraire par la dicte dame. Car je ne puis endurer que l'on destruise et ruine mes dicts subjects de ceste façon, sans honte, oultre le dommage et reproche que j'en reçois, estant obligé de les proteger et deffendre d'oppression et injure. Et comme il semble que le respect que je porte à la dicte dame, fondé sur nostre ancienne et fraternelle amitié, et ma gratitude, accroist l'audace des auteurs et faulteurs des dictes volleries, qu'ils redoublent tous les jours : aussy le dommage qu'en reçoivent mes dicts subjects leur en est d'autant plus sensible et douloureux, qu'il est faict par ceulx de l'amitié desquels je fais plus d'estat, et qui ont encores plus grande occasion de se louer de la mienne; estimans leurs maulx devoir durer eternellement, comme ils recongnoissent que je desire que face l'amitié que j'ay eue avec la dicte dame, voyans ceste mienne bonne volonté produire des fruicts si amers pour eulx, sans que leurs justes plainctes, non plus que ma patience, accompagnée des continuelles poursuictes et sollicitations que j'en ay faict faire, ayent pu non seulement soulager leurs peines, mais leur donner esperance de ce faire à l'advenir. Je vous dis qu'ils en sont au desespoir, comme je suis de (ne) les en pouvoir garantir ou les faire reparer par la voie que j'ay tenue jusques à present, ayant appris par le rapport que m'en a faict le s^r de Boissize, tout ce qui s'est passé pour ce regard avec la dicte dame et ses ministres, devant sa legation et depuis vostre arrivée par delà; la verité des dictes pirateries et injustices estant tellement deguisée à la dicte dame par ses dicts conseillers, interessez en icelles, qu'il ne faut plus esperer de la pouvoir informer et rendre capable d'icelle.

Quoy voyant, j'ay deliberé avoir recours aux remedes qui dependent de moy, desquels j'ay jusques à present differé d'user, pour le seul respect des affaires de la dicte dame, estant demeuré en guerre avec le roy d'Espagne, et l'interest que j'ay, conjoinct avec mon affection à la prosperité d'icelles, qui est d'accorder à mes subjects, auxquels on a desnié justice, des lettres de marque et represailles par mer et par terre sur les biens appartenants à ceulx de la dicte dame, et s'il est besoing, rompre toute sorte de commerce avec eulx. Suivant ceste resolution, que j'ay prise avec mon conseil, j'ay jà permis et accordé à mes subjects de la ville de Marseille d'arrester en Provence toutes les marchandises et navires des dicts Anglois qui y abondent, et les sequestrer en main solvable, pour recompenser les prises faictes sur eulx, à mesure qu'elles seront verifiées. Toutesfois, je n'estime pas que vous debviés en advertir encores la Royne, ny les siens; car cela ne serviroit qu'à les alterer, et destourner leurs dictes marchandises. Au moyen de quoy, il suffira leur faire sentir en general et à elle-mesme le mal que vous prevoyés qui naistra des dictes pirateries et injustices, pour la frequence d'icelles, dont vous sçavés que je suis perpetuellement tourmenté, et attendre qu'ils se plaignent à vous de l'usage des dicts remedes, lesquels lors vous deffendrés avec les raisons qui me contraignent de les pratiquer; vous laissant entendre particulierement à ceulx que vous recognoissés desirer me joindre et embarquer en la guerre d'Espagne avec la dicte dame, estre difficile que je m'y engage, tant que je verray que les Anglois travailleront mes subjects par la mer, comme s'ils estoient leurs ennemys, et qu'ils leur feront la guerre plus cruelle que ceulx de Dunquerque, lesquels courent la mer et saccagent journellement les marchands d'Angleterre sans que personne s'y oppose.

Au demeurant, j'ay sceu que les forces que les Espagnols ont levées et tirées des royaumes de Naples et de Sicile, jusques au nombre de neuf ou dix mille hommes, tant Espagnols que Italiens, sont jà passées en Espagne, accompagnées d'une grande quantité d'artillerie et de munitions de guerre de toutes sortes, et que l'on continue à croire qu'ils veulent les employer en Alger ou en Irlande. Toutesfois on en parle encores avec telle incertitude, que je ne laisse pas de m'en deffier, du costé de Provence, en laquelle je descouvre tous les jours quelques nouvelles pratiques d'intelligence, dressées en leur faveur.

Mais j'espere qu'elles leur seront aussy inutiles que les precedentes, desquelles Dieu m'a faict la grace de me donner le moyen de destourner l'effect. Je prie Dieu, Mons' de Beaumont, qu'il vous ayt en sa saincte garde. Escript à [Paris], le xxij° juin 1602.

HENRY.

[1602.] — 22 JUIN. — IIme.

Orig. autographe. — Musée Britannique, Mss. Egerton, vol. 5, fol. 105.
Cop. — Archives de M. de la Force.
Imprimé. — *Mémoires de la Force*, publiés par M. le marquis DE LA GRANGE, t. I, p. 328.

A MONS^R DE LA FORCE.

Mons' de la Force, Despuis ma derniere, par laquelle je vous donnois advis comme j'avois faict arrester le comte d'Auvergne et le duc de Biron, pour les occasions que je vous mandois, le dict duc de Biron a confessé de luy-mesme ce dont il estoit accusé : de quoy je vous ay bien voulu advertir par ceste voye, et que vous ne bougiés d'où vous estes; d'autant que vostre présence y est fort necessaire pour mon service ; en attendant que dans peu de jours je vous depesche quelqu'un par lequel vous serés plus amplement et particulierement instruict de mes volontez et intentions, affin que vous les suiviés : ce que me promettant de vostre affection, je ne vous en diray davantage, que pour prier Dieu vous avoir, Mons' de la Force, en sa saincte garde. Le xxij° juin, à Paris.

HENRY.

1602. — 23 JUIN.

Orig. — Arch. de M. de Couhé-Lusignan. Copie transmise par la société des Antiquaires de l'Ouest.

A MONS^R DE FRESNES,

CONSEILLER EN MON CONSEIL D'ESTAT, ET MON AMBASSADEUR À VENISE.

Mons' de Fresnes, Ces Seigneurs feroient pour leur service, s'ils revoquoient la pension qu'ils donnent à ce colonnél Melchior Luzi;

car il est plus affectionné et engagé au roy d'Espagne qu'à eux; ce qu'ils esprouveront peut-estre à leur dommage quand ils voudront s'en servir. Par tant vous avés bien faict de leur en avoir parlé, ainsy que vous m'avés escript par vostre lettre du ve de ce mois, que j'ay receue le xxe; et quand je verray leur ambassadeur, je luy confirmeray ce que vous leur en avés dict par delà. Cependant vous me ferés sçavoir ce que vous apprendrés de leurs deliberations, en ce faict, encores que j'aye opinion qu'ils *ne feront la dicte revocation, pour n'offenser le dict roy d'Espagne.* J'approuve aussy l'offre que vous avés faicte au patron Isnard, marseillois, et ay eu à plaisir de sçavoir que ma consideration ayt servy à conserver la justice de sa cause, et qu'il en ayt eu bonne issue; mon nom et vostre recommandation ne pouvant estre mieux employez qu'à favoriser et supporter mes subjects en justice : tellement que j'auray tousjours bien agreable que vous en soyés liberal en leur endroict. Mais ceux qui parleront d'essayer à *esmouvoir le Pape à penser et pourveoir à l'accroissement de la puissance espagnole en Italie* cognoissent tres mal son humeur, ou veulent *donner* le change par timidité ou aultrement. Et faut suivre le chemin que vous avés commencé à tenir avec les dicts Seigneurs, qui est de *les regarder faire, et attendre d'eux qu'ils feront seulement ce qu'ils cognoistront leur estre utile, et fuiront, par tous moyens, toutes occasions de troubler le repos duquel ils jouissent.*

Je vous ay donné advis, par ma lettre escripte le xiiie de ce mois, de l'arrest que j'avois faict faire des personnes des duc de Biron et comte d'Auvergne, et des causes qui m'avoient contrainct de prendre ceste resolution. Depuis ils ont esté amenez en ceste ville et logez en la Bastille. J'ay aussy renvoyé la cause à ceux du Parlement, ainsy que vous verrés par le double que je vous envoye de la commission qui en a esté expediée, suivant laquelle la dicte court a depputé le premier et le second president avec les deux conseillers plus anciens, pour proceder à l'instruction de leur procés, lesquels ont jà veu et interrogé une fois le dict duc, et luy ont representé certains memoires escripts de sa propre main, qui font foy des intelligences qu'il a eues contre mon service avec le duc de Savoye et les Espagnols, durant la guerre de Savoye, lesquels il a advouez et recogneus estre veritables. Il a confessé aussy avoir presté l'oreille aux dictes intelligences dés lors que le dict duc de Savoye estoit avec moy; et sommes aprés maintenant à verifier et prouver comment il les a entretenues et continuées depuis avec plus de soing et perseverance que son honneur et devoir, et les obligations particulieres qu'il m'avoit, ne luy permettoient de faire; ne pouvant vous exprimer par la presente le regret que j'ay de ce que le dict duc s'est ainsy mespris et oublié en mon endroit, aprés m'avoir servy si dignement qu'il avoit faict, et avoir receu de moy en guerre et en paix les honneurs et bienfaicts que j'ay pris plaisir de luy despartir.

Le dict comte d'Auvergne n'a esté interrogé; mais nous verifions que un certain secretaire du dict duc, nommé Hebert, qui alla dernierement jusqu'à Venise, soubs le pretexte d'y conduire quelques pages, a traicté de ces affaires avec le comte de Fuentés, passant à Milan, tant en allant qu'en retournant; de quoy *Picoté et David pourroient mieux parler que tous autres, si l'on pouvoit les attraper*. Par tant j'approuve que nous *recherchions moyen de ce faire*, mais c'est chose que je crains que le Beaucheron[1] ne puisse executer; car *la prise du dict duc de Biron aura mis les aultres en plus grand defiance que jamais*. Neantmoins ne pouvons faillir de luy en lascher la bride et luy permettre de s'y employer. Vous recevrés bien tost les cent escuz que je luy ordonne.

Au reste vous sçaurés que les villes de Bourgogne m'ont rendu toute obeïssance aprés la prise du dict duc de Biron, celles de Dijon et de Beaune s'estant retranchées contre les chasteaux, du consentement mesme des capitaines qui commandent en iceux, que le dict duc y avoit laissez, lesquels m'ont escript qu'ils obeïront comme les autres. Toutesfois je n'ay laissé d'envoyer au dict pays le mareschal de Lavardin avec des forces pour faciliter et advancer la dicte obeïs-

---

[1] Ce Beaucheron, ou Beauceron, était, comme on le voit dans plusieurs autres lettres, un espion à la solde de la France.

sance, et ay deliberé partir dés demain pour le suivre, si je cognois qu'il soit necessaire. Toutesfois les autres provinces sont paisibles, chascune blamant et detestant la faulte commise par le dict duc, jusqu'à ses plus proches parens. Mais comme *le comte de Martiningue a esté l'un des premiers qui m'a descouvert les dictes practiques, entretenés-le, affin qu'il continue et nous face sçavoir ce qu'il apprendra.* Vous avés bien faict d'avoir *approuvé le voyage de son secretaire.* J'ay aussy appris par aultre voye que *le dict duc de Savoye n'est content du conseil d'Espagne,* tellement qu'il ne seroit marry à present d'estre *recherché de ma part, soit pour se faire plus estimer par les Espagnols, ou pour contenter son impatience et legereté naturelle.* Mais tant qu'il *entretiendra Albigny et l'autorisera comme il faict,* je ne croiray qu'il ayt envie de mon amitié; louant ce que vous avés dict au dict secretaire sur ce subject. L'on commence à dire que les forces que le roy d'Espagne a tirées d'Italie en Espagne sont employées en Irlande ; toutefois *je m'en desfieray jusques à ce que je sçache qu'elles y soient descendues.* Il ne faut plus *rien esperer des princes de la Mirande ;* par tant, plus nous les *caresserons, plus nous les ferons estimer par les Espagnols.* Je n'ay veu encore celuy que vous avés envoyé *vers eux :* priant Dieu, Monsr de Fresnes, qu'il vous ayt en sa saincte garde. De Paris, le xxiij^e juin 1602.

HENRY.

DE NEUFVILLE.

[1602.]   27 JUIN.

Orig. autographe. — Biblioth. impér. de Saint-Pétersbourg, Ms. 886, lettre 68. Copie transmise par M. Allier.

A MONS^R DE BELLIEVRE,

CHANCELLIER DE FRANCE.

Monsr le chancellier, J'ay eu aujourd'huy advis par le s^r de Montigny qu'un gentilhomme du duc de Biron s'est voulu rendre capucin par desespoir; de quoy les Capucins de Paris m'ont adverty, et qu'ils ne l'ont voulu recevoir, et plus, qu'ils craignoient que ceulx de Meudon le receussent. C'est pourquoy il me semble que vous leur debvés mander de vous venir trouver, et leur faire entendre qu'il n'est pas à propos qu'ils le reçoivent, de peur d'inconvenient. Mr de la Fin est icy. Je ne l'ay veu; ce sera pour ce soir, et demain je le vous envoyeray. J'ay bien parlé au vidasme de Chartres, son nepveu[1], qui est venu avec luy. Bon soir, Monsr le chancellier. Ce jeudy xxvij^e juin, à Fontainebleau, à sept heures du soir.

HENRY.

[1602.] — 28 JUIN.

Orig. autographe. — Biblioth. impér. de Saint-Pétersbourg, Ms. 887, lettre 12. Copie transmise par M. Allier.

A MONS^R DE BELLIEVRE,
CHANCELLIER DE FRANCE.

Monsr le chancellier, Je vous ay faict entendre ma volonté sur la jussion que le s^r de Vitry vous a presentée : qui est qu'elle soit scellée; d'autant que je veulx que mon edict des quatre maistrises, à cause de la naissance de mon fils le Dauphin, ayt lieu, et que l'execution s'en ensuive comme de tout temps il s'est practiqué en la naissance des dauphins de France[1]. Sur ce, Dieu vous ayt, Monsr le chancellier, en sa saincte et digne garde. Ce xxvij^e juin, à Fontainebleau.

HENRY.

[1] Le vidame de Chartres était fils de l'ancien ambassadeur, M. de Beauvoir, frère de M. de la Fin. Ce dernier découvrit à Henri IV toute la conspiration du maréchal de Biron, dont il avait été l'instigateur, le complice et l'agent principal, et qu'il trahit en obtenant sa propre grâce pour prix de cette importante révélation.

[1] Du Tillet ne fait mention de cet usage que pour les filles aînées de France et pour les héritiers présomptifs qui ne sont pas fils du roi régnant. Voyez ci-dessus, t. I, p. 670, note 2.

[1602.] — 29 JUIN.

Orig. autographe. — Biblioth. impér. de Saint-Pétersbourg, Ms. 886, lettre 25. Copie transmise par M. Houat.

A MONS^R DE BELLIEVRE,
CHANCELLIER DE FRANCE.

Monsr le chancellier, Vous recepvrés ceste-cy par le s^r de la Fin, avec lequel j'ay discouru fort particulierement de ce qu'il vous monstrera que j'ay veu, et que je vous prie de voir et considerer, et pour cest effect assembler avec vous les s^{rs} de Rosny et Sillery, pour adviser à ce qu'il vous fera entendre, et le moyen d'advancer cest affaire le plus qu'il vous sera possible. Son advis n'est pas que, avant que j'y voye une fin, je m'esloigne de ces quartiers, pour les raisons qu'il vous dira. Ce n'est pas toutesfois le mien, qui vous prie de m'en escrire les vostres. Je ne laisse pour cela de me preparer à partir aussy tost que j'auray nouvelles de m^r le mareschal de Lavardin, si les chasteaux de Dijon, Beaune et Sens-le-Duc auront esté remis en sa puissance ou non; car les dernieres que j'ay receues de luy, qui sont du xxvme, le font esperer. A Dieu, Monsr le chancellier. Ce samedy matin, xxixe juin, à Fontainebleau.

HENRY.

[1602.] — 2 JUILLET. — Ire.

Orig. autographe. — Biblioth. impér. de Saint-Pétersbourg, Ms. 8861, lettre 26. Copie transmise par M. Houat.

A MONS^R DE BELLIEVRE,
CHANCELLIER DE FRANCE.

Monsr le chancellier, Je vous ay bien voulu advertir comme le baron de Seneçay vient d'arriver; qui m'a apporté lettres du mareschal de Lavardin, par lesquelles il me mande comme il a mis de mes gardes dans les chasteaux de Dijon, Beaulne et Sens-le-Duc; de façon

DE HENRI IV. 627

que je n'ay que faire d'aller en Bourgogne. Le dict baron m'a dict comme le president Jeanin a veu le baron de Lux, avant qu'il s'en allast en la Franche-Comté, où il est retiré; qui luy a juré tous les sermens du monde qu'il ne sçavoit rien de tout ce que le duc de Biron vouloit faire. Advisés quel serment et comment se fier en sa foy. A Dieu, Monsr le chancellier. Ce ij^e juillet, à Fontainebleau, à trois heures aprés midy.

HENRY.

[1602.] — 2 JUILLET. — IIme.

Orig. autographe. — Biblioth. impér. de Saint-Pétersbourg, Ms. 886, lettre 87. Copie transmise par M. Houat.

A MONS^R DE BELLIEVRE,
CHANCELLIER DE FRANCE.

Monsr le chancellier, C'est pour vous dire que suivant le commandement que je vous ay faict de sceller la jussion qui vous a esté presentée pour la veriffication de mon edict des quatre mestiers en chascune ville de mon Royaume où il y a maistrise, chose qui a, de toute ancienneté, accoustumé d'estre en faveur de la naissance des dauphins de France, vous n'y faciés plus aucune difficulté; car je ne veux pas que le mien soit plus mal traicté que n'ont esté ceulx qui ont esté avant luy; et ce sans la faire rapporter en mon conseil. Sur ce, Dieu vous ayt, Monsr le chancellier, en sa saincte et digne garde. Ce ij^e juillet, à Fontainebleau.

HENRY.

[1602.] — 7 JUILLET.

Imprimé. — *Mémoires de Duplessis-Mornay*, 1624, in-4°, t. III, p. 29.

[A M. DU PLESSIS.]

[1] Monsr du Plessis, Vous m'avés faict plaisir d'envoyer apprendre de mes nouvelles, sur ce qui s'est passé icy. Les meilleures que je vous

---
[1] Cette lettre était de la main du Roi.

puisse mander sont que Dieu par sa bonté infinie a eu tel soin de moy et de mon Royaume, qu'il m'a garanty de la plus signalée trahison et mechanceté du monde, et moins attendue de celuy qui la machinoit. Car si homme de mon Royaume avoit occasion de se louer de moy, c'estoit celuy qui la vouloit commettre. J'espere que la sepmaine ne se passera qu'il n'y en ayt quelque punition exemplaire, qui, asseurant mon Estat à mes enfans, contiendra un chascun en son debvoir; de quoy je veux croire que tous les gens de bien seront bien aises et vous particulierement. Pour ce dont on m'a parlé pour vous, touschant vostre pension et gages de l'année passée, je ne puis vous en faire payer, attendu la necessité de mes affaires; mais quant à l'acquit patent qui vous a esté cy-devant expedié de la somme de neuf mil escuz, et qui n'a encore esté scellé, pour n'avoir esté controrolé, je mande à Vienne de le faire; et pour les mines de mon ancien domaine, je serois tres aise que vous employant à les faire recercher, comme vous me le mandés, s'il en vient quelque chose en mon profit, de vous gratifier dessus de ce que vous desirerés; de quoy vous pouvés faire estat : et sur ce Dieu vous ayt, Monsr du Plessis, en sa saincte garde. Ce vij^e juillet, à Fontainebleau.

HENRY.

1602. — 12 JUILLET. — Ire.

Orig. — Arch. de M. de Coubé-Lusignan. Copie transmise par la société des Antiquaires de l'Ouest.

A MONS^R DE FRESNES,
CONSEILLER EN MON CONSEIL D'ESTAT ET MON AMBASSADEUR À VENISE.

Monsr de Fresnes, Vos dernieres sont du vi^e de juin, les miennes sont du xxiiie du dict mois. Depuis, ceux du Parlement ont vacqué à l'instruction du procés du duc de Biron, tellement qu'il sera prest à juger au commencement de la sepmaine prochaine. La trahison est toute verifiée par sa confession mesme; le duc de Savoye et le comte de Fuentés en ont esté les principaux ministres et conducteurs. Ils n'y ont espargné l'argent ny aucune sorte d'artifice; le dict duc de Biron se faisant fort que plusieurs des meilleures generalitez et villes de mon Royaume seroient de la partie, auxquelles toutesfois je verifie qu'il n'en avoit jamais parlé, ny faict communiquer; tant la presomption et vanité le transportoient : et ceulx auxquels il vendoit son honneur et sa foy estoient de legere creance et facile convention. Mais Dieu a permis qu'ils se sont offensez, et aprés descouverts et livrez l'un l'autre. C'est un tesmoignage admirable de la continuation de sa protection et justice tres favorable envers ma personne et posterité, et de mon Estat, duquel aussy je serois ingrat [et me] monstrerois indigne, si je n'en usois comme je suis obligé de faire pour asseurer le repos de mes subjects et affermir mon auctorité royale sous moy et les miens. C'est pourquoy je suis bien resolu d'en laisser faire la justice, mais par les voyes et formes ordinaires en tels cas requises et accoustumées, sans aulcune affectation ny alteration, ainsy que je vous ay jà escript.

L'ambassadeur du roy d'Espagne et le resident de l'archiduc persistent à dire que leurs maistres sont innocens de ces menées, et si le comte de Fuentés s'en est meslé, l'avoir faict au desceu du dict roy. Toutesfois c'est chose qui n'est bien vraisemblable, joinct que j'ay verifié que le dict duc de Biron feit commencer ce traicté avec le dict archiduc dés l'année 1595, quand le dict archiduc, qui estoit lors encore cardinal, vint d'Espagne en Flandres, à quoy il employa cest habitant d'Orleans nommé Picoté, duquel je vous ay quelquefois escript, lequel j'ay aussy verifié avoir faict un ou deux voyages en Espagne pour cest effect, devant et depuis le decés du feu roy d'Espagne, et que la mesme practique a esté continuée et poursuivie depuis sans intermission, tant par le dict Picoté que par d'aultres plus gratifiez, principalement despuis la venue par deçà du dict duc de Savoye, lequel l'on m'a mandé avoir aussy monstré un desplaisir et estonnement extresme de l'emprisonnement du dict de Biron, et en estre entré en grande apprehension et alarme de la suite d'iceluy, principalement quand il a sceu que je parlois d'aller en Bourgogne et en Bresse pour retirer les [chasteaux de ces] provinces, gardez, sous le nom du dict de Biron, par ceux qu'il y avoit establys ; s'estant incontinent persuadé que je m'approchois de luy exprés pour luy commencer la guerre ; de quoy j'entends qu'il a commencé à preparer des forces et à demander secours au comte de Fuentés, lequel on dict en avoir faict soudain assembler et marcher pour cest effect, tant il a d'ennuy du remue-mesnage ! Mais peut-estre que l'un et l'aultre se refroidiront, quand ils sçauront que j'ay esté obeï entierement et sans difficulté ez dictes provinces, sans qu'il ayt esté besoin que je me sois advancé plus avant que ma maison de Fontainebleau. Toutesfois je n'ay laissé de commander au mareschal de Lavardin, sur l'advis que j'ay eu de ces preparatifs et advancement des dictes forces, d'aller vers la riviere du Rosne avec deux ou trois mille hommes pour deffendre l'entrée de mon Royaume et me garder de surprise, n'ayant occasion de me fier à [l'asseurance] de la foy du dict duc de Savoye et de celle du dict comte de Fuentés, aprés avoir ainsy incité et favorisé par leurs inventions et practiques la conspiration du dict de Biron contre ma personne et mon Estat ; car ils ne devoient espargner l'une ny l'aultre, comme ceux qui croyoient ne pouvoir bonnement entamer le dernier s'ils ne commencoient par me faire perdre la vie ou se rendre maistres et possesseurs d'icelle.

J'ay sceu que le dict duc de Savoye a depesché à Venise, sur ceste occasion, l'escuyer Fourny. Je ne sçay quel langage il fera tenir à ces Seigneurs, mais je me promets bien tant de leur prudence et clairvoyance, comme de l'affection qu'ils m'ont promise et de l'interest qu'ils ont à ma conservation, que si le dict duc leur a faict dire quelque chose à mon desadvantage, non seulement ils n'y auront adjousté foy, mais qu'ils luy auront faict cognoistre qu'ils ont meilleure opinion de ma probité et de ma volonté au bien et repos public de leur respublique [et seigneurie], qu'il ne s'efforcera peut-estre de leur donner. De quoy je m'attends d'estre faict certain par vos premieres ; et vous le serés, par la fin de la presente, de la continuation de ma bonne santé et de la Royne ma femme et de mon fils, comme de la continuation de la tranquillité publique de mon Royaume, qui a esté plustost affermie que esbranlée [par ceste descouverte], tant la felonie et desloyauté du dict de Biron a esté detestée d'un chascun. Je prie Dieu, Monsʳ de Fresnes, qu'il vous tienne en sa saincte garde. Escript à Paris, le xıȷᵉ jour de juillet 1602.

.HENRY.

DE NEUFVILLE.

1602. — 12 JUILLET. — IIme.

Cóp. — B. N. Fonds Brienne, Ms. 38, fol. 167 verso; et fonds Béthune, Ms. 10,344, fol. 26 recto.

[A M. DE BEAUMONT.]

EXTRAIT[1].

..... Toutes les precedentes factions et conspirations cy-devant faictes en ce Royaume estoient excusées et couvertes de quelque pretexte specieux ; mais n'en recognoistroy d'autre en ceste-cy qu'une pure et extravagante convoitise de regner et s'agrandir à mes despens et de la monarchie françoise ; laquelle entreprise estoit, au reste, tres mal conduicte et avec une extresme confusion et discorde, car il semble que les fauteurs d'icelle avoient chacun un but à part, auquel quand ils feussent parvenus (chose tres difficile), ils se feussent infailliblement entre-battus et ruinez tost aprés les uns les autres. En un seul poinct s'accordoient-ils, qui estoit de s'emparer de ma personne, pour en disposer à leur plaisir : quoy advenant j'estime qu'ils n'eussent esté si circonspects en mon endroict que je le suis au leur. Et toutesfois le dict duc de Savoye, qui a esté le principal promoteur de ceste maudicte partie, ne m'avoit tant recherché d'amitié qu'il avoit recommencé à faire depuis trois mois, s'efforçant me faire accroire qu'il avoit rompu l'envoy en Espagne de ses trois fils aisnez

---

[1] Le commencement de cette lettre, par laquelle Henri IV charge son ambassadeur de remettre à la reine Élisabeth la réponse qui suit, fournit sur la conspiration de Biron, des détails qui se retrouvent dans les lettres du 12 et du 24 juillet à M. de Fresnes-Canaye. Nous donnons seulement ici la partie de ces renseignements qui ne se retrouve point dans le reste de la correspondance, afin de ne rien omettre de ce qui peut faire connaître à fond cet épisode considérable du règne de Henri IV.

(demandez instamment par le roy d'Espagne) exprés pour n'estre obligé, par tels et si precieux gaiges, d'espouser les passions du conseil d'Espagne et s'assujetir à toutes leurs volontez. Mais il faisoit et disoit tout cela pour mieulx m'endormir, et sa deliberation estoit d'assaillir, au commencement de l'automne ou du printemps de l'année prochaine, la ville de Geneve, affin d'interesser le Pape en son desseing; car, comme il est certain que je n'eusse abandonné la dicte ville, tant pour l'interest que j'ay qu'elle soit conservée en l'estat qu'elle est, que pour estre comprise aux traictez de paix de Vervins et de Lyon, sous le nom des alliez des sieurs des ligues de Suisse, et que j'ay particulierement promis aux dicts habitants de les assister contre quiconque entreprendra contre eux par voye de faict : le dict duc de Savoye s'attendoit d'irriter facilement Sa Saincteté et le Sainct Siege contre moy, et estant assisté du roy d'Espagne (sous main pour le commencement), me charger d'une forte guerre, pour laquelle soubstenir il eust fallu que j'eusse dressé des forces nouvelles, tant de pied que de cheval, en la levée et conduicte desquelles comme nos prisonniers eussent eu plus de part que personne, à cause de leurs charges et de la confiance que j'avois en eulx, aussy leur eust esté facile, s'entendant avec les autres, de me trahir, et executer leur pernicieux desseing contre ma personne et mon Estat. Ils se promettoient encores de faire soubslever en mesme temps contre moy mes subjects de la religion pretendue reformée, et mesmes, par le moyen de ceux-cy, accorder la Royne ma bonne sœur et les Estats des provinces unies des Pays-Bas, avec le dict roy d'Espagne et les dicts archiducs.

Je m'asseure que la dicte dame n'entendra les deux dicts derniers poincts sans blasmer l'imprudence et effronterie des aucteurs de ceste vanterie. Bref le dict duc de Biron se faisoit fort de disposer à sa volonté de toute la France, tant en particulier qu'en general, et pareillement de l'Angleterre et des dicts Estats des Pays-Bas, comme si tout le monde eust deu trembler au seul remuement de ses sourcils. Voilà comment l'orgueil l'a faict trebuscher, flatté et abusé par ceulx avec lesquels il traictoit, qui luy faisoient accroire qu'ils adjoustoient

DE HENRI IV.   633

foy à tous ses discours, et qu'ils esperoient de sa vertu des effects encores plus importans et admirables que n'estoient les offres qu'il leur faisoit. Mais Dieu y a pourveu, ayant renversé leurs desseings temeraires et insolens par leur mesme indiscretion et presomption; car il a permis qu'ils se soyent trahis les uns les autres, et eux-mesmes livrez, comme il est advenu[2].

[1602.] — 12 JUILLET. — IIIme.

Orig. — A Londres, State paper office, antient royal letters, vol. XXII, lettre 223. Copie transmise par M. l'ambassadeur de France.
Cop. — B. N. Fonds Brienne, Ms. 38, fol. 172 recto.

A LA REINE D'ANGLETERRE.

Madame ma bonne sœur, Le s[r] de Boissise me baillant la lettre dont vous l'avés chargé et me rendant compte de sa legation, m'avoit desjà rendu un tres digne et suffisant tesmoignage de la perseverance et de la sinceritéde vostre amitié, pour m'exciter à redoubler l'ardeur et constance de la mienne, fondée sur vos perfections et faveurs intimes, sans estre besoing d'y adjouster, pour me combler d'obligation, la declaration que vous m'avés voulu faire de la perfection d'icelle, de bouche à mon ambassadeur, et par lettre que vous m'avés escripte par ce porteur, sur l'occasion de la conspiration faicte contre ma personne et mon Estat par un homme qui ne s'est monstré moins mescognoissant des graces que Dieu luy avoit faictes que ingrat des honneurs et bienfaicts qu'il avoit receus de moy, comme de la fiance que j'avois en

---

[2] Le reste de la lettre contient des avis sur les projets des Espagnols contre l'Irlande, sur les services rendus à Élisabeth par des prêtres anglais catholiques qui se sont opposés, à Rome, à la faction des Jésuites. Le Roi assure à son ambassadeur qu'il serait très-disposé à s'entendre en tout avec l'Angleterre, sans les torts excessifs de la piraterie anglaise. La continuation de ces excès doit faire renoncer au projet de traité qu'on avait commencé à discuter, parce que les Anglais ne l'exécuteraient pas. L'ambassadeur se bornera à reproduire ses réclamations et ses plaintes à chaque acte de ce genre, jusqu'à ce que le Roi soit en possession d'une marine qui puisse se faire respecter elle-même.

luy. De quoy, Madame ma bonne sœur, je vous rends graces du meilleur de mon cœur : et veritablement je ne pouvois recevoir consolation en mon affliction presente (qui est certes la plus cuisante que j'ay oncques sentie) que de vostre cordiale main, tant je prise vostre prudence, et ay de creance en vostre amitié. Je suivray doncques vostre bon conseil et vostre heureux exemple le mieux qui me sera possible, en preferant le bien et repos publicq de mon Royaume, comme je suis tenu de faire, à toutes considerations et affections particulieres; choses que à l'advanture je ne ferois si determinement, s'il n'y alloit que du hazard de ma vie, tant mon ame abhore l'usage de la severité et rigueur des lois, et est nourrie et accoustumée à la clemence. Je voue aussy dés à present tout l'advantage et bonheur qui m'en arrivera à vostre service et contentement, que je procureray tousjours par preference à tous aultres; et comme j'advoue n'avoir trouvé fidelité ny amitié approchant de la vostre, je vous prie aussy, Madame ma bonne sœur, de croire que je feray faulte plustost à mes enfans et à moy-mesme, que de manquer jamais à celle que vous a jurée

Vostre affectionné frere, cousin
et serviteur,

HENRY.

[1602.] — 21 JUILLET.

Orig. autographe. — Biblioth. impér. de Saint-Pétersbourg, Ms. 886, lettre 81. Copie transmise par M. Houat.

A MONS^R DE BELLIEVRE,
CHANCELLIER DE FRANCE.

Monsr le chancellier, J'ay veu ce que vous avés escript à Lomenie; sur quoy je vous diray que j'attendray encore aujourd'huy, en ce lieu, de vos nouvelles par le retour de ce courrier, pour, s'il est besoin pour le bien de mes affaires et service, que je m'en retourne ce soir coucher à Paris, le faire; sinon ce ne sera que demain. J'ay veu le billet que vous a escript mon procureur general : je ne crois pas que le duc de Biron ayt esté adverty des choses qui se passent en ce procés, comme vous a escript mʳ de la Fin. Bien crois-je plustost que ce sont des imaginations qu'il s'est forgées, comme aussy que l'on l'ayt menacé. Mais de croire que les parens et amys des prisonniers luy veuillent bien, ny à son nepveu, ou qu'ils les aiment, il n'y a apparence. C'est pourquoy il ne faut laisser d'en avoir soing; et pour moy je ne perdray jamais la memoire de ce service. Que si le vidasme de Chartres vient icy, je seray bien ayse de le voir. Souvenés-vous de ce que je vous ay dict : que pour ce qu'ils disent, qu'il ne faut croire que ce qu'ils justifient par escript, non ce qu'ils s'imaginent. S'ils vous vont voir tous deux, vous leur pourrés dire de bonnes paroles de ma part et les asseurer de la continuation de mon affection et de ma protection. Quant à la resolution que vous escripvés que les pairs ont prise de ne s'y trouver, le procureur general n'en sçait que ce que j'en ay dict, et c'est à moy qu'ils l'ont declaré. Vous manderés à Barenton, lieutenant de mes gardes, qui est celluy qui garde les prisonniers, qu'il deffende aux exempts de plus sortir, et que je ne le veulx pas, affin qu'ils ne communiquent avec personne. Bonjour, Monsʳ le chancellier. Ce jeudy matin, xxjᵐᵉ juillet, à Sainct-Germain en Laye, à huict heures du matin.

HENRY.

1602. — 24 JUILLET. — Iʳᵉ.

Orig. — Arch. de M. de Couhé-Lusignan. Copie transmise par la Société des Antiquaires de l'Ouest.

A MONSʳ DE FRESNES CANAYE,

CONSEILLER EN MON CONSEIL D'ESTAT ET MON AMBASSADEUR À VENISE.

Monsʳ de Fresnes, Il est vray que *Picotté a esté le premier employé par le duc de Biron et le baron de Luz, pour negocier en Espagne avec l'archiduc et le duc de Savoye et comte de Fuentés. Il commença dès les 1595 ou 1596 avec le dict archiduc,* lorsqu'il passa par *le comté de Bourgogne, allant d'Espagne en Flandres* prendre possession *du gouvernement;* à quoy un certain *prestre ou moine, nommé la Fargue,* que j'estime estre le troisiesme que le Beauceron escript avoir remarqué à

Milan avec le dict Picotté et David, fut aussy employé aprés que *la Fortune*, qui commandoit dedans *Seurre, où l'assistoit le dict la Farge*, eust rendu *la place au dict de Biron. Ceste negociation tomba aux mains du s^r de la Fin, estant à Paris, quand le dict duc de Savoye y estoit, par les artifices duquel* elle fut lors tellement *estreincte et amplifiée*, que cela seul retint *le duc de Savoye de traicter absolument et nettement avec moy*, et l'empeschea encore *d'effectuer et accomplir, depuis, l'accord que il signa* en ladicte ville de Paris; et est merveille comment mes armes ont peu prosperer ainsy qu'il est advenu en la guerre que je fus contrainct de faire en Savoye pour avoir raison du dict duc. Car le dict de Biron avoit avec luy telle correspondance et intelligence qu'il estoit adverty par luy, non seulement de ce que je faisois, mais aussy de ce que je pensois et projettois de faire. Car comme je ne celois rien au dict de Biron, il advertissoit aussy le dict duc de Savoye et le comte de Fuentés de toutes choses. Ceux qui portoient les dicts advis sont icy, lesquels luy ayant esté confrontez, l'ont maintenu en sa presence, dont il n'a peu les desdire ny mesme user de reproche contre eux, jugé de sa propre conscience et abattu de la force de la verité, prouvée aussy par bons memoires, advis et lettres escriptes de sa main, adressées au duc de Savoye, estant certain que si j'eusse esté aussy prompt à suivre ses conseils durant la dicte guerre, que la confiance que j'avois en luy m'y convioit, ou si Dieu n'eust eu plus de soing de moy et de mon Royaume que moy-mesme, je me fusse perdu plusieurs fois en la dicte guerre, avec ceux qui m'assistoient. Car je n'eusse jamais evité les diverses parties basties contre mon armée et souvent contre ma propre personne, sans la bonté et providence divine, laquelle m'en a garanty miraculeusement, en continuant sa saincte protection et assistance à l'ingenuité et justice de mes armes et de ma procedure, benefice duquel j'advoue n'avoir recogneu la grandeur en la reception et jouissance d'iceluy, comme je fais maintenant que j'ay descouvert et me represente les perils que j'ay courus et eschappez par sa seule grace et faveur; de quoy il faut que tous mes bons serviteurs louent et magnifient avec moy du meilleur de leur cœur sa gloire et son sainct nom, ainsy que je feray eternellement.

Le procés du duc de Biron estant tout instruict, doibt estre aujourd'huy rapporté au Parlement, pour estre jugé dedans ceste sepmaine ou au commencement de l'autre; Dieu ayant encore permis que un jeune homme nommé Renasé, de la ville de Tours, que le dict duc de Savoye avoit faict mettre prisonnier par l'advis du dict duc de Biron, lorsqu'ils commencerent d'entrer en deffiance des actions du dict sr de la Fin, duquel il estoit domestique et s'estoit tousjours servy à porter les messages, lettres et advis concernant ceste conspiration, se sauva, assisté d'un soldat qui le gardoit en la roquette de Quiers, où il estoit detenu, le jour mesme que le dict de Biron fut emprisonné icy, où il s'est rendu sain et sauve, à temps pour luy estre confronté, comme il a esté. Et c'est ce qui a retardé l'instruction du dict procés, et aussy que j'ay voulu que les formes ordinaires et accoustumées en tels cas feussent observées sans aucunement s'en despartir, pour me contenter moy-mesme et eviter toute calomnie, et pour mieux approfondir la dicte conspiration, *qui a esté fomentée par le duc de Savoye, et arrosée des deniers et promesses d'Espagne par le ministere du comte de Fuentés.* Enfin la partie estoit telle et si bien dressée, que si Dieu ne m'eust aydé à la descouvrir et prevenir, j'eusse couru avec mes enfans et mon Royaume une tres miserable fortune, par les moyens de ceux mesmes auxquels j'eusse plustost confié mes armées et ma propre vie que à moy-mesme. Le Beausseron me fera donc un signalé service *s'il m'aide à attraper le dict Picotté et le moine ou prestre qui l'accompagne, qui s'appelle la Farge, car l'un ou l'autre peuvent me faire voir plus clair en ces affaires que tous autres,* parce qu'ils les ont conduicts *depuis leur origine jusqu'à present. Mais comme David n'est du tout de la cabale des autres,* il ne faut s'adresser à luy, *si d'advanture il n'estoit rencontré avec eux.* Je vous envoye la lettre adressante à la Respublique, de la substance que vous me l'avés demandée, asseuré que vous ne la manifesterés ny mettrés en œuvre que bien à propos, *affin de n'effaroucher* le gibier; et vous asseure que je paieray cherement le service que je recevray de vous en ceste occasion, que j'affectionne plus que je ne vous escriray pour le present.

Je ne puis croire que *le roy d'Escosse penche du costé d'Hespagne, comme le publie cest Anthoine Lerde,* duquel vostre lettre faict mention, car il m'a souvent promis *et asseuré qu'il feroit le contraire,* adjoustant peu de foy au dire du dict Anglois; car puisqu'il a manqué *au grand duc* il peut bien en abuser d'aultres qui ne regardent à leurs affaires de prés ny si exactement qu'il faict. Vous me ferés plaisir de remercier *le comte Martiningue* des advis qu'il vous a souvent donnez touchant ceste conspiration, encore que j'estime *qu'il ne vous a pas tousjours dict ce qu'il en sçavoit. Mais quand il se fust ouvert davantage,* je ne l'eusse jamais creu, tant estoit grande la confiance que j'avois au dict de Biron, et grandes aussy les obligations qu'il m'avoit et de me servir fidelement. Que je sçache doncques ce qu'il vous aura mandé par son secretaire et tout ce qu'il vous apprendra de luy.

Je ne m'attendois pas que ces Seigneurs prissent la resolution de desapoincter le colonnel Lussy, telle que vous m'avés escript par vostre dicte lettre. Leur ambassadeur ne m'en a encore rien dict. Quand il le fera, je luy feray cognoistre combien je loue le conseil qu'ils ont pris, autant par la consideration de leur propre bien, que pour l'interest que j'y ay.

Le discours du chevalier *Mocenigo* n'est veritable, mais le remede qu'il propose au mal qu'il prevoit et redoute et le conseil qu'il me donne sur cela ne me contente pas, car il voudroit *asseurer le repos de sa republique* aux despens du mien, ainsy que vous avés bien remarqué. Toutesfois j'approuve l'advis *de fortifier des places* à l'entrée *du Piedmont et d'y dresser de bons arsenalz, faire provision de galeres* et *d'acquerir des amys et credit à Rome*. Mais sçachés qu'il faudra *que la Seigneurie perde sa liberté et les princes de l'Italie, ça octroyans, tost ou tard, s'ils continuent à dissimuler et conjurer avec les Espagnols; car ils commenceront par les asservir et despouiller, devant que de s'adresser à moy,* où il n'y a à gagner que des coups. Toutesfois ne laissés à faire cognoistre au dict Mocenigo que j'ay bien pris sa remonstrance, en l'asseurant que je feray tousjours pour le bien public ce que l'on doibt attendre d'un prince qui est jaloux d'iceluy et de la conservation de son Estat comme il doit l'estre, luy faisant croire que je prise beaucoup son affection et sa prudence. *Le duc de Mantoue ne m'a rien faict dire de l'alliance que l'on dict qu'il veut prendre avec celuy de Savoye,* ny de ce qu'il a traicté *à Milan.* Ils ont tous telle craincte des Espagnols et de leur puissance *et sont si divisez et irresoluz,* que chacun s'accommodant *avec eux, advancera sa servitude, laquelle est* inevitable, s'y soubmettant volontairement.

Il y a quelque temps que je fus adverty que le duc de Savoye avoit obtenu du comte de Fuentés qu'il feroit advancer et passer les monts à quelques gens de guerre, pour s'approcher de ma frontiere, soubs pretexte de passer en Flandres et favoriser et encourager les partisans du dict duc de Biron en Bourgogne, lesquels n'avoient encore rendu les places qu'ils y detenoient. Cela fut cause que je fis commandement au mareschal de Lavardin de s'acheminer vers la riviere du Rosne (avec les gens de guerre desquels je l'avois accompagné, l'envoyant au dict pays) si tost que les dictes places luy auroient esté rendues, pour recognoistre la contenance des autres et deffendre l'entrée de mon Royaume; ce qu'il a effectué si à propos, que j'ay sceu qu'il est arrivé au passage de la dicte riviere, aussy tost que certains Napolitains commandez par un nommé Brancace s'en sont approchez, ainsy qu'il m'a escript par ses dernieres. Et combien que le conducteur des dictes forces se force de faire croire qu'il n'a aultre dessein et charge que de passer son chemin pour aller en Flandres, toutesfois j'ay tant d'occasion de me deffier de la foy du dict comte de Fuentés et de celle du dict duc de Savoye, que tout ce qui part des mains de l'un ou de l'autre me donne à bon droit grand ombrage; car ils ont osé rechercher mes subjects pour me faire mourir, et mettre le feu aux quatre coins de mon Royaume et dedans ma famille. Que dois-je attendre d'eux, où leur pouvoir s'estendra? C'est pourquoy je dois prendre garde plus soigneusement que jamais aux pas qu'ils feront de mon costé, et m'opposer à leurs ruses avec les moyens qui despendent de moy, sans m'attendre à ceux qui doivent proceder du roy d'Espagne, comme j'ay faict jusqu'à present, puisqu'il souffre qu'ils abusent ainsy de sa foy et de son argent pour m'endommager. Je m'attends bien qu'ils publieront sur cela que je contreviens à la paix, occupant le dict passage; mais si l'on vous en parle, respondés que la jalousie que ils m'ont donnée en dressant en mon Royaume des partis contre moy et ma Couronne est seule cause de ce que je fais, avec intention de retirer mes gens du dict passage, quand je seray asseuré que leurs forces n'entreprendront rien contre moy et qu'elles n'obeïront au dict duc de Savoye et comte de Fuentés, et ne despendront d'eux.

Le Pape a voulu faire conduire et amener icy les gens du comte de la Rochepot qui furent pris en Espagne l'année passée, par un sien camerier secret, polacque de nation, pour me tesmoigner de plus en plus son affection à l'entretenement de la paix publicque, laquelle Sa Saincteté a eu crainte estre alterée par la prise et detention des domestiques du dict de la Rochepot, advenue en la forme que vous sçavés, et m'a sur cela requis et pressé d'envoyer un ambassadeur auprés du dict roy d'Espagne. J'ay respondu au dict camerier que j'avois bien deliberé m'accommoder au desir de Sa Saincteté, sur l'instance et poursuicte que son nonce ordinaire m'en avoit jà faicte, ayant faict venir pour cest effect prés de moy le sr de Barrault[1], destiné pour me servir en la dicte charge; mais que les derniers evenemens succedez par les practiques des ministres du dict roy d'Espagne me contraignoient à present de changer d'advis jusques à ce que je fusse mieux esclaircy des deliberations du dict roy, d'autant qu'il me sembloit que je ne pouvois honnestement tenir un ambassa-

---

[1] Aimeri de Jaubert, seigneur de Barrault, baron de Blaignac, gentilhomme de la chambre du Roi, capitaine de cinquante hommes d'armes des ordonnances, sénéchal de Bazadois et vice-amiral de Guyenne, était le fils aîné de Jean de Jaubert et de Marie de Chaumont. Il fut effectivement envoyé bientôt après en Espagne comme ambassadeur. L'irritation que cachaient mal ces bonnes relations officielles peut contribuer à expliquer une action de lui, tout à fait dans le goût du temps, et qu'accueillit partout un concert d'éloges. Assistant, au théâtre de Madrid, à une pièce dont le sujet était la bataille de Pavie, où l'on représentait François Ier demandant la vie à un Espagnol qui lui mettait le pied sur la gorge, M. de Barrault s'élança sur la scène et passa son épée au travers du corps de l'acteur.

deur, lequel doibt servir de marque et tesmoignage d'amitié, auprés d'un prince duquel les serviteurs corrompoient les miens pour entreprendre contre ma vie et mon auctorité ; que au moins voulois-je que Sa Saincteté fust advertye de mes raisons et justes plainctes, devant que m'obliger au dict renvoy, affin d'y interposer son jugement, et obvier aux accidens que peut produire une paix si mal observée que est de la part des ministres du dict roy celle que Sa Saincteté nous a donnée. Le dict camerier est encore icy, faisant toutes sortes de diligences pour me faire changer d'opinion, en quoy s'il advance quelque chose, je vous en tiendray adverty. Cependant si vous entendés parler de ce faict, respondés ce que je vous en mande; et toutesfois abstenés-vous encore d'en informer ces Seigneurs en leur college, jusques à ce que je le vous mande, et m'advertissés de tout ce qui s'en dira, comme de toutes autres occurences : priant Dieu, Monsr de Fresnes, qu'il vous ayt en sa saincte garde. Escript à St-Germain en Laye, le xxiiij^e jour de juillet 1602.

HENRY.

DE NEUFVILLE.

1602. — 24 JUILLET. — IIme.

Cop. — Arch. de M. de Couhé-Lusignan. Copie transmise par la Société des Antiquaires de l'Ouest.

[A LA RÉPUBLIQUE DE VENISE.]

Tres chers et grands amys, alliez et confederez, Les effects que de temps en temps vous nous avés rendus de vostre affection et bonne volonté, et celle aussy que nous vous avons reciproquement tesmoignée, nous ont tousjours donné esperance d'obtenir de vous ce que nous en pourrions desirer en choses justes et raisonnables. Or est-il qu'ayant esté advertis qu'aucuns de nos subjects, prevenus de crimes capitaux, se sont, pour eviter la punition de leurs faultes, retirez es terres de vostre obeïssance, et estant necessaire pour le bien de nostre service qu'ils soyent exemplairement chastiez par les officiers de nostre justice, nous vous prions de permettre au s^r de Fresnes-Canaye, conseiller en nostre conseil d'Estat et nostre ambassadeur prés de vous, de prendre en l'estendue de vos pays et seigneurie nos dicts subjects, selon ce qu'il vous declarera, et l'assister encores de vostre auctorité et des commandemens et depesches necessaires, affin qu'ils puissent passer sans aucun empeschement sur les terres de vostre obeïssance, pour estre conduicts et amenez par deçà en toute seureté. Ce sont offices communs qui ont accoustumé de se pratiquer entre amys. Mais cestuy-cy nous sera tres agreable, et nous en revancherons en pareille ou aultre occasion, quand elles se presenteront, ainsy que le dict s^r de Fresnes-Canaye vous fera plus amplement entendre de nostre part : sur lequel nous remettans, nous prions Dieu, Tres chers et grands amys, alliez et confederez, qu'il vous ayt en sa saincte et digne garde. Escript à St-Germain en Laye, le xxiiij^e juillet 1602.

HENRY.

1602. — 26 JUILLET.

Orig. — B. N. Fonds Béthune, Ms. 9129, fol. 44 recto.
Cop. — Suppl. fr. Ms. 1009-3.
— Musée Britannique. Biblioth. de Georges III, Ms. 109, fol. 4 recto.

A MONS^R DE MONTIGNY,

CAPPITAINE DE CENT HOMMES D'ARMES, CHEVALIER DE MES ORDRES ET GOUVERNEUR DE MA VILLE DE PARIS.

Monsr de Montigny, M^r le chancelier vous fera entendre ce que je luy escris sur la conduicte, de la Bastille au Palais, du mareschal de Biron. Je vous prie, sur tant que vous m'aimés et affectionnés le bien de mon fils et de mon Estat, donner si bon ordre à toutes choses, soit que vous le meniés par eau ou par terre; qu'il n'arrive faulte, car je m'en repose et confie entierement sur vous. J'escris au s^r d'Arquien, vostre frere, qu'il vous assiste, accompagné de cent hommes choisis dans les compagnies du regiment de mes gardes. Le principal est de pourvoir qu'en allant et retournant, personne n'approche de luy que ceux qui seront commis pour le garder, et mesmement dans le Palais, et d'eviter la confusion que la foule et multitude du peuple peut apporter. Je m'en repose donc sur vous et me promets que vous m'y servirés si bien, que j'auray occasion de m'en louer. Je prie Dieu qu'il vous ayt, Monsr de Montigny, en sa saincte garde. Escript à St-Germain en Laye, le xxvj^e jour de juillet, neuf heures du soir, 1602.

HENRY.

DE NEUFVILLE.

[1602.] — 28 JUILLET. — Ire.

Orig. autographe. — Biblioth. impér. de Saint-Pétersbourg, Ms. 886, lettre 28. Copie transmise par M. Houat.

A MONS^R DE BELLIEVRE,

CHANCELLIER DE FRANCE.

Monsr le chancellier, Le s^r de Vitry vous dira que m^r de Biron luy a faict dire qu'il veult parler à luy et le reste de ce qu'il luy a mandé par Baranton[1]. Considerés ce qu'il faut faire sur cella et m'en mandés vostre advis; car je ne veux rien permettre ny ordonner en pareil cas sans conseil et hors les formes de la justice. A Dieu, Monsr le Chancellier. xxviij^e juillet, à Sainct-Germain en Laye.

HENRY.

1602. — 28 JUILLET. — IIme.

Orig. — Arch. de la ville de Nîmes, t. II du Recueil intitulé *Troubles du Royaume*. (Copie de M. L. Rivoire, transmise par M. le préfet du Gard.)

[AUX CONSULS DE NISMES.]

Chers et bien amez, Nous avons entendu de nostre cousin le duc de Ventadour le bon debvoir qu'en les dernieres occasions vous avés faict de veiller à vostre conservation lorsqu'il le vous a commandé de

[1] Baranton, lieutenant du régiment des gardes, était alors chargé de garder en personne le maréchal dans la chambre de sa prison.

nostre part. De quoy nous vous avons bien voulu faire sçavoir par ceste lettre que nous avons tout contentement et vous admonester, comme nous faisons, d'y continuer; avec asseurance que nous le recognoistrons en vostre endroict aux occasions qui s'y presenteront. Donné à St-Germain en Laye, le xxvij^e jour de juillet 1602.

HENRY.

DE NEUFVILLE.

1602. — 31 JUILLET.

Cop. — Arch. municipales de Briançon, registre in-fol. dit *le Livre du Roi*. Transcription de M. Tanché-Prunelle. Envoi de M. Pierrangely.

A MONS^R DES DIGUIERES.

Monsr des Diguieres, Enfin le duc de Biron a esté condamné à mort par ma cour de Parlement; mais usant en son endroict de ma clemence accoustumée, autant que la seureté de mon Royaulme et la crainte de son crime me l'ont permis, j'ay voulu, pour retrancher quelque chose de son ignominie, que le dict arrest ayt esté executé dedans le clos du chasteau de la Bastille de ma ville de Paris, où il estoit prisonnier : de façon que ce jourd'huy il a eu la teste tranchée en presence de ceulx que ma dicte cour y a commis pour cest effect, et non en la place de Greve, comme il est porté par son dict arrest, dont je vous envoye copie, affin que vous le faciés entendre aux gouverneurs particuliers de vostre charge et aultres mes bons serviteurs que vous estimerés à propos; vous asseurant que j'ay regret que le dict duc se soit tant oublié que d'avoir merité ce chastiment, mais je devois tel exemple au public et à la seureté de ma personne et conservation de cest Estat à ma posterité. Je prie Dieu, Monsr des Diguieres, qu'il vous ayt en sa saincte garde. Escript à St-Germain en Laye, ce dernier juillet 1602.

HENRY.

DE NEUFVILLE.

[1602. — 2 AOÛT.]

Cop. — B. N. Fonds Brienne, vol. 38, fol. 193 verso.

A MONS^r DE BEAUMONT.

Je vous envoie un double de l'arrest donné contre le mareschal de Biron par mon Parlement, lequel fut executé le dernier jour du mois de juillet, dedans l'enclos de la Bastille, suivant le commandement que j'en avois faict, à la requeste de ses proches parens et pour tesmoigner l'affection que je luy ay portée; dont toutesfois il s'est monstré assez indigne en mourant, car il n'a jamais voulu recognoistre et confesser sa faulte, et a eu plus de soing de ses affaires domestiques que de descharger sa conscience et s'acquitter des obligations qu'il avoit à moy et à sa patrie; ses furies et vanitez naturelles l'ayant accompagné jusques à la mort avec une telle demonstration d'animosité contre moy, que j'ay grande occasion de louer Dieu qu'il m'ayt delibvré d'un si mauvais subject. Il a mesme voulu que l'on sceust qu'il sçavoit ce qu'il desnioit. Il a deschargé tant qu'il a peu le roy d'Espagne et ses ministres, le duc de Savoye et les siens, et pareillement le comte d'Auvergne et le baron de Lux; enfin, il n'a accusé que son malheur[1]. Mais, en voulant couvrir et descharger ses complices en general, il les a tous accusez en particulier; car la forme de ses denegations a esté si affectée, que l'on a recogneu, au travers d'icelle, la verité qu'il s'est efforcé d'obscurcir et cacher, suivant la leçon et l'opinion de certains docteurs de ce siecle, qui deffendent aux criminels condampnez par justice, à peine de dampnation eternelle, de nommer leurs complices, soubs pretexte de descharger leurs consciences ou diminuer leurs tourmens. Aussy il a voulu dire que je le faisois mourir seulement pour ce qu'il estoit trop bon catholique; et toutesfois il a monstré qu'il ignoroit son *pater noster* et son *credo*, tant il

---

[1] Ce fait, attesté ici de la manière la moins suspecte, est réellement honorable pour le caractère de Biron; et il est difficile que la conséquence de blâme qu'on veut ensuite en tirer ne paraisse d'une subtilité un peu forcée.

estoit mal instruict en nostre religion. Le curé de la parroisse de St-Nicolas de Paris et le docteur Garnier, l'ayant assisté et consolé en ceste agonie et necessité, en sont retournez tres mal ediffiez, pour avoir faict une fin plus brutale que chrestienne, à mon grand regret. Toutesfois j'ay voulu qu'il ayt esté enterré en l'eglise de St-Paul, parroisse du dict lieu de la Bastille, et ay permis s'estre trouvé à la conduicte de son corps grand nombre de peuple, toutesfois plus par curiosité que pour luy faire honneur. Nous verrons si nous en pourrons apprendre davantage de son secretaire, nommé Hebert, lequel il envoya de Suisse à Milan, où il est accusé d'avoir conclu le traicté qu'avoit acheminé auparavant le s^r de la Fin avecq le comte de Fuentés; et pouvés asseurer la Royne ma bonne sœur et cousine, que si je descouvre et apprend chose qui la concerne et son Estat, elle en sera par moy advertie fidellement et diligemment; car je veulx avoir autant de soing de ce qui la touche que du propre bien de mes affaires [2].

1602. — 6 AOÛT.

Orig. — B. N. Fonds Béthune, Ms. 9084, fol. 78.
Cop. — Suppl. fr. Ms. 1009-2.

A MON COUSIN LE DUC DE MONTMORENCY,
CONNESTABLE DE FRANCE, BARON DE CHASTEAUBRIANT.

Mon Cousin, J'ay advisé de convoquer et faire assembler les trois estats de mon pays de Bretaigne, pour leur faire remonstrer et proposer plusieurs choses concernant le bien des affaires de mon Royaume et de mes dicts pays et duché; et d'autant qu'il est expedient que vous y assistiés, pour donner vostre advis sur ce qui sera proposé aux dicts estats, et y consentir et accorder ce qui y sera conclud et arresté, je vous ay voulu prier par la presente, que vous ayés à vous trouver en

---

[1] Le reste de la lettre contient de nombreux détails sur plusieurs points des lettres de l'ambassadeur, et diverses observations sur la politique d'Élisabeth, qui se retrouvent en substance dans d'autres parties de cette correspondance.

personne en la ville de Sainct-Brieuc, au xviie jour du mois de octobre prochain, avec les autres qui y seront semblablement appellez, pour y assister et comparoir : et m'asseurant que n'y vouldriés avoir failly, tant pour l'affection que portés à mon service que pour le bien et utilité des dicts pays, je prieray Dieu qu'il vous ayt, mon Cousin, en sa saincte garde. Escript à St-Germain, le vj[e] jour de aoust 1602.

HENRY.

POTIER.

[1602.] — 7 AOÛT.

Orig. autographe. — Musée Britannique. Mss. Egerton, vol. 5, fol. 118. Transcription de M. Delpit.
Cop. — Archives de M. de la Force.
Imprimé. — *Mémoires de la Force*, publiés par M. le marquis de LA GRANGE, t. I, p. 334.

[A M. DE LA FORCE.]

Monsr de la Force, J'ay entendu par Lomenie ce que vous luy avés escript par Franchemont [1], auquel j'ay commandé de vous aller retrouver en diligence, tant pour vous asseurer de la continuation de mon amitié, que vous dire que je seray tres aise que, me fiant de vous et vous aimant, vous ne manquiés de vous rendre prés de moy au commencement de vostre quartier, sans que vous ayés opinion que, pour la mort du feu duc de Biron, vostre beau-frere, je vous croye aultre que vous avés esté ayant sa mort. Je vous ay plus plainct que luy, qui sçay que, s'il vous eust communiqué ses mechans desseings contre moy et mon Estat, vous eussiés tasché de l'en detourner, ou ne le pouvant m'en eussiés adverty, affin d'y pourveoir. De peur de vous en renouveler la douleur, je ne vous en diray que ce mot, sinon qu'il est mort, advouant qu'il la meritoit bien, mais ne m'ayant jamais voulu demander pardon, ny nommer ses complices, ny mesmes prier Dieu ; et je crois aussy qu'il ne le sçavoit, comme il l'a advoué à ses confes-

---

[1] Secrétaire de M. de la Force.

seurs, qui luy ayant voulu parler de madame la mareschale de Biron, sa mère, il ne l'a voulu seulement ouïr nommer, pour ce qu'elle estoit heretique. Ce dont il les a priez en mourant a esté de dire à tout le monde qu'il estoit mort tres bon catholique, sans pouvoir dire que c'estoit que catholique. Je luy ay permis de faire testament et de disposer de son bien; car, comme vous sçavés, je ne me veux point enrichir du bien d'aultruy, et me contente qu'il ayt esté puny comme il l'avoit merité. J'estime que vous devés venir icy pour pourveoir à vos affaires, asseuré que vous aimant comme je fais, j'empescheray que rien ne se face à vostre prejudice. J'ay esté malade cinq ou six jours d'un flux de ventre qui m'a fort tourmenté; je m'en porte mieux, Dieu mercy, et commenceray aujourd'huy à aller courre un cerf et faire ma premiere sortie. A Dieu, Monsr de la Force; je veux que vous croyés que je vous aime, comme vostre affection à mon service m'y convie, et que, pour la mort du duc de Biron, je ne vous aimeray pas moins. En attendant que vous me veniés trouver, envoyés-moy vostre fils aisné, lequel je veux qu'il demeure auprés de moy. Ce vij^e aoust, à St-Germain en Laye.

HENRY.

1602. — 9 AOÛT.

Cop. — B. N. Fonds Béthune, Ms. 8957, fol. 16 recto; et Suppl. fr. Ms. 1009-4.

AU PAPE.

Tres Sainct Pere, Vostre Saincteté, qui ne se lasse jamais de bien faire et de monstrer à l'endroict de toutes sortes de personnes une singuliere bonté et clemence, a voulu encore estre mediatrice du pardon des gens du s^r de la Rochepot, qu'elle a faict conduire par deçà, en la compagnie du s^r Ponassinsky, vostre camerier secret, qui nous les a consignez de la part de vostre dicte Saincteté, laquelle sçaura que, pour le respect de son intercession et de l'affection qu'Elle a faict paroistre que nous les receussions en nostre bonne grace, nous leur avons pardonné la faulte qu'ils ont commise en Espagne, tant nous desirons luy rendre en toutes choses nos actions agreables, ainsy que nous avons dict au dict sʳ Ponassinsky, lequel, pour ses bonnes et louables qualitez, nous avons veu bien volontiers, comme nous avons accoustumé de faire et ferons tousjours ceulx qui nous seront envoyez de la part de Vostre Beatitude, à laquelle nous nous recognoissons redevables de tant de graces et benedictions, que nous ne luy sçaurions rendre assez de tesmoignage de nostre gratitude à l'endroict de ses ministres, ne le pouvant faire en la personne de Vostre Saincteté, à laquelle ayant voué une singuliere observance, nostre plus grand contentement sera de luy en tesmoigner les effects, et d'estre tousjours tenu d'Elle pour le premier et plus affectionné fils de l'Eglise, ainsy que nous avons commandé au sʳ de Bethune de luy faire plus amplement entendre [1]....

HENRY.

1602. — 11 AOÛT. — Iʳᵉ.

Orig. — Arch. de M. de Couhé-Lusignan. Copie transmise par la Société des Antiquaires de l'Ouest.

A MONSʳ DE FRESNES,

CONSEILLER EN MON CONSEIL D'ESTAT, ET MON AMBASSADEUR À VENISE.

Monsʳ de Fresnes, Vous avés esté adverty par mes dernieres, escriptes le premier de ce mois, de ce qui s'estoit passé à l'execution de l'arrest de mort donné par mon Parlement contre le mareschal de Biron. Depuis, toutes choses ont demeuré coies et paisibles, les uns attendant avec desir et les autres avec crainte la verification et la punition des complices, en quoy Dieu me fera la grace, s'il luy plaist, de me guider par le droict chemin de la justice ordinaire, ainsy que j'ay faict envers le dict de Biron, sans m'en fourvoyer aulcunement. J'ay sceu, par votre lettre du xviiᵉ de juillet, que j'ay receue le premier du present, comme ces Seigneurs ont pris ce que vous leur aviés

---

[1] La salutation manque; mais la date du 9 août 1602 est donnée par les copies des deux manuscrits.

communiqué de la conspiration du dict de Biron et le licenciement qu'ils ont faict depuis des deux compagnies françoises qu'il leur avoient envoyées. *Toutesfois, ils ne m'en ont encore faict dire aucune chose par leur ambassadeur,* par où il semble que *ils craignent d'offenser le roy d'Hespagne*, et pouvons juger quel *estat je doibs faire de leur assistance. J'ay remarqué que le duc de Toscane* en a usé de mesme, comme s'ils s'estoient accordez de s'y conduire de ceste façon. Toutesfois, *je ne veux faire semblant d'y prendre garde,* car peut estre qu'ils se raviseront. Au moyen de quoy, conduisés-vous *envers eux de façon qu'ils ne s'aperçoivent que j'en suis mal satisfaict;* et comme vous avés commencé à leur parler sobrement des causes premieres des dictes corruptions, suivés encore ce chemin, *principalement quand vous parlerés en public.* Aussy ay-je verifié que le dict roy d'Espagne n'a sceu les particularitez de la dicte conspiration; car le duc de Savoye et le comte de Fuentés (plus encore le premier que le dernier) ont souvent employé le nom du dict roy plus avant qu'il ne l'a entendu, pour mieux embarquer et corrompre le dict de Biron, auquel seul ils avoient leur principale adresse, confiance et esperance. J'ay verifié aussy qu'il leur promettoit plusieurs choses qu'il n'eust peu leur tenir, pour mieux faire valoir sa marchandise, jusques à se faire fort de plusieurs personnes auxquelles il n'en avoit jamais parlé. J'ay recogneu aussy qu'il avoit un dessein à part, tres contraire aux propositions qu'il faisoit et aux esperances qu'il donnoit aux autres, lesquels il abusoit comme il faisoit ceux avec lesquels il traitoit, et s'abusant le premier, tant son esprit estoit confus et plein de vanité et presomption; et comme la jalousie que j'avois prise du dict roy d'Hespagne, fondée sur l'opinion que j'avois conceue qu'il avoit fomenté ceste practique, m'avoit meu d'envoyer le mareschal de Lavardin avec des forces sur la riviere du Rosne, pour disposer du passage d'iceluy, si tost que j'ay esté esclaircy du contraire, j'ay contremandé le dict mareschal, sans attendre que l'ambassadeur d'Espagne m'en fist nouvelle instance. Tellement que les Napolitains, qui s'estoient arrestez, pour la craincte du dict mareschal, pourront passer et poursuivre leur chemin en

Flandres quand ils voudront; *dont je crois que ces Seigneurs feront demonstration, en leur college, d'estre tres aises; mais je doubte si en l'interieur* il en sera de mesme. J'ay, en mesme temps, faict retarder la levée de Suisses que j'avois preparée, et licencié une partie des forces que j'avois assemblées : tellement qu'il ne tiendra à moy que la Chrestienté ne vive en paix, comme celuy qui ne refusera jamais de sacrifier toutes ses offenses et vengeances pour la gloire de Dieu et pour bien faire au public.

Pour cela, je n'ay changé la response que j'avois faicte au camerier du Pape, sur l'instance qu'il m'avoit faicte d'envoyer un ambassadeur en Espagne, ainsy que je vous ay escript par ma lettre du xxiiie de juillet, en respondant à la vostre du iie du dict mois; car encore que je n'aye verifié que *le dict roy d'Espagne ayt sceu le fonds de la dicte conspiration, toutesfois il n'en a ignoré la pratique, et faut croire que il n'eust esté marry que l'effect s'en fust ensuivy.* C'est pourquoy je doibs *prendre garde à leur* [*conduite*] *avec plus de soing et de jalousie du dict Roy que jamais*, et neantmoins avec discretion et prudence, affin de *ne rien innover mal à propos et ne me laisser surprendre; mais* je fais peu de compte des discours qui courent par delà sur ces occurences. Toutesfois j'ay eu à plaisir de les entendre : par tant continués à me les faire sçavoir. Mais je serois encore plus aise que *nostre Picotté pust tomber entre nos mains, et si le Beausseron peut me faire ce service, je luy donneray volontiers un benefice en mon Royaume, de valeur proportionnée à sa qualité et au debvoir qu'il y fera. Par tant donnés-luy courage de l'entreprendre*, si vous jugés que la chose puisse reussir. *Et quant à la recompense qu'il faudroit donner à celuy duquel vous vous servirés pour la conduicte et capture du pelerin*, mandés-m'en promptement vostre advis affin que j'en ordonne. Aucuns m'ont proposé de *retirer le dict Picotté par douceur, comme si il y avoit moyen de l'y disposer* plus facilement, à present que *il a perdu sa practique par la mort du dict de Biron.* Toutesfois j'estime qu'il sera difficile de l'asseurer. *En tous cas*, il me seroit aussy plus utile de *l'avoir par le moyen que vous proposés*, car je pourrois mieux disposer *de sa personne; et si le comte de Porte me sert en ceste occasion,* il m'obligera de le mieux traicter que je n'ay faict ; *mais vous ne devés vous hasarder, que vous ne soyés* asseuré de l'evenement, affin *de ne le mettre en peine.*

Je cognois trés bien *Charlai et son esprit, et pensois qu'il fust retourné en Perse. Je l'aime mieux ailleurs que en mon Royaume.* Je n'ay encore receu les lettres qu'il vous a dict m'avoir escriptes, mais je vous diray qu'il obtiendra difficilement de moy ce qu'il desire. *Par tant deffaites-vous en et vous estrangés de luy* le plus doucement que vous pourrés, car il n'y a rien à gagner en sa conservation.

Favorisés de ma recommandation l'affaire de mon cousin le comte de Soissons, envers ces Seigneurs, pour asseurer le depost des bagues du duc de Savoye, suivant les commandemens que je vous en ay jà faicts, et vous me ferés service tres agreable.

Je me rejouis *de la convalescence du comte de Martinengue,* car je recognois en verité qu'il a tres bonne intention ; *mais il a à faire à un esprit si leger et inquiet,* qu'il ne l'arrestera jamais. Il ne faut pas luy dire que je ne crois pas qu'il ayt part *à la conjuration du dict de Biron,* car j'ay trop publié le contraire, *et sy, sa conscience le force d'avoir autre opinion de moy et de luy.* Au moyen de quoy, il interpreteroit un tel langage à tromperie. Mais il faut luy dire que si le desir *de se venger du passé luy a faict prester l'oreille aux recherches*et propositions du dict de Biron,* il ne doibt pour cela cesser d'essayer de mon amitié, pourveu *qu'il veuille amender le passé et s'en rendre digne, comme je suis d'un naturel que j'oublie volontiers les injures,* principalement quand je recognois que j'en puis tirer utilité en mes affaires. *On verra ce qu'il respondra;* mais j'aimerois beaucoup mieux que nous pussions *deferrer ou attraper Albigny* [1] *: car tant que cest instrument sera en pied, il ne fera*

---

[1] Charles de Simiane, seigneur d'Albigny, de Bully, de Montroman et de Cabanes, d'une des plus anciennes maisons de Provence, est un personnage dont il sera souvent question dans la suite de cette correspondance, et qui exerça, durant plusieurs années, beaucoup d'influence sur les relations entre la France et la Savoie. Après avoir joué un rôle dans le parti de la Ligue, il avoit suivi Charles, duc de

que mal. Au moyen de quoy, si le *comte Martinengue* peut faire l'un ou l'autre, *il m'obligera à luy; et pouvés asseurer* non seulement que je l'auray bien agreable, mais [que] je le recognoistray à son contentement. Je prie Dieu qu'il vous ayt, Monsr de Fresnes, en sa saincte garde. De Paris, ce xj^e jour d'aoust 1602.

HENRY.

DE NEUFVILLE.

1602. — 11 AOÛT. — IIme.

Cop. — Biblioth. de M. Monmerqué, Ms. intitulé *Lettres à l'ambassadeur du Levant.*

[A M. DE BRÈVES.]

Monsr de Breves, Le mareschal de Biron, convaincu de la conspiration contre mon Estat, de laquelle il avoit esté prevenu et accusé, fut condamné par arrest de mon Parlement d'avoir la teste tranchée, ainsy que vous verrés par le double d'iceluy, que j'ay commandé vous estre envoyé ; mais j'ay voulu que l'execution en ayt esté faicte dedans l'enclos de la Bastille, où il estoit detenu prisonnier, pour retrancher l'ignominie, et, en ce faisant, luy rendre encore quelque tesmoignage de l'affection que je luy avois portée et de ma clemence. Cest acte de

Nemours, en Savoie, où la faveur du duc Charles-Emmanuel le fit tout à fait renoncer à sa patrie. Ce souverain le nomma chevalier de son ordre de l'Annonciade, capitaine général de sa cavalerie et lieutenant général de ses États de delà les monts. Il lui donna, en 1605, les marquisats de Roat et de Maret, et lui fit épouser, le 26 février 1607, sa sœur naturelle Mathilde, légitimée de Savoie, marquise de Pianezze. Cet apogée de la faveur d'Albigny ne dura qu'un an; car les plaintes continuelles de Henri IV, dont il était le plus ardent adversaire dans le conseil de Savoie, décidèrent le duc, sur le point d'entrer dans l'alliance de la France, à disgracier Albigny. Il fut arrêté, et, quelques jours après, on le trouva mort dans sa prison, à Turin, le 17 février 1608. Il était le quatrième fils de Bertrand Raimbaud de Simiane, baron de Gordes, et de Guigonne Aleman. De son mariage avec la princesse Mathilde, Albigny laissa un fils, célèbre dans l'histoire de Savoie sous le nom de marquis de Pianezze, qui fut premier ministre de Victor-Amédée et mourut en 1677.

ma justice a estonné ses complices dedans et dehors mon Royaume, sy que toutes choses y sont, grace à Dieu, plus paisibles que devant.

J'ay receu vostre lettre du ixe de juin. Vous avés bien faict de n'avoir envoyé un des vostres à la suite du Sigal pour la raison que vous m'avés escripte; mais continués à poursuivre que l'on pourvoye aux volleries que font sur mes subjects le roy d'Algier et ses corsaires, qui despendent d'eux, car je ne les puis plus endurer. Aussy est-il advenu par mon commandement, que le general de mes galeres ayant rencontré à la coste une galiotte, commandée par un des dicts corsaires, l'a assaillie et mise à fonds, et a faict sur le champ couper la teste au cappitaine, aprés avoir verifié qu'il avoit commis sur mes dicts subjects infinies volleries, contre les capitulations faictes et jurées entre ce Seigneur et moy, lesquelles ont esté leues au dict cappitaine, devant que l'executer, affin de le convaincre du violement d'icelles, au prejudice du respect qu'il doibt à son prince, et de la foy et liberté publique[1]. Aucuns de ses soldats, sauvez du naufrage, ont esté mis à la chaisne; et faut que ce Seigneur et ses ministres saichent que je feray faire pareillement tel traitement à ses dicts corsaires qui seront trouvez en ma coste, sacageant et detroussant mes dicts subjects, comme faisoit celuy-cy, chose que Sa Haultesse ne doit moins approuver, affectionner et desirer que moy-mesme, si Elle veut que nostre alliance dure et que nous vivions en paix comme Elle et ses bassas vous ont souvent declaré, et l'estime aussy utile à son empire, mesmes à present qu'il est assailly de toutes parts, comme vous leur sçaurés bien remonstrer. Ja lo roy d'Espagne auroit assailly la Barbarie, s'il n'eust esté retenu de la crainte de mes armes, depuis que la conspiration du duc de Biron a esté descouverte, d'autant qu'aucun de ses ministres ayant participé, il a eu opinion, voyant que j'armois, que je m'en voulusse venger sur luy, comme en verité j'eusse faict si j'eusse verifié que le dict roy d'Espagne eust sceu le fond de la dicte conspiration,

---

[1] Ces détails sur les pirates barbaresques offrent à la France un intérêt particulier depuis que la conquête d'Alger nous a rendus maîtres de leur pays, en achevant de détruire la piraterie de la Méditerranée.

et ne m'eust faict asseurer par Sa Saincteté de me faire raison des dicts ministres qui y participent; ce que vous ferés valoir par delà autant que vous jugerés estre necessaire, pour faire priser mon amitié et leur faire apprehender la perte d'icelle, laquelle ils ne peuvent eviter s'ils ne contiennent les dicts corsaires de Barbarie et ne reparent les volleries passées.

A present que l'Empereur est [maistre] paisible de la Transilvanie, par la composition qu'il en a achevée avec Sigismond Battory, il pourra mieux entendre que devant à la guerre d'Hongrie, et entreprendre pareillement sur les Estats de la dicte Hongrie; en quoy les revolutions d'Asie ne le favorisent pas peu, puisqu'elles s'augmentent, ainsy que vous m'avés escript. J'ay reiteré les commandemens que j'avois faicts par vostre advis à mes subjects qui vont trafiquer par delà; d'y aller armez, à quoy je me promets qu'ils seront plus soigneux de satisfaire, puisqu'il y va de leur salut; mais il ne faut pas s'attendre que les officiers de la royne d'Angleterre facent reparer la prise faicte sur mes subjects par ce cappitaine qui a esté rendu à mon agent par delà, quoy qu'il vous ayt promis. Car les dicts officiers ont part aux dictes voleries et s'entendent avec ceux qui les commettent. Toutesfois j'ay escript à mon dict ambassadeur qu'il en face instance à la dicte dame; et serés [informé] de la response. Mais le mieux que vous pourrés faire pour mes dicts subjects est d'obtenir de ce Seigneur le commandement contre les dicts Anglois et leurs marchandises duquel faict mention vostre lettre. J'ay bien deliberé aussy de proceder contre eux par represailles; car il ne faut esperer de les ranger à la raison que par force, tant ils sont friands des dictes pirateries. Au reste il y a aux Pays-Bas deux armées puissantes, l'une pour l'archiduc et l'autre pour les Estats des Provinces-Unies des dicts pays. Celle-cy assiege une ville assise sur la riviere de la Meuse, nommée Grave, gardée par les Espagnols, et celle-là s'en est approchée pour la secourir. Vous serés adverty de ce qui en succedera : priant Dieu, Monsr de Breves, vous maintenir en sa saincte garde. Escript à Paris, le xj^e jour d'aoust 1602.

HENRY.

1602. — 13 AOÛT. — Iʳᵉ.

Orig. — Arch. des Médicis, Documents origin., liasse 14. Copie transmise par M. le ministre de France à Florence.

A MON COUSIN LE DUC DE MONTMORENCY,
PAIR ET CONNESTABLE DE FRANCE, GOUVERNEUR ET MON LIEUCTENANT GENERAL EN LANGUEDOC.

Mon Cousin, Plusieurs raisons m'incitent d'affectionner tout ce qui concerne mon oncle le grand duc de Toscane, sa maison et son Estat, comme le mien propre, et principalement despuis l'alliance que j'ay faicte avec luy par le moyen de mon mariage avec la Royne ma tres chere compagne. Pour ceste cause, s'il desire, et qu'il vous mande qu'il en ayt besoing pour ses affaires, d'estre assisté et secouru d'un bon nombre de gens de guerre à cheval et à pied de mon pays de Languedoc, donnés ordre qu'il les y puisse lever promptement et tirer du dict pays, armez comme si c'estoit pour mon propre service, et mesmes luy ayder à faire eslection de cappitaines et chefs dignes et propres pour les conduire et commander par tout où il voudra les employer, affin qu'il en soit servy à propos, sans attendre aultre commandement de moy que la presente, encores que la date en soit surannée, car c'est chose que j'ay ainsy entendue et veux estre effectuée sans difficulté et remise aucune, et suffira que vous m'advertissiés de la reception de la presente quand elle vous sera delibvrée, et pareillement de la diligence de laquelle vous aurés usé à l'execution d'icelle ; et vous me ferés service qui me sera tres agreable, et mon dict oncle pourvoira aux frais de la dicte levée et au payement des dicts gens de guerre, ainsy qu'il convient. Pourvoyés donc que je sois servy en cela selon mon intention : priant Dieu, mon Cousin, qu'il vous ayt en sa saincte garde. Escript à St-Germain en Laye, le xiijᵉ jour d'aoust 1602.

HENRY.

DE NEUFVILLE.

1602. — 13 AOÛT. — IIme.

Orig. — B. N. Fonds Béthune, Ms. 9053, fol. 65.

A NOS TRES CHERS ET BIEN AMEZ LES CONSULS, MANANS ET HABITANS
DE NOSTRE VILLE DE NISMES.

Chers et bien amez, Nous sommes advertys de divers endroicts que les catholiques, voisins de nostre ville de Nismes, specialement les ecclesiastiques, sont grandement opprimez par ceulx de la religion pretendue reformée de la dicte ville, qui sortent en trouppes, armez, pour venir fourrager la recolte de leurs grains, qu'ils transportent publicquement, ou s'ils ne le peuvent faire entierement et qu'ils y ayent quelque empeschement, qu'ils y mettent le feu, et en ont mesme ceste année bruslé une grande quantité, soubs pretexte qu'ils pretendent les faire contribuer à l'entretenement de leurs ministres, comme il s'est faict aultrefois durant les troubles. Ce que nous trouvons si estrange et esloigné des assurances qui nous ont esté données de la part de ceulx de la dicte religion de la dicte province, et particulierement par ceulx de nostre dicte ville de Nismes, de se comporter paisiblement sans en rien excedder nostre dernier edict, que nous y adjousterions moins de foy, n'estoit que cest advis nous est confirmé par plusieurs de nos bons serviteurs, qui ne portent en cella aucune passion, que le regret qu'ils en ont et le jugement qu'ils font que cela seroit pour attirer quelque chose de pis, et aussy qu'il nous ressouvient qu'en ces deux dernieres années, nous avons eu de pareilles plainctes de semblables proceddures, pour lesquelles, puisque le remedde de la douceur que nous y avons apporté n'a servy que de leur rendre plus familieres, nous sommes bien resolus de nous y servir de celluy de la severité de la justice pour les en desaccoustumer : car oultre que c'est un crime de leze-majesté de troubler par ce moyen tout le repos publicq, c'est envers nous une ingratitude extresme, saichant avecq combien de soing et de peine nous avons estably la paix en ce Royaume, au lieu de nous en rendre les graces qui nous en sont deues et en donner les benedictions à nostre labeur, d'entreprendre par telles malices de le rendre inutile et sans effect. A quoy nous sommes bien asseurez que les gens de bien ne consentiront jamais, et aideront plustost à faire exemplairement chastier telles meschancetez, affin que le crime de quelques particuliers ne soit imputé au general de ceulx de la dicte religion en la dicte province. Et parce que la plaincte est maintenant particuliere pour les voisins de la dicte ville de Nismes, nous ordonnons et expressement enjoignons aux consuls de la dicte ville d'observer soigneusement ceulx qui sortent en armes et en trouppes de la dicte ville, pour, en cas qu'il advienne quelque excés, les deferer à la justice, comme nous voulons que pour ce qui en est advenu jusques icy, ils ayent à en declarer les coulpables et les remettre entre les mains de la justice, et ce sur peine d'en respondre en leurs propres et privez noms, comme nostre resolution est de nous en adresser à eulx doresnavant, puisqu'ils ont les principales charges de la dicte ville, l'ayant aussy faict entendre, tant à nostre court de parlement que à la chambre de l'edict de la province, enjoignant aussy à tous les habitans de nostre dicte ville de se comporter avec toute amitié et bonne union les uns envers les aultres, soubs le benefice de nostre dict edict, et se constituer entre eulx prix d'honneur et de merite à qui s'opposera vertueusement aux contraventions d'icelluy et accusera plus librement les perturbateurs du repos publicq et en favorisera le chastiment et la punition. En quoy faisant vous meriterés de nous toute faveur et protection, comme y defaillant aussy, vous pouvés estre asseurez que vous nous aurés fort contrariez et offensez de vostre desobeïssance, qui ne demeurera pas impunie. Donné à S‍t-Germain en Laye, ce xiij‍e jour d'aoust 1602.

HENRY.

FORGET.

1602. — 18 AOÛT.

Orig. — Arch. de M. de Couhé-Lusignan. Copie transmise par la Société des Antiquaires de l'Ouest.

A MONS^R DE FRESNES,

CONSEILLER EN MON CONSEIL D'ESTAT ET MON AMBASSADEUR À VENISE.

Monsr de Fresnes, Les faveurs que les Espagnols et Savoyards ont monstré porter au duc de Biron descouvrent et verifient assez la bonne intelligence qu'ils avoient avec luy, quand toutes aultres preuves en auroient manqué; car ceux qui cognoissent leur naturel et considereront leurs actions passées, ne croiront qu'ils ayent entrepris la deffense et protection de sa cause par superabondance de charité et de compassion, non plus que de zele de religion. Ainsy, voulant justifier le dict de Biron, ils achevent de condamner sa memoire, et se condamnent eux-mesmes avec leurs princes, ce pendant que ceux-cy usent de toutes sortes d'inventions et de declarations pour me faire croire qu'ils detestent le forfaict du dict de Biron et de ses complices, et qu'ils en sont du tout innocens. Voilà comment un malefice souvent se descouvre par la conduicte des auteurs d'iceluy. A quoy je n'opposeray autre art que celuy que la justice m'enseignera, en procurant et faisant tousjours rondement les choses bonnes, et fuyant leurs contraires, toutesfois avec toute la prudence, providence et diligence que je pourray y apporter : et c'est ce que je vous escriray sur les advis que vous m'avés donnez par vostre lettre du dernier du mois passé, que j'ay receue le xve du present, des beaux discours et langages des dicts Espagnols et Savoyards sur ce subject, et ceux qu'a tenus en college l'ambassadeur du roy d'Espagne. *Vous avés sagement faict de vous estre abstenu de parler en public de la part que le duc de Savoye et le comte de Fuentés ont en ces conspirations ;* ces Seigneurs ne sont pour m'en faire la raison, je ne dois ny *veux l'attendre, aprés Dieu, que de mon espée : et seroit vraiment manifester leur foiblesse que de se plaindre les bras croisez. Mais aussy je ne veux pas dire croire*

83.

qu'ils n'y ont eu part, comme je publierois une mensonge trop evidente :
et telle dissimulation seroit interpretée à pusillanimité et timidité. Vous
sçavés que je ne tiens rien de celle-là, et sçaurés que je n'ay occasion
quelconque de me laisser aller à celle-cy. J'ay trop esprouvé leurs forces
et les miennes, pour avoir crainte des premieres et me deffier des
aultres; au moyen de quoy sans vous descouvrir davantage, laissés leur
en penser ce que bon leur semblera. Mais soit que je veuille m'en ressentir à present, ou remettre la partie à une aultre fois, il me suffira de
justifier en termes generaux ma resolution, sans faire voir l'extrait du
procés ny entrer aux particularitez d'iceluy. Encore ne le doibs-je faire
que alors qu'il faudra mettre la main à la besogne. Mais il est bien
certain que je n'ay encore trouvé le dict roy d'Espagne chargé que par
conjectures. Il a sceu le faict en gros, et ne l'a deffendu ny empesché :
c'est la verité; mais tant s'en fault que j'aye faict plaincte au dict roy
d'Espagne de la part que le duc de Savoye et le comte de Fuentés y ont
eue, que j'ay deffendu au secretaire Brunault d'en faire aucune demonstration [1]. . . . .

1602. — 28 AOÛT.

Orig. autographe. — Musée Britannique, Mss. Egerton, vol. 5, fol. 120 et 121.
Transcription de M. Delpit.
Cop. — Arch. de M. de la Force.
Imprimé. — *Mémoires de la Force*, publiés par M. le marquis DE LA GRANGE, t. 1, p. 339.

[A M. DE LA FORCE.]

Monsr de la Force, par ceste occasion je vous diray que je dois
bien louer Dieu, comme avec moy doibvent tous les bons François,
particulierement ceux qui m'aiment, d'avoir descouvert la conspiration
qui estoit brassée contre moy; car j'ay advis de tous costés de dehors
mon Royaume, qu'elle estoit preste à esclater et qu'elle estoit tres

---

[1] Le reste de la lettre répond à divers points des dépêches de l'ambassadeur, donne des nouvelles de la guerre entre l'Espagne et les Pays-Bas, etannonce l'arrivée du comte de Visque, envoyé en France par le duc de Savoie.

grande. Maintenant que le chef a esté pris, elle n'est tant à craindre. Suivant ce que je vous ay cy-devant escript, de me venir trouver au commencement de vostre quartier, n'y faictes faulte ; car vous aimant comme je fais, je seray tres aise de vous avoir auprés de moy. Si vous avés nouvelles que les voisins remuent, donnés-m'en advis ; mais mon opinion n'est pas qu'ils le puissent. Ayés soin à ce qui est de vostre charge pour mon service, et taschés d'apprendre ce qui m'importe, pour me l'escrire en attendant que vous veniés auprés de moy, où vous serés le bien venu et content de moy. A Dieu, Monsr de la Force, lequel je prie vous avoir en sa saincte garde. Ce xxviij^e d'aoust, à Monceaux.

HENRY.

1602. — 29 AOÛT.

Orig. autographe. — B. N. Fonds Béthune, Ms. 9138, fol. 24.
Cop. — Suppl. fr. Ms. 1009.-4.

A MADAME DE MONTGLAT.

Madame de Monglat, vous me faictes plaisir de me mander souvent des nouvelles de mon fils et d'en avoir bien du soin. J'ay trouvé fort bon que vous l'avés mené au chasteau neuf, comme pour tout ce que vous ferés pour luy, qui m'en repose sur vous, asseuré que vous ne ferés rien que bien à propos. Bonjour, madame de Montglat, continués à m'escrire souvent de ses nouvelles. Ce xxixe aoust, à Monceaux.

HENRY.

1602. — 31 AOÛT.

Imprimé. — *OEconomies royales*, t. II, chap. 12.

[A M. DE ROSNY.]

Mon Cousin, J'ay veu l'extrait des assignations que nous avons affectées au payement des garnisons et fortifications de Barault, Provence et Bourg en Bresse, que vous m'avés envoyé avec vostre premiere lettre, escripte hier. Elles ne peuvent estre meilleures ny plus certaines, comme j'ay commandé estre escript à ceulx qui s'en sont plaints; mais puisque le retardement de l'acquittement d'icelles procede, ainsy que vous avés recogneu et m'avés mandé, de la malice et negligence des tresoriers de France et receveurs generaux, je trouve bon l'expedient que vous avés proposé d'envoyer un commissaire sur les lieux, qui interdise tous les dicts tresoriers et receveurs, face luymesme la charge des dicts tresoriers, et commette quelqu'un à faire la recepte. Par tant, je vous prie de faire election d'un homme de bien, et l'y envoyés vous-mesme tel que vous adviserés. Mais je veux que ces frais soyent pris sur les gages des dicts tresoriers et receveurs, qui sont cause du mal, affin qu'ils reçoivent ceste punition avec celle de leur interdiction, et que je ne paye la peine de la faulte qu'ils font à mon service et à leur devoir. Quant au traitement du fils du marquis de Brandebourg, duquel vous m'avés escript par vostre derniere, encore que ce ne soit la coustume de traicter ceulx de sa qualité hors d'auprés de moy, toutesfois ceste maison tient un tel rang en Allemagne, et a tousjours esté si affectionnée à la France, comme elle se monstre encore maintenant en mon endroict, ainsy que vous le sçavés bien, que je veux que l'on caresse cestuy-cy de façon qu'il ayt occasion de s'en louer, soit en le logeant et faisant desfrayer, ou en luy faisant tous les jours present de quelques viandes et vins exquis, ainsy que vous le jugerés plus à propos. La despense n'en sera grande, car sa suite est petite ; et sy, j'estime qu'il n'y sejournera gueres ; mais affin d'advancer sa depesche, faites que le s^r de Maisse le voye de ma part, pour sçavoir de luy s'il desire quelque chose de moy pour ses affaires, en attendant que je soye par delà, et aprés je le feray venir icy, si vous jugés que ce soit à propos, affin de le renvoyer plus promptement. J'ay mandé les ambassadeurs d'Angleterre, Escosse et Savoye, affin de les ouïr mardy, car je suis encore incertain du temps que je retourneray à Paris, d'autant qu'il fait si beau icy, et trouve tant de plaisir pour la chasse, que je n'en puis partir ; et affin que vous cognoissiés que ce n'est sans subject, soyés-y mardy. Par mesme moyen je vous diray moy-mesme mon intention sur les aultres poincts de vos lettres et plusieurs aultres choses qui se presentent pour mon service : priant Dieu, mon Cousin, qu'il vous ayt en saincte garde. Escript à Monceaux, le dernier jour d'aoust 1602.

HENRY.

DE NEUFVILLE.

1602. — 3 SEPTEMBRE.

Cop. — Biblioth. de M. Monmerqué, Ms. intitulé *Lettres à l'ambassadeur du Levant.*

[A M. DE BRÈVES.]

Mons. de Breves, Depuis mes dernieres lettres, que je vous ay escriptes le xie du mois d'aoust, faisant response aux vostres du ixe juin, j'ay receu celles du xxiiie du mois de juin et du viie de juillet, avec le translat à double de celles du Sigal de ce Seigneur : la première adressante à moy et les autres au dict Sigal et aux vice-roys d'Alger et de Tunis; et, s'il est vray, comme j'en suis adverty, que le roy d'Espagne envoye son armée en Barbarye contre ce Seigneur, les dicts vice-roys auront bien à faire d'autres choses que d'aller rendre compte à sa Porte de leurs actions et volleries. C'est pourquoy j'attends peu d'effect des dicts commandemens, principalement pour ceste année, et ne sçay si ce Seigneur conservera le dict pays et pourra doresnavant en disposer comme ont faict jusques à present ses predecesseurs et luy. Le dict roy d'Espagne doibt estre assisté et favorisé, en ceste execution, des Mores du pays, lesquels, maltraictez des Turcs, ont appellé le dict roy à leur secours, et ont esté seuls cause qu'il s'est embarqué en la dicte entreprise, laquelle reussissant, achevera de mettre par terre la reputation de ce Seigneur et de son empire. Il est tellement ebranlé par les advantages qu'il a laissé gagner aux rebelles d'Asie et le peu d'effect qu'il a faict en Hongrie avec le mauvais ordre que luy et ses ministres donnent à ses affaires, qu'il est impossible qu'il ne luy arrive quelque grand et irreparable accident, s'il ne change de conduite. Voilà l'Empereur maistre et possesseur de la Transilvanie, ayant contraint Sigismond Battory, abandonné des autres, à se jetter à ses pieds et se soumettre à ses volontez. La prise faicte par les galeres toscanes de celles de ce Seigneur augmente sa honte, et si son capitaine de la mer, voyant la Barbarie attaquée, demeure encore les bras croisez du costé de la Morée, jugés quelle infamie cela sera. Il faut qu'il saiche que je seray tousjours tres aise de m'employer envers le dict Empereur et tous autres que besoin sera, pour leur faire avoir la paix; mais ils ne la devront esperer, qu'ils n'ayent fait un effort et remis les affaires en honneur; car leurs ennemis les mesprisent, comme ils mespriseront et rejetteront aussy les ouvertures qui leur en seront faictes. J'aurois aussy plus de besoin de me joindre à leurs dicts ennemys, comme j'en suis tous les jours convié, affin de tirer ma part de leurs despouilles, si je n'estois plus soucieux de l'observation de ma foy qu'ils ne s'en sont rendus dignes en mon endroit, ainsy que vous leur avés souvent remonstré; car nous verrons quel sera le succés de la dicte entreprise de Barbarie et quel remede y apportera ce Seigneur : et faudra me capituler selon cela, desirant que vous continuiés à m'advertir de tout ce qu'ils feront.

Les affaires du roy d'Espagne vont assez mal : ceux d'Hollande ont gagné ceste année sur luy plusieurs avantages ; ils tiennent encore à present une ville assiegée sur la riviere de Meuse, qui est d'importance, et crois qu'ils la prendront à la barbe de l'armée espagnole qui s'en est approchée pour la secourir : de façon que si ce Seigneur donnoit un peu meilleur ordre à ses affaires et avoit plus de soin à conserver l'affection de ses amys, il eviteroit facilement les accidens de ceste part-là. Ce que vous leur devés faire sentir à bon escient, affin qu'ils changent de conduite en leurs affaires et en mon endroit, protestant des inconveniens qui arrivent s'ils continuent à mespriser mes conseils et mon amitié, comme ils ont faict jusques à present. Au reste mon Royaume est plus paisible que jamais, graces à Dieu, et suis aprés à me meubler et fortifier de galeres, suivant vostre bon advis.

DE HENRI IV. 665

Je prie Dieu, Monsr de Breves, qu'il vous ayt en sa saincte garde. Escript à Monceaux, le iij^e jour de septembre 1602.

HENRY.

1602. — 4 SEPTEMBRE.

Orig. autographe. — Biblioth. impér. de Saint-Pétersbourg, Ms. 886, lettre 65. Copie transmise par M. Allier.

A MONS^R DE BELLIEVRE,

CHANCELLIER DE FRANCE.

Monsr le chancellier, Le s^r de Vitry, qui vous rendra ceste-cy de ma part, eust luy-mesmes esté le porteur de la derniere que je vous ay escripte en sa faveur, si je luy eusse voulu donner congé. Maintenant donc je le luy ay accordé, à la charge de me revenir trouver demain, et vous ay bien voulu faire ce mot, pour vous en advertir et vous prier de le depescher incontinent, car c'est chose que je desire, ne pouvant songer pourquoy vous ayés jusques icy différé à faire ce qui est de ma volonté en cela[1]. Depeschés-le donc incontinent, à ce

[1] Comme on l'a vu ci-dessus (lettres du 28 juin et du 2 juillet), il s'agissait de la création de quatre maîtrises dans les villes où existait cette institution. M. de Bellièvre désapprouvait apparemment soit l'application actuelle de cette mesure, soit l'emploi de la finance qui en proviendrait. Or les chanceliers étaient tenus, par le serment qu'ils prêtaient à leur entrée en charge, de n'obéir aux ordres qui leur paraîtraient blâmables, qu'après des commandements réitérés. Il était dit en propres termes dans ce serment : « Quand on vous apportera à sceller quelque lettre, signée par le commandement du Roy, si elle n'est de justice et raison, ne la scellerés point, encore que le dict Seigneur le commande par une ou deux fois, mais viendrés devers iceluy Seigneur, et luy remonstrerés tous les points par lesquels la dicte lettre n'est raisonnable : et après que aura entendu les dicts points, s'il vous commande la sceller, la scellerés, car lors le peché en sera sur le dict Seigneur et non sur vous. » (Serment prêté le 7 janvier 1515 entre les mains de François Ier par le chancelier du Prat.) Nous voyons qu'en certains cas le chancelier de Bellièvre ne regardait pas un double commandement comme une garantie suffisante de sa responsabilité. Pour les faveurs où il trouvait quelque chose d'abusif ou d'exorbitant, une lettre autographe lui semblait toujours indispensable. Tant qu'il ne l'avait pas reçue, de manière à la conserver pour sa décharge, il faisait la sourde oreille à tous les

LETTRES DE HENRI IV. — V. 84

qu'il ne faille me venir trouver demain comme je le luy ay commandé. Sur ce, Dieu vous ayt, Monsʳ le chancellier, en sa saincte et digne garde. Ce iiijᵉ septembre, à Monceaux.

HENRY.

1602. — 6 SEPTEMBRE.

Orig. — Arch. de M. de la Force.
Imprimé. — *Mémoires de la Force*, publiés par M. le marquis DE LA GRANGE, t. I, p. 339.

[A M. DE LA FORCE.]

Monsʳ de la Force, Comme il n'y a rien qui soit assez fort pour alterer ou diminuer la bonne opinion que j'ay toujours eüe et ay encores de vostre fidelité, ny l'affection que je vous porte, je m'asseure aussy qu'il n'y a sorte d'accident qui puisse changer ny refroidir la bonne volonté de me servir que vous m'avés tousjours tesmoignée. Sur ceste confiance, je vous escris la presente, et vous adresse le porteur d'icelle, auquel j'ay commandé vous representer et faire entendre deux ouvertures qu'il m'a faictes, lesquelles j'ay jugé dignes d'estre considerées et epeluchées ainsy qu'il me les a deduictes. Mais comme il est question de choses qui sont de tres grande importance, et que la suite d'icelles en doit produire et engendrer encore d'aultres, qui seront encore plus pregnantes, je desire aussy voir si clair aux fondemens sur lesquels l'on entend elever et executer les desseins que l'on se propose, que je n'y sois abusé, et que je n'aye occasion de regretter d'y avoir presté l'oreille. Au moyen de quoy je vous prie faire eslection de quelque homme qui soit entendu aux affaires, experimenté soldat, inconnu neantmoins en la frontiere : et l'envoyés avec ce dict porteur où vous entendrés par son discours estre necessaire, pour parler luy-mesme aux personnes qui font les propositions qu'il vous

---

autres ordres. Quelquefois le Roi était obligé de lui écrire deux fois. Il est des affaires où nous trouvons jusqu'à trois lettres de plus en plus impératives. Nous en avons mêmes quatre ici pour cette affaire des maitrises. (Voy. ci-après, p. 691.) C'est ce qui explique cette quantité de billets au chancelier sur toutes sortes d'intérêts particuliers.

dira, affin de sçavoir au vray si elles sont certaines, quelles asseurances on en peut prendre, quelles volontez et moyens ont de les commencer (et après les avoir commencées de les poursuivre et y durer) ceux qui les mettent en avant, quelle assistance ils desirent de moy, quelles sommes d'argent ils entendent fournir pour cest effect, quelle commodité il y aura de leur donner le dict secours, sous quel pretexte et par quel chemin on le peut faire; en quel temps et par quel lieu ils pretendent commencer leur entreprise; si, pour ce faire, ils ont correspondance et intelligence avec d'autres estrangers; de quel nombre d'hommes, et de quelle qualité ils sont composez, et quel fonds d'argent ils ont pour y employer : affin qu'estant informé au vray et par le menu de toutes ces choses, je puisse mieux et plus seurement y contribuer ce dont ils me recherchent, tant pour leur propre bien (car je serois marry qu'ils se perdissent puisqu'ils s'adressent à moy) que pour la conservation de ma reputation. Monsr de la Force, faictes-moy donc ce service que d'envoyer quelqu'un avec ce porteur, qui soit capable de vous rapporter esclaircissement et certitude de toutes les choses susdictes, et des aultres circonstances qui appartiennent à ce faict [1]. J'ay faict donner à ce dict porteur trois cens escus, mais ce n'est que pour le rembourser des frais qu'il a faicts, venant par deçà. Je feray mieux pour luy, s'il continue à me bien servir; par tant, je vous prie donner moyen à celuy que vous enverrés avec luy de se defrayer, et je vous promets que vous serés remboursé sitost que je sçauray l'avance que vous y aurés faicte. Advertissés-moy du temps

---

[1] Il s'agissait d'un projet de soulèvement des *Morisques*, descendants des anciens Maures, demeurés dans les royaumes de Valence et d'Aragon. Il faut lire dans l'édition des *Mémoires de la Force*, la pièce fort curieuse que M. de la Grange a jointe à cette lettre, et qui contient les propositions adressées par les Morisques à Henri IV. Ce mémoire, adressé tantôt au Roi, tantôt à son conseil, est signé par Hamet Musrif de Ségorbe. Ce personnage, qui s'intitule ailleurs *un des Mosarifes, c'est-à-dire gentilhomme de la nation*, expose, au nom de ses compatriotes, leurs griefs contre le roi d'Espagne, les forces dont ils peuvent disposer, et réclame le secours du roi de France, auquel ils offrent des sûretés, et auquel leurs prophéties présagent la victoire.

668　　　　　　　LETTRES MISSIVES

que vous recevrés la presente, sitost qu'elle vous aura esté delivrée, et de ce que vous aurés executé en vertu d'icelle, et vous me ferés service tres agreable : priant Dieu, Monsʳ de la Force, qu'il vous ayt en sa saincte garde. Escript à Juilly, le vjᵉ jour de septembre 1602.

HENRY.

DE NEUFVILLE.

1602. — 11 SEPTEMBRE.

Orig. — Papiers provenants des anciennes archives de Lyon. Copie transmise par M. Dupasquier.

A NOS TRES CHERS ET BIEN AMEZ LES PREVOST DES MARCHANDS
ET ESCHEVINS DE NOSTRE VILLE DE LYON.

Tres chers et bien amez, Nous avions estimé que les troupes espagnoles qui ont nouvellement passé les monts dussent aussy sans intermission continuer leur voyage pour passer en Flandres ; mais nous avons depuis esté advertys qu'elles doivent sejourner en Savoye tout cet hyver prochain ; qui est un advertissement suffisant de se tenir soigneusement sur ses gardes en toute ceste frontiere, mesme en nostre ville de Lyon, où elles trouveront plus volontiers leurs desseins qu'ailleurs, si elles avoient à entreprendre quelque chose. C'est pourquoy nous avons bien voulu vous faire part de cet advis, affin que vous redoubliés vostre soin et vos veilles, pour empescher qu'il ne se trame rien au prejudice du repos et de la seureté de la dicte ville. Nous avons aussy advisé, pour vous y aider, de faire entrer dans le bastion de Sᵗ-Jean deux compagnies du regiment du sʳ de Bourg[1], remettant au sʳ de la Guiche de luy demander celles qu'il es-

---

[1] Antoine du Maine, dit du Bourg-Lespinasse, avait été grand ligueur ; et lorsqu'il fut chargé de la levée d'un régiment pour la guerre de Savoie, un billet anonyme l'accusa très-perfidement de vouloir attenter à la vie du Roi. Dès qu'il apprit cette dénonciation, à Lyon, où il recrutait ses soldats, il accourut au camp royal, près de la tour Charbonnière. (Voyez la première lettre du 10 septembre 1600.) Henri IV lui fit l'accueil le plus cordial, et n'exprima que du mépris pour une si lâche

DE HENRI IV. 669

timera plus propres, nostre intention n'estant de les y tenir que autant que les dictes troupes espagnoles sejourneront en Savoye et que nous ayons peu renforcer nostre frontiere de delà; car, si les dictes troupes passent plus oultre (comme, si elles en ont volonté, il faut que bien tost elles s'en declarent, parce que les chemins leur deviendront tousjours plus incommodes), nous retirerons les dictes compagnies et les remettrons dans le dict regiment. Ce pendant elles ne vous seront à aucune charge, faisant d'ailleurs pourveoir à leur payement et entretenement, qui est ce que nous avons à vous dire pour ceste fois. Donné à Monceaux, le xj° jour de septembre 1602.

HENRY.

FORGET.

1602. — 17 SEPTEMBRE.

Orig. — Archives de M. Eugène Renaud d'Avesnes des Méloizes. Copie transmise par M. de la Villegille.

A MONS^R LE BARON DU TOUR,
CONSEILLER EN MON CONSEIL D'ESTAT ET MON AMBASSADEUR EN ESCOSSE.

Monsr du Tour, Vous devés estre dans la mesme peine que je suis, pour n'avoir aucunes lettres de vous depuis vostre arrivée en Escosse, ne vous ayant aussy escript depuis le 11e du mois d'aoust, que je vous envoyay l'arrest donné par la cour de Parlement, en vertu duquel le mareschal de Biron a eu la teste tranchée, n'ayant trouvé commodité depuis de vous faire tenir mes commandemens; car la

calomnie, engageant du Bourg à lui continuer activement ses bons services, dont il n'eut en effet qu'à se louer. Le régiment levé par du Bourg lui fut d'une grande utilité, comme on le voit en plusieurs lieux de cette correspondance.

Antoine du Maine, baron de l'Espinasse et de la Garde de Rioux, vicomte de Montirat, seigneur de Changy, de Saint-Rezan, de Saint-Bonnet et de la Mothe-Nouailly, gentilhomme ordinaire de la chambre, était le second fils de Bertrand du Maine, seigneur du Bourg, et de Jeanne de Fayolle. Il eut le gouvernement d'Antibes en 1608, et vivait encore fort vieux en 1635. Le comte du Bourg, son petit-fils, fut maréchal de France.

voye d'Angleterre est incertaine et longue, ainsy que m'a mandé le s^r de Beaumont, et celle de la mer l'est encore davantage : tellement qu'il faut que vous advisiés et conveniés avec le dict s^r de Beaumont de quelque autre moyen par lequel je vous puisse faire porter mes lettres et recevoir les vostres, comme je vous commanday à vostre partement.

Le roy d'Escosse, mon bon frere et cousin, a envoyé vers moy son grand escuyer le vicomte de Humes (qui sera porteur de la presente), pour me visiter et se congratuler avec moy sur l'occasion des entreprises et conspirations faictes contre ma personne et mon Royaume, et me faire offre de son assistance contre les aucteurs d'icelles ; de quoy le dict vicomte s'est tres bien acquitté et auray receu tres grand contentement. Je vous envoye les doubles des deux lettres que j'escris par luy au Roy, pour response à celles qu'il m'a presentées de sa part, par lesquelles je le remercie du tesmoignage de son amitié qu'il m'a voulu rendre en ceste occasion, luy desclare combien il m'a esté cher et agreable, et luy promets la pareille quand il en aura besoin. Je veux, oultre cela, que vous voyés le dict roy, si tost que vous aurés receu la presente, pour luy confirmer le semblable de ma part, en luy representant la consolation que j'ay receue de cest office, le gré que je luy en sçay et le desir que j'ay de m'en revancher, non en subject semblable, car je prie Dieu qu'il l'en garantisse, mais en quelque autre qui soit digne de mon assistance, laquelle ne luy manquera jamais.

Vous luy dirés aussy que l'aimant comme je fais, je veux que vous communiquiés franchement et confidemment avec luy de tout ce qui me concerne, pour luy rendre plus grande preuve de mon affection, qui est fondée sur l'estime que je fais de sa personne et la consideration de son alliance, que je desire accroistre et estraindre en nos jours pour le commun bien de nos enfans.

En suite de cela vous luy dirés que j'ay recogneu par le progrés et l'issue du procés du dict mareschal de Biron, qu'il avoit eu plus de volonté que de pouvoir de mal faire, ayant plus volontiers presté l'oreille aux ouvertures et recherches faictes pour le suborner, et plus promis aux aucteurs d'icelles qu'il n'avoit moyen d'executer, s'estant faict fort d'embarquer avec luy plusieurs personnes de mon Royaume auxquelles non-seulement il n'en avoit encore parlé, mais n'eust osé entreprendre de le faire. Il en usoit ainsy pour magnifier et faire valoir davantage sa personne et son credit, et ceux auxquels il debitoit telles vanitez et esperances les recevoient encore plus volontiers, tant ils estoient aveuglez d'un extraordinaire desir de me nuire, que cela a esté cause que l'on a dict et cru, quand la conspiration a esté descouverte, que grand nombre de personnes y trempoient et que la partie estoit puissante et perilleuse. Mais j'ay depuis verifié le contraire, ayant recogneu que le dessein du dict mareschal estoit partout si extravagant et deraisonnable qu'il n'avoit osé s'en descouvrir qu'à deux ou trois personnes despendantes du tout de luy, tellement qu'il y fust succombé facilement avec ceux qui le suscitoient, quand on l'eust laissé faire. Peut-estre m'eust-il donné un peu plus de peine, mais comme chacun eust recogneu son imprudence exceder encore sa malice, sa honte en eust esté plus grande et sa chute plus lourde. Le duc de Savoye a esté le premier instigateur et moteur de ceste partie, en laquelle il a appellé et eu pour second le comte de Fuentés, qui y est entré volontiers, comme celuy qui symbolise en inquietude et convoitise avec le duc de Savoye. Si le roy d'Espagne en a eu cognoissance, il est vraisemblable; toutesfois je n'en ay preuve. Il veut que je croye qu'il l'a ignoré, mesme le Pape en respond pour luy, et les deux autres recherchent encores tous moyens de s'en laver, principalement depuis le dernier traité de Lyon. J'escoute le dire et les raisons des uns et des autres, et d'autant que je dois comme Roy tres-chrestien preferer le bien public à toute vengeance, je me conduis en ces affaires avec toute moderation et longanimité. Ce que je fais d'autant plus volontiers encore, que je recognois, considerant l'estat present de mon Royaume et celuy de mes voisins, en devoir ainsy user pour mon utilité particuliere. Je vous escrirois les raisons par le menu, pour les communiquer aussy au roy mon dict frere, si c'estoit chose necessaire, ou qui se pust aussy bien representer par escript qu'à bouche.

Sur cela, le Pape a entrepris, comme pere et amy commun, de composer les affaires à mon contentement, et le dict duc de Savoye a jà envoyé le comte de Visque[1], fils du feu s^r Carles de Birague, pour preparer les voyes de sa justification et m'asseurer de son service. Ce sont les termes desquels il a usé. Je respondray à l'un et à l'autre avec telle circonspection, qu'ils cognoistront que je ne suis moins jaloux de la conservation de ma dignité et reputation, que sensible du mal et du bien que l'on me faict. Le dict duc de Savoye a depuis peu faict venir en son pays quatre ou cinq mille Espagnols, qu'il a logez jusques à Chambery, tant il a apprehendé la juste vengeance de mes armes. Ç'a esté le dict comte de Fuentés qui les luy a fournis; et comme leur sejour au dict pays, où ils vivent aussy licentieusement que de coustume, achevera de detruire la Savoye, ce sera une espece de punition que commencera à recevoir le dict duc, par ses propres mains et de ses adherens, de son inquietude et mauvaise foy, sans que je m'en donne aucune autre peine que de commander à mes serviteurs et subjects qui en sont voisins, de veiller sur leurs actions et se garder de surprise, comme j'espere qu'ils sçauront bien faire.

Ce pendant nous verrons ce que fera et deviendra l'armée de mer que le roy d'Espagne a assemblée en Espagne, laquelle devoit partir de Cadix et du port de Ste-Marie au commencement de ce mois pour attaquer la Barbarie. Le dict roy a fait de grands frais pour la dresser,

---

[1] Louis de Birague, comte de Visque, chevalier de St-Maurice, gouverneur des princes Maurice et Thomas, enfants du duc Charles-Emmanuel, était devenu sujet de ce prince, et resta au service de la Savoie, ainsi que sa postérité. Son père, Charles de Birague, cousin germain du cardinal de Birague, chancelier de France, avait été conseiller d'État, chevalier des ordres, gouverneur du marquisat de Saluces; et il avait épousé Laure de St-Martin, nièce du comte de Visque, de qui elle avait hérité, à la condition que l'aîné de leurs descendants porterait toujours le nom et les armes des comtes de Visque. Louis de Birague, leur fils aîné, fut le premier à qui s'appliqua cette substitution. Outre cette ambassade en France, le duc de Savoie lui en confia d'autres, à Rome, en Espagne et en Angleterre.

et toutesfois ce sera tout si elle sera composée de douze à quinze mille hommes, forces qui ne sont suffisantes pour conquerir le dict pays de Barbarie et en chasser les Turcs, lesquels advertys du dessein des dicts Espagnols, ont assemblé jusqu'à trente mille hommes à pied et dix mille à cheval pour presenter et opposer aux autres quand ils comparoistront. Vray est que ceux-cy s'attendent d'estre assistez de vingt-cinq ou trente mille hommes, que certains roys Mores du dict pays, qui font profession d'inimitié avec les dicts Turcs, leur ont promis; mais il est à craindre qu'ils leur manquent. Au moyen de quoy je juge ceste entreprise fort hasardeuse, mesmes estant la saison si advancée qu'elle est; tellement que plusieurs ont opinion qu'il en adviendra autant qu'à celle de l'année passée, laquelle fut dressée à grands frais pour la mesme entreprise et ne passa l'isle de Maiorque.

Nous verrons pareillement quelle issue aura ceste année la guerre des Pays-Bas, en laquelle, combien que le prince Maurice n'ayt peu faire ce qu'il avoit deliberé quand il s'est mis en campagne (qui estoit de passer avec son armée jusqu'en Flandres pour faire lever le siége d'Ostande), toutesfois il a eu jusqu'à present un grand advantage sur les archiducs, car il a assiegé la ville de Grave à la vue de l'armée des autres, commandée par l'admiral d'Aragon, et semble que la prise n'en puisse estre empeschée par les autres, par le bon ordre que le dict prince a donné à la seureté de son camp; aussy ont-ils jà retiré leur armée du lieu où ils l'avoient advancée, et depuis la dicte retraite, une grande partie d'icelle s'est mutinée ou desbandée; tellement qu'elle est aujourd'hui affoiblie de la moitié, et le dict prince poursuit son siége sans empeschement. D'ailleurs les Estats ont si bien rafraischy d'hommes, de vivres et de munitions de guerre la ville d'Ostande, qu'elle est en estat de se conserver et deffendre mieux que jamais, de sorte qu'il n'y a apparence d'esperer que les dicts archiducs la forcent. Ce pendant la royne d'Angleterre ma bonne sœur et cousine pourra achever à son aise de nettoyer l'Irlande de la rebellion qui y reste par force ou par douceur. Il faut considerer aussy que les Espagnols et Portugais ont faict perte cette année, sur la mer, de la valeur de plus de quatre millions d'or, dont les Anglois et Hollandois ont profité; sans compter les advantages et proficts qu'ils ont rapportez des voyages et traficqs qu'ils ont faicts aux Indes, qui montent à grandes sommes de deniers.

Nous ne voyons pas aussy que la maison d'Austriche ayt meilleure fortune ceste année en la guerre de Hongrie qu'ailleurs, car l'armée du Turc, composée de cent mille hommes, a assiegé la ville d'Alberegalle, et celle des Chrestiens n'est en estat de la pouvoir nourrir. Il est vray que l'Empereur a gagné un grand advantage en Transilvanie, car il a reduit à tels termes Sigismond Batory, qui la debatoit contre luy, qu'il a esté contrainct recevoir la loy de luy et de luy quitter le pays.

Voilà un sommaire de ce qui se passe maintenant entre mes voisins, ce pendant que je mets peine de purger mon Royaume des mauvaises humeurs restées des guerres passées et redresser les arcs-boutans d'iceluy, qui consistent en la pieté et justice et en la discipline militaire et au soulagement de mon peuple, que la violence d'icelles avoit renversées; à quoy j'espere bien profiter autant et plus que je ferois à une guerre entreprise precipitamment et hors de saison, sous pretexte de me venger d'injure ou autrement[2].....

1602. — 18 SEPTEMBRE[1].

Cop. — B. N. Fonds Brienne, Ms. 38, fol. 244 recto.
Cop. — A Londres, State paper office, vol. de Mélanges. Envoi de M. l'ambassadeur de France.

[A LA REINE D'ANGLETERRE.]

Madame ma bonne sœur, J'ay veu et receu vostre ambassadeur avec grand contentement, comme j'ay faict de la lettre que vous m'avés escripte de vostre main par luy. J'ay tres bonne opinion aussy du

---

[2] Suivent plusieurs pages écrites en chiffres.

---

[1] Cette date est fournie par le Ms. de Brienne.

naturel de ce gentilhomme, et me promets qu'il sera propre pour servir à l'effect auquel vous l'avés destiné. Je traicteray avec luy confidemment, et luy donneray occasion par mon comportement, durant sa legation, de vous tesmoigner combien vostre amitié m'est chere et veulx la conserver precieusement. Cependant je vous remercie, Madame ma bonne sœur, du salutaire conseil que vous m'avés donné par vostre lettre sur le subject des trahisons que Dieu m'a faict la grace de descouvrir et eviter. Il est certain que j'ignore encore le fond et la suite entiere d'icelles, quelque diligence et industrie que j'y aye employé avec mes bons conseillers; toutesfois j'en sçay assez pour discerner les faulx d'avec les vrais advis et cognoistre le but auquel telles conspirations aspiroient. J'espere aussy vous donner occasion de croire que je ne manque de courage pour me ressentir d'une offense, non plus que de gratitude pour recognoistre un bienfaict, quand il est question de faire l'un ou l'autre. Mais comme toutes choses ont leur temps, c'est la maistrise de choisir et rencontrer l'opportunité de les bien executer. Ce sera doresnavant ma principale estude, en laquelle si je suis assisté de vostre experience et prudence, comme je m'y attends et vous prie, il sera difficile qu'elle m'eschappe. Mon ambassadeur vous dira le demeurant, s'il vous plaist l'ouïr aussy benignement que vous en prie

Vostre tres affectionné frere et cousin,

HENRY.

1602. — 26 SEPTEMBRE.

Cop. — B. N. Fonds Béthune, Ms. 8957, fol. 17 recto. — Et Suppl. fr. Ms. 1009-4.

[AU PAPE.]

Tres Sainct Pere, Les religieux de l'ordre des Celestins de nostre Royaume nous ont faict entendre que, sur quelques remonstrances qui furent faictes au feu Pape Paul troisiesme, par les religieux du dict ordre des Celestins du couvent de Hervel prés Louvain, ils obtindrent du dict Pape un bref portant exemption de la subjection, visitation et jurisdiction du pere provincial de France, de laquelle ils despendent, luy faisant entendre que la dicte visitation ne se faisoit qu'avec grands frais et qu'elle estoit ordinairement empeschée, à cause des guerres, encores qu'elle n'ayt jamais manqué, et que le dict provincial ne prenne que quatre escuz à chacune visitation, et ont-ils encores permission par le dict bref, de pouvoir manger de la chair trois fois la sepmaine, s'excusant sur la rareté du vin et du poisson qui est au dict pays; comme aussy pour avoir plus de liberté et vivre avec plus de licence, ils ont faict instance à Vostre Saincteté de leur permettre de quicter leur ancien ordre des Celestins et se mettre en celluy de Cisteaux. Et encores que le dict bref leur ayt esté accordé, plustot par surprise que pour les justes considerations qui y peussent lors avoir disposé le dict Pape Paul troisiesme, neantmoins comme il importe grandement à la reputation du dict ordre, que les dicts Celestins de Hervel non seulement demeurent en l'observation des loix et statuts d'icelluy, mais aussy, pour reprimer la licence qu'ils ont prise, aprés avoir secoué le joug du dict provincial de France, ils soyent remis soubs la visitation et jurisdiction de laquelle ils ont tousjours esté : nous en avons bien voulu escrire ceste lettre à Vostre Saincteté, par laquelle nous la prions et requerons autant et si affectueusement que faire pouvons, qu'il luy plaise faire consideration sur ce faict, et ne permettre que le dict bref ayt lieu, ny que les dicts Celestins de Hervel puissent changer leur ordre en celuy de Cisteaux, ains revocquant le dict bref, ordonner qu'ils retourneront soubs la visitation et jurisdiction du dict provincial de France, comme ils ont esté de toute ancienneté, puisque ceste poursuicte n'est causée que du desir qu'ils ont de vivre doresnavant avec plus de liberté qu'ils n'ont faict par le passé, et que ceste licence pourroit apporter avec soy un mauvais exemple à ceulx qui ont faict semblable profession, ainsy que le s^r de Bethune luy fera plus amplement entendre. Priant Dieu [1].........

De Paris, le xxvj^e jour de septembre 1602.

HENRY.

---

[1] La salutation qui doit suivre manque dans les deux copies.

[1602.] — 27 SEPTEMBRE.

Imprimé. — *Œconomies royales*, édit. orig. t. I, chap. 14.

[A M. DE ROSNY.]

[1] Mon amy, Sur ce que Rignac, auquel j'ay faict expedier une ordonnance pour son voyage de m'estre venu trouver il y a quelque temps de la part de m^r de Bouillon, m'a dict que vous aviés commandé qu'elle luy fust acquittée, pour estre venu à ses journées, qui n'est pas ce que je desire ; c'est pourquoy je vous fais ce mot pour vous dire que ma volonté estant qu'il soit aultrement traicté, que vous le commandiés, attendu que je l'ay retenu icy prés de moy plus de six sepmaines. Bonjour, mon amy. Ce vendredy matin, xvij^e septembre.

HENRY.

1602. — 29 SEPTEMBRE. — Ire.

Orig. — B. N. Fonds Béthune, Ms. 8891, fol. 46.

A MONS^R VYART,

CONSEILLER EN MON CONSEIL D'ESTAT ET PRESIDENT EN LA JUSTICE DE METZ.

Monsr Vyart, Voyant le progrès tres prejudiciable et important de la division qui est entre le s^r de Sobolles et ceulx de la ville de Metz, j'y ay fait acheminer mon cousin le duc d'Espernon, estimant que le pouvoir et l'auctorité qu'il a par delà pour mon service [1] pourra mettre quelque ordre et fin à ceste dissention. Et pour y proceder plus exactement et serieusement, oultre ce que vous pouvés luy donner d'assistance et ce qui sera en cela requis du debvoir de vostre charge, j'ay

[1] Cette lettre était de la main du Roi.

---

[1] Le duc d'Épernon était gouverneur de Metz, où M. de Sobole commandait en son absence comme son lieutenant.

trouvé bon d'envoyer prés de luy le s^r de Boissise, comme vous conseiller en mon conseil d'Estat, pour tous ensemble, par un commun et salutaire bon advis, apporter ce que vous jugerés de plus expedient, prompt et certain remede, non seulement pour arrester le cours de telle alteration, mais pour en extirper, s'il est possible, la cause avec l'effect. En quoy j'ay pensé le dict s^r de Boissise estre d'autant plus requis et necessaire, que j'ay estimé que vous ne pourriés assiduement vous tenir prés de mon dict cousin, s'il vous convient trouver et assister, comme je le desire, à la conference de Verdun, que j'ay enfin consentie, selon que vous le fais entendre et vous mande de vous y trouver, par celle que le president Myron vous rendra de ma part, lequel je fais presentement partir pour se trouver avec vous à la dicte conference[2]. Ce pendant, et en attendant qu'elle se tienne, vous donnerés à mon dict cousin tout ce que vous verrés luy estre besoing d'assistance es occasions susdictes, pour l'execution entiere de ma volonté, que je remets au dict s^r de Boissise de vous faire entendre de ma part, et à vous de le croire sur ce comme moy-mesmes : et dans l'asseurance que j'ay du grand soing que vous avés tousjours eu et avés encore du bien, advancement et establissement de mes affaires, je prieray Dieu qu'il vous ayt, Monsr Vyart, en sa saincte garde. Escript à Paris, le xxixe jour de septembre 1602.

HENRY.

POTIER.

1602. — 30 SEPTEMBRE. — Ire.

Orig. — Arch. de M. de Couhé-Lusignan. Copie transmise par la société des Antiquaires de l'Ouest.

[A M. DE FRESNES-CANAYE.]

Monsr de Fresnes, Je vous ay escript par mes dernieres qu'il n'y a eu moyen de *tirer de ce Jacques Chauderon* la lettre adressante à Picotté

---

[2] L'objet de cette conférence avec les députés de l'archiduc Albert et de l'infante sa femme, était de fixer les limites du Verdunois et du Luxembourg, et de composer un différend entre le chapitre de Verdun et les habitants de Damvillers.

que nous desirions, et que j'ay remarqué par les responses qu'il a faictes à celuy qui luy en a parlé, que *c'est un mauvais homme qui a correspondance avec le dict Picotté, et qui sert icy d'espion.* Davantage on s'est plaint en Espagne au secretaire qui y reside pour mon service, comme si l'avois desbauché du service de l'archiduc et *le retenois par deçà exprés pour incòmmoder ses affaires,* au besoing qu'il a de present *de ceux qui font la profession d'ingenieurs.* C'est pourquoy je luy ay faict commander qu'il sorte de mon Royaume dedans un mois, et qu'il aille servir ceux *desquels il tire appointemens et pension,* puisqu'ils le demandent et ont besoin de son service. Par tant il faut trouver quelque autre expedient *pour attraper par delà nostre homme,* et combien que *le dict Chauderon* ne puisse avec fondement *se doubter qu'il ayt esté recherché par mon commandement d'escrire la dicte lettre, toutefois il est si rusé et deffiant qu'il* pourroit bien en avoir pris opinion ; tellement que je me doute bien qu'il en advertira le dict Picotté et qu'il luy en donnera l'alarme. C'est pourquoy nostre Beauceron fera bien de *cheminer la bride en main,* affin qu'il ne tombe *en soupçon, car vous sçavés qu'ils* procedent par delà en cas semblable plus rigoureusement que nous. Mais quoy que m'en puisse arriver, je ne consentiray ny approuveray jamais que il soit usé *du moyen proposé par le dict Beauceron contre le dict Picotté.* J'aime mieux le repos de ma conscience que je ne fais ma couronne, qui m'est tres chere ; et n'y a point de raisons ny d'utilitez qui soyent assez fortes ny considerables pour me persuader d'en user autrement. Dieu, qui cognoit nos cœurs et superabonde en justice, renversera, s'il luy plaist, sur les aucteurs mesmes de telles intentions l'effect de leurs meschantes volontez ; et sy je n'abuseray pour cela de la confiance de sa providence divine en quittant l'usage du discours et de la prudence. Car je prendray garde à moy si diligemment et soigneusement avec mes bons serviteurs, que je ne tomberay en leurs embusches, desquelles vous sçavés que Dieu m'a tres bien preservé et vengé jusques à present, sans que j'aye souillé ma conscience de pensées et cogitations si sales que sont celles-cy. Au moyen de quoy, je desire que mes serviteurs se *departent entierement de moyens semblables, et qu'ils ayent recours à ceux qui sont licites;* en quoy ils ne manqueront d'assistance de mon costé telle que sera necessaire.

Le comte de Visque, que le duc de Savoye avoit envoyé vers moy, en est party plus content pour son maistré qu'il n'esperoit quand il y est venu. *Je l'ay faict pour luy donner credit auprés de luy*, se monstrant *affectionné à la France*, mesme saichant qu'il est *amy du comte Martinengue*, la partie duquel il faut trouver moyen, s'il est possible, *de relever auprés du dict duc pour s'opposer à celle d'Albigny*, des artifices et trahisons duquel je veux esperer que *le dict duc se lassera à la fin*, car il ne *faict que le tromper et luy despenser son argent inutilement, promettant d'executer plusieurs choses* qui ne sont en sa puissance, comme *ont accoustumé de faire* telles sortes de gens qui triomphent *de la credulité de ceux qui les employent avec plus de passion que de consideration.* C'est pourquoy je persiste à desirer que le dict *comte Martinengue voye le dict duc, principalement s'il y est convié par luy, et cognoisse qu'il* soit bien receu. Car, comme il verra les *esperances et apprehensions que luy donne le dict Albigny s'evanouir, peut-estre ouvrira-il les yeux aux remonstrances qu'il luy fera,* et pourroit rencontrer telle heure, qu'il luy feroit *cognoistre que le dict Albigny* tend plus à le *mettre en captivité soubs le joug des Espagnols, desquels il est bien appointé, que à le venger de moy*, de qui il pourroit recevoir *toute bonne voisinance et amitié s'il vouloit s'en rendre digne.* En tous cas, il me semble que le *voyage du dict comte ne peut nuire, et qu'il peut servir; quand ce ne seroit qu'à brouiller le dict duc avec ses confidens*, ainsy que vous m'avés escript et *esclaircy de ses desseings;* joinct que j'ay sceu *d'Espagne que ceux que luy et le comte de Fuentés y avoient envoyez pour irriter le dict roy contre moy,* n'ont faict ce qu'ils pensoient, tellement qu'on m'a mandé que *le dict duc en est tres mal content et en grand peine.* A quoy j'adjousteray qu'il semble que le dict roy d'Espagne ayt volonté de me donner plus de subject que jamais de vivre en paix avec luy, et que le Pape y veuille mettre la main; à quoy l'on me trouvera trés disposé d'entendre, principalement si je cognois que l'on y procede de bonne foy, ainsy que vous dirés au nonce de Sa Saincteté qui reside par delà, s'il vous en parle, et à tous ceux qui s'en enquerront de vous; mais vous n'en parlerés le premier, car je ne veux que l'on croye que ce soit chose que je recherche et desire, si l'on ne m'en donne argument. Je cognois bien que les affaires de Flandres et d'Espagne sont en tel estat, que le dict roy d'Espagne a plus de besoing de conserver mon amitié que je n'ay occasion de craindre ses armes, principalement s'il advient qu'elles ayent ceste année aussy mauvaise fortune en Barbarie qu'elles ont eu en Flandres, où les Estats ont pris la ville de Grave à la barbe de l'archiduc (car elle fut rendue par composition le xxe de ce mois); et l'armée des archiducs s'est depuis tellement desbandée et mutinée, qu'il ne luy reste pas huict mille hommes en tout, encores est-il contrainct de tourner le reste contre les mutins, qui tiennent tout le pays en subjection et sont ensemble cinq à six mille hommes de toutes nations, lesquels grossissent tous les jours. Quant à Ostende, il est en meilleur estat de toutes choses pour se deffendre qu'il n'estoit il y a un an, encores que les serviteurs du dict archiduc publient le contraire pour aucunement consoler leurs peuples sur le succés de Graves et le desbandement de la dicte armée.

Davantage j'ay sceu que les Hollandois ont dressé deux colleges en société de marchands, fondez chascun de quatre ou cinq millions d'or, pour establir un trafic ordinaire aux Indes Orientales et Occidentales, qui sera de grande consequence. Cependant la royne d'Angleterre et eux ont envoyé en la coste d'Espagne et de Portugal un rafraischissement de vaisseaux, qui incommoderont grandement le dict pays, comme ils ont faict toute ceste année, avec proffit de la valeur de plus de quatre millions d'or. Doncques estant les choses de dehors en l'estat susdict, et mon Royaume en chemin d'estre plus paisible, et mon auctorité plus asseurée que jamais, jugés si je doibs craindre mes voisins, et s'ils auront pas subject de se louer de ma probité et volonté, conservant et entretenant la paix publique, comme j'offre de faire, pourveu que l'on ne me force d'en user autrement, comme en verité l'on feroit si l'on continuoit à dresser contre ma personne et mon Estat les parties que l'on a tentées depuis la dicte paix, ainsy que j'ay appris par la lettre *du Beauceron*, escripte le xxvııj^e du mois d'aoust, que *continuent à faire le dict prince et ses associez*. Je l'ay dict librement à l'ambassadeur du dict roy d'Espagne, qui reside icy, et pareillement au nonce du Pape, *sans toutesfois leur avoir descouvert la moindre particularité par laquelle* ils puissent seulement conjecturer *ou deviner le lieu duquel j'ay eu tel advis*. Neantmoins il sera bon que le dict *Beauceron soit plus circonspect en sa poursuite que devant*, comme j'ay dict. Partant vous l'en advertirés en luy donnant courage neantmoins *de continuer tousjours à veiller et servir avec son accoustumée diligence et affection, et l'asseurer de la recognoissance qu'il en doibt attendre.*

J'ay eu à grand plaisir de sçavoir le bon accueil qui m'a esté faict en vostre personne en la ville de Vicence. Je m'en loueray à l'ambassadeur de ces Seigneurs quand je le verray, et le recognoistray tost ou tard envers le comte de Porte et les siens, estant bien marry de la perte que la Respublique a faicté du s^r Antoine Justinian. Mais je ne le suis du congé qu'ils ont donné aux cappitaines françois qui les servoient, puisqu'ils leur avoient esté donnez de la main de celuy qui les leur avoit envoyez, et qu'ils se comportoient si mal que vous m'avés escript par vostre lettre du xj^e de ce mois, que j'ay receue le xxvııj^e : priant Dieu, Monsr de Fresnes, qu'il vous ayt en sa saincte garde. Escript à Paris, le dernier jour de septembre 1602.

HENRY.

DE NEUFVILLE.

1602. — 30 SEPTEMBRE. — IIme.

Cop. — Biblioth. de M. Monmerqué, Ms. intitulé *Lettres à l'ambassadeur du Levant.*

[A M. DE BRÈVES.]

Monsr de Breves, Je feis response, le ııı^e de ce mois, à vos lettres du xxııı^e de juin et vıı^e juillet. Depuis j'ay receu celles du xxı^e du dict mois de juillet et du ııı^e aoust, avec la traduction des commandemens de ce Seigneur, adressez au general de la mer, au vice-roy d'Algier et aux gouverneurs et juges de la Morée et autres, comme de la lettre que le dict general m'a escripte sur le subject des pirateries qu'exercent les capitaines des corsaires de Sa Haultesse et les Anglois sur mes subjects et les traictes qu'ont en son pays les dicts pirates, au prejudice de la foy publique et de mes dictes capitulations. A quoy j'aurois à plaisir qu'il soit obey, de façon que mes dicts subjects et ceux qui trafiquent sous la protection de ma royale banniere jouissent de la liberté et seureté du dict commerce, ayant deliberé de tenir doresnavant pour voleurs et ennemys tous ceux qui commettent les dictes pirateries, et les faire traicter comme tels partout où ils seront rencontrez, ainsy que je vous ay escript par mes precedentes.

J'ay sceu par vos dictes lettres la continuation de la vie et du gouvernement de ce Seigneur, comme il a traicté les ambassadeurs du roy de Perse et du roy de Pologne, le peu de soin qu'il a des affaires de son empire, l'estat des revoltes d'Asie, l'opinion et le desir que ce Seigneur face la paix et que je m'y employe. Mais comme vous sçavés que les princes changent volontiers d'advis selon le succés de leurs affaires, peut-estre que la reprise que le bassa d'Hongrie a faicte le mois passé d'Alberegale, leur fera prendre à present autre conseil; car il avoit recognu en cest exploit la force de l'armée imperiale. Il faut considerer aussy s'il est à propos que la Transilvanie demeure par une paix au pouvoir de l'Empereur, car il s'en est emparé induement, ayant contraint Sigismond Battory de luy abandonner le pays et en prendre quelque espece de recompense. Il faut voir aussy ce que fera le roy d'Espagne en Barbarie, où il a envoyé une armée; mais comme elle n'est, à beaucoup prés, si puissante comme le general de la mer a escript par delà, il n'y a pas apparence qu'elle y ayt bonne fortune, car le secretaire qui reside en Espagne pour mon service m'a escript qu'elle n'estoit composée que de cinq ou six mille hommes en tout, quand elle a faict voile, mais que leur esperance estoit qu'elle seroit assistée des forces du roy de Fez et de quelques autres roys mores, qui sont ennemys des Turcs. Nous sçaurons bien tost ce que la dicte armée aura faict. Mais si le general de la mer se fust advancé, il eust facilement rompu ce desseing. Plusieurs ont opinion aussy qu'il n'a esté entrepris par le dit roy d'Espagne que pour couvrir celuy qu'il devoit executer contre mon Royaume, si la conspiration du duc de Biron n'eust esté descouverte et prevenue incontinent. Continués à m'adviser soigneusement de toutes occurences. Je prie Dieu, Monsr de Breves, qu'il vous ayt en sa saincte garde. Escript à Paris, le dernier septembre 1602.

HENRY.

1602. — 6 OCTOBRE.

Orig. autographe. — Archives des Médicis, légation française, liasse 3. Envoi de M. le ministre de France à Florence.

A MON ONCLE LE GRAND DUC DE TOSCANE.

Mon oncle, J'ay entendu que les parens du feu s^r Lomelin, clerc de la chambre apostolique, se trouvent inquietez par quelques gentilshommes, qui se sont autresfois obligez avec luy pour une somme de deniers, qu'il emprunta il y a quelque temps au mont de Florence, et parce que, comme vous sçavés, j'ay aimé et affectionné le dict deffunct Lomelin, pour avoir tousjours embrassé à Rome le bien et advantage de mes affaires, je vous prie avoir, pour l'amour de moy, les dicts obligez avec le dict feu Lomelin en toute bonne et favorable recommandation, et les gratifier en ce qui vous sera possible, et je le tiendray à plaisir tres agreable, en intention de m'en revancher en ce qui s'offrira : priant Dieu, mon oncle, qu'il vous ayt en sa saincte garde. Escript à Paris, le vj^e jour d'octobre 1602.

HENRY.

DE NEUFVILLE.

[1602.] — 10 OCTOBRE. — Ire.

Orig. autographe.— Biblioth. impér. de Saint-Pétersbourg, Ms. 886, lettre 26. Copie transmise par M. Houat.

A MONS[R] DE BELLIEVRE,
CHANCELLIER DE FRANCE.

Monsr le chancellier, Vous sçaurés du comte d'Auvergne[1] ce que Hebert[2] luy a demandé pour asseurer sa vie, devant que de declarer ce qu'il sçait des menées du duc de Biron. De quoy j'ay voulu le contenter, affin de tirer de luy ceste lumiere, pour me conduire en ce qu'il convient et reste à faire pour le bien de mon Royaume[3]. Par tant, j'ay chargé le dict comte d'Auvergne de ma promesse necessaire pour ce regard, telle que vous verrés; de l'effect et accomplissement de laquelle vous asseurerés le conseiller Fournier, parent du dict Hebert, s'il est besoin que vous le faciés, ainsy que vous le dira le dict comte. Et vous et le s[r] de Sillery ferés un memoire des faicts et poincts sur lesquels il faut interroger le dict Hebert, que vous colligerés des papiers qui ont passé par vos mains et de la cognoissance que vous avés plus grande que tout autre de ce faict; que vous baillerés au dict comte d'Auvergne et au s[r] de Rosny, par lesquels je veux que le dict Hebert soit interrogé par le commencement, ainsy que vous dira le dict comte : priant Dieu qu'il vous ayt, Monsr le chancellier, en sa saincte et digne garde. Ce xme octobre, à Sainct-Germain en Laye.

HENRY.

[1] Ce prince était sorti de la Bastille au commencement du mois.
[2] Secrétaire du duc de Biron.
[3] Hébert avait supporté la question sans rien déclarer. Il ne se décida à faire des aveux, qu'après avoir obtenu des promesses formelles qui l'assurassent de sa liberté.

[1602.]. — 10 OCTOBRE. — IIme.

Cop. — B. N. Suppl. fr. Ms. 1009-1.

[A M. DE ROSNY.]

[1] Mon amy, Je desire que vous voyés et interrogiés Hebert avec le comte d'Auvergne, et que vous m'asseuriés que l'abolition que je luy promets par le memoire escript de ma main, que j'ay mis en celle du dict comte, luy sera expediée et delivrée, pourveu qu'il vous dise ce que je sçay qu'il sçait des menées du duc de Biron, et mesme celles qu'il a faictes pour luy, au voyage dernier qu'il a faict à Milan et Italie, et quel argent Roncas et Alfonse Cazal apporterent et firent delibvrer separement ou ensemble au dict de Biron la derniere fois qu'ils sont venus vers luy, et tout le reste de ce qu'il sçait, sans rien en reserver. Voyés-le donc au plus tost, et donnés ordre ce pendant que personne ne l'advertisse et luy donne conseil, où il est, contraire à son devoir et à ma volonté. A Dieu. Ce x^e octobre, à St-Germain en Laye.

HENRY.

[1602.] — 24 OCTOBRE.

Orig. — A Londres, State paper office, vol. de Mélanges. Copie transmise par M. l'ambassadeur de France.

[A LA REINE D'ANGLETERRE.]

Tres haulte, tres excellente et tres puissante princesse, nostre tres chere et tres amée bonne sœur et cousine, Un de nos subjects, nommé Jehan Currol, ayant, au mois de mars dernier, equippé un navire appellé *le Henry,* du port de deux cens tonneaux, pour aller en Espagne, et de là aux Terres neufves, conduict par le cappitaine Guillaume de la Broute, le xxxe du mois fut rencontré et pris, au cap de St-Vincent, par un capitaine anglois, nommé Richard Coupper,

---

[1]. Cette lettre était de la main du Roi.

lequel, incontinent aprés la prinse du dict vaisseau, fit rompre les armoiries de France et celles de mon cousin le s^r de Dampville, admiral de France, dechira le congé du dict capitaine la Broute, se saisit de toutes chartes-parties et enseignemens, feit tuer de sang-froid plusieurs de ses gens, et aprés avoir enchaisné, battu et outragé le cappitaine, les pilotes et contremaistres, et les avoir menez en la coste de Barbarie, où il les a tenus attachez soubs le tillac l'espace de deux mois, vendu les marchandises qui estoient dans le dict vaisseau, pris les voiles, cables, avirons, armes, pouldre et aultres victuailles d'iceluy; et non content de ce forfaict, s'est efforcé de descendre ces pauvres gens en la dicte coste de Barbarie, et en ayant esté empesché par aulcuns François, qui s'y trouvoient fortuitement, les renvoya sans aulcuns vivres ny commoditez. Dont n'ayant lors peu tirer aulcune satisfaction en la poursuicte qu'il en a faicte par delà, nous en avons bien voulu escrire ceste lettre pour vous prier, comme nous faisons, de commander non seulement que raison soit faicte au maistre du navire, du dict vol, faict contre les ordonnances de vostre Royaume, mais aussy la perte de ses hommes, et de tous ses despens, dommages et interests; et veu que vous ferés chose pleine d'equité et qui asseurera grandement la liberté du commerce d'entre nos communs subjects, nous nous en revancherons à l'endroit des vostres aux occasions qui s'en presenteront, ainsy que le s^r de Beaumont, nostre conseiller d'Estat et nostre ambassadeur par delà vous fera plus amplement entendre : priant Dieu, Tres haute, tres excellente et tres puissante princesse, nostre chere et tres amée bonne sœur et cousine, qu'il vous ayt en sa tres saincte et digne garde. Escript à Paris, le xxiiij^e jour d'octobre.

Vostre bon frere et cousin,

HENRY.

DE NEUFVILLE.

1602. — 27 OCTOBRE.

Orig. — Archives de la ville de Bâle, copie transmise par M. le professeur Gerlach.

A NOS TRES CHERS ET GRANDS AMYS ALLIEZ ET CONFEDEREZ LES BOURGMAISTRES ET CONSEIL DE LA VILLE ET CANTON DE BASLE.

Tres chers et grands amys, alliez et confederez, Nous avons veu bien volontiers par deçà les seign^{rs} Boenti et Beuch, vos ambassadeurs, tant pour le merite de leurs personnes que pour avoir esté envoyez de vostre part; et parce que nous desirons les gratifier en tout ce qui nous sera possible, nous vous avons bien voulu escrire ceste lettre en leur faveur, pour vous prier les laisser jouir des chaisnes d'or que nous leur avons faict presenter pour leur donner plus d'occasion de se souvenir de l'honneur qu'ils ont eu d'avoir esté employez en ce voyage, et les recompenses des incommoditez qu'ils ont receues en iceluy, encores que vous soyés habituez à faire remettre semblables presens en vostre tresor public; et vous disposant à nous donner ce contentement en la personne de vos ambassadeurs, vous ferés chose qui nous sera tres agreable et dont nous essayerons de nous revancher aux occasions qui se presenteront : priant Dieu, Tres chers et grands amys, qu'il vous ayt en sa saincte garde. Escript à Paris, le xxvij^e jour d'octobre 1602.

HENRY.

DE NEUFVILLE.

[1602.] — OCTOBRE.

Cop. — B. R. Fonds Béthune, Ms. 8980, fol. 20 recto.

[AU PAPE.]

Tres Sainct Pere, Je prefereray tousjours le contentement de Vostre Saincteté et le bien de la Chrestienté (que je tiens inseparable) à toutes aultres considerations, tant pour la reverence que je porte à Vostre Beatitude que pour mon affection et obligation à l'advancement de la tranquillité publique. Ç'a esté à regret que j'ay tiré d'Espagne mon ambassadeur, et contre ma volonté que j'ay tant differé d'y envoyer un aultre. Vostre Saincteté a sceu les causes qui m'ont contrainct de faire l'un et l'aultre, et suis marry que elles ayent esté si pregnantes que je n'aye peu les mespriser; car je l'eusse volontiers faict pour deslivrer de fascherie et de travail l'esprit de Vostre Saincteté. J'enverray donc au plus tost un ambassadeur en Espagne, suivant le desir de Vostre Saincteté; et, quant aux asseurances de la volonté du roy d'Espagne à l'entretenement de la paix et du bon accueil que recepvra de luy mon dict ambassadeur, comme de l'esclaircissement du passage et sejour en Savoye des forces qui y sont, que Vostre Saincteté a pris la peine de me donner par sa lettre du xxiiie de septembre, j'en rends grace tres affectionnement à Vostre Saincteté, et desire que les effects s'en ensuivent tels que Vostre Saincteté en demeure aussy contente que j'espere luy donner tousjours occasion de l'estre, ainsy que luy dira mon ambassadeur, de la sinceritié des actions de

Vostre tres devot fils,

HENRY.

[1602:] — 3 NOVEMBRE.

Cop. — B. N. Suppl. fr. Ms. 1009-4. (D'après l'autographe qui était dans le cabinet du duc de Sully.)

[A M. DE ROSNY.]

Mon amy, Le baron de Lux est arrivé, qui m'a conté force choses, et tellement estranges qu'à peine le croiriés-vous estre possible : qu'il y a des gens qui depuis la mort de m^r le mareschal de Biron continuent le traicté; vous serés bien estonné quand je vous les nommeray. Je vous prie de ne monstrer ceste lettre à personne; et croyés qu'à vostre retour prés de moy je vous conteray force particularitez, ou peut estre les vous escriray en bref par aultre voye. Bonjour, mon amy, je monte à cheval pour m'en aller faire un tour à Paris, où je ne sejourneray qu'un jour, pour me rendre icy aussitost. Le iij° novembre, à Fontainebleau.

HENRY.

1602. — 4 NOVEMBRE.

Orig. — Archives de la ville de Toulon. Envoi de M. Pienne, archiviste.

A MON NEPVEU LE DUC DE GUISE,
PAIR DE FRANCE, GOUVERNEUR ET MON LIEUCTENANT GENERAL EN PROVENCE.

Mon nepveu, Je vous ay nagueres envoyé une requeste des consuls et habitans de Tholon, de quelques plaintes qui m'avoient esté faictes en leur nom par leurs depputez sur les pretentions qui sont entre eux et les cappitaines et soldats estans en garnison en la dicte ville, affin de leur y pourveoir. Mais depuis et auparavant que leurs dicts depputez vous soyent arrivez, j'ay eu icy encore une autre plainte de quelques excés que les dicts habitans pretendent avoir esté commis par aucuns soldats de la dicte garnison, et dont il a esté informé. Et d'autant que je desire que les uns et les autres de mes subjects se contiennent au terme du devoir, je vous prie de tenir la main et faire observer que la justice soit rendue ainsy qu'il appartient, et en sorte que les dicts excés ne demeurent impunys. Car vous sçavés que les soldats ne se licencient que trop à mal faire; et ne les veux pas ainsy accoustumer: estant mon intention qu'ils vivent doresnavant en n'offensant nullement mes autres subjects. Sur ce, je prie Dieu, mon nepveu, vous avoir en sa saincte garde. Escript à Paris, ce iiij° jour de novembre 1602.

HENRY.

FORGET.

[1602.] — 6 NOVEMBRE.

Orig. autographe. — Biblioth. impér. de Saint-Pétersbourg, Mss. 886, lettre 64. Copie transmise par M. Allier.

A MONS^R DE BELLIEVRE,
CHANCELLIER DE FRANCE.

Monsr le chancellier, Vous sçavés les commandemens que je vous ay cy-devant faicts, tant de bouche que par escript, touchant l'expedition de l'affaire des lettres de maistrises; à quoy vous n'avés encores satisfaict : ce qui m'a faict vous faire encore ceste recharge pour vous prier que si vous desirés faire chose qui me soit agreable, que vous ayés à sceller la jussion qui est necessaire pour cest effect; car la longueur de laquelle vous avés usé jusques icy en ce faisant, me deplaist, attendu que c'est chose que je veulx et entends, sans la faire rapporter en mon conseil[1]. Vous sçavés aussy que celuy à qui cela touche est mon serviteur, et comme je l'affectionne. C'est pourquoy je ne vous en diray davantage. A Dieu, Monsr le chancellier. Ce vj^e novembre, à Fontainebleau.

HENRY.

[1602.] — 7 NOVEMBRE.

Cop. — Suppl. franç. Ms. 1009-4. (D'après l'autographe qui était dans le cabinet du duc de Sully.)

[AU DUC D'ÉPERNON[1].]

Mon amy, Sur les advis que j'ay eus que les trois mille Napolitains et aultres forces qui sont en Flandres au service de l'archiduc doivent

[1] Voyez ci-dessus la lettre du 4 septembre et la note.

---

[1] L'abbé de l'Écluse, qui, au milieu du siècle dernier, avait trouvé l'original de cette lettre dans les papiers du duc de Sully d'alors, la crut naturellement adressée à Rosny, et la plaça parmi les lettres à ce ministre ; conjecture très-spécieuse, tant par cette provenance que par le ton de confiance de la lettre et par le titre

passer le long de ma frontiere de Champagne, où j'ay appris qu'ils peuvent avoir dessein sur quelques places, et de là passer proche de Metz, où ils ont quelque intelligence; ce qu'ils feroient pour tascher d'executer quelque chose, s'il n'y estoit pourveu : je vous prie, mon amy, de ne bouger de Metz, ny aller à Strasbourg, ny aultre lieu, que les dictes forces ne soient passées; et veiller soigneusement et avoir l'œil ouvert à tout ce qui se passera de par delà, et voir si vous ne pourriés point descouvrir quelque chose des dictes praticques. En bref, je vous despescheray quelqu'un exprés, par lequel vous serés plus particulierement informé de ce que j'ay appris, et des choses que peut-estre vous ne croirés pas. Je suis venu faire un tour icy pour quelque affaire, et y voir mon fils, qui se porte des mieulx. Dieu mercy. Je m'en retourne coucher à Fontainebleau; attendre ce qu'il luy plaira me donner, car ma femme est bien avant dans son neufviesme mois. Asseurés-vous tousjours de la continuation de mon amitié; ne monstrés ceste lettre à qui que ce soit. Bonjour, mon amy. Ce mercredy matin vij^e novembre, à Paris.

HENRY.

d'ami, donné à plusieurs reprises. Mais on a déjà vu Henri IV écrire de ce ton au duc d'Épernon, vis-à-vis duquel il gardait des ménagements excessifs, malgré son antipathie profonde pour ce personnage. Celui-ci était alors à Metz, comme gouverneur et par conséquent chef des troupes, ce qui explique les recommandations de cette lettre, qui n'auraient pu être faictes à Sully, dont aucun témoignage ne constate, d'ailleurs, la présence à Metz en ce moment. Quant à la critique historique de l'abbé de l'Écluse dans la formation de son intéressant recueil, on jugera qu'elle était souvent très-imparfaite par la suscription qu'il met à l'une des lettres de Henri IV les plus connues, celle où ce prince annonce au duc d'Épernon l'issue de la conférence entre Mornay et du Perron, et qui commence par les mots : « Mon amy, le diocese d'Evreux a gagné celui de Saumur.... » (Voy. ci-dessus, p. 230.) L'Écluse place parmi les lettres à Sully cette lettre fameuse, qui se trouvait aussi dans les papiers du même duc de Sully, mais qui semblait ne pouvoir être l'objet du moindre doute, par la place qu'elle tient dans l'histoire et par le parti qu'en tira ostensiblement le duc d'Épernon, jusqu'à la faire lire au prône dans les églises de sa province.

1602. — 11 NOVEMBRE.

Orig. — Arch. de M. de Couhé-Lusignan. Copie transmise par la Société des Antiquaires de l'Ouest.

A Monsr DE FRESNES,

CONSEILLER EN MON CONSEIL D'ESTAT ET MON AMBASSADEUR À VENISE.

Monsr de Fresnes, Il est certain que *le comte de Fuentés est aucteur et principal ministre de toutes les menées, usurpations et entreprises qui se font en Italie et en mon Royaume pour le roy d'Espagne, assisté du duc de Savoye, en ce qui se passe contre moy, comme celay qui est transporté d'une certaine rage de vengeance, et de convoitise insatiable de s'accroistre aux despens de ses voisins. Toutesfois je descouvre et verifie journellement de plus en plus que le dict roy mesme a sceu et commandé tout ce que les autres ont faict et traicté avec le duc de Biron. Je l'ay appris du comte d'Auvergne et du secretaire Hebert, mais plus particulierement encore du baron de Lux, qui m'est venu trouver, que de tous les aultres. Aussy en a-il eu plus de cognoissance que tous les autres, car le dict de Biron luy communiquoit tout ce qu'il faisoit, et s'est trouvé souvent aux conferences et negociations faictes avec luy par les ministres du dict roy; tellement qu'il m'y a faict voir si clair, que je n'ay à present tant de besoing ny de desir de recouvrer ce Picoté, que j'ay eu; joinct que j'ay sceu certainement que il a eu peu de part aux dictes menées,* principalement *depuis le partement de Milan du connestable de Castille. Car le comte de Fuentés* a fait peu de compte de luy et l'a tenu pour un *bavard et ignorant, ce que j'ay sceu de si bon lieu, que* il n'en faut aucunement doubter. *Il est indigne de la peine de le prendre et enlever, proposée par nostre Beauceron, auquel toutesfois je* [dois] *sçavoir bon gré du devoir auquel il s'est mis et des offres qu'il a faictes* pour ce regard. Ç'a esté la Farge, qui a principalement manié ces affaires avec le comte de Fuentés, depuis que l'on a osté la cognoissance au s^r de la Fin. L'on m'a adverty que *il est à Milan, retenu et gardé soigneusement par le dict comte de Fuentés, de peur qu'il ne tombe en mes mains. C'est doncques* sur cestuy qu'il faut tendre nos pieges et tourner nos pensées, affin de l'attraper si faire se peut; de quoy vous advertirés le dict Beausseron. Il est plus fin et cault que l'autre, mais non si deffiant et soupçonneux. Or vous ne dirés à personne publicque ni privée ce que je vous mande avoir appris du dict baron de Lux et des autres touchant le dict roy d'Espagne; car je veux me revancher envers luy de la dissimulation avec laquelle il se conduict en mon endroit; et comme [depuis] la mort du dict de Biron le dict roy ne laisse de poursuivre ses desseins en mon Royaume, dont ils se sont descouverts au dict de Lux, qui m'en a particulierement informé, je ne doubte point aussy que le dict roy et ses ministres ne croyent que j'en auray esté entierement esclaircy par luy, m'estant venu trouver et luy ayant pardonné ce qui s'est passé; et que à cause de cela ils n'ayent plus grande deffiance de moy que devant. Neantmoins je ne veux changer de deliberation ny de conduite envers luy, tant pour contenter Sa Saincteté que pour gagner le temps que je recognois m'estre necessaire pour mieux dresser ma partie[1]......

1602. — 12 NOVEMBRE.

Cop. — B. N. Fonds Béthune, Ms. 8957, fol. 18.
Cop. — Suppl. fr. Ms. 1009-4.

[AU PAPE.]

Tres Sainct Pere, Encores que nous ne doubtions point que Vostre Saincteté ne veuille incessamment promouvoir le bien de l'Eglise universelle et eschauffer à la devotion les ames des fidelles qui y peuvent estre animées par les exemples de pieté et devotion que Vostre Saincteté leur peut representer, toutesfois nous avons estimé qu'Elle

---

[1] Dans le reste de la lettre, le Roi annonce le prochain depart de M. de Barrault comme ambassadeur en Espagne, et charge M. de Fresne de le faire savoir au nonce du Pape à Venise, en assurant ce nonce des intentions pacifiques du Roi, qui n'en changerait que si Venise voulait le seconder contre l'Espagne. Mais vu le peu de disposition de la Seigneurie à une telle entreprise, il ne doit être fait aucune ouverture. Continuation des intrigues du duc de Savoie. Instructions à cet égard.

prendroit en bonne part, si nous luy ramentevions la saincteté de vie du bienheureux André Corsini, Florentin, de l'ordre des Carmes et evesque de Fiesole, affin qu'il pleust à Vostre Beatitude le voulloir canoniser. Car ayant faict en sa vie et en sa mort de grands miracles et en faisant encores aujourd'huy, il a bien merité cest honneur de vostre Saincteté; d'autant qu'en l'an 1433 le pape Eugene quatriesme estant à Florence, ceste signalée victoire que gaigna la republique de Florence contre Nicolas Piconovo, general du duc de Milan, ayant esté obtenue par l'intercession et revelation du dict evesque, le dict pape Eugene accorda que, dés lors et aprés, le dict evesque fust honoré avec des saincts sacrifices; et le pape Paul second, à l'instance de la dicte respublique, commit à trois cardinaulx la charge de la canonisation, à laquelle il ne fut point travaillé, à l'occasion de la mort qui survint du dict pape Paul; après laquelle l'on en sollicita grandement le pape Sixte quatriesme, et n'y fut aussy passé oultre, pour certaines considerations. Tellement que l'evesque de Fiesole qui est à present, voyant la devotion du peuple non seulement continuer, mais s'augmenter et eschauffer à l'endroict du dict bienheureux André Corsini, en l'eglise des Carmes de Florence, où le corps est encores en chair et en os, avec les mesmes habillemens pontificaulx avec lesquels il fut enterré, où il se voit journellement de grands miracles, a faict faire, comme juge ordinaire, un interrogatoire de cent octante un tesmoings, lesquels non seulement approuvent la voix publicque et la renommée de la saincteté de vie et des antiens miracles du dict evesque, mais declarent qu'il y en a plus de cinquante qui ont esté faicts de nouveau. Au moyen de quoy nous prions et requerons Vostre dicte Saincteté, autant et si affectueusement que faire pouvons, qu'il luy plaise faire proceder à la dicte canonisation du dict evesque, tant desirée non seulement de la dicte religion des Carmes, dont il estoit, mais de tous aultres fidelles, et particulierement de la Royne, nostre tres chere et tres amée compagne, qui a tousjours eu une particuliere devotion au dict bienheureux evesque, et qui nous donne subject d'en prier d'autant plus volontiers Vostre dicte Saincteté, joinct que nous en avons esté invitez par la devotion de plusieurs de nos subjects, qui ont cognoissance de la saincteté de vie du dict evesque, pour les miracles qu'il a faicts en Avignon. Et Vostre dicte Saincteté nous fera en cest endroict plaisir tres grand et tres agreable, oultre que nous estimons que ce sera œuvre meritoire devant Dieu, ainsy que le s^r de Bethune, conseiller en nostre conseil d'Estat et nostre ambassadeur prés Vostre dicte Saincteté, vous fera plus amplement entendre : priant Dieu, Tres Sainct Pere, qu'il veuille icelle Vostre Saincteté conserver longuement et heureusement au bon regime, gouvernement et administration de nostre mere saincte Eglise. A Fontainebleau, le xij^e jour de novembre 1602.

Vostre plus devost fils,

HENRY.

1602. — 18 NOVEMBRE.

Cop. — B. N. Fonds Béthune, Ms. 8939, fol. 9 recto; et Ms. 9129, fol. 61 recto.
— Fonds Brienne, Ms. 38, fol. 303 verso.
— Fonds Du Puy, Ms. 140.
— Suppl. fr. Ms. 1009-4.
— Biblioth. Sainte-Geneviève. Copie transmise par M. Tastu.
— Musée Britannique, biblioth. Cottonienne, Caligula, E., 10, fol. 150, etc.

[AU DUC DE BOUILLON.]

Mon amy, Ce jour d'huy seulement les gens de mon conseil ont achevé de recevoir les depositions de ceulx qui ont esté ouys sur la conspiration du duc de Biron, par lesquelles ayant sceu estre faict mention de vous, j'ay voulu, pour l'affection que je vous porte et pour le soing que j'ay tousjours eu de vostre bien et honneur, vous en advertir incontinent par ce porteur, que je vous envoye exprés pour cest effect, et sur ce, vous faire sçavoir, encores que je n'adjouste foy à telle accusation (specialement quand je me represente combien je vous ay chery et favorisé, et de quelle sorte je me suis tousjours fié en vous et ay souvent aussy esprouvé vostre fidelité) neantmoins importer tant au bien de mon royaulme et au vostre mesme, que la chose soit promptement verifiée, que je veulx et vous ordonne par la presente, que vous me veniés trouver en ce lieu, soudain que vous l'aurés receue, pour vous justifier; et j'adjousteray encore, que je vous conseille et prie comme vostre bon maistre et vray amy (vous ressentant et tenant innocent, comme je crois que vous estes), de n'y faire faulte et n'y user d'aulcune remise et longueur; car ce faisant, vous previendrés et estoufferés la maulvaise opinion que les bruits de ce qui se passe pourroient imprimer de vostre integrité; vous mettrés aussy tant plus mon esprit et le vostre en repos selon mon desir, et je vous asseure que je favoriseray tres volontiers vostre justification et innocence, comme .

Vostre bon maistre et amy,.

De Fontainebleau, le xviij^e novembre 1602.

HENRY.

1602. — 22 NOVEMBRE. — Ire.

Orig. — Arch. du grand-duché de Hesse-Cassel.
Imprimé. — *Correspondance inédite de Henri IV avec Maurice le Savant*, publiée par M. DE ROMMEL, Paris, 1840, in-8°, p. 80.

[A MON COUSIN LE LANDGRAVE DE HESSE.]

Mon Cousin, Vous ayant promis de vous tenir adverty des occurrences de mon Royaume et de celles de mes voisins, avec toute confiance, comme le requiert l'amitié que je vous ay jurée, et ma franchise naturelle, je vous escris la presente, laquelle je commenceray par vous faire sçavoir que je suis attendant en bonne devotion advis de vostre arrivée en vostre pays en bonne santé, et que vous y avés trouvé ma cousine vostre femme guarye du mal qui la pressoit quand vous partistes d'icy, pour vostre contentement, auquel je participeray tousjours comme vostre bon et affectionné amy.

Je vous diray aussy que j'ay esté tres marry et offensé de la fascheuse rencontre qu'a eue en mon Royaume mon cousin l'administratour de Strasbourg, s'en retournant en Allemagne, procedée de l'indiscretion et insolence de certains officiers de la douane, lesquels ordinairement ne portent honneur ny respect qu'à leur profict, dont j'ay commandé estre faict telle punition et justice qu'il convient, pour la satisfaction de mon cousin, auquel cependant a esté fidellement restitué tout ce qui luy avoit esté osté par eux, ignorant sa qualité et ma volonté, ou feignant malicieusement l'ignorer; de quoy je vous prie asseurer le dict administrateur et tous mes cousins, ses parens et alliez, qu'il sera faict bonne justice.

Depuis vostre partement, j'ay encore mieux descouvert et appris que devant les menées et praticques que font les Espagnols en mon Royaume pour corrompre mes subjects et les debaucher de leur devoir et fidelité, à force d'argent et de belles promesses, en suite de la conspiration du mareschal de Biron; ce qui m'oblige de louer Dieu de plus en plus de la singuliere grace qu'il m'a faicte d'en avoir esvité et preveu les effects par la justice qui a esté faicte du dict mareschal, et de la clemence de laquelle j'ay usé envers ses complices. J'ay verifié que les dictes practiques ont penetré en diverses provinces de mon Royaume, oultre celle de Bourgogne, en laquelle commandoit le dict mareschal. Toutesfois, comme Dieu m'en a donné lumiere, j'espere aussy qu'il continuera son aide et assistance aux remedes que je doibs y appliquer, de façon que le tout resultera à sa gloire et à mon advantage.

Mais, mon Cousin, ce qui me desplait et afflige le plus est d'avoir trouvé mon cousin le duc de Bouillon meslé en cest affaire. Car j'eusse cru que tout mon Royaume ensemble y eust participé plus tost que luy, pour l'avoir tousjours chery et aimé plus que nul aultre de mes serviteurs, avoir cest honneur d'estre premier gentilhomme de ma chambre, officier de ma Couronne, et aujourd'huy le premier et plus ancien mareschal de France; l'avoir aussy marié à l'heritiere de Sedan, maintenu et protegé en la succession d'icelle contre tous ceux qui y avoient interest, et l'avoir recogneu si prudent et advisé en toutes ses actions, que je n'avois serviteur dont je fisse plus d'estat d'estre secondé et assisté en toutes mes affaires que je faisois de luy. Et vous diray que la bonne opinion que j'avois de luy, pour les raisons susdictes, et les preuves que j'avois faictes de sa valeur, sagesse et fidelité, avoient pris telle racine en mon ame, qu'elle n'a pu estre encore, je ne diray effacée, mais seulement par ces accusations esbranlée. C'est pourquoy j'ay voulu luy escrire la lettre dont je vous envoye presentement un double [1], que je luy ay envoyée par l'un de mes valets de chambre confident, à laquelle s'il satisfaict, comme par raison et honneur et pour son propre bien il doibt faire, il esprouvera que je suis bon maistre. Mais aussy, si, contre mon esperance, le commandement que je luy fais et le conseil que je luy donne par la dicte lettre, il en use autrement, comme il fera une grande bresche à sa reputation, je vous asseure que j'en seray tres marry, et qu'il me mettra en grande peine pour le combat qu'en recevra mon esprit. Car, comme d'un costé je ne puis ny ne veux manquer à ce que je doibs à la conservation de mon Royaume et à la seureté de mes enfans et de ma propre personne, assaillys ensemble par ceste conspiration, ce me sera aussy un indicible creve-cœur d'estre contrainct de persecuter ma creature. Mon Cousin, croyés, je vous prie, que j'esviteray ceste necessité, tant que ma dignité et la seureté de ceste Couronne et de mes susdicts enfans me le permettra; ce que je me promets estre approuvé, loué et favorisé par tous mes bons amys et alliez, quelque affinité et proximité qu'ils ayent avec le dict duc de Bouillon [2], auquel aussy ils ne pourront prester faveur et assistance, hors celle que meritera son innocence et pour la justification d'icelle, laquelle en ce cas me sera tousjours tres agreable, sans violer nostre amitié et la justice : chose que je vous prie de bien faire entendre et remonstrer aux princes mes dicts amys et alliez d'Allemagne, affin qu'ils ne se laissent surprendre à d'aultres conseils, bastys sur fondemens contraires à nostre amitié, à la verité et equité, en attendant que

---

[1] C'est la lettre précédente.

[2] Par son mariage avec l'héritière de Sedan, le duc de Bouillon était devenu beau-frère du prince Maurice et de l'électeur palatin.

je les face informer plus particulierement de l'une et de l'aultre par personne que j'ay deliberé envoyer par delà pour les visiter et les asseurer de la continuation de mon amitié et bonne voisinance, ainsy que je vous dis estant par deçà que je voulois faire. Aussy je n'en differe plus la depesche que pour attendre le[3]. . . . .

Car j'ay pris telle asseurance et confiance de vostre amitié et prudence, que je veux cy-aprés me conduire entierement par icelle en tout ce que j'ay à faire et negotier par delà, ainsy que je vous ay declaré.

Au reste, vous sçaurés que les affaires aux Pays-Bas vont de mal en pis pour les archiducs. Au contraire, ceux d'Irlande prosperent en faveur de la royne ma bonne sœur et cousine. Quant à l'armée de mer du roy d'Espagne, qui a menacé la Barbarie, elle s'en est allée en fumée, et s'est retirée sans avoir faict d'aultre effect que d'avoir desesperé certains roys mores du dict pays, de l'assistance contre les Turcs, qu'ils en avoient esperée, et leur avoit esté promis. Mais les gens de guerre espagnols et napolitains qui estoient en Savoye quand vous partistes d'icy, y sont encore; ils se debandent et affoiblissent tous les jours, tellement qu'ils ne font à present deux mille hommes en tout. Mais l'on tient que le roy d'Espagne veut faire l'année prochaine un grand et dernier effort pour relever de tous costez la reputation de ses affaires, dechue par les malheureux succés qui les ont accompagnez depuis son advenement à la Couronne. Nous en serons advertys d'heure; dont je vous feray part, comme je desire que vous me faciés de ce que vous en apprendrés.

L'on m'a mandé de la cour de l'Empereur, que le dict roy y a demandé et obtenu une permission de faire une levée de six ou dix mille lansquenetz, du progrés et employ de laquelle je vous prie m'escrire ce que vous aurés entendu, comme du succés du siege de Bude, qui a esté plus heureux au commencement que je n'ay esperé que seroit l'issue; l'armée chrestienne estant conduicte comme elle

---

[3] Ici une partie chiffrée, dont on n'a pas le déchiffrement.

est. Mon nepveu le duc de Nevers y a esté blessé d'une mousquetade, allant avec les aultres à l'assault donné à la haute ville le mois passé[a] : de quoy je serois en plus grande peine si l'on ne m'avoit asseuré qu'il n'en aura que le mal, et mesmes qu'il n'en demeurera estropié. Mon Cousin, je vous prie doncques me faire sçavoir de vos nouvelles au plus tost, et croire qu'elles me seront tres agreables, comme seront toutes les occasions qui se presenteront de vous confirmer et tesmoigner par effect la bonne volonté que je vous ay promise. Je prie Dieu, mon Cousin, qu'il vous ayt en sa saincte et digne garde. Escript à Fontainebleau, le xxij^e jour de novembre 1602.

HENRY.

Mon Cousin, Ceste lettre estoit escripte et preste d'estre fermée, quand la Royne ma femme a esté surprise du travail de son accouchement, duquel elle a esté delivrée heureusement deux heures aprés ; m'ayant donné une fille, comme elle avoit faict la premiere fois un fils. Dont j'ay bien voulu vous advertir et me conjouir avec vous, en vous asseurant de la bonne disposition de la mere et de la fille, comme de la continuation de mon affection.

[a] Sur l'occasion de cette blessure du duc de Nevers, voyez ci-après la lettre du 25 novembre à M. de Brèves, page 704.

1602. — 22 NOVEMBRE. — IIme.

Orig. — Arch. municipales de Bourges. Copie transmise par M. le préfet.
Cop. — B. N. Fonds Saint-Germain-Harlay, Ms. 521, fol. 92 recto.
— Arch. nationales, Sect. adm. Transcription authentique des registres de l'hôtel de ville de Paris, Série H., 1793, fol. 63 verso.
— Et Section judiciaire, Registres authentiques du Parlement de Paris, Conseil, vol. 325, fol. 54 recto.
— Arch. de la cour d'appel de Rouen, Registres secrets originaux du Parlement de Normandie, vol. de 1602 à 1605, p. 160, etc. [1]

[*CIRCULAIRE SUR LA NAISSANCE DE MADAME ÉLISABETH.*]

Il a pleu à Dieu nous donner une fille[2], de laquelle la Royne nostre tres chere espouse est ce jour d'huy, par sa grace, heureusement accouchée. Ce n'est pas chose qui soit, selon les apparences humaines, si advantageuse qu'eust esté un fils, et neantmoins estans resolus de nous conformer en tous points à ce qui sera de sa divine bonté, nous n'avons pas laissé de la recevoir avec beaucoup de plaisir et contentement, accompagné de ceste ferme croyance, que sa bonté a plus de soing de nous que nous ne sçaurions jamais meriter, et qu'elle sçait mieulx que nous-mesmes ce qui est necessaire à nous et à nostre Estat. Et partant nous vous mandons, commandons et tres expressement enjoignons que vous ayés à en faire faire des feux de joie et prieres en tel cas requises et accoustumées, tant pour remercier Dieu de l'heureuse naissance de nostre dicte fille et delihvrance de nostre espouse, que pour le supplier qu'il nous face la grace de la faire ins-

---

[1] Les exemplaires de cette circulaire que nous avons recueillis sont adressés à la ville de Paris, à celle de Bourges, au parlement de Paris, au parlement de Normandie et à la chambre des comptes de Paris.

[2] Élisabeth de France, mariée le 16 octobre 1613 à l'infant don Philippe, quelques jours avant le mariage du roi Louis XIII son frère avec l'infante Anne, sœur de ce prince. L'avénement de l'infant au trône, sous le nom de Philippe IV, le 31 mars 1621, rendit la fille aînée de Henri IV reine d'Espagne et des Indes. Leur fille, Marie-Thérèse, devint reine de France, en 1660, par son mariage avec Louis XIV, son cousin. Élisabeth mourut à Madrid, le 6 octobre 1644.

truire à sa crainte, affin qu'elle puisse un jour produire des fruicts qui luy soyent agreables et utiles à cest Estat. Sy n'y faictes faulte, sur tant que vous aimés le bien de nostre service. Donné en nos deserts de Fontainebleau, le xxij° jour de novembre 1602.

HENRY.

RUZÉ.

1602. — 25 NOVEMBRE.

Cop. — Biblioth. de M. Monmerqué, Ms. intitulé *Lettres à l'ambassadeur du Levant.*

[A M. DE BRÈVES.]

Monsr de Breves, Je vous ay escript que je me serviray des lettres et commandemens de ce Seigneur contre les vice-roys d'Algier et de Thunis et la milice des dicts royaumes en faveur des marchands de ma ville de Marseille, que vous m'avés mandé avoir obtenus, suivant vos advis portez par vostre lettre du premier octobre, que j'ay receue le xxij° de ce mois. Car je ne m'attendray pas tant à l'effect et vertu du dict mandement, que j'obmette à faire ce qui despend de moy pour chastier tels pirates et les contenir dedans les bornes du respect qu'ils doivent à leur seigneur et à nos capitulations, comme j'ay desjà commandé de faire, ainsy que je vous ay jà escript. Comme ce ne peut estre qu'avec l'auctorité et par les mains de ses officiers que nous pouvons faire chastier les pirates anglois, qui apportent et debitent en ses ports les marchandises et facultez de mes subjects qu'ils volent trop souvent, par tant il est necessaire que vous en affectionniés la poursuicte, comme de chose que j'ay tres à cœur et qui importe grandement aussy à mon service et à ma dignité. Faites-en donc vostre devoir, et j'auray soucy de ce qui vous concerne, comme j'auray de recognoistre le bien que vous aurés procuré aux trafiquans, au soulagement et support qu'ils ont receu de vous depuis vostre legation. Vous l'avés deu faire aussy plus pour me complaire, servir et obeïr que pour leur consideration particuliere.

Depuis la punition du duc de Biron, il s'est descouvert et verifié encore quelques complices de sa conspiration, lesquels j'ay mieux aimé reduire à leur devoir par douceur et clemence, que par rigueur et justice : de quoy je me suis bien trouvé. Au reste je desire me conduire en mes affaires de telle sorte que mes voisins ayent de moy, s'il est possible, plus de besoin que moy d'eux. Surtout je desire me pouvoir passer de l'assistance de ce Seigneur, pour les raisons que vous m'avés escriptes par vostre lettre. Toutesfois, comme je sçay quel pourra estre le besoin que j'en auray cy-aprés, attendu la juste deffiance que j'ay de la volonté du roy d'Espagne, conservés et menagés avec discretion et industrie la volonté de ce Seigneur et ses ministres autant pour la reputation que pour les effects que j'en espère. Car que peut-on attendre de ce Seigneur, de son assistance, se gouvernant et laissant gourmander comme il faict par ses subjects? Il a pris Alberegale et a laissé surprendre le bassa de la ville de Bude et celle de Pest. Il eust encore perdu la haute ville et le chasteau, si les conducteurs de l'armée chrestienne eussent faict leur devoir. Mon nepveu le duc de Nevers, passant et visitant le pays, s'y est trouvé, accompagné seulement de quatre hommes. Il a esté blessé d'une arquebusade à l'assault donné à la ville haute le xiie octobre, dont il est jà guery. Il revenoit de Pologne pour voir le pays, n'estant allé exprés par delà ; mais son jeune aage l'excuse d'avoir eu la curiosité de voir ce qui s'est passé au dict siege. Je prie Dieu, Monsr de Breves, qu'il vous ayt en sa saincte garde. Escript à Fontainebleau, le xxve novembre 1602.

HENRY.

[1602.] — 27 NOVEMBRE. — Ire.

Orig. autographe. — Collection de M. Chambry.

A MA COUSINE LA DUCHESSE DE SEGNI[1].

Ma cousine, J'ay differé jusques à ceste heure à vous remercier, non seulement de vostre courtoise et honneste lettre, mais du beau present que vous m'avés envoyé, lequel je garderay aussy cher que je desire que vous faciés la souvenance de l'amitié que je vous porte, et que vous croyés que je ne seray jamais à mon aise que, par quelques effects dignes d'elle, je ne vous en aye rendu le tesmoignage que vous sçauriés souhaiter de moy, qui ay prié le s^r Carlo Rossy, par les mains duquel vous recevrés ceste-cy, de vous en asseurer en mon nom, et de vous dire de mes nouvelles, et de celles de ma femme, qui est accouchée heureusement, Dieu mercy, d'une belle fille. Je m'estois tousjours promis que vous prendriés la peine de la venir voir, à quoy je vous convierois, si je ne preferois la crainte de l'incommodité que vous pourriés recevoir par les chemins, au contentement que je recevrois de vous tesmoigner de vive voix comme j'honore vostre merite, et fais cas de vostre affection. Sur ce, je prie Dieu qu'il vous ayt, ma cousine, en sa saincte et digne garde. Ce xxvij^e novembre, à Fontainebleau.

HENRY.

---

[1] Éléonore des Ursins, fille de Paul Jourdain des Ursins, duc de Bracciano, et d'Isabelle de Médicis, sœur du grand-duc de Toscane, tante de Marie de Médicis. Par sa mère elle était cousine de la Reine. Elle avait épousé Alexandre Sforce, prince de Valmontone, duc de Seigni, marquis de Proceno, comte de Santafiore, fils aîné de Frédéric Sforce et de Béatrix des Ursins, qui se distingua dans les guerres de Hongrie, et fut fait chevalier des ordres du Roi à la promotion de 1608. Leur petit-fils Louis-Marie Sforce, duc d'Ognano, reçut aussi l'ordre du Saint-Esprit en 1675.

[1602.] — 27 NOVEMBRE. — IIme.

Cop. — Suppl. fr. Ms. 1009-4. (D'après l'autographe qui était dans les papiers du duc de Sully.)

[A M. DE ROSNY.]

Mon amy, Je vous depesche ce courrier exprés pour vous prier, incontinent qu'il sera arrivé prés de vous, que vous preniés la poste avec peu de vos gens, pour me venir trouver icy, pour choses tres importantes à nostre service, que je ne vous puis escrire, et que moy-mesme vous veux dire, et sur cela prendre vostre advis, affin que vous m'y serviés, comme je me le promets de vostre affection. Vous lairrés là vostre train, et vous prendrés avec le s^r de Boissise quelque pretexte sur les affaires qui se passent par delà pour mon service, pour venir un tour par deçà, affin que cela serve d'excuse et que personne ne puisse prendre ombrage de vostre voyage, duquel vous ne parlerés qu'au dict s^r de Boissise. Au demeurant, par les effects vous cognoistrés la verité de mes paroles et de mes promesses, et sçaurés qu'il a esté pris en Bearn un porteur de lettre en Espaigne, qui parle et charge bien le s^r de D....... A Dieu, mon amy. A midy, xxvij^e novembre, à Fontainebleau.

HENRY.

1602. — 1er DÉCEMBRE.

Orig. — B. N. Fonds Béthune, Ms. 8891, fol. 51..

A MESS^rs VYART ET DE BOISSISE,
CONSEILLERS EN MON CONSEIL D'ESTAT.

Messrs Vyart et de Boissise, Mon cousin le duc d'Espernon estant arrivé prés de moy, et aprés avoir entendu de luy l'estat auquel il a laissé les affaires qui se presentent à Metz, je vous ay escript pour vous advertir que je retiendray mon dict cousin douze ou quinze jours prés de moy, et qu'incontinent aprés je le renverray au dict Metz, pour achever ce qu'il a commencé pour l'establissement de l'ordre que je desire estre mis en la dicte ville, vous declarant combien j'auray agreable que vous travaillés ce pendant avec le s^r de Sobolle, pour preparer et advancer tellement les dicts affaires, qu'il ne reste qu'à les resouldre et terminer, avec l'advis de mon dict cousin, quand il sera de retour par delà. Mais d'autant que la plus grande difficulté en ce qui se presente est pour ce qui concerne les plainctes que les habitans font contre le s^r de Sobolle, et ce qu'ils demandent à son prejudice; desirant estre bien esclaircy des dictes demandes, et avoir sur icelles vostre advis, vous m'enverrés incontinent les articles contenant toutes les demandes de ceulx de la dicte ville, lesquelles je verray en mon conseil pendant que mon dict cousin est prés de moy, et sur icelles vous manderay ma volonté par mon dict cousin, pour la faire entendre tant au dict de Sobolle qu'aux dicts habitans de Metz, et la faire observer. A quoy m'asseurant que vous tiendrés la main de vostre part; je prie Dieu qu'il vous ayt, Messrs Vyart et de Boissise, en sa saincte garde. Escript à Paris, le premier jour de decembre 1602.

HENRY.

POTIER.

[1602.] — 3 DÉCEMBRE.

Imprimé. — *OEconomies royales*, édit. orig. t. I, chap. 14.

[A M. DE ROSNY.]

[1] Mon amy, Vous verrés le party qu'a pris le duc de Bouillon, par la lettre qu'il a escripte au Maurier, qu'il m'a apportée ce soir et que j'envoye à m^r le chancellier, affin qu'il la vous monstre, que vous en conferiés ensemble, et m'en mandiés vostre advis, en attendant que je vous face sçavoir le mien. Je me doubtois tousjours bien qu'il ne viendroit me trouver, mais je n'eusse pas deviné qu'il eust pris le pretexte porté par sa lettre. Je prie Dieu qu'il luy donne un meilleur

---

[1] Cette lettre était de la main du Roi.

conseil, et qu'il vous ayt, mon amy, en sa saincte garde. De Fontainebleau, le iij^e decembre, à 9 heures du soir.

HENRY.

1602. — 4 décembre. — Ire.

Orig. — B. N. Fonds Béthune, Ms. 8891, fol. 54.

A MONS^R VYART,

CONSEILLER EN MON CONSEIL D'ESTAT ET MON PRESIDENT EN MA JUSTICE À METZ.

Monsr Vyart, J'ay veu, par vostre lettre du xxviij^e du mois passé, l'instance que font les depputez des archiducs, pour vous faire aller à Stain[1], où vous debvés assembler pour la conference, ensemble ce que vous en mande le president Myron et la difficulté que vous faictes d'y aller, craignant que mon cousin le duc d'Espernon soit bien tost de retour à Metz, et que vostre absence prejudiciast à mon service, pour les affaires qui restent à resouldre à Metz. Sur quoy je vous diray que vous pouvés me servir en l'une et l'aultre occasion, par le moyen du retardement de mon dict cousin, lequel je retiendray encore quelques jours prés de moy, attendant que j'aye receu les articles que je vous ay mandé et au s^r de Boissise de m'envoyer, et que j'aye prins resolution sur iceulx. Vous pourrés donc, m'ayant envoyé les dicts articles, aller à Stain pour commencer la dicte conference, et aussy tost que mon cousin sera arrivé à Metz, il vous mandera pour estre present à la resolution des affaires qui s'y traictent, et pour lors le venir trouver, et laisser au dict s^r Myron la continuation de la dicte conférence, en laquelle je desire que l'on prenne promptement resolution de ce qui s'y offre d'affaires. Quant à la resolution de ceulx des trois estats de la dicte ville, en laquelle ils demeurent fermes, quand j'auray veu leurs demandes et vostre advis, et du dict s^r de Boissise, je leur manderay et feray entendre ma volonté par mon cousin. Ce pendant je prie Dieu qu'il vous ayt, Monsr Vyart, en sa

---

[1] Il faut lire très-probablement *Stenay*.

saincte garde. Escript à Fontainebleau, le iiij^e jour de decembre 1602.

HENRY.

POTIER.

[1602.] — 4 DÉCEMBRE. — IIme.

Imprimé. — *Œconomies royales,* édit. orig. t. II, chap. 12.

[A M. DE ROSNY.]

[1] Mon amy, J'ay veu par vostre lettre les propos que vous a tenus mon nepveu le duc de Guise, touchant le sejour que je veux que le prince de Joinville face à Dampierre, et l'excuse qu'il prend qu'il n'y a point de meubles. Sur quoy je vous diray que c'est une menterie; car par deux fois que la chasse m'a mené vers le dict Dampierre et Chevreuse, le receveur des dictes terres m'y vint offrir des lits et aultres meubles qui y sont. Mesmes à Chevreuse, le dict receveur m'a accommodé et les seigneurs qui estoient avec moy de neuf ou dix lits; joinct que ma cousine, sa mere, m'a tousjours asseuré que sa dicte maison de Dampierre estoit bien meublée. Vous dirés donc à mon dict nepveu que je veux que son frere y aille aussy tost qu'il aura esté ouy en sa deposition, sans s'arrester davantage à Paris. Vous aurés veu la lettre que j'envoyay hier à m^r le chancelier, sur laquelle j'attends vostre advis. A Dieu, mon amy. Ce iiij^e decembre, à Fontainebleau.

HENRY.

[1602.] — 5 DÉCEMBRE. — Ire.

Imprimé. — *Œconomies royales,* édit. orig. t. II, chap. 14.

[A M. DE ROSNY.]

Mon amy, Je vous fais ce mot et vous depesche ce courrier exprés pour vous dire que soyés icy demain, et pour ce faire pourrés venir en poste. Amenés avec vous un commis de l'espargne, avec trois mil

---

[1] Cette lettre et la suivante étaient de la main du Roi.

escuz pour les voyages qu'il faut faire faire. Vous dirés au sʳ de Sᵗ-Germain, depputé de la Religion, qu'il me vienne trouver, comme aussy à Bretaville, gouverneur de Pontz. Je viens tout presentement avoir des nouvelles de Cheret, qui commande à Figeac, comme mʳ de Bouillon y avoit passé le xixᵉ du passé et qu'il s'en alloit à Castres. Bon soir, mon amy. Ce jeudy, à deux heures aprés midy, vᵉ decembre, à Fontainebleau.

HENRY.

[1602.] — 5 DÉCEMBRE. — IIᵐᵉ.

Orig. autographe. — Archives des Médicis, légation française, liasse 3. Copie transmise par M. le ministre de France à Florence.

A MON ONCLE LE GRAND DUC DE TOSCANE.

Mon oncle, Si un autre que le sʳ Carlo Rossy estoit porteur de la mienne, elle seroit plus longue, car ce seroit faire tort à sa suffisance, ayant esté assés long temps prés de moy pour vous pouvoir dire de mes nouvelles, et en oultre comme ma femme, Dieu mercy, est heureusement accouchée d'une belle fille, de sorte que maintenant j'ay mariage. Il suffira donc que je vous prie de le croire, et que l'occasion de vous tesmoigner comme je vous aime ne s'offrira jamais que je ne l'embrasse de tout mon cœur, ainsy que plus particulierement vous entendrés par le dict Carlo Rossy, auquel vous adjousterés foy comme à moy-mesme, qui prie Dieu vous avoir, mon oncle, en sa saincte et digne garde. Ce vᵉ decembre, à Fontainebleau.

HENRY.

[1602.] — 6 DÉCEMBRE.

Imprimé. — *Mémoires de du Plessis-Mornay*, in-4°, t. III, p. 31.

A MONSʳ DU PLESSIS.

[1] Monsʳ du Plessis, Vous sçaurés par du Maurier, que je vous depesche exprés, l'occasion de son voyage vers vous, et que le pire con-

---

[1] Cette lettre était de la main du Roi.

seil que eust sceu prendre m^r de Bouillon est celuy qu'il a pris, au lieu de me venir trouver pour se justifier de ce dont il estoit accusé, comme je luy avois mandé, et luy m'avoit escript qu'il partiroit sans faulte le xxvie du passé pour cest effect [1]. Le dict du Maurier vous fera entendre ce que je luy ay commandé; de quoy vous le croirés comme moy-mesme, qui prie Dieu vous avoir, Monsr du Plessis, en sa saincte et digne garde. Ce vj^e decembre, à Fontainebleau.

HENRY.

1602. — 7 DÉCEMBRE. — Ire.

Orig. — Arch. du grand-duc de Hesse-Cassel.
Imprimé. — *Correspondance inédite de Henri IV avec Maurice le Savant*, publiée par M. DE ROMMEL, Paris, 1840, in-8°, p. 89.

A MON COUSIN LE LANDGRAVE DE HESSE.

Mon Cousin, Vous aurés sceu par ma lettre du xxij^e du mois passé, que j'ay adressée au s^r de Bongars, la peine en laquelle j'estois d'avoir trouvé le duc de Bouillon meslé aux depositions des complices de la conspiration du duc de Biron, et la lettre que j'avois advisé luy escrire sur ce subject, à laquelle m'ayant faict la response dont j'ay commandé vous estre envoyé un double avec la presente, je m'attendois

---

[1] Voici cette réponse du duc de Bouillon:

« Sire,

« Je ressens à grand honneur le commandement qu'il plait à Vostre Majesté me faire, et à grand malheur que je sois accusé envers Elle et son Royaume. Vostre croyance, Sire, ne se laissant surprendre et me gardant, comme il luy plait m'asseurer, les offices d'un maistre et amy, je promets que Vostre Majesté cognoistra que je n'ay jamais eu, non effect, mais seulement pensée qui se trouvast à Vostre Majesté faire desservice. Je fus party avec Richart, mais mon indisposition ne me permet de courre la poste. Mais je partiray, sans delay aucun, le xxvie de ce mois, pour aller à plus grandes journées, et prendray la poste aussy tost que je seray hors de ceste traverse, où les postes seront tournées; ayant mon contentement, qui ne me lairra en repos que je ne l'aye satisfaict en en recevant les tesmoignages de Vostre Majesté, qu'en desire

« Son tres humble et tres obeissant, tres fidelle subject et serviteur,

« HENRY DE LA TOUR.

« A Turenne, le xxij^e novembre. »

voir bien tost auprés de moy le dict duc, et luy tesmoigner en ceste necessité et occasion les effects de la continuation de ma bienveillance. Mais il ne m'a gueres laissé jouir de ceste esperance, car au lieu de me venir trouver, ainsy que je luy avois mandé par le valet de chambre que je luy avois envoyé, et que la susdicte response me faisoit esperer, il m'a faict dire depuis trois jours par un sien secretaire, nommé du Maurier, qui estoit en ma suite, qu'il s'en alloit en la ville de Castres, où est'establie la chambre de parlement du pays de Languedoc, qui doit rendre justice à mes subjects du dict pays faisant profession de la religion pretendue reformée, suivant mon edict de pacification, pour, ainsy qu'il l'a escript, se justifier, comme vous verrés par le double de la lettre adressée au dict du Maurier, que j'ay commandé vous estre aussy envoyé, dont je ne suis moins marry que j'ay subject d'estre offensé; et faut croire la deffiance que l'on luy a donnée ou qu'il a prise de ma justice et bonté avoir esté tres grande, puisqu'il a pris un conseil si esloigné de toute raison et de son devoir. Or je veux esperer encore qu'il se radvisera, et certes je le desire autant pour son honneur et propre bien que pour mon contentement et service. La dicte chambre de justice n'est pas ordonnée pour cognoistre telles matieres. Il est accusé d'avoir participé aux traictez faits par le dict de Biron avec les Espagnols contre mon Estat. C'est un crime de leze-majesté au premier chef, duquel la justice et cognoissance appartient, privativement à tout autre parlement de mon Royaume (estant mesmes question de personnes de sa qualité), à celuy de Paris, où il y a une chambre establie, comme ailleurs, pour rendre justice à mes subjects de la dicte religion, de laquelle nul d'iceux ne s'est encore plaint depuis sa creation. Mais je n'avois encore pensé ny parlé de mettre le dict duc de Bouillon en justice; je faisois estat seulement de l'ouïr, et moy-mesme prendre cognoissance du faict, entendre ses raisons et favoriser sa justification de tout mon pouvoir, devant que de l'exposer au jugement de mes officiers, pour l'affection particuliere que je luy porte, dont, si on luy a donné ou s'il a pris aultre impression, il m'a faict grand tort, et à luy aussy. Car comme il a esté nourry auprés de moy, et qu'il en a receu tous les honneurs, dignitez et biens qu'il possede, il a peu mieux cognoistre mon naturel, du tout adonné à la clemence et à la rectitude. Cela seul est suffisant pour faire croire à tout le monde que sa conscience a troublé son jugement, et de faire estimer veritable ce dont il est accusé, chose que personne ne pouvoit croire. De quoy je vous diray derechef, mon Cousin, que je suis tres desplaisant, et le seray encore plus, s'il entreprend de troubler le repos de mon Royaume, sous quelque pretexte que ce soit, pour les raisons que je vous ay escriptes par ma dicte premiere lettre. Je continueray de vous tenir adverty de ce qui en succedera.

Cependant je vous prie me faire sçavoir de vos nouvelles et en quelle disposition vous aurés trouvé nos amys et alliez de par delà, sur les affaires dont nous avions conferé ensemble, que je vous ay prié leur representer, vous advisant avoir tant faict envers mon frere le duc de Lorraine et le cardinal son fils, qu'ils m'ont promis de surseoir toutes sortes de poursuictes et executions, tant de leur part que du chapitre de Saverne, contre l'administrateur et le chapitre de Strasbourg, affin de n'aigrir et alterer davantage les affaires et me donner loisir et moyen de les traicter par voie amiable, comme ils monstrent et declarent y estre disposez, pourveu que le dict administrateur et chapitre, ensemble leurs alliez et correspondans, conviennent de faire le semblable et tenir le mesme chemin, et comme j'estime, mon Cousin, estre le meilleur et plus seur que nous puissions suivre pour le bien de tous ceux qui ont interest en ce faict, pour les raisons discourues entre nous estans ensemble. Je vous prie donc de disposer mon cousin le marquis Jean George de Brandebourg[1] et son dict chapitre avec leurs dicts alliez et correspondans, d'embrasser la dicte suspension et surseance comme tres utile à tous. J'escris au dict de Bongars qu'il luy face la mesme remonstrance et priere de

[1] Ce margrave était l'administrateur élu par ceux des chanoines de Strasbourg qui suivaient le culte protestant, tandis que la partie catholique du chapitre reconnaissait pour évêque le cardinal Charles, fils du duc de Lorraine.

ma part; luy envoyant à ceste fin des lettres adressantes à mon dict cousin, au chapitre et au conseil de la ville de Strasbourg sur ce subject. Je ne vous rafraischiray la memoire des dictes raisons qui doivent militer en ce faict, car selon les advis que j'ay receus de ce qui se passe par delà et de la disposition en laquelle vous avés trouvé les dicts correspondans, j'estime que vous les jugerés encore plus pregnantes que vous ne faisiés à vostre partement d'auprés de moy. C'est pourquoy je m'asseure que ceste ouverture sera volontiers embrassée de vous et de tous les aultres, comme en verité il me semble qu'elle est tres utile; mais je vous prie que je saiche au plus tost comment elle sera receue, affin que le dict duc de Lorraine et son fils, desquels j'ay tiré ceste parole avec peine, n'ayent occasion de se plaindre d'estre laissez longtemps incertains de la resolution des autres.

Vous sçaurés encore, mon Cousin, devant que je finisse la presente, que j'ay descouvert et rompu un aultre traicté que aulcuns de mes subjects faisoient au nom et adveu du prince de Gienville, au desceu du duc de Guise, son frere et de tous ses parens, avec les mesmes Espagnols, pour soulever mes subjects contre moy, et faire la guerre en Champagne et Bourgogne; car le dict prince a tout confessé : tellement que ces brouillons auront encore perdu l'argent et la peine qu'ils ont employez en ceste occasion, ainsy qu'ils ont faict aux precedentes; et pourray adjouster ce reproche de leur mauvaise foy, quand bon me semblera, aux autres qu'ils m'en ont jà donnez. Qui sera tout ce que je vous en escriray pour le present, ayant envoyé querir le duc de Mayenne et ses enfans, et mandé au dict duc de Lorraine et aux siens de envoyer icy quelqu'un de leur part, pour assister à la resolution que je veux prendre sur ce faict, dont je vous feray part. Cependant vous sçaurés que toutes ces infidelitez m'ont tellement attristé, que ma santé s'en est un peu ressentie; de façon que j'ay esté conseillé d'employer quelques jours à me purger, dont je me trouve à present fort allegé, et espere estre bien tost remis du tout en ma premiere bonne disposition. Quant à la Royne ma femme, à mon fils le Dauphin, et à la fille que Dieu m'a donnée, ils sont en pleine santé. Je souhaite le semblable à ma cousine vostre femme, et prie Dieu, aussy, mon Cousin, qu'il vous maintienne en sa saincte garde. Escript à Fontainebleau, le vij° jour de decembre 1602.

HENRY.

1602. — 7 DÉCEMBRE. — IIme.

Orig. — Archives communales de Reims. Cartulaire du chapitre, liasse 93, n° 13.
Copie transmise par M. Louis Paris.

A NOS TRÈS CHERS ET BIEN AMEZ LES DOYEN, CHANOINES ET CHAPITRE DE L'EGLISE CATHEDRALE DE REIMS.

Chers et bien amez, Ayant besoing d'enfans en nostre chapelle de musique, et sceu que Anthoine Chrestien, l'un de ceulx du chœur de vostre eglise, nous y pourroit bien servir, en estant capable, nous vous faisons la presente, à ce que vous ayés à le nous envoyer et mettre entre les mains du s^r Morel, maistre des enfans de nostre dicte chapelle, ou de celuy qu'il vous envoyera pour cest effect. A quoy nous asseurant que vous ne ferés faulte, nous prierons Dieu qu'il vous ayt en sa saincte et digne garde. Escript à Fontainebleau, le vij° jour de decembre 1602.

HENRY.

RUZÉ.

[1602.] — 9 DÉCEMBRE.

Imprimé. — *Œconomies royales*, édit. orig. t. II, chap. 14.

[A M. DE ROSNY.]

[1] Mon amy, J'ay receu ce soir la lettre de m^r de Bouillon, dont je vous envoye la copie toute ouverte, laquelle il envoyoit à du Maurièr pour me l'apporter [2]. J'estime que demain je pourray renvoyer par delà

---

[1] Cette lettre était de la main du Roi.
[2] Voici cette seconde lettre du duc de Bouillon :
« Sire,
« Ayant appris par celle de la main de Vostre Majesté, du xvii° de ce mois, que j'avois esté accusé par ceulx qui ont esté ouys par son conseil sur les conspirations du feu mareschal de Biron, et qu'Elle me commandoit de partir incontinent pour

m^r de Sillery pour en communiquer avec vous et m^r le chancelier, et sur cela prendre vos advis et me les envoyer. Cependant vous pourrés

m'en aller justifier, je fis partir tout aussy tost celuy qui estoit venu, avec response à Vostre Majesté que je partirois soudain pour l'aller trouver : ce qu'estant tout prest à faire, il m'est venu advis certain quels sont mes accusateurs. Cela, Sire, m'a occasionné de changer de resolution, et faire tres-humble remonstrance à Vostre Majesté, pour la supplier de mettre en consideration que les perfidies et deloyautez contre vostre personne et Estat, tres averees, de mes dicts accusateurs les rendent du tout incapables de m'accuser, et, à plus forte raison, de me convaincre. Ils n'ont et ne peuvent avoir pour leurs accusations que des langues menteuses, lesquelles ne leur ayant servy pour executer leurs intentions (les accompagnant des effects, desquels ils ont esté empeschez par vostre bonheur et prudence), ils les employent en vous rendant suspect le second officier de vostre Couronne, vostre serviteur domestique, qui n'a jamais cherché de gloire en ce monde que ce qui luy en a descoulé par vostre faveur et bonne grace, et qui vous a de si longue main servy. Il est à croire qu'ayant dessein de me nuire ils auront esmeu vostre courroux contre moy par les plus horribles crimes qu'ils auront peu inventer. Me feroient-ils, Sire, ministre de ce qu'ils peuvent avoir promis aux ennemys de vostre Estat d'aider à luy faire mal ? N'en pouvant meshuy suborner d'autres, ils veulent accuser ceux lesquels, mesmes en tels affaires, ont leur innocence prouvée par infinyes circonstances si joinctes avec eulx, qu'il n'est à croire qu'ils puissent avoir la moindre apparence de bien pour estre allez au contraire. C'est mal recognoistre vostre misericorde de demourer tousjours criminels en ne faisant que changer de crimes, desquels la grace ne leur pourroit servir, veu que depuis ils ont porté faulsetez. Je vous diray, Sire, comme disoit le Psalmiste à Dieu : « Te voyant courroucé, Seigneur, ne t'approche point de moy que je ne sois renforcé. »

« Aussy bien, Sire, je crains vostre visage, ayant receu telles personnes à m'accuser, puisque Vostre Majesté m'en demande justification; qui est ce qui m'a retenu, et non que ma conscience me pique d'un souvenir de faulte digne d'un tel examen.

« Puisque cela importe à vostre service, il est raisonnable, pour satisfaire à Vostre Majesté, son Royaume et mon honneur, et oster le deshonneur de Dieu, par le scandale qu'auroient ceux de mesme religion que moy, si mon crime n'estoit puny ou mon innocence cognue. Pour à quoy parvenir, Sire, je m'asseure que Vostre Majesté voudra ne me rendre privé de la liberalité dont jouissent tous vos subjects de la Religion pour y proceder, et d'autant plus tost que nuls autres juges ne peuvent estre plus interessez en ces affaires, puisqu'il s'agit de la diminution de vostre Royaume, pour la porter à l'agrandissement de celuy d'Espagne. En quoy tous vos subjects ont une commune perte ; mais ceux de la Religion, desquels les chambres sont composées, en ont une speciale, et qu'ils ont tousjours estimée plus cher que leurs vies : qui est la perte de leur exer-

communiquer à m^r d'Espernon la copie de la dicte lettre, mais non à aultre. Bon soir, mon amy. Ce ixe decembre, à Fontainebleau.

HENRY.

1602. — 11 DÉCEMBRE.

Cop. — Biblioth. de M. Monmerqué, Ms. intitulé *Lettres à l'ambassadeur du Levant.*

[A M. DE BRÈVES.]

Monsr de Breves, Je vous escris la presente, plus pour vous advertir de la continuation de ma bonne santé et de celle de la Royne ma femme et de mon fils le Dauphin, et de la premiere fille que Dieu m'a donnée, que pour autre subject, accusant la reception de vostre lettre du xxve octobre. Le succés de l'entreprise du siege de Bude, quitté par les Imperialistes enflera encore le courage et la reputation de ce Seigneur et de son bassa, car je n'estime plus que les Chrestiens puissent conserver Pest. J'entends qu'ils y ont engagé et laissé des gens, la place estant esloignée de tous secours : et neantmoins,

cice. Ils seront donc plustost juges severes que doux, s'ils y voyent de ma faulte, et se tourneront plustost à me haïr qu'un autre duquel ils n'auront pas tant attendu le contraire que de moy.

«Jà donc je supplie Vostre Majesté de renvoyer mes accusateurs et accusations, me tardant d'avoir ce poids que me donnent les calomnies, et que Vostre Majesté soit suffisamment satisfaicte de mon innocence, pour laquelle accelerer, je m'en vais me rendre à Castres, pour y attendre la verification et preuve de ma faulte ou innocence ; jugeant que le temps que j'eusse mis à aller trouver Vostre Majesté n'eust fait que prolonger l'affliction et vif ressentiment de mon ame, demourant accusé, puisque Vostre Majesté eust eu à me renvoyer aux chambres, pour me condamner ou absoudre, qui sont les juges que vostre edict me donne.

«Qu'il luy plaise donc soulager mon esprit promptement, en me donnant les moyens de luy faire cognoistre mon innocence, et que, par cette preuve, elle demeure asseurée de la continuation de mes fidelles services, et moy de ses bonnes graces, qui seront par dessus toutes choses desirées de

« Vostre tres humble, tres obeissant et tres fidelle subject et serviteur,

«HENRY DE LA TOUR.

« A St-Ceré, le dernier novembre 1602. »

comme les affaires du côté de Transilvanie, Valacquie et Bogdavie[1] ont succedé tres heureusement aux dicts Imperialistes, j'ay opinion que le Grand Seigneur embrassera la paix sur ces occasions plus volontiers qu'il ne la rejettera, s'il en est recherché. Par tant, il faudra que vous y preniés garde, affin que j'en sois adverty des premiers.

Les Espagnols continuent de faire des pratiques en mon Royaume pour debaucher mes sujets de leur devoir et fidelité; mais comme Dieu m'a faict la grace de les prevenir et renverser jusques à present, j'espere que je n'y seray moins assisté de sa grace à l'advenir, et par tant, que le tout tombera à leur confusion et de tous leurs adherens qui s'estoient adressez au prince de Joinville, frere puisné du duc de Guise, au desceu de tous ceux de sa maison. Mais ayant descouvert sa pratique par autres voyes, il s'en est depuis desparty. Je me trouve plus empesché qu'en peine d'avoir trouvé le nom du duc de Bouillon meslé à celle du mareschal de Biron, pour l'affection que je luy ay tousjours portée, et les bonnes qualitez et parties qui sont en luy; et d'autant plus qu'au lieu de me venir trouver pour se justifier, ainsy que je luy avois mandé, il s'est acheminé du costé de Languedoc, sous pretexte de s'aller justifier en la chambre de l'edict establye à Castres. Toutesfois j'espere qu'il ne poursuivra en ceste deliberation, en laquelle il est aussy assisté de peu de ceux de sa religion, tous lesquels detestent comme ils doibvent les pratiques faictes avec les Espagnols, comme tous les autres bons subjects. Vous serés adverty de ce qui en succedera, comme j'auray à plaisir de continuer à l'estre par vous des occurrences de delà. Je prie Dieu, Monsr de Breves, qu'il vous ayt en sa saincte garde. Escript à Fontainebleau, le xj^e jour de decembre 1602.

HENRY.

---

[1] Souvent ainsi écrit, au lieu de *Moldavie*. C'est plutôt une prononciation du temps qu'une faute du copiste.

1602. — 12 DÉCEMBRE. — Ire.

Cop. — B. N. Fonds Brienne, Ms. 38, fol. 325 recto.

[A MONS^R DE BEAUMONT,
AMBASSADEUR EN ANGLETERRE.]

Monsr de Beaumont, J'ay considéré ce que vous m'avés representé par vostre lettre du xxve de novembre, que j'ay receue le ve de ce mois, sur l'advis que Arsens m'avoit donné de la creance que ses maistres avoient que la Royne entendroit à la paix avec les Espagnols (en estant recherchée plus que jamais), si on ne s'obligeoit estroitement à leur continuer la guerre, et ay plaisir de sçavoir sur cela les protestations qu'elle a faictes à Caron. Mais j'estime que ce que cestuy-cy vous a dict de l'intention et consentement de la dicte dame, touchant l'Artois et le Hainault, procedde autant de son intention que de celle de la dicte dame, pour m'eschauffer à la guerre, à laquelle je ne serois, je vous asseure, que trop resolu, si les affaires de mon Royaulme me permettoient d'y advancer les effects; car je recognois qu'elle me seroit tres utile, sur les belles occasions qui s'offrent. Mais l'infidelité et legereté qui regne parmy mes subjects me contraint de tenir bride et tourner à present toutes mes pensées à remedier aux accidens qui en peuvent naistre, devant que de m'engager à une telle guerre, affin qu'il n'y ayt rien qui me puisse empescher de poursuivre ma pointe quand j'en auray une fois franchy le sault.

La brouillerie du prince de Ginville va estre assoupie; elle a esté detestée et condamnée de tous ses parens, comme de tous ceulx qui en ont eu cognoissance, et j'ay donné tel ordre aux places de mon Royaulme qu'il croyoit estre à sa disposition, que ce seront doresnavant celles auxquelles il aura moins de pouvoir. La goutte a empesché le duc de Mayenne de me venir trouver avec le president Jeannin, par lequel je l'avois mandé, mais il a envoyé ses enfans et s'y rendra dans cinq ou six jours; et le duc de Lorraine a donné charge à Chanvallon de comparoir pour luy et ses enfans en ceste action, pour faire en leur nom toutes sortes de debvoirs, soubmissions et offices convenables. Par tant j'acheveray bien tost ceste affaire, à mon contentement et advantage et à la honte et confusion des aucteurs d'icelle.

Quant à celle du duc de Bouillon, vous verrés par le double que j'ay commandé vous estre envoyé de la lettre qu'il m'a escripte[1], où il en est. Il va, ce dit-il, à Castres, demander justice à des juges qui n'ont pouvoir ny auctorité aulcune de la luy administrer. Son innocence et la cognoissance qu'il a de mon naturel debvroient luy suggerer un meilleur conseil, et je veux croire qu'il changera d'advis quand il sera arrivé en la dicte ville de Castres, et aura mieux consideré où le conduict celuy qu'il a pris. Pour le moins je le desire ainsy, et vous asseure qu'il ne sera precipité de ma part à faire le contraire; car je feray suspendre toutes sortes de poursuictes contre luy tant par justice que aultrement, jusques à ce que je voye où arrestera sa carriere et ce qu'il fera et deviendra. Ceulx qui parlent pour luy veulent que je condampne ses accusateurs sur l'etiquette du sac, disant qu'il n'y a point d'apparence de croire qu'estant ma creature comme il est, de la religion de laquelle il faict profession et si conjoinct de proximité à la maison de Nassau par sa femme, il ayt voulu entrer en la conspiration du mareschal de Biron, qui avoit des fins toutes contraires à cela : car c'estoit pour perdre ma personne et mon Estat, ruiner la dicte religion, et destruire, après, la dicte maison de Nassau plus facilement. A quoy je responds : s'il est innocent, pourquoy donc ne vient-il me trouver pour recevoir de moy l'arrest de sa justification, que j'ay plus d'envie d'avoir occasion de prononcer qu'il ne monstre desirer de l'advancer et obtenir? Or je verray ce qu'il fera, devant que je le condampne, et le contraindray de confesser à la fin, que j'ay l'ame encore plus juste et misericordieuse, que la sienne n'est innocente du crime duquel il

---

[1] Voyez cette lettre ci-dessus, page 714.

est accusé et que n'a esté consideré le conseil qu'il a pris, ainsy que vous dirés à la dicte dame, luy rendant compte de la suitte de ce faict[1].....

1602. — 12 DÉCEMBRE. — IIme.

Orig. — B. N. Fonds Béthune, Ms. 9084, fol. 91; Cop., Suppl. fr. Ms. 1009-2.

[AU CONNÉTABLE.]

Mon Cousin, Je vous ay cy-devant faict sçavoir ce que j'ay entendu de la resolution que mon cousin le duc de Bouillon avoit faicte de s'en aller à Castres. Depuis, je n'en avois point eu nouvelles, sinon que hier au soir arriva icy un sien lacquais, qui m'apporta une lettre de luy, où il me mande la mesme chose et plusieurs autres bien confuses, et qui ressentent un esprit bien troublé. Je vous en envoye la copie, et crois que vous en ferés le mesme jugement que moy : qu'il ne pouvoit prendre un plus mauvais conseil que celuy qu'il a pris. Il faut donc qu'il estime ceste affaire de peu de consequence, puisqu'il l'a remise à un lacquais, encore que par la derniere lettre qu'il escrivoit à son secretaire, il mandoit qu'il depescheroit icy un gentilhomme, pour m'advertir des causes de son voyage; comme, pour le bien excuser, le plus suffisant des siens n'eust pas esté trop bon. J'ay donné charge au s^r president Jeannin, qui s'en va à Paris, de vous voir et vous dire de mes nouvelles; à qui me remettant, je ne vous feray ceste-cy plus longue : priant Dieu qu'il vous ayt, mon Cousin, en sa saincte garde. Escript à Fontainebleau, ce xij^e decembre 1602.

HENRY.

FORGET.

[1] Le reste de la lettre contient une instruction sur le détail des moyens de correspondance entre l'Écosse, l'Angleterre et la France, pour MM. de Beaumont et du Tour, ambassadeurs.

1602. — 12 DÉCEMBRE. — IIIme.

Orig. — Papiers provenants des anciennes archives de Lyon et conservés dans cette ville.
Copie transmise par M. Dupasquier.

A NOS TRES CHERS ET BIEN AMEZ LES PREVOST DES MARCHANDS ET ESCHEVINS DE NOSTRE VILLE DE LYON.

Tres chers et bien amez, Nous avons veu par le procés-verbal de l'assemblée qui fut tenue le 11e de ce mois en l'hostel commun de nostre ville de Lyon, comme vous estiés demeurez en bons termes d'accord sur le differend qui est entre les habitans de la dicte ville, nez en icelle, et les autres non regnicoles, qui se sont transportez ailleurs et y sont de longues années habituez, sur ce qu'ils desirent pouvoir estre admis aux charges de prevost des marchands et eschevins de la dicte ville, comme les autres; pour le moins que vous aviés accordé de ne proceder à aucune nouvelle election, qui est à faire pour l'année prochaine, que vostre dict accord ne feust parfaict, ou qu'il n'y en eust jugement de nous. Et combien que nous sommes bien asseurez que vous ne voudriés pas, au prejudice de ce que dessus, proceder à aucune nouvelle election, toutesfois nous n'avons voulu laisser de vous faire ceste-cy pour vous dire que nous avons bien agreable que vous ayés ainsy commandé et traicté amiablement cest affaire, et desirons que vous le pussiés terminer et conclure d'un commun consentement, sinon attendre le jugement qui en sera faict par nous, qui entendrons en nostre conseil les raisons des uns et des autres; vous deffendant ce pendant de proceder à aucune nouvelle election des dicts eschevins qui sont à faire en ceste année, ainsy qu'il a esté par vous traicté et promis, et comme plus particulierement vous fera entendre de nostre part le s^r de la Guiche, auquel vous donnerés toute creance. Donné à Fontainebleau, le xij^e decembre 1602.

HENRY.

FORGET.

DE HENRI IV.

1602. — 24 DÉCEMBRE.

Orig. B. N. — Fonds Brienne, Ms. 38, fol. 333 verso.

[A M. DE BEAUMONT.]

[1] Monsr de Beaumont, Je croyois en verité que la Royne ma bonne sœur eust meilleure opinion de moy qu'elle n'a monstré quand vous luy avés parlé du faict du duc de Bouillon, dont vous m'avés rendu compte par vostre lettre du ve de ce mois, que j'ay receüe le xxe; car il me semble que ma conduite et procedure en toutes choses notoires à tout le monde debvoit avoir donné à la dicte dame meilleure impression de mon jugement et de mon equanimité, puisqu'elle craint que le credit qu'ont auprés de moy les ennemys du dict duc, à l'exemple du duc de Biron, le divertisse de me venir trouver, comme si je m'abandonnois aux volontez et passions de mes conseillers et serviteurs, et avois, par la punition du duc de Biron, desesperé les gens de bien de la protection de ma justice, et des effects de ma clemence ceux qui en avoient besoin : chose que j'attendois moins d'elle que de personne du monde, et qu'elle devoit aussy moins apprehender, ce me semble, pour le dict duc de Bouillon que pour nul autre de mes subjects. Car elle sçavoit que j'ay toute ma vie hay le sang et fuy les occasions d'iceluy par justice ou autrement ; et comme le dict duc de Bouillon a mieux cognu et esprouvé mon naturel que tous aultres, moins est-il excusable d'avoir doubté de la sincerité et debonaireté d'iceluy. Il est chargé par les temoins qui ont esté oys sur la conjuration du dict de Biron, d'en avoir eu cognoissance et participation. Pouvois-je le convier de s'en justifier avec plus de tesmoignage et d'esperance de ma bonté et faveur qu'a esté

---

[1] Nous donnons cette lettre en entier, malgré son étendue, parce qu'elle expose complétement l'origine de la rébellion du duc de Bouillon, qui dura plusieurs années, faillit brouiller Henri IV avec une partie des puissances protestantes, et fut le dernier embarras intérieur de son règne.

celuy que je luy ay donné par ma lettre? La dicte dame dict qu'elle eust desiré que j'eusse envoyé vers luy quelques personnes confidentes pour luy faire voir les dictes charges, m'esclaircir de la verité d'icelles et me conduire aprés envers luy selon les responses et le devoir auquel il se fust mis de me satisfaire, ainsy qu'elle dict avoir praticqué envers le duc de Norfort. Si la dicte dame sçavoit combien de fois j'ay sondé le cœur du dict de Bouillon, et luy ay confidemment ouvert le mien en cas, sinon du tout semblable à celuy duquel il s'agit, du moins si approchant d'iceluy que les effects en estoient autant à craindre que de l'aultre, je suis certain qu'elle ne m'auroit conseillé de prendre ce chemin en ceste derniere occasion. Et quand elle dit en sa faveur sçavoir tres bien iceluy avoir refusé de grandes offres qui luy ont esté faictes de la part de plusieurs princes pour le distraire d'avec moy, il me semble qu'elle l'accuse plustost qu'elle ne l'excuse, puisque c'est chose qu'il ne m'a oncques declaré ny confié, comme son debvoir l'obligeoit de faire, estant mon subject, mon officier et ma creature tres obligée. Il est certain que le roy d'Espagne employe plus volontiers son argent à corrompre et debaucher mes serviteurs de la qualité et du merite des dicts ducs de Bouillon et de Biron qu'envers les autres, parce qu'il espere qu'il en sera mieux servy, et au pis aller que la perte que j'y ferois sera plus grande et dommageable. Et certes, il ne pourroit me faire un plus grand desplaisir que celuy-là, ny m'offenser plus vifvement et sensiblement qu'il faict en cela; mais je le dois estre davantage de la deloyauté de ceux qui sont si lasches et meschans que de se laisser ainsy corrompre. Le dict roy le faict pour se venger de l'assistance qu'il a opinion que je donne à ceux de Hollande, qu'il nomme ses rebelles; et les aultres, quels autres subjects ont-ils d'y entendre que le desir immoderé de contenter leur ambition et convoitise insatiable? Le dict de Biron a esté puny par justice, comme il meritoit, toutes les formes requises et accoustumées d'estre observées en pareil cas y ont esté gardées, et vous diray que son crime a esté encore mieux prouvé et verifié aprés sa mort que auparavant. Telle forme de justice et de punition doibt plus tost conforter et asseurer que effaroucher une ame innocente. Si elle avoit esté faicte par commissaires, par precipitation ou animosité, ou pour profiter de sa despouille et de ses biens, ce seroit autre chose.

Ceux qui ont accusé le dict de Bouillon ne furent jamais ses ennemys; au contraire, ils faisoient auparavant profession d'amitié avec luy. Ils ont dict ce qu'ils sçavoient volontairement et sans contraincte : aussy n'ont-ils oncques parlé de luy seulement. Si ç'a esté pour racheter et sauver leurs vies et leurs biens qu'ils ont ainsy accusé les autres, c'est chose que je ne puis juger que par la verification qui s'en fera. Tant y a que je les ay recogneus veritables en ce qu'ils ont deposé contre d'autres. Toutesfois, je ne crois pas encore qu'ils le soyent en ce qui touche le duc de Bouillon, principalement quand je me represente quel est son jugement, la profession qu'il a tousjours faicte, les services que j'ay receus de luy et les graces et faveurs que je luy ay desparties en tout temps. Mais comment en puis-je estre bien esclaircy et asseuré à sa descharge et à mon contentement, fuyant ma presence et ma justice et se deffiant de ma bonté et bienveillance, comme il faict? Vous avés veu les lettres qu'il m'a escriptes et à son secretaire, les raisons qui luy ont faict prendre le chemin de Castres, où ayant sceu qu'il estoit arrivé le ve de ce mois et qu'il s'efforçoit d'engager les eglises de la religion dont il faict profession en la deffense de sa cause, sous pretexte de l'observation de mon edict de pacification en ce qui concerne la distribution de la justice, j'ay voulu haster mon retour en ceste ville pour adviser avec ceux de mon conseil et les presidens du Parlement quel esgard je debvois avoir aux raisons et instances du dict s^r de Bouillon, et resoudre avec eux ce que je devois faire en ceste occasion. Tous ont recognu et m'ont declaré unanimement que la dicte chambre de Castres estoit incapable du tout de cognoistre de ce faict, pour la qualité d'iceluy et pour celle du dict duc; que par mon edict la jurisdiction et cognoissance de tels crimes qui concernent ma personne et mon Royaume n'estoit reglée; que naturellement et par les lois du Royaume elle appartient au parlement de Paris, où, en tout evenement, j'ay estably une chambre pour rendre justice à ceux de la religion pretendue reformée, de laquelle ils se sont louez et contentez jusqu'à present; qu'il n'est loisible à l'accusé d'eslire des juges à sa poste, comme veut faire le dict duc de Bouillon, sur des raisons et causes incidentes et mal fondées; que sa desobeïssance au commandement que je luy ay faict de me venir trouver est inexcusable et insupportable; que la fondant sur la malignité de ses accusateurs et le pouvoir de ses ennemys, c'est revoquer en doubte ma probité et ma justice, et par tant accroistre d'autant son crime, mesme ne saichant au vray de quelle façon j'entends le traicter, et si je veux qu'il se justifie en justice ou seulement par devers moy. Au moyen de quoy tous m'ont conseillé de faire mettre au greffe de la dicte cour les dictes depositions, affin d'estre procedé contre luy, en la forme accoustumée en cas semblable.

Leur advis m'ayant esté rapporté en la presence de tous les princes, ducs, officiers de ma Couronne, et autres seigneurs de mon conseil, qui se sont trouvez prés de ma personne, a esté loué et approuvé d'un chascun. Toutesfois j'ay voulu le moderer en la sorte que je vous diray : premierement j'ay permis aux parens et amys du dict de Bouillon, mesmes à ceux qui ont assisté à ceste deliberation, de l'advertir des motifs d'icelle, et en luy remonstrant sa faulte, luy conseiller de s'amander sans encourir plus avant ma juste indignation. Aprés j'ay depesché vers luy le s[r] de Caumartin, l'un des conseillers en mon conseil d'Estat, qui a assisté à la dicte deliberation, pour luy reïterer le commandement que je luy ay faict de me venir trouver, luy representant les raisons qui l'obligent et le doibvent mouvoir à ce faire[2], et s'il refuse d'y obeïr et satisfaire, luy faire signifier par un huissier le susdict commandement, à peine de desobeïssance et en vertu d'une lettre-patente de laquelle il a esté chargé, laquelle il fera registrer en la dicte chambre de Castres et publier en la dicte ville et par toutes les autres du pays. Par les mesmes lettres je fais def-

[1] Avant que M. de Caumartin n'arrivât à Turenne, le duc de Bouillon avait déjà passé la frontière.

fenses à toutes les villes de recevoir et loger le dict duc de Bouillon et à tous mes subjects de le favoriser et assister, sur les mesmes peines, et asseure ceux de la dicte religion pretendue reformée de ma volonté à l'observation entiere de mon edict de pacification. Je ne sçay quel effect sortira de ceste expedition, mais je suis bien resolu, si le duc de Bouillon ne se met en devoir de me contenter, de faire ce que je doibs pour conserver mon auctorité. En quoy je ne puis croire que la Royne, ma dicte bonne sœur, se monstre moins affectionnée à mon contentement, que j'ay esté en son endroit en cas semblable, et veux qu'elle saiche que si elle adjouste plus de foy aux impostures et calomnies de ceux qui, pour favoriser le dict duc, desguisent la verité de son accusation où l'impugnent à la volée par malice ou par ignorance, que à ce qui lui en sera dict de ma part, j'en seray tres marry : car elle ne me rendra la pareille, et fera autre jugement de moy que ne merite la preuve qu'elle a faicte de mon integrité et bonne foy, comme vous luy ferés entendre, l'asseurant neantmoins, quoy qui arrive, que je me conduiray en ce faict avec toute l'equité, moderation et prudence qu'il me sera possible, en conservant ma dignité et mon auctorité, comme j'y suis tenu et veux faire, au peril de ma vie.

Quant au faict du prince de Ginville, si tost que le duc du Maine sera arrivé, je le termineray avec tant de douceur et de clemence, que cela accroistra la honte de ceux qui, pour la punition qui a esté faicte au duc de Biron, ont voulu faire accroire, pour couvrir ou desguiser leurs faultes, que j'ay changé de naturel et que je suis devenu fort severe et rigoureux. Mais il est bien certain que toutes ces brouilleries m'ostent le moyen de penser et pourvoir aux affaires de dehors et me prevaloir des occasions qui se presentent, comme j'avois deliberé ; et si je m'aperçois que la Royne et les siens supportent le dict duc de Bouillon, comme ils ont commencé, j'auray encore moins occasion de m'y eschauffer. Car l'on me fera croire que l'on veut proteger en mon Royaume une faction contre mon auctorité ; la tolerance de laquelle me seroit plus pernicieuse et dommageable à mon

Estat que l'inimitié de tous mes voisins ensemble : chose que vous ferés bien sentir à la Royne et aux siens, s'ils vous donnent subject de le faire; toutesfois avec toute circonspection et prudence, et neantmoins de façon aussy que la dicte dame et eulx entendent que les offenses que nous recevõns sans occasion legitime de ceux que nous aimons et desquels nous estimons devoir estre aimez, sont plus sensibles et intolerables que ne sont celles de nos ennemys. Et veritablement la passion les transportera grandement s'ils s'oublient tant que d'entreprendre de favoriser la cause du dict duc de Bouillon, qui est accusé d'avoir eu part aux traictez faicts avec les Espagnols pour detruire la France.

Quant à la proposition du mariage de ma fille avec le prince d'Escosse, nous avons tout loisir d'y penser; comme au remede duquel vous me conseillés d'user contre l'inquietude d'aucuns de mes subjects, car je le trouve perilleux, à cause de l'infidelité de mes subjects et de mes voisins, desquels il faudroit me servir en ceste occasion. Advertissés-moy fidellement de tout ce qui se dira par delà du faict du dict duc de Bouillon, et prenés garde, quand vous en parlerés à la Royne et aux siens, qu'ils ne s'imaginent ou persuadent que je pretends leur rendre compte de ma procedure ny la leur faire approuver; car je sçais qu'ils s'en glorifieroient et advantageroient trop indiscretement. C'est pourquoy il sera peut-estre à propos que vous vous absteniés d'en parler à la dicte dame, si elle ne vous y convie à bon escient, et encores que vous luy en respondiés sobrement. Je m'en remets à vostre jugement, asseuré que vous prefererés tousjours mon contentement et l'execution entiere et fidelle de mes commandemens à toutes autres considerations, comme j'entends que vous faciés : priant Dieu, Monsr de Beaumont, qu'il vous ayt en sa saincte garde. Escript à   , le xxiiij^e jour de decembre 1602.

HENRY.

[1602.] — 28 DÉCEMBRE.

Imprimé. — *Œconomies royales*, édit. orig. t. II, chap. 14.

[A M. DE ROSNY.]

Mon amy, J'ay eu nouvelles de m^r de Bouillon. Il fera le fol; il se dit vostre ennemy. Venés donc incontinent, car je veux pourveoir à mes affaires au plus tost. Bonjour, mon amy. Ce sabmedy matin, xxviij^e decembre, à Paris.

HENRY.

1602. — 31 DÉCEMBRE.

Orig. — Archives de M. de Senegas. Copie transmise par M. Belhomme, archiviste du département de la Haute-Garonne.

A MONS^R DE SENEGAS.

Monsr de Senegas, Ayant esté adverty par mon cousin le duc de Ventadour, de l'assistance que vous luy avés offerte pour l'execution de mes commandemens et volontez, sur le subject de la retraicte de mon cousin le duc de Bouillon en ma ville de Castres, comme en cela vous m'avés rendu preuve certaine de vostre fidelité et devotion à mon service, je n'ay pas aussy voulu manquer de vous tesmoigner par ce mot que je vous en sçay fort bon gré, et vous asseurer que lorsqu'il s'offrira quelque bonne occasion de vous en recognoistre, je l'embrasseray tousjours avec toute l'affection que vous sçauriés vous-mesmes desirer. Sur ce, je prie Dieu, Monsr de Senegas, vous avoir en sa saincte garde. Escript à Paris, le dernier jour de decembre 1602.

HENRY.

FIN DU TOME CINQUIÈME.

TABLE

DE PLUSIEURS LETTRES DE HENRI IV,

ÉCRITES ENTRE LE 1ᵉʳ JUILLET 1598 ET LE 31 DÉCEMBRE 1602,

QUI N'ONT POINT PARU DEVOIR ÊTRE IMPRIMÉES DANS CE VOLUME.

DATES.	LIEUX DE LA DATE.	ADRESSES DES LETTRES.	SUJETS DES LETTRES ET SOURCES.
1598. 4 juillet.	A Saint-Germain.	Au parlement de Paris.	Envoi des lettres patentes qui, pour accélérer le payement des taxes, accordent aux lieutenants criminels et autres officiers des bailliages et sénéchaussées la remise du quart de ces taxes. Les présidents Séguier et de Bellièvre chargés de présenter au parlement, pour être enregistrées, ces lettres patentes et les lettres de déclaration qui les avaient précédées. Cop. — Arch. nationales, sect. judic., reg. authentiques du Parlement de Paris, Conseil, vol. 294, fol. 22 recto.
23 juillet.	Monceaux.	Au même.	Ordre d'enregistrer les lettres patentes portant concession du duché de Vendôme à César, légitimé de France. Cop. — Ibidem, fol. 172 recto.
2 août.	Ibidem.	Au canton de Soleure.	Avis du licenciement de deux ou trois compagnies de Suisses du canton de Soleure, employées à la garde de la ville de Lyon. Remerciments des services rendus par ces compagnies, que M. de la Guiche a ordre de payer. Orig. — Arch. du canton de Soleure.
15 août.	Paris.	A M. de Brèves, ambassadeur à Constantinople.	Recommandations de faire respecter avant tout la bannière de France, et de s'opposer aux prétentions des nations qui voudraient s'en distraire, notamment de l'Angleterre et de Florence. Instructions sur la manière de comprendre les Etats des Pays-Bas dans les capitulations du Roi avec le Sultan, sans enfreindre le traité de Vervins. Quant à ce qui est alloué par la Porte pour l'entretien des ambassadeurs français, non-seulement M. de Brèves est autorisé à le réclamer, mais il aurait dû le faire plus tôt; et s'il ne l'obtenait, il devrait quitter Constantinople, en y laissant son secrétaire. Cop. — Biblioth. de M. de Monmerqué, Ms. intitulé *Lettres à l'ambassadeur du Levant.*
Idem.	Ibidem.	A M. de Barnevelt.	M. de Busenval, porteur de la lettre, recommandé à M. de Barnevelt, comme ayant l'entière confiance du Roi. Assurance des dispositions tout amicales de S. M. envers les États de Hollande, ses bons amis et alliés. Cop. — Ms. communiqué par M. Wrede, professeur à Utrecht. — Imprimé. *Waarachtige historie van leven van Alden Barnevelt,* Rotterdam, 1670, p. 613; et Dumont, *Corps diplomatique,* t. V, 1ʳᵉ partie, p. 581.

DATES.	LIEUX DE LA DATE.	ADRESSES DES LETTRES.	SUJETS DES LETTRES ET SOURCES.
1598. 25 août.	A Paris.	Au procureur général.	Envoi du traité de paix entre la France et l'Espagne, pour être enregistré au parlement de Paris, du consentement du procureur général, avec les lettres patentes nécessaires à cet effet. Cop. — Arch. nationales, sect. judic., reg. auth. du parlement de Paris (conseil), vol 295, fol. 169 verso.
Idem.	....	Au duc de Luxembourg, ambassadeur à Rome.	Avis du prochain départ du légat. Congé accordé à l'ambassadeur, qui durant son absence laissera à d'Ossat l'entre-charge des affaires de S. M. à Rome. Imprimé. — *Histoire du cardinal de Joyeuse*, par AUBERY, p. 305.
3 septembre.	Fontainebleau.	A la reine d'Angleterre.	Accusé de réception et remerciments de la lettre par laquelle Élisabeth notifiait la résolution qu'elle avait prise avec les députés des Provinces-Unies des Pays-Bas. Cette lettre est assez endommagée pour présenter beaucoup de lacunes. Orig. — Musée Britannique, biblioth. Cotton. Caligula E. IX, fol. 350.
9 septembre.	Ibidem.	Au parlement de Paris.	Envoi des lettres de jussion pour l'enregistrement des lettres de pardon et abolition accordées au sieur du Cluseau, gouverneur de Noyon. Cop. — Arch. nationales, sect. judic., reg. authent. du parlement de Paris (conseil), vol. 290, fol. 27 recto.
16 septembre.	Ibidem.	Au Pape.	Retour à Rome du cardinal de Joyeuse, qui en allant y reprendre la protection des affaires de France, porte aux pieds de S. S. les vœux et les hommages du Roi. Cop. — Ms. appartenant à M. l'abbé Caron, à Versailles.
Idem.	Ibidem.	A M. de Brèves.	Plainte des mauvais procédés de la Porte et des avanies auxquelles sont exposés les sujets du Roi. Réponse aux ouvertures faites par l'ambassadeur sur des négociations dont il désirait être chargé entre le Sultan et l'Empereur. Ordre de ne prendre aucun engagement à cet égard avant une nouvelle lettre. La plus grande circonspection recommandée, pour éviter de compromettre le nom du Roi et le sien. Cop. Ms. de M. Monmerqué.
27 septembre.	....	Au chancelier.	Ordre de pourvoir à ce qu'il faut pour l'accomplissement d'un traité avec le duc de Lorraine. Minute. — B. N. Fonds Du Puy, Ms. 407, fol. 27 recto.
Idem.	....	Au même.	Ordre de demander au Conseil, toutes autres affaires cessantes, un travail sur plusieurs affaires qui intéressent particulièrement S. M.

NON IMPRIMÉES DANS CE VOLUME.   733

DATES.	LIEUX DE LA DATE.	ADRESSES DES LETTRES.	SUJETS DES LETTRES ET SOURCES.
1598. 6 octobre.	A Monceaux.	A la reine d'Angleterre.	Réclamation en faveur de plusieurs bourgeois de Saint-Malo, armateurs du navire *la Fortune*, dont s'était emparé un des principaux habitants de Londres, tandis que d'autres Anglais avaient encore pillé deux autres petits navires de Saint-Malo. Demande qu'il soit fait justice de ces pirateries et infractions à la paix. Orig. — Musée Britannique, biblioth. Lansdowne, Ms. 148, art. 253.
8 octobre.	Ibidem.	A la ville d'Amiens.	Félicitations des bons choix qui ont été faits dans l'élection des nouveaux échevins, notamment d'Augustin de Louvaincourt, premier échevin, que le Roi voit, avec plaisir, maintenu encore un an dans cette charge. Orig. — Arch. municipales d'Amiens, liasse D, 12, pièce 1.
31 octobre.	Ibidem.	Au prévôt des marchands et aux consuls de Lyon.	Retour de M. de Vic à Lyon avec la charge d'intendant de la justice. Recommandations de se conduire en tout d'après ses conseils. Orig. — Papiers provenants des anciennes archives de Lyon, et conservés dans cette ville.
29 novembre.	Saint-Germain.	A M. de Brèves.	Tenir le Sultan en appréhension de l'union des princes chrétiens. Réclamer de meilleurs procédés envers la France. M. de Brèves blâmé de s'être engagé dans une lutte trop hostile avec le Sigal, capitaine de la mer, auquel il est impossible qu'on donne tort dans sa querelle avec l'ambassadeur français, pour une cause légère. Annonce de la prochaine arrivée des ambassadeurs d'Angleterre et de Toscane. Ordre de traverser la négociation d'un juif qui agit à la Porte pour le roi d'Espagne. Nouvelles rassurantes de la santé de S. M. Commandement de revenir, en laissant à Constantinople un secrétaire. Cop. — Ms. de M. Monmerqué.
15 décembre.	Ibidem.	A M. de Lussan, lieutenant du duc de Vendôme au gouvernement de Nantes.	Ordre de remettre en liberté un nommé le Sage, qui avait été arrêté pendant le séjour du Roi en Bretagne, comme suspect de mauvais desseins, mais dont l'innocence a été reconnue. Orig. — Musée Britannique, Mss. Egerton, vol. V, fol. 70.
29 décembre.	Paris.	Aux capitouls de Toulouse.	Avis de la convocation des états de Languedoc à Pézénas, pour le 19 avril. Ordre aux capitouls de s'y trouver. Cop. — Arch. du capitole de Toulouse, reg. authent. des délibérations, vol. XI, fol. 270.
31 décembre.	Ibidem.	A M. de Brèves.	Ordre de prendre congé du grand-vizir et de laisser à Constantinople Coquerel, qui recevra un traitement et ne devra point toucher les 2 p. 0/0, droit dont le Roi entend décharger les négociants français au Levant. Avis des nouvelles instances du Pape pour engager S. M. dans une ligue des

DATES.	LIEUX DE LA DATE.	ADRESSES DES LETTRES.	SUJETS DES LETTRES ET SOURCES.
			princes chrétiens contre l'empire ottoman. Le Roi désire avoir là-dessus l'avis de l'ambassadeur, et en conférer avec lui à son retour. On avisera aussi à payer ses dettes et à lui conférer l'ordre du Saint-Esprit. Mais il doit revenir sans retard, suivant le commandement qui lui en est fait. Cop. — Ms. de M. de Monmerqué.
....	....	[Au Parlement.]	Envoi d'un édit de création d'un certain nombre d'offices de procureurs aux greniers à sel, pour en employer la finance à l'acquit d'une partie des dépenses de la guerre. Ordre de vérifier cet édit sans délai. Cop. — B. N. Fonds Béthune, Ms. 8955, fol. 90 recto.
		Au Pape.	Demande des bulles nécessaires pour la résignation que François de la Chassaigne, conseiller au parlement de Bordeaux, désire faire de son abbaye de Saint-Pierre des Vertus en Médoc à Michel James, prêtre. Cop. — Ibidem, fol. 54 recto.
1599. 14 janvier.	Paris.	A la reine d'Angleterre.	Plaintes de la prise d'un navire français chargé de blés pour Bordeaux, qui jeté par la tempête à la côte de Portugal, avait été pris par des Anglais. Ceux-ci ayant jeté à la mer le nommé la Porte, maître du navire, et son équipage, ont conduit le vaisseau à Plymouth, et en ont vendu la cargaison. L'enquête est envoyée à M. de Boissise, ambassadeur, chargé de demander justice à la Reine. Orig. — A Londres, State paper office, vol. de Mélanges.
16 janvier.	Ibidem.	A M. de Brèves.	Réponse à l'avis du succès d'une démarche de M. de Brèves auprès du grand-vizir en faveur des sujets du Roi. Satisfaction de ce résultat; mais doutes sur l'exécution de la promesse. Ordres réitérés de revenir, sans attendre le payement de ses dettes. Les Marseillais seront informés des commandements obtenus pour la liberté des Français esclaves. Cop. — Ms. de M. Monmerqué.
18 janvier.	Ibidem.	Au chevalier Vinta, secrétaire d'état du grand-duc de Toscane.	M. de Sillery, envoyé ambassadeur à Rome, chargé de visiter, en passant à Florence, le grand-duc, et de remettre cette lettre au chevalier Vinta, en l'assurant de la bienveillance du Roi. Orig. — Arch. des Médicis, légation française, liasse 3.
8 février.	Ibidem.	A la ville de Caen.	Le capitaine Pont nommé pour commander à Caen, en l'absence du sieur de Crèvecœur. Les habitants auront à lui obéir de même durant ce temps. Orig. — Arch. municipales de Caen.

NON IMPRIMÉES DANS CE VOLUME.

DATES.	LIEUX DE LA DATE.	ADRESSES DES LETTRES.	SUJETS DES LETTRES ET SOURCES.
1599. 21 février.	A Paris.	Aux consuls de Montferrand.	Le sieur de Roquelaure nommé gouverneur de la basse Auvergne, en remplacement du marquis de Canillac, décédé. Confiance du Roi dans M. de Roquelaure. Assurance qu'il remplira soigneusement tous les devoirs de sa charge, sous le Roi et le comte d'Auvergne. Recommandation de lui obéir comme à S. M. et à S. A. Orig. — Arch. municipales de Clermont-Ferrand.
11 mars.	Ibidem.	A la ville de Rennes.	M. de Mayneuf, lieutenant du grand-maître de l'artillerie, M. d'Estrées, au gouvernement de Bretagne, est chargé par le Roi du relevé des pièces et munitions qui se trouvent dans cette province. Ordre de le seconder dans sa mission. Orig. — Arch. de la ville de Rennes.
17 mars.	Ibidem.	A M. de Montsolens.	Le duc de Ventadour réunira à sa lieutenance générale en Languedoc celle qu'avait le duc de Joyeuse, qui vient de se démettre de toutes ses charges entre les mains du Roi. Il n'y aura plus ainsi qu'un seul lieutenant général au gouvernement de Languedoc. Ordre d'obéir en cette qualité au duc de Ventadour. Orig. — Arch. de M. de Fournas.
20 mars.	Monceaux.	A M. de Brèves.	Nouvelles remontrances sur l'inopportunité et les inconvénients d'une lutte avec le capitaine de la mer. Approbation du secours accordé à l'ambassadeur de Toscane. Bruit de l'arrivée d'un ambassadeur du Tartare vers l'Empereur, pour négocier la paix entre l'Empire et la Porte. Fâcheux effet de cette nouvelle pour la réputation du Sultan, qui dégénère beaucoup de ses ancêtres en pensant à une paix à la suite de revers. Mariage de Madame Catherine avec le fils du duc de Lorraine. Il se prépare un soulèvement de plusieurs princes d'Allemagne contre l'Empereur. Nouveaux ordres à l'ambassadeur de revenir. Cop. — Ms. de M. de Monmerqué.
24 mars.	Fontainebleau.	Au même.	Compliments sur le rétablissement d'Ibrahim-pacha dans la charge de premier vizir. Quant aux poursuites entreprises par l'ambassadeur contre le Sigal, et aux retards de son départ, mêmes recommandations que dans les lettres du 31 décembre et du 20 mars. Non-seulement Coquerel, qui remplacera M. de Brèves, ne doit pas toucher le 2 p. 0/0 qui lui avait été accordé pendant la détresse des troubles; mais M. de Brèves, quand même il resterait à la Porte, n'aurait plus à percevoir ce droit, dont le Roi entend décharger absolument le commerce français. On parle toujours de paix entre l'Empereur et le Sultan, ce qui serait très-préjudiciable au dernier. Ibidem.

DATES.	LIEUX DE LA DATE.	ADRESSES DES LETTRES.	SUJETS DES LETTRES ET SOURCES.
1599. 2 avril.	....	Au cardinal Aldobrandin.	Remercîments de la part qu'il a prise à la promotion des cardinaux de Sourdis et d'Ossat. Assurance de sa gratitude, de celle des nouveaux cardinaux et de tous ceux qui dépendent de S. M. Minute. — Arch. générales du département du Nord.
8 avril.	A Fontainebleau.	A M. de Rosny.	Pour qu'il se rende auprès du Roi le lundi de Pâques. Imprimé. — Œconomies royales, t. I, ch. 94.
17 avril.	Ibidem.	A M. de Brèves.	D'après l'exposé détaillé que l'ambassadeur a envoyé de ses poursuites contre le Sigal, S. M. ne peut qu'en approuver les motifs, dans l'intérêt de sa dignité, de la protection due à ses sujets et du maintien des capitulations. Toutefois M. de Brèves ne doit pas aller plus loin et tenter l'impossible en cherchant à renverser le capitaine de la mer. Les sujets du Roi pourraient en souffrir, plutôt qu'en être soulagés. Satisfaction de S. M. pour la délivrance des captifs français que l'ambassadeur a obtenue. Cop. — Ms. de M. Monmerqué.
18 avril.	Ibidem.	A la ville de Rouen.	Recommandation de faire la plus honorable réception possible au nouvel archevêque de Rouen, frère naturel du Roi, à l'entrée solennelle que le prélat doit faire prochainement dans sa ville archiépiscopale. Cop. — Arch. municipales de Rouen. Reg. des délibérations.
28 avril.	Saint-Germain.	Au duc de Nevers.	Pour venir trouver le Roi le lendemain matin, à l'effet de s'entendre avec S. M. sur plusieurs changements qu'elle désire faire aux garnisons du gouvernement de Champagne. Orig. — B. N. Fonds Béthune, Ms. 9115, fol. 13.
8 mai.	Villeroy.	Aux cardinaux de Joyeuse et d'Ossat.	Instructions très-développées au sujet des explications à donner au Pape sur l'édit de Nantes, sur les difficultés qui s'opposent à recevoir en France le concile de Trente, et sur les différends du Roi avec le duc de Savoie. Orig. — Ms. de M. l'abbé Caron.
Ibidem.	Ibidem.	A M. de Rosny.	Le sieur de Vigny a promis au Roi un service auquel Rosny doit l'exciter. Envoi d'une lettre pour M. de Marly, prévôt des marchands de Paris, et d'une autre pour la chambre des comptes. Le Roi écrit aussi à la ville de Nantes qu'elle élise pour maire M. de la Bouchetière. Approbation de la mesure prise pour assurer le payement du régiment des gardes et de huit autres régiments. S. M. parlera à Rosny de ses autres affaires à Fontainebleau, où elle le prie de se rendre en poste la semaine suivante. Imprimé. — Œconomies royales, t. 1, ch. 94.

DATES.	LIEUX DE LA DATE.	ADRESSES DES LETTRES.	SUJETS DES LETTRES ET SOURCES.
1599. 29 mai.	A Paris.	A la ville de Poitiers.	Le sieur de Parabère, lieutenant général en Poitou, et le sieur Langlois, conseiller d'État, chargés d'assister M. de Malicorne, gouverneur, pour faire exécuter l'édit de Nantes dans la province. Cop. — Collection de feu M. Auguis.
2 juin.	Fontainebleau.	Au parlement de Paris.	Ordre de recevoir à prêter serment maître Denis le Sueur et Charles Prevost, nommés, le premier tuteur comptable des biens des enfants naturels et légitimés du Roi, l'autre tuteur et curateur de leurs causes et actions. Cop. — Arch. nationales, sect. judic., Reg. anthent. du parlement de Paris (conseil), vol. 301, fol. 8 recto.
10 juin.	Au Bois-Malesherbes.	Au mayeur et aux échevins d'Abbeville.	Envoi en Picardie du lieutenant du grand-maître de l'artillerie de France, pour faire le relevé de toutes les pièces et munitions d'artillerie. (Lettre semblable à celle du 4 novembre qui est adressée à la ville de Rennes.) Orig. — Arch. municip. d'Abbeville.
11 juin.	Ibidem.	Au grand-duc de Toscane.	Recommandation en faveur de Louis Bracci, gentilhomme florentin au service de France depuis huit ou neuf ans, que ses affaires particulières appellent en Toscane. Orig. — Arch. des Médicis, légation française, liasse 3.
12 juillet.	Fontainebleau.	Au duc d'Arschot.	Bien que le Roi ait la plus entière confiance dans la parole du duc, la promesse de restituer son château de Montcornet, si la paix venait à être rompue, doit être revêtue de l'approbation de l'archiduc, sous la souveraineté duquel cette place se trouve en ce moment. Orig. — Arch. de M. le duc de Caraman.
6 août.	Blois.	A la reine d'Angleterre.	Les réclamations de l'ambassadeur du Roi pour faire restituer à Jean Maugarie et à Jean Boucher les vaisseaux la Catholique et la Marie, pris par des pirates anglais, n'ont eu d'autre effet que d'induire ces armateurs en grande dépense pour poursuivre inutilement la restitution de leurs navires. Plaintes de ce déni de justice. Orig. — Musée Britannique, biblioth. Lansdowne, Ms. 148, art. 88.
7 août.	Ibidem.	A M. de Sillery.	Obtenir du Pape les provisions nécessaires pour que maître Claude Legras, clerc du diocèse de Troyes, soit pourvu de l'abbaye de Saint-Corneille et Saint-Cyprien de Compiègne, en remplacement de Jacques Amyot, évêque d'Auxerre et abbé commendataire de cette abbaye, décédé. Orig. — Déposé chez M. de Lasalle, conseiller à la cour d'appel de Nancy.
16 août.	Ibidem.	Au roi d'Espagne.	M. de Sancerre a été envoyé vers l'archiduc pour réclamer la délivrance de plusieurs marchands de Bretagne et la restitution de leurs navires, saisis en contravention

TABLE DE PLUSIEURS LETTRES

DATES.	LIEUX DE LA DATE.	ADRESSES DES LETTRES.	SUJETS DES LETTRES ET SOURCES.
1599. 18 août.	A Blois.	A M. de Béthune, ambassadeur en Écosse.	du traité de paix; mais cet envoyé n'ayant rien obtenu, le Roi a écrit directement à S. M. catholique. Orig. — Arch. nationales, sect. hist., Arch. de Simancas, B. 86, fol. 123. Pour assister Jacques Donat, habitant de Bergerac, dans la poursuite qu'il a intentée en Écosse contre le sieur de Becase, gentilhomme écossais, qui lui doit 2,200 écus pour fourniture de vin de Gascogne. Orig. — B. N. Fonds Béthune, Ms. 8954, fol. 19. — Cop. Suppl. fr. Ms. 1009-3.
21 août.	Ibidem.	Au connétable.	Pour venir trouver le Roi au plus tôt afin de conférer ensemble sur les nouvelles que S. M. a reçues de Rome. Orig. — B. N. Ms. 9069, fol. 8.
22 août.	Ibidem.	A la ville de Rennes.	Ordre d'envoyer leurs députés aux États de Bretagne, convoqués à Vannes pour le 22 octobre. Orig. — Arch. municip. de Rennes.
24 août.	Ibidem.	Au roi d'Espagne.	M. de la Mothe-Fénelon, envoyé en ambassade au roi d'Espagne, est mort en chemin; ce qui fera prolonger la mission de M. de Sancerre, en attendant le départ d'un autre ambassadeur, qui va être choisi pour remplacer dignement M. de Fénelon. Orig. — Arch. nationales, sect. histor., Arch. de Simancas, B. 86, fol. 124.
31 août.	Ibidem.	Au parlement de Paris.	Envoi de lettres de jussion pour la vérification des lettres d'assignation d'une somme de 61,554 écus, affectée au payement du colonel suisse Laurens Arreguier et de son régiment, cette dépense étant assignée sur les deniers provenants de la vente, à rachat perpétuel, du domaine, sceau, greffe, etc. mentionnée en l'édit d'octobre 1594. Cop. — Arch. nationales, sect. judic., Reg. authent. du parlement de Paris (conseil), vol. 304; fol. 266.
1er septembre.	Ibidem.	A la reine d'Angleterre.	Pour obtenir la révision du jugement prononcé contre trois marchands de Londres, qui avaient fourni caution à Michel Lanne, marchand de Saint-Malo, lequel, après avoir sollicité inutilement, pendant deux ans, le jugement d'un procès qu'il avait à l'amirauté de Londres, était retourné en France, et, pendant son absence, avait été condamné pour avoir exporté des canons d'Angleterre, bien qu'il l'eût fait pour le service et avec l'agrément de la Reine. Orig. — A Londres, State paper office, vol. de Mélanges.
17 septembre.	Ibidem.	A la ville de Metz.	Leurs députés, porteurs de cette lettre, sont chargés de les assurer, au retour, du soin mis à examiner leurs remontrances, et du souvenir bienveillant que le Roi conserve de leurs services et de leur affection. Orig. — Arch. municipales de Metz.

DATES.	LIEUX DE LA DATE.	ADRESSES DES LETTRES.	SUJETS DES LETTRES ET SOURCES.
1599. 17 septembre.	A Orléans.	A M. de la Rochepot, ambassadeur en Espagne.	Pour recevoir le serment de Louis Moncis, en qualité de consul de la nation française à Lisbonne. Orig. — Collection de M. Feuillet de Conches.
18 septembre.	Ibidem.	Aux trésoriers généraux de France au bureau des finances établi à Lyon.	Envoi des lettres de déclaration et jussion, supprimant les non-valeurs sur les fermes des aides, et attribuant d'autres droits aux fermiers. Ordre de faire publier ces lettres lors des adjudications, après les avoir vérifiées et enregistrées. Orig. — Arch. municip. de Saint-Étienne.
7 octobre.	Fontainebleau.	Au Pape.	Demande de la dispense nécessaire au mariage du connétable, épousant en troisièmes noces Laurence de Clermont, cousine germaine de Louise de Budos, sa seconde femme. Cop. — B. N. Fonds Du Puy, Ms. 3, fol. 113 recto.
9 octobre.	Ibidem.	Aux syndics de Genève.	Assurance de s'occuper affectueusement des intérêts de la république, lorsque se régleront les affaires du Roi avec le duc de Savoie. Orig. — Arch. du canton de Genève.
14 octobre.	Ibidem.	A M. de la Rochepot.	Pour régler les frontières de France et d'Espagne sur la Bidassoa, en ayant soin que la navigation de cette rivière soit commune aux sujets des deux pays. Orig. — Collection de M. Feuillet de Conches.
15 octobre.	Ibidem.	A M. de Brèves.	D'après les explications de M. de Brèves sur l'état des affaires d'Orient, et l'expérience qu'il a du pays, sa mission est continuée. Il doit se rapatrier avec le pacha de la mer, ne pouvant en avoir raison par autorité. Recommandation de continuer la résistance à l'Angleterre. Avis de la paix qu'Élisabeth se prépare à conclure avec l'Espagne, ce qui lui ôtera le seul titre de préférence qu'elle pourrait obtenir à la Porte depuis le traité de Vervins. Le secrétaire Coquerel maintenu, aux mêmes appointements, auprès de M. de Brèves. Cop. — Ms. de M. Monmerqué.
1er novembre.	Saint-Germain.	Aux treize cantons.	Regrets de n'avoir pu renvoyer encore M. de Mortefontaine comme ambassadeur auprès des ligues suisses. Il repartira dans huit ou dix jours, le Roi ayant toujours à cœur de prouver aux Suisses tout son intérêt. Orig. — Arch. du canton de Zurich.
16 novembre.	Paris.	Aux mêmes.	Retour de M. de Mortefontaine comme ambassadeur en Suisse, chargé de propositions que le Roi recommande à l'affection des cantons. Orig. — Arch. du canton de Soleure.
Idem.	Ibidem.	Au canton de Soleure.	M. de Mortefontaine est chargé de prier le canton de persister dans son affection pour la France; et il acquittera les censes qui restent dues. Ibidem.

DATES.	LIEUX DE LA DATE.	ADRESSES DES LETTRES.	SUJETS DES LETTRES ET SOURCES.
1599. 17 novembre.	A Paris.	Au maire et aux échevins de Poitiers.	Avis de l'ordre donné à M. de Malicorne, gouverneur de Poitou, et en son absence à M. de Parabère, lieutenant général, de faire conduire du canon devant l'abbaye de Novaille, si ceux qui l'occupent refusent de la remettre aux délégués du duc de Biron. Ordre à la ville de Poitiers de seconder cette expédition en fournissant le canon et les munitions nécessaires. Cop. — Arch. municip. de Poitiers, Reg. des délibérations.
....	....	A la ville de Nantes.	Plaintes de ce que, dans l'élection du maire, on n'a pas tenu compte de la volonté du Roi, qui demandait qu'on élût M. de la Bouchetière. Ordre comminatoire de l'élire. Imprimé. — La commune et la milice de Nantes, par Camille MELLINET, t. IV, p. 62.
1600. 10 janvier.	Paris.	Au prévôt des marchands et aux échevins de Paris.	Plaintes de ce que la ville de Paris prive le Roi de certains revenus et cens qu'elle avait coutume de payer à ses prédécesseurs. Des commissaires ont été nommés pour vérifier les droits de S. M. à ces revenus. Cop. — Arch. nationales, sect. admin. Reg. authent. de l'hôtel de ville de Paris, série H, 1792, fol. 168 recto.
12 janvier.	Ibidem.	Aux capitouls de Toulouse.	Pour les complimenter sur leur élection, leur recommander de veiller avec fermeté au repos public et d'assurer la ville de Toulouse qu'elle occupe dans l'affection du Roi « le mesme rang qu'elle a entre les principales villes du royaume. » Cop. — Arch. du capitole, Reg. authent. de l'hôtel de ville, vol. IV, fol. 544.
2 mars.	Ibidem.	Aux trésoriers généraux de France à Lyon.	Ordre d'établir dans l'étendue de leur généralité les nouvelles impositions résolues en l'assemblée de Rouen, qui ont été établies utilement dans la plupart des provinces. Envoi des lettres patentes données à cet effet. Orig. — Déposé chez M. Lamoureux, juge d'instruction à Nancy.
19 mars.	Ibidem.	A M. de Sillery, ambassadeur à Rome.	Pour l'expédition des bulles du sieur Claude de Moienne, nommé à l'évêché de Seez. Orig. — B. N. Fonds Harlay, Ms. 521, fol. 54.
6 mai.	Fontainebleau.	Au parlement de Paris.	Ordre d'enregistrer des lettres de grâce et pardon accordées au sieur du Bois de Charente. Cop. — Arch. nationales, sect. judic. Reg. authent. du parlement (conseil), fol. 1 recto.
24 mai.	Paris.	A l'archevêque de Mayence, électeur de l'Empire.	Le maréchal de Boisdauphin, envoyé vers l'Empereur, est chargé, en passant à Mayence, de saluer l'électeur de la part du Roi, de l'assurer de son amitié, et de rapporter des nouvelles de ce prince à S. M. Cop. — B. N. Fonds Béthune, Ms. 8851, fol. 158 recto.

NON IMPRIMÉES DANS CE VOLUME. 741

DATES.	LIEUX DE LA DATE.	ADRESSES DES LETTRES.	SUJETS DES LETTRES ET SOURCES.
1600. 24 mai.	A Paris.	A la ville de Strasbourg.	Le maréchal de Boisdauphin est chargé d'assurer Messieurs de Strasbourg de l'amitié du Roi, en s'informant de l'état de leurs relations avec le cardinal de Lorraine, pour l'investiture de l'évêché, affaire dont M. de Boisdauphin a mission de traiter avec l'Empereur. Minute. — B. N. Fonds Béthune, Ms. 8851, fol. 57 recto.
25 mai.	Ibidem.	A M. de Sillery.	Pour obtenir du Pape l'expédition de l'abbaye de Notre-Dame de Chalier, ordre de Cîteaux, diocèse de Senlis, en faveur de maître Abel de Montliart, abbé de la Chapelle-aux-Planches, à qui le Roi a accordé l'abbaye de Chalier, en considération du premier président de Harlay, son oncle ; ce qui doit recommander particulièrement cette affaire. Orig. — B. N. Fonds Harlay, Ms. 521, fol. 50 recto.
2 juin.	Ibidem.	A M. de Brèves.	Le secrétaire et l'interprète, envoyés par M. de Brèves, sont arrivés, apportant l'original des *capitulations*, des lettres du sultan, du grand-vizir et de l'ambassadeur. Réponse détaillée aux différents points de cette dernière, sur les affaires de la Porte. Annonce des négociations qui ont lieu à Boulogne entre l'Espagne et l'Angleterre. Cop. — Ms. de M. Monmerqué.
14 juin.	Fontainebleau.	Au parlement de Paris.	Pour recommander la veuve et les enfants du sieur de Guitry dans le procès qu'ils ont à la chambre de l'édit, le sieur de Guitry ayant toujours rendu de bons et signalés services à la couronne. Cop.—Arch. nation., sect. judic. Reg. authent. du parlement de Paris (conseil), vol. 507, fol. 281 verso.
17 juin.	Ibidem.	A la reine d'Angleterre.	Plaintes de la prise d'un chargement de toiles de Léon, dites *crées*, enlevé par des Anglais à des marchands de Vitré, sur un navire nommé le *Charles*. L'ambassadeur est chargé d'en demander justice. Orig. — A Londres, State paper office, entient royal letters, Ms. 22, lettre 214.
Idem.	Ibidem.	Au prévôt des marchands et aux échevins de Lyon.	Le fourrier des conseillers au grand conseil envoyés à Lyon est chargé de s'entendre avec les officiers municipaux et le gouverneur, pour le logement convenable de ces magistrats. Orig. — Papiers provenants des anciennes archives de Lyon.
26 juin.	Ibidem.	Au président de Marly, prévôt des marchands de Paris.	Ordre de payer au sieur de Forces un entretènement à lui accordé par le Roi sur le quinzième denier du nouveau subside. Cop. — Arch. nation., sect. administr. Transcription authent. des registres de l'hôtel de ville de Paris, série H, 1792, fol. 375 recto.

DATES.	LIEUX DE LA DATE.	ADRESSES DES LETTRES.	SUJETS DES LETTRES ET SOURCES.
1600. 14 juillet.	A Lyon.	A M. de la Rochepot.	Assister Jacques Langlois, marchand de Nantes, dans sa poursuite pour l'exécution d'un jugement qu'il a obtenu à l'amirauté d'Espagne, et qui ordonne la restitution de son navire saisi pendant la guerre.
15 juillet.	Ibidem.	Au prévôt des marchands et aux échevins de Paris.	Ordre de faire cesser toute opposition à la vérification, au parlement, de l'édit qui affecte au payement du prince d'Anhalt 1 million 73,449 écus sur les aides de la ville de Paris. Lettre écrite à l'instance du prince. Cop. — Arch. nation., sect. administr. Transcription authent. des registres de l'hôtel de ville de Paris, série H, 1792, fol. 405 recto.
24 juillet.	Ibidem.	Au même et aux échevins.	Recommandation d'élire pour échevin le sieur Garnier, auditeur à la chambre des comptes. Cop. — Ibidem, fol. 400 verso.
27 juillet.	Ibidem.	Au canton de Zurich.	Le sieur de Vic, nommé ambassadeur en Suisse, à la place du sieur de Mortefontaine, est chargé de visiter le canton de la part du Roi, et de l'assurer de la parfaite amitié de S. M. Orig. — Arch. du canton de Zurich.
Idem.	Ibidem.	Au canton de Soleure.	Même objet que la lettre précédente. Orig. — Arch. du canton de Soleure.
Idem.	Ibidem.	Au canton de Berne.	Même objet que les précédentes. Orig. — Arch. du canton de Berne.
Idem.	Ibidem.	A la ville d'Amiens.	Même objet que la lettre du 28 juillet à la ville d'Arles, en fixant la contribution d'Amiens à 4,000 écus. Orig. — Arch. municip. d'Amiens. Liasse D. 13, pièce 3.
Idem.	Ibidem.	A la ville de Poitiers.	Même objet, en fixant la contribution de Poitiers à 8,000 écus. Cop. — Arch. municip. de Poitiers, Reg. des délibérations.
29 juillet.	Ibidem.	Au sénéchal de Périgord ou à son lieutenant.	Envoi de la lettre adressée à la ville de Périgueux, pour lui demander de contribuer, comme les autres villes, aux dépenses du mariage du Roi. Orig. — Arch. de la maison de Bourdeilles.
8 août.	Ibidem.	Au prévôt des marchands et aux échevins de Paris.	Recommandation d'élire pour échevins les sieurs Garnier et Champin. Cop. — Arch. nation., sect. admin., série H, 1792, fol. 411 recto.
Idem.	Ibidem.	Aux syndics et au conseil de Genève.	Les députés de Genève s'en retournant, sont chargés d'informer le conseil de l'état des affaires du Roi avec le duc de Savoie, et d'assurer la république des sentiments affectueux de S. M. Orig. — Arch. de Genève.
11 août.	Ibidem.	Au grand duc de Toscane.	Pour recommander le docteur Cordovero, demeurant à Livourne, et un marchand portugais, nommé Morati, demeurant à Pise. Orig. — Arch. des Médicis, légat. franç., liasse 3.

DATES.	LIEUX DE LA DATE.	ADRESSES DES LETTRES.	SUJETS DES LETTRES ET SOURCES.
1600. 21 août.	A Chambéry.	A M. de Brèves.	Annonce de l'expédition contre la Savoie. Réponse à divers détails des lettres de l'ambassadeur. Cop. — Ms. de M. Monmerqué.
7 septembre.	Chamouny.	Aux capitouls de Toulouse.	Avis de la convocation des États de Languedoc à Beaucaire pour le 12 octobre, afin que les capitouls aient à s'y rendre. Cop. — Arch. authent. du capitole, Registre des délibérations, vol. II, fol. 415 verso.
10 septembre.	Ibidem.	Au parlement.	Ordre de lever toutes les oppositions apportées à l'exécution de l'édit portant levée de subsides pour le payement des Suisses, dont le Roi a plus grand besoin que jamais dans la guerre de Savoie. Cop. — Arch. nationales, sect. judic. Reg. authent. du parlement (conseil), vol. 310, fol. 2 recto.
20 septembre.	Grenoble.	A la reine d'Angleterre.	Suite des réclamations au sujet de la prise du navire la Collette, frétée par M. de Sourdéac, gouverneur de Brest, affaire déjà exposée à la reine dans la lettre du 22 août 1598.
18 octobre.	Chambéry.	Aux syndics et au conseil de Genève.	Le sieur de Lucinge, écuyer d'écurie du Roi, ayant ses terres près de Genève, se loue de l'assistance qu'il reçoit de la république. S. M. en exprime sa satisfaction et le désir de voir continuer ces relations si précieuses à M. de Lucinge. Orig. — Arch. de Genève.
25 octobre.	Ibidem.	Au grand-duc de Toscane.	Recommandation en faveur du sieur de Chirley, gentilhomme anglais ayant servi en France, que ses affaires appellent en Toscane. Orig. — Arch. des Médicis, Christine de Lorraine, liasse IV.
15 novembre.	Montmeillan.	A M. de la Châstre.	Lettre pareille à celle qui fut adressée le même jour au prévôt des marchands de Paris. C'est très-probablement une circulaire, envoyée aussi aux autres gouverneurs et aux principales villes. Cop. — Arch. municip. de Bourges.
16 novembre.	Ibidem.	A M. de la Rochepot.	Annonce de la capitulation de Montmeillan. Départ du Roi à la rencontre du duc de Savoie, qui s'avance par le petit Saint-Bernard. Orig. — Collection de M. Feuillet de Conches.
6 décembre.	Au camp de Luyset devant le fort Sainte-Catherine.	Au canton de Berne.	Le colonel Jacob de Diesbach, envoyé du canton, retournant à Berne, est chargé des assurances de l'amitié du Roi pour le canton.
Idem.	Ibidem.	Aux cantons de Zurich, Bâle et Schaffouse.	Promesse de ne pas négliger les intérêts du canton de Berne, s'il vient à traiter de la paix avec le duc de Savoie. Lettre semblable à celle du même jour aux cantons de Zurich, Berne, Bâle et Schaffouse en réponse à leur recommandation en faveur de Genève. Orig. — Arch. du canton de Zurich.

DATES.	LIEUX DE LA DATE.	ADRESSES DES LETTRES.	SUJETS DES LETTRES ET SOURCES.
1600. 21 décembre.	A Lyon.	Au grand-duc de Toscane.	Sur un vol de deux caisses de satin, que des habitants de Lyon faisaient venir de Lucques, et qui ont été prises sur la frontière de Toscane. Le grand-duc est prié d'ordonner à ses agents d'en faciliter la restitution, pour laquelle ces Lyonnais envoient en Italie. Orig.— Arch. des Médicis, lég. franç., liasse 3.
24 décembre.	Ibidem.	A la ville d'Amiens.	Comme ils n'ont pas répondu à la demande du don gratuit de 4,000 écus pour contribuer aux frais du mariage du Roi, S. M. les presse de se décider promptement à cet égard, et de l'en informer aussitôt. Orig. — Arch. municip. d'Amiens, liasse D, 12, pièce 7.
29 décembre.	Ibidem.	Aux capitouls de Toulouse.	Compliments sur leur élection. Recommandation de s'acquitter dignement de leurs charges. Cop. — Arch. du capitole, Reg. authent. des délibérations, vol. IV, fol. 6 verso.
1601. 10 janvier.	Ibidem.	A M. de Brèves.	Malgré les inconvénients du passage des lettres par Venise, il faudra continuer à se servir quelque temps de cette voie, celle des frégates de renvoi n'étant pas sûre, et la voie ancienne ne pouvant être encore rétablie. Exposé détaillé des nouvelles de Pologne, de Perse et de Transilvanie. Le duc de Mercœur, après avoir pris congé de l'Empereur, a annoncé son prochain retour, à la satisfaction du Roi. L'ambassadeur doit exciter secrètement la Porte à attaquer les côtes de la Calabre et de la Sicile. Le cardinal Aldobrandin continue à négocier la paix entre la France et la Savoie. Cop. — Ms. de M. Monmerqué.
20 janvier.	Ibidem.	Au cardinal d'Ossat.	Longue instruction diplomatique 1° sur les réponses du Roi aux diverses questions du légat, relativement aux affaires qui se traitent actuellement en cour de Rome, dont les principales sont : guerre contre les Turcs ; établissement d'un roi catholique en Angleterre, à la mort d'Élisabeth ; publication du concile de Trente et rappel des jésuites ; suppression de l'inscription sur la pyramide commémorative de l'attentat de Jean Châtel ; rétablissement de la religion catholique en Béarn ; envoi des cardinaux français et d'un ambassadeur à Rome ; 2° sur plusieurs demandes faites à son tour par le Roi au légat : célébration des obsèques du feu roi à Rome ; promotion de Pic de la Mirandole et de l'évêque d'Évreux au cardinalat ; dispense pour le mariage du duc de Bar ; provisions de plusieurs bénéfices et expédition de plusieurs évêchés, etc. ; proposition du mariage d'une fille du duc de Savoie avec César de Vendôme et excuses du Roi ; annonce de la grossesse de la Reine. Orig. — B. N. Fonds Béthune, Ms. 8956, fol. 1. — Imprimé. Lettres du cardinal d'Ossat, t. V, Supplém. p. 21.

NON IMPRIMÉES DANS CE VOLUME.

DATES.	LIEUX DE LA DATE.	ADRESSES DES LETTRES.	SUJETS DES LETTRES ET SOURCES.
1601. 21 février.	A Paris.	Au parlement.	Ordre d'enregistrer immédiatement les lettres de déclaration autorisant les transports des blés hors du Royaume. Cop. — Arch. nationales, sect. judic. Reg. authent. du parlement (conseil), vol. 311, fol. 266 verso.
3 mars.	Ibidem.	Au grand-duc de Toscane.	Recommandation en faveur du docteur Zanzara, conseiller, aumônier et prédicateur ordinaire du Roi, allant en Italie pour les affaires de son Ordre et devant passer par la Toscane. Orig.—Arch. des Médicis, lég. franç., liasse 3.
6 avril.	Ibidem.	Au prévôt des marchands et aux échevins de Paris.	Ordre d'assister en corps, en grande cérémonie, aux obsèques de la reine Louise, douairière de France. Cop. — Arch. nationales, sect. admin., série H, 1792, fol. 512 recto.
7 avril.	Ibidem.	Au parlement de Normandie.	Maître Charles Hue, conseiller au grand conseil, est chargé de requérir la vérification de l'édit de la vente et revente du domaine. Le parlement de Normandie ne doit plus mettre de retard à cette vérification, à laquelle il procédera sans attendre le retour du premier président et des autres membres de la compagnie qui seraient absents lors de la remise de cette lettre. Cop. — Arch. de la cour d'appel de Rouen, Reg. secrets origin. du parlement de Normandie, vol. de 1599 à 1602, p. 408.
10 avril.	Ibidem.	Au roi d'Espagne.	Plaintes de ce qu'on n'a pas eu égard aux représentations de M. de Sancerre, relativement aux navires bretons pris par des Espagnols au mépris des traités. Le roi d'Espagne est prié de faire rendre justice aux marchands à qui ces navires appartiennent. M. de la Rochepot est chargé de traiter cette affaire avec S. M. catholique. Orig. — Arch. nationales, sect. hist., Arch. de Simancas, B. 87, pièce 152.
12 avril.	Ibidem.	A M. de Rosny.	Envoi de trois mémoires sur un moyen de se procurer de fortes sommes. M. de Rosny les communiquera à ceux qu'il voudra des membres du conseil, et prendra là-dessus avec eux une résolution. Imprimé. — Œconomies royales, tome II, chap. 8.
24 avril.	Orléans.	A M. de Brèves.	Annonce de la paix avec le duc de Savoie. Pour arriver à ce résultat, le Roi n'a eu aucun secours étranger. La Porte a même habituellement profité de ses embarras pour commettre des infractions nombreuses aux *capitulations*. L'ambassadeur fera entendre que cette conduite peut décider le Roi à entrer dans l'alliance des princes chrétiens que le Pape travaille à réunir contre les infidèles. Détails sur les affaires de Hongrie et de Pologne. Réponse à plusieurs points particuliers des lettres de l'ambassadeur. Cop. — Ms. de M. Monmerqué.

TABLE DE PLUSIEURS LETTRES

DATES.	LIEUX DE LA DATE.	ADRESSES DES LETTRES.	SUJETS DES LETTRES ET SOURCES.
1601. 1er mai.	A Fontainebleau.	Au parlement de Normandie.	M. de Courson renvoyé au parlement de Normandie, pour le décider à vérifier purement et simplement l'édit de la vente et revente du domaine. Cop. — Arch. de la cour d'appel de Rouen, Reg. secrets origin. du parlement de Normandie, vol. de 1599 à 1602, p. 443.
Idem.	Ibidem.	Au cardinal d'Ossat.	Détails circonstanciés sur la paix avec le duc de Savoie et sur le projet qu'avait formé ce prince d'attaquer Genève. Nouvelles d'Angleterre. Ordre de s'opposer à l'érection de l'évêché de Nancy. Voyage du Roi à Orléans pour gagner le Jubilé; désir des Parisiens d'obtenir les mêmes grâces. Départ du légat; satisfaction de sa conduite. Plaintes contre les Jésuites, qui se rendent partout où les villes les appellent, sans demander l'agrément du Roi. C'est pour cela que S. M. les a fait expulser de Dijon, de Béziers et de Cahors. Orig. — B. N. Fonds Béthune, Ms. 8956, fol. 6. — Cop. Ms. 8957, fol. 20 recto. — Imprimé. — *Lettres du cardinal d'Ossat*, t. V, suppl. p. 39.
2 mai.	Ibidem.	Aux bourgmestres, ammans, avoyers et conseil du canton de Zurich.	Remerciments de ce qu'ils se sont interposés pour détruire l'effet des insinuations malveillantes qui tendaient à indisposer contre le Roi les chefs du Valais. Orig. — Arch. du canton de Zurich.
Idem.	Ibidem.	Au canton de Berne.	Pareille à la lettre précédente. Orig. — Arch. du canton de Berne.
24 mai.	Ibidem.	Au parlement de Paris.	Pour lui commettre la connaissance et le jugement des accusations portées par Michelle Moien contre Pierre Yver, son mari. Cop. — Arch. nationales, sect. judic. Reg. auth. du parlement (conseil), vol. 314, fol. 40 verso.
Idem.	Ibidem.	A M. de Courvauldon, second président au parlement de Normandie.	Nouvelles plaintes des difficultés que fait toujours le parlement de Normandie de vérifier l'édit de vente et revente d'un domaine royal en cette province. Ordre de procéder immédiatement à cette vérification pure et simple, faute de laquelle le Roi interdira de leurs charges les membres du parlement. Cop. — Biblioth. Mazarine, Ms. 1540, p. 3.
25 mai.	Ibidem.	A M. de Vienne.	Procéder au règlement des taxes de ce qui est dû à M. de Courson, pour les vacations relatives à l'affaire de la vente et revente du domaine en Normandie. *Ibidem*, p. 9.
Idem.	Ibidem.	A M. de Bellièvre, chancelier de France.	Le prie de sceller les commissions nécessaires au sieur de Courson pour procéder à la vente et revente du domaine royal en Normandie, en même temps de faire procéder à la taxe de ce qui doit lui être alloué, ainsi qu'à son greffier, et au receveur Dufour, chargé de recevoir les deniers provenants de cette vente, pour les verser dans la caisse

NON IMPRIMÉES DANS CE VOLUME.

DATES.	LIEUX DE LA DATE.	ADRESSES DES LETTRES.	SUJETS DES LETTRES ET SOURCES.
1601. 2 juin.	A Fontainebleau.	A M. de Brèves.	de l'épargne, où ils seront appliqués à rembourser une partie de ce qui est dû au duc de Würtemberg. Cop. — Biblioth. Mazarine, Ms. 1543, p. 7. Refus de gagner, à force d'argent, les ministres du Sultan, qui sont d'une avarice insatiable. L'utilité de l'alliance entre la France et la Porte est réciproque. L'ambassadeur doit continuer l'emploi des moyens dont il s'est servi jusqu'ici, et prendre un soin particulier qu'aucun peuple ne soit distrait de la bannière de la France, surtout les Hollandais. Cop. — Ms. de M. Monmerqué.
8 juin.	Ibidem.	Au parlement.	Ordre d'enregistrer immédiatement le contrat de mariage du Roi avec Marie de Médicis, acte que le chevalier Vinta, secrétaire d'état du grand-duc, attend pour s'en retourner. Cop. — Arch. nationales, sect. judic. Reg. du parlement (conseil), vol. 314, fol. 4 verso.
17 juin.	Monceaux.	A M. de Courvauldon, second président au parlement de Normandie.	Le premier président du parlement de Normandie a été ouï en conseil; et les difficultés que fait toujours sa compagnie de vérifier l'édit de vente et revente du domaine royal, n'ont point paru avoir des motifs dignes de considération suffisante. Toutes les restrictions possibles ont été apportées par des lettres de déclaration du 24 mai dernier. L'édit doit donc être vérifié. Orig. — Biblioth. Mazarine, Ms. 149, p. 13.
30 juin.	Paris.	Au maire et aux jurats de Libourne.	Ordre de recevoir, avec tous les honneurs dus à sa qualité, le maréchal d'Ornano, que le Roi a chargé de visiter les villes de Guienne. Orig. — Arch. municip. de Libourne.
1er juillet.	Ibidem.	Aux jurats de Bordeaux.	Le maréchal d'Ornano, s'en retournant en Guienne, est chargé de faire connaître les intentions du Roi à la ville de Bordeaux, dont il a attesté à S. M. le zèle et l'affection. Orig. — Arch. municip. de Bordeaux.
5 juillet.	Ibidem.	Au prévôt des marchands et aux échevins de Paris.	Ordre d'assister en corps aux obsèques de la princesse de Condé. Cop. — Arch. nationales, sect. administr., série H, 1792, fol. 585 verso. Reg. auth. de l'Hôtel de ville.
6 juillet.	Ibidem.	Au maire et aux échevins de Saint-Jean-d'Angely.	Nonobstant l'opposition que la ville, en invoquant les priviléges municipaux, met à la réception de M. de Beaulieu comme gouverneur, le Roi entend qu'il soit installé dans cette charge. Orig. — Arch. munic. de Saint-Jean-d'Angely.
13 juillet.	Fontainebleau.	Au parlement.	Ordre d'enregistrer les lettres de l'office de prévôt général de la province de Languedoc, accordées au sieur de Baumevielle. Cop. — Arch. nationales, sect. judic. Reg. authent. du parlement de Paris (conseil), vol. 314, fol. 264 verso.

DATES.	LIEUX DE LA DATE.	ADRESSES DES LETTRES.	SUJETS DES LETTRES ET SOURCES.
1601. 17 juillet.	A Paris.	Au connétable.	Pour la convocation des États de Languedoc [le lieu et le jour où ils doivent s'assembler sont restés en blanc]. Le connétable, gouverneur de la province, chargé d'obtenir d'eux les subsides que le Roi réclame pour l'urgence de ses affaires. Orig. — B. N. Fonds Béthune, Ms. 9070, fol. 71.
3 août.	Ibidem.	Au roi d'Espagne.	Ayant appris ce qui s'est passé à l'endroit du comte de la Rochepot, le Roi rappelle cet ambassadeur, et notifie ce rappel à S. M. catholique. Orig. — Arch. nation., Sect. hist., Arch. de Simancas, B. 87, fol. 238.
17 août.	Saint-Germain.	Aux treize cantons.	M. de Sillery envoyé en ambassade pour renouveler l'alliance. Orig. — Arch. de Soleure.
31 août.	A Boulogne.	Au maire et aux échevins d'Abbeville.	Ordre de laisser passer par la ville, pendant le séjour du Roi aux environs, les courriers qui lui apportent ses dépêches, et commettre, à cet effet, deux personnes qui puissent ouvrir les portes à l'arrivée des courriers. Cop. — Arch. municipales d'Abbeville, Reg. des délibérations de 1601 à 1604, fol. 16.
3 septembre.	Calais.	A M. de Brèves.	Plaintes de la mauvaise conduite du Grand-Seigneur. Nouvelles de Flandre. Cop. — Ms. de M. Monmerqué.
27 septembre.	Fontainebleau.	Au même.	Annonce de la naissance du dauphin. Ibidem.
18 octobre.	Ibidem.	A M. de Béthune, ambassadeur à Rome.	Instructions sur les condoléances qu'il doit faire, de la part du Roi, au Pape, au cardinal Aldobrandin, à la signora Olimpia, à ses enfants et au cardinal Saint-Georges, au sujet de la mort de don Jean-François Aldobrandin. Orig. — B. N. Fonds Béthune, Ms. 8973, fol. 29.
21 octobre.	Ibidem.	A M. de Brèves.	Plusieurs mauvais succès des Espagnols pourraient être exploités utilement par le Sultan, s'il n'était pas si *stupide* et ses ministres si corrompus. Les présents que l'ambassadeur sollicite pour eux n'auront sans doute pas grand effet; mais puisque l'usage le veut ainsi, le Roi les accorde dans l'intérêt de sa bannière, dont il faut toujours soutenir l'autorité. Cop. — Biblioth. de M. Monmerqué.
27 octobre.	Ibidem.	Aux habitants de Toul.	Pour les sommer de prêter serment de fidélité au Roi entre les mains de M. Viard, président de la justice de Metz, en suivant l'exemple que leur donne la ville de Verdun. Orig. — Arch. municip. de Toul.
9 novembre.	Paris.	A M. de Béthune.	Grandes faveurs et pensions accordées par le roi d'Espagne au duc de Modène et au prince de la Mirande, qu'il compte charger de levées en Italie. L'ambassadeur aura à

DATES.	LIEUX DE LA DATE.	ADRESSES DES LETTRES.	SUJETS DES LETTRES ET SOURCES.
1601.			s'entendre là-dessus avec le cardinal Aldobrandin et les cardinaux de Joyeuse et d'Ossat, pour n'appuyer la promotion d'aucun cardinal qui favoriserait des combinaisons contraires à l'intérêt de la France. Cop. — B. N. Fonds Béthune, Ms. 8957, fol. 9 recto.
12 novembre.	A Paris.	A la ville de Montferrand.	Ils doivent se tenir en garde contre les menées qui se trament dans la province pour attenter à l'autorité du Roi. Orig. — Arch. municip. de Clermont-Ferrand.
22 novembre.	Ibidem.	Au connétable.	La défense de trafiquer en Espagne est levée. Le connétable le fera savoir dans son gouvernement de Languedoc, mais sans publier officiellement cet avis. Orig. — B. N. Fonds Béthune, Ms. 9010, fol. 104.
27 novembre.	Saint-Germain.	A M. de Fresnes-Canaye.	Plaintes sur la défection des comtes de la Miranda. Instructions pour contre balancer l'influence de l'Espagne sur la cour de Rome. Insulte faite à M. de la Rochepot par l'ambassadeur d'Espagne. Livre dédié au Dauphin par un Florentin. Trouver un moyen de faire passer les paquets à Constantinople autrement que par la voie de Venise. Orig. — Arch. de M. de Couhé-Lusignan.
Idem.	Ibidem.	A M. de Brèves.	Les nouvelles de Hongrie sont très-défavorables à la Porte, attaquée aussi par l'Espagne et par des révoltés du côté de l'Orient. Tout semble conspirer en ce moment contre l'empire turc, qui ne se relèvera pas par une paix. En même temps on s'y joue des traités. Les excès des Barbaresques contre les Chrétiens ne font qu'augmenter. Envoi d'une liste de Français qu'ils retiennent captifs. L'ambassadeur doit profiter des circonstances pour demander hautement justice de ces graves infractions aux traités. Cop. — Ms. de M. Monmerqué.
30 novembre.	Paris.	A M. de Boissise, ambassadeur en Angleterre.	Demande justice d'un nouvel acte de piraterie commis par des vaisseaux anglais armés en guerre contre un navire nommé le *Don de Dieu*, que des marchands de Rouen avaient chargé de toile et autres marchandises pour les îles Canaries, d'où ils comptaient rapporter des sucres. Leur cargaison a été prise, puis vendue sur la côte de Barbarie par ces Anglais, dont plusieurs ont été vus depuis en Angleterre. Orig. — Biblioth. impér. de Saint-Pétersbourg, Ms. 894, lettre II.
Idem.	Idem.	A la reine d'Angleterre.	MM. de Boissise et de Beaumont nommés commissaires du Roi, pour se réunir à ceux de la reine d'Angleterre, à l'effet de pourvoir à la sûreté du commerce des deux nations. Cop. — B. N. Fonds Brienne, Ms. 38, fol. 1 verso.

DATES.	LIEUX DE LA DATE.	ADRESSES DES LETTRES.	SUJETS DES LETTRES ET SOURCES.
1601. 15 décembre.	A Paris.	A la seigneurie de Venise.	Remercîments de la lettre de congratulation que la Seigneurie a écrite au Roi, à l'occasion de la naissance du Dauphin. Cop. — Arch. de M. de Couhé Lusignan.
16 décembre.	Ibidem.	A M. de Fresnes-Canaye.	Instructions sur la manière de négocier la réconciliation de la seigneurie de Venise avec la cour de Rome. Orig. — Arch. de M. de Couhé-Lusignan.
24 décembre.	Ibidem.	Au cardinal Baronius.	Le Roi aura égard à la lettre de recommandation que lui a écrite le cardinal en faveur d'un nommé Jeboul. Orig. — A Rome, biblioth. Vallicelliana.
26 décembre.	Ibidem.	A M. de Béthune.	Instructions détaillées sur l'entremise qu'il a sollicitée du Pape pour que S. S. interposât son autorité entre le grand-duc de Toscane et son frère don Pierre de Médicis; celui-ci ayant demandé justice de son frère au roi d'Espagne en le priant de charger de cette mission le comte de Fuentes. Henri IV ne permettra pas que le roi d'Espagne fasse aucune violence au grand-duc, son ami, et qu'il regarde comme son père. Le Pape pourra empêcher que les choses n'en viennent à ce point. Cop. — Arch. des Médicis, Documents orig., liasse 14.
27 décembre.	Ibidem.	A M. de Fresnes-Canaye.	Réponse à plusieurs points d'une dépêche de l'ambassadeur. Annonce de l'adjonction du maréchal de Biron à MM. de Vic et de Sillery, pour l'ambassade en Suisse, et du projet du maréchal d'aller incognito à Venise pour voir la ville. Nouvelle de Flandre. Dépenses que cette guerre cause au roi d'Espagne. Levée des défenses faites aux Français de trafiquer en Espagne. Mauvais effet du parti qu'ont pris le duc de Modène et les comtes de la Mirande, de se mettre sous la protection espagnole. Orig. — Arch. de M. de Couhé-Lusignan.
1602. 4 janvier.	Ibidem.	A la ville de Lectoure.	Les habitants ne doivent point s'alarmer à la légère. Défense, sous peine d'être traités comme perturbateurs du repos public, de prendre les armes sans l'autorisation du gouverneur de la province. Cop. — Arch. municip. de Lectoure, Reg. des délibérations de 1599 à 1631, fol. 60 verso.
8 janvier.	Ibidem.	Au chapitre de l'église de Toul.	Analogue à celle du même jour à l'évêque de Toul. Cop. — B. N. Fonds Béthune, Ms. 9136, fol. 31 recto.
18 janvier.	Ibidem.	Aux cantons de Zurich, Berne, Bâle et Schaffouse.	Semblable à la lettre du même jour au canton de Berne. Orig. — Arch. du canton de Zurich.

DATES.	LIEUX DE LA DATE.	ADRESSES DES LETTRES.	SUJETS DES LETTRES ET SOURCES.
1602. 1ᵉʳ février.	A Saint-Germain.	A M. de Fresnes-Canaye.	Efforts des Espagnols pour se faire des amis en Italie. Intrigues du duc de Savoie pour exciter des troubles en France. C'est à sa sollicitation que le roi d'Espagne paroît vouloir nommer à l'ambassade de France l'ambassadeur qu'il a présentement en Savoie. Nouvelles des expéditions espagnoles en Écosse et en Flandre. Le sieur de Vilaines, fils du feu sieur Bourdin, est nommé agent de S. M. à Raguse, aux appointements de 1,200 écus. Orig. — Arch. de M. de Couhé-Lusignan.
2 février.	Ibidem.	A la ville de Metz.	Pour qu'ils laissent jouir Jacques l'Espigal, un de leurs concitoyens, de la rente à lui assignée sur les maltôtes des bouchers de Metz, en payement des avances qu'il a faites à la commune. Orig. — Arch. municip. de Metz.
13 février.	....	A M. de Beaumont, ambassadeur à Londres.	Félicitations à adresser à Élisabeth sur le succès de ses armes en Irlande contre les Espagnols. Demande de plus amples explications sur les ouvertures faites par cette reine de faire rentrer la France dans une alliance offensive avec l'Angleterre contre l'Espagne. Beaucoup de circonspection à mettre dans ces pourparlers. Cop. — B. N. Fonds Brienne, Ms. 38, fol. 26 recto.
20 février.	Paris.	A M. de la Cour, premier président au parlement de Normandie.	Pour le prier d'employer son autorité pour faire exécuter l'arrêt du conseil sur la vente et revente du domaine, S. M. en écrivant expressément le même jour au parlement de Normandie. Cop. — Biblioth. Mazarine, Ms. 1549, p. 17.
26 février.	....	A M. de Beaumont.	Envoi d'un à-compte de 150,000 livres sur les sommes dues à Élisabeth. Exposer à la reine, très-mécontente de la modicité de ce payement, que les vols faits par les Anglais aux navires français, montant à plus de 1,200,000 ou 1,500,000 écus, somme supérieure à la dette du Roi, S. M. s'en tiendrait déchargée si elle n'obtenait réparation du tort fait à ses sujets. Annonce du départ du député de Marseille, chargé de présenter à Élisabeth un grand mémoire des grandes volleries desdits Anglois. Continuation des ouvertures faites par l'agent anglais à Paris sur une alliance offensive à contracter contre l'Espagne. Instructions pour dissuader la Reine de porter ses armes dans ce pays, en cherchant à l'engager à chasser les Espagnols des Pays-Bas, entreprise où elle serait soutenue par la France. Cop. — B. N. Fonds Brienne, Ms. 38, fol. 31 recto.
5 mars.	Fontainebleau.	A M. de Fresnes-Canaye.	Suite des détails sur les progrès de l'influence espagnole en Italie, auxquels il faut s'opposer le plus possible. Plaintes de l'indifférence que semble témoigner la seigneurie de Venise à ce sujet. Orig. — Arch. de M. de Couhé-Lusignan.

TABLE DE PLUSIEURS LETTRES

DATES.	LIEUX DE LA DATE.	ADRESSES DES LETTRES.	SUJETS DES LETTRES ET SOURCES.
1602. 6 mars.	....	A M. de Beaumont.	Remercier la Reine de l'accueil fait au jeune Saint-Luc. Annonce de la prochaine traversée du duc de Nevers, qui a, de même, obtenu l'agrément de S. M. pour aller saluer Élisabeth. Plaintes de propos tenus par Edmond sur les promesses qu'il dit avoir reçues du Roi pendant sa mission en France. Explications au sujet des Jésuites restés dans plusieurs provinces, et sur quelques affaires des protestants. Réponse aux insinuations d'un projet de paix de l'Angleterre avec l'Espagne. Cop. — B. N. Fonds Brienne, Ms. 38, fol. 34 verso.
Idem.	....	A MM. de Boissise et de Beaumont.	Plaintes très-vives du droit qu'Élisabeth prétend s'arroger de faire visiter les navires français par les siens, pour s'assurer qu'ils ne transportent point d'armes. Ordre de s'opposer formellement à cette prétention; détail des abus intolérables qui en résultent, qui détruisent la liberté de la mer et font de notre marine marchande la proie des Anglais. Instructions très-développées sur les représailles que le Roi tirera par tous les moyens, en autorisant les lettres de marque, etc., si la reine ne fait justice et réparation. Protestation contre une autre prétention d'Élisabeth, de s'accommoder des navires et marchandises qui se trouvent dans ses ports et dont elle aurait besoin, en payant raisonnablement le prix. Refus d'accorder l'abolition des prises faites par les Anglais avant l'avénement de Henri IV à la couronne. Refus de lever l'interdiction des draps anglais en France. Ordre à M. de Boissise de se dégager tout doucement de la conférence, pour revenir près de S. M. Cop. — B. N. Fonds Brienne, Ms. 38, fol. 38 verso; et Fonds Béthune, Ms. 10,344, fol. 93 recto.
20 mars.	A Saint-Germain.	A M. de Fresnes-Canaye.	Continuation des instructions relatives aux progrès de l'influence espagnole en Italie. Orig. — Arch. de M. de Couhé-Luilguan.
23 mars.	....	A M. de Beaumont.	Exposé de la politique des Anglais au sujet de la prospérité des affaires de France, qu'ils *monstrent craindre autant ou plus que les armes ou la convoitise du roy d'Espagne*. Insuffisance de leurs préparatifs contre cette puissance, qui seront surtout dommageables à notre commerce, parce qu'*ils pilleront tout ce qu'ils rencontreront*. Chercher cependant à entretenir leur mésintelligence avec l'Espagne, sans paraître la désirer. Communication des nouvelles de Turquie. Avis de la recommandation que le Roi a fait donner en faveur des prêtres anglais qui vont se plaindre au Pape des menées des Jésuites.
28 mars.	Paris.	A l'évêque de Mâcon.	Convocation aux États de Bourgogne, qui doivent se tenir à Dijon le 20 mars. Orig. — Arch. de Saône-et-Loire.

NON IMPRIMÉES DANS CE VOLUME.

DATES.	LIEUX DE LA DATE.	ADRESSES DES LETTRES.	SUJETS DES LETTRES ET SOURCES.
1602. 2 avril.	A Fontainebleau.	A la seigneurie de Venise.	Recommandation en faveur du secrétaire de Vilaines qui se rend à Cattaro pour le service du Roi, ainsi que l'ambassadeur l'expliquera à la seigneurie. Cop. — Arch. de M. de Couhé-Lusignan.
Idem.	Ibidem.	A M. de Brèves.	La réforme des abus de la milice turque pourrait seule relever la puissance ottomane; mais le Grand-Seigneur s'y prend mal en n'y usant que de contrainte. Mort du duc de Mercœur, qu'on aura grand'peine à remplacer. L'Empereur vient d'envoyer au Roi une ambassade solennelle pour requérir le concours de son alliance dans la guerre de Hongrie; mais le Roi a refusé pour ne pas manquer de foi à un ancien allié de la couronne. Nouvelle recommandation pour la mise en liberté des Florentins captifs. Cop. — Ms. de M. Monmerqué.
Idem.	Ibidem.	A M. de Fresnes-Canaye.	Instruction très-développée sur la manière de traiter avec la seigneurie de Venise plusieurs questions relatives à l'Espagne. Annonce d'un voyage du Roi dans les provinces. Remise du baptême du Dauphin à l'année suivante. Ambassadeur extraordinaire envoyé par l'Empereur pour complimenter Henri IV sur son mariage et sur la naissance de son fils. Ouverture de cet ambassadeur sur la guerre à faire au Turc. Réponse évasive du Roi. Les princes de la Mirande et les autres princes de l'Italie continuent à aller au-devant du joug de l'Espagne. Instruction pour tâcher de les retenir. Orig. — Arch. de M. de Couhé-Lusignan.
3 avril.	Ibidem.	A M. de Morteville, premier président en la chambre des comptes de Normandie.	Réfutation des motifs allégués par la chambre des comptes de Normandie pour s'excuser à son tour de vérifier l'édit de vente et revente du domaine, objet de si longues difficultés au parlement. M. de Morteville est prié d'obtenir de sa compagnie la prompte vérification de cet édit. Cop. — Biblioth. Mazarine, Ms. 1549, p. 21.
Idem.	Ibidem.	Au prévôt des marchands et aux échevins de Paris.	Ordre de payer une pension de 600 écus au sieur de Forces sur les dons et octrois que S. M. accorde chaque année. Cop.—Arch. nationales, sect. admin., série H, 1792, fol. 829 verso. Transcr. authent. des reg. de l'hôtel de ville.
4 avril.	Ibidem.	A la ville de Metz.	Les plaintes des députés de la ville ont été écoutées attentivement. La réponse faite à chacun des articles de leurs remontrances prouvera aux Messins qu'ils peuvent compter sur la protection et la justice du Roi, qui ne souffrira point qu'ils soient opprimés. Des ordres ont été donnés aux intendants des finances pour les décharger de leurs dettes par les moyens les plus prompts et les plus commodes. L'exécution des mesures pour satisfaire au surplus de leurs remontrances, est confiée, par lettres pa-

TABLE DE PLUSIEURS LETTRES

DATES.	LIEUX DE LA DATE.	ADRESSES DES LETTRES.	SUJETS DES LETTRES ET SOURCES.
1602. 11 avril.	....	A M. de Beaumont.	tentes, au sieur de Sobole, gouverneur, et au sieur Vyart, président en la justice de Metz, avec lesquels S. M. leur recommande de rester unis en bonne intelligence. *Orig. — Arch. municip. de Metz.* Nouvelles recommandations pour que le duc de Nevers soit bien reçu à Londres, mais S. M. désire que ce jeune prince s'abstienne du voyage d'Écosse. Demande d'un passe-port pour le baron du Tour, qui conduit, de la part d'Henri IV, au roi d'Écosse, quelques chevaux et mulets de litière, en revanche de plusieurs meutes de chiens courants que ce prince lui avait envoyées. Nouvelles plaintes des propos inconvenants du secrétaire Edmond, et cependant ordre d'en informer toujours exactement. Les préparatifs de guerre de l'Espagne sont connus du Roi, qui se tient en mesure de son côté, mais il ne violera pas les traités. Le payement de ce qu'il doit aux États de Hollande sera pour lui un moyen de contribuer à soutenir le siége d'Ostende. L'ambassadeur fera constater par écrit le refus de rendre justice à M. de Sourdéac pour la prise de son navire. *Cop. — B. N. Fonds Brienne, Ms. 38, fol. 66 recto.*
Idem.	....	A MM. de Boissise et de Beaumont.	Suite des plaintes de la lettre du 6 mars. Si les commissaires de la reine continuent à refuser satisfaction, ordre à M. de Boissise de prendre acte de leur refus, et de rentrer immédiatement en France. *Ibidem, fol. 74 recto.*
Idem.	....	A la reine d'Angleterre.	Notification du rappel de M. de Boissise, par qui S. M. veut être directement informée de ce qui s'est passé dans les conférences. *Ibidem, fol. 79 recto.*
15 avril.	Fontainebleau.	A M. de Brèves.	Tenir toujours le Roi au courant des nouvelles de Turquie, surtout de celles de la flotte, et de la direction que lui donnera le Sigal. Les Espagnols, de leur côté, en font partir une de Naples. Suivant la recommandation de M. de Brèves, le Roi a prévenu les navigateurs bretons et provençaux de n'aller au Levant qu'avec des vaisseaux bien armés. *Cop. — Ms. de M. Monmerqué.*
20 avril.	....	A M. de Beaumont.	Avis de la résolution où l'archiduc paraît être de proposer la paix à Elisabeth. Le Roi n'y mettra pas obstacle. Les préparatifs considérables que les Espagnols font de tous côtés paraissent être contre Alger. Que M. de Beaumont fasse un dernier effort pour que les commissaires de la reine ne laissent pas partir M. de Boissise sans lui donner de meilleures paroles. *Cop. — B. N. Fonds Brienne, Ms. 38, fol. 79 verso.*

NON IMPRIMÉES DANS CE VOLUME. 755

DATES.	LIEUX DE LA DATE.	ADRESSES DES LETTRES.	SUJETS DES LETTRES ET SOURCES.
1602. 21 avril.	A Orléans.	Aux treize cantons.	Le sieur de Vic, ambassadeur en Suisse, est chargé de demander aux cantons une levée de six mille Suisses. Orig. — Arch. de Soleure.
25 avril.	....	A M. de Beaumont.	Renseignements sur le commencement des négociations pour une paix entre l'Espagne et l'Angleterre, et sur les préparatifs du roi d'Espagne contre les Pays-Bas. Cop. — B. N. Fonds Brienne, Ms. 35, fol. 82 recto.
29 avril.	Blois.	A M. de Fresnes-Canaye.	Menées hostiles du comte de Fuentès. Plaintes intempestives des Espagnols sur les enrôlements volontaires de gens de guerre français dans les Pays-Bas. Depuis la paix, les militaires, dont la France regorge, vont prendre du service de tous côtés, et dans les armées des archiducs plus que partout. Le Roi n'y peut rien. Mais le duc de Lerme fait tout pour lui débaucher ses sujets et corrompre les petits princes d'Italie. La France ne doit pas surenchérir; mais elle sera toujours prête à accueillir ceux qui reconnaîtront le tort qu'ils se font en se vendant à l'Espagne. Levée de six ou huit mille Suisses, pour se tenir en mesure contre les armements espagnols. Réserve à garder sur ce point, vis-à-vis de la seigneurie de Venise. Orig. — Arch. de M. de Couhé-Lusignan.
14 mai.	....	Au premier président du parlement de Normandie.	Plaintes de ce que ce parlement met encore des délais à publier le règlement fait par le conseil pour l'exécution de cet édit de vente et revente du domaine, dont la vérification avait rencontré tant d'opposition. Ce règlement a pour principal objet de bien constater l'origine et la transmission de ces biens. Le premier président doit donc en faire faire immédiatement la publication. Cop. — Biblioth. Mazarine, Ms. 1549, p. 19.
15 mai.	Au Plessis-lès-Tours.	A MM. Vyart et Miron, députés pour la conférence des limites du Verdunois et du Luxembourg.	Les députés des archiducs qui devaient se joindre à ceux du Roi pour juger un différend entre le chapitre de Verdun et les habitants de Damvillers, s'étant fait attendre inutilement quatre mois durant, les députés de S. M. ont procédé sans eux au jugement, et ont donné gain de cause au chapitre. Maintenant, au bout de six mois, les archiducs envoyent réclamer, S. M. ordonne à MM. Viart et Miron de communiquer aux députés de ces princes toutes les pièces du procès et de surseoir à l'exécution du jugement, sans toutefois l'annuler, et en maintenant les droits reconnus du chapitre. Cop. — B. N. Fonds Béthune, Ms. 9135, fol. 33.
16 mai.	Ibidem.	A la ville de Rennes.	Ordre de fournir immédiatement au gouverneur de la province l'argent nécessaire pour la démolition des tours et portaux de la ville. Orig. — Arch. municip. de Rennes.

95.

DATES.	LIEUX DE LA DATE.	ADRESSES DES LETTRES.	SUJETS DES LETTRES ET SOURCES.
1602. 16 mai.	Au Plessis-lès-Tours.	A M. de Fresnes-Canaye.	Réponse aux observations de l'ambassadeur sur l'apathie de Venise et du Saint-Siége dans la question espagnole. C'est une chose dont il faut prendre son parti. Tentatives de corruption du duc de Savoie et du comte de Fuentès sur des sujets français. Départ du Roi pour Moulins, par le Berry. Réponse à divers détails des lettres de l'ambassadeur au sujet d'une proposition faite par un Milanais aux gages de la France. Ordre de rejeter cette ouverture, « que j'abhorre naturellement et chrestiennement, » dit le Roi. Orig. — Arch. de M. de Couhé-Lusignan.
24 mai.	....	A M. de Beaumont.	Raisons qui engageront le Roi à soutenir les prétentions du roi d'Écosse à la couronne d'Angleterre, lors de la mort d'Élisabeth. Obligation de s'opposer, en cela, aux vues des Espagnols. User d'une grande circonspection dans cette question délicate. Éviter de parler davantage de la mission du baron du Tour en Écosse, bien que toutes ses instructions soient à l'honneur de la reine, mais pour ménager la susceptibilité de cette princesse. Bons effets que les armements commencés en France ont produits vis-à-vis de l'Espagne et de l'Italie. Continuation des grands préparatifs du roi d'Espagne, qui ne peuvent être contre Alger ou d'autres pays infidèles, puisqu'il ne joint point à son armée les galères de Malte et du Pape. Néanmoins refus de s'engager dans une guerre contre l'Espagne. Utilité de séparer les prêtres anglais des Jésuites, agents des Espagnols. Cop. — B. N. Fonds Brienne, Ms. 38, fol. 118 verso.
25 mai.	Poitiers.	Au maire et aux échevins de Caen.	Ordre de se réunir pour émettre leur avis sur le meilleur moyen d'arriver à un bon règlement des monnaies, et d'en empêcher le transport à l'étranger. Cop. — Arch. de l'hôtel de ville de Caen.
10 juin.	Orléans.	A M. de Fresnes-Canaye.	Instruction pour nous concilier les princes de la Mirande, soit en mariant l'un à une princesse française (de Guise ou de Longueville), soit en gagnant l'autre. Nouvelles des mouvements de l'armée des archiducs contre les Pays-Bas. Ordre pour le payement des agents secrets entretenus comme espions à la cour de Savoie. Cop. — Arch. de M. de Couhé-Lusignan.
20 juin.	Ibidem.	A M. de Brèves.	Avis de la nomination de Pierre Marmery à la place du consul de France à Tripoli, laissée vacante par le décès de Louis Beau. Ordre d'installer le nouveau consul. Cop. — Ms. de M. Monmerqué.
22 juin.	Paris.	Au maire et aux échevins de Caen.	Mécontentement de leur conduite dans les rébellions survenues à l'occasion de la levée des nouvelles impositions, ayant laissé le

DATES.	LIEUX DE LA DATE.	ADRESSES DES LETTRES.	SUJETS DES LETTRES ET SOURCES.
1602. 23 juin.	A Paris.	A M. de Brèves.	peuple interpréter à sa fantaisie l'arrêt du conseil. Le Roi entend que cet impôt soit payé par toutes personnes, de quelque qualité qu'elles soient. Cop. — Arch. de l'hôtel de ville de Caen. Ordre de poursuivre la répression des pirateries des Barbaresques. Annonce de l'arrestation du duc de Biron, et des mesures prises en Bourgogne (à peu près dans les mêmes termes qu'à M. de Beaumont). Cop. — Ms. de M. Monmerqué.
2 juillet.	Fontainebleau.	A la reine d'Angleterre.	Réclamations au sujet de la prise du navire le Henri, appartenant à Guillaume de la Vente, du Havre, et frété par des marchands de Bretagne et de Normandie. Le bâtiment a été capturé par un navire qu'ont frété des marchands de Londres. Plusieurs passagers ont été tués; le chargement de toile a été vendu au roi de Fez, et le navire anglais était encore, en mai, avec le navire français, sur les côtes de Barbarie. L'ambassadeur est chargé de poursuivre la réparation de ce nouveau délit contre la sûreté du commerce, et d'en remontrer les conséquences à la reine. Orig. — Musée Britannique, biblioth. Lansdowne, Ms. 160, p. 121.
3 juillet.	Ibidem.	A M. de Rosny.	L'espoir qu'avait le Roi de le voir ce jour-là est cause qu'il ne lui a point donné avis par écrit de l'entier succès du maréchal de Lavardin, par la soumission de toutes les places de la Bourgogne. Sa Majesté attend Rosny le lendemain, pour s'entendre avec lui sur plusieurs choses dont elle veut lui parler avant de prendre une résolution. Impr. — Œconom. roy. t. II, ch. 12.
Idem.	Ibidem.	Aux cantons de Zurich, Berne, Basle et Schaffouse.	En réponse aux plaintes que ces cantons avaient adressées au Roi, des entreprises du duc de Savoie sur Genève, S. M. les informe qu'elle en a aussitôt fait faire au duc des représentations, afin de le mettre tout à fait dans son tort, s'il persiste dans ces entreprises contraires au traité. Orig. — Arch. du canton de Zurich.
24 juillet.	Saint-Germain.	A M. de Brèves.	Il a bien fait de se plaindre énergiquement des pirateries des Barbaresques. Mais il faudrait obtenir un commandement très-formel du Grand-Seigneur pour le vice-roi d'Alger et celui de Tunis. S'ils n'obéissent, le Roi cherchera le plus tôt possible à se faire justice lui-même, hâtant l'armement des galères, d'après le conseil de l'ambassadeur. Cop. — Ms. de M. Monmerqué.
28 juillet.	....	A M. de Beaumont.	Instructions très-développées sur la manière de s'entendre avec les ministres d'Élisabeth, pour chasser les Espagnols des Pays-Bas. Cop. — B. N. Fonds Brienne, Ms. 58, fol. 174 verso.

DATES.	LIEUX DE LA DATE.	ADRESSES DES LETTRES.	SUJETS DES LETTRES ET SOURCES.
1602. 9 août.	....	M. de Beaumont.	Exposé des raisons qui doivent engager la France et l'Angleterre à rester unies contre l'Espagne. Mais la France est obligée d'y procéder avec circonspection, à cause de tout ce qui reste encore à faire dans l'intérieur du royaume pour y rétablir entièrement l'ordre et la sécurité. Cop. — B. N. Fonds Brienne, Ms. 38, fol. 203 recto.
27 août.	Montreuil.	A la ville de Saint-Quentin.	Envoi d'un règlement sur les différends élevés entre la garnison de Saint-Quentin et les habitants. Ordre d'observer soigneusement ce règlement, des deux parts. Orig. — Arch. municip. de Saint-Quentin.
29 août.	....	A M. de Beaumont.	Élisabeth ne pouvant s'entendre avec l'Espagne pour la paix, voudrait engager la France dans une nouvelle guerre contre l'Espagne, ce qui est opposé aux intérêts actuels de la France. Instruction à l'ambassadeur sur la circonspection qu'il doit mettre dans ses réponses à de telles ouvertures. Mauvaises dispositions des Anglais contre le prince Maurice. Cop. — B. N. Fonds Brienne, Ms. 38, fol. 220 verso.
18 septembre.	....	Au même.	Réception du sieur Parrey, nouvel ambassadeur d'Élisabeth. Bonne opinion qu'il a donnée de lui, à cette première audience. Raisons qui doivent encourager l'union de l'Angleterre avec la France contre l'Espagne. Obstacles et résistance que les armées espagnoles rencontrent partout en Europe, et qui les attendent en Orient. Dispositions amicales du roi d'Écosse. Succès des prêtres catholiques anglais à Rome dans leurs réclamations contre les Jésuites, grâce à l'appui de la France. Confiance que la reine d'Angleterre doit avoir de plus en plus dans ses sujets catholiques. Cop. — B. N. Fonds Brienne, Ms. 38, fol. 234 verso.
28 septembre.	....	Au même.	Proposition de l'ambassadeur d'Angleterre pour une paix universelle, à quoi il assure que personne ne peut contribuer plus que Henri IV. Suite des succès des états de Hollande. Découragement de l'infante. Réclamations pressantes de l'ambassadeur d'Élisabeth pour le remboursement des sommes prêtées à Henri IV, expliquant le besoin d'argent de la reine par ses prétendus préparatifs de guerre. Il est certain au contraire qu'elle se prépare à la paix. M. de Beaumont doit continuer à répondre très-discrètement aux ouvertures de paix ou de guerre. Bruits divers que font courir les Espagnols sur la destination de leurs forces. Cop. — B. N. Fonds Brienne, Ms. 38, fol. 239 verso.
Idem.	Paris.	A M. Vyart, président en la justice de Metz.	Suite de l'affaire du chapitre de Verdun, traitée dans la lettre du 15 mai à MM. Vyart

NON IMPRIMÉES DANS CE VOLUME. 759

DATES.	LIEUX DE LA DATE.	ADRESSES DES LETTRES.	SUJETS DES LETTRES ET SOURCES.
1602. 29 septembre.	A Paris.	A la ville de Metz.	et Miron. Avis de la prochaine arrivée des députés des archiducs pour la conférence qui doit terminer à l'amiable cette affaire. Orig. — B. N. Fonds Béthune, Ms. 8900, fol. 122. Annonce du départ du duc d'Épernon, gouverneur de Metz, chargé de terminer le différend entre le sieur de Sobole, son lieutenant, et les habitants, dont la mésintelligence ne fait que s'accroître. Le duc doit être rejoint par M. de Boissise, qui l'assistera, ainsi que le président Vyart, dans cette mission conciliante. Orig. — Arch. municip. de Metz.
9 octobre.	Ibidem.	A la ville de Toulon.	S. M. a répondu le plus favorablement possible à la requête de la ville au sujet de la garnison, renvoyant le reste de la requête au gouverneur de la province. Orig. — Arch. municip. de Toulon.
12 octobre.	Ibidem.	Au prévôt des marchands et aux échevins de Paris.	Ordre d'aller en corps au-devant des ambassadeurs des Ligues Suisses, de leur faire les présents accoutumés et de leur donner un festin à l'hôtel de ville, pour leur témoigner la satisfaction générale que cause la présence d'aussi bons, fidèles et anciens alliés. Cop. — Arch. nationales, sect. admin., série H, 1793, fol. 38 verso. Reg. authent. de l'hôtel de ville.
16 octobre.	Ibidem.	A M. de Brèves.	Bruits d'un projet de paix entre l'Empire et la Porte. Le Roi se chargerait avec plaisir de l'entremise. M. de Brèves doit sonder le Divan à cet égard, mais sans engager le nom de S. M. Bonnes nouvelles de France. Annonce d'une expédition considérable préparée par le roi d'Espagne contre le Sultan, qu'il faut en informer, pour qu'il se prépare en conséquence. Cop. — Ms. de M. Monmerqué.
Idem.	Ibidem.	A M. de Fresnes-Canaye.	Instructions à donner à l'espion Beauceron, pour attraper Picoté. Différer cet enlèvement jusqu'à ce qu'on ait les moyens sûrs de le faire escorter à travers la Suisse. Offres de service du duc de Modène et du cardinal d'Est. Les princes de la Mirande n'ont mérité qu'une dédaigneuse indifférence. Projet de l'Empereur de faire la paix avec le Turc. Orig. — Arch. de M. de Coubé-Lusignan.
19 octobre.	....	A M. de Beaumont.	La reine d'Angleterre cherche toujours à exciter la guerre entre la France et l'Espagne pour occuper et affaiblir ces deux puissances. L'ambassadeur doit continuer à ne pas se prononcer là-dessus, et rester longtemps à temporiser ainsi, le Roi ayant besoin d'une prolongation de paix pour rétablir la prospérité du royaume, qu'a failli compromettre la conspiration de Biron, fomentée par l'Espagnol. Avec la paix on arrivera à être en mesure de profiter des

DATES.	LIEUX DE LA DATE.	ADRESSES DES LETTRES.	SUJETS DES LETTRES ET SOURCES.
1602. 20 octobre.	A Paris.		ferments de discorde, dus en Espagne à la faveur excessive du duc de Lerme. Ne pas réitérer présentement en faveur des catholiques anglais une intercession qui serait inutile, et ne ferait qu'inspirer des soupçons à Élisabeth ; mais assurer les plus considérables d'entre eux de la protection d'Henri IV, s'il arrivait un changement de souverain. Cop. — B. N. Fonds Brienne, Ms. 38, fol. 260 verso.
		A M. le baron du Tour, ambassadeur en Écosse.	Dépêche diplomatique presque entièrement chiffrée. Orig. — Arch. de M. Eug. Renaud d'Avesnes des Meloizes.
Idem.	Ibidem.	A M. de Fresnes-Canaye.	Envoi d'une lettre du Roi à la seigneurie de Venise, pour la remercier d'avoir autorisé très-gracieusement l'ambassadeur à faire arrêter chez elle les complices des conspirateurs français. Picoté, averti qu'on le poursuit, se tient sur ses gardes. Ne pas le perdre de vue, bien que les révélations du comte d'Auvergne, du secrétaire Hébert et du baron de Lux rendent maintenant cette capture moins importante. Entretenir toujours les bonnes intentions du comte Martiningue à la cour de Savoie. Le duc, au reste, a plus besoin du Roi que le Roi de lui. Les dissensions entre le Pape et la seigneurie de Venise sont très-fâcheuses ; chercher à les calmer. Compliments au sieur Anzolo Badoero, qui vient d'être nommé ambassadeur de Venise à Paris, et qui y sera très-bien reçu. Regrets de la mort du jeune Saint-Luc et du secrétaire Camille. Pension de ce dernier transférée au fils du comte Isoppo-Porto. Nouvelles recommandations de seconder un traité passé entre le duc de Savoie et le comte de Soissons, par suite duquel le premier doit consigner des pierreries à Venise. Orig. — Arch. de M. de Couhé-Lusignan.
7 novembre.	Fontainebleau.	A M. Vyart.	S'entendre avec les sieurs Miron et d'Aussonville pour terminer à l'amiable un différend élevé entre le chapitre de l'église de Verdun et les habitants. Orig. — B. N. Fonds Béthune, Ms. 8891, fol. 50.
10 novembre.	....	A M. de Beaumont.	Pendant qu'Élisabeth exprime à M. de Beaumont le désir de voir la France s'unir avec les Pays-Bas contre l'Espagne, le Roi est informé qu'elle fait proposer aux Etats de s'unir avec Philippe III contre la France. Les déprédations de ses sujets sur la marine française continuent ; et c'est pour nous ôter les moyens d'en avoir justice, qu'elle veut nous engager dans une guerre. On peut lui en laisser vaguement l'espoir ; mais le Roi restera en paix. Il va faire partir son ambassadeur pour Madrid.

DATES.	LIEUX DE LA DATE.	ADRESSES DES LETTRES.	SUJETS DES LETTRES ET SOURCES.
1602. 11 novembre.	A Fontainebleau.	A M. de Brèves.	Bruits divers sur les relations de l'Espagne avec l'Italie. Cop. — B. N. Fonds Brienne, Ms. 38, fol. 287 verso. La prise d'Albe-Royale par l'armée turque est sur le point d'être contre-balancée par la perte de Bude, dont les impériaux vont s'emparer. En Transylvanie et Valachie les succès de l'empereur sont encore plus grands. Quant à la flotte d'Espagne, elle est trop faible pour inquiéter les Barbaresques, et il est probable qu'elle était réellement destinée à seconder le duc de Biron, si sa conspiration eût réussi. Aussitôt que les commandements originaux du Grand-Seigneur aux vice-rois et à la milice d'Alger et de Tunis arriveront à Marseille, le Roi les leur enverra. Mais l'ambassadeur a sagement agi, pour plus de sûreté, en n'envoyant pas ces pièces par la voie d'Italie. Cop. — Ms. de M. Monmerqué.
20 novembre.	Ibidem.	Au baron du Tour.	Dépêche diplomatique, presque entièrement chiffrée. Orig. — Arch. de M. Eug. Renard d'Avesnes des Meloizes.
6 décembre.	Ibidem.	Au parlement de Paris.	Ordre de procéder immédiatement à l'enregistrement des lettres patentes en forme de charte, portant érection en duché de la baronnie de Houllefort et terres dépendantes, en faveur d'Alexandre de Bournonville, baron de Houllefort, fils aîné de Christine d'Egmont, princesse de Maufroi. Cop. — Arch. nationales, sect. judic., Reg. authent. du parlement (conseil), vol. 325, fol. 242 verso.
8 décembre.	Ibidem.	A la ville de Chaumont.	Le sieur du Reynel, leur bailli, qui leur porte cette lettre, en retournant à Chaumont, a assuré le Roi de leur fidèle affection : ce qui dispense S. M. de leur donner aucune garnison, en leur recommandant seulement de veiller toujours avec autant de vigilance à leur sûreté, et de continuer à s'entendre aussi bien avec leur bailli. Orig. — Arch. municip. de Chaumont.
10 décembre.	Ibidem.	A M. de Fresnes-Canaye.	Mauvais effet des difficultés apportées par la seigneurie de Venise dans l'engagement des pierreries du duc de Savoie ; ce qui éloignera l'accomplissement des promesses de ce prince au comte de Soissons. Dans le cas où les pierreries n'auraient pas été rapportées en Savoie et seraient encore à Venise, prier la seigneurie d'en accepter le dépôt, avec des conditions conformes à leurs usages. Réponse à plusieurs points de détails des lettres de l'ambassadeur. Aveux faits par le prince de Joinville, communiqués aux princes lorrains, à aucun desquels M. de Joinville n'avait confié ses menées de conspirateur. Il a été remis

DATES.	LIEUX DE LA DATE.	ADRESSES DES LETTRES.	SUJETS DES LETTRES ET SOURCES.
1602. 12 décembre.	A Fontainebleau.	Au parlement de Rouen.	entre les mains du duc de Guise son frère. Conduite coupable du duc de Bouillon, qui refuse de venir s'expliquer avec le Roi. Orig. — Arch. de M. de Coubé-Lusignan. Pour vérifier le pouvoir du sieur de Sainte-Marie comme lieutenant au gouvernement des bailliages de Rouen, Caen et Gisors, sous le duc de Montpensier et le maréchal de Fervaques. Cop. — Arch. de la cour d'appel de Rouen, Reg. secrets origin. du parlement de Normandie, vol. de 1602 à 1605, p. 187.
13 décembre.	Ibidem.	A MM. Vyart et Miron, députés pour la conférence des limites du Verdunois.	Pour qu'ils prennent des informations sur les véritables causes d'une querelle entre le sieur d'Aussonville et le sieur d'Andevanne, assisté de deux de ses parents. Orig. — B. N. Fonds Béthune, Ms. 8891, fol. 56.
19 décembre.	Paris.	A la ville de Rennes.	Vu l'importance de la charge de procureur syndic des bourgeois de Rennes, ordre d'élire, dans l'assemblée générale du 1er janvier, trois personnages dont les noms seront envoyés au Roi, pour que S. M. choisisse entre eux le procureur syndic de l'année. Orig. — Arch. municip. de Rennes.
20 décembre.	Fontainebleau.	Aux anciens capitouls de Toulouse.	Pour témoigner la satisfaction de l'excellent choix des capitouls qui vont entrer en charge l'année 1603, en félicitant les sortants de l'influence qu'ils ont exercée sur cette élection, et les remerciant de leur bonne administration pendant la durée de leurs charges. Cop. — Arch. du capitole, Reg. authent. des annales, vol. V, p. 22.
22 décembre.	Ibidem.	Au prévôt des marchands et aux échevins de Paris.	Ordre réitéré formellement une fois pour toutes, de payer exactement une pension de 600 livres au sieur de Forces, sur les dons et octrois. Plaintes du peu d'empressement qui a été mis à acquitter une dépense aussi juste par les services que rend le sieur de Forces. Cop. — Arch. nationales, sect. administrative, série H, 1793, fol. 74 recto, Reg. authent. de l'hôtel de ville.
24 décembre.	Paris.	A M. de Fresnes-Canaye.	Détails analogues à ceux de la lettre du même jour à M. de Beaumont, sur le duc de Bouillon. Réponses à faire aux ouvertures du comte Martinengue, sur les intrigues de la cour de Savoie. Orig. — Arch. de M. de Coubé-Lusignan.

LISTE ALPHABÉTIQUE

DES PERSONNES

À QUI SONT ADRESSÉES LES LETTRES RASSEMBLÉES DANS CE VOLUME.

ABBEVILLE (La ville d'), p. 2.
ALBERT, archiduc d'Autriche, gouverneur des Pays-Bas, p. 1, 13, 19, *ibid.* 173, 313, 391.
ALDOBRANDIN (Le cardinal), p. 324, 340, 346, 348, 364, 365, 381, 388, 454, 498, 515.
ALYMES (Le baron DES), p. 137, 399.
ANGLETERRE (La reine d'). *Voyez* Élisabeth.
ANGOULÊME (La duchesse D'), p. 76.
ANSPACH (Le marquis ou margrave D'), prince du Saint-Empire, p. 201.
ARLES (La ville d'), p. 259.
ASCOT ou ARSCHOT (Le duc D'), p. 101, 125.
BARONIUS (Le cardinal), p. 131, 155.
BASLE (Les bourgmestres et le conseil du canton de), p. 688.
BAYONNE (La ville de), p. 221.
BEAUMEVIELLE (DE), p. 482, 563, 565, 566.
BEAUMONT (DE), ambassadeur en Angleterre, p. 537, 589, 601, 608, 616, 631, 645, 719, 723.
BELLIÈVRE (DE), chancelier de France, p. 155, 157, 189, 192, 229, 272, 280, *ibid.* 284, 285, 305, 315, 316, 344, 358, 364, 426, 428, 429, 466, 578, 625, 626, *ibid.* 627, 634, 643, 665, 685, 691.
BERNE (Le canton de), p. 9, 96, 211, 288, 343, 361, 531, 539.
BERTON (Le commandeur DE), p. 140.
BÉTHUNE (DE), ambassadeur à Rome, p. 486, 501, 558.
BIRON (Le duc DE), p. 136, 543, 578, 587, 588, 594, 601, 602.

BOIS-DAUPHIN (Le maréchal DE), p. 182, 253, 571.
BOISSIZE (DE), p. 706.
BONVISI (Le cardinal), p. 252.
BORDEAUX (Le maire et les jurats de), p. 553.
BOUILLON (Le duc DE), p. 696.
BOURDEILLES (DE), p. 217, 261, 405, 432.
BOURGES (Le maire et les échevins de), p. 307.
BOUVENS (DE), p. 349.
BRÈVES (DE), ambassadeur à Constantinople, p. 4, 38, 123, 142, 153, 160, 186, 197, 203, 212, 216, 220, 242, 247, 266, 302, 308, 332, 334, 359, 430, 435, 443, 448, 475, 522, 532, 547, 548, 561, 585, 595, 606, 653, 663, 682, 703, 717.
CASAUBON, p. 80, 228.
CATHERINE (Madame), duchesse de Bar, sœur de Henri IV, p. 110.
CAUMONT. *Voyez* la Force.
CÉCIL, p. 135.
CHANCELIER de France. *Voyez* Chiverny et Bellièvre.
CHARLES III, duc de Lorraine, p. 218.
CHARLES-EMMANUEL, duc de Savoie, p. 25, 163, 165, 179, 185, 191, *ibid.* 215, 238, 245, 262, 440, 466, 469, 473, 506, 509, 526, 542, 546, 564, 585.
CHARMEAUX (Le président DE), prévôt des marchands de Paris, p. 273.
CHIVERNY (Le comte DE), chancelier de France, p. 32.
CIRCULAIRES, p. 479, 612, 702.

LISTE ALPHABÉTIQUE

CLÉMENT VIII, pape, p. 86, 87, 88, 107, 183, 207, 398, 454, 491, 496, 497, 513, 514, 521, 525, 527, 562, 649, 675, 688, 694.
CLERMONT-FERRANT (La ville de), p. 98, 615.
CONDÉ (La princesse DE), p. 75.
CONNÉTABLE (Le). *Voyez* Montmorency.
CONNÉTABLE (Le), le CHANCELIER et M. DE FRESNES, p. 344.
COURSON (DE), p. 385.
COURT (DE LA), premier président au parlement de Rouen, p. 613.
CRILLON (DE), p. 49, 278.
CROY (Le duc DE). *Voyez* Arschot.
DESDIGUIÈRES. *Voyez* Lesdiguières.
DOULACH ou DOURLACH (Le marquis ou margrave de), prince du Saint-Empire, p. 201.
ÉCOSSE (Le roi d'). *Voyez* Jacques.
ÉCOSSE (Le prince d'), p. 600.
ÉLISABETH, reine d'Angleterre, p. 16, 35, 36, 56, 77, 133, 134, 168, 200, 202, 205, 222, 231, 511, 512, 585, 633, 674, 686.
ENTRAGUES (D'), p. 225.
ENTRAGUES (Mlle D'), marquise de Verneuil, p. 172, 224, 321, 322, 484, *ibid.* 496, 507, 508.
ESPAGNE (Le roi d'). *Voyez* Philippe.
ESPERNON (Le duc D'), p. 230, 691.
ESTRÉES (Gabrielle d'), p. 28, 50, 59.
ÉVREUX (L'évêque d'), p. 437.
FERDINAND DE MÉDICIS, grand-duc de Toscane, p. 3, 4, 22, 41, 83, 94, 101, 198, 213, 233, 238, 257, 272, 281, 288, 298, 368, 369, *ibid.* 449, 453, 493, 536, 553, 684, 710.
FLORENCE (Le cardinal de), 108, 455, 483.
FONTRAILHAS (DE), p. 52.
FORCE (DE LA), p. 18, 142, 148, 159, 163, 168, 188, 406, 423, 572, 595, 598, 603, 612, 621, 647, 660, 666.
FRESNES-CANAYE (DE), ambassadeur à Venise, p. 572, 614, 621, 628, 635, 649, 659, 678, 693.
FRESNES (Forget DE), p. 344.
GÊNES (Le doge de), p. 199.
GENÈVE (Les syndics et le conseil de), p. 10, 23, 30, 82, 126, 206, 210, 257.

GRANGE-LE-ROY (DE LA), p. 44.
GRILLON. *Voyez* Crillon.
GRUGET, maire de Poitiers, p. 268.
GUESLE (DE LA), procureur général, p. 69.
GUISE (Le duc DE), p. 690.
HARANGUES : aux députés du clergé, p. 33; au parlement de Paris, p. 89; aux députés du parlement de Bordeaux, p. 180; aux députés du parlement de Toulouse, p. 181.
HESSE (Le landgrave de). *Voyez* Maurice.
HITTE (DE LA), p. 246.
ISABELLE-CLAIRE-EUGÉNIE, infante d'Espagne, archiduchesse, gouvernante des Pays-Bas, p. 171, 392.
JACQUES, roi d'Écosse, p. 119.
JOINVILLE (Le prince DE), p. 545.
JOYEUSE (Le cardinal DE), p. 28, 70, 85, 103, 112, 114, 115, 121, 129, 144, 145, 149, 161, 193.
LARDIMALIE (DE), p. 566.
LESDIGUIÈRES (DE), p. 311, 378, 644.
LIGUES SUISSES (Les treize cantons des), p. 516.
LONGUEVILLE (La duchesse DE), p. 74.
LORRAINE (Le duc DE). *Voyez* Charles.
LORRAINE (Le cardinal DE), p. 219.
LOUIS, duc de Würtemberg, p. 14.
LUCINGE (Le grand prieur DE), p. 338.
LUSSAN (DE), gouverneur de Nantes, p. 6, 8, 72.
LUXEMBOURG (Le duc DE), p. 15.
LYON (La ville de), p. 349.
LYON (Le prévôt des marchands et les échevins de), p. 324, 531, 668, 722.
MANTOUE (Le duc de). *Voyez* Vincent.
MANTOUE (La duchesse de), p. 494.
MARESCOT, p. 127.
MARGUERITE, reine de Navarre, p. 29, 194.
MARIE DE MÉDICIS, princesse de Toscane, puis reine de France, p. 234, 249, 256, 270, 286, 287, *ibid.* 296, 306, 307, 313, 329, 330, 337, 344, 355, 357, *ibid.* 362, 366, 370, *ibid. ibid. ibid.* 371, *ibid.* 373, 393, 457, 462, 463, 464, *ibid.* 467, 507, 508, 509.
MARION, avocat général, p. 237.
MAULEVRIÈRE, p. 38.

DES PERSONNES, ETC.   765

MAURICE LE SAVANT, landgrave de Hesse, p. 393, 697, 711.
METZ (Le maître-échevin et les treize de la ville de), p. 320, 366, 598.
METZ (La ville de), p. 538, 570.
MONTGLAT (Mme DE), p. 473, 522, 575, 661.
MONTIGNY (DE), p. 476, 642.
MONTMORENCY (Le connétable DE), p. 34, 41, 55, 58, 61, 71, 95, ibid. 116, 117, ibid. 121, 146, 154, 158, 167, 176, 174, 175, 176, 177, 178, 190, 245, 250, 253, 254, 255, 263, 264, 265, 269, 273, 274, 282, 284, 291, 293, ibid. 295, 297, ibid. 299, ibid. 300, 301, ibid. 303, 304, 312, 314, 316, 317, 318, 319, 325, 326, 330, 337, 341, 344, 347, 353, 354, ibid., 356, ibid. 358, 361, 374, 375, 376, 378, 382, 386, 388, 394, 399, 404, 407, 410, 411, 416, 421, 425, 426, 433, 437, 439, 440, 446, 447, 450, 455, 457, 469, 477, 486, 490, 534, 544, 549, ibid. 550, ibid. 555, 556, 568, 576, 579, 580, 581, 587, 593, 596, 605, 646, 656, 721.
MONTPENSIER (Le duc DE), p. 123, 415.
MORNAY. Voyez Du Plessis.
MOTHE-FÉNELON (DE LA), p. 109, 111.
NEMOURS (Le duc DE), p. 359, 442.
NEMOURS (La duchesse DE), p. 73.
NEVERS (La duchesse DE), p. 76.
NISMES (Les consuls de), p. 643.
NISMES (La ville de), p. 657.
NOAILLES (DE), p. 604.
NORMANDIE (Le parlement de), p. 162.
OLIMPIA ALDOBRANDINI (La signora), p. 500.
ORNANO (Le maréchal D'), p. 282, 327, 461.
OSSAT (Le cardinal D'), p. 108, 480, 518, 559.
PALATINS (Les comtes), électeurs de l'Empire, p. 201.
PAPE (Le). Voyez Clément VIII.
PARIS (La ville de), p. 21, 25, 166.
PHILIPPE III, roi d'Espagne, p. 223.
PIOLANT (Mme DE), p. 474.
PLESSIS-MORNAY (DU), p. 13, 18, 23, 69, 81, 424, 517, 606, 627, 710.
PROUTIÈRE (DE LA), p. 147.

REIMS (Le chapitre de la cathédrale de), p. 715.
REINE (La). Voyez Marie de Médicis.
ROCHELLE (Les pasteurs du consistoire de la), p. 99.
ROCHEPOT (Le comte DE LA), ambassadeur en Espagne, p. 241, 401, 434.
ROSNY (DE), p. 20, 27, 31, 40, 42, 43, 45, ibid. 48, 49, 50, 54, 60, 61, 63, 65, 66, 67, 71, 100, 102, 132, 156, ibid. 158, 179, 189, 195, 196, 237, 238, 244, 249, 263, 275, 277, 279, 290, 292, 319, 323, 336, 352, 374, 377, 378, 395, 396, 402, ibid. 403, 404, 409, ibid. 410, 412, 413, 414, 418, 419, 420, 427, 428, 443, 452, 456, 459, 468, 472, 476, 481, 490, 500, 509, 510, 524, 535, 556, 565, 569, 580, 611, 661, 677, 686, 689, 706, 707, 709, 715, 729.
SAINT-GEORGES (Le cardinal DE), p. 499.
SAINT-JULIEN (DE), p. 290, 378.
SAVOIE (Le duc de). Voyez Charles-Emmanuel.
SEGNI (La duchesse DE), p. 705.
SÉNÉGAS (DE), p. 729.
SILLERY (DE), p. 59, 232.
SOISSONS (Le comte DE), p. 30.
SOLEURE (Le canton de), p. 240.
SOUVRÉ (DE), p. 251.
STRASBOURG (Le chapitre de la cathédrale de), p. 236.
STROZZI (Léon), p. 84.
THOU (Le président DE), p. 62, 66, 271, 360.
TOSCANE (Le grand-duc de). Voyez Ferdinand de Médicis.
TOSCANE (La grande-duchesse de), p. 83, 452, 468, 493.
TOSCANE (La princesse de). Voyez Marie.
TOUL (La ville de), p. 530.
TOUL (Le chapitre de l'église collégiale de Saint-Gengoul à), p. 610.
TOUL (L'évêque de), p. 528.
TOULOUSE (Les capitouls de), p. 79.
TOUR (Le baron DU), ambassadeur en Écosse, p. 669.
VENISE (La seigneurie de), p. 641.
VERNEUIL (La marquise DE). Voyez Entragues.

VILLEROY (DE), p. 52, 554.
VINCENT I*er*, duc de Mantoue, p. 495.
WURTEMBERG. *Voyez* Louis.
VYART, président en la justice de Metz, p. 540, 563, 677, 708.

VYART ET BOISSIZE, p. 706.
ZURICH, BERNE et SCHAFFOUSE (Les cantons de), p. 363.
Sans adresse, p. 7.

INDICATION

DES

NOTES SUR LES NOMS PROPRES.

Quel que soit l'endroit du texte où se trouve un nom déjà annoté, cette table et celles des volumes précédents permettront de recourir à la note dont ce nom est l'objet.

Albigny (Charles de Simiane, seigneur d'), p. 652.
Aldobrandin (Jean-Francisque), p. 497.
Alymes (René de Lucinge, baron des), p. 137.
Arros (Pierre de Gontaut, baron d'), p. 406.
Arscot, ou Arschot (Charles de Croy, duc d'), p. 101.
Barrault (Aimeri de Jaubert, seigneur de), p. 640.
Beaumont (Christophe de Harlay, comte de), p. 511.
Bellebranche (Jean-Baptiste Benciveni, abbé de), p. 63.
Bonvisi (Le cardinal), p. 252.
Bourg-l'Espinasse (Antoine du Maine, seigneur du), p. 668.
Bouvens (Jean-Amé de), p. 349, 351 et 389.
Brandis (Jacques de Montmayeur, comte de), p. 343.
Brossier (Marthe), p. 128.
Brulart (Jean), père capucin, p. 92.
Casaubon (Isaac), p. 81.
Chambaud (Jacques de), p. 295.
Chastillon (Henri de Coligny, comte de Coligny, seigneur de), p. 470.
Chevrières (Jean Mitte, comte de Miolans, seigneur de), p. 466.
Cœurs (Barthélemy de), p. 430.
Coligny (Gaspard de Coligny, comte puis duc de), p. 470.

Condé (Françoise d'Orléans, princesse de), p. 75.
Conti (Jeanne de Coëme, princesse de), p. 510.
Courson (de), p. 385.
Daillon (René de), évêque de Bayeux, p. 232.
Dunes (Charles de Balsac, seigneur de), p. 100.
Élisabeth de France, reine d'Espagne, fille aînée de Henri IV, p. 708.
Entragues (François de Balsac, seigneur d'), p. 225.
Entragues (Henriette de Balsac, demoiselle d') marquise de Verneuil, p. 172, 224 et 225.
Fresnes (Philippe Canaye, seigneur de), p. 404.
Garnier (Dom Jean), prédicateur ordinaire de Henri IV, p. 369.
Gastines (André de Froulay, seigneur de), p. 396.
Gouvernet (René de la Tour de), seigneur de la Chaud, p. 441.
Hitte (Jacques du Cos, seigneur de la), p. 246.
Infante d'Espagne (Isabelle-Claire-Eugénie), p. 102.
Jeannin (Pierre, dit le président), p. 459.
Joly (Pierre), procureur général à Metz, p. 568.
Langres (Charles de Perusse d'Escars, évêque de), p. 68.
Longueville (Catherine de Gonzague-Clèves, duchesse de), p. 77.
Longueville (Catherine d'Orléans, demoiselle de), p. 73.

768 INDICATION DES NOTES SUR LES NOMS PROPRES.

Lorraine (Charles, cardinal de), évêque de Metz et de Strasbourg, p. 201.

Lorraine (Louise de), reine de France et de Pologne, p. 371.

Luat (Du), p. 27.

Lucinge (Georges, grand prieur de), p. 338.

Lude (François de Daillon, comte du), p. 171.

Madeleine (dite la Petite Lavau), p. 409.

Mantoue (Éléonore de Médicis, duchesse de), p. 494.

Marescot, p. 128.

Marie de Médicis, princesse de Toscane, puis reine de France, p. 234.

Montglat (Françoise de Longuejoue, baronne de), gouvernante des enfants de France, p. 473.

Montmorency (Louise de Budos, duchesse de), p. 34.

Mothe-Fénelon (Bertrand de Solignac, seigneur de la), p. 112.

Nérestang (Robert de Lignerac, seigneur de), p. 353.

Olimpia Aldobrandini, p. 500.

Piolant (Louise du Bois dame de), sous-gouvernante des enfants de France, p. 474.

Pisany (Jean de Vivonne, marquis de), p. 175.

Pithou (François), p. 271.

Proutière (Philippe Goureau, seigneur de la), p. 147.

Pujols (Arnaud du Faur, seigneur de), p. 380.

Richelieu (Henri du Plessis, seigneur de), p. 170.

Saint-Angel (Charles de Rochefort, seigneur de), p. 551.

Saint-Aubin-Montglat (Louis de Harlay, seigneur de), p. 524.

Saint-Georges (Cinthio Passero, cardinal de), p. 499.

Saint-Julien (Barthélemy-Émé, seigneur de), p. 290.

Saint-Luc (Timoléon d'Épinay, seigneur de), p. 537.

Salles (Bertrand de), p. 406.

Ségni (Éléonore des Ursins, duchesse de), p. 705.

Sigal (Le), général de la mer, ou capitan-pacha du Grand-Seigneur, p. 153.

Sourdis (Le cardinal de), p. 554.

Spinola (Le marquis Ambroise), p. 576.

Toscane (La princesse de). *Voyez* Marie de Médicis.

Toscane (Christine de Lorraine, grande-duchesse de), p. 83.

Toul (Christophe de la Vallée, évêque et comte de), p. 529.

Tour (Charles Cauchon de Maupas, baron du), p. 600.

Varenne (Guillaume Fouquet, seigneur de la), p. 185.

Verneuil (La marquise de). *Voyez* d'Entragues.

Vinta (Le chevalier), p. 368.

Visque (Louis de Birague, comte de), p. 671.

Wignacourt (Alof de), grand maître de Malte, p. 445.

TABLE DES MATIÈRES.

Pages:

Sommaire historique v

RECUEIL DES LETTRES MISSIVES DE HENRI IV.
SECONDE PÉRIODE.
APRÈS L'AVÉNEMENT AU TRÔNE DE FRANCE.

1589 — 1610. CORRESPONDANCE DE HENRI IV.

Suite de l'année 1598 1
Année 1599 80
Année 1600 97
Année 1601 368
Année 1602 527
Table de plusieurs lettres écrites entre le 1ᵉʳ juillet 1598 et le 31 décembre 1602, qui n'ont point paru devoir être imprimées dans ce volume. 731
Liste alphabétique des personnes à qui sont adressées les lettres rassemblées dans ce volume 763
Indication des notes sur les noms propres 767

FIN DE LA TABLE DU TOME CINQUIÈME.

CORRECTIONS.

Page 104, ligne 19 : le marquisat, de final, *lisez* : le marquisat de Final.

Page 111, 1re colonne de la note, ligne 9 : très humblement, *lisez* : tres humblement.

Ibidem, 2e colonne, ligne 1 : vous plaît, *lisez* : plaist ou plait.

Page 114, note 3, colonne 1, ligne 6 : même, *lisez* : mesme.

Page 133, 1re ligne de la note : dans ces, *lisez* : dans les.

Page 181, ligne 2 : faisoient, *lisez* : faisoit.

Page 189, lignes 4 et 5 : pots de vin, *lisez* : pot de vin.

Page 199, ligne 3 : GOUVERNEUR, *lisez* : GOUVERNEURS.

Page 222, 2e colonne de la note, ligne 21 : sire, *lisez* : Sire.

Page 248, ligne 9. *Il faut probablement placer cette lettre au 2 juillet, en rectifiant ainsi la date du 11, que nous avons donnée d'après les OEconomies royales.*

Page 258, ligne 13 : une œuvre, *lisez* : un œuvre.

Pages 277 et 280. *L'ordre des cinq lettres du 18 août doit être ainsi changé : La Ire, écrite de Chambéry à Rosny, devient la 4e. Les trois premières de ce jour sont ainsi : I à Crillon, II à Rosny, III au chancelier, toutes trois datées des Marches.*

Page 284, ligne 1, *supprimez* : IIme.

Page 305, ligne 26 : je vous fait, *lisez* : je vous fais.

Page 322, ligne 15 : anuit est et plus haut, *lisez* : anbuy est et le plus haut.

Pages 326 et 327. *Deux lettres du 5 octobre, qu'il faut transposer.*

Pages 347 et 349. *Intervertissez l'ordre des trois lettres du 16 novembre, en mettant en dernier la lettre au connétable, après les lettres au cardinal Aldobrandin et à la ville de Lyon.*

Page 378, ligne 1 : 13 février, *lisez* : 8 février.

Ibidem, ligne 8 : xiij^e, *lisez* : viij^e.

Ibidem, ligne 9 : Fontainebleau, *lisez* : à Fontainebleau, *et transportez cette lettre à la suite de celle du 8 février, qui est à la page 375.*

Page 387, lignes 30 et 31 : toujours, *lisez* : tousjours.

Page 464, 2e colonne de la note, ligne 3 : le roy, *lisez* : le Roy.

Page 470, note, 1re col. ligne 7 : *même correction.*

Page 544, 1re ligne de la note : Perdailhan, *lisez* : Pardailhan.

Page 555, 2e colonne de la note, ligne 6 : au pape, *lisez* : au Pape.

Page 559, 1re colonne de la note, ligne 4 : *même correction.*

Page 560, 1re colonne de la note, ligne 2 : *idem.*

www.ingramcontent.com/pod-product-compliance
Lightning Source LLC
Chambersburg PA
CBHW052034290426
44111CB00011B/1501